Die
Blütenpflanzen
Mitteleuropas

3

Dietmar Aichele · Heinz-Werner Schwegler

Die
Blütenpflanzen
Mitteleuropas

3

KOSMOS

646 Farbillustrationen auf 163 Tafeln von Marianne
Golte-Bechtle (366), Sigrid Haag (73), Reinhild Hof-
mann (135), Gerhard Kohnle (52) und Walter Söllner
(20)

1439 Schwarzweißzeichnungen im Bestimmungsschlüssel von Wolfgang Lang

Umschlaggestaltung von eStudio Calamar,
Pau (Spanien)

Bibliografische Information Der Deutschen
Bibliothek
Die Deutsche Bibliothek verzeichnet diese
Publikation in der Deutschen Nationalbibliografie;
detaillierte bibliografische Daten sind im Internet
über http://dnb.ddb.de abrufbar.

Informationen senden wir Ihnen gerne zu

Bücher · Kalender · Spiele · Experimentierkästen · CDs · Videos

Natur · Garten&Zimmerpflanzen · Heimtiere · Pferde&Reiten · Astronomie ·
Angeln&Jagd · Eisenbahn&Nutzfahrzeuge · Kinder&Jugend

KOSMOS Postfach 10 60 11
D-70049 Stuttgart
TELEFON +49 (0)711-2191-0
FAX +49 (0)711-2191-422
WEB www.kosmos.de
E-MAIL info@kosmos.de

Gedruckt auf chlorfrei gebleichtem Papier

Unveränderte Sonderausgabe
der 2. überarbeiteten Auflage 2000
© 1994, 2000, 2004, Franckh-Kosmos Verlags-GmbH & Co.,
Stuttgart
Alle Rechte vorbehalten
ISBN 3-440-09277-1
Lektorat: Rainer Gerstle und Doris Engelhardt
Herstellung: Siegfried Fischer, Stuttgart
Printed in Czech Republic /
Imprimé en République tchèque

Die Blütenpflanzen Mitteleuropas

Einführung

In Band 3 wird die Vorstellung mitteleuropäischer Blütenpflanzen in Bild (Tafeln) und Text (Diagnosen) fortgeführt. Er erhält, ausgerichtet am System nach F. EHRENDORFER (in: STRASBURGER, Lehrbuch der Botanik, 3. Aufl., 1991; Fischer, Stuttgart), noch zwei Ordnungen der vormals als „Kronenlose" *(Apetalae)* bezeichneten Gruppe der Zweikeimblättrigen Bedecktsamer *(Dicotyledoneae)*, denen nach neueren Erkenntnissen ein anderer Platz im System zukommt (Weiden- und Sandelartige); dazu den Rest der ehemals „Freikronblättrigen" *(Dialypetalae)*, soweit sie nicht in Band 2 Platz fanden. Es sind dies neben den umfangreichen Familien der Dolden- und Kreuzblütengewächse die Ordnungen der Myrten-, Storchschnabel-, Kreuzblumen-, Wolfsmilch-, Seidelbast-, Teestrauch-, Veilchen- und Malvenartigen, sowie die ganze Serie der (bei uns) „kleinen" Ordnungen, mit wenigen bekannteren Familien (Rauten-, Roßkastanien-, Ahorn-, Kreuzdorn-, Weinreben-, Ölweiden-, Sonnentau- und Hartriegelgewächse) oder gar nur einzelnen Gattungen (Tausendblatt, Pfaffenhütchen, Pfingstrose, Kapuzinerkresse u. a.). Teils eingemischt, zum größten Teil aber angeschlossen, fanden die Anfangsgruppen der früheren „Verwachsenkronblättrigen" *(Sympetalae)* noch Aufnahme in Band 3, wenn auch in etwas veränderter Formation als gewohnt. Es sind dies die Ordnungen der Kürbis-, Primel-, Heidekraut-, Karden- und Enzianartigen, sowie die Familie der Ölbaumgewächse.

Alle in diesen Band aufgenommenen Familien können aus dem Verzeichnis S. 8 ersehen werden, das ihre deutschen und wissenschaftlichen Namen in alphabetischer Reihenfolge auflistet.

Zu jeder ganzseitigen Farbtafel, auf der gewöhnlich vier Arten abgebildet sind, gehören zwei Seiten Text. Eine Darstellungseinheit umfaßt also insgesamt drei Seiten. Da ein aufgeschlagenes Buch nur Doppelseiten bietet, mußte die Schrift so verteilt werden, daß, in regelmäßigem Wechsel, die eine Tafel zwischen ihren zugehörigen Textseiten steht und die nächste an ihre beiden Textseiten anschließt:
| Text 1a – Tafel 1 | Text 1b – Text 2a | Text 2b – Tafel 2 |.

Alle Tafeln stehen somit auf ihrer Doppelseite rechts; links davon befindet sich die Hälfte des zugehörigen Textes. Ein Pfeil am Textseiten-Kopf weist die Richtung, in der der andere Textteil (und, falls nicht aufgeschlagen, auch die passende Tafel) zu finden ist. In der Kopfleiste sind stets die Familiennamen der dargestellten Arten vermerkt.

Die Abbildungen auf den Tafeln wurden zum großen Teil nach wildlebendem Material angefertigt oder nach Pflanzen, die im Botanischen Garten der Universität Tübigen aus Samen herangezogen worden sind. Wo nicht anders möglich, vor allem bei seltenen oder geschützten Arten, mußte auf Herbarstücke zurückgegriffen werden; die meisten davon stellten in dankenswerter Weise die Botanische Staatssammlung, München und das Staatliche Museum für Naturkunde, Stuttgart, zur Verfügung.

Zur rascheren Orientierung wurden die Einzeldarstellungen auf den Tafeln mit den deutschen und wissenschaftlichen Namen beschriftet, die auch den jeweiligen Artbeschreibungen im Text vorangestellt sind. Dort wird – außer den Familiennamen – für jede Art nur der wissenschaftliche Name genannt, der, nach unseren Erkenntnissen, derzeit gültig ist. Auf eine Synonymik (Aufzählung weiterer Namen) wurde verzichtet. Eine Übersicht über Namen, die früher häufig gebraucht wurden, wird in Band 5 gegeben. Auch bei den deutschen Namen wird in der Regel nur einer genannt (s. hierzu Vorwort Band 1, S. 9).

Die Texte sind jeweils gegliedert in:
Beschreibung: Hier werden teils allgemeine, vor allem aber kennzeichnende Gestaltmerkmale der Art erwähnt, ausgehend von Blüte und Blütenstand (eventuell auch der Frucht) bis zu Stengel

und Blatt. Angaben zur (durchschnittlichen) Größe und (allgemeinen) Blühzeit beschließen diesen Abschnitt. (s. dazu auch Band 1, S. 10).

Vorkommen: Dieser Teil enthält Anmerkungen über Standort und Verbreitung der Art, also über ihre Ansprüche an Klima und Boden und das daraus resultierende Auftreten in bestimmten Biotopen und Landstrichen (näheres darüber s. Band 1, S. 10).

Wissenswertes: Mit den üblichen Symbolen (s. u.) wird am Beginn auf die gestalteigentümliche Lebensweise (Kraut; Staude; Baum und Strauch), eine (soweit bekannt) eventuell vorhandene stärkere oder geringere Giftigkeit und auf die Schutzwürdigkeit hingewiesen. Dann folgen, je nach Art, sehr unterschiedliche Hinweise auf Verwandtschaftsbeziehungen (auch Kleinarten), ähnliche Arten, bemerkenswerte Inhaltsstoffe, Verwendung in der Heilkunde, Eigentümlichkeiten im Bau, bei der Bestäubung oder im Vorkommen, wissenschaftshistorische Besonderheiten, dazu oft Erläuterungen zu den Namen und vieles andere, was uns gerade im speziellen Fall von besonderem Interesse zu sein schien. Meist war hier, wie auch in den anderen Abschnitten, der zur Verfügung stehende Raum das Begrenzungskriterium für weitergehende Aussagen. (s. auch Vorwort, Band 1, S. 10 f.).

Zeichenerklärung:

Textteil

⊙ Kraut; krautige Pflanze, einmal blühend: im selben Jahr, im nächsten Jahr oder, selten, erst nach mehreren Jahren; danach vollständig absterbend

♃ Staude; krautige Pflanze, oberirdische Teile sterben im Herbst weitgehend ab; die Pflanze treibt aber jedes Jahr neu aus und blüht

♄ Holzgewächs (Baum oder Strauch); die Triebe verholzen, bleiben oberirdisch erhalten und treiben im nächsten Jahr neue Sprosse aus

☠ Pflanze (oder Teile von ihr) giftig

(☠) Pflanze schwach giftig oder giftverdächtig

▽ Pflanze schutzwürdig

Bestimmungsschlüssel

⚥ zwittrig

♀ weiblich

♂ männlich

Pflanzenfamilien in Band 3

Das alphabetische Verzeichnis der Familiennamen (deutsch und wissenschaftlich) gibt einen Überblick über die in Band 3 aufgenommenen Pflanzenfamilien und soll den Zugriff auf jede einzelne der 62 Familien erleichtern, die über die 59 Seiten des Bestimmungsschlüssels verteilt sind. Es ermöglicht aber auch, durch Nennung der Bildtafelseiten, die oft bevorzugte Identifikationsmethode des „Suchblätterns". Geübte werden meist auf die Vorschlüssel verzichten, wenn eine Pflanze schon eindeutig ihre Familienzugehörigkeit (z. B. Kreuzblütengewächs) zu erkennen gibt. Sie kommen dann auch in der Regel über das Suchblättern rascher zum Ziel, wenn sie schon die berühmte „Ahnung von der Richtung" haben. Falls der Versuch scheitert, bleibt ihnen immer noch der mühsamere lange Marsch durch den Schlüssel.

Im Schlüssel werden allerdings auch noch einige „ausgefallene" Arten vorgestellt, die in Mitteleuropa nur gelegentlich auftreten, die echte Einbürgerung also (noch) nicht geschafft haben (s. u.).

Wenn sie Einzelvertreter einer „exotischen" Familie sind, fehlt diese im Tafelteil (trifft in Band 3 auf zwei Familien zu: Jochblatt- und Schlauchblattgewächse). Im Verzeichnis der Familiennamen sind sie durch das Negativzeichen (–) in der Tafel-Spalte leicht auszumachen.

Bestimmungsschlüssel

Der Zugang zu der Artenfülle dieses Bandes soll durch den nachfolgenden Schlüssel erleichtert werden. In ihm sind alle Familien aufgeführt, die in den Vorschlüsseln (Band 1) dem Band 3 zugeordnet wurden. Über das Verzeichnis der **Pflanzenfamilien** gelangt man zur einschlägigen Seite.

Der Schlüssel ist am EHRENDORFERschen System (s. o.) ausgerichtet, die Familien sind unter den entsprechenden Ordnungen eingereiht. Ihre Durchnumerierung hat keinerlei wissenschaftliche Bedeutung, sondern lediglich Buchungscharakter, da nicht alle Gruppen aufgeführt sind, sondern nur die im begrenzten Raum Mitteleuropas vertretenen. Für jede Familie ist eine Kurzbeschreibung beigegeben, die sich hauptsächlich auf die Eigenschaften der bei uns vorkommenden Vertreter bezieht. Falls mehr als eine Gattung in Mitteleuropa zu finden ist, untergliedert ein Schlüssel in die Gattungen. Die sehr großen Familien der Kreuzblüten- und Doldengewächse (beide mit mehr als 50 Gattungen) werden durch einen „Vorschlüssel" in kleinere, überschaubarere Gruppen gegliedert, der aber nach demselben Prinzip aufgebaut ist wie ein normaler „Gattungsschlüssel". Dieser beginnt, bei jeder Familie (und jeder Teilgruppe) neu mit der Ziffer 1 und ist nach dem in Band 1 (S. 402) erläuterten „multiple-choice-Verfahren" aufgebaut: Bei jeder Ziffer muß von zwei bis mehreren Alternativen (gekennzeichnet durch Kleinbuchstaben: a, b, c usf.) eine ausgewählt werden, die entweder zu einer neuen Ziffer oder einer der Gattungen führt (eventuell auch zu einer Teil- oder einer Sammelgattung). Unter den dort angegebenen Seitenzahlen findet man dann die Arten abgebildet. Großen Gattungen, deren Arten-Abbildungen sich über mehr als vier Tafeln erstrecken, ist noch eine „Grobeinteilung" beigegeben, die unter Großbuchstaben (A, B, C usf.) leicht sichtbare Merkmale aufreiht, die eine Aufteilung in kleinere (nicht systematische!) Gruppen im allgemeinen möglich macht.

Sämtliche Sonder- und Bastardformen lassen sich indes nicht trennen. Dies gelingt in keinem Schlüssel, denn immer wieder treten einzelne abstruse Formen auf. Man ist gut beraten, wenn man versucht, sich am Standort ein Gesamtbild aller dort wachsenden Exemplare derselben Art zu verschaffen, denn Einzelpflanzen sind oft sehr stark durch individuelle Abweichungen geprägt.

Wir haben versucht, häufig auftretende Abweichungen zu berücksichtigen. Dazuhin haben wir unsere Erfahrungen aus vielen Pflanzenbestimmungsübungen in der Jugend- und Erwachsenenbildung genutzt, um die Wege im Schlüssel

möglichst „sicher" zu machen. Wir wissen, daß der unvoreingenommene Beobachter manches anders sieht als der theoriefeste Fachspezialist. Für ersteren haben wir die Zwerg-Alpenrose *(Rhodothamnus)* zu den Pflanzen mit getrennten Blütenblättern gestellt, für den anderen führen wir sie aber auch bei den Verwachsenkronblättrigen auf. Daraus folgt aber, daß der Bestimmungsschlüssel **nicht** als Ersatz für die Artbeschreibungen im Bild/Text-Teil dienen kann. Die „Beschreibungen" im Bestimmungsschlüssel sind eben nicht in jedem Fall an den Erkenntnissen der Gestaltlehre (Morphologie) ausgerichtet, sondern oft an dem, was ohne intensives vergleichendes Studium „gesehen wird".

Eingestreut im Schlüssel findet man Hinweise auf einige Arten, die in Mitteleuropa nicht heimisch sind, jedoch hie und da eingeschleppt werden oder vorübergehend verwildert auftreten, bzw. bis hart vor die Grenzen (s. Band 1, S. 288) gelangt sind. Meist sind solche lokal gemeldeten Vorkommen schon in Jahresfrist, zumindest nach wenigen Jahren, wieder erloschen. Ein erneutes vorübergehendes Auftreten an anderer Stelle ist aber nicht auszuschließen. Mittels der Strichzeichnungen im Schlüssel mag die Identifikation mancher dieser unbeständigen „Irrgäste" gelingen. Botanische Museen und Institute, Naturschutzstellen und vor allem die Regionalstellen für die Pflanzenkartierung sind dankbar für jede Fundmeldung solcher Neuankömmlinge.

Die Pflanzenfamilien von Band 3

Nr.	Name (deutsch und wissenschaftlich)	Schlüssel Seite	Tafel(n) Seite
50	*Aceraceae*	13	99+101
95	*Adoxaceae*	64	497
50	Ahorngewächse	13	99+101
47	*Anacardiaceae*	12	95
69	*Apiaceae*	19	171–243
101	*Apocynaceae*	67	539
87	*Aquifoliaceae*	60	461
68	*Araliaceae*	18	171
102	*Asclepiadaceae*	68	539
96	Baldriangewächse	64	497–507

Ordnung Myrtenartige, *Myrtales*

42

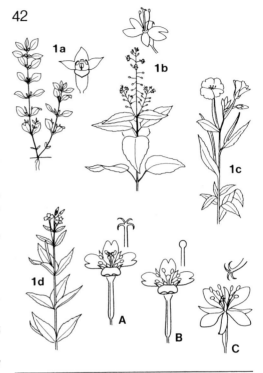

42. Familie Nachtkerzengewächse, *Onagraceae*

Kraut- und (nicht bei uns) Holzpflanzen; Blätter meist gegen- oder quirlständig; Blütenhülle meist doppelt, 4- oder selten 2zählig; 1 unterständiger Fruchtknoten, von der becher- oder röhrenförmigen Blütenachse umwachsen; 1 Griffel; meist 4, selten 8 oder 2 Staubblätter; Kapselfrucht

1a Ohne Blütenblätter, Sumpf- oder Wasserpflanze mit 4zipfligem grün(lich)em Kelch; Sproß kriechend oder flutend; Blüten blattachselständig
Heusenkraut, *Ludwigia* S. 83

1b Nur 2 weiße (oft tief 2zipflige!) Blütenblätter; diese kaum 4 mm lang; aufrechte, endständige Trauben
Hexenkraut, *Circaea* S. 83

1c 4 gelbe, breite, ca. 1–4 cm lange Blütenblätter; Blüten öffnen sich in der Dämmerung; Fruchtknoten länglich, rundlich; Sproß meist reichblütig
Nachtkerze, *Oenothera* S. 87

1d 4 rote, rosafarbene oder weißliche, knapp 0,5 bis 2 cm lange Blütenblätter; Fruchtknoten schmal, meist 4kantig; Samen mit langen Flughaaren; Sproß meist reichblütig
Weidenröschen, *Epilobium* S. 71–81

    A Blüten ± trichterig, Narbe 4zipflig; zumindest untere Stengelblätter gegen- oder quirlständig
S. 71+75

    B Blüten ± trichterig, Narbe kopfig; zumindest untere Stengelblätter gegen- oder quirlständig
S. 75+77

    C Blüten flach ausgebreitet, Staubfäden und Griffel abwärts gebogen; alle Blätter wechselständig
S. 81

43. Familie Weiderichgewächse, *Lythraceae*

Kräuter und Stauden; Blätter oft gegenständig; Blütenhülle meist doppelt; Kelch unten zu einem ± tiefen Becher verwachsen, auf dessen Grund der oberständige Fruchtknoten frei sitzt (zuweilen auch gestielt); Blüten 4–8strahlig, 1 Griffel, Staubblattzahl wechselnd; 2klappige Kapseln

1a Keine oder (selten) verkümmerte Blütenblätter; Stengel kriechend, höchstens Seitenästchen aufgebogen; Blätter dicklich, verkehrt-eiförmig bis spatelig; Blüten einzeln, blattachselständig
Sumpfquendel, *Peplis* S. 87

1b Mit lila oder rosa bis purpurroten Blütenblättern; Blätter lineal bis (breit-)lanzettlich; Sproß aufrecht
Weiderich, *Lythrum* S. 89

43

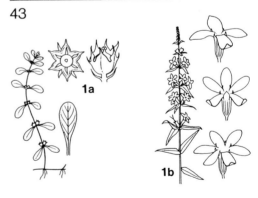

44. Familie Wassernußgewächse, *Trapaceae*

Treibende Wasserpflanzen mit Schwimmblattrosetten; Blattstiel meist blasig aufgetrieben, lufterfüllt. Blüten doppelt, 4zählig, einzeln in den Blattachseln, gestielt; 4 Staubblätter, 1 Fruchtknoten, halbunterständig, 1griffelig. Nußartige Steinfrucht, mit dem Blütenboden und 2–4 dornartig auswachsenden Kelchblättern eine Scheinfrucht bildend. Steinkern eßbar. Einzige Gattung (bei uns nur 1 Art):
Wassernuß, *Trapa* S. 87

44

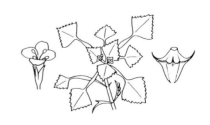

Ordnung Seebeerenartige, *Haloragales*

45

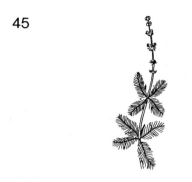

45. Familie Seebeerengewächse, *Haloragaceae*
Kräuter, Stauden, Sträucher; bei uns nur 1 Gattung: Wasserpflanzen mit stark zerteilten Blättern; Blüten klein, unscheinbar, 4zählig, 1geschlechtig oder ♂; Fruchtknoten unterständig. Einheimische Gattung:
Tausendblatt, *Myriophyllum* S. 89+93

Ordnung Rautenartige, *Rutales*

46. Familie Rautengewächse, *Rutaceae*
Bei uns Stauden (sonst auch Holzgewächse, z. B. Zitrone, Orange; Kleeulme s. u.); Blätter mit Öldrüsen, duftend; Blüten doppelt, 3–5zählig, 6–10 Staubblätter, meist 3–5 ± freie oberständige Fruchtknoten; die mitteleuropäischen Arten mit Kapselfrüchten (sonst oft Beeren oder Steinfrüchte)

46

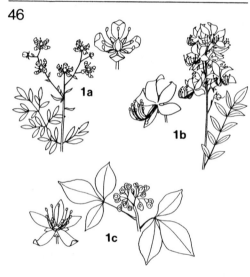

1a Blätter 2–3fach gefiedert; Blüten gelb(grün), in Doldenrispen, die oberste 5-, alle anderen 4zählig
Raute, *Ruta* S. 93
1b Blätter 1fach gefiedert; Blüten rosa bis weiß, mit roten Adern, alle 5zählig, ± 2seitig; in langen Trauben
Diptam, *Dictamnus* S. 93
1c Blätter 3teilig, lang gestielt; Strauch mit dichten Rispen aus kleinen, grünlichweißen, 4–5strahligen Blüten; Früchte nüßchenartige, 2samige Kapseln mit breitem Flügelrand (ähnlich Ulmenfrüchten) – hängen lange Zeit am Strauch
Kleeulme, *Ptelea trifoliata* L. (s. a. S. 92, re. Spalte) Heimat: Östliches Nordamerika; seit dem 18. Jahrhundert in Europa als Zierstrauch; zuweilen verwildert; soll in Brandenburg und Niederösterreich beständig eingebürgert sein; die Art ist jedoch in unserem Klima wenig ausbreitungstüchtig

47. Familie Sumachgewächse, *Anacardiaceae*
Holzgewächse mit Harz oder Milchsaft – ! z. T. sehr giftig; bei uns nur eingeführte Arten; Blätter wechselständig; Blüten klein, ♂ oder 1geschlechtig, 2häusig oder alle gemischt 1häusig. 5 Blüten- und Kelch-, 10 Staubblätter; 3 1grifflige oder 1 3griffliger Fruchtknoten; kleine, oft recht trockene Steinfrüchtchen

47

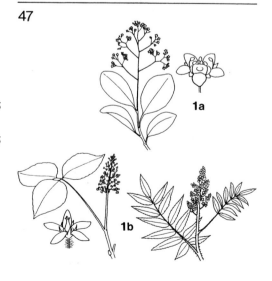

1a Blätter ungeteilt; lockere, ausladende Rispe; Blütenstiele später verlängert, abstehend rotviolett behaart
Perückenstrauch, *Cotinus* S. 95
1b Blätter 3teilig bis gefiedert; lockere oder kolbig zusammengezogene, vielblütige Rispen
Sumach, *Rhus* S. 95
Die 3blättrigen Arten sind z. T. äußerst giftig – Gift-Sumach, z. B.: *Rh. toxicodendron* L. –, werden heute kaum mehr gepflanzt und verwildern damit auch nicht mehr (früher in Franken, Thüringen, Sachsen und in der Lausitz, sowie in Böhmen und vor allem in Südtirol – meist in der Umgebung alter Burgruinen oder in und um Schloßgärten)

48. Familie Bittereschengewächse,
Simaroubaceae
Holzgewächse mit meist wechselständigen, einfachen
oder gefiederten Blättern; Blüten klein, 1geschlechtig
und ⚥, in reichen Rispen. Blütenhülle doppelt, oft 5strah-
lig; (5-)10(-14) Staubblätter, Fruchtknoten oberständig,
aus (4-)5(-6) ganz oder teilweise verwachsenen Fruchtblättern gebildet und zur Reife oft in geflügelte Teilfrüchte zerfallend (zuweilen auch einzelne Steinfrüchtchen).
Hauptverbreitung: Tropen, Subtropen. Bei uns (eingeführt und selten verwildert):
Götterbaum, *Ailanthus* S. 95

Ordnung Seifenbaumartige, *Sapindales*

49. Familie Roßkastaniengewächse,
Hippocastanaceae
Holzgewächse mit gegenständigen, gefingerten Blättern
(aus 3–9 Teilblättchen). Blüten groß (4-)5zählig, schwach
2seitig. Blütenhülle doppelt; Staubbeutel 5–8; 1 oberständiger, 1griffliger Fruchtknoten; derbhäutige Klappenkapseln, 1–3fächrig, in jedem Fach ein großer Same.
Nur 2 Gattungen; von den Tropen nördlich bis Südkana-
da, Nordchina, Japan und zum Balkan; bei uns (eingeführt und ± eingebürgert):
Roßkastanie, *Aesculus* S. 99

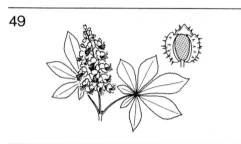

50. Familie Ahorngewächse, Aceraceae
Holzgewächse mit gegenständigen, selten ganzrandigen,
meist handlappigen oder gefingerten Blättern. Blüten
4–5strahlig, meist doppelt (Kelch und Krone oft wenig
verschieden), in doldigen oder traubigen Rispen.
(4-)8–10 Staubblätter, 1 oberständiger Fruchtknoten mit
2 Griffeln; 2flügelige Spaltfrucht (selten mehrflügelig);
bei uns nur 1 Gattung (weltweit 2!)
Ahorn, *Acer* S. 99+101

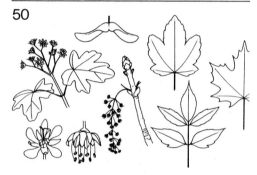

51. Familie Pimpernußgewächse, Staphyleaceae
Holzgewächse mit zusammengesetzten, gegen- oder
wechselständigen Blättern; Blüten 5strahlig, doppelt, ⚥;
in Trauben oder Rispen. 5 Staubblätter, 1 (verwachsener)
oder 2–3 ± freie Fruchtknoten – entsprechend 1–3 Griffel; Früchte: Verschieden gestaltete Kapseln oder Nüßchen. Verbreitet in Amerika, Asien und Osteuropa; von
dort 1 Art nach Westen ausgreifend; außer Zierpflanzen
bei uns nur diese (heimisch im Osten und Süden)
Pimpernuß, *Staphylea* S. 95

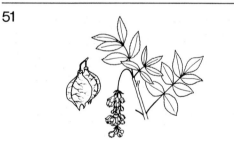

Ordnung Storchschnabelartige, *Geraniales*

52. Familie Sauerkleegewächse, Oxalidaceae
Holzgewächse (nicht bei uns) oder meist krautige Pflanzen, gern mit fleischig verdickter, verholzter oder knollig
angeschwollener Grundachse; Blätter meist wechselständig, oft gefingert. Blüten doppelt, 5strahlig, einzeln oder
in armblütigen Scheindolden; Staubblätter meist 10; 1
oberständiger Fruchtknoten mit 5 Griffeln; Beerenfrucht
oder (bei unseren Arten) 5kantige Kapsel; in Mitteleuropa nur 1 Gattung mit wenigen Arten
Sauerklee, *Oxalis* S. 105

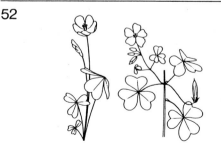

13

53. Familie Leingewächse, *Linaceae*

Kräuter, Stauden, Halbsträucher (in den Tropen auch Bäume) mit oft wechselständigen, einfachen, meist ganzrandigen Blättern. Blüten doppelt, (4–)5strahlig, oft in Trauben oder Rispen; 4–5(10) Staubblätter; 1 oberständiger Fruchtknoten mit 5 (selten 2–4) Griffeln; Kapsel- (unsere Arten) oder Steinfrucht

1a Blüten 4zählig; Kelchblätter vorn gezähnelt, Blütenblätter kaum 3 mm lang; alle Laubblätter gegenständig; Sproß gegabelt, kaum 10 (meist 2–5) cm hoch
  Zwergflachs, *Radiola* S. 107
1b Blüten 5zählig, Kelchblätter ungezähnt, zuweilen gewimpert, Blütenblätter (0,4)0,5–3 cm lang
  Lein, *Linum* S. 107+111

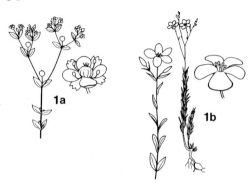

54. Familie Jochblattgewächse, *Zygophyllaceae*

Holzgewächse, selten Krautpflanzen; Blätter meist gegenständig, oft paarig gefiedert, mit Nebenblättchen. Blüten doppelt, (4–)5strahlig; 10(8), selten 15(12) Staubblätter, 1 oberständiger, 1griffliger Fruchtknoten. Kapseln, Nüßchen oder Gliederfrüchte. Wüsten- und Steppenbewohner trocken-heißer Klimate. Bei uns nur:
  Burzeldorn, *Tribulus terrestris* L.
Einjähriges, niederliegendes Kraut; Blätter unpaarig gefiedert, 10–16 eiförmige, blaugrünliche, kurzhaarige Teilblättchen. Blüten einzeln, kurzstielig, 5strahlig, gelb. Frucht lang gestielt, dornig-spitzwarzig, 5teilig. Heimat: Westasien, Mittelmeergebiet; heute in fast allen Wärmezonen der Erde; bei uns vereinzelt und unbeständig

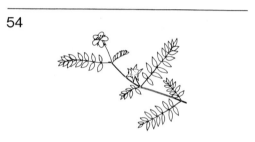

55. Familie Storchschnabelgewächse, *Geraniaceae*

Krautpflanzen, selten Halbsträucher (auf der Südhalbkugel auch Sträucher) mit meist gegenständigen, handförmig gelappten bis gefingerten Blättern; Nebenblätter oft auffällig. Blüten doppelt, meist 5strahlig, selten 4zählig oder ± 2seitig; einzeln, zu zweit (gabelig gestielt) oder in Dolden; 8–15 Staubblätter; 1 zusammengesetzter, oberständiger Fruchtknoten mit dickem „Schnabel" (Mittelsäule, 3–5 verwachsene Einzelgriffel), daran 3–5 freie Narben; Frucht zerfällt bei der Reife in (3–)5 Nüßchen, oft mit langem Griffelrest (Schleuderfrüchte)

1a Blätter gefiedert oder fiederteilig, im Umriß länglich; Blüten gestielt, meist zu 3–10 doldig am Ende eines blattlosen Schaftes (nur 5 Staubbeutel pro Blüte)
  Reiherschnabel, *Erodium* S. 125
1b Blätter handförmig gelappt bis gefingert, im Umriß rundlich; Blüten einzeln oder zu 2 auf gegabeltem Stiel (meist 10 Staubbeutel pro Blüte)
  Storchschnabel, *Geranium* S. 113–123
  A Blütenblätter 1,2 bis 2 cm lang S. 113+117
  B Blütenblätter unter 1 cm lang S. 117–123
1c Vgl.: Blätter rundlich, fast ganzrandig, Stengel dick, Blüten groß, meist in reichblütigen Dolden; Kelchblätter oft ungleich, Blüten zuweilen schwach 2seitig
  Geranie (Pelargonie), *Pelargonium* BURM.
Afrikanische Arten, bei uns beliebte, in vielen Sorten kultivierte Zierpflanzen; öfters um Feld- oder Straßenkreuze gepflanzt, doch fast immer den Winter nicht überlebend; keine Selbstausbreitung

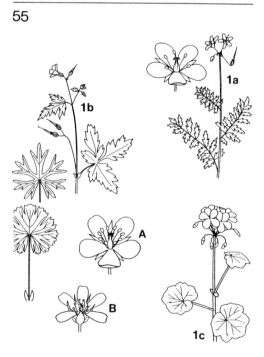

56. Familie Balsaminengewächse, *Balsaminaceae*

Kräuter mit einfachen, wechsel- oder gegenständigen Blättern und dicklich-glasigem Stengel; dessen Knoten oft angeschwollen. Blüten 2seitig, doppelt, doch mit teils blütenblattartigem Kelch, 5zählig, aber 2 Kelchblätter verkümmert, 1 gespornt. 5 Staubblätter; 1 oberständiger Fruchtknoten, 1 Griffel mit 5 Narben. Reife Kapsel bei Berührung 5klappig aufplatzend; bei uns nur 1 Gattung
Springkraut, *Impatiens* S. 125+129

Ordnung Kreuzblumenartige, *Polygalales*

57. Familie Kreuzblumengewächse, *Polygalaceae*

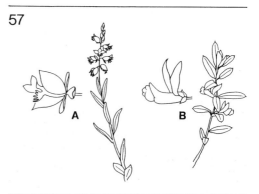

Kräuter oder (Halb)Sträucher mit einfachen, meist ganzrandigen, zuweilen wintergrünen, wechselständigen Blättern. Blüten 2seitig, doppelt, doch mit z. T. blütenblattähnlichem Kelch; 2 seitliche Kelchblätter gefärbt, flügelartig; 1 Blütenblatt rinnig-schiffchenförmig, vorn mit fransigem Anhängsel. Meist 8 Staubblätter mit verwachsenen Staubfäden; 1 oberständiger Fruchtknoten; 2fächerige Kapseln
Kreuzblume, *Polygala* S. 129–135
A Krautpflanzen (Blüten blau, violett, weiß) S. 129+131
B Kriechstrauch (Blüten gelb, rot und weißlich) S. 135

Ordnung Spindelbaumartige, *Celastrales*

58. Familie Spindelbaumgewächse, *Celastraceae*

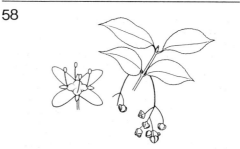

Holzgewächse (z. T. auch Schlingsträucher) mit einfachen, oft gegenständigen Blättern. Blüten klein, doppelt, 4–5strahlig, 1geschlechtig oder ♂; einzeln oder öfters in end- und blattachselständigen Rispen; 4–5 Staubblätter; 1 oberständiger, 1griffliger Fruchtknoten; Früchte sehr verschieden; bei unseren Arten eine aufbrechende Kapsel, aus der die von einem auffällig gefärbten Mantel umhüllten Samen heraushängen; bei uns nur 1 Gattung
Pfaffenhütchen, *Euonymus* S. 135

Ordnung Kreuzdornartige, *Rhamnales*

59. Familie Kreuzdorngewächse, *Rhamnaceae*

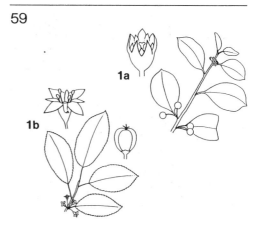

Holzpflanzen, oft Dornsträucher, selten (Südamerika) auch Kräuter. Blätter einfach, gegen- oder wechselständig. Blüten meist ♂, 4–5strahlig, in der Regel doppelt (Blütenblätter oft sehr klein, zuweilen fehlend); 4–5 Staubblätter; 1 Fruchtknoten, 1–5grifflig, in einen Achsenbecher eingesenkt. Blüten einzeln oder gebüschelt blattachselständig, seltener in Trauben oder reichen Rispen; steinfruchtartige Beeren mit 1–5 harten Samen

1a Blätter meist ganzrandig; Blüten 5zählig; Griffel mit kopfiger Narbe
Faulbaum, *Frangula* S. 141
1b Blätter fein gesägt, Sprosse oft bedornt, Blüten meist 4zählig; Griffel (im oberen Bereich) 2–5teilig
Kreuzdorn, *Rhamnus* S. 137

60. Familie Weinrebengewächse, *Vitaceae*

Holzpflanzen, meist Klettersträucher, mit 2zeilig wechselständigen, handförmig gelappten oder gefingerten Blättern. Blüten unscheinbar, aber in vollen Rispen, ♂ oder 1geschlechtig, (3–)4–5(–7)strahlig, doppelt, aber Blütenblätter oft beim Aufblühen abfallend (z. T. abschnellend!); Staubblätter meist 4–5; 1 oberständiger Fruchtknoten mit meist 2, sehr kurzen Griffeln; Beerenfrucht (oft sehr saftig)

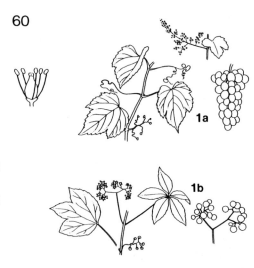

1a Blütenstand lang, traubig-rispig; Borke der alten Sprosse löst sich in Längsstreifen ab (Blätter ± gelappt, nie gefingert)
Weinrebe, *Vitis* S. 141
1b Blütenstand breit ausladend, ± doldig (oft mit Haftscheibenranken; Blätter gefingert oder gelappt)
Jungfernrebe, *Parthenocissus* S. 141

Ordnung Sandelartige, *Santalales*

61. Familie Sandelgewächse, *Santalaceae*

Holzgewächse oder (bei uns nur) Krautpflanzen; meist Halbparasiten mit unterirdischen Saugwurzeln und ± grünen, einfachen, meist schmalen oder kleinen, wechsel- oder gegenständigen Blättern. Blüten ♂ oder 1geschlechtig, klein, (3–)5(–6)strahlig, einfach, aber mit blütenblattartiger Hülle; zwar einzeln blattachselständig, doch meist vielzählig traubig-rispig gehäuft, seltener in Dolden oder Köpfchen; Staubblätter 3–6; 1 meist unterständiger Fruchtknoten mit dünnem Griffel; einsamige Frucht, mit dem becherförmigen Blütenboden verwachsen, der eine fleischige oder (bei unseren Arten meist) derbhäutige Hülle bildet; an deren Spitze die verdorrten, ± eingerollten Blütenblätter; bei uns nur 1 Gattung
Leinblatt, *Thesium* S. 143+147

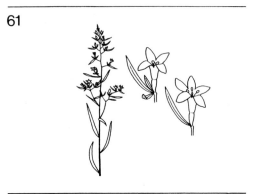

62. Familie Riemenblumengewächse, *Loranthaceae*

Sträucher und Halbsträucher, selten krautige Pflanzen; mit Saugwurzeln auf den Ästen anderer Hölzer parasitierend. Blätter grün (Halbschmarotzer!), 1jährig, gegen- oder wechselständig, bei unserer Art schmal, dicklich, verkehrt-eilänglich. Blüten einfach, 4–6strahlig, gelblichgrün, in lockeren Ähren oder Trauben; 4–6 Staubblätter; 1 unterständiger Fruchtknoten mit dünnem Griffel; Narbe kopfig; beerenartige Scheinfrucht; bei uns nur 1 Art
Riemenblume, *Loranthus* S. 147

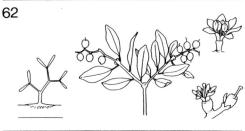

63. Familie Mistelgewächse, *Viscaceae*

Sträucher oder Halbsträucher; mit Saugwurzeln auf den Ästen anderer Hölzer parasitierend. Halbschmarotzer: Blätter grünlich, derb, mehrjährig, gegen- oder quirlständig, verkehrt-eilänglich bis (nicht in Mitteleuropa) schuppenförmig. Blüten einfach, 4–6strahlig, ♂ oder 1geschlechtig, einzeln oder zu wenigen in den Blattachseln sitzend; Blütenhülle z. T. stark reduziert; 4–6 Staubblätter, 1 unterständiger Fruchtknoten mit dünnem Griffel; Narbe kopfig; Stein- oder beerenartige Scheinfrucht; bei uns nur 1 Gattung
Mistel, *Viscum* S. 147

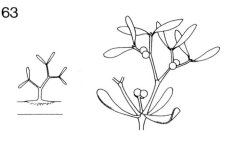

Ordnung Wolfsmilchartige, *Euphorbiales*

64. Familie Buchsbaumgewächse, *Buxaceae*
Sträucher, selten Bäume oder Stauden; Blätter gegen-
oder dicht wechselständig, einfach, derb, meist ganzrandig. Blüten unscheinbar, fast immer 1geschlechtig, einfach, 3–8strahlig, selten auch nackt; blattachselständig,
einzeln, in sitzenden Köpfchen oder gestielten Ähren,
meist von Tragblättern umgeben; 4–5 Staubblätter, selten
mehr; 1 oberständiger Fruchtknoten, meist 3 abspreizen-
de Griffel; Steinfrucht, häufiger 3fächerig aufreißende
Kapsel; bei uns nur 1 Art (meist als Zierpflanze)

Buchsbaum, *Buxus* S. 165

65. Familie Wolfsmilchgewächse, *Euphorbiaceae*
Holz- oder (bei uns) Krautpflanzen (in Afrika auch kak-
teenartige Gewächse, z.B. Christusdorn), oft Milchsaft
führend. Blätter meist wechselständig und einfach. Blütenhülle einfach und strahlig oder verkümmert, bei ♂
Blüten gelegentlich doppelt. Mehrere unscheinbare Blüten öfters zu einer Scheinblüte kombiniert; viele solche
Scheinblüten bilden dann den Gesamtblütenstand. Die
Hochblätter können blütenblattartig gefärbt sein oder
tragen blütenblattartige Drüsenwülste. ♂ Blüten mit
1–20, manchmal verzweigten Staubblättern, ♀ Blüten
meist mit 3griffligem Fruchtknoten; Kapselfrucht, üblicherweise in 3 Teilfrüchtchen zerfallend

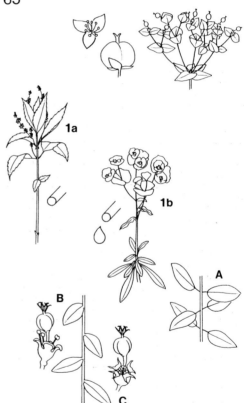

1a Pflanze ohne Milchsaft; Blätter gegenständig, am
Rand gesägt, ei-lanzettlich und lang gestielt oder
breit-eiförmig und kaum gestielt. Blüten 1geschlech-
tig, (meist 2häusig), mit 3–4zipfliger Hülle

Bingelkraut, *Mercurialis* S. 165

1b Pflanze mit Milchsaft; Blätter oft wechselständig,
wenn gegenständig (oder quirlig) dann ganzrandig
oder an niederliegendem Sproß; Blüten (scheinbar)
♂, (mehrere) in 4lappigem Hüllbecher, mit 1 heraus-
hängenden, kugeligen Fruchtknoten (1 ♀ Blüte)

Wolfsmilch, *Euphorbia* S. 149–161

Artenreiche Gattung   Grobeinteilung:

A Alle Blätter gegen- oder quirlständig   S. 149
B Blätter wechselständig, Lappen des Hüllbechers
  rundlich bis oval   S. 149–155
C Blätter wechselständig, Lappen des Hüllbechers
  halbmondförmig 2spitzig   S. 155–161

Ordnung Seidelbastartige, *Thymelaeales*

66. Familie Seidelbastgewächse, *Thymelaeaceae*
Holzgewächse und (selten) krautige Pflanzen mit meist
wechselständigen, schmalen und ganzrandigen Blättern.
Blüten ♂ oder 1geschlechtig, 4–6strahlig, meist doppelt
(Blütenblätter zuweilen verkümmert oder fehlend); sel-
ten einzeln, häufig in Köpfchen, Ähren, Dolden oder
Trauben; Staubblätter 4–6 (ausnahmsweise 8 bis viele);
1 unterständiger, vom Blütenboden umschlossener
Fruchtknoten mit 1, oft kurzem Griffel; an den Kapsel-,
Stein- und Beerenfrüchten ist oft der Blütenboden be-
teiligt (Scheinfrucht)
1a, 1b →

1a Strauch (auch Kleinstrauch); Blüten groß, samt dem länglichen Kelchbecher rot oder grüngelb, in Köpfchen(dolden) oder ährigen Trauben
Seidelbast, *Daphne* S. 167+171
1b Einjähriges Kraut; Blüten klein, grünlich, zu 1–4 in den Achseln der Blätter
Vogelkopf, *Thymelaea* S. 165

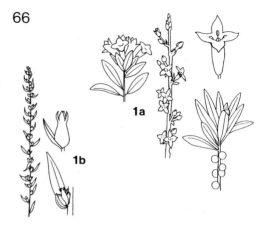

66

Ordnung Ölweidenartige, *Elaeagnales*

67. Familie Ölweidengewächse, *Elaeagnaceae*
Holzpflanzen, öfters bedornt; Blätter wechsel- oder gegenständig, einfach, ganzrandig, krautig oder derblederig, durch dichtstehende Sternhaare silbrig bis braungolden. Blüten ♂, seltener 1geschlechtig (2häusig), mit einfacher, meist nur 2–4strahliger Hülle; Staubblätter meist 4; 1 unterständiger Fruchtknoten, vom fast röhrenartigen Blütenboden eingeschlossen (Blütenboden bei ♂ Blüten oft flachschalig bis scheibenförmig); steinfruchtartige Scheinfrucht

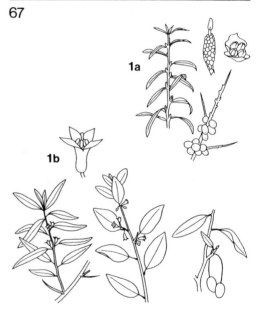

67

1a Blüten 2häusig-1geschlechtig, ♀ in langem, oben 2zipfligem Röhrchen, ♂ in breiter, tief 2lappiger Hülle; Laubblätter oberseits fast kahl
Sanddorn, *Hippophaë* S. 171
1b Blüten ♂, in trichterig-glockiger, 4zipfliger Hülle, duftend; Laubblätter beidseits dicht silbrig behaart
Ölweide, *Elaeagnus* L.
Einige Arten bei uns als Zierhölzer; von diesen finden sich gelegentlich halb verwildert (meist ortsnah und ohne weitere Ausbreitungstendenz):
Schmalblättrige Ölweide, *E. angustifolia* L.
Heimat: Ostmittelmeerraum/Vorderer Orient; Zweige jung silbrig-schilfrig; später dornig; Blätter ca. 1–2,5 cm breit; Frucht länglich, hellgelb, ihr Fruchtfleisch gelborange, süßlich schmeckend
Silber-Ölweide, *E. commutata* BERNH. ex. RYDB.
Heimat: Nordamerika; Zweige jung rostbraun-schilfrig, nicht verdornend; Blätter ca. 2–4,5 cm breit; Frucht rundlich, silbrig überzogen, ihr Fruchtfleisch rotorange, sehr sauer schmeckend. Oft mit Wurzelausschlägen; seltener als vorige; vor allem im Norden: Schleswig, Mecklenburg, Brandenburg, Sachsen

Ordnung Aralienartige, *Araliales*

68. Familie Efeugewächse, *Araliaceae*
Holzgewächse (auch Kletterpflanzen), selten Kräuter; Blätter meist wechselständig, einfach, manchmal gelappt, selten zusammengesetzt. Blüten oft ♂, 5strahlig, doppelt (Kelch meist klein, zuweilen fehlend); (3–)5(– viele) Staubblätter; 1 Fruchtknoten, oft unterständig, selten (z.B. bei unserer Art) halbunterständig, sehr selten oberständig; beerenartige, 1–5samige Scheinfrucht. Ca. 700, meist tropische Arten; in ganz Europa nur 1 einheimisch
Efeu, *Hedera* S. 171
Zierformen (auch außereuropäische Arten) mit weißgefleckten Blättern werden neuerdings gelegentlich „ausgewildert", halten sich aber nicht lange in freier Natur

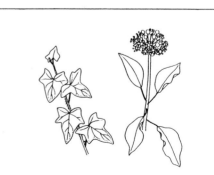

68

69. Familie Doldengewächse, *Apiaceae*

69

Krautige Pflanzen (sehr selten niedere Sträucher) mit fast immer wechselständigen, meist zerlappten oder zusammengesetzten Blättern, die öfters mit bauchig aufgetriebener Scheide dem Sproß ansitzen. Blüten in der Regel klein, mit 5zähnigem bis ± verkümmertem Kelchring, 5 strahligen Blütenblättern (bei Randblüten manchmal die äußeren auffällig verlängert), 5 Staubblättern und 1 unterständigen, 2fächerigen und 2grifflligen Fruchtknoten, der bei der Reife in 2 Nüßchen zerfällt (Spaltfrucht). Blütenstand doldig: Selten einfach und dann zuweilen kopfig zusammengezogen, überwiegend aber doppelt; am Ansatzpunkt der Doldenästchen öfters Tragblättchen (im Quirl, zuweilen auch nur halbseitig).
In Mitteleuropa mehr als 50 Gattungen dieser Familie.

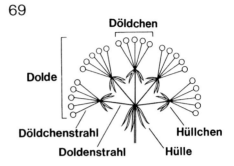

Begriffserklärung (s. auch Abbildung):
Der doppeldoldige Gesamtblütenstand heißt „Dolde",
seine Grundästchen „Doldenstrahlen",
sein Tragblattquirl (so vorhanden) „Hülle".
Die doldigen Teilblütenstände heißen „Döldchen",
ihre Ästchen „Döldchenstrahlen",
ihre Tragblattquirle (so vorhanden) „Hüllchen".

Vorschlüssel:

1a Blätter schildförmig (zentral gestielt), Spreite rundlich, schwach lappig bis kerbig; einfache, arme Dolde, lang gestielt; dünner, kriechender Hauptsproß
                          Wassernabel, *Hydrocotyle* S. 171

1b Blätter bestachelt (oder nur die Hüllblätter stachelig)
                          Mannstreu, *Eryngium* S. 173

1c Alle Blätter einfach, ungeteilt (zuweilen stengeldurchwachsen); Blüten öfters gelb und Hülle und (oder) Hüllchen sehr kräftig entwickelt **2**

1d Zumindest untere Blätter handförmig 3–7lappig (Mittellappen gelegentlich etwas verlängert) **3**

1e Blätter gefiedert oder (auch mehrfach) 3teilig, Blüten gelb bis grünlichgelb . . . . **DO 1, S. 20**
(! Blütenblätter grüngelb mit abgesetztem rotem Rand und Mittelstreif:
             s. Laserkraut, *Laserpitium* S. 243)

1f Blätter gefiedert oder (auch mehrfach) 3teilig, Blüten grünlichweiß, weiß oder ± rot **4**

2a Laubblätter ganzrandig, rundlich bis schmal grasartig; Döldchen ± kopfig zusammengezogen; Hülle meist, Hüllchen stets vorhanden, mit auffälligen Blättchen, die nur selten etwas kürzer sind als die Döldchen
                  Hasenohr, *Bupleurum* S. 191–197

2b Vgl.: Laubblätter am Rand kerbzähnig, untere fiedrig gelappt (Grundblätter auch doppelt 3zählig gelappt); Hüllblätter 0, viele kleine Hüllchenblätter
              Gelbdolde, *Smyrnium perfoliatum* L.
Heimat: Kleinasien, Süd(ost)europa bis Slowenien und Venetien; in Österreich, Tschechien, Süddeutschland, der Schweiz und den Niederlanden vereinzelt in Parkanlagen und Botanischen Gärten halbwild und in deren Umgebung auch ± beständig verwildert (s. auch S. 196, linke Spalte)

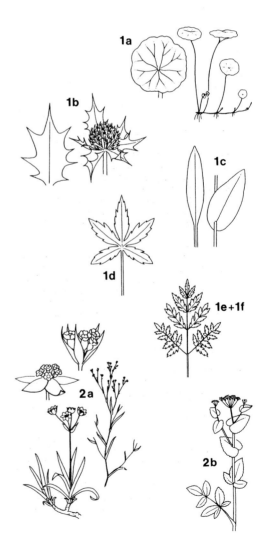

3a Dolden arm- und ungleichstrahlig, Döldchen kopfig zusammengezogen, mit ± kleinen Hüllchen
Sanikel, *Sanicula* S. 177

3b Döldchen kopfig zusammengezogen, von den (oft weißlichen) Hüllchen meist deutlich überragt, selten etwas länger als diese; dazu ± lang gestielt, blattachselständig, ± trugdoldig angeordnet
Sterndolde, *Astrantia* S. 177

3c Nur einfache, kopfig zusammengezogene Dolden, einzeln, endständig auf unbeblättertem Schaft, von einem Quirl laubblattartiger, verkehrt-eiförmiger und vorn kerbig gesägter, sternartig spreizender Hüllblätter weit überragt; südostalpine Laubwaldpflanze, selten; bei uns öfters als schattenliebender Bodendecker in Gärten; nur ganz selten und vorübergehend an Sammelplätzen für Gartenabfall verwildert (s. auch S. 176, rechte Spalte)
Schaftdolde, *Hacquetia epipactis* (SCOP.) DC.
Vgl. – mit wohlausgebildeter Doppeldolde.

3d Blattstiele und Stengel (bis auf den Doldenbereich) kahl (Pflanze kaum über 1 m hoch)
Meisterwurz, *Peucedanum (ostruthium)* S. 233

3e Pflanze ± dicht borstig behaart (öfters über 1 m hoch); Sippen (Sonderformen) von
Bärenklau, *Heracleum* S. 237

4a Hülle vorhanden, 3- bis vielblättrig . . . . **DO 2**, S. 23

4b Hülle fehlt, selten (oft hinfällig) 1–2blättrig; Hüllchen vorhanden, 3- bis vielblättrig, zuweilen „halbiert" = nur nach außen entwickelt **5**

4c Hülle und Hüllchen fehlend, höchstens 1–2 (oft ± früh abfallende) Blättchen . . . . **DO 5**, S. 32

5a Pflanze kahl, bzw. höchstens im Doldenbereich behaart . . . . **DO 3**, S. 26

5b Pflanze zumindest am Stengelgrund oder auf der Blattunterseite behaart oder beborstet (oft überall) . . . . **DO 4**, S. 29

DO 1: Doldengewächs; Blätter gefiedert; Blüten sattgelb bis gelbgrün

1a Hülle vorhanden, 3–mehrblättrig **2**

1b Hülle fehlt oder nur 1–2blättrig, oft hinfällig; Hüllchen vorhanden, 3–mehrblättrig **5**

1c Hülle und Hüllchen fehlen oder nur 1–2blättrig . . **9**

2a Blätter 2–3fach gefiedert mit dichtstehenden, haardünnen Zipfeln (um 0,2 mm (!) breit)
Bärwurz, *Meum* S. 219

2b Blätter 2–3fach gefiedert, Zipfel schmal ei-lanzettlich über 2 mm breit **3**

2c Blätter 1–mehrfach gefiedert, Zipfel breit, gezähnt oder schwach gelappt **4**

3a Hüllblättchen schmal fiederspaltig; in der Doldenmitte eine größere, schwarzrote, sterile Blüte; die anderen Blüten ± rahmgelblich(weiß)
Möhre, *Daucus* S. 239

3b Hüllblättchen schmal 3eckig-lanzettlich, alle Blüten hellgelb; Sproß meist rötlich-purpurn getönt
Haarstrang, *Peucedanum (alsaticum)* S. 231

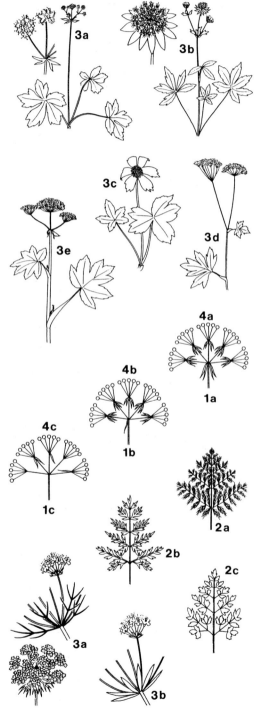

4a Blätter 1fach gefiedert, Fiedern eiförmig, gezähnt; Stengel niederliegend-aufsteigend, an den Knoten oft wurzelnd; Blüten grünlichweiß bis grünlichgelb; Pflanze mit Selleriegeruch!
Sellerie, *Apium* S. 201

4b Blätter 1fach gefiedert, Fiedern ± länglich-eiförmig, gesägt, grauborstig; Sproß stets aufrecht; Blüten weiß, erst im Verblühen hellgelblich
Zirmet, *Tordylium* S. 239

4c Blätter 2–3fach gefiedert, aromatisch riechend, zumindest Hauptrippen und Stiel etwas rauhborstig; Fiedern breit-eiförmig, rundum gesägt; Hüllchen(!)-blätter nicht oder undeutlich weißhäutig berandet
Laserkraut, *Laserpitium (latifolium)* S. 243

4d Blätter 2–3fach gefiedert (suppen-)gewürzhaft riechend, völlig kahl; Fiedern keilig-rautenförmig, am Vorderteil zipfelig gesägt, ganz schwach fleischig; Hüll- und Hüllchenblätter deutlich hautrandig
Liebstöckel, *Levisticum officinale* KOCH
Bis zu 2 m hohe, buschige Staude; seit alters kultiviert (Suppenwürze, früher auch Heilkraut); Stammform vermutlich in Persien. Bei uns überall und häufig in Gärten gezogen („Maggikraut"), doch nur ganz selten (aber kaum zu übersehen) und sehr unbeständig verwildert

5a Blätter 2–3fach gefiedert, mit haardünnen, um 0,2 mm (!) breiten, ± 0,5 cm langen Zipfeln
Bärwurz, *Meum* S. 219

5b Blätter 2–4fach gefiedert oder mehrfach 3zählig, mit schmalen, doch deutlich flächigen, mindestens um 1 mm breiten Zipfeln 6

5c Blätter 1–3fach gefiedert, die unteren 40–90 cm lang, Fiedern grob- und breitlappig 8

5d Blätter 2–3fach dreiteilig-fiederig, kaum 30 cm lang mit breit-eiförmigen, langgezähnten bis tieflappigen, am Rand oft krausen Fiedern; Pflanze mit Petersiliengeruch!
Petersilie, *Petroselinum crispum* (MILL.) A.W. HILL
Kulturpflanze (Vitamin C-reiches Gewürz) aus dem östlichen Mittelmeerraum; dort auch verwildert; bei uns sehr häufig in mehreren Sorten als Blatt-, seltener als Knollen-Petersilie (Wurzel eßbar) angebaut; verwildert selten und nirgends dauerhaft (obwohl relativ frosthart)

6a Blätter unterseits und am Rand kurz weichborstig behaart (Teilfrucht mit hakigen Borsten besetzt: anklettend!)
Kerbel, *Anthriscus (caucalis)* S. 183

6b Blätter kahl, die obersten mit schmalen oder flachen Scheiden; Blattzipfel meist mit dicklicher Knorpelspitze; (Teilfrucht mit 5 Längsrippen oder 3rippig mit 2 seitlichen Längsflügeln) ... 7

6c Blätter kahl, die obersten (ohne Stiel) auf bauchig aufgeblasener Scheide; Blattzipfel mit dünner, langer Spitze; die Pflanze ist äußerst selten; (Teilfrucht mit 5 verschieden breit geflügelten Längsrippen)
Schierlingssilge, *Conioselinum* s. S. 28, 10c

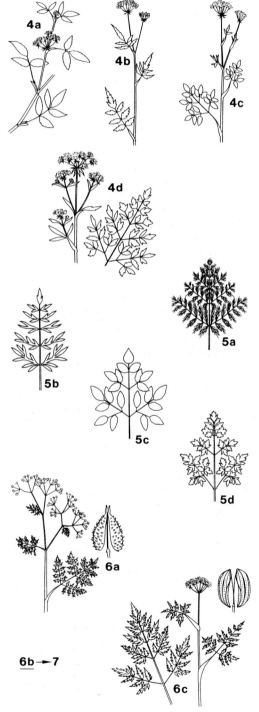

21

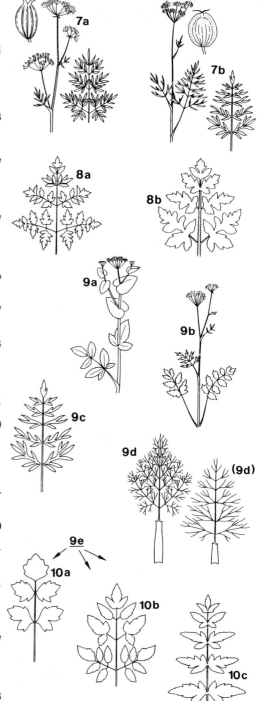

7a Untere Blätter 3–4fach gefiedert, Zipfel länglich-lanzettlich, oft mit rotbrauner Spitze, am Grund kaum miteinander verwachsen; (Teilfrucht scharf 5rippig)
Wiesensilge, *Silaum* S. 221
7b Untere Blätter 1–2fach gefiedert, wenn stärker zerteilt, Zipfel 2–3spaltig oder unten miteinander zu eiförmigen, fiederschnittigen Läppchen verwachsen (Teilfrucht mit 2 breiten, seitlichen Flügeln – oft eng beieinander!)
Haarstrang, *Peucedanum* S. 231+233

8a Blätter völlig kahl, 2–3fach gefiedert, Fiedern eiförmig, lang zugespitzt, am Rand grob gesägt
Engelwurz, *Angelica (archangelica)* S. 227
8b Blätter rauhborstig behaart, 1–2fach gefiedert (fiederschnittig bis 1fach gefiedert mit ± tief fiedrig gelappten Seitenfiedern); Randblüten der Döldchen mit ungleich langen Blütenblättern
Bärenklau, *Heracleum (sphondylium)* S. 237

9a Obere Blätter ungeteilt, stengelumfassend sitzend, untere ± fiedrig 3teilig, mit rundlich-eiförmigen, am Rand kerbzähnigen Teilblättchen
Gelbdolde, *Smyrnium* s. S. 19, 2b
9b Stengelblätter schmalzipflig, auf deutlichen Scheiden, Grundblätter gestielt, breitlappig gefiedert
Bibernelle, *Pimpinella (saxifraga)* S. 207
9c Alle Blätter schmalzipflig (Zipfel lineal-lanzettlich, 1–3 mm breit), 1–2fach gefiedert
Haarstrang, *Peucedanum* S. 231+233
9d Alle Blätter haarzipflig (Zipfel fädlich, kaum 1 mm breit, oft über 5 cm lang), 3–4fach gefiedert; (blaugrün, Blattscheiden 3–6 cm lang, Frucht eilänglich, mit rundlich-quadratischem Umfang)
Fenchel, *Foeniculum* S. 221
Vgl. auch
Dill, *Anethum graveolens* L. (S. 222, rechte Spalte) Stengel dunkelgrün, mit feinen weißen Längsstreifen; Blattscheiden nur 1–2 cm lang (Frucht etwas zusammengedrückt). Alte Küchen- und Heilpflanze aus dem Orient; von den Römern nach Mitteleuropa gebracht; hier selten in Gärten, noch seltener feldmäßig kultiviert und nur gelegentlich unbeständig verwildernd
9e Blätter breitzipflig, 1–4fach gefiedert, Zipfel über 1 cm breit oder fast so breit wie lang 10

10a Blätter völlig kahl, 1–2fach gefiedert, Zipfel ± keilig-rautenförmig, vorn gezähnt; Blüten mehr grünlich als gelblich; Pflanze mit Selleriegeruch
Sellerie, *Apium (graveolens)* S. 201
10b Scheide und Blattstiel der unteren Blätter schwach warzig-flaumig; Blätter 2–4fach 3zählig-gefiedert; Teilblättchen eiförmig, groß, 3–7 cm lang, am Rand meist gesägt; Blüten grünlichgelb
Haarstrang, *Peucedanum (verticillare)* S. 227
10c Ganze Pflanze dicht grau oder schütter borstig bis flaumig behaart; Blätter 1–2fach gefiedert; Teilblättchen (breit)eiförmig oder 3lappig, am Rand ungleichmäßig gesägt; Blüten sattgelb
Pastinak, *Pastinaca* S. 233

22

DO 2: Doldengewächs; Blätter gefiedert; Blüten weiß(rot); Hülle (und Hüllchen) vorhanden

1a Blätter einfach gefiedert, zumindest ihr Rand – oder (und) der ganze Sproß – behaart 2
1b Blätter (! bei im Wasser stehenden Pflanzen alle Luftblätter) einfach gefiedert, kahl; Sproß höchstens ganz unten schwach flaumig 3
1c Zumindest einige (Luft)Blätter mehrfach geteilt; Hüllblättchen gefiedert oder grob gezähnt 4
1d Zumindest einige (Luft)Blätter mehrfach geteilt; Hüllblättchen ganzrandig, höchstens feinst gesägt; die Randblüten einseitig verlängert 7
1e Zumindest einige (Luft)Blätter mehrfach geteilt; Hüllblättchen ganzrandig, höchstens feinst gesägt; Blütenblätter ± gleich lang; Stengel oder Blätter (auch Blattstiel) behaart 8
1f Zumindest einige (Luft)Blätter mehrfach geteilt; Hüllblättchen ganzrandig, höchstens feinst gesägt; Blütenblätter ± gleich lang; Pflanze bis zum Blütenstand kahl (im Doldenbereich eventuell behaart) 12

2a Blütenblätter ± gleichlang; Hüllblätter lanzettlich, weiß hautrandig, spärlich kurzflaumig behaart
 Heilwurz, *Seseli (libanotis)* S. 213
2b Randblüten deutlich ungleichblättrig; Hüllblätter eilänglich spitz, breit hautrandig, gewimpert
 Haftdolde, *Turgenia* S. 185
2c Randblüten deutlich ungleichblättrig; Hüllblätter schmal-lanzettlich, ganz krautig, abstehend borstig
 Zirmet, *Tordylium* S. 239
2d Randblüten deutlich ungleichblättrig; Hülle meist nur an den Seitendolden vorhanden, 3–6blättrig, ihre Blättchen schmal, ± pfriemlich, zerstreut mit kurzen abstehenden Borsten besetzt
 Bärenklau, *Heracleum* S. 237

3a Blattfiedern in viele sehr schmale Zipfel zerschlitzt
 Kümmel, *Carum (verticillatum)* S. 207
3b Blattfiedern ± bandartig, oft sichelig, ringsum scharf gezähnt; ganze Pflanze blaugrün
 Sichelmöhre, *Falcaria* S. 203
3c Blattfiedern länglich-eiförmig, gesägt; Blüte mit 5 deutlichen (± schmalen) Kelchzähnchen
 Merk (2 Gattungen) S. 209
 Sium; Stengel grobkantig, Fiedernrand (Luftblätter!) doppelt gesägt (Wasserblätter feinst zerteilt)
 Berula; Stengel fein gerieft; Rand der Blattfiedern einfach gesägt (Wasserblätter wenig verschieden)
3d Blattfiedern (der Luftblätter!) breit-eiförmig, kerbzähnig; Kelch sehr undeutlich ausgebildet
 Sellerie, *Apium* S. 201

4a Fiedern der Grundblätter (breit-)eiförmig 5
4b Fiedern der Grundblätter schmal-eiförmig bis lineal-länglich 6

5a Fiedern ungleich gesägt; Stengel kantig gefurcht
 Rippensame, *Pleurospermum* S. 197
5b Fiedern regelmäßig gesägt; Stengel fein gerillt
 Knorpelmöhre, *Ammi* S. 203

6a Stengel behaart, kantig gefurcht; in der Doldenmitte meist eine schwarzrote „Mohrenblüte"
Möhre, *Daucus* S. 239

6b Stengel behaart, fein gerillt; Doldenstrahlen flaumig bis zottig behaart
Augenwurz, *Athamanta* S. 219

6c Stengel bis zur Dolde kahl; Blattzipfel schmal, eiförmig; Pflanze 3–15 cm hoch
Mutterwurz, *Ligusticum* S. 225

6d Stengel bis zur Dolde kahl; Blattzipfel haarfein (um 0,2 mm breit, 6 mm lang); Pflanze 15–60 cm hoch (oft bogig aufsteigend)
Bärwurz, *Meum* S. 219

7a Stengel kahl; äußere Blütenblätter 5–20 mm, mehrmals länger als die inneren; (Pflanze der Getreidefelder, Acker- und Wegraine)
Breitsame, *Orlaya* S. 189

7b Stengel kahl; äußere Blütenblätter 2–4 mm, etwa doppelt so lang wie die inneren (Sumpf- und Uferpflanze, oft tief im Wasser)
Wasserfenchel, *Oenanthe* S. 215+219

7c Stengel borstig; Dolden 10–30strahlig; (Früchte elliptisch, flach, geflügelt, kahl bis ± weichborstig)
Bärenklau, *Heracleum* S. 237

7d Stengel borstig; Dolden 2–5strahlig; (Früchte eirundlich, dicht mit Klettstacheln besetzt)
Haftdolde, *Turgenia* S. 185

8a Blattzipfel sehr schmal, unter 1 mm breit
Augenwurz, *Athamanta* S. 219

8b Blattzipfel lang und schmal, doch stets über 1–2 mm breit, oft ± sichelig gekrümmt, am Rand scharf gesägt, meist grau- bis blaugrün
Sichelmöhre, *Falcaria* S. 203

8c Blattzipfel breit, eiförmig-rundlich 9

9a Dolden mit 4–12 Strahlen 10
9b (Haupt-)Dolden mit 15–40 Strahlen 11

10a Stengel fein gerieft; Hüll- und Hüllchenblätter den Strahlen anliegend; (Frucht kletthakig)
Klettenkerbel, *Torilis* S. 189

10b Stengel gefurcht; Hüll- und Hüllchenblätter abstehend bis umgebogen; (Frucht zerstreut feinborstig – Lupe!)
Laserkraut, *Laserpitium* S. 243

11a Rand der Hüllblätter höchstens feinwarzig rauh; Laubblattzipfel im Umriß lang eiförmig, tief fiederspaltig
Haarstrang, *Peucedanum* S. 227–233

11b Rand der Hüllblätter höchstens feinwarzig rauh; Laubblattzipfel im Umriß herz-eirundlich, grob gesägt
Laserkraut, *Laserpitium* S. 243

11c Rand der Hüllblätter deutlich gewimpert; Hauptfiedern des Blattes deutlich gestielt
Laserkraut, *Laserpitium* S. 243

11d Rand der Hüllblätter deutlich gewimpert; Nebenfiedern bis zur Blattspindel reichend
Heilwurz, *Seseli* S. 213

12a Hüllchenblätter nur 1seitig ausgebildet **13**
12b Hüllchenblätter allseitig, schmal-lineal bis pfriemlich, höchstens undeutlich hautrandig **14**
12c Hüllchenblätter allseitig; lanzettlich bis eiförmig,
ihr Rand deutlich weißhäutig **16**

13a Blattzipfel haarfein, 0,2 mm breit, 6 mm lang
Bärwurz, *Meum* S. 219
13b Blattzipfel eilänglich, fiederspaltig; Stengel bläu-
lich bereift, unten meist rotgefleckt
Schierling, *Conium* S. 191
13c Vgl. auch:
Kerndolde, *Grafia golaka,* S. 198, linke Spalte
Blattzipfel länglich ei-rautenförmig, fiederspaltig;
Stengel längsgefurcht, blaugrün, doch nicht be-
reift. Nur am Südostalpenfuß in Wiesen und
Steinrasen der Berg- und Mittelgebirgsstufe.
Fundmeldungen aus den Nördlichen Kalkalpen
sind äußerst zweifelhaft

14a Grundblätter (oft mehrfach) 3geteilt mit gestielten, breit eiförmig-rundlichen Zipfeln
Laserkraut, *Laserpitium* S. 243
14b Grundblätter (oft mehrfach) 3geteilt mit sitzenden, bandförmigen, oft ± sichelbogigen Zipfeln
Sichelmöhre, *Falcaria* S. 203
14c Grundblätter fiedrig geteilt **15**

15a Sumpf- und Wasserpflanze; zumindest bei den
Überwasser-Blättern Zipfel mehr als 1 mm
breit; Dolden 5–15strahlig; (Kelch 5zipflig)
Wasserfenchel, *Oenanthe* S. 215+219
15b Sumpf- und Wasserpflanze; zumindest bei den
Überwasser-Blättern Zipfel mehr als 1 mm
breit; Dolden 20–30strahlig; (Kelch undeutlich
5zähnig bzw. kaum vorhanden)
Brenndolde, *Cnidium* S. 221
15c Gebirgspflanze; Blattzipfel fädlich, 0,2 mm
breit und bis zu 6 mm lang
Bärwurz, *Meum* S. 219

16a Fiedern breit und oft gesägt (-gezähnt) oder
schmal, dann sehr lang (1–8 cm) und ganzrandig;
Kelch deutlich 5zähnig **17**
16b Fiedern in schmale Zipfel zerschnitten; Kelch
nur als undeutlicher Saum vorhanden **18**

17: Leicht verwechselbar! Die Gattungen können
oft nur am Bau der (reifen!) Frucht (= Spaltfrucht aus 2 Teilfrüchtchen) sicher unterschieden werden:
mit 8 (oft krausen) Längsflügeln: Laserkraut
von 2 Längsflügeln umrandet: Haarstrang
von 4 Längsflügeln umrandet, je 2 beieinander
stehend und V-förmig spreizend: Engelwurz
17a Hülle den Doldenstrahlen anliegend, vielzählig
Laserkraut, *Laserpitium* S. 243
17b Hülle abstehend bis zurückgebogen, vielzählig;
Hüllchenblätter kahl, höchstens feinwarzig gesägt („Zähnchen" knorpelig verdickt)
Haarstrang, *Peucedanum* S. 227–233
17c–17e →

17c Hülle abstehend bis zurückgebogen, (0–)5zählig; Hüllchenblätter kahl, am Rand feinst gezähnelt (Zähnchen flach)
Engelwurz, *Angelica* S. 225+227
17d Hülle abstehend bis zurückgebogen; Hüllchenblätter bewimpert, Blütenblätter außen fein beborstet (Lupe!)
Laserkraut, *Laserpitium* S. 243
17e Hülle abstehend bis zurückgebogen, vielzählig; Hüllchenblätter bewimpert, Blütenblätter kahl
Haarstrang, *Peucedanum* S. 227–233

18a Je Grundblatt 15–30 Fiederpaare; Pflanze 30–80 cm hoch; auf Feucht- und Moorwiesen; äußerst selten
Kümmel, *Carum (verticillatum)* S. 207
18b Je Blatt 2–8 Fiederpaare, Pflanze 3–15 cm hoch; auf Matten, Steinrasen und Felsen der Gebirge (oberhalb der Laubwaldgrenze)
Mutterwurz, *Ligusticum* S. 225
18c Je Blatt 2–8 Fiederpaare, Pflanze 20–60 cm hoch; Äcker, Weiden, Wegränder (etwa bis zur Ackerbaugrenze)
Knollenkümmel, *Bunium* S. 203
18d Je Blatt 2–8 Fiederpaare, Pflanze 60–120 cm hoch, in Sümpfen oder in alpinen Gebüschen
Haarstrang, *Peucedanum* S. 227–233

DO 3: Doldengewächs; Blätter gefiedert; Blüten weiß(rot); Hülle fehlt, Hüllchen vorhanden; Pflanze kahl

1a Hüllchenblätter nur nach außen entwickelt („halbierte Hüllchen") 2
1b Hüllchenblätter zu einem (± dicht weiß-filzig behaarten) 5zähnigen Becher verwachsen
Sesel, *Seseli* S. 213
1c Hüllchenblätter frei, allseitswendig, kahl 3
1d Hüllchenblätter frei, allseitswendig, bewimpert bis fein zottig behaart 15

2a Stengel bis unten kantig gerillt, dort von einem Faserschopf aus vorjährigen Blattresten umgeben; Hüllchenblätter borstlich-pfriemlich; Gebirgspflanze mit haardünnen Blattzipfeln
Bärwurz, *Meum* S. 219
2b Stengel unten nur fein gerieft, mit Faserschopf aus vorjährigen Blattresten; Hüllchenblätter lanzettlich, mit weißlichem Hautrand; Gebirgspflanze
Mutterwurz, *Ligusticum* S. 225
2c Kurzlebiges Kraut (ohne Faserschopf); Dolden 10–20strahlig; längste Blütenblätter unter 2 mm
Hundspetersilie, *Aethusa* S. 201
2d Kurzlebiges Kraut (ohne Faserschopf); Dolden 3–8strahlig; längste Blütenblätter 3–4 mm; Kelch deutlich, (ungleich lang) 5zipflig
Koriander, *Coriandrum* S. 191
2e Kurzlebiges Kraut (ohne Faserschopf) Dolden 1(!)–8strahlig; längste Blütenblätter (1–)2–4 mm; Kelch nur als schmaler, ringartiger Saum ausgebildet (mit bloßem Auge kaum sichtbar)
Hohlsame, *Bifora* S. 191

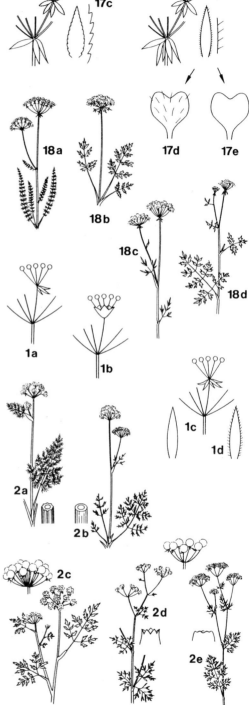

3a Laubblätter einfach gefiedert oder einfach 3teilig –
bei Sumpfpflanzen (nur) die Unterwasser-Blätter
zuweilen stärker zerteilt 4
3b Laubblätter (bei Wasserpflanzen auch die Luftblätter) mehrfach gefiedert 7
3c Laubblätter mehrfach 3geteilt 14

4a Laubblattzipfel breit, ± eiförmig-rundlich 5
4b Laubblattzipfel schmal, ± lineal-lanzettlich . . . 6

5a Laubblätter 3teilig; zumindest die Grundblattzipfel deutlich gestielt
Meisterwurz, *Peucedanum (ostruthium)* S. 233
5b Laubblätter 3teilig, zumindest die Grundblattzipfel sitzend bis ganz kurz gestielt
Bärenklau, *Heracleum* S. 237
5c Laubblätter gefiedert, Stengel aufrecht, gefurcht; alle Dolden endständig
Merk, *Sium* S. 209
5d Laubblätter gefiedert; Stengel kriechend, aufsteigend oder flutend; Dolden (±!) blattgegenständig (zuweilen oberste endständig)
Sellerie, *Apium* S. 201

6a Kelch deutlich 5zähnig; (Randblüten meist mit
ungleichen Blütenblättern: die äußeren deutlich verlängert)
Wasserfenchel, *Oenanthe* S. 215+219
6b Kelch nur ein undeutlich gezähnter Saum;
Dolden flachgewölbt (20–30 Strahlen; alle ±
gleich lang); obere Blattscheiden dem Stengel
anliegend (Blätter abstehend)
Brenndolde, *Cnidium* S. 221
6c Kelch nur ein undeutlich gezähnter Saum;
Dolden unregelmäßig (5–20 ungleich lange
Strahlen); Scheiden der oberen Blätter vom
Stengel abstehend
Haarstrang, *Peucedanum* S. 227–233

7a Blattzipfel ± breit 3eckig bis eiförmig (kaum 3mal
so lang wie breit) 8
7b Blattzipfel lanzettlich (mindestens 5mal länger
als breit), ganzrandig oder tief 2–3spaltig 9
7c Blattzipfel lanzettlich (mindestens 5mal länger
als breit), regelmäßig gesägt 12
7d Blattzipfel fädlich-lineal, kaum 1 mm breit . . 13

8a Dolden 5–15strahlig, kurz gestielt, die meisten
(scheinbar) blattgegenständig; Blütenblätter
zuweilen ungleich lang; Kelchzähne ± klein,
aber deutlich; Pflanze meist direkt im Wasser
stehend; (Frucht ± kegelförmig, breitrippig, bis
5 mm lang)
Wasserfenchel, *Oenanthe* S. 215+219
8b Dolden 10–20strahlig, lang gestielt, doch öfters
von den oberen Stengelblättern oder Seitenzweigen überragt; Blütenblätter gleich lang;
Kelchsaum undeutlich; Petersiliengeruch;
(Frucht herz-eiförmig, abgeflacht, schmal
längsrippig, kaum 3 mm lang)
Petersilie, *Petroselinum* s. S. 21, 5d

8c, 8d →

27

8c Dolden (10–)20–40strahlig, lang gestielt; Stengel fingerdick, unten grob gefurcht; Äußere Blütenblätter stark verlängert; (Frucht ± elliptisch, flach, mit breitem Flügelrand, 5–10 mm)
Bärenklau, *Heracleum* S. 237
8d Dolden (10–)20–40strahlig, lang gestielt; Stengel fingerdick, unten fein gerillt; Blütenblätter gleichlang; (Frucht rundlich-elliptisch, ± abgeflacht, um 5 mm lang, grob gerippt, mit doppeltem, V-förmig spreizendem Flügelrand
Engelwurz, *Angelica* S. 225+227

9a Blüten mit deutlich 5zähnigem Kelch; Dolden oft blattgegenständig (Randblüten meist verlängert)
Wasserfenchel, *Oenanthe* S. 215+219
9b Kelch undeutlich; Dolden stets endständig, ebenmäßig flach-gewölbt **10**
9c Kelch undeutlich; Dolden stets endständig, mit 3–18 sehr ungleich langen Strahlen **11**

10a Dolden 5–15strahlig, Hüllchenblätter lanzettlich, weißhautrandig; Gebirgspflanze
Mutterwurz, *Ligusticum* S. 225
10b Dolden 20–30strahlig; Hüllchenblätter pfriemlich-lineal, nicht hautrandig; Pflanze der (± feuchten) Talauen
Brenndolde, *Cnidium* S. 221
10c Dolden 15–30strahlig; Hüllchenblätter pfriemlich-fädlich; obere Blattscheiden bauchig aufgetrieben; sehr seltene Bergpflanze
Schierlingssilge,
Conioselinum tataricum HOFFM.
Osteuropäisch-sibirische Wald- und Gebüschpflanze, 0,5–1,5 m hoch; mit hellgrünen, 2–3fach gefiederten Blättern und grünlich- bis schmutzigweißen Blüten (Frucht eiförmig, etwas flachgedrückt, mit 8 Längsflügeln). Fast nur östlich von Oder und March; versprengtes Vorkommen bei Salzburg (Lungau) in 400–600 m Meereshöhe

11a Blütenstengel beblättert, am Grund mit Faserschopf (Blattreste) und meist ohne grüne Blätter
Haarstrang, *Peucedanum* S. 227–233
11b Blütenstengel fast blattlos, ohne Faserschopf, Grundblätter vorhanden (Pflanze nur im äußersten Westen Mitteleuropas)
Engelwurz, *Angelica* S. 225

12a Die äußeren Blütenblätter deutlich verlängert; Rand der Blattzipfel schwach kerbzähnig
Wasserfenchel, *Oenanthe* S. 215+219
12b Blütenblätter etwa gleichlang; Rand der Blattzipfel tief und scharf (selten doppelt) gesägt
Wasserschierling, *Cicuta* S. 203
12c Blütenblätter etwa gleichlang; Rand der Blattzipfel nur schwach gezähnelt, dazu leicht eingebogen
Schierlingssilge, *Conioselinum* s. oben: 10c

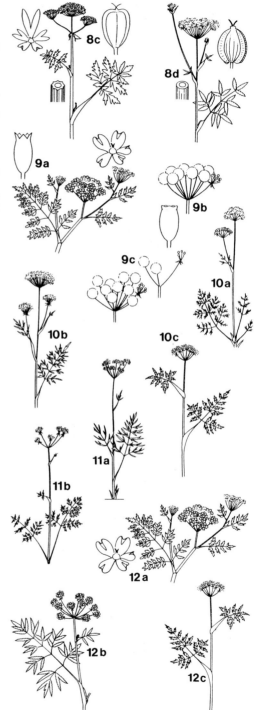

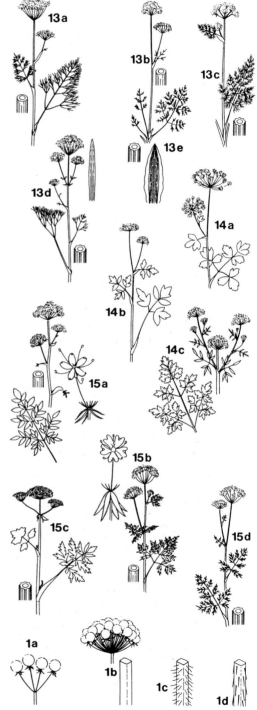

13a Stengel fein gerieft bis gerillt; Grundblätter im Umriß breit dreieckig, ihr unterstes Fiederpaar deutlich gestielt
Sesel, *Seseli* S. 209+213

13b Stengel fein gerieft bis gerillt; Grundblätter im Umriß länglich-eiförmig, Fiederpaare nur wenig gestielt (± sitzend)
Mutterwurz, *Ligusticum* S. 225

13c Stengel kantig gefurcht; Blattzipfel haarfein, um 0,2 mm breit, sehr dicht und fast quirlig stehend; Blüten öfter gelbstichig
Bärwurz, *Meum* S. 219

13d Stengel kantig gefurcht; Blattzipfel um 0,5 mm breit, ± flächig spreizend; Dolden unregelmäßig, mit ungleich langen Strahlen; Blüten oft leicht gelblich; Hüllchenblätter fast fädlich, oft kurz (aber zahlreich)
Haarstrang, *Peucedanum* S. 227–233

13e Stengel kantig gefurcht; Blattzipfel um 0,5 mm breit, ± flächig spreizend; Dolden gleichmäßig flach-gewölbt, oft rotblütig; Hüllchenblätter breitlanzettlich mit weißem Hautrand
Mutterwurz, *Ligusticum* S. 225

14a Blattzipfel ± rundlich oder 3lappig, stumpflich gesägt bis gekerbt (Kümmelgeruch)
Roßkümmel, *Laser* S. 239

14b Blattzipfel eiförmig (oft seicht 2–3lappig), regelmäßig und scharf gesägt (Möhrengeruch)
Meisterwurz, *Peucedanum (ostruthium)* S. 233

14c Blattzipfel verkehrt-eiförmig mit keiligem Grund, grob gesägt bis 3lappig, zuweilen auch krauszipflig (Petersiliengeruch)
Petersilie, *Petroselinum* s. S. 21, 5d

15a Stengel fein gerillt bis gerieft; Hüllchenblätter fädlich-borstig; Dolden 20–40strahlig; Blütenblätter ei-lanzettlich, viel kürzer als die Staubblätter
Engelwurz, *Angelica* S. 225+227

15b Stengel fein gerillt bis gerieft; Hüllchenblätter lanzettlich; Dolden 10–20strahlig; Blütenblätter breit herzförmig, so lang wie die Staubblätter
Kälberkropf, *Chaerophyllum* S. 179+183

15c Stengel grobkantig gefurcht; Blätter doppelt gefiedert, mit großen, breiten Zipfeln
Bärenklau, *Heracleum* S. 237

15d Stengel kantig gefurcht; Blätter 3–4fach gefiedert, Zipfel 1–3 cm lang aber schmal (1–5 mm)
Silge, *Selinum (carvifolia)* S. 221

DO 4: Doldengewächs; Blätter gefiedert; Blüten weiß(rot); Hülle fehlt, Hüllchen vorhanden; Pflanze behaart

1a Alle Dolden nur 2–5strahlig 2
1b Dolden 6–50strahlig, Stengel unten (!) kahl 4
1c Dolden 6–50strahlig, Stengel unten (!) mit abstehenden Borsten oder flaumhaarig(-zottig) 7
1d Dolden 6–50strahlig, Stengel unten (!) mit abwärts gerichteten (oft ± angedrückten) Borsten 11

2a Stengel kantig, zerstreut (abstehend) langborstig
Haftdolde, *Caucalis* S. 185
2b Stengel feinriefig, oberwärts kahl oder abstehend
behaart **3**
2c Stengel feinriefig, (auch) oben mit abwärts gerichteten (± angedrückten) Borsten
Klettenkerbel, *Torilis* S. 189
2d Vgl.: Stengel feinriefig, oben (abwischbar) bläulich
bereift, unten mit abwärts gerichteten Borsten
Knotendolde, *Myrrhoides nodosa* (L.) CANNON
Einjähriges, 30–60 cm hohes Kraut; Blätter 3–4fach
gefiedert(–3zählig), angedrückt weißborstig. Heimat: Mittelmeerraum, Vorderer Orient; gern im
Halbschatten lichter Gebüsche und Wälder. Bei
uns früher sehr selten und unbeständig eingeschleppt. Seit einiger Zeit an mehreren Stellen um
den Mittelrhein recht beständig

3a Blattzipfel eiförmig, fiedrig gelappt; Blütenblätter
kahl, etwa so lang wie der Fruchtknoten; (Frucht
kurz geschnäbelt, kletthakig, 5–12 mm lang)
Kerbel, *Anthriscus* S. 183
3b Blattzipfel lineal-schmal bis lanzettlich; Blütenblätter außen borstenhaarig, etwa so lang wie der
Fruchtknoten; (Frucht länglich, feinborstig (±
abstehend) behaart, um 6 mm lang)
Augenwurz, *Athamanta* S. 219
3c Blattzipfel lineal-schmal bis lanzettlich; Blütenblätter kahl, viel kürzer als der stielartige Fruchtknoten; (Frucht lang geschnäbelt, rauhhaarig bis
abstehend borstig, 2–8 cm! lang)
Venuskamm, *Scandix* S. 185

4a Blattzipfel tief fiedrig in schmale, breit spreizende
Abschnitte zerteilt
Augenwurz, *Athamanta* S. 219
4b Blattzipfel (schmal)eiförmig, fiederschnittig **5**
4c Blattzipfel breit, groblappig oder feingesägt **6**

5a Doldenstrahlen kahl; (reife Frucht um 1 cm lang)
Kerbel, *Anthriscus* S. 183
5b Doldenstrahlen flaumig; (reife Frucht um 2 cm
lang); Pflanze mit Anisgeruch
Süßdolde, *Myrrhis* S. 185

6a Grundblätter 1–2fach gefiedert, Zipfel grob gelappt und meist unregelmäßig kerbzähnig
Bärenklau, *Heracleum* S. 237
6b Grundblätter 3–4fach gefiedert, Zipfel eiförmig
bis länglich, sägezähnig
Engelwurz, *Angelica* S. 225+227

7a Laubblätter grob zerteilt, Zipfel breitflächig **8**
7b Laubblätter fein zerteilt mit länglich-eiförmigen,
stark fiedrig geschnittenen Zipfeln **9**
7c Laubblätter feinst zerteilt, Zipfel in schmale, lange
entfernt stehende Teile zerschnitten **10**

8a Stengel kantig gefurcht, Blätter 1–2fach gefiedert
Bärenklau, *Heracleum* S. 237
8b Stengel feingerieft, Blätter 2–4fach gefiedert
Kälberkropf, *Chaerophyllum* S. 179+183

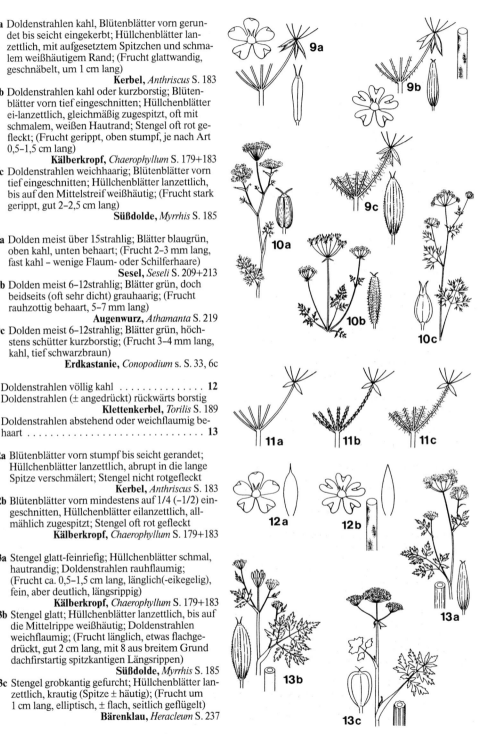

9a Doldenstrahlen kahl, Blütenblätter vorn gerundet bis seicht eingekerbt; Hüllchenblätter lanzettlich, mit aufgesetztem Spitzchen und schmalem weißhäutigem Rand; (Frucht glattwandig, geschnäbelt, um 1 cm lang)
Kerbel, *Anthriscus* S. 183

9b Doldenstrahlen kahl oder kurzborstig; Blütenblätter vorn tief eingeschnitten; Hüllchenblätter ei-lanzettlich, gleichmäßig zugespitzt, oft mit schmalem, weißen Hautrand; Stengel oft rot gefleckt; (Frucht gerippt, oben stumpf, je nach Art 0,5–1,5 cm lang)
Kälberkropf, *Chaerophyllum* S. 179+183

9c Doldenstrahlen weichhaarig; Blütenblätter vorn tief eingeschnitten; Hüllchenblätter lanzettlich, bis auf den Mittelstreif weißhäutig; (Frucht stark gerippt, gut 2–2,5 cm lang)
Süßdolde, *Myrrhis* S. 185

10a Dolden meist über 15strahlig; Blätter blaugrün, oben kahl, unten behaart; (Frucht 2–3 mm lang, fast kahl – wenige Flaum- oder Schilferhaare)
Sesel, *Seseli* S. 209+213

10b Dolden meist 6–12strahlig; Blätter grün, doch beidseits (oft sehr dicht) grauhaarig; (Frucht rauhzottig behaart, 5–7 mm lang)
Augenwurz, *Athamanta* S. 219

10c Dolden meist 6–12strahlig; Blätter grün, höchstens schütter kurzborstig; (Frucht 3–4 mm lang, kahl, tief schwarzbraun)
Erdkastanie, *Conopodium* s. S. 33, 6c

11a Doldenstrahlen völlig kahl **12**
11b Doldenstrahlen (± angedrückt) rückwärts borstig
Klettenkerbel, *Torilis* S. 189
11c Doldenstrahlen abstehend oder weichflaumig behaart **13**

12a Blütenblätter vorn stumpf bis seicht gerandet; Hüllchenblätter lanzettlich, abrupt in die lange Spitze verschmälert; Stengel nicht rotgefleckt
Kerbel, *Anthriscus* S. 183
12b Blütenblätter vorn mindestens auf 1/4 (–1/2) eingeschnitten, Hüllchenblätter eilanzettlich, allmählich zugespitzt; Stengel oft rot gefleckt
Kälberkropf, *Chaerophyllum* S. 179+183

13a Stengel glatt-feinriefig; Hüllchenblätter schmal, hautrandig; Doldenstrahlen rauhflaumig; (Frucht ca. 0,5–1,5 cm lang, länglich(-eikegelig), fein, aber deutlich, längsrippig)
Kälberkropf, *Chaerophyllum* S. 179+183

13b Stengel glatt; Hüllchenblätter lanzettlich, bis auf die Mittelrippe weißhäutig; Doldenstrahlen weichflaumig; (Frucht länglich, etwas flachgedrückt, gut 2 cm lang, mit 8 aus breitem Grund dachfirstartig spitzkantigen Längsrippen)
Süßdolde, *Myrrhis* S. 185

13c Stengel grobkantig gefurcht; Hüllchenblätter lanzettlich, krautig (Spitze ± häutig); (Frucht um 1 cm lang, elliptisch, ± flach, seitlich geflügelt)
Bärenklau, *Heracleum* S. 237

DO 5: Doldengewächs; Blätter gefiedert; Blüten weiß(rot); Hülle und Hüllchen fehlen (höchstens 1–2blättrig)

1a Zumindest die unteren Blätter mit breiten, wenig eingeschnittenen Zipfeln 2
1b Zumindest die unteren Blätter mit breiten, aber tief schmalfiedrig eingeschnittenen Zipfeln 5
1c Alle Blätter in schmale Zipfel zerteilt, die sämtlich oberhalb der Scheide sitzen 6
1d Alle Blätter in schmale Zipfel zerteilt, 1 Fiederpaar am Scheidengrund (am Sproß!) sitzend
Kümmel, *Carum (carvi)* S. 207

2a Grundblätter 1(-2)fach gefiedert 3
2b Blätter 1–2fach 3teilig oder 3teilig-gefiedert – hierher auch Pflanzen, die neben 3teiligen Blättern auch einige 1- oder 4–5teilige besitzen 4

3a Dolden zahlreich, z. T. blattgegenständig; Blüten um 1 mm im Durchmesser; Pflanze mit Selleriegeruch; – obere Stengelblätter z. T. nur 3zählig
Sellerie, *Apium (graveolens)* S. 201
3b Dolden alle deutlich endständig, mit 6–15 dünnen Strahlen; Blüten um 2–3 mm im Durchmesser; – obere Stengelblätter oft nur noch als Scheiden ausgebildet
Bibernelle, *Pimpinella* S. 207

4a Blätter doppelt 3zählig (Seitenblättchen oft nur ± tief 2gespalten); Zipfel eiförmig, spitz, am Rand gesägt und schütter gewimpert; Stengel deutlich längsrillig gefurcht; Blattstiel 3kantig
Giersch, *Aegopodium* S. 209
4b Blätter 1–3fach 3zählig, Zipfel spitz-eiförmig bis breitoval und dann stets handförmig in 3–7 spitze, längliche, Lappen gespalten, gezähnt; Stengel glatt bis fein gerieft; Blattstiel rundlich, oberseits meist tief längsfurchig
Haarstrang, *Meisterwurz*, *Peucedanum* S. 233
4c Blätter 1–3fach 3zählig; Zipfel rundlich, meist 3-läppig, grob stumpf gezähnt; Stengel glatt bis fein gerieft und (wie die Blattunterseite) bläulich bereift; Pflanze mit Kümmelgeruch
Roßkümmel, *Laser* S. 239
4d Untere Blätter 1–5-, meist mehrheitlich 3teilig, mit rundlichen, oft gezähnten Teilblättchen, oberste 1–3fach schmalzipflig gefiedert. Ganze Pflanze fein flaumig behaart, mit deutlichem Anisgeruch
Anis, *Pimpinella anisum* L.
Gewürz- und Heilpflanze; stammt vermutlich aus Vorderasien; braucht neben warmem und nicht zu feuchtem Klima auch guten Boden. Deshalb bei uns nur noch selten in Gärten kultiviert; ganz vereinzelt und sehr unbeständig verwildert (meist an Müllplätzen)

5a Dolden 2–5strahlig, zum großen Teil blattgegenständig; Blätter 2–4fach gefiedert, unterseits und am Stiel ± stark abstehend behaart; Pflanze einjährig (am Grund ohne Faserschopf)
Kerbel, *Anthriscus* S. 183

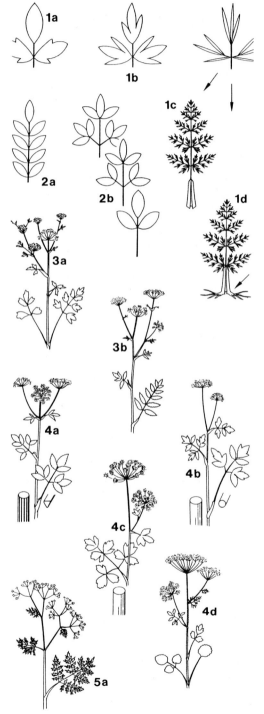

5b Dolden 3–8strahlig, endständig, die Randblüten der Döldchen mit deutlich verlängerten (bis 4 mm) Blütenblättern; Blätter 2–3fach gefiedert, die oberen mit sehr schmalen Zipfeln, kahl; Pflanze einjährig (am Grund ohne Faserschopf)

Hohlsame, *Bifora* S. 191

5c Dolden 6–18strahlig, endständig; Blätter 1–2fach gefiedert, kahl, höchstens am Rand feinwarzigrauh; mehrjährig: am Grund mit Faserschopf (dunkelbraune, zerfaserte Reste vorjähriger Blattstiele und Scheiden)

Haarstrang, *Peucedanum* S. 227–233

6a Pflanze bläulichgrün, Stengel nur wenig beblättert, erst oben verzweigt; mit kleinen, 5–12strahligen Döldchen; diese in einem ± stark graubemehlten, gezähntem Schüsselchen (verwachsene Hüllchenblätter), das zumindest so hoch wie die Blütenstiele ist

Sesel, *Seseli (hippomarathrum)* S. 213

6b Pflanze bläulichgrün, völlig kahl; Stengel vom Grund an beblättert und stark (fast quirlig) verzweigt; oft rein ♀ und (niedrigere) ♂ Exemplare. Dolden ca. 1–3 cm im Durchmesser, 4–8strahlig; Strahlen der ♂ Pflanzen dünn und kurz, oft eher traubig gestellt, bei den ♀ Pflanzen länger und kräftig (starr), durchaus doldig gestellt

Faserschirm, *Trinia* S. 197

6c Pflanze grün; Stengel unten wenig beblättert, erst oben verzweigt, meist zumindest zerstreut abstehend behaart; Dolden langstrahlig, 8–12teilig, 3–7 cm im Durchmesser; auf Wiesen und in lichten Wäldern

Französische Erdkastanie,
Conopodium majus (GOUAN) LORET
Dem Knollenkümmel („Echte Erdkastanie“), *Bunium bulbocastanum*, (s. auch S. 204, rechte Spalte) sehr ähnlich; außer den meist völlig fehlenden Hüll- und Hüllchenblättern durch den oft deutlich behaarten Stengel unterschieden. Mit eßbarer Erdknolle. Heimat: Westeuropa; Ostgrenze: Norwegen, Frankreich, West-Italien; Vorposten in Holland, Jütland, Schonen und Südpommerellen. Im Westharz (Andreasberg) wohl ausgepflanzt; dagegen neuerdings vom Niederrhein bis zur Aller (noch sehr vereinzelt) spontan auftretend (eventuell beginnende Einbürgerung)

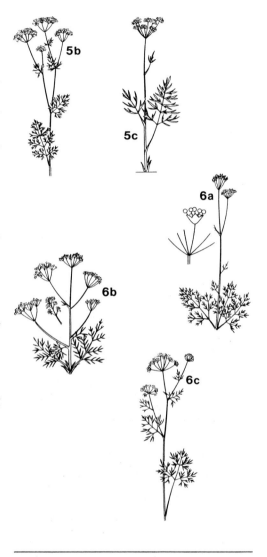

70

Ordnung Dillenienartige, *Dilleniales*

70. Familie Pfingstrosengewächse, *Paeoniaceae*
Stauden oder (selten) Sträucher mit (grund- und) wechselständigen, 3zähligen bis mehrfach 3zählig gefiederten Blättern. Blüten endständig, sehr groß, strahlig, doppelt, mit 5 Kelchblättern (zuweilen weitere als Übergangsformen zu den Laubblättern) und bis zu 10 Blütenblättern (bei Zierformen auch mehr); viele Staubblätter; 2–6 oberständige, ± freie Fruchtknoten; Balgfrucht. Nur 1 Gattung (ca. 25 Arten; viele Gartensorten, die nur selten verwildern)

Pfingstrose, *Paeonia* S. 245

33

Ordnung Teestrauchartige, *Theales*

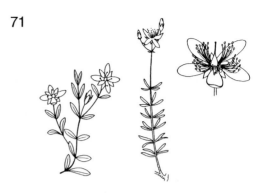

71. Familie Johanniskrautgewächse, *Hypericaceae*

Bäume, Sträucher und (bei uns fast ausschließlich) Krautgewächse mit meist gegenständigen, einfachen Laubblättern. Blüten doppelt, meist 5–6strahlig, gewöhnlich in reichen Trauben oder Rispen; Staubblätter 4 bis sehr viele und dann meist in 3–5 Büscheln; 1 oberständiger Fruchtknoten (1–)3–5grifflig; Kapselfrucht, seltener Beeren- oder Steinfrucht. Viele Arten mit (Öl-)Drüsen an Sproß, Blatt und Blüte (eingesenkt oder aufsitzend)

Johanniskraut, *Hypericum* S. 245–251

72. Familie Tännelgewächse, *Elatinaceae*

Krautige, oft kleine Sumpf- und Wasserpflanzen; Blätter ganzrandig, gegen- oder quirlständig. Blüten klein, doppelt, (2–)5strahlig, einzeln oder zu wenigen blattachselständig; Staubblätter (2–)5–10; 1 oberständiger Fruchtknoten mit (2–)5 Griffeln; vielsamige Kapselfrucht

Tännel, *Elatine* S. 255

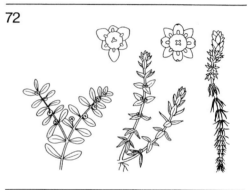

Ordnung Schlauchblattartige, *Sarraceniales*

73. Familie Schlauchblattgewächse, *Sarraceniaceae*

Stauden mit Grundrosetten und meist großen Blüten auf langem, blattlosem Schaft. Laubblätter zu trichterig-schlauchförmigen Tierfallen umgewandelt, mit geflügelter Leiste auf der Bauchseite. Blüten doppelt, 5strahlig; viele Staubblätter; 1 oberständigen Fruchtknoten, mit schirmartiger, meist 5eckiger Griffelscheibe abschließend; mehrfächerige, vielsamige Kapselfrucht. 3 Gattungen (ca. 15 Arten) in Amerika, von Labrador bis Guayana; in der Westschweiz (als Schnittblume) kultiviert:

Schlauchblatt, *Sarracenia purpurea* L.
Blätter um 10–30 cm lang, Blüten purpurrot, ± nickend, sehr lang gestielt (die Blätter überragend). In Kanada beheimatet und vor gut 100 Jahren eingeführt; die Pflanze hat sich in einigen Mooren zwischen Berner Jura und Genfer See sehr beständig eingebürgert; eine weiterreichende (natürliche) Ausbreitung fand bislang nicht statt.

Ordnung Sonnentauartige, *Droserales*

74. Familie Sonnentaugewächse, *Droseraceae*

Ausdauernde Kräuter, bei uns fast ausschließlich Moor- und Wasserpflanzen. Blätter wechsel-, quirl- oder grundständig, als Klebe- oder Klappfallen zum Tierfang eingerichtet. Blüten doppelt, 5strahlig, einzeln blattachselständig oder in gestielten (Schein-)Trauben. Staubblätter (bei den einheimischen Arten) 5; 1 oberständiger Fruchtknoten mit 3 oder 5 Griffeln; Kapselfrucht (mit Klappen)

1a Moorpflanze; Rosettenblätter mit gestielten, rötlichen Köpfchendrüsen besetzt; Blüten in Trauben
Sonnentau, *Drosera* S. 257
1b Untergetaucht treibende Wasserpflanze; mit quirlständigen Klappfallenblättern; Blüten einzeln
Wasserfalle, *Aldrovanda* S. 257

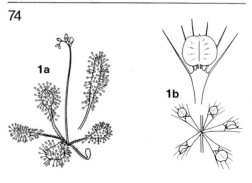

1a

1b

Ordnung Veilchenartige, *Violales*

75. Familie Veilchengewächse, *Violaceae*

Krautige Pflanzen (in den Tropen auch Sträucher und
Bäume). Blätter meist ungeteilt, wechsel- oder grund-,
selten gegenständig; Nebenblätter oft auffällig. Blüten
gestielt, doppelt, 5zählig–2seitig, 1 Blütenblatt meist mit
Sporn. Kelchblätter oft mit Anhängseln; 5 Staubblätter;
1 oberständiger, 1griffliger Fruchtknoten; 3klappige, vielsamige Kapselfrucht, noch zur Reife von den Kelchblättern umstellt

Veilchen, *Viola* S. 263–279
Artenreiche Gattung   Grobeinteilung:

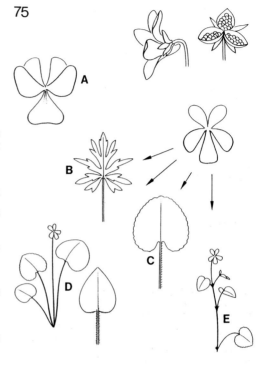

A   Die zwei seitlichen Blütenblätter waagrecht abstehend oder nach oben gerichtet; Blüten oft gelb oder
sehr groß (2–5 cm im Durchmesser); Blätter ungeteilt
–! aber Nebenblätter oft groß und gefiedert
S. 267+269
B   Blätter lang gestielt, handförmig zerteilt; die zwei
seitlichen Blütenblätter abwärts gerichtet; Alpenpflanze   S. 263
C   Blätter lang gestielt, breit nieren-herzförmig, am
Rand gekerbt; Blattstiel längs mit 1 Haarreihe; die
zwei seitlichen Blütenblätter abwärts gerichtet
S. 269
D   Die zwei seitlichen Blütenblätter abwärts gerichtet;
alle Blüten und Blätter grundständig, gestielt; Blätter
gesägt bis ganzrandig, ihr Stiel entweder kahl oder
rundum behaart   S. 275+279
E   Die zwei seitlichen Blütenblätter abwärts gerichtet;
kürzere oder lange oberirdische Sproßteile vorhanden; Blattspreiten gesägt bis ganzrandig   S. 269+273

76. Familie Zistrosengewächse, *Cistaceae*

Sträucher und krautige Pflanzen; Blätter meist gegenständig, einfach, ganzrandig, mit 2 oft auffälligen Nebenblättern. Meist stark behaart. Blüten doppelt, 5strahlig; 2
Kelchblätter (±) kürzer als die 3 anderen; oft viele Staubblätter; 1 oberständiger Fruchtknoten, 1 Griffel, oft gekrümmt, selten fehlend. Derbe oder verholzte Kapseln

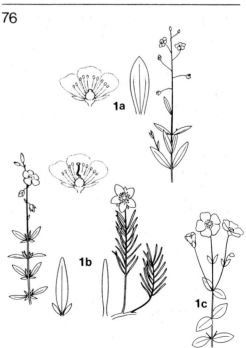

1a   Einjähriges Kraut; zumindest die unteren Stengelblätter gegenständig, ungestielt, mit 3 Längsnerven;
(kein Griffel, die Narbe sitzt dem Fruchtknoten unmittelbar auf)
Sandröschen, *Tuberaria* S. 263
1b   Stauden oder Halbsträucher; Griffel deutlich, ± gekrümmt:
Sonnenröschen (2 Gattungen) S. 261+263
Helianthemum; Blätter (lineal-)eiförmig, untere gegenständig; endständige Blütentrauben   S. 261
Fumana; Blätter nadelartig, wechselständig; Blüten
einzeln, blattachselständig   S. 263
1c   Vgl.: (Echte) Sträucher mit rauher filziger Behaarung
und großen Blüten (3–5 cm im Durchmesser)
Zistrose, *Cistus* L.
Wild nur im Mittelmeergebiet (mehrere Arten). Die
Nordgrenze zieht sich von der Vendée (franz. Atlantikküste) über das Tessin nach Istrien (Triest). Bei
uns nirgendwo wild, jedoch in Parkanlagen bis Nord-
deutschland angepflanzt

77. Familie Tamariskengewächse, *Tamaricaceae*

77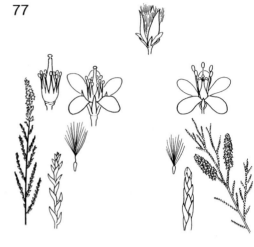

Holzgewächse oder (nicht bei uns) Stauden; Blätter (dicht) wechselständig, ± schuppenartig. Blüten klein, doppelt (Blütenblätter oft sehr hinfällig), meist 5strahlig; selten einzeln, oft in dichten Trauben oder Rispen; Staubblätter 4–10; 1 oberständiger Fruchtknoten mit 1–5 Griffeln; tief aufreißende Kapseln mit vielen Samen, die einen Haarschopf tragen. Bei uns nur:

Tamariske (2 Gattungen)

Myricaria; 8–10 Staubblätter, unten zu einem häutigen Becher verwachsen; Narbe dem Fruchtknoten aufsitzend (kein Griffel); Samen mit gestielten Haarschopf S. 263

Tamarix L.; 4–5 freie Staubblätter; Narben auf kurzem Griffel; Samen mit ungestieltem Haarschopf

Mit mehreren Arten im Mittelmeergebiet vertreten; einige davon bei uns als „Echte Tamariske" in Gärten und Parkanlagen gepflanzt. Sie verwildern aber sehr selten und überstehen härtere mitteleuropäische Winter nicht ohne besonderen Schutz.

Ordnung Kapernstrauchartige, *Capparales*

78. Familie Kreuzblütengewächse, *Brassicaceae*

78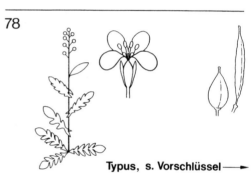

Krautige Pflanzen, selten Sträucher oder Bäumchen. Blätter oft in Grundrosetten, am Sproß wechselständig, einfach bis gefiedert oder gefingert. Blüten strahlig, doppelt (Blütenblätter selten verkümmert); meist endständige Trauben, anfangs häufig (trug)doldig verkürzt; 4 freie, oft aufrecht stehende Kelchblätter, 4 freie Blütenblätter, häufig nach unten verschmälert („genagelt"), selten 2zipflig; 2 kurze und 4 lange Staubblätter; 1 oberständiger, 2narbiger Fruchtknoten; Frucht: Schote bzw. (wenn höchstens 3mal so lang wie breit) Schötchen, seltener ein Nüßchen oder eine in Nüßchen zerfallende Gliederschote.

In Mitteleuropa über 60 Gattungen dieser Familie.

Typus, s. Vorschlüssel

Sonderschlüssel (Vorschlüssel s. S. 39)

Das bei uns typische Kreuzblütengewächs (ob mit oder ohne Grundblattrosette) besitzt einen wechselständig beblätterten Sproß und je Blüte 4 gleiche Blütenblätter, die meist die 4 Kelchblätter weit überragen, zumindest aber so lang sind wie diese. Wenige Sonderformen oder Gattungen weichen von dieser Norm ab. Sie können anhand des Sonderschlüssels identifiziert werden.

Sonderschlüssel:

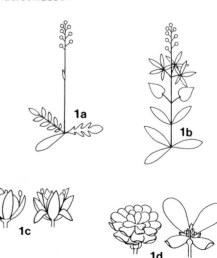

1a Blüten „normal" ausgebildet, alle Blätter in grundständiger Rosette, am Sproß höchstens kleine, stark reduzierte Blattschuppen 2

1b Blüten „normal" ausgebildet, Stengelblätter gegenständig oder in Quirlen 9

1c Blütenblätter völlig fehlend oder verkümmert (=
– entweder fädlich: ± so lang wie, doch vielmals schmäler als
– oder schuppig: vielmals kürzer als die Kelchblätter) 10

1d Blütenblätter wohlentwickelt, - aber entweder mehr als 4 (Blüte „gefüllt") - oder die äußeren deutlich länger als die übrigen 12

2a Blüten violett bis rot 3
2b Blüten gelb 4
2c Blüten weiß 5

3a Rosettenblätter ungestielt, dichtstehend, keilför-
mig, vorn lang gezähnt – (Frucht: Schötchen)
Steinschmückel, *Petrocallis* S. 347
3b Rosettenblätter gestielt, locker, 3- bis fiederteilig
– (Frucht: Schote)
Schaumkraut, *Cardamine* S. 309+311

4a Rosettenblätter dichtstehend, nur 0,5–2,5 cm
lang, ganzrandig bis schwach gezähnt – (Frucht:
± abgeflachtes Schötchen)
Felsenblümchen, *Draba* S. 339+341
4b Rosettenblätter 3–10 cm lang; Kelchblätter auf-
recht-röhrig zusammenstehend – (Frucht: Schote mit 6 Längsnerven)
Lacksenf, *Rhynchosinapis* S. 381
4c Rosettenblätter 3–10 cm lang, höchstens gezähnt; Kelchblätter abstehend – (Frucht: Schötchen mit 2 sehr großen seitlichen Flügeln)
Brillenschötchen, *Biscutella* S. 359
4d Rosettenblätter 3–10 cm lang; tief fiedrig eingeschnitten; Kelchblätter abstehend – (Frucht:
Schote mit 2 Längsnerven)
Doppelsame, *Diplotaxis* S. 375

5a Laubblätter ganzrandig bis gesägt, die Spreiten-
hälften kaum auf 1/4 eingeschnitten 6
5b Laubblätter 3teilig, lang gestielt
Schaumkraut, *Cardamine* S. 309
5c Laubblätter mit verschmälertem Grund sitzend,
vorn grob gezähnt
Steinschmückel, *Petrocallis* S. 347
5d Laubblätter gefiedert oder tief fiederteilig (dann
oft Endlappen besonders groß) 8

6a Pflanze völlig kahl; Laubblätter sitzend, grasartig bis pfriemlich – (Frucht: Schötchen)
Pfriemenkresse, *Subularia* S. 359
6b Pflanze völlig kahl; Laubblätter eiförmig, deutlich gestielt – (Frucht: Schote)
Schaumkraut, *Cardamine* S. 305
6c Stengel oder/(und) Blätter ± stark behaart, zumindest Blätter borstig gewimpert 7

7a Blütenblätter tief 2lappig; einjährige, früh-
blühende Pflanze der Äcker, Wiesen und
Wege – (Frucht: elliptisches Schötchen)
Hungerblümchen, *Erophila* S. 347
7b Blütenblätter vorn gerundet; einjährige
Pflanze der Äcker, Wegränder und Wald-
schläge – (Frucht: dünne, lineale, 1–2 cm lan-
ge Schote)
Schmalwand, *Arabidopsis* S. 287
7c Ausdauernde Fels- und Schuttpflanze des
Gebirges (Rosetten ± polsterartig gehäuft);
Blätter verkehrt-eiförmig, kurz gestielt –
(Frucht: abgeflachte, kurze Schote)
Gänsekresse, *Arabis (pumila)* S. 327
7d, 7e →

7d Ausdauernde Fels- und Schuttpflanze des
Gebirges (Rosetten ± polsterartig gehäuft);
Blätter lineal bis eiförmig, kaum gestielt –
(Frucht: ± flach eiförmiges bis ± zylindrisch-
lanzettliches Schötchen)
Felsenblümchen, *Draba* S. 341–347
7e Ausdauernde Fels- und Schuttpflanze des
Gebirges (Rosetten ± polsterartig gehäuft);
Blätter ungestielt, keilförmig, vorn ± grob-
zähnig – (Frucht: elliptisches Schötchen,
seitlich abgeflacht)
Steinschmückel, *Petrocallis* S. 347

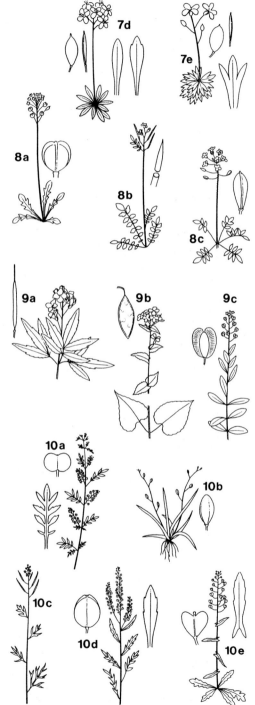

8a Stengel völlig kahl; Blätter fiederschnittig; Blütenblätter oft ungleich lang – (Frucht: halbkugeliges, oben geflügeltes Schötchen)
Bauernsenf, *Teesdalea* S. 359
8b Stengel zumindest oben kahl; Blätter gefiedert;
Blütenblätter etwa gleich lang – (Frucht: stiel-
rundliche Schote)
Schaumkraut, *Cardamine* S. 309+311
8c Stengel oben fein flaumig; Blätter gefiedert;
Blütenblätter etwa gleich lang – (Frucht: abgeflachtes, ± lanzettliches Schötchen)
Gemskresse, *Hutchinsia* S. 357

9a Blätter gefiedert oder gefingert, gegenständig oder
in einem Quirl am Stengel gehäuft
Zahnwurz, *Dentaria* S. 303+305
9b Untere Stengelblätter gegenständig, lang gestielt,
herz(ei)förmig, gesägt (obere Blätter wechselständig, oberste öfter ungestielt)
Silberblatt, *Lunaria* S. 329
9c Untere Stengelblätter gegenständig, eiförmig,
ganzrandig, bläulich (obere Blätter wechselständig)
Steintäschel, *Aethionema* S. 351

10a Blütentrauben blattgegenständig; alle Blätter
1–2fach fiederschnittig – (Frucht: schwach abgeflachtes nierenförmig-2knotiges Schötchen =
Spaltfrucht!)
Krähenfuß, *Coronopus (didymus)* S. 369
10b Blütentrauben „grundständig": auf blattlosem Stiel
über einer Rosette aus linealisch-pfriemlichen
Blättern; kleine Pflanze, oft tief im Wasser stehend,
selbst untergetaucht blühend – (Frucht: lang elliptisches, aufgeblasenes Schötchen)
Pfriemenkresse, *Subularia* S. 359
10c Blütentrauben endständig; obere Stengelblätter gefiedert bis fiederschnittig; (Frucht: Schote) **11**
10d Blütentrauben endständig; obere Stengelblätter,
höchstens fiederlappig, mit schmalem Grund dem
Stengel ansitzend – (Frucht: flaches eirundliches,
oben geflügeltes Schötchen)
Kresse, *Lepidium* S. 369+371
10e Blütentrauben endständig; obere Stengelblätter,
ganzrandig bis gezähnt, mit 2lappigem Grund stengelumfassend – (Frucht: flaches, (verkehrt!) herzförmiges Schötchen)
Hirtentäschel, *Capsella* S. 359

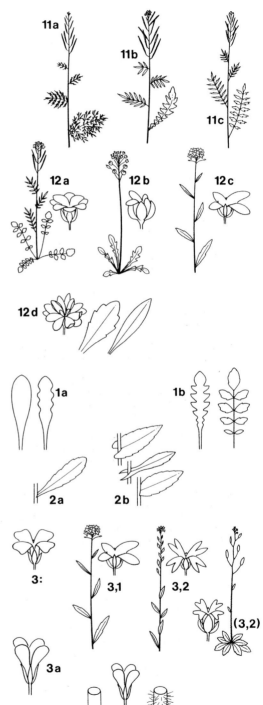

11a Untere Blätter 3fach, obere 1–2fach fiederschnittig (Zipfel lang, oft schmal fiederlappig)
Besenrauke, *Descurainia* S. 287
11b Untere Blätter schrotsägeförmig-fiederlappig, obere fiederschnittig (4–11 schmale Zipfel)
Rauke, *Sisymbrium (altissimum)* S. 287
11c Alle Blätter 1fach gefiedert (Fiedern gezähnt)
Schaumkraut, *Cardamine (impatiens)* S. 311

12a Blätter gefiedert; mehr als 4 Blütenblätter
Schaumkraut, *Cardamine (pratensis)* S. 309
12b Blätter fiederschnittig, alle grundständig; Blütenblätter ungleich (2 längere, 2 kurze)
Bauernsenf, *Teesdalea* S. 359
12c Blätter ganzrandig bis seicht gelappt (nur im Grenzgebiet Frankreich/Westschweiz auch fiederschnittig, aber ohne Grundblattrosette), stengelständig; Blüten in Doldentrauben, äußere Blütenblätter verlängert
Schleifenblume, *Iberis* S. 353+357
12d Blätter ungeteilt, ganzrandig oder gezähnt; Blütenblätter mehr als 4: verwilderte Zierpflanzen, z.B.:
Blätter kerbzähnig, grauhaarig   Gänsekresse S. 329
Blätter ganzrandig, dicht grauhaarig   Levkoje S. 303
Blätter ganzrandig, ± rauhhaarig   Goldlack S. 303

Vorschlüssel: Für alle Kreuzblütengewächse mit wechselständigen Stengelblättern (zumindest 1 normales Laubblatt am Stengel) und Blüten mit 4 etwa gleichgroßen Blütenblättern

1a Laubblätter ganzrandig bis gelappt (weniger als bis zur Mitte der Spreitenhälfte eingeschnitten 2
1b Zumindest einige (oft untere) Laubblätter über die Mitte der Spreitenhälfte geteilt 4

2a Blüten blaß- bis goldgelb (höchstens beim Abblühen weißlich verblassend); obere Stengelblätter mit schmalem Grund ansitzend . . . . . **KR 1**, S. 40
2b Blüten blaß- bis goldgelb (höchstens beim Abblühen weißlich verblassend); obere Stengelblätter mit herz- oder pfeilförmigem, zumindest aber breit gestutztem Grund ansitzend . . . . **KR 2**, S. 41
2c Blüten weiß bis grünlichweiß (Adern zuweilen bläulich oder rot) 3
2d Blüten rot, lila oder blau . . . . **KR 3**, S. 42

3: Pflanzen mit vorn gerundeten bis seicht ausgerandeten, gleichmäßigen Blütenblättern; Ausnahme:
3,1 Blütenstand ± doldig, Randblüten mit ungleich langen Blütenblättern:
Schleifenblume, *Iberis* S. 353+357
3,2 Blütenblätter sehr tief zweispaltig:
Graukresse, *Berteroa* S. 339
(Vgl.: Stengel blattlos oder nur mit 1–3 kleinen Blättchen   **Hungerblümchen,** *Erophila* S. 347)
3a Blütenblätter 11–30 mm lang . . . . . . **KR 4**, S. 44
3b Blütenblätter 1–11 mm lang, Stengel und Blätter kahl . . . . **KR 5**, S. 44
3c Blütenblätter 1–11 mm lang, Blätter oder zumindest der untere Stengelteil behaart . . . **KR 6**, S. 46

4a Blüten blaß- bis goldgelb (höchstens beim Abblühen weiß verblassend) **5**
4b Blüten weiß, rot oder blau **6**

5a Stengelblätter mit herz- oder pfeilförmigem Grund stengelumfassend oder ihr unterstes Fiederpaar stengelumfassend . . . . **KR 7**, S. 49
5b Stengelblätter mit verschmälertem Grund dem Stengel ansitzend . . . . **KR 8**, S. 49

6a Blütenblätter 5–30 mm lang . . . . **KR 9**, S. 52
6b Blütenblätter unter 5 mm lang . . . . . **KR 10**, S. 53
Vgl.: Blütenblätter teils 3–5, teils 6–10 mm lang!
Schleifenblume, *Iberis* S. 353+357

KR 1: Gelbblühendes Kreuzblütengewächs; Laubblätter wenig zerteilt, dem Stengel schmal ansitzend

1a Blütenblätter 0,5 bis gut 1 cm lang; Stengel ± zerstreut mit kleinen Drüsenwarzen besetzt, kahl oder behaart – (Frucht: eikugeliges Schötchen mit drüsenwarzigen, gezackten Flügeln)
Zackenschötchen, *Bunias* S. 291
1b Blütenblätter höchstens um 1 cm lang; Stengel kahl, borstig oder behaart, nie warzig **2**
1c Blütenblätter über 1,2 cm lang; ganze Pflanze kahl, zuweilen bläulich bereift – (Frucht: Schote)
Kohl, *Brassica* S. 383+387
1d Blütenblätter über 1,2 cm lang; zumindest die Unterseite der Laubblätter angedrückt rauhhaarig –
(Frucht: Schote)
Schöterich, Goldlack, *Erysimum* S. 303
1e Blütenblätter über 1,2 cm lang; Laubblätter schütter rauhhaarig, am Grund (Stiel) abstehend bewimpert; nur in der Westschweiz – (Frucht: ± kugeliges Schötchen, gut 1 cm im Durchmesser)
Blasenschötchen, *Alyssoides* S. 333

2a Unterseite der Laubblätter dicht angedrückt grauhaarig (rauhe Stern- oder Gabelhaare) **3**
2b Unterseite der Laubblätter mit abstehenden weichen, einfachen Haaren **4**
2c Unterseite der Laubblätter kahl oder zerstreut kurzborstig (steife, bis 1 mm lange Börstchen) . . **5**

3a Blütenblätter vorn bogig gerundet, die Kelchblätter weit überragend – (Frucht: Schote)
Schöterich, *Erysimum* S. 297–303
3b Blütenblätter vorn ± gestutzt bis ausgerandet, die Kelchblätter überragend – (Frucht: Schötchen)
Steinkraut (2 Gattungen) S. 333–339
Aurinia; Halbstrauch (Schötchen kahl)   S. 333
Alyssum; Kräuter und Stauden   S. 335+339
3c Blütenblätter schmal, keilig, vorn gerundet, kaum länger als der Kelch – (Frucht: Schötchen)
Schildkraut, *Clypeola jonthlaspi* L.
Einjähriges, 5–25 cm hohes Kraut aus dem Mittelmeerraum; beim Abblühen entfärben sich die Blütenblätter und werden weiß; Schötchen flach, kreisrund, ringsum geflügelt (1samige Nüßchen!). Bislang nur im Wallis (und in Savoyen) an mehreren Orten eingebürgert

40

4a Obere Stengelblätter mindestens so stark gesägt wie die unteren (oft stärker) – (Frucht: Schote)
Hundsrauke, *Erucastrum* S. 387
4b Rosettenblätter ± stark gesägt, Stengelblätter gezähnelt-ganzrandig – (Frucht: geflügeltes, flaches, brillenförmiges Schötchen)
Brillenschötchen, *Biscutella* S. 359
4c Ohne Grundrosette; untere Stengelblätter stärker gezähnt als die oberen – (Frucht: Schote)
Rauke, *Sisymbrium* S. 281

5a Pflanze mit dichter Grundblattrosette
Brillenschötchen, *Biscutella* S. 359
5b Grundblätter vereinzelt oder fehlend; Stengelblätter völlig kahl, bläulich überlaufen – (Frucht: Schote, vielmals länger als breit)
Kohl, *Brassica* S. 383
5c Grundblätter vereinzelt oder fehlend; Stengelblätter kahl oder zerstreut behaart, gelb- bis sattgrün – (Frucht: kugeliges bis walzliches Schötchen, bzw. extrem kurze Schote)
Sumpfkresse, *Rorippa* S. 315+317
5d Grundblätter vereinzelt oder fehlend; Stengelblätter zerstreut weißborstig; Kelchblätter (schräg) aufrecht stehend – (Frucht: Schote)
Kohl, *Brassica* S. 383+387
5e Grundblätter vereinzelt oder fehlend; Stengelblätter zerstreut weißborstig; Kelchblätter waagrecht abspreizend – (Frucht: Schote)
Senf, *Sinapis* S. 387

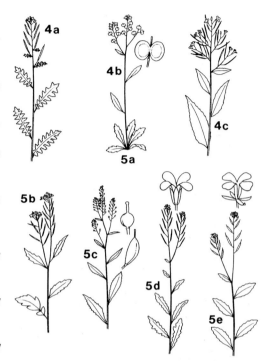

KR 2: Gelbblühendes Kreuzblütengewächs; Laubblätter wenig zerteilt, dem Stengel breit oder umfassend ansitzend

1a Blüten klein, Blütenblätter höchstens 5 mm lang . . 2
1b Blütenblätter 6–15 mm lang 4
1c Blüten sehr groß, Blütenblätter 18–30 mm lang, schwefelgelb, sehr selten weißlichgelb
Kohl, *Brassica* S. 383+387
1d Blüten sehr groß, Blütenblätter 18–30 mm lang, grünlichgelb mit violetten Adern
Nachtviole, *Hesperis (tristis)* S. 291

2a Laubblätter oberseits ± zerstreut rauhhaarig; Blütenblätter 1–3 mm lang – (Frucht: kugeliges Schötchen, oben mit flacher Kegelspitze)
Finkensame, *Neslia* S. 353
2b Laubblätter oberseits ± zerstreut rauhhaarig; Blütenblätter 4–5 mm lang – (Frucht: birnförmiges Schötchen, oben stielartig geschnäbelt)
Leindotter, *Camelina* S. 353
2c Laubblätter oberseits kahl (höchstens auf dem Mittelnerv einige Härchen) 3

3a Blätter gelbgrün bis sattgrün – (Frucht: kugeliges bis kurzwalzliches Schötchen)
Sumpfkresse, *Rorippa* S. 315+317
3b Blätter blaugrün (schwach bereift); Pflanze völlig kahl – (Frucht: kugeliges, aufrechtes Schötchen)
Hohldotter, *Myagrum* S. 381

3c, 3d →

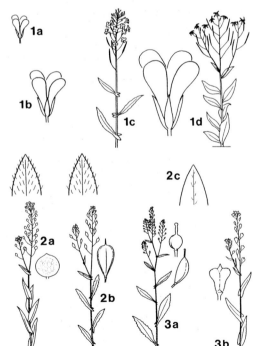

3c Blätter bläulich bereift; Stengel unten behaart,
kaum verzweigt; Blüten weißlichgelb – (Frucht:
aufrechte, dem Stengel angedrückte Schote)
Turmkraut, *Arabis (glabra)* S. 317

3d Blätter bläulich bereift; Stengel unten ± schwach
behaart; Blüten sattgelb – (Frucht: überhängen-
des, längliches, breit geflügeltes, zuletzt (ausge-
reift!) schwarzglänzendes Schötchen)
Waid, *Isatis* S. 291

4a Pflanze kahl; Blütenstiele fast so lang wie die Blüte
oder länger; reichblütige Trauben – (Frucht: lange
± dicke (kräftige) Schote)
Kohl, *Brassica* S. 383

4b Pflanze kahl; Blütenstiele höchstens so lang wie
der Kelch; armblütige Traube – (Frucht: lange,
dünne Schote, sehr kurz gestielt)
Ackerkohl, *Conringia* S. 383

4c Zumindest die Grundblätter oder, falls diese schon
verdorrt, der untere Stengelteil behaart **5**

5a Blüten goldgelb – (Frucht: Schote)
Kohl, *Brassica* S. 383+387

5b Blüten hellgelb bis weißlichgelb **6**

6a Mittlere Stengelblätter kahl, bläulich bereift,
voll stengelumfassend; Grundblätter früh verwelkt – (Frucht: aufrechte, dem Stengel angedrückte Schote)
Turmkraut, *Arabis (glabra)* S. 317

6b Mittlere Stengelblätter behaart; voll stengel-
umfassend; mit Grundblattrosette – (Frucht:
Schote, meist waagrecht-abgebogen)
Gänsekresse, *Arabis* S. 321

6c Stengelblätter schwach gekerbt, etwas rauh,
den Stengel kaum halb umfassend; mit Grundblattrosette – (Frucht: geflügeltes, flaches, brillenförmiges Schötchen)
Brillenschötchen, *Biscutella* S. 359

6d Stengelblätter leierförmig fiedrig gelappt, unterstes Zipfelpaar stengelumfassend herabgebogen (Blattansatz schmal!) – (Frucht: Schote)
Hundsrauke, *Erucastrum* S. 387

KR 3: Rot- oder blaublühendes Kreuzblütengewächs;
Laubblätter wenig zerteilt

1a Blüten groß, Blütenblätter 12–30 mm lang **2**
1b Blüten mittelgroß, Blütenblätter 5–11 mm lang . . . **3**
1c Blüten klein; Blütenblätter unter 5 mm lang **5**

2a Laubblätter spatelig-keilig bis verkehrt-eiförmig,
vorn mit 3–7 Zähnen; Polsterrasen – (Frucht: kurze
schmal-lanzettliche, geschnäbelte Schote)
Blaukissen, *Aubrietia* S. 329

2b Laubblätter eiförmig, ganzrandig bis seicht gesägt –
(Frucht: lange, ± knotige Schote)
Nachtviole, *Hesperis* S. 291

2c Laubblätter herzeiförmig, untere gestielt – (Frucht:
großes, flaches Schötchen, ± rund-elliptisch bis ei-
lanzettlich, bis 3 cm breit/9 cm lang)
Silberblatt, *Lunaria* S. 329

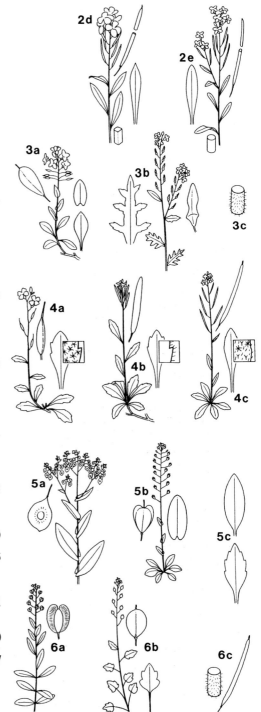

2d Laubblätter lineal, vorn spitzlich zulaufend; Stengel ± kantig – (Frucht: etwas abgeflachte Schote)
Goldlack, *Erysimum (cheiri)* S. 303
2e Laubblätter lineal, vorn gerundet, graufilzig; Stengel rundlich – (Frucht: ± dünne, stielrunde Schote)
Levkoje, *Matthiola* S. 303

3a Ganze Pflanze kahl; auf Felsschutt im Gebirge; Blätter eiförmig, spitz, um 1 cm lang, ganzrandig – (Frucht: keuliges, abgeflachtes, scharfrandiges Schötchen)
Hellerkraut, *Thlaspi (rotundifolium)* S. 363
3b Ganze Pflanze kahl, auf (Schlick-)Sand am Meerstrand; Blätter über 2 cm lang, schmal, ganzrandig bis fiederzipflig – (± schotenartige Bruchfrucht in Form einer seitlich abgeflachten, ungleichen Doppelpyramide – Oberteil etwas eingeschnürt)
Meersenf, *Cakile* S. 377
3c Blätter oder Stengel (unten) ± stark behaart 4

4a Polster aus vielen niederliegend-aufsteigenden Stengeln, ohne Grundblattrosette; Laubblätter zerstreut rauhhaarig (Sternhaare), eiförmig-spatelig, grob stumpfzähnig – (Frucht: kurze, eilängliche, geschnäbelte Schote)
Blaukissen, *Aubrietia* S. 329
4b Mit Grundblattrosette; Stengelblätter rautenförmig, langkeilig zum Stiel verschmälert, vorn gezähnt, am Rand und am Stiel durch einfache Haare gewimpert – (Frucht: walzliche Schote, oben kurz zugerundet)
Gänsekresse, *Arabis (caerulea)* S. 323
4c Mit Grundblattrosette; Stengelblätter lineal bis eiförmig (dann gestielt), ganzrandig oder entfernt kurzzähnig, ± dicht rauhhaarig (Stern- und Gabelhaare, Kurzborsten) – (Frucht: lange Schote, oben ein stielartiger Griffelrest)
Schaumkresse, *Cardaminopsis* S. 317+321

5a Laubblätter deutlich stengelumfassend; nur wenige Grundblätter – (Frucht: hängendes Schötchen, rundum breit geflügelt)
Scheibenschötchen, *Peltaria* S. 333
5b Laubblätter deutlich stengelumfassend; Grundblattrosette – (Frucht: aufrechtes Schötchen mit 2 schmalen Seitenflügeln)
Hellerkraut, *Thlaspi* S. 363 (+365)
5c Laubblätter zum Grund verschmälert, den Stengel nicht oder höchstens halb umfassend 6

6a Ganze Pflanze kahl; untere Blätter ganzrandig, kurz gestielt – (Frucht: geflügeltes Schötchen)
Steintäschel, *Aethionema* S. 351
6b Ganze Pflanze kahl; untere Blätter 3–7lappig; lang gestielt – (Frucht: eikugeliges Schötchen)
Löffelkraut, *Cochlearia* S. 351 (+353)
6c Blätter oder zumindest der untere Stengelteil behaart – (Frucht: Schote) 7

7a Reichblütige Trauben (über 10 Blüten), Blütenstiele 5–10 mm lang; Stengelblätter eiförmig,
kurz gestielt oder ei-lanzettlich und sitzend
Schaumkresse, *Cardaminopsis* S. 317+321
7b Armblütige Trauben (2–8 Blüten); Blütenstiele
2–3 mm lang; Stengelblätter eiförmig, etwas
gezähnt
Gänsekresse, *Arabis (caerulea)* S. 323
7c ! Beachte: armblütige Trauben, Blütenstiele bis
2 mm lang, Stengelblätter lang lineal; Stengel
oft rotviolett; Blüten weiß, im Abblühen zuweilen lila verfärbend; (nur Ostalpen)
Schotenkresse, *Braya* S. 333

KR 4: Weißblühendes Kreuzblütengewächs (kahl oder behaart); Laubblätter wenig zerteilt; Blüten groß

1a Blätter, oder zumindest der untere Stengelbereich ±
dicht behaart 2
1b Ganze Pflanze kahl; alle Stengelblätter mit herzförmigem Grund (voll) stengelumfassend
Ackerkohl, *Conringia* S. 383
1c Ganze Pflanze kahl; Stengelblätter zum Grund verschmälert, nicht oder kaum 1/3 stengelumfassend
Kohl, *Brassica* S. 383+387

2a Stengelblätter ei- bis zungenförmig; zumindest die
mittleren herz-pfeilförmig stengelumfassend
Gänsekresse, *Arabis* S. 327+329
2b Stengelblätter lineal-lanzettlich, stumpflich; zum
Grund verschmälert, nicht stengelumfassend
Levkoje, *Matthiola* S. 303
2c Stengelblätter eiförmig, rings ± gezähnelt; gestielt
– (Frucht: schwach knotige Schote)
Nachtviole, *Hesperis* S. 291
2d Stengelblätter herz-eiförmig, rings gesägt; gestielt
– (Frucht: flaches, großes, oft bis 9 cm langes und
3 cm breites Schötchen)
Silberblatt, *Lunaria* S. 329

KR 5: Weißblühendes, kahles Kreuzblütengewächs; Laubblätter wenig zerteilt; Blüten klein bis mittelgroß

1a Blütenblätter 1–4 mm lang; Stengelblätter mit verschmälertem Grund ansitzend 2
1b Blütenblätter 1–4 mm lang; Stengelblätter mit breitem Grund oder stengelumfassend ansitzend 5
1c Blütenblätter über 5 mm lang; Grundblätter sehr
groß, (mit Stiel) 25–100 cm lang 9
1d Blütenblätter über 5 mm lang; Grundblätter unter
20 cm lang, obere Stengelblätter zum Grund verschmälert bis gestielt, schmal ansitzend (höchstens
beidseits mit winzigem, ca. 1 mm langen Zipfelchen)
. . . . 10
1e Blütenblätter über 5 mm lang; Grundblätter unter
20 cm lang, obere Stengelblätter mit breitem Grund
oder stengelumfassend ansitzend 11

2a Pflanze über 40 cm hoch; mit bis 10 cm langen, ge-
stielten Grundblättern (zur Blüte öfters verwelkt) –
(Frucht: beidseits geflügeltes Schötchen)
Kresse, *Lepidium* S. 369+371

2b Pflanze kaum 30 cm lang, Stiele der Grundblätter mindestens so lang wie ihre Spreite 3

2c Pflanze kaum 30 cm lang, Stiele der Blätter fehlend oder kürzer als ihre Spreite 4

3a Armblütige Alpenpflanze mit Grundblattrosette – (Frucht: lineale Schote)
Schaumkraut, *Cardamine* S. 305

3b Pflanze vom Tiefland bis zur Bergregion; wenige Grundblätter – (Frucht: kugeliges Schötchen)
Löffelkraut, *Cochlearia* S. 351+353

4a Salzbodenpflanze; Stengel dünn, fast fädlich, meist niederliegend-aufsteigend, locker (hellgrün) beblättert – (Frucht: längliches Schötchen)
Salzkresse, *Hymenolobus* S. 357

4b Alpenpflanze; Stengel aufsteigend-aufrecht, dicht (blaugrün) beblättert – (Frucht: längliches, breit geflügeltes Schötchen)
Steintäschel, *Aethionema* S. 351

5a Stengelblätter ganzrandig bis fein gesägt; mit Knoblauchgeruch (eventuell reiben) 6

5b Stengelblätter ganzrandig bis fein gesägt, nicht nach Knoblauch riechend 7

5c Stengelblätter grob gesägt oder buchtig bis tief gezähnt 8

6a Stengel stielrund – (Frucht: hängendes, flaches, kreisförmiges Schötchen, ringsum geflügelt)
Scheibenschötchen, *Peltaria* S. 333

6b Stengel kantig oder deutlich längsrillig – (Frucht: aufrechtes Schötchen mit Seitenflügeln)
Hellerkraut, *Thlaspi* S. 365

7a Kelchblätter kaum 2 mm lang; Blattöhrchen gerade vorgestreckt bis zusammenneigend; auf trockenen Böden – (Frucht: Schötchen)
Hellerkraut, *Thlaspi* S. 363+365

7b Kelchblätter 2–3 mm lang, an der Spitze oft gewimpert; auf feuchten Böden – (Frucht: Schote)
Gänsekresse, *Arabis* S. 323+327

8a Grundblätter rundlich bis herzförmig, lang gestielt – (Frucht: eirundliches Schötchen, mit dünnem Griffelrest als Spitze)
Löffelkraut, *Cochlearia* S. 351+353

8b Grundblätter länglich, ± grob fiederlappig; kurz gestielt – (Frucht: runzeliges, eiförmiges Schötchen, oben kegelförmig zugespitzt)
Wendich, *Calepina* S. 389

8c Grundblätter lang verkehrt-eiförmig, zum Stiel keilig verschmälert, ± gesägt – (Frucht: 2flügeliges Schötchen; Flügel oben verbreitert)
Hellerkraut, *Thlaspi* S. 363+365

9a Blätter blaugrün bereift; Meerstrandpflanze; (Frucht: birnförmiges Schötchen)
Meerkohl, *Crambe* S. 377

9b Blätter sattgrün; Wegränder, Dorfanger, Ödland, Flußufer – (Frucht: kugelig-eiförmiges Schötchen)
Meerrettich, *Armoracia* S. 317

10a Meerstrandpflanze mit stark verästeltem Stengel; jeder Ast mit 8–30 Blüten – (Frucht: sehr kurze Schote in Form einer abgeflachten, in der Mitte verengten, ungleichen Doppelpyramide)
Meersenf, *Cakile* S. 377

10b Hochgebirgspflanze mit meist unverästelten, über 15 cm hohen Stengeln; Rosettenblätter verkehrt-eiförmig – (Frucht: Schote mit 2 deutlichen Längsnerven, fast 4kantig)
Gänsekresse, *Arabis* S. 323+327

10c Hochgebirgspflanze mit meist unverästelten, 2–12 cm hohen Stengeln; Rosettenblätter ei-rautenförmig, rasch zum Stiel verschmälert – (Frucht: ± nervenlose Schote)
Schaumkraut, *Cardamine* S. 305+309

11a Untere und mittlere Stengelblätter grob (buchtig) gezähnt bis gelappt – (Frucht: eirundliches Schötchen, mit kurzem Griffelrest)
Löffelkraut, *Cochlearia* S. 351+353

11b Untere und mittlere Stengelblätter ganzrandig bis fein gesägt; Fruchtknoten ± stielartig – (Frucht: Schote, meist mit 2 Längsnerven)
Gänsekresse, *Arabis* S. 323+327

11c Untere und mittlere Stengelblätter ganzrandig bis fein gesägt; Fruchtknoten ± kugelig – (Frucht: geflügeltes, oben eingekerbtes Schötchen)
Hellerkraut, *Thlaspi* S. 363+365

KR 6: Weißblühendes, behaartes Kreuzblütengewächs; Laubblätter wenig zerteilt; Blüten klein bis mittelgroß (0,1 bis gut 1 cm)

1a Stengelblätter voll stengelumfassend: Läppchen mindestens so lang wie der Stengel dick ist 2
1b Stengelblätter gestielt, in den Grund verschmälert oder am Grund gestutzt und halb stengelumfassend 6

2a Mittlere und obere Stengelblätter kahl, blaugrün oder bläulich bereift 3
2b Mittlere und obere Stengelblätter kahl, hell- bis dunkelgrün, nie bläulich 4
2c Alle Blätter behaart, zumindest am Rand oder auf der Unterseite 5

3a Alle Blätter kahl; mit Knoblauchgeruch – (Frucht: seitlich geflügeltes Schötchen)
Hellerkraut, *Thlaspi* S. 365

3b Untere Stengelblätter samt Stengel behaart; Grundblätter meist schon verwelkt; Blütenblätter schmutzigweiß, 4–6 mm lang – (Frucht: aufrechte, mitsamt dem (sehr) kurzen Stiel der Hauptachse angedrückte Schote)
Turmkraut, *Arabis (glabra)* S. 317

3c Untere Stengelbätter behaart; Stengel kahl; Grundblattrosette; Blütenblätter milchweiß, 6–7 mm lang – (Frucht: locker aufrecht abstehende Schote, oft auf längerem, abstehendem Stiel, oder die Hauptachse weit überragend)
Gänsekresse, *Arabis* S. 321–327

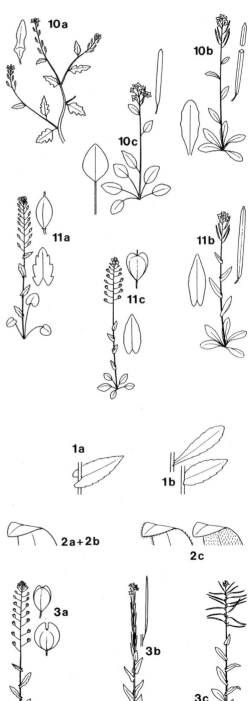

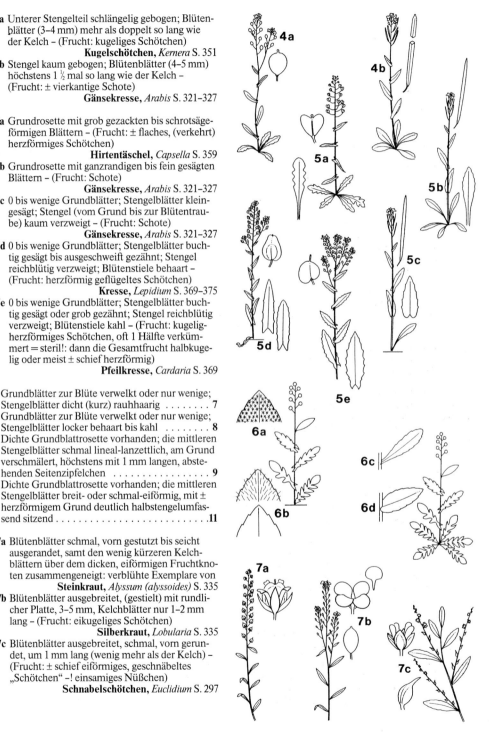

4a Unterer Stengelteil schlängelig gebogen; Blütenblätter (3–4 mm) mehr als doppelt so lang wie
der Kelch – (Frucht: kugeliges Schötchen)
Kugelschötchen, *Kernera* S. 351
4b Stengel kaum gebogen; Blütenblätter (4–5 mm)
höchstens 1 ½ mal so lang wie der Kelch –
(Frucht: ± vierkantige Schote)
Gänsekresse, *Arabis* S. 321–327

5a Grundrosette mit grob gezackten bis schrotsägeförmigen Blättern – (Frucht: ± flaches, (verkehrt)
herzförmiges Schötchen)
Hirtentäschel, *Capsella* S. 359
5b Grundrosette mit ganzrandigen bis fein gesägten
Blättern – (Frucht: Schote)
Gänsekresse, *Arabis* S. 321–327
5c 0 bis wenige Grundblätter; Stengelblätter kleingesägt; Stengel (vom Grund bis zur Blütentraube) kaum verzweigt – (Frucht: Schote)
Gänsekresse, *Arabis* S. 321–327
5d 0 bis wenige Grundblätter; Stengelblätter buchtig gesägt bis ausgeschweift gezähnt; Stengel
reichblütig verzweigt; Blütenstiele behaart –
(Frucht: herzförmig geflügeltes Schötchen)
Kresse, *Lepidium* S. 369–375
5e 0 bis wenige Grundblätter; Stengelblätter buchtig gesägt oder grob gezähnt; Stengel reichblütig
verzweigt; Blütenstiele kahl – (Frucht: kugeligherzförmiges Schötchen, oft 1 Hälfte verkümmert = steril!: dann die Gesamtfrucht halbkugelig oder meist ± schief herzförmig)
Pfeilkresse, *Cardaria* S. 369

6a Grundblätter zur Blüte verwelkt oder nur wenige;
Stengelblätter dicht (kurz) rauhhaarig 7
6b Grundblätter zur Blüte verwelkt oder nur wenige;
Stengelblätter locker behaart bis kahl 8
6c Dichte Grundblattrosette vorhanden; die mittleren
Stengelblätter schmal lineal-lanzettlich, am Grund
verschmälert, höchstens mit 1 mm langen, abstehenden Seitenzipfelchen 9
6d Dichte Grundblattrosette vorhanden; die mittleren
Stengelblätter breit- oder schmal-eiförmig, mit ±
herzförmigem Grund deutlich halbstengelumfassend sitzend 11

7a Blütenblätter schmal, vorn gestutzt bis seicht
ausgerandet, samt den wenig kürzeren Kelchblättern über dem dicken, eiförmigen Fruchtknoten zusammengeneigt: verblühte Exemplare von
Steinkraut, *Alyssum (alyssoides)* S. 335
7b Blütenblätter ausgebreitet, (gestielt) mit rundlicher Platte, 3–5 mm, Kelchblätter nur 1–2 mm
lang – (Frucht: eikugeliges Schötchen)
Silberkraut, *Lobularia* S. 335
7c Blütenblätter ausgebreitet, schmal, vorn gerundet, um 1 mm lang (wenig mehr als der Kelch) –
(Frucht: ± schief eiförmiges, geschnäbeltes
„Schötchen" –! einsamiges Nüßchen)
Schnabelschötchen, *Euclidium* S. 297

47

8a Stengel aufrecht; Stengelblätter herzförmig, gezähnt, alle gestielt; Pflanze nach Knoblauch riechend – (Frucht: Schote)
Knoblauchsrauke, *Alliaria* S. 281

8b Stengel aufrecht(-aufsteigend), 10–30 cm hoch; Stengelblätter schmal-lanzettlich, ganzrandig; Blütenblätter rundlich-eiförmig, sich seitlich berührend – (Frucht: verkehrt-birnförmiges Schötchen mit spitzem Griffelrest)
Silberkraut, *Lobularia* S. 335

8c Stengel liegend-aufrecht, 5–15 cm lang; untere Stengelblätter fiedrig oder zerstreut gezähnt; Blütenblätter vorn gestutzt, schmal, wenig länger als der Kelch; selten auf Salzböden oder bei Wildlägern – (Frucht: schwach verkehrt-eiförmiges Schötchen)
Salzkresse, *Hymenobolus* S. 357

8d Stengel aufrecht(-aufsteigend), über 15 cm lang, oben reich verästelt; Stengelblätter schmal-lanzettlich bis eiförmig, ganzrandig bis gesägt; Blütenblätter schmal-eiförmig, sich seitlich nicht berührend – (Frucht: ± abgeflachtes, rundliches-eiförmiges Schötchen, öfters schmal geflügelt)
Kresse, *Lepidium* S. 369+371

9a Rosettenblätter mit abgesetztem Stiel; Stengelhaare abstehend – (Frucht: Schote)
Schmalwand, *Arabidopsis* S. 287

9b Rosettenblätter mit abgesetztem Stiel; Stengelhaare angelegt – (Frucht: kugeliges Schötchen)
Kugelschötchen, *Kernera* S. 351

9c Rosettenblätter allmählich in den Stiel verschmälert **10**

10a Stengel unten rotviolett, locker mit angedrückten Haaren besetzt – (Frucht: Schote)
Schotenkresse, *Braya* S. 333

10b Stengel unten durch dichtstehende angedrückte Haare grau – (Frucht: Schötchen)
Felsenblümchen, *Draba* S. 341–347

10c Stengel unten abstehend behaart – (Frucht: Schote)
Schaumkresse, *Cardaminopsis* S. 317+321

11a Blüten sehr klein, unter 3 mm lang – (Frucht: eilängliches Schötchen)
Felsenblümchen, *Draba* S. 341–347

11b Blüten 3–8 mm lang; 5–20 Blätter am Stengel; Rosetten mit oberirdischen Ausläufern – (Frucht: leicht knotig eingeschnürte Schote)
Schaumkresse, *Cardaminopsis* S. 317+321

11c Blüten 3–8 mm lang; 5–20 Blätter am Stengel; Rosetten mit unterirdischen Ausläufern (im Geröll zuweilen freigelegt: Rosetten dann gabelig zusammenhängend) – (Frucht: glatte Schote)
Gänsekresse, *Arabis* S. 321–327

11d Blüten 3–8 mm lang; nur 1–4 dicht (angedrückt) grauhaarige Stengelblätter – (Frucht: Schötchen)
Felsenblümchen, *Draba* S. 341–347

11e Blüten 3–8 mm lang; 1–4 kahle, nur am Rand bewimperte Stengelblätter – (Frucht: Schote)
Gänsekresse, *Arabis* S. 321–327

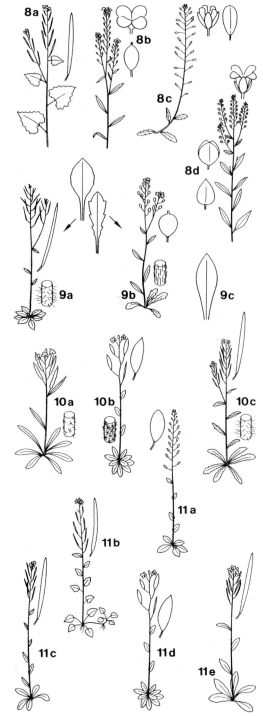

KR 7: Gelbblühendes Kreuzblütengewächs; Laubblätter stark zerteilt, am Grund stengelumfassend

1a Obere Stengelblätter stark zerteilt oder tief einge-schnitten **2**
1b Obere Stengelblätter ganzrandig bis fein gesägt, sten-gelumfassend sitzend **3**
1c Obere Stengelblätter ganzrandig oder schwach ge-zähnt, gestielt oder stielartig verschmälert, höchstens halb stengelumfassend – (Frucht: Schote)
Kohl, *Brassica* S. 383+387

2a Kelchblätter gelblichgrün, (± schräg) aufrecht ab-stehend; Blüten kaum 5 mm lang – (Frucht: kurze Schote oder ± längliches Schötchen)
Sumpfkresse, *Rorippa* S. 315+317
2b Kelchblätter gelblichgrün, waagrecht abstehend; Blüten 5–15 mm lang – (Frucht: lange Schote)
Hundsrauke, *Erucastrum* S. 387
2c Kelchblätter grün; Blüten über 5 mm lang; Pflanze grün bis dunkelgrün – (Frucht: lange Schote)
Barbarakraut, *Barbarea* S. 293
2d Kelchblätter (bläulich)grün; Blüten über 5 mm lang; ganze Pflanze graugrün, ± bläulich bereift – (Frucht: lange Schote)
Kohl, *Brassica* S. 383+387

3a Blüten klein, 1–3 mm lang – (Frucht: Schötchen)
Kresse, *Lepidium* S. 371
3b Blüten mittelgroß, 4–8 mm lang; Kelchblätter auf-recht – (Frucht: Schötchen)
Leindotter, *Camelina* S. 353
3c Blüten mittelgroß, 4–8 mm lang; Kelchblätter schräg bis waagrecht abstehend – (Frucht: Schote)
Kohl, *Brassica* S. 383+387
3d Blüten groß, 9–15 mm lang – (Frucht: Schote)
Kohl, *Brassica* S. 383

KR 8: Gelbblühendes Kreuzblütengewächs; Laubblätter stark zerteilt, am Grund nicht stengelumfassend

1a Blütentrauben blattgegenständig, der Sproß schließt mit einem Blattschopf ab – (Frucht: 2knotiges Schöt-chen, ± 1 mm hoch, ± 2 mm breit)
Krähenfuß, *Coronopus (didymus)* S. 369
1b Blütentrauben endständig aus einem (Schein)Quirl einander genäherter Blätter – (Frucht: Schote)
Zahnwurz, *Dentaria* S. 303+305
1c Blütentrauben endständig am wechselständig beblät-terten Sproß; Blüten unter 5 mm lang **2**
1d Blütentrauben endständig am wechselständig beblät-terten Sproß; Blüten 5–10 mm lang **3**
1e Blütentrauben endständig am wechselständig beblät-terten Sproß; Blüten gut 1 bis über 3 cm lang **9**

2a Blätter 1(–2)fach fiederschnittig; Stengel nur unten beblättert, im oberen Teil blattlos
Doppelsame, *Diplotaxis* S. 375
2b Blätter 1(–2)fach fiederschnittig, obere mit auffällig langem (großem) Endzipfel
Rauke, *Sisymbrium* S. 285+287

2c–2e →

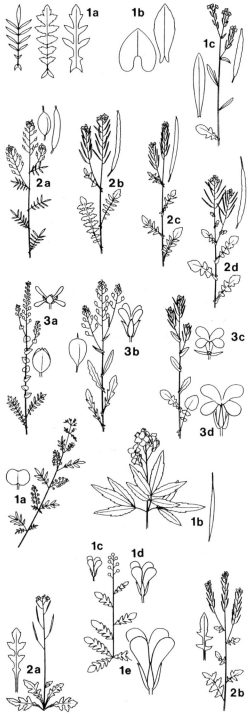

2c Blätter 1(–2)fach fiederschnittig, obere entweder nur gesägt oder mit Endzipfeln, die gegenüber den seitlichen kaum größer (öfters kleiner) sind
Sumpfkresse, *Rorippa* S. 315+317
2d Blätter 2–3fach fiederschnittig (bis gefiedert), schmalzipflig, grau behaart
Besenrauke, *Descurainia* S. 287
2e Blätter 1fach gefiedert, Fiedern lanzettlich, tief gesägt; Stengel unten ± blattlos; nur im Hochgebirge
Rainfarnrauke,
Hugueninia tanacetifolia (L.) RCHB.
Bis 60 cm hohe, reichblütige Pflanze; (Schoten keulig–4kantig). Auf stickstoffsalzreichen, nicht zu trockenen Gebirgsböden Südwesteuropas. In den Alpen bis zum Wallis und Aostatal; in Höhen von 1800–2500 m, sehr zerstreut, örtlich häufig

3a Stengel (und Blütenstiele) mit Warzen – (Frucht: Schötchen mit gezackten Flügeln)
Zackenschötchen, *Bunias* S. 291
3b Stengel ohne Warzen (höchstens mit Borsten, die auf einem winzigen Höckerchen sitzen); untere Blätter zumindest unterseits steifborstig **4**
3c Stengel ohne Warzen; untere Blätter zumindest unterseits zerstreut weichhaarig bis dicht zottig behaart **5**
3d Stengel ohne Warzen; alle Blätter kahl **8**

4a Kelchblätter waagrecht abstehend; Stengel ± kantig – (Frucht: Schote, oft breit geschnäbelt)
Senf, *Sinapis* S. 387
4b Kelchblätter aufrecht; Stengel rundlich, fleischig-dick (Frucht: Schote, dünnschnäbelig)
Kohl, *Brassica* S. 383+387
4c Kelchblätter aufrecht; Stengel dünn, stumpfkantig – (Frucht: Schötchen)
Rapsdotter, *Rapistrum* S. 377

5a Kelchblätter waagrecht abstehend; auch die oberen Laubblätter regelmäßig fiedrig gelappt
Hundsrauke, *Erucastrum* S. 387
5b Kelchblätter waagrecht abstehend; obere Laubblätter ganzrandig oder mit großem Endlappen und einigen kleinen, unregelmäßig fiedrig gestellten Seitenläppchen
Senf, *Sinapis* S. 387
5c Kelchblätter senkrecht bis schief aufrecht; obere Laubblätter fiedrig gelappt **6**
5d Kelchblätter senkrecht bis schief aufrecht; obere Laubblätter nur noch gezähnt **7**

6a Die unterste(n) Blüte(n) der Traube mit Tragblatt (direkt am Blütenstiel!)
Hundsrauke, *Erucastrum* S. 387
6b Blüten ohne Tragblatt –! falls Blütenstand aus mehreren Trauben: jede Traube mit 1 Tragblatt
Rauke, *Sisymbrium* S. 285+287

7a Blütenstiel etwa so lang wie die Blüte; Laubblätter hellgrün, nur unterseits behaart
Doppelsame, *Diplotaxis* S. 375

7b Blütenstiel etwa so lang wie die Blüte; Laubblätter grasgrün, beidseits zottig behaart
Rapsdotter, *Rapistrum* S. 377
7c Blütenstiel kürzer als der Kelch (!); Laubblätter
(dicht) grauhaarig – (die kurzen Schoten der
Stengelachse angedrückt)
Grausenf, *Hirschfeldia* S. 381

8a Alle 4 Kelchblätter gleich aufrecht abstehend
Rauke, *Sisymbrium* S. 285+287
8b 2 Kelchblätter waagrecht, 2 aufrecht abstehend
Doppelsame, *Diplotaxis* S. 375
8c Alle 4 Kelchblätter waagrecht abstehend
Hundsrauke, *Erucastrum* S. 387

9a Ganze Pflanze kahl, oft bläulich überlaufen . . . **10**
9b Pflanze, zumindest der untere Stengelteil, stark behaart bis rauhborstig **11**

10a Blütenstiel mindestens so lang wie die Blüte
Doppelsame, *Diplotaxis* S. 375
10b Blütenstiel kürzer als die Blüte
Kohl, *Brassica* S. 383+387

11a Alle 4 Kelchblätter gleich senkrecht bis schräg
aufrecht abstehend **12**
11b 2 Kelchblätter waagrecht, 2 ± aufrecht abstehend
Doppelsame, *Diplotaxis* S. 375
11c Alle 4 Kelchblätter waagrecht abstehend; Blätter
regelmäßig fiedrig geschnitten, ± stark behaart
Hundsrauke, *Erucastrum* S. 387
11d Alle 4 Kelchblätter waagrecht abstehend; obere
Blätter mit großem Endzipfel und unregelmäßig
gekerbt bis gelappt, ± rauhborstig
Senf, *Sinapis* S. 387

12a Blütenstiele viel kürzer als der Kelch (!) . . . **13**
12b Blütenstiele länger als der Kelch (!) **14**

13a Kelchblätter schräg aufrecht (Kelch ± trichte-
rig); untere Blätter tief fiedrig gezähnt
Schöterich, Gänsesterbe, *Erysimum* S. 297
13b Kelchblätter senkrecht (Kelch ± röhrig);
Sproß kantig längsstreifig
Senfrauke, *Eruca* S. 381
13c Kelchblätter senkrecht (Kelch ± röhrig);
Sproß glatt (getrocknet fein gerieft!)
Lacksenf, *Rhynchosinapis* S. 381

14a Stengel (und Blütenstiel) warzig – (Frucht:
Schötchen mit gezackten Flügeln)
Zackenschötchen, *Bunias* S. 291
14b Stengel (unten) borstig behaart; Endzipfel
der Laubblätter groß, breit-eiförmig bis rundlich, ganzrandig bis gezähnelt – (Frucht: knotige Schote mit spitzen Schnabel)
Hederich, *Rhaphanus* S. 389
14c Stengel (unten) borstig behaart; Endzipfel
der Laubblätter länglich eiförmig, tief 3fach-
fiedrig gezähnt – (Frucht: knotige Schote mit
flachkegeligem Schnabel)
Lacksenf, *Rhynchosinapis* S. 381

KR 9: Weiß-, rot oder blaublühendes Kreuzblütengewächs; Laubblätter stark zerteilt; Blüten mittelgroß
bis groß

1a Blüten sehr groß, Blütenblätter 12–30 mm lang . . . **2**
1b Blütenblätter 5–11 mm lang; Laubblätter echt geteilt
(dreiteilig, gefingert oder gefiedert), Teilblättchen
zum Grund verschmälert **3**
1c Blütenblätter 5–11 mm lang; Laubblätter fiederspaltig, Lappen am Grund ineinander übergehend . . . **4**

2a Laubblätter zusammengesetzt (getrennte Teilblättchen), höchstens oberste Blätter ungeteilt
Zahnwurz, *Dentaria* S. 303+305
2b Laubblätter nur tief gelappt (Lappen am Grund
miteinander flächig verbunden), kahl (wie die ganze Pflanze, oft bläulich bereift)
Kohl, *Brassica* S. 383+(387)
2c Laubblätter nur tief gelappt (Lappen am Grund
miteinander flächig verbunden), rauhflaumig; Blütenstiele kaum halb so lang wie der Kelch
Senfrauke, *Eruca* S. 381
2d Laubblätter nur tief gelappt (Lappen am Grund
miteinander flächig verbunden), steifborstig; Blütenstiele mindestens so lang wie der Kelch, manchmal auch länger als die Blüte
Rettich, *Raphanus* S. 389

3a Stengel blattlos oder nur 1–2blättrig, oben feinflau-
mig behaart – (Frucht: elliptisches Schötchen)
Gemskresse, *Hutchinsia* S. 357
3b Stengel vielblättrig, aufrecht – (Frucht: Schote)
Schaumkraut, *Cardamine* S. 309+311
3c Stengel vielblättrig, niederliegend- oder schwim-
mend-aufsteigend, hohl; Staubbeutel gelb –
(Frucht: Schote)
Brunnenkresse, *Nasturtium* S. 311
3d Stengel vielblättrig, niederliegend- oder schwim-
mend-aufsteigend, markig; Staubbeutel violett –
(Frucht: Schote)
Schaumkraut, *Cardamine (amara)* S. 309

4a Ganze Pflanze kahl (Frucht: Schötchen oder kurze
Schote: kaum 5mal länger als breit) **5**
4b Pflanze zumindest am unteren Stengelteil behaart
(Frucht: lange Schote) **6**

5a Laubblätter (mit Stiel) 3–8 cm lang, fleischig-
dicklich; 15–30 cm hohe Meerstrandpflanze –
(Frucht: ± flache, ungleichhälftige, in der Mitte
verengte Doppelpyramide = Schote)
Meersenf, *Cakile* S. 377
5b Laubblätter (mit Stiel) 20–40 cm lang, bläulich
bereift; 30–70 cm hohe Meerstrandpflanze –
(Frucht: birnförmiges Schötchen)
Meerkohl, *Crambe* S. 377
5c Laubblätter (mit Stiel) 20–100 cm lang; grün;
60–120 cm hohe Sanduferpflanze, auch an Öd-
stellen und Wegen – (Frucht: breitkugeliges
Schötchen); Sonderform (f. *pinnatifida*) von:
Meerrettich, *Amoracia* S. 317

6a Zur Blüte mit Grundblattrosette; mittlere Stengelblätter eiförmig, gezähnt bis ganzrandig; Blüten weiß, lila, rötlich
Schaumkresse, *Cardaminopsis* S. 321
6b Grundblätter zur Blüte meist verwelkt, mittlere
Stengelblätter fieder- bis 3schnittig, oberste tief
gezähnt; die Zähne ohne Knorpelspitze; Blüten
gelblich, im Alter weiß (verblassend)
Rauke, *Sisymbrium* S. 287
6c Grundblätter verwelkt oder rosettig; mittlere
Stengelblätter fiederlappig, Endlappen sehr groß;
alle Lappen am Rand weißknorpelig bespitzt;
Blüten weiß (um 1 cm lang), im Alter samt Kelch
lila(-purpurn) verfärbend
Raukenähnlicher Doppelsame,
Diplotaxis erucoides (L.) DC.
1–2jähriges Kraut aus dem westlichen Mittelmeerraum, in Südwest- und Südostfrankreich
eingebürgert, bei uns bislang ganz selten und
sehr unbeständig, doch immer wieder (äußerste
Westschweiz, Rhein, Mosel) eingeschleppt

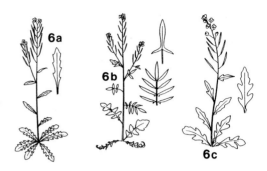

KR 10: Weiß-, rot- oder blaublühendes Kreuzblütengewächs; Laubblätter stark zerteilt; Blüten klein

1a Blüten einzeln in den Blattachseln, nach oben traubig, doch jede mit einem zumindest schuppenförmi-
gem Tragblatt
Niedrige Rauke, *Sisymbrium supinum* L.
Stengel niederliegend-aufsteigend; Laubblätter fiederspaltig; ganze Pflanze (samt Schote) borstlich behaart; Uferpflanze aus Süd- und Westeuropa, vereinzelt in den Beneluxstaaten, bei uns bislang nur äußerst selten und unbeständig am Westrand des
Schweizer Juras, in der Pfalz, an Mosel und Oberrhein in Pioniergesellschaften aufgetreten
1b Blüten in blattgegenständigen Trauben, der (meist)
niederliegend-aufsteigende Stengel endet mit einem
blütenlosen Blattschopf
Krähenfuß, *Coronopus* S. 365+369
1c Blüten in „grundständigen" Trauben (auf unbeblättertem oder nur schuppenblättrigem Schaft über einer Rosette stark zerteilter Blätter 2
1d Blüten in endständigen Trauben am beblätterten
Stengel (mit oder ohne Grundblattrosette) 3

2a Rosettenblätter mit großem Endzipfel; Blütenblät-
ter (öfters ungleich) 0,5–2 mm lang
Bauernsenf, *Teesdalea* S. 359
2b Endzipfel der Rosettenblätter etwa so groß wie die
Seitenzipfel; Blütenblätter 3–5 mm lang
Gemskresse, *Hutchinsia* S. 357

3a Zumindest die unteren Blätter gefiedert, mit deutlich getrennten Teilblättchen 4
3b Zumindest die unteren Blätter doppelt fiederschnittig, mit schmalen, ± linealen Zipfeln
Kresse, *Lepidium* S. 369+371
3c Blätter einfach fiederschnittig bis fiederlappig, die
Abschnitte zur Basis verbreitert und ineinander-
fließend, zuweilen gezähnt 8

4a Stengel oder Blätter behaart; Blütenblätter doppelt so lang wie der Kelch (3–4 mm) **5**
4b Stengel oder Blätter behaart, Blütenblätter wenig länger als der Kelch (kaum 2 mm) **6**
4c Stengel – wie die ganze Pflanze – kahl **7**

5a Entweder Stengel vielblättrig oder nur 0–2blättrig, dann aber kurzlebiges, dürftig bewurzeltes (Unkraut-)Pflänzchen – (Frucht: lange Schote)
　　　　　Schaumkraut, *Cardamine* S. 309+311
5b Stengel blattlos oder armblättrig; Zwergstaude der Gebirge ab etwa 1000 m – (Frucht: elliptisch-lanzettliches Schötchen)
　　　　　Gemskresse, *Hutchinsia* S. 357

6a Obere Stengelblätter gefiedert; Pflanze der (trockenen, warmen) Kalkböden
　　　　　Steinkresse, *Hornungia* S. 357
6b Obere Stengelblätter ganzrandig bis gesägt; Pflanze der (feuchten) Salzböden
　　　　　Salzkresse, *Hymenolobus* S. 357

7a Obere Stengelblätter ganzrandig bis gezähnt; Stengel kräftig, aufrecht, 20–50 cm hoch; Staubbeutel oft violett – (Frucht: Schötchen)
　　　　　Kresse, *Lepidium* S. 369+371
7b Obere Stengelblätter ganzrandig bis gezähnt; Stengel ± schlaff, liegend-aufsteigend; Staubbeutel hellgelb – (Frucht: Schötchen)
　　　　　Salzkresse, *Hymenolobus* S. 357
7c Obere Stengelblätter gefiedert; Stengel aufrecht, selten aufsteigend – (Frucht: ± abgeflachte Schote)
　　　　　Schaumkraut, *Cardamine* S. 309+311
7d Obere Stengelblätter gefiedert; Stengel niederliegend-aufsteigend oder kriechend-schwimmend, hohl – (Frucht: stielrunde Schote)
　　　　　Brunnenkresse, *Nasturtium* S. 311

8a Obere Stengelblätter mit verschmälertem Grund ansitzend, falls fiederschnittig, unterste Zipfel ± waagrecht abspreizend **9**
8b Obere Stengelblätter lanzettlich, am verschmälerten Grund beidseits ein um 1 mm langes Zähnchen (halb oder zu 1/3 stengelumfassend); Pflanze der Kalkgebirge
　　　　　Kugelschötchen, *Kernera* S. 351
8c Obere Stengelblätter ganzrandig bis gezähnelt, mit weit stengelumfassendem Grund dem Sproß ansitzend **10**
8d Obere Stengelblätter fiederlappig, ihr unterstes Lappenpaar den Stengel umfassend; mehrstengelige Rosettenpflanze – (Frucht: Schote)
　　　　　Fiederspaltige Rauke,
　　　Murbeckiella pinnatifida (LAM.) ROTHM.
Rauhflaumige, 5–20 cm hohe Gebirgsstaude auf Felsen und Felsschutt; von den Pyrenäen zum Zentralmassiv (Massif Central, Süd(Ost)-Frankreich) und bis in die Südwestalpen (Wallis); vereinzelt weiter nördlich verschleppt (z.B. (ob noch?) in den Radstädter Tauern)

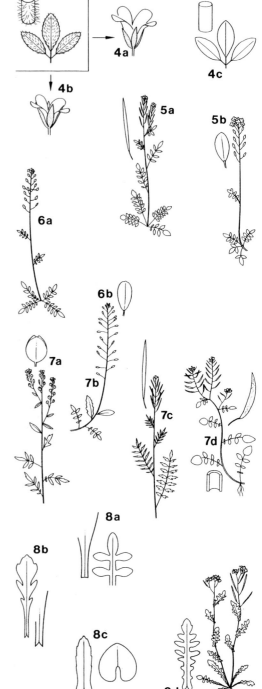

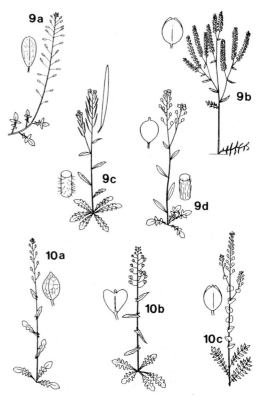

9a Ohne Grundblattrosette, untere Stengelblätter zahlreich; meist vielstengeliges, nur 5–15 cm hohes Pflänzchen – (Frucht: elliptisches Schötchen, zart gitternervig)
Salzkresse, *Hymenolobus* S. 357

9b Grundblätter zur Blüte verwelkt; Stengel über 20 cm hoch, aufrecht, meist einzeln, oben verzweigt – (Frucht: ± abgeflachtes, rundliches Schötchen, oben oft ± geflügelt)
Kresse, *Lepidium* S. 369–375

9c Mit Grundblattrosette (oft auch Ausläufer); Kelchblätter aufrecht; Stengel unten (wie Grundblätter) kurz abstehend rauhhaarig – (Frucht: lange, ± schmale Schote)
Schaumkresse, *Cardaminopsis* S. 321

9d Mit Grundblattrosette (oft mehrere gedrängt); Kelchblätter schräg abstehend, Stengel unten (wie Grundblätter) angedrückt borstenhaarig – (Frucht: kugeliges Schötchen)
Kugelschötchen, *Kernera* S. 351

10a Ganze Pflanze kahl – (Frucht: eiförmiges Nüßchen mit aufgesetzter Spitze)
Wendich, *Calepina* S. 389

10b Pflanze rauhhaarig, oft mit zerstreuten, weicheren Haaren dazwischen; Grundrosette stets vorhanden – (Frucht: flaches, (verkehrt) herzförmiges Schötchen)
Hirtentäschel, *Capsella* S. 359

10c Pflanze abstehend dicht flaumigzottig bis locker weichborstig behaart; Grundblätter meist verwelkt – (Frucht: ± flaches, birnförmiges bis eirundliches Schötchen)
Kresse, *Lepidium* S. 369–375

79. Familie Resedengewächse, *Resedaceae*

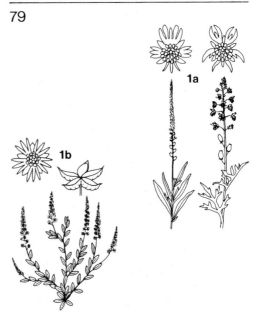

Krautige Pflanzen und Sträucher, mit wechselständigen Blättern. Blüten ungleichmäßig 2–8strahlig; in Trauben oder Ähren; Blütenblätter meist vorhanden und vorn (unterschiedlich) 1–5fach geschlitzt; 2 bis viele Staubblätter; 1 oberständiger Fruchtknoten, ohne Griffel, aus 2–8, unten verwachsenen, oben auseinander klaffenden Fruchtblättern; vielsamige, oben offene Kapsel (selten – nicht bei unseren Arten – Beerenfrucht)

1a Kraut oder Staude; Blüten 4–6zählig, wenn 5zählig, dann Laubblätter fiederschnittig
Resede, *Reseda* S. 281

1b Halbstrauch; Blüten 5zählig, weiß; Laubblätter ungeteilt; Frucht ausgebreitet, 4–7strahlig
Sternfrucht, *Sesamoides* ORT.
Südwesteuropäische Gattung (mit nur einer Sammelart); *S. canescens* (L.) O. KUNTZE oder die kaum 10 cm hohe *S. pygmaea* (SCHEELE) O. KUNTZE sind ganz vereinzelt bei uns eingeschleppt worden; bislang starben aber die Exemplare stets nach wenigen Jahren ab, ohne sich weiter ausgebreitet zu haben; Wiedereinschleppung ist durchaus möglich, zumal die Gattung an mehreren Orten im mittleren und östlichen Südfrankreich beständig eingebürgert sein soll (bis zur Burgundischen Pforte!)

Ordnung Kapuzinerkresseartige, *Tropaeolales*

80

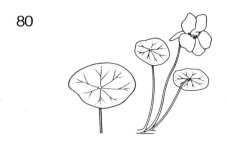

80. Familie Kapuzinerkressegewächse, *Tropaeolaceae*

Niederliegende oder kletternde Krautpflanzen, mit
wechselständigen, lang gestielten, ganzrandigen und ra-
diär geschlitzten Schildblättern. Blüten doppelt, 5zählig,
2seitig, gespornt; einzeln an langen Stielen aus den Blattachseln; 8 Staubblätter; 1 oberständiger, rundlicher, tief
3kerbiger Fruchtknoten mit 3narbigem Griffel; Bruchfrucht mit 3 großen Nüßchen, selten (nicht bei uns) Beerenfrucht; bei uns nur 1 Gattung (nicht einheimisch)
Kapuzinerkresse, *Tropaeolum* S. 389

81

Ordnung Weidenartige, *Salicales*

81. Familie Weidengewächse, *Salicaceae*

Bäume und Sträucher (auch Kriechsträucher) mit wechselständigen (selten fast gegenständig genäherten), einfachen, meist ganzrandigen bis gesägten, selten handförmig gelappten, fast stets gestielten Blättern. Oft auffällige Nebenblätter. Blüten 1geschlechtig, vorwiegend
2häusig, nackt oder mit stark reduzierter Hülle, jede mit
Tragblatt; zu (1geschlechtigen) aufrechten oder hängenden Kätzchen vereint. Tragblätter schuppenförmig, ± eilänglich, ganzrandig oder geschlitzt, oft stark behaart.
2–30 Staubblätter, zuweilen (scheinbar) nur 1 Staubblatt
(die beiden Staubfäden miteinander verwachsen); 1
oberständiger Fruchtknoten mit meist sehr kurzem Griffel und 2(–4) Narben; Blüte oft vor der Blattentfaltung.
Klappenkapseln mit vielen, lang behaarten Flugsamen
(Behaarung meist zart seidig-wollig)

1a Blühende (!) Kätzchen schlaff hängend, die Tragschuppen gezähnt bis zerschlitzt. Blätter (stets nach
der Blüte erscheinend) langstielig, im Umriß rundlich, 3eckig oder rautenförmig; Knospen mit mehreren (entsprechend kleinen) Schuppen
Pappel, *Populus* S. 393
1b Blühende Kätzchen ± steif, abstehend oder aufrecht,
die Tragschuppen ganzrandig; Blätter (vor oder nach
der Blüte erscheinend) kurzstielig, rundlich, lineal
oder lanzettlich; Knospen mit 1 großen Schuppe
Weide, *Salix* S. 395–413
Artenreiche Gattung   Grobeinteilung:
(Viele Bastarde erschweren die Identifizierung)

  A Echte Kriechsträucher: höchstens die kätzchen-
    tragenden Triebe aufgebogen; Hauptäste dem Bo-
    den angepreßt oder sogar ± unterirdisch; Kätz-
    chenschuppen einfarbig, gelb bis (schwarz)braun;
    Laubblätter rundlich bis eiförmig; meist Alpen-
    pflanzen   S. 399
    (Bei hochalpinen Pflanzen – oberhalb der Baum-
    grenze wachsend – vgl. auch   S. 401+407)
  B Hohe Sträucher oder Bäume; Kätzchenschuppen
    einfarbig, blaß, grün-gelb; Laubblätter vor oder
    mit den Kätzchen erscheinend, länglich-lanzett-
    lich, spitz   S. 395–399
    (Kätzchen U-förmig gekrümmt: vgl.   S. 413)
    (Blätter dunkelgrün-lackglänzend: vgl.   S. 411)

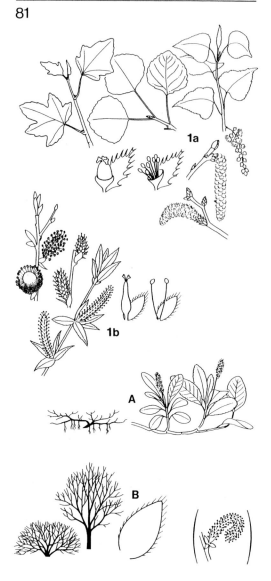

C Aufrechte Sträucher oder Bäumchen; Kätzchenschuppen unten hell, zur Spitze deutlich dunkler
(rot, braun, schwärzlich); Laubblätter mit oder
(oft lange) nach den Kätzchen erscheinend,
(schmal oder breit) S. 401–413
  C1 Junge Zweige (abwischbar) bläulich bereift;
    Blätter nach den Kätzchen erscheinend S. 413
  C2 Vorgebirgs- bis Tieflandspflanzen; Blätter mit
    den Kätzchen erscheinend S. 401+407+413
  C3 Vorgebirgs- bis Tieflandspflanzen; Blätter nach
    den Kätzchen erscheinend S. 405–411
  C4 Hochgebirgspflanzen; Blätter mit den Kätz-
    chen erscheinend S. 401+407+411
  C5 Hochgebirgspflanzen: Blätter nach den Kätz-
    chen erscheinend S. 401+405+411

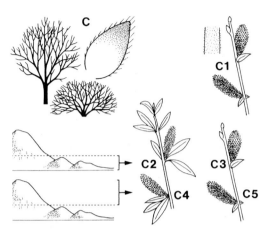

Ordnung Kürbisartige, *Cucurbitales*

82. Familie Kürbisgewächse, *Cucurbitaceae*

Krautige Pflanzen, meist Rankenkletterer, sehr selten
(nicht bei uns) Dorn- oder Klettersträucher und Bäumchen. Blätter wechselständig, handnervig und oft handförmig gelappt. Blüten 1geschlechtig, doppelt, 5strahlig,
mit ± trichterig-glockig verwachsenen Blütenblättern; oft
einzeln, blattachselständig; 5 Staubblätter, zuweilen verwachsen (deshalb (vor allem bei uns öfter) – scheinbar –
nur 3); 1 unterständiger (3fächeriger) Fruchtknoten;
Frucht eine vielsamige, zuweilen recht große Beere (!
Melone, Kürbis, Gurke)

1a Pflanze ganz ohne Ranken, kriechend; Frucht rauh
beborstet, nickend, reif bei Berührung abplatzend
              Spritzgurke, *Ecballium* S. 419
1b Pflanze mit einfachen Ranken 2
1c Pflanze mit verästelten Ranken 3

  2a Blüten gelb, über 2 cm lang, meist einzeln, nur 3
    Staubblätter (durch Verwachsung); Frucht haarlos,
    höckerig oder glatt, ± 5–60 cm lang, (gelb)grün
                    Gurke, *Cucumis* S. 419
  2b Blüten gelb, über 2 cm lang, meist einzeln; ♂ mit 5
    freien Staubblättern, ♀ meist noch mit 5 Staubfä-
    den(!); Frucht langhaarig, rot, 4–5 cm lang
             Quetschgurke, *Thladiantha* S. 419
  2c Blüten weißlich bis gelbgrünlich, unter 2 cm im
    Durchmesser (!), in armblütigen, blattachselstän-
    digen Trauben; Frucht erbsengroß, kugelig, kaum
    1 cm lang, glatt, rot oder schwarz
                 Zaunrübe, *Bryonia* S. 417

  3a Blüten gelb, meist einzeln, 5zipflig, über 2 cm lang;
    Frucht glatt oder höckerig, 0,1–1 m breit
                 Kürbis, *Cucurbita* S. 419
  3b Blüten weiß bis grüngelblich, 5zipflig, kaum 1 cm
    lang, ♀ in Köpfchen, ♂ in Traubenrispen; Frucht
    um 1,5 cm lang, wollhaarig und stachelborstig
                Haargurke, *Sicyos* S. 417
  3c Blüten weiß bis grüngelblich, 6zipflig, kaum 1 cm
    lang, ♀ meist einzeln, ♂ in Traubenrispen; Frucht ±
    5 cm lang, 4 cm dick, nur mit Stachelborsten
             Stachelgurke, *Echinocystis* S. 417

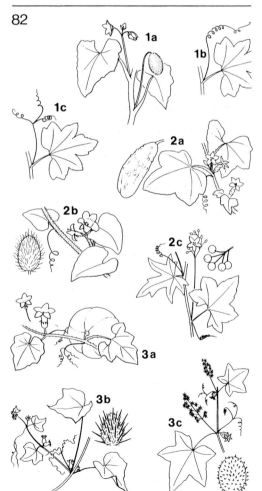

Ordnung Malvenartige, *Malvales*

83

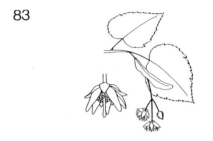

83. Familie Lindengewächse, *Tiliaceae*

Bäume und Sträucher (in den Tropen auch krautig: ! Jute). Blätter einfach, meist gestielt, wechselständig. Blüten (4-)5strahlig, meist doppelt, Blütenblätter selten kelchartig oder verkümmert; in (zuweilen doldigen) Rispen; Staubblätter 10–viele (dann oft gebüschelt); 1 oberständiger Fruchtknoten, 1 Griffel; (meist) Kapselfrucht. Nur 1 einheimische Gattung (mit 1–2samigen Nüßchen!)

Linde, *Tilia* S. 423

84. Familie Malvengewächse, *Malvaceae*

84

Krautpflanzen, seltener Bäume und Sträucher (z. B. Baumwolle); mit wechselständigen, einfachen, oft handförmig gelappten Blättern. Blüten 5strahlig, doppelt, gern mit zusätzlichem Außenkelch, groß; einzeln oder in kurzen Trauben, blattachselständig; Staubblätter 5, 10 oder viele, ihre Stiele zu einer Röhre verwachsen, die, sich unten ausweitend, mit den meist freien Blütenblättern verbunden ist und den oberständigen Fruchtknoten bedeckt; dieser meist scheibenartig, mit deutlich gekerbtem Rand, 3–viele Griffel, oft bis zur Spitze miteinander verwachsen; Frucht kapselartig (selten beerenartig), oft (längs der Randkerben) in Nüßchen zerfallend

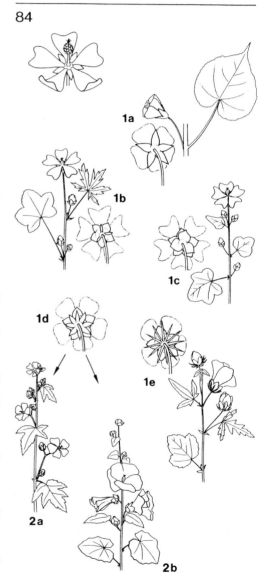

1a Blüten ohne Außenkelch (Blätter gestielt, rundlich-eiförmig, zugespitzt, am Rand sägezähnig)

Samtpappel, *Abutilon* MILL.

Abutilon theophrasti MED.; aus China; einjährig, samtig behaart, über 1 m hoch; mit kleinen hellgelben Blüten und Kapselfrüchten; in wärmeren Klimazonen heute weltweit als Unkraut; bei uns nur selten und vorübergehend auftretend (am Südfuß der Alpen und wohl auch im Marchfeld fest eingebürgert)

1b Blüten mit einem Außenkelch aus 2–3 voneinander getrennten, schmalen bis eiförmigen Blättchen

Malve, *Malva* S. 425+429

1c Blüten mit einem Außenkelch aus 3 am Grund verwachsenen breit-eiförmigen Blättchen

Strauchpappel, *Lavatera* S. 423

1d Blüten mit einem Außenkelch aus 5–10 Blättchen; (oft hohe) krautige Pflanzen (Frucht ± flach, scheibenartig, mit Randwulst, der in viele einzelne Nüßchen zerfällt) 2

falls Strauch mit hell blauvioletten Blüten vgl.:

Straucheibisch, *Hibiscus syriacus* L; Ziergehölz aus Südasien; hie und da in Gärten und Anlagen, kaum verwildert

1e Blüten mit einem Außenkelch aus meist 12 Blättchen (Frucht eine ± eiförmige, echte Kapsel)

Stundenblume, *Hibiscus* S. 423

2a Außenkelchblätter 6–10, wenigstens einige Blüten deutlich gestielt oder zu mehreren in gestielten blattachselständigen Trauben

Eibisch, *Althaea* S. 425

2b Außenkelchblätter 5–7, Blüten sitzend oder ganz kurz gestielt (Stiele kürzer als die Blüte); einzeln oder zu 2–4 gehäuft in den Blattachseln

Stockrose, *Alcea* S. 425

Ordnung Primelartige, *Primulales*

85

85. Familie Primelgewächse, *Primulaceae*

Krautige Pflanzen, selten Halbsträucher; Blätter oft in Grundrosetten, aber auch gegen- und quirl-, selten wechselständig. Blüten 5(-9)strahlig, Kelch – wie Blütenblätter – oft weit verwachsen; Dolden, Rispen, Trauben oder Ähren, selten Einzelblüten; 5–9 Staubblätter, 1 oberständiger (sehr selten halbunterständiger) 1griffliger Fruchtknoten; Narbe meist kopfig; Klappen-, Zahn- oder Deckelkapsel

1a Blätter kammförmig gefiedert; Wasser- oder Sumpfpflanze; Blüten traubig-quirlig an blattlosem, über das Wasser ragendem Schaft
  Wasserfeder, *Hottonia* S. 453
1b Blätter einfach, alle in Grundrosetten oder dichten Rosettenpolstern; Blüten grundständig oder auf blattlosem Schaft, bzw. dem Polster aufsitzend oder dieses auf blattlosen Stengeln überragend 2
1c Blätter einfach, in einer Grundrosette und wechselständig am Stengel; Blüten weiß, 5zählig, doppelt (Kelchblätter vorhanden), in endständiger Traube
  Bunge, *Samolus* S. 453
1d Blätter einfach, im unteren Stengelteil klein, locker wechselständig, oben quirlartig gehäuft; Blüten weiß, 5–9zipflig, doppelt (Kelchblätter vorhanden), lang- und dünnstielig, zu 1–4 ± endständig
  Siebenstern, *Trientalis* S. 453
1e Blätter einfach, Stengel gegen- oder quirlständig beblättert; keine Grundrosette; Blüten 5(–6)zählig, doppelt (Kelchblätter vorhanden), Blütenblätter gelb, blau, rot oder rosa 5
1f Blätter einfach, etwas fleischig, Stengel unten dicht gegen-, oben wechselständig beblättert; keine Grundrosette; Blüten einfach: nur mit 5zipfligem, rötlich-weißem Kelch – ungestielt, blattachselständig, im mittleren Stengelbereich gehäuft
  Milchkraut, *Glaux* S. 453
1g Blätter einfach, zart, wechselständig, breit-eiförmig, kurzstielig; keine Grundrosette; Blüten einzeln in den Blattachseln, klein, doppelt: die 4–5zipflige, weiße bis (lila-)rötliche Krone aber kürzer als der Kelch; Pflanze meist nur um 5 cm lang
  Kleinling, *Centunculus* S. 459

2a Blattspreite im Umriß rundlich, deutlich vom stets vorhandenen Blattstiel abgesetzt 3
2b Blattspreite länglich entweder ohne Stiel oder allmählich keilförmig zu einem ± breitflächigen Stiel verschmälert 4

3a Blütenzipfel nach hinten geschlagen; Blätter kahl, herz-nierenförmig, selten schwach gelappt
  Alpenveilchen, *Cyclamen* S. 447
3b Blüte trichterig-glockig mit fransig zerschlitztem Saum; Blätter kahl, rundlich-nierenförmig
  Alpenglöckchen, *Soldanella* S. 449
3c Blüte glockig, 5lappig; Blätter behaart, rundlich-lappig, Lappen spitz gezähnt
  Heilglöckchen, *Cortusa* S. 447

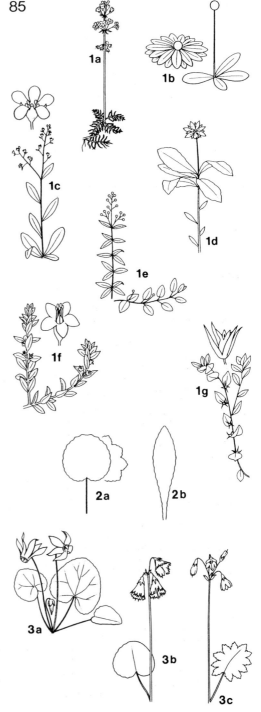

4a Blütenröhre höchstens so lang wie der Kelch; Durchmesser des (ausgebreiteten) Blütensaums meist unter 1 cm

Mannsschild, *Androsace* S. 441–447

4b Blütenröhre länger als der Kelch (deutlich sichtbar); Durchmesser des (ausgebreiteten) Blütensaums meist über 1 cm

Primel, *Primula* S. 431–437

5a Hauptblütenfarbe gelb (Blütenblätter zuweilen feinst rot oder grünlichweiß gepunktet)

Gilbweiderich, *Lysimachia* S. 455+459

5b Blüten blau, rot oder rosa

Gauchheil, *Anagallis* S. 459+461

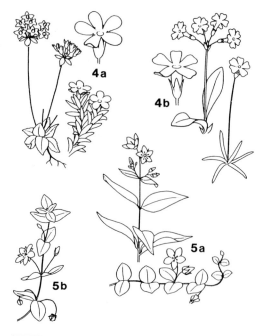

Ordnung Hartriegelartige, *Cornales*

86. Familie Hortensiengewächse, *Hydrangeaceae*

Sträucher, auch Klettersträucher, selten Stauden; Blätter meist gegenständig, einfach, selten tief gelappt. Blüten meist doppelt, (3–)4–5(–10)strahlig (selten der Kelch blütenblattartig, ± einseitig ausgebildet), ♀ (Randblüten reicher Dolden oft einfach, vergrößert und steril). Meist traubige oder doldige Blütenstände. 5–50 Staubblätter; 1 (halb)unterständiger, 1–4griffliger Fruchtknoten; Kapseloder (selten) Beerenfrucht. Verwilderte Zierpflanzen

1a Doldenartiger, flacher oder kugeliger Blütenstand; zumindest die 4–6strahligen Randblüten vergrößert, unfruchtbar und einfach (nur noch blütenblattartige Kelchblätter entwickelt)

Hortensie, *Hydrangea* S. 461

1b Blüten in Trauben, alle ± gleich, doppelt (= mit grünem Kelch); 4strahlig (oder gefüllt); (0–)15–30 Staubblätter; Zweige stets markerfüllt

Pfeifenstrauch, *Philadelphus* S. 461

1c Blüten in Doldenrispen, alle ± gleich, doppelt (grüner Kelch); 5strahlig (oder gefüllt); (0–)8–10 Staubblätter; Zweige röhrig hohl

Deutzie, *Deutzia* THUNB.

Ostasiatische Sträucher; bei uns einige mittelhohe Arten (1–2 m) in vielen Zuchtsorten; häufig in Gärten, sehr selten frei ausgepflanzt, doch recht wenig konkurrenzfähig. Eine selbständige Ausbreitung hat bislang noch nicht stattgefunden.

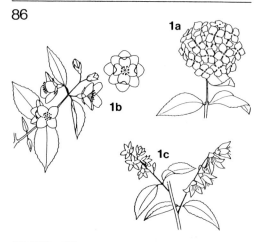

86

87. Familie Stechpalmengewächse, *Aquifoliaceae*

Sträucher oder Bäumchen, mit wechselständigen, einfachen, meist derbledrigen, wintergrünen Blättern. Blüten 4–6strahlig, doppelt, mit meist am Grund verwachsenen Blütenblättern; in der Anlage zwittrig, ausgewachsen 1geschlechtig (2häusig), immer mit verkümmerten Resten des Fruchtknotens bzw. der Staubblätter; einzeln oder zu wenigen gebüschelt in den Blattachseln; Staubblätter 4–6; 1 oberständiger, griffelloser Fruchtknoten mit 4–6 Narben. Frucht (ei)kugelig, beerenartig, mit 4–6 Samen; bei uns 1 Gattung mit 1 Art (öfters nur gepflanzt)

Stechpalme, *Ilex* S. 461

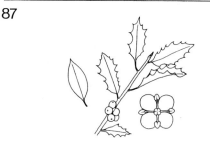

87

88. Familie Hartriegelgewächse, *Cornaceae*

Holzgewächse, selten Krautpflanzen; Blätter einfach, gegen-, selten wechselständig. Blüten 4–5strahlig, doppelt (Kelch manchmal verkümmert), in Rispen, Trauben, Dolden oder Köpfchen – zuweilen mit blütenblattartigen Tragblättern; meit 4–5 Staubblätter, 1 unterständiger, 1–5griffeliger Fruchtknoten; Stein- oder Beerenfrucht
Hartriegel, *Cornus* S. 465

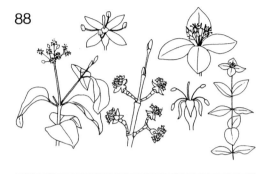

Ordnung Heidekrautartige, *Ericales*

89. Familie Heidekrautgewächse, *Ericaceae*

Halbsträucher, Zwergsträucher, Sträucher, selten Bäume. Blätter gegen- oder quirlständig, einfach, oft derb, zuweilen schuppen- oder nadelförmig. Blüten (2-)4–5(–7)strahlig, zuweilen schwach zweiseitig, doppelt; die Blütenblätter meist, die Kelchblätter oft deutlich verwachsen; Trauben, Rispen, (Schein)Dolden, selten blattachselständige Einzelblüten; 4–15 Staubblätter; 1 ober- oder unterständiger, 1griffliger Fruchtknoten; vielsamige Kapseln oder Beeren, seltener Steinfrüchte

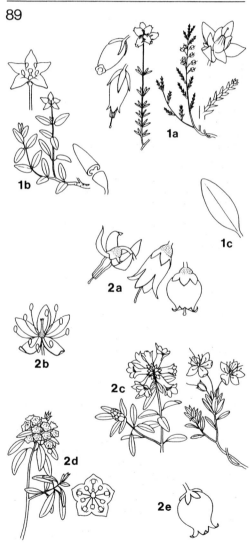

1a Blätter nadelartig (um 1 mm breit, mindestens knapp 1 cm lang) oder dreieckig schuppenartig
Heide (2 Gattungen) S. 479
Erica; Blätter nadelartig, zu 3–4 quirlständig, schräg bis waagerecht abstehend
Calluna; Blätter schuppenartig, dicht kreuzgegenständig, stengelabwärts angedrückt 2öhrig
1b Blätter gegenständig um 2 mm breit, 5–8 mm lang, derblederig, am Rand nach unten gerollt, auf der Restfläche eine deutliche Mittelrinne; Spalierstrauch im Gebirge; mit flachtrichterig–5zähligen, (hell)rosa Blüten; (nur 5 Staubblätter)
Alpenazalee, *Loiseleuria* S. 473
1c Blätter weit über 2 mm breit oder länger als 1 cm, deutlich flächig; Rand höchstens schmal eingeschlagen (! nur bei Frost rollen einige Arten die Blätter (hohl)röhrig zusammen) 2

2a Fruchtknoten unterständig; Blüten trichterig, krugförmig oder mit zurückgerollten Zipfeln; Beerenfrucht (oben mit Kelchgrube)
Heidelbeere (u. a.) *Vaccinium* S. 473+477
2b Fruchtknoten oberständig; Blüten mit 5 freien Blütenblättern 3
2c Fruchtknoten oberständig; Blüten groß, auf etwa 1/4 bis 3/4 trichterig-glockig verwachsen, mit oft etwas ungleich langen, doch stets deutlich ausgebildeten Zipfeln; Gebirgspflanze
Alpenrose (2 Gattungen) S. 471
Rhododendron; Blüten röhrig-glockig verwachsen
Rhodothamnus; Blüten weit radförmig ausgebreitet
2d Fruchtknoten oberständig; Blüten zu einem breit offenen, kurz 5lappigen Napf verwachsen (dessen Durchmesser etwa 0,9–1,1 cm); sehr seltene Moorpflanze der Tiefebene und des Alpenvorlandes
Lorbeerrose, *Kalmia* S. 467
2e Fruchtknoten oberständig, Blüten krug- bis glockenförmig verwachsen, kaum 1 cm lang; der Kronsaum ± verengt, mit nur zahnartigen Zipfeln . . . 4

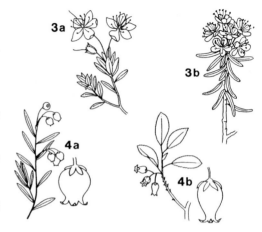

3a Zwergstrauch der Alpen mit eiförmigen, kaum 1 cm langen, am Rand borstigen Blättern; Blütenzipfel breit-eiförmig, rosa-weißlich
Zwerg-Alpenrose, *Rhodothamnus* S. 471
3b Klein- bis Mittelstrauch, meist in Mooren vom Tiefland bis zur Bergregion (sehr selten); Blätter ei-lanzettlich, 2–4 cm lang, unterseits rotbraun filzhaarig; Blütenblätter schmal verkehrt-eiförmig, weiß, kaum 1 cm lang (Staubbeutel gelb)
Porst, *Ledum* S. 467

4a Blätter lineal-lanzettlich; Hochmoorpflanze mit aufsteigenden Ästchen; Frucht eine Kapsel
Rosmarinheide, *Andromeda* S. 467
4b Blätter verkehrteiförmig; Kriechstrauch der Heiden, Kiefernwälder und Felsmatten; Frucht eine (rote oder schwarze) Beere
Bärentraube, *Arctostaphylos* S. 473

90. Familie Krähenbeerengewächse, *Empetraceae*

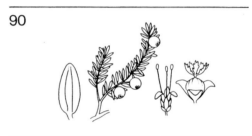

Niedere Sträucher, mit immergrünen, dicht wechselständigen, seitlich eingerollten, nadelähnlichen Blättern. Blüten unscheinbar, (undeutlich) doppelt, 2–3strahlig, rein 1geschlechtig 2- oder 1häusig, oder mit ♂ durchmischt, oder rein ♂; je 1–5 in den Blattachseln der Zweigspitzen; 2–3 Staubblätter; 1 oberständiger, strahlig gekerbter Fruchtknoten mit sehr kurzem Griffel und 2lappiger, rundlicher Narbe; Frucht beerenartig. Weltweit nur 3 Gattungen, bei uns 1 davon einheimisch
Krähenbeere, *Empetrum* S. 467

91. Familie Wintergrüngewächse, *Pyrolaceae*

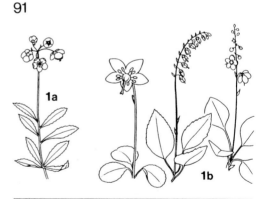

Stauden und Halbsträucher; Blätter sommer- oder wintergrün, grundständig oder im unteren Sproßbereich stockwerkartig gehäuft; meist Humuspflanzen mit Wurzelpilz. Blüten 4–5zählig, doppelt; einzeln auf langem Stiel oder in gestielten Trauben oder Dolden, oft ± nikkend; 8–10 Staubblätter; 1 oberständiger, 1griffliger Fruchtknoten; Kapselfrucht; weltweit wenige Gattungen

1a Blätter ei-lanzettlich, mindestens 2–3mal so lang wie breit, vorn scharf gesägt; Blüten in Dolden, rosa
Winterlieb, *Chimaphila* S. 485
1b Blätter ei-rundlich, kaum 2mal so lang wie breit, ganzrandig, schwach gekerbt oder fein gesägt; Blüten weiß bis grüngelblich, selten schwach rosa getönt
Wintergrün (3 Gattungen) S. 483+485
Moneses; Blüten einzeln grundständig, gestielt S. 485
Orthilia; Blüten in einseitswendiger Traube S. 485
Pyrola; Blüten in allseitswendiger Traube S. 483

92. Familie Fichtenspargelgewächse, *Monotropaceae*

Blattgrünfreie Krautpflanzen (Moderpflanzen); Blätter schuppenartig, wechselständig. Blüten in anfangs übergebogener Traube, glockig, die Endblüte 5-, die anderen 4strahlig; Kelchblätter fehlen, unter jeder Blüte aber 4–5 (bei den unteren oft nur 2–3) Tragblätter. 8–10 Staubblätter; 1 oberständiger, 1griffliger Fruchtknoten; vielsamige Kapsel oder (nicht bei uns) Beere. Nur 1 Gattung
Fichtenspargel, *Monotropa* S. 485

Ordnung Kardenartige, *Dipsacales*

93

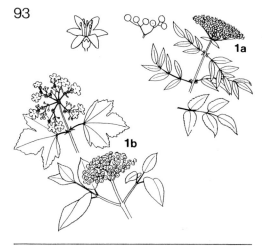

93. Familie Holundergewächse, *Sambucaceae*
Sträucher oder Stauden mit gegenständigen, einfachen oder zusammengesetzten Blättern. Blüten doppelt (Kelch oft sehr klein), (3–)5(–6)strahlig, ♂, die äußeren des Blütenstandes zuweilen (±) einseitig verlängert (oft auch steril); gewölbte (bei Zierformen oft ausgesprochen kugelige) bis flache Doldenrispen; Kelch- und Blütenblätter oft nur am Grund verwachsen; meist 5 Staubblätter; 1 unter- oder halb-unterständiger Fruchtknoten, 1 kurzer 3–6narbiger Griffel; beerenartige Steinfrucht

1a Blätter 1–2fach gefiedert
1b Blätter einfach, handförmig 3–5lappig oder eiförmig und am Rand nur gesägt

94. Familie Geißblattgewächse, *Caprifoliaceae*
Holzgewächse (auch Windesträucher), selten Kriechstauden; Blätter gegenständig, meist einfach, zuweilen tief gelappt. Blüten doppelt, meist 5zählig, glockig-trichterig verwachsen, öfters ± zweilippig; blattachselständige Büschel oder kurze Trauben, zuweilen auch ± kopfig zusammengezogene Trugdolden; selten 1–3 Blüten an langem Stiel, häufiger 2 unten verwachsene Blüten auf kurzem gemeinsamen Stiel blattachselständig; 4–5 Staubblätter; 1 unterständiger Fruchtknoten, 1 Griffel, meist dünn und lang; meist Beeren (oft 2 verwachsen, s. o.)

94

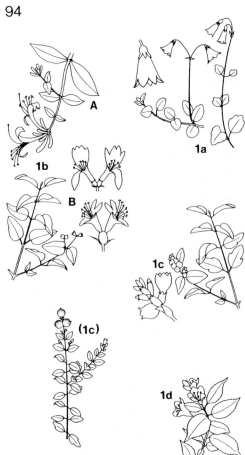

1a Blüten glockig, nickend, zu 1–3 an aufrechtem Stiel; Sproß dünn, kriechend (aber holzig!)
1b Blüten röhrig, mit 4–5lappigem, oft deutlich 2lippigem Saum und kugeligem Fruchtknoten; je 2 auf gemeinsamem Stiel (aufrechte Sträucher) oder kopfig-quirlig gehäuft (Windesträucher); meist schwarze oder rote, selten blaue Beeren
1c Blüten klein, bauchig-glockig mit 5zähnigem Saum und kugeligem Fruchtknoten; einzeln oder in kurzen Ähren; Beeren groß, weiß
Vgl.: **Korallenbeere**,
Symphoricarpos orbiculatus MOENCH
Beeren rundum oder lichtseits rot; aus Nordamerika; Zuchtformen (auch Bastarde mit anderen Arten) werden seit einigen Jahrzehnten immer häufiger als Bodendecker in Anlagen und an Straßenböschungen ausgebracht; über eine selbständige Weiterverbreitung liegen uns bislang noch keine Erkenntnisse vor
1d Blüten groß, trichterig-glockig, aufrecht, fast regelmäßig 5zipflig, auf stielartig verlängertem Fruchtknoten; Kapselfrucht
Heimat: Ostasien; beliebte, häufig gepflanzte Ziersträucher mit weißen bis roten Blüten. Unsere Kultursorten sind meist Bastarde aus mehreren Stammarten. Sie verwildern höchst selten.

95. Familie Moschuskrautgewächse, *Adoxaceae*

95

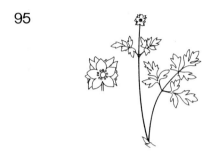

Niedrige Stauden; Blätter stark zerteilt, grund- oder gegen-, selten quirlständig. Blüten in gestieltem endständigem Köpfchen, (undeutlich) doppelt, die oberste eines jeden Blütenstandes meist 4strahlig, mit 2teiligem Kelch; alle übrigen 5strahlig, mit 3teiligem Kelch; scheinbar 8 bzw. 10 Staubblätter (in Wirklichkeit 4 bzw. 5 längsgespaltene !); 1 unterständiger Fruchtknoten mit 4 bzw. 5 Griffeln; steinfruchtartige Scheinfrucht; Die ganze Familie besteht weltweit aus nur 1 Gattung mit 1 Art

Moschuskraut, *Adoxa* S. 497

96. Familie Baldriangewächse, *Valerianaceae*

96

Krautige Pflanzen; mit gegenständigen, einfachen oder zusammengesetzten Blättern. Blüten ⚥ (zuweilen auf derselben Pflanze auch 1geschlechtige), doppelt; Kelch zur Blüte oft winzig, an der Frucht zu behaarten Flugstrahlen auswachsend; Blütenblätter röhrig-trichterig verwachsen, Kronsaum strahlig oder ungleich 3–5zipflig; selten Kronröhre gespornt; meist reiche, doldig-rispige oder ± kopfig zusammengezogene Blütenstände; Staubblätter 1–4; 1 unterständiger Fruchtknoten mit meist langem, 2–3narbigem Griffel; Nüßchen oder oftmals nüßchenartige Scheinfrucht (wenn der Kelch als Flughilfe (s. o.) mit dem Früchtchen fest verbunden bleibt)

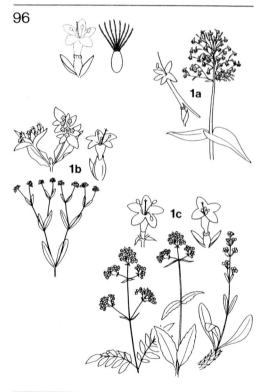

1a Blüten am Grund mit abwärts gerichtetem Sporn; rot, selten weiß; langgestreckte Rispen
Spornblume, *Centranthus* S. 497

1b Blüten blaßblau, ungespornt; mehrmals 2gabelig verzweigte Rispen mit dichten Endbüscheln
Feldsalat, *Valerianella* S. 501

1c Blüten weiß, rosa, gelblich-grünlichbraun, ungespornt; 3ästige Scheindolden, Doldenrispen oder ährig zusammengezogene Doldentrauben
Baldrian, *Valeriana* S. 501–507

97. Familie Kardengewächse, *Dipsacaceae*

Krautige Pflanzen oder Halbsträucher; Blätter einfach bis gefiedert, gegenständig, manchmal am Grund paarweise verwachsen. Blüten oft mit schuppenartigen Tragblättern, meist deutlich 2seitig, doppelt (Kelch oft zu Borsten oder einem Randwulst reduziert, ein (flach) becherartig verwachsener Außenkelch stets vorhanden). Kissenartige bis kugelige Köpfchen oder dicke, oft lange Kolben, fast immer mit (meist flach ausgebreitetem) Hochblattkranz. Blütenkrone verwachsen, ± ungleich 4–5lappig; (2–)4 Staubblätter; 1 unterständiger, 1griffliger Fruchtknoten; Narbe kopfig oder 2lappig; nüßchenartige Scheinfrüchte (oben fest mit Kelch und Außenkelch verwachsen, die als Ausbreitungshilfen dienen)

97

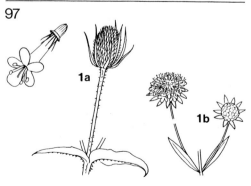

1a Blütenköpfchen auf bestachelten Stielen (Sprosse, z. T. auch Mittelrippen der Blätter mit Stacheln), langwalzlich bis kugelig-eiförmig, am Grund mit abstehenden oder aufgebogenen Hochblättern
Karde, *Dipsacus* S. 507

1b Blütenköpfchen auf unbestachelten Stielen, kissenförmig bis kugelig; am Grund mit flach ausgebreiteten, oft verwachsenen, doch nicht eng dachziegelig angeordneten Hochblättern 2

1c Blütenköpfchen auf unbestachelten Stielen, kugelig; mit einer becherartigen Hülle aus mehreren Reihen dachziegelig gestellter, schuppenartiger Hochblätter; Blüten gelblich, 4lappig, die äußeren oft vergrößert
Schuppenkopf,
Cephalaria SCHRAD. ex. ROEM. & SCHULT.
Der Alpen-Schuppenkopf, *C. alpina* (L.) SCHRAD. ex ROEM. & SCHULT., mit seidig-zottig behaarten Hüllblättchen, eine Pflanze der Südwestalpen, findet sich noch im Schweizer Jura (Vaud); bis zum Arlberg vereinzelte, meist unbeständige Vorkommen
Der Siebenbürger Schuppenkopf, *C. transsylvanica* (L.) SCHRAD. ex ROEM. & SCHULT., mit gewimperten, sehr spitz ausgezogenen Hüllblättchen, ist in Südeuropa verbreitet. Er wurde ab und zu im österreichisch-ungarischen Grenzgebiet gefunden, ganz vereinzelt auch in Mittel- und Süddeutschland, ist aber dort unbeständig. Beide Arten mit fiederspaltigen Laubblättern (vgl. S. 506, rechte Spalte)

2a Blüten 5zipflig, mit schuppenartigem Tragblatt; Randblüten vergrößert; oft 5 lange Kelchborsten
Skabiose, *Scabiosa* S. 513
2b Blüten 4zipflig, ohne Tragblatt; Blütenstand sanft gewölbt, kissenartig; Randblüten vergrößert
Witwenblume, *Knautia* S. 509
2c Blüten 4zipflig, mit schuppenartigem Tragblatt; Blütenstand ± kugelig; Randblüten nicht größer
Teufelsabbiß (2 Gattungen) S. 509+513
Succisa; Blüten meist dunkelblau, Kelch aus 4–5 Borsten bestehend (Außenkelch 4spitzig) S. 509
Succisella; Blüten hellblau-weißlich, Kelch verkümmert (Außenkelch schwach 4kerbig) S. 513

Ordnung Ölbaumartige, *Oleales*

98. Familie Ölbaumgewächse, *Oleaceae*

98

Bäume und Sträucher, selten Halbsträucher; Blätter sommer- oder wintergrün, oft gegenständig, einfach oder gefiedert. Blüten sehr unterschiedlich: 1geschlechtig oder ☿; doppelt, einfach oder nackt, unscheinbar bis groß und bunt; einzeln oder in reichblütigem Stand. Meist mit kleinem, 4zähnigem Kelch, 4(–12) verwachsenen, strahligen Blütenblättern, 2 Staubblättern und 1 oberständigen Fruchtknoten; Kapseln, Beeren, Steinfrüchte, Spaltfrüchte, Nüßchen. Trotz aller Vielfalt ist die Familie (einzige der Ordnung) klar abzugrenzen: Holzgewächse mit strahligen, in der Anlage 4zähligen Blüten; 1 Staubblattkreis, Staubblätter frei; Fruchtknoten oberständig (dazu besondere Stoffwechselprodukte)

1a Baum mit (meist) gefiederten Blättern; Blüten nackt oder einfach, klein, in aufrechten oder hängenden Büscheln, weißlich(-grün) bis braun
Esche, *Fraxinus* S. 515
1b Strauch mit ovalen bis lanzettlichen, ganzrandigen Blättern; Blüten kaum 1 cm lang, stets weiß, 4zipflig; in endständigen Rispen; nach den (oft überwinternden) Blättern erscheinend; schwarze Beerenfrucht
Liguster, *Ligustrum* S. 515
1c–1e →

1c Strauch (zuweilen fast baumartig) mit (herz-)eiförmigen, ganzrandigen, deutlich gestielten Blättern (Stiel 1-2 cm); Blüten länger als 1 cm, blau, rotviolett oder weiß; in endständigen Rispen an vorjährigen Zweigen; nach den Blättern erscheinend; Kapselfrucht
Flieder, *Syringa* S. 515

1d Strauch mit länglich-eiförmigen, ± gesägten Blättern (manchmal ± 3teilig, mit großem Endblättchen); Blüten zahlreich, gelb, trichterig-4zipflig; im zeitigen Frühjahr vor den Blättern erscheinend
Forsythie, *Forsythia* S. 515

1e Strauch mit 3teiligen Blättern (Teilblättchen gleich); Blüten zahlreich, gelb, mit langer, schmaler Röhre und 5-7 abstehenden, eirundlichen Lappen; (spätwinters) vor den Blättern erscheinend
Jasmin, *Jasminum* L.
Echter Jasmin, *Jasminum nudiflorum* LINDL.
Aus China; seit 150 Jahren in Europa kultiviert, kaum echt verwildert, aber in wärmeren Lagen häufig an Straßen(mauern) im Weichbild der Siedlungen üppig wuchernd (Zweige lang überhängend)

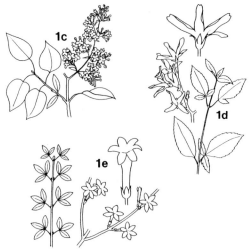

Ordnung Enzianartige, *Gentianales*

99. Familie Enziangewächse, *Gentianaceae*

99

Kräuter und Stauden, selten niedrige Sträucher; Blätter gegenständig, einfach, meist ganzrandig, ungestielt. Blüten 4-5(-12)strahlig, doppelt, die Blütenblätter oft weit verwachsen; einzeln, in (Dolden)Rispen, Trauben oder Ähren; 4-5 Staubblätter, selten mehr; 1 oberständiger Fruchtknoten, mit oder ohne Griffel, Narbe kopfig bis 2lappig; 2klappige Kapsel, selten Beere (nicht bei uns)

1a Blütenkrone gelb, fast bis zum Grund (mindestens auf 3/4) in 5-8 Zipfel zerteilt 2
1b Blütenkrone hellblau, graublau oder purpurviolett, fast bis zum Grund in 5 Zipfel zerteilt 3
1c Blütenkrone sattrosa bis weißlich, mit schmaler, oben verengter, gut 1 cm langer Röhre und 5 vorn abgestumpften, ausgebreiteten, kaum halb so langen Zipfeln; Blüten doldig-rispig an allen Sproßenden (Griffel fädlich, Staubbeutel lang, im Abblühen spiralig verdreht)
Tausendgüldenkraut, *Centaurium* S. 521

1d Blütenkrone blau, weiß, gelb oder rot, röhrig-trichterig verwachsen, oben meist erweitert; mit 4-5 Zipfeln (selten zwischen ihnen noch deutlich kürzere Nebenzipfelchen) 4

2a Stengelblätter blaugrün, am Grund flach miteinander verwachsen; Blüten oft lang gestielt, mit schmalen Kelchzipfeln und 6-8 eiförmig-spitzen Kronzipfeln (Pflanze ca. 10-40 cm hoch)
Bitterling, *Blackstonia* S. 519

2b Stengelblätter kaum blaugrün, groß, 15-30 cm lang, 5-15 cm breit, parallelnervig, am Grund nicht verwachsen; Blüten in kurz gestielten, die Tragblätter nicht überragenden Büscheln; Kelch häutig, oft einseitig aufgeschlitzt; Kronzipfel 5-6(-9), schmal, ± spitz; (Pflanze ca. 0,5-1,5 m hoch)
Gelber Enzian, *Gentiana lutea* S. 525

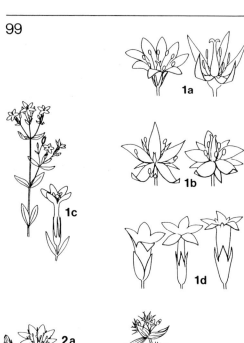

3a Kronzipfel um 1 cm lang, eiförmig; Pflanze unter 15 cm hoch, am Grund meist verzweigt; Blüten lang gestielt, einzeln aus den Blattachseln
Tauernblümchen, *Lomatogonium* S. 525

3b Kronzipfel um 1,5 cm lang, schmal-eiförmig, dunkel gepünktelt; Pflanze 15–50 cm hoch, erst im traubig-rispigen Blütenstand verzweigt
Sumpfenzian, *Swertia* S. 521

4a Zartes, kaum 15 cm hohes Pflänzchen mit lang und dünn gestielten, goldgelben, 4zipfligen Blüten; nur in den Tiefebenen und im Bergland nördlich des Mains; sehr seltene Heide- und Moorpflanze
Fadenenzian, *Cicendia* S. 519

4b Blüten oft blau oder rotviolett, selten weiß; – wenn gelb, meist 5–6zipflig und die Pflanze entweder sehr kräftig oder in Hochgebirgslagen wachsend:
Enzian (2 Gattungen) S. 525–539

Gentianella; Kronzipfel mit fransigem Rand oder Kronschlund (innen) bärtig S. 533–539
A Krone 4zipflig S. 533+537
B Krone 5zipflig S. 537+539

Gentiana; Kronschlund kahl, Kronzipfel nicht gefranst (höchstens mit Nebenzipfeln) S. 525–533
Artenreich Grobeinteilung:
A reichblütige Büschel am Stengelende und/oder in den oberen Blattachseln S. 525+527
B Blüten einzeln endständig oder zu 1–3 in den Blattachseln, trichterig-glockig S. 527+531
C Blüten einzeln endständig oder zu 1–3 in den Blattachseln, röhrig-stieltellerförmig S. 531+533

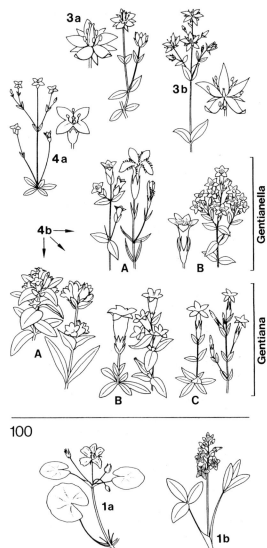

100. Familie Fieberkleegewächse, *Menyanthaceae*

Stauden, meist Sumpf- oder Wasserpflanzen; Blätter grund- oder (±) wechselständig, gestielt, einfach oder 3teilig. Blüten 5strahlig, doppelt; Kelch- wie Blütenblätter nur im unteren Drittel verwachsen; Trauben, Rispen oder Dolden; 5 Staubblätter; 1 oberständiger, 1griffliger Fruchtknoten; Narbe 2lappig; Kapselfrucht, unregelmäßig aufbrechend oder geschlossen bleibend (und als Ganzes – oft flottierend – verbreitet)

1a Blätter mit rundlich-herzförmiger Spreite, meist schwimmend; Blüten gelb, lang gestielt, einzeln oder ± doldig in den Blattachseln
Seekanne, *Nymphoides* S. 519

1b Blätter mit 3teiliger Spreite, meist aufrecht; Blüten weiß bis rosa, innen dicht bebärtet, kurz gestielt, ± quirlig in gestielter Traube
Fieberklee, *Menyanthes* S. 519

101. Familie Immergrüngewächse, *Apocynaceae*

Stauden, Sträucher (oft Kletterpflanzen), selten Bäume; Blätter meist gegenständig, einfach, ganzrandig, oft derb (wintergrün). Blüten doppelt, (4–)5strahlig, Blütenblätter weit verwachsen (in der Knospe zusammengedreht); einzeln blattachselständig oder (schein)doldig endständig; Staubblätter meist 5; 1 meist oberständiger Fruchtknoten, 1–2grifflig; 2teilige Balgfrucht, selten (nicht bei uns) Steinfrucht oder Beere; nur 1 einheimische Gattung
Immergrün, *Vinca* S. 539

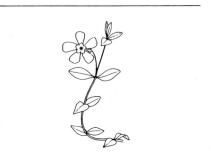

102. Familie Schwalbenwurzgewächse, *Asclepiadaceae*

Stauden, Halbsträucher, selten Bäume und Sträucher; mit meist gegenständigen, einfachen, oft ganzrandigen Blättern. Blüten doppelt, 5strahlig, Blütenblätter am Grund verwachsen; Rispen, Trugdolden oder einzelne (bis wenige), blattachselständige Blüten. 5 Staubblätter, frei oder oft untereinander und mit dem oberständigen, (±) 2–1teiligen Fruchtknoten verwachsen, nicht selten auch mit Anhängseln, die ein Nebenkrönchen bilden. Balgfrucht mit lang und seidig behaarten (Flug-)Samen; nur 1 Gattung einheimisch

1a Blüten gelblichweiß (selten purpurn überlaufen), becherförmig, in blattachselständigen Büscheln; Blattunterseite ± spärlich kurzflaumig
Schwalbenwurz, *Vincetoxicum* S. 539
1b Blüten trübrot, Kronzipfel zurückgeschlagen; gestielte, blattachselständige Dolden; Blätter (jung) unterseits dicht seidenfilzig (im Alter verkahlend)
Seidenpflanze, *Asclepias* L.
Asclepias syriaca L., Heimat: Nordamerika; früher Heil- und Faserpflanze, heute Zierstaude oder Bienenweide; in Südosteuropa eingebürgert und häufig; in Mitteleuropa öfters verwildert und zu großen Beständen herangewachsen, aber stets wieder erloschen. Heute eher (selten) als Irrgast auftretend, kaum wirklich eingebürgert

103. Familie Rötegewächse, *Rubiaceae*

(Tropische) Holzgewächse und (bei uns ausschließlich) Krautpflanzen mit einfachen, meist ganzrandigen, gegen- oder (durch Nebenblätter scheinbar) quirlständigen Blättern. Blüten doppelt (Kelch oft winzig), (3–)4–5strahlig; in reichen, sehr lockeren bis kopfig zusammengezogenen Doldenrispen; Blütenblätter kurz- oder langröhrig-trichterig verwachsen; 3–5 Staubblätter; 1 unterständiger Fruchtknoten mit 1–2 Griffeln; kugelige bis 2knotige Bruchfrucht, in 2 (oft hakig-klettende) Teilfrüchtchen zerfallend (alle einheimischen Arten), selten mehrsamige Kapseln oder Beeren

1a Blütenbüschel kopfig zusammengezogen, (nur) endständig, von vielen Tragblättern überragt 2
1b Blütenbüschel (nur) blattachselständig, in vielen Stockwerken übereinander, kaum so lang wie der jeweilige Tragblattquirl 3
1c Blütenbüschel end- und blattachselständig, oft langgestielt, die Tragblätter überragend; Gesamtblütenstand daher ± locker-rispig, endständig 4

  2a Blüten lila (selten weiß), ihre Tragblätter nicht bewimpert; Kelch deutlich, (4)–6zähnig; Blattquirle 4–6zählig, Blätter länglich-lanzettlich zugespitzt, am Rand deutlich borstig bewimpert
Ackerröte, *Sherardia* S. 557
  2b Blüten hellblau (selten weiß), ihre Tragblätter borstig bewimpert; Kelch undeutlich; Blattquirle 6–8zählig, Blätter ei-länglich bis lineal, abgestumpft, am Rand mit winzigen Stacheln
Meister, *Asperula* S. 557

102

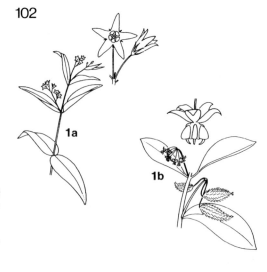

103

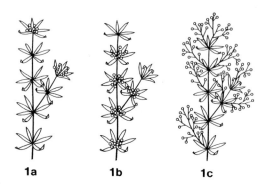

1a   1b   1c

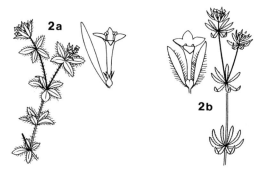

3a Blüten gelb bis grünlichgelb; Blätter eiförmig, 3nervig, in 4zähligen Quirlen
Kreuzlabkraut, *Cruciata* S. 543

3b Blüten weiß (auch grünlichweiß), Blätter schmal, meist in 6–8zähligen Quirlen; oft (wie der Sproß) mit Kletthäkchen siehe Labkraut, *Galium* – 4c

4a Blüten mit deutlich verwachsener, trichteriger Röhre, Kronzipfel kürzer als diese; weiß (oft 3zipflig) oder rot bis hellrosa (oft 4zipflig); Frucht trocken, zweiknotig, glatt oder rauh gekörnelt
Meister, *Asperula* S. 555+557
! wenn Blüten weiß und die 4 (!) Kronzipfel ± so lang wie die Kronröhre, dazu die Blätter lineal, blaugrün oder schmal-elliptisch, grün
siehe Labkraut, *Galium* – 4c

4b Blütenkrone tief gespalten, meist 5zipflig, flachglockig, gelb; Stengel mit Kletthäkchen; (Frucht rotbraun, beerenartig-fleischig, etwa erbsengroß) **Färberröte,** *Rubia* S. 539

4c Blütenkrone tief gespalten (zumindest bis zur Mitte), meist 4zipflig, rot, (oft) weiß, grünlich, auch gelb, dann aber Stengel ohne Kletthäkchen; Frucht trocken, zweiknotig, oft klettend
Labkraut, *Galium* S. 543–555
Artenreiche Gattung Grobeinteilung:

A deutlich trichterig verwachsene Kronröhre
S. 555
– Blütenblätter tief geteilt, weit ausgebreitet:
B Blätter breit, 3nervig, in 4zähligen Quirlen
S. 543
C Blätter schmal, 1nervig, Stengel klettend
S. 543–549
D Blätter schmal, 1nervig, Stengel ± glatt
S. 549–555
D1 Blüten weiß(grün) bis gelb S. 549+551
D2 Blüten rot S. 551+555

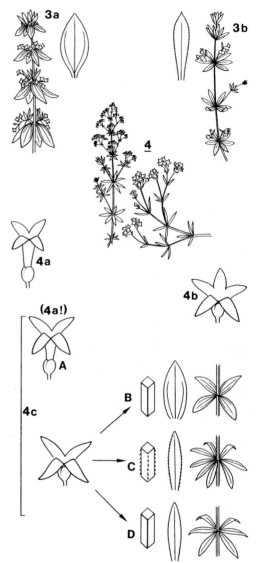

Zottiges Weidenröschen
Epilobium hirsutum L.
Nachtkerzengewächse *Onagraceae*

Beschreibung: Zahlreiche Blüten stehen einzeln in den Achseln der nach oben kleiner werdenden Stengelblätter. Blüten etwas trichterig, 2–4 cm im Durchmesser (ausgebreitet gemessen), tiefrosa bis rotviolett. Blütenblätter 4, breit verkehrt-eiförmig, spatelig in den Stiel verlaufend, vorn meist herzförmig eingekerbt, seltener nur ausgerandet, dunkler geadert. Kelchblätter 4, schmal-eiförmig, kurz zugespitzt, grün. Staubblätter 8, Griffel mit 4 sternförmig ausgebreiteten Narben. Fruchtknoten und Frucht schotenartig, lang, 4kantig. Stengel aufrecht, in der oberen Hälfte verzweigt, oben rund, unten kantig, in der oberen Hälfte meist dicht abstehend kurzhaarig, zuweilen kahl. Untere Blätter meist gegenständig, mittlere und obere wechselständig, sitzend, lanzettlich, 6–12 cm lang und etwa 2–4 cm breit, gegen den Blattgrund verschmälert, etwas stengelumfassend, mittlere oft herablaufend, am Rand kurz gezähnt; Zähne hakig nach vorn gerichtet. Blühende Exemplare meist mit kurzen Ausläufern. Juli–August. 0,5–1,5 m.

Vorkommen: Braucht feuchten, nährstoffreichen Lehm- oder Tonboden. Besiedelt Gräben, Ufer, lichte Stellen in Auwäldern, staudenreiche Sumpfwiesen und feuchte Schuttfluren. Zerstreut, fehlt im Tiefland kleineren, in den Zentralalpen größeren Gebieten. Steigt in den Alpen nur selten über etwa 1200 m.

Wissenswertes: ♃. In Wiesen gilt das Zottige Weidenröschen als Unkraut. Es zerbröselt bei der Heugewinnung. Vom Weidevieh wird es verschmäht, möglicherweise, weil es in den Blattzellen nadelartige Kristalle gibt. Als Fraßschutz sollen auch die im oberen Stengelbereich vorkommenden Drüsenhaare dienen.

Kleinblütiges Weidenröschen
Epilobium parviflorum SCHREB.
Nachtkerzengewächse *Onagraceae*

Beschreibung: Zahlreiche Blüten stehen einzeln in den Achseln der nach oben kleiner werdenden Stengelblätter. Blüten meist etwas trichterig, 0,8–1,8 cm im Durchmesser (ausgebreitet gemessen), tiefrosa bis rotviolett. Blütenblätter 4, verkehrt-eiförmig, spatelig in den Stiel verlaufend, vorn schmal, aber nur mäßig tief herzförmig eingekerbt, nie nur ausgerandet, fast nur in der unteren Blütenblatthälfte dunkler geadert. Kelchblätter 4, eiförmig, um 3 mm lang, stumpf, grün oder rotbraun. Staubblätter 8. Griffel mit 4 sternförmig ausgebreiteten Narben. Fruchtknoten und Frucht schotenartig, lang, 4kantig. Stengel aufrecht, meist einfach oder nur in der oberen Hälfte spärlich verzweigt, rund, mindestens in der oberen Hälfte meist dicht und abstehend kurzhaarig. Untere Blätter gegenständig, mittlere und obere wechselständig, sitzend oder sehr kurz gestielt, lanzettlich, 3–7 cm lang und 1–2,5 cm breit, nicht stengelumfassend oder herablaufend, am Rand mit wenigen zahnartigen Drüsen und dadurch – allerdings sehr entfernt – kleinzähnig, auf den ersten Blick fast ganzrandig. Keine Ausläufer. Juni–September. 20–80 cm.

Vorkommen: Braucht feuchten, basenreichen Lehm- oder Tonboden, der Stickstoffsalze indes nur in mäßig hohen Konzentrationen enthalten sollte. Besiedelt Gräben, Ufer, Quellsümpfe und den Rand vernäßter Waldwege. Zerstreut, fehlt im Tiefland kleineren, in den Mittelgebirgen größeren Gebieten. Geht in den Alpen kaum über etwa 1200 m.

Wissenswertes: ♃. Enthält u. a. Gerbstoffe und Flavonoide; wird öfters als Teepflanze gesammelt (für Prostata-Leiden!). Seine Heilwirkung ist indes umstritten.

**Kleinblütiges
Weidenröschen**
Epilobium parviflorum

Lanzettblättriges Weidenröschen
Epilobium lanceolatum

Zottiges Weidenröschen
Epilobium hirsutum

Quirlblättriges Weidenröschen
Epilobium alpestre

Lanzettblättriges Weidenröschen

Epilobium lanceolatum SEB. & MAURI
Nachtkerzengewächse *Onagraceae*

Beschreibung: 4–15 Blüten stehen einzeln in den Achseln der nach oben kleiner werdenden Stengelblätter. Blüten wenig trichterig, oft flach, 1–1,5 cm im Durchmesser (ausgebreitet gemessen), hellrosa, frisch aufgeblüht fast weiß. Blütenblätter 4, verkehrt-eiförmig, spatelig in den Stiel verlaufend, vorn ausgerandet oder nur wenig tief und oft fast stumpfwinklig herzförmig eingekerbt. Kelchblätter 4, um 5 mm lang, allmählich zugespitzt. Staubblätter 8. Griffel mit 4 sternförmig ausgebreiteten Narben. Fruchtknoten und Frucht schotenartig, lang, 4kantig. Stengel bogig aufsteigend, seltener aufrecht, mindestens im oberen Drittel mit kurzen, anliegenden Haaren, oft rötlich überlaufen, in den Blattachseln im Blütenstandsbereich zuweilen mit kurzen, dicht beblätterten Seitenzweigen. Untere Blätter gegenständig, mittlere und obere wechselständig, 0,3–1 cm lang gestielt, 3–6 cm lang, 1–2,5 cm breit, wobei die größte Breite etwa in der Mitte der Spreite liegt; Spreite gegen den Grund keilig verschmälert. Nach der Blütezeit entwickeln sich am Wurzelstock unterirdische, mit Schuppen bestandene, kurze Ausläufer. Mai–August. 20–60 cm.

Vorkommen: Besiedelt kalkfreie, feinerdearme Steinschuttböden. Kommt in Steinbrüchen, an Mauern und auf Blockhalden vor. Von Karlsruhe bis Bonn westlich des Rheins zerstreut, östlich des Rheins bis zum Rothaargebirge selten; im Harz, im Sauerland, in Thüringen, in Sachsen, im Schwarzwald, im unteren Wallis und am Alpensüdfuß vereinzelt.

Wissenswertes: ♃. Die Art erreicht in Mitteleuropa die Westgrenze ihres Verbreitungsgebiets.

Quirlblättriges Weidenröschen

Epilobium alpestre (JACQ.) KROCK.
Nachtkerzengewächse *Onagraceae*

Beschreibung: 3–10 Blüten stehen einzeln in den Achseln der nach oben kleiner werdenden Stengelblätter. Blüten wenig trichterig, oft flach, 1,5–2,5 cm im Durchmesser (ausgebreitet gemessen), tiefrosa bis rotviolett. Blütenblätter 4, verkehrt-eiförmig bis breit verkehrt-eiförmig, keilig in den Stiel verlaufend, vorn deutlich herzförmig eingekerbt. Kelchblätter 4, kaum 5 mm lang, stumpf. Staubblätter 8. Griffel mit kopfig-keulig verwachsenen Narben. Fruchtknoten und Frucht schotenartig, lang, 4kantig. Stengel aufrecht, unverzweigt, mit 2 oder 4 Kanten und 2 oder 4 Haarreihen. Blätter im unteren Stengeldrittel gegenständig, darüber zu 3, seltener zu 4 quirlständig (eindeutiges Kennzeichen!), 3–10 cm lang, 1,5–3,5 cm breit, lanzettlich, wobei die größte Breite etwas unterhalb der Spreitenmitte liegt, am Grund wenig verschmälert, abgerundet, sitzend und leicht stengelumfassend, unterseits leicht glänzend, am Rand und auf den Nerven schütter behaart, am Rand deutlich gezähnt; Zähne etwas spitzenwärts gerichtet. Juli–August. 0,3–1 m.

Vorkommen: Braucht feuchten, stickstoffsalzreichen, kalkhaltigen oder doch basisch reagierenden Lehm- oder Tonboden in Lagen mit hoher Luftfeuchtigkeit und hohem Niederschlag. Besiedelt bachbegleitendes Grün-Erlen-Gebüsch und Hochstaudenfluren. Kalkalpen und Alpenvorland zerstreut, Zentralalpen selten und gebietsweise fehlend, im Schwarzwald nur im Feldberggebiet. Steigt selten über etwa 1500 m.

Wissenswertes: ♃. Vor allem bei regnerischem Wetter fällt das Quirlblättrige Weidenröschen kaum auf, weil dann seine Blüten geschlossen bleiben.

Berg-Weidenröschen
Epilobium montanum L.
Nachtkerzengewächse *Onagraceae*

Beschreibung: 2–12 Blüten stehen einzeln in den Achseln der nach oben kleiner werdenden Stengelblätter. Blüten wenig trichterig, oft flach, 1,5–2,2 cm im Durchmesser (ausgebreitet gemessen), hellrosa, frisch aufgeblüht intensiver rosa getönt. Blütenblätter 4, verkehrt-eiförmig, wenig keilig in den Stiel verlaufend, vorn tief und eng herzförmig eingekerbt. Kelchblätter 4, um 5 mm lang, spitz. Staubblätter 8. Griffel mit 4 sternförmig ausgebreiteten, etwas kopfig verdickten, kurzen Narben. Fruchtknoten und Frucht schotenartig, 4kantig, schütter anliegend behaart, vor allem am oberen Ende mit abstehenden, kurzen Drüsenhaaren. Stengel aufrecht, rund, im oberen Drittel mit 2 – oft undeutlichen – Leisten aus sehr kurzen Haaren, einfach oder nur oben wenig verzweigt. Oft alle Blätter gegenständig, zuweilen in der oberen Hälfte wechselständig oder zu 3 quirlständig, 4–10 cm lang, 1,5–3 cm breit, lanzettlich, mittlere fast sitzend, übrige sehr kurz gestielt, im unteren Blattdrittel am breitesten, gegen den Blattgrund abgerundet oder schwach herzförmig, vorn allmählich zugespitzt, unregelmäßig gezähnt. Pflanze ohne Ausläufer. Juni–September. 30–80 cm.

Vorkommen: Besiedelt basen- und ziemlich stickstoffsalzreichen, feuchten Lehmboden in schattigen Lagen, geht gelegentlich auch auf sickerfeuchten Steinschutt. Lichte Wälder, Hecken, Gärten. Häufig, im Tiefland und in den Zentralalpen jedoch zerstreut und gebietsweise fehlend; steigt in den Alpen nur selten über etwa 1500 m.

Wissenswertes: ♃. Innerhalb der Art wurden zahlreiche Formen beschrieben, denen indessen ein taxonomischer Wert offensichtlich nicht zukommt.

Hügel-Weidenröschen
Epilobium collinum C. G. GMEL.
Nachtkerzengewächse *Onagraceae*

Beschreibung: 2–12 Blüten stehen einzeln in den Achseln der nach oben kleiner werdenden Stengelblätter. Blüten wenig trichterig, oft flach, 0,8–1,5 cm im Durchmesser (ausgebreitet gemessen), rosa. Blütenblätter 4, schmal verkehrt-eiförmig, spatelig in den Stiel verlaufend, vorn herzförmig eingekerbt. Kelchblätter 4, um 3 mm lang, stumpf. Staubblätter 8. Griffel mit 4 sternförmig ausgebreiteten, etwas kopfig verdickten, kurzen Narben. Fruchtknoten und Frucht schotenartig, lang, 4kantig, schütter mit gebogenen, anliegenden Haaren bestanden, ohne abstehende Drüsenhaare. Stengel aufrecht, rund, überall mit gebogenen, anliegenden Haaren oft nur mäßig dicht bestanden, häufig schon vom Grunde an verzweigt. Blätter in der unteren Hälfte oder auch noch darüber hinaus gegenständig, im oberen Drittel wechselständig, 1,5–3 cm lang, 0,8–1,3 cm breit, lanzettlich, größte Breite unterhalb der Spreitenmitte, am Grund abgerundet oder schwach herzförmig, sitzend oder sehr kurz gestielt, nach vorn stumpflich zulaufend, am Rande ungleichmäßig gezähnt, Zähne etwas schief abstehend. Pflanze ohne Ausläufer. Juni–August. 10–40 cm.

Vorkommen: Besiedelt kalkfreie oder kalkarme Felsen und Mauern, zuweilen auch Steinschutt. Erträgt zeitweilige Trockenheit. Bevorzugt sonnige Standorte. In den Mittelgebirgen mit kalkarmem Gestein selten, gelegentlich in kleineren Beständen. Steigt in den Zentralalpen örtlich bis über 2000 m.

Wissenswertes: ♃. Die Pflanze enthält möglicherweise Gerbstoffe und Flavonoide. Die Blätter werden gelegentlich zur Teebereitung gesammelt. Arzneiliche Wirksamkeit konnte nicht bewiesen werden.

Sumpf-Weidenröschen

Epilobium palustre L.
Nachtkerzengewächse *Onagraceae*

Beschreibung: 4–15 Blüten stehen einzeln in den Achseln der nach oben kleiner werdenden Stengelblätter. Blüten oft trichterig, seltener flach, 0,8–1,5 cm im Durchmesser (ausgebreitet gemessen), hellrosa bis rotviolett, selten fast weiß. Blütenblätter 4, schmal verkehrt-eiförmig, spatelig in den Stiel verlaufend, vorn tief und eng herzförmig eingekerbt. Kelchblätter 4, um 4 mm lang, stumpflich. Staubblätter 8. Griffel mit 4 verwachsenen Narben, die ein keulig verdicktes Köpfchen bilden. Fruchtknoten und Frucht schotenartig, lang, 4kantig, schütter mit anliegenden, gebogenen Haaren und mit einzelnen kurzen Drüsenhaaren bestanden. Stengel aufrecht, vor der Blüte an der Spitze zuweilen etwas nickend, meist unverzweigt oder nur spärlich verzweigt, in der unteren Hälfte kahl, in der oberen oft in nur geringem Grad angedrückt kurzhaarig. Blätter gegenständig, sehr schmal-lanzettlich bis lineal, 3–6 cm lang, 0,4–1 cm breit, sitzend, in den Grund verschmälert, am Rand oft nach unten umgebogen und mit entfernt stehenden, zahnartigen Drüsen. An verblühten Pflanzen entwickeln sich dünne, teilweise unterirdisch verlaufende Ausläufer, die an der Spitze knospig gehäuft Niederblätter tragen. Juli–September. 10–50 cm.

Vorkommen: Braucht nur mäßig basenreichen, kalkarmen, sickerfeuchten Boden. Besiedelt Flachmoore, Torfstiche, Gräben und Quellsümpfe. Fehlt in den Mittelgebirgen mit Kalkgestein größeren Gebieten; sonst zerstreut. Steigt nur selten über etwa 1500 m.

Wissenswertes: ♃. Das Sumpf-Weidenröschen hat durch intensive landwirtschaftliche Nutzung in den letzten Jahrzehnten viele seiner früheren Standorte verloren.

Rosarotes Weidenröschen

Epilobium roseum SCHREB.
Nachtkerzengewächse *Onagracea*

Beschreibung: Zahlreiche Blüten stehen in einem meist reichlich verzweigten Blütenstand in den Achseln der nach oben kleiner werdenden Stengelblätter. Blüten meist trichterig, seltener flach, 0,8–1,5 cm im Durchmesser (ausgebreitet gemessen), unmittelbar nach dem Aufblühen fast weiß, später rosa. Blütenblätter 4, verkehrt-eiförmig, spatelig in den Stiel verlaufend, vorn tief und eng herzförmig eingekerbt. Kelchblätter 4, um 3 mm lang, spitz. Staubblätter 8. Griffel mit 4 verwachsenen Narben, die ein keulig verdicktes Köpfchen bilden. Fruchtknoten und Frucht schotenartig, 4kantig, schütter behaart. Stengel aufrecht, im oberen Teil meist reich verzweigt, Spitze des Blütenstandes etwas übergebogen oder nickend, mit 2 oder 4 oft undeutlichen Kanten, die oft etwas dichter behaart sind, untere Stengelhälfte oft kahl. Blätter gegenständig, 2–6 cm lang, 1–2 cm breit, lanzettlich, in der Mitte am breitesten, gegen den Blattgrund und gegen die stumpfliche Spitze verschmälert, am Rand deutlich gezähnt, Blattnerven hervortretend; Blattstiel 0,5–2 cm lang. Keine Ausläufer; zur Blütezeit eine meist deutliche Rosette am Stengelgrund vorhanden. Juli–September. 20–80 cm.

Vorkommen: Braucht nassen, kalkhaltigen, stickstoffsalzreichen Lehm- oder Tonboden, geht auch auf Kies. Gräben, Röhricht an Bach- und Flußufern. Fehlt im Tiefland, in den Mittelgebirgen mit kalkfreiem Gestein größeren, im Alpenvorland und in den Zentralalpen kleineren Gebieten; sonst zerstreut. Steigt in den Alpen nur örtlich über etwa 1200 m.

Wissenswertes: ♃. Selbstbestäubung scheint beim Rosaroten Weidenröschen die Fremdbestäubung zu überwiegen.

Berg-Weidenröschen
Epilobium montanum

Sumpf-Weidenröschen
Epilobium palustre

Hügel-Weidenröschen
Epilobium collinum

Rosarotes Weidenröschen
Epilobium roseum

Dunkelgrünes Weidenröschen

Epilobium obscurum SCHREB.
Nachtkerzengewächse *Onagraceae*

Beschreibung: Zahlreiche Blüten stehen einzeln in den Achseln der nach oben kleiner werdenden Stengelblätter. Blüten meist trichterig, selten flach, 1–1,5 cm im Durchmesser (ausgebreitet gemessen), hell rotviolett. Blütenblätter 4, schmal verkehrt-eiförmig, spatelig in den Stiel verlaufend, tief herzförmig eingekerbt. Kelchblätter 4, um 3 mm lang, allmählich spitz zulaufend. Staubblätter 8. Griffel mit 4 verwachsenen Narben, die ein keulig verdicktes Köpfchen bilden. Fruchtknoten und Frucht schotenartig, lang, 4kantig, ziemlich dicht behaart. Stengel aufrecht, in der oberen Hälfte oft verzweigt, undeutlich 2-4kantig, im oberen Drittel schütter anliegend behaart. Blätter gegenständig, sitzend oder sehr kurz gestielt, schmal-lanzettlich, 2–10 cm lang, 0,5–2 cm breit, in der blattgrundnahen Hälfte am breitesten, am Grunde abgerundet, am Rand gezähnt, seitliche Blattnerven nicht auffallend hervorragend. Zur Blütezeit mit langen, dünnen, oberirdisch verlaufenden Ausläufern, die nur zum Teil in den Boden eindringen. Juli–September. 0,4–1 m.

Vorkommen: Braucht feuchten, nur mäßig basenreichen Lehm- oder Tonboden, der sauer und humushaltig sein sollte; Stickstoffsalze sollten in mäßigen Konzentrationen vorhanden sein. Besiedelt Ufer, Röhrichte und Waldverlichtungen. Im Tiefland östlich der Weser, in den Mittelgebirgen nördlich des Main und im Bayerischen Wald zerstreut, aber kleineren Gebieten fehlend, sonst selten und größeren Gebieten fehlend, in den Alpen nur vereinzelt in den östlichen Zentralalpen. Steigt kaum über etwa 2000 m.

Wissenswertes: ♃. Die Art wird möglicherweise an manchen ihrer Standorte übersehen bzw. für *E. tetragonum* gehalten.

Vierkantiges Weidenröschen

Epilobium tetragonum L.
Nachtkerzengewächse *Onagraceae*

Beschreibung: Zahlreiche Blüten stehen einzeln in den Achseln der oberen Stengelblätter. Blüten meist trichterig, 1–1,5 cm im Durchmesser (ausgebreitet gemessen), rotviolett. Blütenblätter 4, schmal verkehrt-eiförmig, vorn tief herzförmig eingeschnitten. Kelchblätter 4, um 3 mm lang, ohne Drüsenhaare. Staubblätter 8. Griffel mit 4 verwachsenen, kopfigen Narben. Fruchtknoten und Frucht schotenartig, 4kantig, ziemlich dicht behaart. Stengel aufrecht, oberwärts oft verzweigt, undeutlich kantig. Blätter gegenständig, sitzend oder sehr kurz gestielt, schmal-lanzettlich, 2–10 cm lang, 0,5–2 cm breit. Juli–August. 20–80 cm.

Vorkommen: Braucht basen- und nur mäßig stickstoffsalzreichen, steinig-humosen Lehm- oder Tonboden. Im Tiefland, in den niedrigeren Mittelgebirgen und im nördlichen Alpenvorland zerstreut, fehlt aber im westlichen Teil des Tieflands und in den östlichen Mittelgebirgen gebietsweise; in den Alpen nur vereinzelt.

Wissenswertes: ♃. 2 Unterarten: ssp. *tetragonum*: Blüten um 1 cm im Durchmesser; Stengel kahl; Blattrand dicht gezähnt; vorherrschende Sippe. – Graugrünes Weidenröschen (ssp. *lamyi* (F. W. SCHULTZ) NYMAN): Blüten 1,2–1,6 cm im Durchmesser; Stengel oben flaumig; Blattrand entfernt gezähnelt. Mittelgebirge. Selten. – Ähnlich: Drüsiges Weidenröschen (*E. adenocaulon* HAUSSKN.): Blüten 6–9 mm im Durchmesser, hellrosa. Stengel oben drüsig kraushaarig. Blätter bis 10 cm lang und bis 3 cm breit. Heimat: Nordamerika. In den linksrheinischen und in den nördlich der Sieg gelegenen Mittelgebirgen sowie im östlichen Tiefland zerstreut, sonst nur vereinzelt. Breitet sich wahrscheinlich noch aus.

Vierkantiges Weidenröschen
Epilobium tetragonum

**Dunkelgrünes
Weidenröschen**
Epilobium obscurum

**Gauchheilblättriges
Weidenröschen**
Epilobium anagallidifolium

**Mierenblättriges
Weidenröschen**
Epilobium alsinifolium

Mierenblättriges Weidenröschen

Epilobium alsinifolium VILL.
Nachtkerzengewächse *Onagraceae*

Beschreibung: 1–7 Blüten stehen einzeln in den Achseln der nach oben kleiner werdenden Stengelblätter. Blüten meist trichterig, 1,5–2,5 cm im Durchmesser, hell rotviolett. Blütenblätter 4, verkehrt-eiförmig, tief und eng herzförmig eingekerbt. Kelchblätter 4, um 5 mm lang, stumpflich. Staubblätter 8. Griffel mit 4 verwachsenen Narben, die ein keulig verdicktes Köpfchen bilden. Fruchtknoten und Frucht schotenartig, 4kantig, sehr schütter drüsig. Stengel aufgebogen oder aufrecht, oben zuweilen übergebogen, kantig, auf den Kanten oft dichter behaart als auf den Flächen. Blätter gegenständig, schmal-eiförmig, 3–6 cm lang, 1–2,5 cm breit, unterhalb der Spreitenmitte am breitesten, zum Blattgrund hin abgerundet, sitzend oder ganz kurz gestielt, stumpflich; Blattrand entfernt gezähnelt. Zur Blütezeit mit langen, unterirdischen Ausläufern. Juli–August. 10–30 cm.

Vorkommen: Braucht nassen, nährstoffreichen, steinig-humosen Lehm- oder Tonboden. Besiedelt Quellsümpfe, Ufer, Moränen, überrieselte Felsen, sickerfeuchte Felsschutthalden und Schneetälchen. Bevorzugt Höhen zwischen etwa 1000 und 2500 m. In den Alpen und am Fuß der Nördlichen Kalkalpen zerstreut, fehlt aber vor allem in den östlichen Zentralalpen gebietsweise oder ist dort sehr selten. Im Südschwarzwald (Feldberg) vereinzelt.

Wissenswertes: ♃. Abhängig von den standörtlichen Lichtverhältnissen wirkt die Pflanze schlaffer oder straffer. Pflanzen sonniger Standorte besitzen oft rot überlaufene Stengel. Auch sind bei ihnen die Blätter im unteren Stengeldrittel wechselständig.

Gauchheilblättriges Weidenröschen

Epilobium anagallidifolium LAM.
Nachtkerzengewächse *Onagraceae*

Beschreibung: 1–6 Blüten stehen einzeln in den Achseln der nach oben kleiner werdenden Stengelblätter. Blüten meist trichterig, selten flach, um 1 cm im Durchmesser (ausgebreitet gemessen), rosa bis hell rotviolett. Blütenblätter 4, schmal verkehrt-eiförmig, tief herzförmig eingekerbt. Kelchblätter 4, um 2 mm lang, stumpf. Staubblätter 8. Griffel mit 4 verwachsenen Narben, die ein keulig verdicktes Köpfchen bilden. Fruchtknoten und Frucht schotenartig, lang, 4kantig, reif kahl. Aus dem Wurzelstock treiben zahlreiche Stengel, so daß die Pflanze buschig-rasig wächst. Stengel aufrecht, oben nickend, kahl oder nur auf den Kanten etwas behaart. Blätter gegenständig, 1–2 cm lang, 5–9 mm breit, schmal-eiförmig, Rand nur undeutlich gezähnt, sitzend oder sehr kurz gestielt, kahl. Juli–August. 5–20 cm.

Vorkommen: Braucht nassen, nährstoffreichen, steinig-humosen, kalkarmen oder kalkfreien Lehm- oder Tonboden. Besiedelt Quellsümpfe, Ufer, Moränen, überrieselte Felsen, sickerfeuchte Felsschutthalden und Schneetälchen. Im südlichen Schweizer Jura und im Bayerischen Wald vereinzelt; in den Kalkalpen selten, in den Zentralalpen auf kristallinen Gesteinen zerstreut, örtlich in lockeren Beständen. Bevorzugt Höhenlagen zwischen 1500 und 2500 m.

Wissenswertes: ♃. Ähnlich: Nickendes Weidenröschen (*E. nutans* F. W. SCHMIDT): Blüten um 1 cm im Durchmesser, rot. Reife Frucht anliegend behaart. Stengel einzeln, oberwärts behaart, nickend. Ausläufer dünn. Standorte wie Gauchheilblättriges Weidenröschen; selten; vereinzelt im Südschwarzwald und in der Rhön.

Schmalblättriges Weidenröschen

Epilobium angustifolium L.
Nachtkerzengewächse *Onagraceae*

Beschreibung: Zahlreiche Blüten stehen einzeln in den Achseln der oberen Blätter und endständig in einer langen Traube. Blüten schüsselförmig flach, 2–3 cm im Durchmesser, hell rotviolett bis rotviolett. Blütenblätter 4, breit verkehrt-eiförmig, ziemlich abrupt in den Stiel verschmälert, vorn nicht oder nur angedeutet ausgerandet. Kelchblätter 4, schmal-lanzettlich, wie die Blütenblätter gefärbt oder rotviolett überlaufen. Staubblätter 8, herabgebogen. Griffel mit 4 sternförmig ausgebreiteten Narben, herabgezogen. Fruchtknoten und Frucht schotenartig, undeutlich 4kantig, schütter angedrückt kurzhaarig. Stengel aufrecht, stumpfkantig, meist einfach, kahl. Alle Blätter wechselständig, schmal-lanzettlich, 5–15 cm lang und 1–2,5 cm breit, sitzend oder kurz gestielt, zum Grunde hin verschmälert, unterseits blaugrün, oberseits dunkelgrün, kahl; Blattrand nach unten umgerollt oder etwas eingeschlagen, mit locker stehenden, zahnartigen Drüsen besetzt. Juni–August. 0,5–1,8 m.

Vorkommen: Braucht steinig-sandigen oder lehmigen Boden. Besiedelt Lichtungen, Waldränder, Ödland, Bahnschotter, Gebüsche, in den Alpen Felsschutt. Kommt oft in individuenreichen Beständen vor. Sehr häufig. Steigt in den Alpen örtlich bis über 2200 m.

Wissenswertes: ♃. Das Schmalblättrige Weidenröschen erzeugt zahlreiche Samen, die dank ihrer Flughaare weit verweht werden. So erklärt sich sein plötzliches Auftauchen auf Schlägen und Windwurfflächen. Auf solchen Standorten zehrt es den vorhandenen Humus rasch auf. Andererseits besiedelt es nicht selten rohen Lehmboden und feinerdearmen Schotter.

Rosmarin-Weidenröschen

Epilobium dodonaei VILL.
Nachtkerzengewächse *Onagraceae*

Beschreibung: Mäßig zahlreiche Blüten stehen einzeln in den Achseln der oberen Blätter und in einem eher kurzen, endständigen, traubigen Blütenstand. Blüten schüsselförmig flach, 2–3 cm im Durchmesser (ausgebreitet gemessen), rosa. Blütenblätter 4, eiförmig, gleichmäßig in den Grund verlaufend, vorn stumpflich und nicht ausgerandet. Kelchblätter 4, grün, aber oft rötlich überlaufen. Staubblätter 8, meist herabgezogen. Griffel mit 4 sternförmig ausgebreiteten Narben, herabgebogen. Fruchtknoten und Frucht schotenartig, lang, undeutlich 4kantig. Stengel aufrecht, stumpfkantig, wenig verzweigt, im oberen Drittel schütter kurzhaarig. Alle Blätter wechselständig, sitzend, lineal, 1–4 cm lang und nur 1–3 mm breit, ganzrandig, nicht eingerollt oder umgeschlagen, beiderseits gleichfarbig grün, unterseits ist nur der Mittelnerv deutlich sichtbar. Juni–August. 30–90 cm.

Vorkommen: Braucht kiesig-sandigen, kalkhaltigen, feinerdearmen Untergrund in warmen, überschwemmungsfreien Lagen. Besiedelt Kiesbänke, Ufer und feineren Felsschutt in tieferen Lagen. Am Oberrhein von Basel bis Karlsruhe, am Hochrhein bis zum Bodensee selten, aber örtlich bestandsbildend, desgleichen in den tiefergelegenen Tälern des Schweizer Jura, im Schweizer Mittelland und in den außeralpinen Gegenden Österreichs. In Süddeutschland und in den Alpen vereinzelt; oft unbeständig.

Wissenswertes: ♃. Durch den Artnamen wurde der niederländische Arzt und Botaniker R. DODOENS (latinisiert: DODONAEUS) geehrt, der von 1517–1585 lebte. Er war u.a. Leibarzt der Kaiser Maximilian II. und Rudolf II. und lehrte an der Universität Leyden.

Fleischers Weidenröschen

Epilobium fleischeri HOCHST.
Nachtkerzengewächse *Onagraceae*

Beschreibung: Mäßig zahlreiche Blüten stehen einzeln in den Achseln der oberen Blätter und in einer kurzen, endständigen Traube. Blüten schüsselförmig flach, 2–3 cm im Durchmesser (ausgebreitet gemessen), hell purpurrot. Blütenblätter 4, eiförmig, vorn stumpflich und nicht ausgerandet. Kelchblätter 4, purpurrot bis braunrot. Staubblätter 8, kaum herabgebogen. Griffel mit 4 sternförmig ausgebreiteten Narben, wenig herabgebogen, Fruchtknoten und Frucht schotenartig, undeutlich 4kantig. Aus dem etwas verholzten Wurzelstock treiben mehrere, oft zahlreiche Stengel, so daß die Pflanze buschig-rasig wächst. Stengel niederliegend, an der Spitze aufsteigend, unten oft verholzt, im oberen Teil anliegend, schütter, kurz und etwas kraus behaart. Alle Blätter wechselständig, sitzend, sehr schmal lanzettlich bis lineal, 1–4 cm lang, 1–3 mm breit, ganzrandig, nicht eingerollt oder umgeschlagen, beiderseits gleichfarbig grün, unterseits ist nur der Mittelnerv deutlich sichtbar; am Rand mit zahlreichen zahnartigen, kleinen Drüsen. Juli–August. 10–50 cm.

Vorkommen: Braucht kiesig-sandigen, kalk- und feinerde-, aber nicht unbedingt basenarmen Untergrund. Liebt volles Tageslicht; meidet Beschattung. Besiedelt Kiesbänke, Moränen und zeitweise feuchten, nicht zu groben Felsschutt; tritt hier als einer der Erstbesiedler auf (Pionierpflanze). In den Kalkalpen selten, in den Zentralalpen zerstreut; im Vorland in den Flußtälern vereinzelt. Bevorzugt Höhen zwischen etwa 1000 und 2500 m, gelegentlich wesentlich tiefer herabgeschwemmt.

Wissenswertes: ♃. Der Artname ehrt den Apotheker FLEISCHER aus Esslingen, der Pflanzen der Art 1825 auf einer Reise durch Südtirol in der Ortlergruppe gesammelt und herbarisiert hatte.

Schmalblättriges, Rosmarin- und Fleischers Weidenröschen (*E. angustifolium* L., *E. dodonaei* VILL., *E. fleischeri* HOCHST.) werden von manchen Autoren – zusammen mit weiteren, nicht in Mitteleuropa beheimateten Arten – in eine eigene Gattung „Feuerkraut" *(Chamaenerion)* gestellt. Alle Arten dieser „Gattung" zeichnen sich durch dicke, verholzende und weitkriechende Wurzeln, durch wechselständige Blätter sowie durch stets 4lappige Narben aus. Bei genauerem Hinsehen bemerkt man, daß ihre durchweg ansehnlichen Blüten nicht vollkommen strahlig-symmetrisch sind, sondern mehr oder minder deutlich 2seitige Symmetrie zeigen.

Das Aufstellen einer eigenen Gattung *Chamaenerion* scheint dadurch gerechtfertigt zu sein, daß Bastarde zwischen den oben aufgeführten Arten und irgendeiner anderen Art aus der Gattung *Epilobium* in der Natur anscheinend bislang nicht gefunden worden sind. Andererseits scheinen die „Feuerkräuter" auch untereinander kaum zu bastardieren (ältere Angaben über einen Bastard zwischen *E. dodonaei* und *E. fleischeri* aus dem Misox werden angezweifelt und sind durch neuere Funde nicht bestätigt). „*Chamaenerion*" ist zweifellos eine gut umschriebene Artengruppe innerhalb der Gesamtgattung. Sie steht den anderen Gruppen indes so nahe, daß wir ein Ausgliedern als eine eigene Gattung für nicht gerechtfertigt halten. – Das Schmucklose Weidenröschen (*Epilobium inornatum* MELVILLE) aus Neuseeland weicht im Aussehen stark von den heimischen Arten ab. Es ist ein kaum 30 cm langer Bodenkriecher mit gegenständigen Blättchen, kleinen, weißen Blüten und kopfigen Narben. Es ist in Westeuropa verwildert, wurde bislang aber erst einmal in Südwestdeutschland gefunden (SEYBOLD 1968). Auf weitere Vorkommen sollte geachtet werden.

Fleischers Weidenröschen
Epilobium fleischeri

Rosmarin-Weidenröschen
Epilobium dodonaei

Schmalblättriges Weidenröschen
Epilobium angustifolium

Heusenkraut

Ludwigia palustris (L.) ELLIOTT
Nachtkerzengewächse *Onagraceae*

Beschreibung: Blüten unscheinbar, einzeln in den Blattachseln sitzend. Blüten um 2 mm im Durchmesser, grün. Blütenblätter sind keine entwickelt. Kelchblätter 4, einen „Achsenbecher" bildend, der die Frucht später fest umschließt. Staubblätter 4. Fruchtknoten um 1 mm lang; Frucht eine Kapsel, die etwa 5 mm lang und 2 mm dick wird. Stengel im Wasser flutend oder auf dem Schlamm kriechend und dann an der Spitze bogig aufsteigend, an den Knoten wurzelnd, 4kantig. Blätter gegenständig, 1–3 cm lang und 0,7–1,5 cm breit, ganzrandig, schmal-eiförmig, am Grunde deutlich in einen Stiel verschmälert, der 1–2 cm lang werden kann, so daß die Blätter – vor allem im unteren und mittleren Teil des Stengels – fast löffelförmig aussehen. Am Stielgrund sitzen warzenförmige, wenig auffällige Nebenblätter. Juli–August. 10–50 cm.

Vorkommen: Braucht kalkarmen, aber nährstoff-, besonders stickstoffsalzreichen Schlammboden bzw. flache, warme Gewässer über solchen Böden. Besiedelt flache Tümpel, Teiche und Gräben, auch auf Viehweiden oder in der Nähe von Gehöften, seltener in Seggenwiesen. Vereinzelt in der oberrheinischen Tiefebene zwischen Freiburg und Rastatt, in Brandenburg und in Sachsen-Anhalt sowie am Alpensüdfuß.

Wissenswertes: ☉–♃. Das Heusenkraut hat in letzter Zeit die meisten seiner auch ursprünglich seltenen Standorte in Mitteleuropa verloren, und zwar in erster Linie, weil man sumpfige Weiden entwässert, Tümpelränder wegsam gemacht und Schweineweiden aufgegeben hat. – Der Gattungsname wurde zu Ehren von C. G. LUDWIG vergeben, der von 1709–1773 lebte und der in Leipzig als Professor Botanik lehrte.

Gewöhnliches Hexenkraut

Circaea lutetiana L.
Nachtkerzengewächse *Onagraceae*

Beschreibung: 10–40 Blüten stehen in einfachen oder wenig verzweigten end- und seitenständigen Trauben, die beim Aufblühen verhältnismäßig kurz sind und die sich später verlängern. Blüten unscheinbar, 4–7 mm im Durchmesser (ausgebreitet gemessen), weiß oder schwach rötlich überhaucht. Am Grund der Blütenstiele fehlen Tragblätter. Blütenblätter 2, verkehrt-herzförmig, bis etwa zur Blattmitte eingekerbt. Kelchblätter 2, grün, meist rötlich überlaufen, kurz und dicht abstehend drüsig behaart, wie die Blütenblätter nach dem Verblühen rasch abfallend. Staubblätter 2. Frucht eine 2samige, etwa 4 mm lange, mit Hakenhaaren besetzte Nuß. Stengel aufrecht, im Blütenstandsbereich meist verzweigt, dicht und kurz abstehend behaart; Haare etwas hakig. Blätter gegenständig, untere und mittlere deutlich gestielt, oberstes Paar sitzend oder sehr kurz gestielt, aus eiförmig abgerundetem Grund spitz zulaufend, 3–10 cm lang, 1,5–4 cm breit, am Rand entfernt kleinzähnig; Nerven auf der Blattoberseite etwas eingesenkt, auf der Blattunterseite behaart. Juni–Juli. 20–60 cm.

Vorkommen: Braucht feuchten, nährstoff- und humusreichen Lehmboden in schattiger Lage. Besiedelt feuchte Stellen in Laub- und Mischwäldern sowie Auenwälder. Sehr häufig, oft bestandsbildend; im nordwestlichen Tiefland, an den Küsten, in den mitteldeutschen Trockengebieten und in den Mittelgebirgen östlich der Naab selten oder gebietsweise fehlend. Steigt kaum über etwa 1000 m.

Wissenswertes: ♃. Der Gattungsname bezieht sich auf Circe, eine Meernymphe der griechischen Sagenwelt, die sich durch Zauberkünste (Hexerei!) auszeichnete.

Mittleres Hexenkraut
Circaea × intermedia

Gewöhnliches Hexenkraut
Circaea lutetiana

Alpen-Hexenkraut
Circaea alpina

Heusenkraut
Ludwigia palustris

Mittleres Hexenkraut
Circaea × *intermedia* EHRH.
Nachtkerzengewächse *Onagraceae*

Beschreibung: 10–30 Blüten stehen in einfachen oder wenig verzweigten end- und seitenständigen Trauben, die beim Aufblühen verhältnismäßig kurz sind und sich später verlängern. Blüten unscheinbar, 4–6 mm im Durchmesser (ausgebreitet gemessen), weiß oder hellrot. Am Grund der Blütenblattstiele befinden sich sehr kleine, borstenförmige Tragblätter (Lupe!). Blütenblätter 2, verkehrt-herzförmig, von vorn bis etwa zur Mitte eingekerbt, etwa so lang wie die Kelchblätter. Kelchblätter 2, grün, wie die Blütenblätter nach dem Verblühen rasch abfallend. Staubblätter 2. Frucht eine 2samige, dicht mit Hakenhaaren besetzte Nuß, die oft etwas verkümmert ist und meist sehr früh abfällt. Stengel aufrecht, oft im Blütenstandsbereich verzweigt, spärlich behaart oder kahl. Blätter gegenständig, untere und mittlere deutlich gestielt, oberstes Paar sitzend oder sehr kurz gestielt, aus schwach herzförmigem Grund stumpf zulaufend, 2–8 cm lang und 1,5–4 cm breit, am Rand entfernt und buchtig kleinzähnig. Juni–August. 10–40 cm.

Vorkommen: Braucht sickerfeuchten, lockeren, humosen Lehmboden. Besiedelt Berg- und Schluchtwälder sowie Auenwälder. Im Tiefland, in den Mittelgebirgen und in den Alpen selten, größeren Gebieten fehlend. Steigt kaum über etwa 1200 m.

Wissenswertes: ♃. Das Mittlere Hexenkraut ist offensichtlich ein Bastard zwischen *C. lutetiana* und *C. alpina*. Es bildet kaum keimfähige Samen und vermehrt sich vegetativ. Sein Verbreitungsgebiet ist denn auch etwa mit dem Gebiet identisch, in dem beide Elternarten vorkommen. – P.M. BENOIT hat 1966 die Bastardnatur durch Kreuzungsversuche bewiesen.

Alpen-Hexenkraut
Circaea alpina L.
Nachtkerzengewächse *Onagraceae*

Beschreibung: 5–20 Blüten stehen in einer einfachen endständigen Traube, seltener auch noch in seitenständigen Trauben. Blüten unscheinbar, 2–4 mm im Durchmesser (ausgebreitet gemessen), weiß oder rötlich. Am Grund der Blütenstiele befinden sich borstliche, gelblich-rötliche Tragblätter, die kaum 0,5 mm lang werden und die bei fruchtenden Exemplaren in der Regel abgefallen sind. Blütenstiele kahl. Blütenblätter 2, verkehrt-herzförmig, von vorn bis etwa zur Blattmitte eingekerbt, etwa halb so lang wie die Kelchblätter. Kelchblätter 2, grün, kahl, nach dem Verblühen wie die Blütenblätter rasch abfallend. Staubblätter 2. Frucht eine 1samige, nur schütter mit Hakenhaaren besetzte Nuß, die kaum 2 mm lang wird. Stengel meist aufrecht und unverzweigt, in der unteren Hälfte kahl, im oberen Drittel mit wenigen Drüsenhaaren. Blätter gegenständig, 1–3 cm lang und 1–2,5 cm breit, untere und mittlere deutlich gestielt, oberstes Paar sitzend oder sehr kurz gestielt, untere und mittlere Blätter aus herzförmigem Grund zugespitzt, am Rand entfernt kleinzähnig; Nerven auf der Unterseite kahl. Juni–August. 5–20 cm.

Vorkommen: Braucht feuchten, humusreichen, kalk-, aber nicht ausgesprochen basenarmen Lehmboden in schattiger Lage. Besiedelt Schlucht- und Bergwälder, in Hochlagen auch Auenwälder. Fehlt im Tiefland, in den Kalk-Mittelgebirgen und in den Kalkalpen oder ist dort sehr selten. In den Mittelgebirgen mit kalkarmem Gestein, im Alpenvorland und in den Zentralalpen zerstreut, gebietsweise fehlend. Steigt kaum über etwa 1500 m.

Wissenswertes: ♃. Die Blüten der Hexenkraut-Arten werden von Fliegen bestäubt.

Nachtkerzengewächse *Onagraceae* ▶

Nachtkerze *Oenothera*

Wassernußgewächse *Trapaceae* ▶

Wassernuß *Trapa*

Weiderichgewächse *Lythraceae* ▶

Sumpfquendel *Peplis*

Gewöhnliche Nachtkerze

Oenothera biennis L.
Nachtkerzengewächse *Onagraceae*

Beschreibung: Blütenstand aufrecht. Blüten einzeln in den Achseln der oberen Blätter, 4–8 cm im Durchmesser (ausgebreitet gemessen), hellgelb. Blütenblätter 4, verkehrt-eiförmig, vorne abgestutzt oder herzförmig ausgerandet, am Rand unregelmäßig gewellt bis gezähnt. Kelchblätter 4, lanzettlich, an entfalteten Blüten herabgeschlagen. Staubblätter 8. Griffel mit Narbe kürzer als oder höchstens so lang wie die Staubblätter. Stengel aufrecht, im oberen Teil (oft undeutlich) kantig, oben oft mit kurzen Zweigen, ohne rote Flecken. Blätter wechselständig, 5–15 cm lang, 1,5–4 cm breit, lanzettlich, meist entfernt gezähnt, seltener ganzrandig, fast sitzend, in den Blattgrund bzw. in einen undeutlichen Stiel verschmälert, unterste Blätter zuweilen rötlich überlaufen, übrige hellgrün. Juni–September. 0,5–1 m.

Vorkommen: Braucht trockenen, nährstoffreichen, lockeren Boden, der steinig-kiesig, sandig, seltener lehmig sein kann. Besiedelt lückig bewachsene Böschungen, Bahnschotter oder Kiesflächen. Zerstreut, aber in kleineren Gebieten fehlend, vor allem in den höheren Mittelgebirgen und in den Alpen. Wird dort nur vereinzelt höher als etwa 1200 m angetroffen.

Wissenswertes: ☉. Die Gattung *Oenothera* ist in Amerika beheimatet. Von dort kamen um 1615 Pflanzen – wahrscheinlich aus verschiedenen Arten – nach Europa, wo sie alsbald verwilderten. Sie bastardierten untereinander. So entstanden die Pflanzen, die LINNÉ *O. biennis* genannt hat. Innerhalb der Sammelart *O. biennis* agg. sind viele Sippen beschrieben worden, die sich nur schwer unterscheiden lassen. Sie werden gelegentlich als Kleinarten angesehen.

Kleinblütige Nachtkerze

Oenothera parviflora L.
Nachtkerzengewächse *Onagraceae*

Beschreibung: Blütenstand oft leicht nickend oder wenigstens an der Spitze schwach zur Seite gebogen. Blüten einzeln in den Achseln der oberen Blätter, 2–3,5 cm im Durchmesser (ausgebreitet gemessen), sattgelb. Blütenblätter 4, verkehrt-eiförmig, vorn abgestutzt oder seicht ausgerandet, am Rand unregelmäßig gewellt bis gezähnt. Kelchblätter 4, lanzettlich, an entfalteten Blüten herabgeschlagen. Staubblätter 8, so lang wie oder nur wenig kürzer als die Blütenblätter, aber etwas länger als der Griffel mit Narbe. Stengel aufrecht, rund, selten im oberen Teil undeutlich kantig, höchstens im oberen Teil mit wenigen, kurzen Zweigen, drüsig behaart, wobei die Höcker, auf denen ein Teil der Haare steht, oft weinrot sind. Stengel unten häufig weinrot überlaufen. Blätter wechselständig, 5–15 cm lang, 1–2,5 cm breit, schmal-lanzettlich, meist entfernt gezähnt, seltener ganzrandig, fast sitzend, in den Blattgrund bzw. in einen undeutlichen Stiel verschmälert. Rosettenblätter stehen meist etwas über dem Boden. Alle Blätter meist hell gelblich-grün. Juni–September. 0,5–1,5 m.

Vorkommen: Braucht trockenen, mäßig nährstoffreichen Boden, der sandig oder steinig-kiesig und locker sein sollte. Im Tiefland vor allem an den Küsten (Dünen), auf sandigen Flußufern und auf Unkrautbeständen in Heiden selten, desgleichen in den Sandgebieten am Nieder-, Mittel- und nördlichen Oberrhein; am Main, in Franken und im Alpenvorland sehr selten, desgleichen in Ober- und Niederösterreich und in der Steiermark. Oft unbeständig.

Wissenswertes: ☉. In der Sammelart *O. parviflora* agg. werden mehrere Kleinarten zusammengefaßt.

Wassernuß

Trapa natans L.
Wassernußgewächse *Trapaceae*

Beschreibung: Blüten unscheinbar, einzeln in den Blattachseln, 1–8 cm lang gestielt, 1–1,5 cm im Durchmesser (ausgebreitet gemessen), weiß. Blütenblätter 4, nicht verwachsen, breit-eiförmig oder 3eckig. Kelchblätter 4, kürzer als die Blütenblätter. Staubblätter 4. Frucht 1samige Schwimmfrucht, die von dem verholzenden Kelch umschlossen wird, aus dessen oberem Rand 2–4 dornenartige Hörner herauswachsen. Stengel untergetaucht, unverzweigt, schlaff, dünn, mit mehrfach fiederteiligen Wurzeln, die an Blätter des Tausendblatts erinnern. An der Spitze des Stengels befindet sich eine Rosette aus meist zahlreichen, seltener aus nur 5–10 langstieligen Schwimmblättern. Schwimmblätter rhombisch, ledrig, Blattspreite 2–6 cm lang, etwa ebenso breit, am Spreitengrund ganzrandig, vorne gezähnt-gekerbt, oberseits dunkelgrün und oft rot überlaufen, unterseits braungrün und behaart. Blattstiel im mittleren Bereich meist deutlich und auf mehreren cm Länge verdickt (Luftkammern). Juni–August. 0,5–über 2 m.

Vorkommen: Braucht nährstoffreiche, aber unbelastete stehende Gewässer, die nicht zu flach sein dürfen, die Schlammboden besitzen und sich im Sommer monatelang auf etwa 20° C oder mehr erwärmen sollten. In den Altwassern des Rheins zwischen Rastatt und Mainz, in der Steiermark und in Kärnten selten, vereinzelt bei Pfaffenhofen, in Brandenburg, Thüringen, Sachsen-Anhalt und am Alpensüdfuß; gelegentlich ausgepflanzt, aber oft unbeständig.

Wissenswertes: ☉; ▽. Innerhalb der Art sind Sippen beschrieben worden, die sich durch Zahl und Form der Hörner an den Früchten voneinander unterscheiden.

Sumpfquendel

Peplis portula L.
Weiderichgewächse *Lythraceae*

Beschreibung: Blüten unscheinbar, einzeln in den Blattachseln, um 1 mm lang gestielt, um 2 mm im Durchmesser, hellrosa oder weiß. Blütenblätter 6; zuweilen werden keine Blütenblätter ausgebildet, so daß die Blütenhülle ausschließlich aus den grünen Kelchzähnen und den „Zwischenzähnen" besteht; die Zwischenzähne sind pfriemartig schmal, aber oft länger als die eiförmigen, in eine verdickte Spitze auslaufenden Kelchzähne (Lupe!). Staubblätter 6. Kelchblätter zu einem halbkugeligen, kaum 1 mm langen Kelchbecher verwachsen. Trotz seiner Kürze ist er so lang wie oder länger als die freien Kelchzähne. Stengel niederliegend, verzweigt, an den Knoten wurzelnd, oft rot überlaufen. Äste aufsteigend, etwas undeutlich 4kantig. Blätter meist gegenständig, 1–2 cm lang und 0,5–1 cm breit, verkehrt-eiförmig bis spatelig, allmählich in den Stiel verschmälert. Juni–September. 5–50 cm.

Vorkommen: Braucht zeitweise überfluteten, mäßig nährstoffreichen, kalkarmen Lehm- oder Tonboden. Besiedelt Teichufer, vernäßte Flächen auf extensiv genutzten Äckern und Naßstellen auf Wegen. Fehlt in den Kalkgebieten und in den Alpen. Im Tiefland und in den Silikatgebieten selten, gebietsweise fehlend.

Wissenswertes: ☉. Der Sumpfquendel hat in diesem Jahrhundert durch die Intensivierung der Landwirtschaft und durch die „Pflege" von Teichufern viele der Standorte verloren, an denen er im Frühjahr in oft großer Individuenzahl aufgetreten war. In Südostfrankreich (Dombes) kommen ähnliche Arten vor (*P. alternifolia* M. Bieb.: Blätter wechselständig und *P. nummularifolia* Loisel.: Stengel aufrecht; Blätter leicht stengelumfassend).

Sumpfquendel
Peplis portula

Gewöhnliche Nachtkerze
Oenothera biennis

Kleinblütige Nachtkerze
Oenothera parviflora

Wassernuß
Trapa natans

Weiderichgewächse *Lythraceae* ▶

Weiderich *Lythrum*

Seebeerengewächse *Haloragaceae* ▶

Tausendblatt *Myriophyllum*

Ysopblättriger Weiderich

Lythrum hyssopifolia L.
Weiderichgewächse *Lythraceae*

Beschreibung: Blüten einzeln, seltener zu 2 in den Blattachseln; keinesfalls wird eine endständige Blütenähre gebildet. Blüten 1–1,4 cm im Durchmesser (ausgebreitet gemessen), lila bis rotviolett. Blütenblätter 4 oder 6. Kelch becherartig verwachsen, undeutlich gerippt, 4- oder 6zähnig. Staubblätter 4 oder 6. Griffel an jungen Blüten so lang, daß die Narbe den Rand des Kelchbechers gerade überragt. Stengel aufrecht, hell graugrün, kantig, fast geflügelt, oft mit tief sitzenden, bogig aufsteigenden Seitenästen, gelegentlich auch unverzweigt oder nur im oberen Mittelteil verzweigt. Blätter graugrün, mittlere und obere wechselständig, untere oftmals gegenständig, 0,5–3 cm lang, 1–7 mm breit, die unteren schmal-eiförmig, die mittleren lanzettlich, die oberen meist lineal, sitzend, wie der Stengel kahl; obere Blätter größer als die mittleren oder unteren. Juni–September. 5–50 cm.

Vorkommen: Braucht nassen, zeitweise überschwemmten, mäßig nährstoffreichen, schlammig-tonigen Boden, wächst gelegentlich auch auf schlammigem Sand. Besiedelt Ufer und vernäßte Wege. Mecklenburg-Vorpommern, Brandenburg, Unterlauf der Elbe, Mittel- und Oberrhein, Südpfalz, Mittel- und Unterlauf des Mains, Donau östlich Regensburg, Oberösterreich, Vorland des Schweizer Jura von Solothurn bis Genf und Wallis selten; Niederösterreich, Oststeiermark und vor allem Burgenland zerstreut. Geht nur vereinzelt höher als etwa 400 m.

Wissenswertes: ☉. Die Samen werden verschwemmt. Im Spätsommer und Herbst fallen die Blütenblätter oft frühzeitig ab, so daß die Blüten untypisch aussehen.

Blut-Weiderich

Lythrum salicaria L.
Weiderichgewächse *Lythraceae*

Beschreibung: Blüten zu mehreren in den Achseln der oberen Blätter und in endständigen, meist über 10 cm langen Blütenständen am Ende des Stengels und der oberen Äste. Blüten 1,5–2,5 cm im Durchmesser (ausgebreitet gemessen), weinrot, hell purpurviolett, seltener rosa oder weiß. Blütenstiele kaum 1 mm lang. Blütenblätter 6. Kelch verwachsen, mit 12 kurzhaarigen Rippen, oben mit Zähnen, oft rötlich überlaufen. Staubblätter 12. Stengel aufrecht, oberwärts verzweigt, kantig, am Grunde oft etwas verholzt. Untere Blätter gegenständig oder zu 3 quirlständig, mittlere und obere gegenständig oder wechselständig, lanzettlich, bis über 10 cm lang und über 2 cm breit, mittlere am längsten, alle am Grunde abgerundet sowie unterseits und auf den Nerven kurzhaarig. Juni–September. 0,5–2 m.

Vorkommen: Braucht zumindest zeitweise feuchten, ja nassen, nährstoffreichen Lehm- oder Tonboden. Besiedelt Ufer, Gräben, Flachmoore und Sumpfwiesen. Zerstreut, aber nur örtlich fehlend. Steigt in Mitteleuropa kaum über 1200 m.

Wissenswertes: ♃. Selbstbestäubung ist unmöglich, da es Exemplare mit 3 verschiedenen Blütentypen gibt, die sich in Griffel- und Staubblattlänge sowie in Pollengröße und Pollenfarbe unterscheiden. Die langgriffligen Formen überwiegen bei uns. – Der Blut-Weiderich enthält das Glykosid Salicarin, dazu Gerbstoffe. Ihretwegen wurde er früher gelegentlich als blutstillendes Mittel oder als Teepflanze verwendet. – Ähnlich: Ruten-Weiderich (*Lythrum virgatum* L.): Pflanze völlig kahl; Blätter in den Grund verschmälert. Alpensüdfuß, Niederösterreich; selten.

Quirliges Tausendblatt
Myriophyllum verticillatum

Blut-Weiderich
Lythrum salicaria

Ähriges Tausendblatt
Myriophyllum spicatum

Ysopblättriger Weiderich
Lythrum hyssopifolia

Weiderichgewächse *Lythraceae*
Seebeerengewächse *Haloragaceae*

Quirliges Tausendblatt

Myriophyllum verticillatum L.
Seebeerengewächse *Haloragaceae*

Beschreibung: Blüten unscheinbar, in einem ährigen, 5–20 cm langen, aus dem Wasser emporgehobenen Blütenstand. Blüten zwittrig (vorwiegend im mittleren Teil des Blütenstands) bzw. vollständig oder überwiegend eingeschlechtig (im unteren Teil des Blütenstands weiblich, im oberen männlich), in den Achseln von fiederteiligen Tragblättern, die mindestens so lang wie die Blüten, meist aber mehrfach länger als diese sind. Männliche Blüten um 5 mm im Durchmesser (ausgebreitet gemessen), rötlich; weibliche und zwittrige Blüten meist ohne Blütenblätter, grünlich. Blütenblätter 4 (wenn vorhanden). Kelchblätter 4. Staubblätter 8. Frucht in 4 Teilfrüchtchen zerfallend. Stengel untergetaucht oder flutend, gelegentlich auch auf Schlamm kriechend. Untergetauchte Blattquirle mit meist 5 Blättern, selten auch mit nur 4 oder mit 6 Blättern. Blätter 2–5 cm lang, mit 15–40 sehr dünnen Seitenfiedern, die 0,5–3 cm lang werden können. Juni–August. 0,2–2 m.

Vorkommen: Braucht warme, nicht zu tiefe und wenigstens etwas kalkhaltige und durchaus stickstoffsalzhaltige Gewässer mit schlammigem Boden. Lebt im Schwimmpflanzengürtel von Altwässern und Seen an eher windgeschützten Stellen mit überwiegend ruhigem Wasserspiegel, geht seltener in Gräben mit stetiger Wasserführung und mit nahezu stehendem Wasser. Im Tiefland, im Alpenvorland, in den Tälern der größeren Flüsse (Altwasser) zerstreut, sonst sehr selten oder – in den Alpen – vereinzelt (kaum bis 1000 m).

Wissenswertes: ♃. Die Endknospen der Stengel fallen im Herbst ab und überwintern am Grunde der Gewässer. Die übrigen Pflanzenteile sterben ab.

Ähriges Tausendblatt

Myriophyllum spicatum L.
Seebeerengewächse *Haloragaceae*

Beschreibung: Blüten unscheinbar, in einem ährigen, 5–20 cm langen, aus dem Wasser emporgehobenen Blütenstand. Blüten zwittrig (vorwiegend im mittleren Teil des Blütenstands) bzw. vollständig oder überwiegend eingeschlechtig (im unteren Teil des Blütenstands weiblich, im oberen männlich), in den Achseln von Tragblättern, die im oberen Teil des Blütenstands ganzrandig und kürzer als die Blüten sind (Lupe), im unteren Teil des Blütenstands aber gezähnt oder kurzfiedrig; in diesem Teil des Blütenstands sind die Tragblätter länger als die Blüten, allenfalls etwa doppelt so lang wie diese. Männliche Blüten um 2 mm lang, um 5 mm im Durchmesser (ausgebreitet gemessen), rosa; weibliche und zwittrige Blüten meist ohne Blütenblätter, grünlich. Blütenblätter (wenn vorhanden) 4. Kelchblätter 4. Staubblätter 8. Frucht in 4 Teilfrüchtchen zerfallend. Stengel untergetaucht oder flutend. Untergetauchte Blattquirle mit meist 4 Blättern. Blätter 2–5 cm lang, mit 15–35 borstlichen, gegenständigen Seitenfiedern, die 0,5–2,5 cm lang werden können. Juni–August. 0,2–1,8 m.

Vorkommen: Braucht basenreiche und zumindest etwas stickstoffsalzhaltige, mäßig tiefe, nicht zu kühle Gewässer mit schlammig-lehmigem oder sandigem Boden. Besiedelt ruhige Buchten in Seen mit kalkhaltigem Wasser und lagert in solchen Gewässern häufig Kalk krustig in Stengel und Blätter ein. Im Tiefland und im Verlauf der größeren Flüsse sowie im Alpenvorland und am Alpensüdfuß zerstreut. Sonst selten und größeren Gebieten fehlend.

Wissenswertes: ♃. Stengelstücke werden verschwemmt, wurzeln rasch, wodurch an geeigneten Stellen oft größere Bestände des Ährigen Tausendblatts entstehen.

Wechselblütiges Tausendblatt

Myriophyllum alterniflorum DC.
Seebeerengewächse *Haloragaceae*

Beschreibung: Blüten unscheinbar, in einem ährigen, nur 0,5–3 cm langen Blütenstand, der aus dem Wasser herausgehoben wird und mindestens zu Beginn der Blütezeit etwas überhängt. Blüten mindestens im oberen Drittel des Blütenstandes durchweg oder z. T. wechselständig. Blüten zwittrig (vorwiegend im mittleren Teil des Blütenstandes) bzw. vollständig oder überwiegend eingeschlechtig (im unteren Teil des Blütenstandes weiblich, im oberen männlich), in den Achseln von Tragblättern, die mindestens im oberen Teil des Blütenstandes ganzrandig und kürzer als die Blüten sind (Lupe!). Männliche Blüten um 2 mm lang, knapp 5 mm im Durchmesser (ausgebreitet gemessen), gelb; weibliche und zwittrige Blüten meist ohne Blütenblätter, grünlich, Blütenblätter (wenn vorhanden) 4. Kelchblätter 4. Staubblätter 8. Frucht in 4 Teilfrüchtchen zerfallend. Stengel untergetaucht oder flutend. Untergetauchte Blattquirle meist mit 4 Blättern. Blätter 0,5–2,5 cm lang, mit 8–18 sehr dünnen Seitenfiedern, die 0,3–1,8 cm lang werden und die meist mehr als 1 mm voneinander entfernt an der Blattspindel ansetzen. Juli–September. 10–80 cm.

Vorkommen: Braucht kühle, kalk- und nährstoffarme, flache Gewässer mit torfig-schlammigem oder sandig-torfigem Boden. Besiedelt Moorschlenken und Buchten von Bergseen. Vereinzelt im Tiefland, im Hunsrück, in der Eifel, im Schwarzwald, im Hessischen Bergland und am Alpensüdfuß.

Wissenswertes: ♃. Ähnlich: Verschiedenblättriges Tausendblatt (*M. heterophyllum* Michx.): Tragblätter länger als die Blüten; Staubblätter 4. Niederösterreich; selten. Heimat: Nordamerika.

Wein-Raute

Ruta graveolens L.
Rautengewächse *Rutaceae*

Beschreibung: 10–30 Blüten stehen in einer wenig dichten, meist etwas ungleichmäßigen Scheindolde. Blüten grünlich-gelb, 1,2–1,8 cm im Durchmesser (ausgebreitet gemessen). Die endständigen Blüten besitzen 5 Blütenblätter, die seitenständigen meist 4, seltener 5; Blütenblätter löffelartig, am Rand etwas gezähnt. Kelchblätter schmal-eiförmig, spitz. Stengel steif aufrecht, meist nur am Grund und im Blütenstandsbereich verzweigt, rund, an der Basis oft etwas holzig. Stengelblätter wechselständig, 4–10 cm lang, bis auf den Mittelnerv 2-3fach fiederteilig, blaugrün, zerrieben aromatisch riechend. Zipfel der Blattfiedern schmal-eiförmig bis schmal verkehrt-eiförmig, zur Blatt- bzw. Fiedermitte spatelig zulaufend, vorn stumpf oder mit aufgesetzter Spitze. Juni–August. 20–90 cm.

Vorkommen: Braucht trockenen, lockeren, steinigen, stickstoffsalz- und kalkreichen Lehmboden in sommers warmen, winters frostgeschützten Lagen. Heimat: Südosteuropa und östliches Mittelmeergebiet; in Mitteleuropa meist nur unbeständig verwildert, im Weinbaugebiet und im südlichen Schwäbischen Jura örtlich wohl eingebürgert; am Alpensüdfuß beständig eingebürgert, vielleicht dort ursprünglich.

Wissenswertes: ♃; (☠). Stengel und Blätter enthalten ätherisches Öl, Furocumarine, geringe Mengen von Alkaloiden und Rutin. Früher baute man die Wein-Raute als Würzpflanze an, nutzte sie indessen auch als Mittel zur Schwangerschaftsunterbrechung. Das ätherische Öl ist in höheren Dosen giftig und hautreizend. Die Furocumarine sind photosensibilisierend; bringt man Rautensaft auf die Haut, so entzünden sich diese Stellen im Sonnenlicht. Alte Heilpflanze; z. B. bei Venenentzündungen.

Diptam

Dictamnus albus L.
Rautengewächse *Rutaceae*

Beschreibung: Zahlreiche Blüten stehen in einer meist einfachen Traube. Blüten 2seitig-symmetrisch: 4 der 5 Blütenblätter sind seitlich nach oben gerichtet, eines wächst in der Symmetrieachse nach unten. Blüten rosa-weißlich, 4–5 cm im Durchmesser (ausgebreitet gemessen); Blütenblätter 5, ungleich, dunkel purpur-violett geadert. Kelchblätter 5, lineal-länglich, etwa 5 mm lang. Stengel aufrecht, meist unverzweigt, vor allem in der oberen Hälfte dicht, aber sehr kurz abstehend behaart. Hier und an den Stielen der Blüten zahlreiche, sehr dunkle, ungestielte Drüsen (Lupe!). Blätter wechselständig, kurz gestielt, die unteren fast sitzend, unpaarig gefiedert, mit 7–11 Teilblättchen, vor allem auf der Unterseite sehr kurz, aber ziemlich dicht behaart; Teilblättchen am Rand sehr fein gekerbt-gesägt, schief länglich-eiförmig, durchscheinend punktiert. Mai–Juni. 0,6–1,2 m.

Vorkommen: Braucht kalkreichen, lockeren, steinigen Lehmboden oder Löß an Standorten in sommerwarmer und wintermilder Lage. Besiedelt Gebüsch- und Waldsäume, geht auch auf lichte Stellen in Trockenwäldern. Vereinzelt südlich von Kassel, sehr selten in der Pfalz, der Rhön, in der Fränkischen Trias, im südlichen Fränkischen Jura, im Hegau, im Kaiserstuhl, im nördlichen Schweizer Jura, im Wallis, in den zentralalpinen, niederschlagsarmen Tälern, am Alpensüdfuß und in Niederösterreich.

Wissenswertes: ♃; ☠; ▽. Enthält reichlich ätherische Öle, die Alkaloide Dictamnin und Fagarin, Saponine, Bitterstoff und Bergapten, das – mit dem Saft auf die Haut gebracht – an Stellen, die dem Licht ausgesetzt sind, Entzündungen hervorrufen kann.

Der Name „dictamnus" wurde von THEOPHRAST auf eine Pflanze vom Berg Dicte auf Kreta bezogen und von Plinius übernommen. Dieser Pflanze schrieb man große Heilkräfte zu. Wir wissen heute, daß es sich um eine Dost-Art aus der Familie der Lippenblütengewächse (*Origanum dictamnus* L.) handelt. Sie hat äußerlich nichts mit unserem Diptam zu tun, duftet allerdings ebenfalls sehr stark, wenn auch mit einer etwas anderen Duftnote. Der (falsche) Name wurde einfach auf die einzige in Mitteleuropa einheimische, einigermaßen zimtähnlich duftende Art aus der Familie der Rautengewächse übertragen. Die etwa 1500 Arten dieser Familie sind vor allem von den Tropen bis zu den warmgemäßigten Klimagürteln der Erde verbreitet. Viele zeichnen sich durch aromatischen Duft aus. In Südeuropa werden einige als Zier- oder Nutzpflanzen kultiviert, allen voran *Citrus*-Arten (Zitrone, Orangen usw.), die dann bis in die Südalpentäler hinein – wenn auch selten – verwildert angetroffen werden können. Im kalten Mitteleuropa gedeihen diese nur als Topfpflanzen. Gelegentlich werden in wintermilden Lagen Ziersträucher aus anderen Gattungen angepflanzt, die indes kaum verwildern. Eine Ausnahme davon bildet die Kleeulme (*Ptelea trifoliata* L.), die aus Florida stammt. Der bis zu 5 m hohe Strauch mit lang gestielten, 3zähligen Laubblättern wurde um 1700 nach Europa gebracht. Von einigen Stellen im Norddeutschen Tiefland (Brandenburg, Mecklenburg), aber auch vom Prater in Wien sind seither längere Zeit bestehende Verwilderungen beschrieben worden. Die kleinen, grünlichen, stark duftenden Blüten stehen in dichten Doldenrispen. Von den Büscheln mit den ulmenartigen, rundlich-flachen Früchten sowie den 3zähligen Laubblättern stammt der deutsche Name. Die Kleeulme enthält Chinolonalkaloide sowie in geringen Mengen Cumarine und Saponine; sie ist schwach giftig. Vergiftungen von Menschen sind allerdings nicht bekannt.

Diptam
Dictamnus albus

Wein-Raute
Ruta graveolens

Wechselblütiges Tausendblatt
Myriophyllum alterniflorum

Bittereschengewächse *Simaroubaceae* ▶

Götterbaum *Ailanthus*

Sumachgewächse *Anacardiaceae* ▶

Perückenstrauch *Cotinus*
Essigbaum *Rhus*

Pimpernußgewächse *Staphyleaceae* ▶

Pimpernuß *Staphylea*

Götterbaum

Ailanthus altissima (MILL.) SWINGLE
Bittereschengewächse *Simaroubaceae*

Beschreibung: Zahlreiche unscheinbare Blüten stehen büschelig in vielblütigen, reichverzweigten Rispen. Blüten eingeschlechtig oder zwittrig, 6–8 mm im Durchmesser, gelblich-weiß; Blütenblätter 5, am Rand oft eingerollt. Kelchblätter 5, viel kürzer als die Blütenblätter. Teilfrüchte flügelförmig, 3–5 cm lang, 0,5–1 cm breit (mit Flügel), rötlich. Baum mit glatter, hell längsstreifiger Borke. Blätter wechselständig, 40–70 cm lang, unpaarig gefiedert, mit 9–25 Teilblättchen. Teilblättchen fast nur am Rande behaart, breitlanzettlich und meist etwas unsymmetrisch, bis 10 cm lang und bis 3,5 cm breit, meist ganzrandig oder nur an der Basis etwas gezähnt (Zähne an der Spitze leicht unterseits mit einer Drüse; Lupe!); Teilblättchen oberseits frischgrün, unterseits graugrün, schwach drüsig. Juli. 20–25 m.

Vorkommen: Braucht nährstoffreichen, kalkhaltigen lockeren und oft steinigen Untergrund in warmer Lage. Heimat: China; in Mitteleuropa als Zierbaum gelegentlich gepflanzt und örtlich beständig verwildert, so vor allem im rheinischen Weinbaugebiet, in der Pfalz, am mittleren und unteren Main und am Neckar, desgleichen am Alpensüdfuß.

Wissenswertes: ♄; (♣). Enthält in der Rinde, aber auch in anderen Organen, sehr bitter schmeckende Bitterstoffe aus der Quassiin-Gruppe und ein fluoreszierendes Glykosid. – Der Götterbaum hat sich in den Ruinen der durch Bomben zerstörten Städte nach dem 2. Weltkrieg überraschend stark ausgebreitet; bemerkenswerterweise ging er aber nach dem Wiederaufbau und der Befestigung der Straßen genauso rasch wieder zurück.

Perückenstrauch

Cotinus coggygria SCOP.
Sumachgewächse *Anacardiaceae*

Beschreibung: Blüten stehen in reich und etwas sparrig verzweigten Rispen am Ende der Ästchen. Auf ein und derselben Pflanze finden sich männliche, weibliche und zwittrige Blüten. Einzelblüten unscheinbar; Blütenblätter 5, eiförmig, 1–2 mm lang, grünlich-weiß. Kelchblätter 5, etwas kürzer als die Blütenblätter, an der Basis miteinander verwachsen, spitz zulaufend, aber vorne abgestumpft, gelblich-grün. Viele Blüten bleiben unfruchtbar. Ihre Stiele wachsen nach der Blüte weiter und bilden lange, abstehend behaarte Fäden (Name!). Sommergrüner Strauch; Äste reich verzweigt, ausladend. Laubblätter wechselständig, kahl, eiförmig, 3–8 cm lang, 1,5–3 cm breit, ganzrandig, oberseits grün, unterseits blaugrün und mit erhabenen Nerven; Blattstiel 1–4 cm lang. Herbstfärbung auffallend orangegelb. Mai–Juni. 1–3 m.

Vorkommen: Braucht kalkhaltigen, trockenen, flachgründigen, steinigen oder mergeligen Boden, bevorzugt an Südhängen. Besiedelt Trockengebüsche und trockene, lichte Wälder. Am Alpensüdfuß selten, aber zuweilen in lockeren Beständen; hier möglicherweise ursprünglich. Im Wallis, im südlichen Schweizer Jura, in der Steiermark und in Niederösterreich vereinzelt und örtlich beständig verwildert; in milden Gegenden Mitteleuropas örtlich verwildert, aber meist unbeständig.

Wissenswertes: ♄. Der Perückenstrauch enthält vor allem in den Blättern Gerbstoffe. Sein Verbreitungsgebiet erstreckt sich vom östlichen Mittelmeergebiet durch die zentralasiatischen Gebirge bis nach China. Aus der Wildform wurden mehrere Ziersorten herausgezüchtet, die vielfach angepflanzt werden.

Perückenstrauch
Cotinus coggygria

Götterbaum
Ailanthus altissima

Essigbaum
Rhus typhina

Pimpernuß
Staphylea pinnata

◀

Essigbaum

Rhus typhina L.
Sumachgewächse *Anacardiaceae*

Beschreibung: Zahlreiche Blüten stehen in dichten, pyramidenförmigen, 10-20 cm langen Blütenständen am Ende der Äste. Blüten unscheinbar, rötlich-grünlich, um 5 mm im Durchmesser. Früchte kugelig, etwa 5 mm im Durchmesser, dicht und leuchtend rot behaart; Fruchtstand wirkt dadurch kolbenartig und dicht; zuletzt sieht er dunkel braunrot aus. Mehrstämmiger Baum oder Strauch, der sehr sparrig verzweigt ist und in dessen Umkreis man häufig büschelige Schößlinge aus unterirdischen Ausläufern findet. Junge Zweige und Schößlinge zottig braunrot behaart; sie sind leicht abzubrechen; ältere Äste bzw. Stamm graurissig. Knospen oberhalb einer hufeisenförmigen, etwas herausgehobenen Blattnarbe. Laubblätter bis 50 cm lang, unpaarig gefiedert, mit 11–31 Fiederblättchen, gestielt; Teilblättchen bis 12 cm lang, sitzend, lanzettlich, zugespitzt, grob gesägt, oberseits dunkelgrün, unterseits graugrün. Juni–Juli. 3–6 m.

Vorkommen: Braucht nährstoffreichen Boden, der trocken und steinig sein kann. Heimat: Westliches Nordamerika. Bei uns als Zierstrauch häufig gepflanzt und ortsnah, aber oft nur unbeständig verwildert.

Wissenswertes: ♄; (✿). Der Essigbaum wird nicht nur wegen seiner pyramidenförmigen Fruchtstände als Ziergehölz gepflanzt, sondern auch, weil er im Herbst sein Laub leuchtend hellrot verfärbt und das Herbstlaub 1–3 Wochen behält. Anders als manche nordamerikanischen Verwandten („Gift-Sumach", z. B. *Rhus toxicodendron* L. – seltener Zierstrauch mit 3teiligen Blättern) ist er nicht wirklich giftig. Allerdings enthält er Gerbstoffe in solcher Menge, daß sie – äße man von der Pflanze – Verdauungsbeschwerden verursachen könnten.

Pimpernuß

Staphylea pinnata L.
Pimpernußgewächse *Staphyleaceae*

Beschreibung: 5–15 Blüten sind in einem scheindoldig-rispigen, hängenden Blütenstand zusammengefaßt. Blüten gelblich-weiß, um 2 cm im Durchmesser (ausgebreitet gemessen). Blütenblätter 5, um 1 cm lang, verkehrt-eiförmig-spatelig, außen oft rötlich überlaufen, glockenförmig zusammenneigend, aber nicht miteinander verwachsen. 5 Kelchblätter, 6–8 mm lang, gelblich. Frucht eine kugelige oder verkehrt-herzförmige Kapsel, die 3–4 cm lang wird, häutig-aufgeblasen, blaßgrün und etwas runzelig ist. Mittelhoher Strauch, selten kleiner Baum. Zweige glänzend braun. Laubblätter gegenständig, unpaarig gefiedert, mit 5 oder 7 Teilblättchen (Blätter junger Pflanzen zuweilen mit nur 3 Teilblättchen). Teilblättchen 7–10 cm lang und 3–4,5 cm breit, breit-lanzettlich bis schmal-eiförmig, die seitlichen sitzend, das endständige deutlich gestielt, alle fein gezähnt, erst kurz und flaumig behaart, dann verkahlend, oberseits dunkelgrün, unterseits blaugrün. Mai–Juni. 1,5–5 m.

Vorkommen: Braucht kalk- und nährstoffreichen, lockeren, steinigen, sickerfeuchten Lehm- oder Lößboden mit guter Mullauflage in Lagen mit mildem Klima und ziemlich hoher Luftfeuchtigkeit. Besiedelt Schluchtwälder und lichte Laubwälder. Ursprünglich wohl nur am Übergang vom Oberrhein zum Hochrhein, im Bodenseegebiet und an der Donau von Ulm bis nach Niederösterreich, am Vierwaldstätter- und am Walensee, am Alpenrhein. Hauptverbreitungsgebiet von Südosteuropa bis nach Kleinasien; selten.

Wissenswertes: ♄. Die Pimpernuß wird auch als Zierstrauch in Gärten und Parks gepflanzt und ist aus ihnen örtlich – jedoch meist nur unbeständig – verwildert.

Gewöhnliche Roßkastanie

Aesculus hippocastanum L.
Roßkastaniengewächse *Hippocastanaceae*

Beschreibung: Zahlreiche Blüten stehen in aufrechten, pyramidenförmigen, traubigen Rispen. Blüten weiß, 1,2–2 cm im Durchmesser (ausgebreitet gemessen), erst mit einem gelben, dann mit einem roten Saftmal. Blütenblätter 5, am Rande kraus gefältelt-gewellt und bewimpert. Frucht kugelig, 3–6 cm im Durchmesser, weichstachelig. Samen „kastanien"braun, mit graubraunem Nabel. Baum mit kugelig-ausladender Krone (oft durch Schnitt verschlankt). Blätter handförmig 5-7teilig. Teilblättchen bis 20 cm lang, 4–8 cm breit, keilig in den Grund verschmälert, größte Breite oberhalb der Mitte, mit spitz gezähneltem Rand. April–Mai. 10–30 m.

Vorkommen: Braucht nährstoffreichen, tiefgründigen, lockeren und daher oft sandigen Lehmboden. Häufig gepflanzter Allee- und Parkbaum, da und dort auch in Wälder eingebracht. Heimat: Südost-Balkan. Häufig.

Wissenswertes: ♄. Die Gewöhnliche Roßkastanie wurde 1576 von Clusius aus Konstantinopel nach Wien gebracht. Sie gefiel so gut, daß sie bald überall in Europa angepflanzt wurde. Aus der Wildform wurden zahlreiche Zierrassen gezüchtet. – Außer der Gewöhnlichen Roßkastanie werden bei uns aus der Gattung u. a. noch gepflanzt: Fleischrote Roßkastanie *(Ae. × carnea* Hayne = *Ae. hippocastanum × Ae. pavia)*: Blüten rosa; 4–5 z. T. sitzende Teilblättchen; 5–10 m; gelegentlich gepflanzt. – Pavien-Roßkastanie *(Ae. pavia* L.): Blüten rot; 4 gestielte Teilblättchen; 5–10 m. Selten gepflanzt; Heimat: Östliches Nordamerika. – Gelbe Pavien-Roßkastanie *(Ae. flava* Soland.): Blüten hell grünlich-gelb; 5 Teilblättchen; Früchte und Samen giftig; Heimat: Osten und Mittelwesten der USA. Selten gepflanzt.

Feld-Ahorn

Acer campestre L.
Ahorngewächse *Aceraceae*

Beschreibung: 5–15 Blüten (selten mehr) sind in einem rispig-doldigen, aufrechten Blütenstand zusammengefaßt; Blütenstände erscheinen mit den Blättern. Die Stiele der einzelnen Blüten werden kaum länger als etwa 1,5 cm; sie sind abstehend behaart. In jedem Blütenstand kann es männliche, weibliche und zwittrige Blüten geben. Blüten unscheinbar, hellgrün, um 7 mm im Durchmesser (ausgebreitet gemessen). Blütenblätter 5, lineal, ziemlich dicht abstehend behaart. Kelchblätter 5, in Form, Farbe, Größe und Behaarung den Blütenblättern gleich. Teilfrüchte leicht gewölbt, behaart oder kahl, mit stark stumpfwinklig spreizenden, vorne kaum verbreiterten Flügeln, die 2–4 cm lang werden. Niedriger Baum oder sparrig-dicht verzweigter Strauch. Zweige mit oft dicker und fast flügelartiger, brauner Borke. Blätter gegenständig, handförmig auf etwa die Hälfte des Spreitendurchmessers (4–9 cm) 3-5teilig; Blattabschnitte jederseits mit meist nur 1 großen, welligen, stumpfen Zahn, oberseits dunkelgrün, unterseits hellgrün, jung schütter kurzhaarig (auf den Nerven dicht behaart), später verkahlend. April–Mai. 5–20 m.

Vorkommen: Braucht nährstoffreichen Lehmboden, der steinig und verhältnismäßig flachgründig oder mäßig feucht und tiefgründig sein kann, der aber eine gute Mullauflage haben sollte. Besiedelt Hecken, Waldränder und lichte Laub- und Auenwälder. Fehlt im Tiefland, im Rheinischen Schiefergebirge, im Schwarzwald und im Alpenvorland gebietsweise. Sonst häufig und oft gepflanzt.

Wissenswertes: ♄. Der Feld-Ahorn wird erst im Alter von etwa 25 Jahren blühreif. In Gärten werden Zierrassen mit z. T. abweichender Blattfärbung gepflanzt.

Roßkastaniengewächse *Hippocastanaceae*
Ahorngewächse *Aceraceae*

Spitz-Ahorn

Acer platanoides L.
Ahorngewächse *Aceraceae*

Beschreibung: 10–30 Blüten sind in einem doldenartigen, zunächst ziemlich aufrecht abstehenden, keinesfalls nickenden oder hängenden Blütenstand zusammengefaßt. Sie werden kurz vor oder mit der Laubentfaltung ausgebildet. Die Stiele der Blüten werden 1–2 cm lang. In jedem Blütenstand kann es männliche, weibliche und – meist – zwittrige Blüten geben. Blüten unscheinbar, gelbgrün, um 1 cm im Durchmesser (ausgebreitet gemessen). Blütenblätter 5, schmal-eiförmig (oft etwas unregelmäßig im Umriß), deutlich in einen Stiel verschmälert. Kelchblätter 5, etwas schmäler, sonst in Form, Farbe und Größe den Blütenblättern ähnlich. Teilfrüchte flach, kahl, mit stumpfwinklig abstehenden, vorn kaum verbreiterten Flügeln, die 4–5 cm lang werden. Hoher Baum. Blätter gegenständig, handförmig auf etwa $\frac{1}{2}$ des Spreitendurchmessers (8–15 cm) 5–7teilig (selten nur 3teilig); Blattabschnitte mit wenigen, allmählich in eine lange Spitze ausgezogenen Zähnen, zwischen den Zähnen weitbogig ausgerandet. April–Mai. 20–30 m.

Vorkommen: Braucht feuchten, lockeren, nährstoff- und mullreichen Lehmboden. Besiedelt Schlucht- und Auenwälder. Fehlt gebietsweise im Tiefland, im Nordschwarzwald und im Alpenvorland; zerstreut; forstlich gepflanzt. Geht im Gebirge bis etwa 1000 m.

Wissenswertes: ♄. Vom Spitz-Ahorn gibt es zahlreiche Gartensorten. Sie sind durch besondere Wuchsformen (z.B. durch hängende Zweige, Säulenwuchs, Kugelkrone oder Zwergwuchs) oder durch besondere Blattformen (z.B. durch abweichende Färbung, andersartige Blattaufteilung) gekennzeichnet und oft nicht auf den ersten Blick als Spitz-Ahorn kenntlich.
Ähnlich: Silber-Ahorn (*A. saccharinum* L.): Pflanze 2häusig, d.h. männliche und weibliche Blüten sitzen auf verschiedenen Pflanzen. 8–20 Blüten (selten mehr oder weniger) sitzen in kleinen Büscheln. Blüten unscheinbar, blütenblattlos, grünlich, vor den Blättern – oft schon im Februar, meist im März, seltener erst im April – erscheinend. Teilfrüchte flach, kahl, mit weitwinkelig abstehenden, leicht sicheligen Flügeln, die 3–5 cm lang werden. Bei uns meist nur 15–20 m hoher Baum. Blätter gegenständig, tief 5lappig–5teilig; Spreite 8–14 cm im Durchmesser; Lappen spitz, tief und doppelt gesägt; Mittellappen 3lappig; Spreite oben hellgrün, unten silberweiß, im Herbst leuchtend gelb. Heimat: Mittleres und östliches Nordamerika von Quebec bis Florida; Standort vorwiegend im Überschwemmungsgebiet der Flüsse; dort bis 40 m hoch. Neigt zu Windbruch. Vom Silber-Ahorn sind zahlreiche Gartensorten bei uns in Kultur. – Zucker-Ahorn (*A. saccharum* MARSH.): 8–30 Blüten in einem doldenartigen, fast sitzenden Büschel; Einzelblüten auf 3–6 cm langen, dünnen, behaarten Stielen, gelblich-grün, vor den Blättern im April erscheinend. Teilfrüchte flach, kahl, mit spitzwinklig oder aufrecht abstehenden Flügeln, die 2–4 cm lang werden. Blätter gegenständig, handförmig 3–5lappig; Spreite 8–14 cm im Durchmesser; Lappen ungleich gezähnt (1–2 größere und viele kleine Zähne), oberseits stumpfgrün, unterseits grauweiß, im Herbst orange und rot. Heimat: Nordamerika, dort bis 40 m hoch, bei uns niedriger. In einigen Gartenformen gepflanzt, selten forstlich eingebracht. In seiner Heimat wertvollster Hartholzbaum für die Möbelherstellung („Vogelaugenahorn"). Liefert den „Ahorn-Sirup" (Anzapfen von Stamm und Zweigen im März). In vielen Sorten wird der Palmen-Ahorn (*A. palmatum* THUNB.) in Gärten gepflanzt; einige von ihnen werden nur 1–5 m hoch; manche haben zerteiltes, rotes Laub, andere sind zwergwüchsig; Verwilderungen sind selten.

Feld-Ahorn
Acer campestre

Gewöhnliche Roßkastanie
Aesculus hippocastanum

Spitz-Ahorn
Acer platanoides

Berg-Ahorn

Acer pseudoplatanus L.
Ahorngewächse *Aceraceae*

Beschreibung: Zahlreiche Blüten sind in einem hängenden Blütenstand zusammengefaßt, der 5–15 cm lang wird; in ihm sind die Einzelblüten an einer Art Traubenachse büschelig-doldenrispig angeordnet. Die Blütenstiele werden kaum 1 cm lang. In jedem Blütenstand kann es männliche, weibliche und (überwiegend) zwittrige Blüten geben. Blüten unscheinbar, grünlich, 5–8 mm im Durchmesser (ausgebreitet gemessen). Blütenblätter 5, lineal. Kelchblätter 5, in Form, Farbe und Größe den Blütenblättern fast gleich. Teilfrüchte gewölbt, mit spitz- oder stumpfwinklig spreizenden, unregelmäßig gerundeten Flügeln, die 4–6 cm lang werden können; junge Früchte behaart, früh verkahlend. Hoher Baum oder Stockausschläge. Blätter gegenständig, handförmig auf etwa $\frac{2}{3}$–$\frac{1}{3}$ des Spreitendurchmessers (10–15 cm) 3-5teilig; Blattabschnitte jederseits grob und unregelmäßig gezähnt, wobei die Zähne nie in eine lange Spitze ausgezogen, sondern allenfalls kurzspitzig oder – in der Regel – abgestumpft sind; Blätter oberseits dunkelgrün, unterseits matt graugrün. April–Mai. 20–30 m.

Vorkommen: Braucht sickerfeuchten, mullhaltig-steinigen Lehmboden, der basenreich oder kalkhaltig sein sollte. Besiedelt Schluchtwälder und Bergwälder. Fehlt im Tiefland kleineren Gebieten. In den Mittelgebirgen und in den Alpen selten und kaum irgendwo in individuenreichen oder reinen Beständen. Geht in den Alpen örtlich über 1500 m.

Wissenswertes: ♄. Exemplare, die als Baum wachsen, werden erst mit 30–40 Jahren blühreif, Stockausschläge in der Regel schon mit etwa 20 Jahren. – Ähnlich: Platane *(Platanus,* s. Bd. 2, S. 27): Blütenstand kugelig, hängend. Allee- und Parkbaum; nur gepflanzt.

Eschen-Ahorn

Acer negundo L.
Ahorngewächse *Aceraceae*

Beschreibung: Männliche und weibliche Blüten befinden sich auf getrennten Pflanzen („2häusig"). Männliche Blütenstände in stark verkürzten und daher fast doldigen, hängenden Trauben, in denen die einzelnen Blüten 3–8 cm lang gestielt sind. Männliche Blüten bestehen aus meist 5, seltener nur 4 Kelchblättern und 4–6 Staubblättern. Sie erscheinen mit den austreibenden Blättern. Weibliche Blütenstände lange, wenigblütige, hängende Trauben. Die weiblichen Blüten bestehen aus 4–5 kleinen Kelchblättern und dem Fruchtknoten mit 2 langen, freien Narbenästen. Teilfrüchte länglich-walzlich, gerippt, mit spitzwinklig spreizenden, etwas bogig verlaufenden und nach vorne verbreiterten Flügeln, die etwa 3 cm lang werden. Niedriger oder mittelhoher, oft mehrstämmiger Baum mit häufig hängenden Zweigen, die jung nicht selten bläulich bereift sind. Blätter gegenständig, unpaarig gefiedert, mit 3–5 Teilblättchen; diese lanzettlich, 5–15 cm lang, 3–4,5 cm breit, grob, unregelmäßig und oft doppelt gezähnt, an der Basis meist ganzrandig, kurz gestielt, kahl. April–Mai. 5–20 m.

Vorkommen: Braucht feuchten, tief- oder mittelgründigen Lehmboden. Heimat: Nordamerika; bei uns gelegentlich als Park- und Alleebaum, seltener in Gärten gepflanzt und örtlich in Auenwäldern oder im bachbegleitenden Gebüsch verwildert.

Wissenswertes: ♄. Der Eschen-Ahorn wurde 1688 nach Europa gebracht. Heute gibt es von ihm zahlreiche Gartenformen, unter denen sich mehrere durch panaschierte Blätter auszeichnen (gelb/grün oder weiß/grün gescheckt). Formen mit behaarten Zweigen wurden ebenfalls herausgezüchtet.

Schneeballblättriger Ahorn
Acer opalus

Berg-Ahorn
Acer pseudoplatanus

Eschen-Ahorn
Acer negundo

Französischer Ahorn
Acer monspessulanum

Schneeballblättriger Ahorn

Acer opalus MILL.
Ahorngewächse *Aceraceae*

Beschreibung: 8–25 Blüten sind in einem doldenartigen, meist deutlich hängenden Blütenstand zusammengefaßt. Die Stiele der einzelnen Blüten werden 3–4 cm lang. In jedem Blütenstand kann es männliche, weibliche und zwittrige Blüten geben; überwiegend 2häusige Exemplare kommen vor. Blütenblätter 5, um 5 mm lang, gelbgrün, eiförmig. Kelchblätter 5, in Form, Farbe und Größe den Blütenblättern fast gleich. Teilfrüchte gewölbt, kantig, mit fast rechtwinklig spreizenden, vorne breit abgerundeten Flügeln, die 2–3 cm lang werden. Niedriger Baum. Blätter gegenständig, handförmig auf etwa $\frac{2}{3}$ des Spreitendurchmessers (4–9 cm) 3teilig; Blattabschnitte jederseits mit stumpfen Zähnen; Blätter oberseits dunkelgrün, kahl, unterseits graugrün und nur jung ziemlich dicht behaart. Blattstiel meist kürzer als der Durchmesser der Blattspreite. April. 5–10 m.

Vorkommen: Braucht eher flachgründigen, steinigen, kalkhaltigen, ja kalkreichen Lehmboden in Gegenden mit milden Wintern und hoher Luftfeuchtigkeit. Besiedelt lichte Laubwälder und lockere Gebüsche. Erreicht bei Grenzach in Mitteleuropa seine Nordgrenze; im Schweizer Jura und im unteren Wallis selten, desgleichen am Alpensüdfuß.

Wissenswertes: ♄. *A. opalus* MILL. wird mit *A. hispanicum* POURR. (Spreitendurchmesser 8–12 cm, oft 5teilig; Südostfrankreich, selten), mit *A. hyrcanum* FISCH. & MEY. (Spreite bis etwa zur Hälfte eingeschnitten, oberseits grün, unterseits kahl; Südosteuropa) und mit *A. obtusatum* W. & K. ex WILLD. (Spreite bis $\frac{3}{4}$ eingeschnitten, Lappen stumpf, unterseits zottig; Südeuropa) zur Sammelart *A. opalus* agg. zusammengefaßt.

Französischer Ahorn

Acer monspessulanum L.
Ahorngewächse *Aceraceae*

Beschreibung: Wenige Blüten sind in einem doldenartigen, meist fast sitzenden, nickenden, kahlen Blütenstand zusammengefaßt; Blütenstände werden meist erst nach der Laubentfaltung ausgebildet. Die Stiele der einzelnen Blüten werden 3–4 cm lang. In jedem Blütenstand kann es männliche, weibliche und zwittrige Blüten geben. Blüten unscheinbar, gelbgrün, um 8 mm im Durchmesser (ausgebreitet gemessen). Blütenblätter 5, schmal-eiförmig. Kelchblätter 5, in Form, Farbe und Größe den Blütenblättern fast gleich. Teilfrüchte eiförmig-kugelig, kahl, mit fast parallelen bis rechtwinklig abstehenden, aus schmalem Grund sich rasch verbreiternden, oft rötlich gefärbten Flügeln, die 2–3 cm lang werden. Niedriger Baum oder etwas sparriger Strauch. Blätter gegenständig, handförmig auf etwa $\frac{1}{2}$ des Spreitendurchmessers (3–7 cm) 3teilig; Blattabschnitte ganzrandig, stumpf; Blätter oberseits dunkelgrün, glänzend, unterseits graugrün und matt, jung behaart, früh verkahlend. Blattstiel kürzer als der Durchmesser der Blattspreite. April–Mai. 2–5 m.

Vorkommen: Braucht nährstoff- und basenreichen, aber nicht unbedingt kalkhaltigen, flachgründigen, steinigen Lehmboden in sonnigen, warmen Lagen. Besiedelt Trockengebüsche und lichte Trockenwälder. Zwischen Hunsrück und Eifel selten; zwischen Spessart und Rhön vereinzelt, desgleichen im südlichen Schweizer Jura. Am Alpensüdfuß örtlich verwildert.

Wissenswertes: ♄. Das Hauptverbreitungsgebiet des Französischen Ahorns liegt im Mittelmeergebiet und im Nahen Osten. Vor allem im Nahen Osten werden mehrere Sippen als Unterarten oder Varietäten beschrieben.

Wald-Sauerklee

Oxalis acetosella L.
Sauerkleegewächse *Oxalidaceae*

Beschreibung: Blüten einzeln auf langen, schütter und etwas kraus behaarten Stielen, die die Blätter mehr oder weniger deutlich überragen und die bis auf ein Paar unscheinbare, schuppenförmige Vorblätter blattlos sind. Blüten weiß, 1,5–2,5 cm im Durchmesser (ausgebreitet gemessen); Blütenblätter 5, verkehrt-eiförmig, am Grunde mit einem gelben Fleck und mit meist deutlich sichtbaren, rot- oder blauvioletten Adern, oben unregelmäßig buchtig gezähnt bis ausgerandet. Kelchblätter 5, breit-lanzettlich bis schmal-eiförmig, grünlich, am Rand oft etwas weißlich. Frucht eine 0,4–1 cm lange Kapsel. Ein eigentlicher Stengel fehlt. Die Blätter stehen grundständig am Wurzelstock (Rhizom); sie sind lang gestielt, kleeartig 3teilig, schütter und etwas borstig behaart, seltener (und dann meist nur auf der Oberseite) kahl; Teilblättchen verkehrt-herzförmig, ganzrandig. April–Mai. 5–15 cm.

Vorkommen: Braucht lehmigen, etwas feuchten, doch nicht nassen Lehmboden mit ordentlicher Mullauflage, die indessen nicht zu dick und nicht zu geschlossen sein darf. Gedeiht am besten an Standorten, an denen das Licht weniger als 30 % der vollen Strahlungsstärke erreicht. Besiedelt daher eher dichte Laub- und Mischwälder, geht aber auch in lichtere Nadelholzbestände. Fehlt im Tiefland und örtlich in waldlosen Sandgebieten; sonst sehr häufig und oft in ausgedehnten, individuenreichen Beständen. Steigt in den Alpen bis etwa 2000 m.

Wissenswertes: ♃; (♨). Der Wald-Sauerklee enthält – wie vermutlich auch viele andere Arten der Gattung – in seinen Blättern Oxalsäure und Oxalate („Kleesalz", Name!). Er ist deswegen schwach giftig.

Aufrechter Sauerklee

Oxalis fontana BUNGE
Sauerkleegewächse *Oxalidaceae*

Beschreibung: Blüten stehen selten einzeln, meist zu 2–6 in lockeren, scheindoldig-traubigen Blütenständen auf Stielen, die etwa so lang wie die Blätter sind oder diese knapp überragen. Der Blütenstandsstiel ist am Grunde knotig verdickt. Die eigentlichen Blütenstiele sind ziemlich kurz, die verblühten Blüten nicht abwärts gekrümmt. Blüten 1,2–1,5 cm im Durchmesser (ausgebreitet gemessen); Blütenblätter 5, eiförmig, gelb, vorn abgerundet oder abgestutzt, aber nicht deutlich ausgerandet. Kelchblätter 5, breitlanzettlich, 3–4 mm lang. Frucht eine 5kantige Kapsel, die 1–1,5 cm lang wird und die sehr schütter behaart oder – meist – kahl ist. Stengel aufrecht, verzweigt, schütter abstehend behaart. Blätter stengelständig, kurzstielig, kleeartig 3teilig, am Rand fein bewimpert; Teilblätter verkehrt-herzförmig, bis auf höchstens ¾ der Teilblättchenlänge herzförmig ausgerandet. April–Oktober. 15–40 cm.

Vorkommen: Braucht kalkarmen, humushaltigen, lockeren, sandigen Lehmboden in Lagen mit warmem Klima. Besiedelt Gärten und Hackfruchtkulturen. Fehlt im Tiefland, in den Mittelgebirgen mit kalkhaltigem Gestein oder rauhem Sommerklima, im Alpenvorland und in den Alpen gebietsweise. Sonst zerstreut. Steigt in den Alpen bis etwa 800 m.

Wissenswertes: ♃; (♨). Die Heimat des Aufrechten Sauerklees ist Nordamerika. Vermutlich wurde er Mitte des 17. Jahrhunderts nach Europa gebracht. In Mitteleuropa wurde er im 19. Jahrhundert verwildert beobachtet. In Gärten ist er als Unkraut gefürchtet, weil er sich nicht nur durch Samen vermehrt, sondern weil Ausläuferstückchen oftmals den Winter überdauern.

Hornfrüchtiger Sauerklee

Oxalis corniculata L.
Sauerkleegewächse *Oxalidaceae*

Beschreibung: Blüten stehen selten einzeln, meist zu 2–7 in lockeren, scheindoldig-traubigen Blütenständen auf Stielen, die etwa so lang wie die Blätter sind oder diese knapp überragen. Der Blütenstandsstiel ist am Grunde nicht knotig verdickt. Die eigentlichen Blütenstiele sind ziemlich kurz, die verblühten Blüten sind deutlich nach unten gebogen. Blüten 0,8–1,2 cm im Durchmesser (ausgebreitet gemessen); Blütenblätter 5, verkehrt-eiförmig, goldgelb, vorn deutlich ausgerandet. Frucht eine 5kantige Kapsel, die 1,2–2,5 cm lang wird und die deutlich anliegend behaart ist. Stengel niederliegend oder aufsteigend, an den Knoten wurzelnd, verzweigt, mäßig dicht bis deutlich abstehend behaart. Blätter stengelständig, langstielig (Stiele 2–8 cm lang), kleeartig 3teilig, oft rötlich überlaufen, sehr schütter behaart oder kahl; Teilblättchen breit verkehrt-herzförmig, bis auf fast ½ der Teilblättchenlänge herzförmig eingeschnitten. Juni–September. 5–15 cm.

Vorkommen: Braucht sandigen oder sandig-lehmigen, nährstoffreichen, aber kalkarmen Boden. Besiedelt Wegränder, Gärten und Hackfruchtkulturen in Lagen mit mildem Klima. Im Tiefland vereinzelt, im Weinbaugebiet am Mittel- und Oberrhein, in der Pfalz selten, sonst vereinzelt und oft unbeständig.

Wissenswertes: ⊙; (♣). Heimat: Mittelmeergebiet; in Mitteleuropa seit dem 16. Jahrhundert eingeschleppt. – Ähnlich: Dillens Sauerklee (*O. dillenii* JACQ.): Blüten 2–2,5 cm im Durchmesser (ausgebreitet gemessen); Stengel nicht wurzelnd; Blätter meist nicht rot. Vereinzelt eingeschleppt und verwildert, z. B. an der Bergstraße, am Mittelrhein und in der Pfalz.

Mexikanischer Sauerklee

Oxalis jaliscana ROSE
Sauerkleegewächse *Oxalidaceae*

Beschreibung: Blüten stehen selten einzeln, meist zu 4–7 in lockeren, scheindoldigen Blütenständen auf Schäften, die 1,5-2mal länger als die Stiele der Blätter sind. Blüten 2–3 cm im Durchmesser (ausgebreitet gemessen); Blütenblätter 5, breit verkehrt-eiförmig, mehr oder weniger intensiv rosa. Kelchblätter 5, länglich-eiförmig, oft purpurviolett überlaufen. Ein eigentlicher oberirdischer Stengel fehlt; im Boden befinden sich statt dessen feine Wurzeln, an denen „Zwiebelchen" entstehen. Blätter handförmig 4–7blättrig, kahl; Teilblättchen verkehrt-herzförmig, vorne am breitesten, bis 2,2 cm lang und bis 1,2 cm breit, nicht durchscheinend punktiert, vorn herzförmig ausgerandet oder spitz auf etwa ¾ ihrer Länge eingekerbt. Juni–August. 10–18 cm.

Vorkommen: Braucht kalkarmen, basenreichen, sandig-lockeren Lehm- oder Tonboden. Besiedelt dann Äcker und Gärten. Vermutlich nur im mittleren Schwarzwald (nicht sicher bestimmt; s. Bd. 1, S. 393 f.); dort seit Jahrzehnten; durch Reduzierung des Ackerbaues neuerdings zurückgedrängt.

Wissenswertes: ♃; (♣). Weitere afrikanische und südamerikanische Arten des Sauerklees sind in Westeuropa – vor allem in Atlantiknähe – fest eingebürgert. Dazu gehört auch der Breitblättrige Sauerklee (*O. latifolia* KUNTH): Blüten rotviolett; Blätter stets mit nur 3 herzförmigen Teilblättchen; Zwiebeln vorhanden. Diese Art wurde mehrmals aus dem norddeutschen Tiefland (ostwärts bis Mecklenburg) als gefunden gemeldet. Sie darf nicht mit dem selten und unbeständig verwilderten „Glücksklee" (*O. tetraphylla* CAV.) verwechselt werden, der stets 4blättrig und in Mitteleuropa nicht winterfest ist.

Wald-Sauerklee
Oxalis acetosella

Mexikanischer Sauerklee
Oxalis jaliscana

Aufrechter Sauerklee
Oxalis fontana

Hornfrüchtiger Sauerklee
Oxalis corniculata

Zwergflachs *Radiola*
Lein, Flachs *Linum*

Zwergflachs

Radiola linoides ROTH
Leingewächse *Linaceae*

Beschreibung: Die Blüten stehen in mäßig lockeren, mäßig reichblütigen, gabelförmig verzweigten Blütenständen mit „Mittelzweig" (Dichasien). Blüten sehr unscheinbar, weiß, 2–3 mm im Durchmesser. Blütenblätter 4, spatelförmig, genagelt, vorn stumpf. Kelchblätter 4, an ihrer Basis miteinander verwachsen, 3eckig, an der Spitze mit 3 Zähnen, etwa so lang wie die Blütenblätter. Frucht eine abgeflacht-kugelige Kapsel. Stengel aufrecht oder aufgebogen, vom Grund an dichasial gegabelt, so daß die Gabeläste oft auf dem Boden liegen. Unverzweigter Teil des Stengels rund; verzweigte Stengel fast fadenförmig. Stengelblätter sitzend, gegenständig, 5–7 mm lang, 2–3 mm breit, schmal-eiförmig bis lanzettlich, kaum zugespitzt, ganzrandig. Juli–August. 1–10 cm.

Vorkommen: Braucht feuchten, ja nassen, oft etwas verfestigten Sandboden, der gut mit Torf oder Humus untermischt sein sollte, aber dies nicht unbedingt sein muß. Besiedelt nasse Ackerrinnen oder Tümpelränder in Sandgebieten. Auf den Friesischen Inseln selten; im Tiefland sehr selten; in den Sandgebieten nördlich der Donau nur vereinzelt. Fehlt südlich der Donau, mit Ausnahme des Alpensüdfußes; dort vereinzelt.

Wissenswertes: ☉. Der Zwergflachs hat in der 2. Hälfte des 20. Jahrhunderts wahrscheinlich mehr als die Hälfte seiner vorherigen mitteleuropäischen Standorte durch „Meliorationsmaßnahmen" verloren. Besonders verheerend hat sich die verbreitete Trockenlegung und die anschließende Intensivnutzung von Feuchtflächen ausgewirkt. Ebenso standortszerstörend wirkte die Befestigung von Feldwegen.

Purgier-Lein

Linum catharticum L.
Leingewächse *Linaceae*

Beschreibung: 5–25 Blüten stehen in einem lockerrispig-sparrigen Blütenstand. Blüten weiß, knapp 1 cm im Durchmesser (ausgebreitet gemessen). Blütenblätter 5, eiförmig, vorn stumpflich, ganzrandig, wäßrig durchscheinend geadert, am Grunde mit einem gelben Fleck. Kelchblätter 5, vorne ungleichmäßig. Frucht eine aufrechte, kugelige Kapsel; Durchmesser 2–3 mm. Stengel aufrecht oder aufsteigend, dünn, einfach oder verzweigt (siehe ssp.), kahl. Stengelblätter gegenständig (sehr selten die obersten auch wechselständig), die unteren eiförmig, die oberen lanzettlich, alle ganzrandig, sitzend, 1nervig, rauh. Mai–August. 5–20 cm.

Vorkommen: Braucht kalkreichen Lehm- oder Tonboden. Besiedelt Trockenrasen, Flachmoore und lückige, tuffige Naßstellen. Fehlt im Tiefland – vor allem östlich der Elbe – größeren, in den Mittelgebirgen mit Sandboden kleineren Gebieten. Sonst zerstreut. Steigt in den Alpen bis über 2000 m.

Wissenswertes: ☉; (☠). Der Purgier-Lein enthält in den Blättern und im Stengel den Bitterstoff Linin, außerdem Gerbstoffe, ätherisches Öl und in Spuren Blausäureverbindungen. Linin wirkt in geringer Dosierung abführend. Deshalb hat man früher Tee aus dem frischen, blühenden Kraut als Abführmittel benutzt (lat. purgare = abführen). In größeren Dosen löst Linin Erbrechen und schwere Magen-Darm-Entzündungen aus. – Gelegentlich nennt man den Purgier-Lein auch Wiesen-Lein. Ssp. *catharticum*: Blütenstand locker; Stengel einfach; die verbreitetere Sippe. Ssp. *suecicum* (MURB.) HAYEK: Meist 2-3jährig; Blütenstand sparrig, dicht; Stengel ästig; eher in höheren Lagen; seltener.

Purgier-Lein
Linum catharticum

Flachs
Linum usitatissimum

Zottiger Lein
Linum hirsutum

Zwergflachs
Radiola linoides

Gelber Lein
Linum flavum

Gelber Lein

Linum flavum L.
Leingewächse *Linaceae*

Beschreibung: 2–10 Blüten stehen in einem ziemlich gedrungenen, rispig-traubigen Blütenstand. Blüten gelb, 2–3,5 cm im Durchmesser (ausgebreitet gemessen); Blütenblätter 5, verkehrt-eiförmig, keilig in den Grund verschmälert, vorn abgerundet, dunkler geadert. Kelchblätter 5, schmal-eiförmig, 5–8 mm lang, zugespitzt, am Rande oft etwas häutig, mehr oder weniger deutlich gewimpert. Frucht eine kugelige Kapsel, die 4–5 mm im Durchmesser erreicht. Stengel aufrecht, unverzweigt (von den Verzweigungen im Bereich des Blütenstandes abgesehen), scharfkantig bis fast geflügelt, kahl. Blätter wechselständig, kahl, bläulich-grün; untere Blätter schmal verkehrt-eiförmig bis spatelförmig, sitzend; obere Blätter lanzettlich, spitz, am Grunde wenig verschmälert, sitzend. Juni–Juli. 20–60 cm.

Vorkommen: Braucht kalkreichen, eher trockenen, steinig-mergeligen Lehm- oder Tonboden. Besiedelt Halbtrockenrasen und lichte Gebüsche. Sehr selten im Schwäbischen Jura zwischen Blaubeuren, Heidenheim und Langenau sowie vereinzelt an der Iller nördlich Memmingen; Oberösterreich, Niederösterreich, Burgenland und Steiermark selten; fehlt in der Schweiz vollständig.

Wissenswertes: ♃. Das Hauptverbreitungsgebiet des Gelben Leins liegt in Südosteuropa und im südlichen Osteuropa. Dort besiedelt er trockenere Wiesen, geht aber im Gebirge auch in Hochstaudenfluren und in lichte Gebüsche. Dort und in Italien gibt es Sippen, die gelegentlich mit der beschriebenen Kleinart *L. flavum* L. zur Sammelart *L. flavum* agg. zusammengefaßt werden (z. B. *L. campanulatum* L.; Italien. – *L. dolomiticum* BORB.; Westungarn).

Flachs-Lein, Flachs

Linum usitatissimum L.
Leingewächse *Linaceae*

Beschreibung: 2–10 Blüten stehen in einem ziemlich lockeren rispig-sparrigen Blütenstand. Blüten himmelblau, 2–3 cm im Durchmesser (ausgebreitet gemessen); Blütenblätter 5, dunkler geadert, breit verkehrt-eiförmig, allmählich spatelig in den Grund verschmälert, vorne gestutzt bis flach gerundet, ganzrandig oder schwach gekerbt. Kelchblätter 5, eiförmig, scharf gekielt, spitz, kahl, mindestens an der Spitze deutlich hautrandig. Frucht eine aufrechte, kugelig-eiförmige Kapsel, die 6–8 mm als größten Durchmesser erreicht. Stengel aufrecht, nur im Blütenstandsbereich verzweigt, kahl. Blätter wechselständig, bis 4 cm lang, 3–4 mm breit, am Grunde etwas verschmälert und dem Stengel ansitzend, lineal-lanzettlich, zugespitzt, graugrün. Neben den blütentragenden Stengeln gibt es keine blütenlosen. Juni–August. 30–90 cm.

Vorkommen: Kulturpflanze, die vermutlich vom Spanischen Lein (*L. bienne* MILL.) abstammt (Heimat: Mittelmeergebiet). Selten angebaut; örtlich unter Vogelfutterhäuschen sporadisch auftretend.

Wissenswertes: ☉. Bei den „Faserleinen" werden die Fasern der Stengel letztlich zu „Leinen" verarbeitet. Die „Saat-Leine" dienen zur Ölgewinnung aus den Samen. Bei ihnen springt die Kapsel bei der Reife nicht mehr auf („Schließleine"). – Ähnlich: Zottiger Lein (*L. hirsutum* L.): Blüten hell himmelblau; Stengel oberwärts flaumig; nur oberste Blätter drüsig bewimpert. Oberösterreich, Steiermark, östliches Österreich; selten. Ssp. *hirsutum*: Mittlere Blätter 5nervig; verbreitete Sippe. – Ssp. *glabrescens* (ROCH.) SÓO: Stengel fast kahl; mittlere Blätter 3nervig; Tschechien, Ungarn; sehr selten.

Klebriger Lein

Linum viscosum L.
Leingewächse *Linaceae*

Beschreibung: 2–8 Blüten stehen in einem ziemlich gedrungenen, (rispig-)traubigen Blütenstand. Blüten hellrosa bis blaß purpurviolett, 3–4 cm im Durchmesser (ausgebreitet gemessen); Blütenblätter 5, verkehrt-eiförmig, keilig in den Grund verschmälert, dunkler geadert, vorn abgestutzt, unregelmäßig gebuchtet oder flach abgerundet. Kelchblätter 5, 5–7 mm lang, lanzettlich, spitz, außen zottig behaart und an der Spitze drüsig bewimpert. Frucht eine kugelige, aufrechte Kapsel, die 4–6 mm im Durchmesser erreicht. Stengel aufrecht, unverzweigt (von den spärlichen Verzweigungen im Bereich des Blütenstandes abgesehen), rund, abstehend zottig weichhaarig (nicht borstig). Blätter wechselständig, locker zottig behaart und am Rande drüsig bewimpert, sitzend, waagrecht abstehend; untere Blätter länglich und vorne stumpf, mittlere und obere eiförmig-lanzettlich, spitz. Mai–Juli. 30–60 cm.

Vorkommen: Braucht kalkreichen Lehm- oder Tonboden. Bevorzugt sommerwarme, sonnige Lagen. Besiedelt in den Alpen und im Voralpengebiet Halbtrockenrasen, trockene, lichte Gebüsche und lichte Trockenwälder, erträgt aber auch zeitweilige Bodenfeuchtigkeit. Sehr selten in den Allgäuer Alpen bei Füssen und im Werdenfelser Land, im Lechtal, am Oberlauf der Isar, am Nordrand des Mangfallgebirges und im Inntal bei Rosenheim; in Oberösterreich, in der Steiermark und in Kärnten selten. Fehlt in der Schweiz. Steigt in den Alpen bis etwa 1800 m.

Wissenswertes: ♃. Der Klebrige Lein wurde zeitweilig auch als Zierpflanze kultiviert, hat sich aber bisher keinen Stammplatz im Gartenblumensortiment erobert.

Schmalblättriger Lein

Linum tenuifolium L.
Leingewächse *Linaceae*

Beschreibung: 2–12 Blüten stehen in einem ziemlich lockeren, (rispig-)traubigen Blütenstand. Blüten hellrosa bis lila, 2–3 cm im Durchmesser (ausgebreitet gemessen); Blütenblätter 5, verkehrt-eiförmig, keilig in den Grund verschmälert, ziemlich dünn dunkler geadert, vorn unregelmäßig geschwungen-gezähnt, oft in der Mitte mit einem zahnartigen, aufgesetzten Spitzchen, an trockenen Tagen am Rand oft etwas gefältelt oder nach oben eingerollt. Kelchblätter 5–7 mm lang, aus eiförmigem Grund lang lanzettlich zugespitzt, auf dem Rücken durch den etwas erhabenen Mittelnerv fast gekielt, am Rande drüsig gewimpert (Lupe!). Frucht eine aufrechte, fast kugelige Kapsel, die 3–4 mm im Durchmesser erreicht. Stengel aufrecht oder aufsteigend, rund, am Grund oder im Bereich des Blütenstandes spärlich verzweigt; nur ganz unten und meist nur schütter kurzhaarig, in der Stengelmitte und oben kahl. Blätter wechselständig, kahl, graugrün, sehr schmal-lineal, sitzend, an der Stengelbasis ziemlich dicht, ab der Stengelmitte locker angeordnet. Juni–Juli. 15–50 cm.

Vorkommen: Braucht kalkreichen, trockenen, steinigen Lehmboden. Besiedelt Trockenrasen, Halbtrockenrasen und lichte Trockengebüsche. Bevorzugt sommerwarme Standorte. Zwischen Reinhardswald und Südharz, im südöstlichen Fränkischen Jura, am Unterlauf der Isar und im südlichen Schwäbischen Jura vereinzelt. In den tiefen Lagen der Mittelgebirge mit kalkhaltigem Gestein sowie auf den Terrassen im Oberrheingraben und am Alpensüdfuß sehr selten.

Wissenswertes: ♃; ▽. Verbreitungsschwerpunkt: Östliches Mittelmeergebiet; Westgrenze etwa an der Mosel.

Österreichischer Lein

Linum austriacum L.
Leingewächse *Linaceae*

Beschreibung: (5)8–25 Blüten stehen in einem lockeren, rispig-traubigen Blütenstand. Blüten tiefblau, 2–3 cm im Durchmesser (ausgebreitet gemessen); Blütenblätter 5, breit verkehrt-eiförmig, spatelig-keilig in den Grund verschmälert, dunkler geadert, vorn breit abgestutzt oder sehr flach und weit ausgerandet, ganz am Grund mit einem gelben Fleck, der zuweilen von einem weißlichen Hof umgeben ist. Die Blütenblätter decken einander bis fast zu ihrer Spitze. Kelchblätter breit-länglich, um 5 mm lang, spitz, hautrandig. Frucht eine an den abwärts gebogenen Fruchtstielen hängende kugelige Kapsel, die um 5 mm im Durchmesser erreicht. Stengel aufrecht, einfach und nur im Bereich des Blütenstandes verzweigt, rund, kahl. Blätter wechselständig, mehr oder weniger aufrecht dem Stengel ansitzend, bis zu 1 cm lang, 1–2 mm breit, lineal- bis schmal-lanzettlich, die unteren stumpflich, die mittleren und oberen spitz, alle graugrün, kahl. Mai–Juli. 10–60 cm.

Vorkommen: Braucht kalkhaltigen, steinig-lockeren, trockenen, lückig bewachsenen Lehmboden. Wild im östlichen Niederösterreich und im Burgenland; sonst unbeständig verwildert, vor allem im Osten des Gebiets. In der Schweiz im Unterengadin und im Wallis. Wird oft mit dem Flachs-Lein verwechselt! Hauptverbreitung: Südosteuropa bis Nordpersien!

Wissenswertes: ♃. Der Österreichische Lein wird neuerdings zuweilen mit Saatgut ausgebracht, mit dem man trockene, frische Böschungen begrünt. Er entwickelt sich hier zuerst meist recht üppig, bekommt aber Schwierigkeiten, sobald sich eine geschlossene Krautschicht gebildet hat.

Ausdauernder Lein

Linum perenne L.
Leingewächse *Linaceae*

Beschreibung: (5)8–25 Blüten stehen in rispig-traubigem Blütenstand. Blüten hellblau, 2–3 cm im Durchmesser (ausgebreitet gemessen); Blütenblätter 5, breit verkehrt-eiförmig, keilig in den Grund verschmälert, dunkler geadert, vorn breit abgestutzt, am Grund mit einem gelben Fleck, der zuweilen von einem weißlichen Hof umgeben ist. Blütenblätter decken einander bis fast zur Spitze. Kelchblätter länglich, spitz, hautrandig. Frucht eine an aufrechten oder etwas seitlich abgebogenen Fruchtstielen stehende kugelige Kapsel, die fast 7 mm im Durchmesser erreicht. Stengel aufrecht, einfach und nur im Blütenstandsbereich verzweigt, rund, kahl. Blätter wechselständig, bis zu 1 cm lang, 1–2 mm breit, lineal bis schmal-lanzettlich, graugrün, spitz, kahl. Juni–August. 20–60 cm.

Vorkommen: Braucht lockeren, sandig-steinigen Lehm- oder Lößboden. Besiedelt Trockenrasen, lichte Trockengebüsche und lichte Trockenwälder. In den niederen Lagen der Mittelgebirge mit kalkhaltigem Gestein vereinzelt; in Niederösterreich und Oberösterreich selten; nur hier möglicherweise ursprünglich. Gelegentlich Zierpflanze und verwildert.

Wissenswertes: ♃. Mehrere Unterarten, darunter ssp. *alpinum* (JACQ.) OCKEND.: Blütenblätter sich nur am Grunde überdeckend; 10–30 cm; Schweizer Jura, Westalpen; selten. – *L. perenne* L. wird mit *L. austriacum* L. (s. links), mit dem Lothringer Lein (*L. leonii* F.W. SCHULTZ: Blüten um 2 cm im Durchmesser; Blütenblätter sich nur unten überdeckend) und weiteren, nur im Mittelmeergebiet vorkommenden, schwer unterscheidbaren Kleinarten zur Sammelart *L. perenne* agg. zusammengefaßt.

Schmalblättriger Lein
Linum tenuifolium

Klebriger Lein
Linum viscosum

Ausdauernder Lein
Linum perenne

Österreichischer Lein
Linum austriacum

Brauner Storchschnabel

Geranium phaeum L.
Storchschnabelgewächse *Geraniaceae*

Beschreibung: Blütenstand insgesamt traubig bis locker scheindoldig; Teilblütenstände 2blütig. Blüten braunviolett, 2–3 cm im Durchmesser; Blütenblätter nicht ausgerandet, allenfalls vorn ein wenig wellig-buchtig oder abgestutzt. Kelch und Blütenstiele mit locker stehenden, sehr langen, abstehenden Haaren und dichten, sehr kurzen Haaren. Frucht storchschnabelähnlich, 2–2,5 cm lang, aufrecht, kurz und mäßig dicht anliegend behaart. Stengel aufrecht, meist unverzweigt, sehr schütter mit langen, abstehenden Haaren besetzt, außerdem dicht sehr kurzhaarig. Stengelblätter wechselständig, oberseits mäßig dicht anliegend behaart, unterseits meist nur auf den Nerven behaart, im Umriß nierenförmig, handförmig unregelmäßig 7teilig; Blattabschnitte bis etwa $\frac{1}{2}$ des Blattdurchmessers eingeschnitten und unregelmäßig gezähnt. Blattzähne etwa so breit wie lang. Besitzt ein ziemlich dickes Rhizom, das von Nebenblattresten umhüllt ist. Juli–Oktober. 30–60 cm.

Vorkommen: Braucht nährstoffreichen, lehmigen Boden, der oberflächlich entkalkt sein kann. Eigentliche Heimat vermutlich südeuropäische Gebirge, z. B. Apennin und Pyrenäen. In Mitteleuropa früher öfter als Zierpflanze gezogen und in Parkanlagen, aber auch in lichten Auenwäldern, an Waldsäumen, gelegentlich sogar in Fettwiesen verwildert. Im östlichen Schleswig-Holstein, im Harz und im Alpenvorland möglicherweise ursprünglich, desgleichen in den östlichen und südlichen Alpenketten; hier selten, aber örtlich bestandsbildend.

Wissenswertes: ♃ Innerhalb der Art werden 2 – allerdings schwer abgrenzbare – Unterarten unterschieden.

Wiesen-Storchschnabel

Geranium pratense L.
Storchschnabelgewächse *Geraniaceae*

Beschreibung: Blütenstand insgesamt straußig-scheindoldig; Teilblütenstände 2blütig. Blüten hell blauviolett, 2,5–4 cm im Durchmesser (ausgebreitet gemessen); Blütenblätter breit verkehrt-eiförmig, vorn abgerundet, rundlich abgeflacht oder – selten – seicht buchtig. Kelch (vor allem auf den Nerven) und Blütenstiele ziemlich dicht und sehr kurzhaarig. Frucht storchschnabelähnlich, 2,5–3 cm lang, kurz und mäßig dicht anliegend behaart. Blütenstandsstiele mit einzelnen Drüsenhaaren (Lupe!). Stiele verblühter Blüten abwärts gebogen. Stengel aufrecht, mäßig verzweigt, behaart. Stengelblätter im oberen Teil des Stengels gegenständig, oberseits meist ziemlich schütter und sehr kurz schräg abstehend behaart, unterseits vorwiegend auf den Nerven schräg abstehend behaart, handförmig unregelmäßig 5-7teilig; Blattabschnitte bis fast zur Blattbasis eingeschnitten und unregelmäßig gezähnt; Blattzähne meist länger als breit und oft nach außen gekrümmt. Juni–Oktober. 40–80 cm.

Vorkommen: Braucht nährstoffreichen, kalkhaltigen Lehm- oder Tonboden, der eher feucht als trocken sein sollte. Besiedelt Fettwiesen und Wegränder. Fehlt im Tiefland, in den Mittelgebirgen mit kalkarmen Gesteinen, im Alpenvorland und in den Alpen mit kalkarmem Gestein größeren Gebieten, in der Schweiz fast vollständig. Sonst häufig und zuweilen in Fettwiesen aspektbildend.

Wissenswertes: ♃ Der Wiesen-Storchschnabel erreicht in Mittel- und im östlichen Westeuropa die Westgrenze seines geschlossenen Verbreitungsgebiets, das sich nach Osten durch Sibirien bis nach China und Japan erstreckt. Enthält reichlich Gerbstoffe im Rhizom.

Wald-Storchschnabel
Geranium sylvaticum

Wiesen-Storchschnabel
Geranium pratense

Sumpf-Storchschnabel
Geranium palustre

Brauner Storchschnabel
Geranium phaeum

Wald-Storchschnabel

Geranium sylvaticum L.
Storchschnabelgewächse *Geraniaceae*

Beschreibung: Blütenstand insgesamt straußig-scheindoldig, reichblütig; Teilblütenstände 2blütig. Blüten tief blau- oder rotviolett, an der Basis oft etwas heller oder fast weißlich, 1,7–3,3 cm im Durchmesser (ausgebreitet gemessen); Blütenblätter verkehrt-eiförmig, vorn abgerundet, seicht buchtig oder leicht ausgerandet. Kelch (vor allem auf den Nerven) und Blütenstiele dicht kurzhaarig. Frucht storchschnabelähnlich, 2,5–3 cm lang, kurz seidig-zottig behaart. Blütenstandsstiele mit einzelnen Drüsenhaaren (Lupe!). Stiele verblühter Blüten aufrecht. Stengel aufrecht, mäßig verzweigt, vor allem oben ziemlich dicht behaart. Am Stengel meist nur wenige Blätter; Blätter meist grundständig, oberseits sehr schütter und sehr kurz anliegend behaart (Lupe), handförmig unregelmäßig 5-7teilig; Blattabschnitte nicht bis zur Blattbasis, sondern bis etwa 80% der Blattfläche eingeschnitten; Blattabschnitte ziemlich breit, unregelmäßig gezähnt, Blattzähne nur wenig länger als breit. Juni–August. 30–60 cm.

Vorkommen: Braucht nährstoffreichen, humushaltigen, höchstens mäßig sauren Lehm- oder Tonboden, der ziemlich kalkarm sein kann und eher feucht als trocken sein sollte. Besiedelt lichte Bergwälder, Wald- und Gebüschsäume, Hochstaudenfluren und Bergwiesen. In den Mittelgebirgen mit nicht zu nährstoffarmen Böden, im südlichen Alpenvorland und in den Alpen zerstreut; sonst vereinzelt oder fehlend.

Wissenswertes: ♃. Enthält reichlich Gerbstoffe im Rhizom. – Entfernt ähnlich: Blaßblütiger Storchschnabel (*G. rivulare* VILL.): Blütenblätter weiß mit roten Nerven. Wallis, Engadin, Alpensüdfuß; selten.

Sumpf-Storchschnabel

Geranium palustre L.
Storchschnabelgewächse *Geraniaceae*

Beschreibung: Teilblütenstände nicht straußförmig angeordnet, sondern einzeln in den Achseln der oberen Blätter locker verteilt; Teilblütenstände 2blütig. Blüten deutlich über die nächststehenden Blätter emporgehoben, hell rotviolett, 2,5–3,5 cm im Durchmesser (ausgebreitet gemessen); Blütenblätter mäßig breit verkehrt-eiförmig, vorn abgerundet, dunkler geadert. Kelch höchstens auf den Nerven kurzhaarig, meist kahl. Frucht storchschnabelähnlich, 2–2,5 cm lang, schütter abstehend behaart bis kahl. Blütenstandsstiel meist abstehend, Blütenstiele meist anliegend behaart, zuweilen fast kahl. Stengel aufrecht, verzweigt. Stengelblätter gegenständig, beiderseits sehr kurz anliegend behaart, handförmig 5-7teilig; Blattabschnitte bis etwa $\frac{2}{3}$ der Blattfläche eingeschnitten, breit, unregelmäßig und eher spärlich gezähnt; Blattzähne kaum länger als breit, nicht nach außen gekrümmt. Juni–September. 30–70 cm.

Vorkommen: Braucht feuchten bis nassen, nährstoffreichen, kalkhaltigen Lehm- oder Tonboden. Besiedelt lichte Auenwälder, Ufer von Bächen und Gräben, geht aber auch an den Rand von Röhrichten von Seen und Teichen sowie in moorige Wiesen. Fehlt im westlichen Tiefland, in den Mittelgebirgen mit kalkarmen Gesteinen sowie in der Schweiz und in Österreich größeren, im Alpenvorland kleineren Gebieten. Sonst zerstreut, örtlich in kleineren Beständen.

Wissenswertes: ♃. Der Schwerpunkt des Areals des Sumpf-Storchschnabels liegt im östlichen Mitteleuropa und in Osteuropa; Stromtalpflanze: Begleitet die großen Flüsse vom Quellgebiet bis zur Mündung. – Enthält reichlich Gerbstoffe im Rhizom.

Pyrenäen-Storchschnabel

Geranium pyrenaicum BURM. f.
Storchschnabelgewächse *Geraniaceae*

Beschreibung: Blütenstand insgesamt traubig bis locker scheindoldig; Teilblütenstände 2blütig. Blüten deutlich über die nächststehenden Blätter emporgehoben, hell, aber intensiv rotviolett, seltener blauviolett, 1,5–2 cm im Durchmesser (ausgebreitet gemessen); Blütenblätter verkehrt-herzförmig, tief herzförmig eingeschnitten. Kelch sehr kurzhaarig. Frucht storchschnabelähnlich, 1,5–2 cm lang, am „Schnabel" kurzhaarig, sonst meist kahl. Blütenstandsstiel und Blütenstiele dicht kurzhaarig. Stengel aufsteigend oder aufrecht, verzweigt, abstehend behaart. Stengelblätter gegenständig, weichhaarig, nierenförmig, 3–7 cm breit, bis zur Hälfte der Blattspreite oder noch tiefer 5-9teilig; Blattabschnitte nicht sehr tief geteilt und mehr gekerbt als gezähnt; „Zipfel" abgerundet oder abgestutzt. Mai–Oktober. 25–60 cm.

Vorkommen: Braucht nährstoffreichen, nicht zu trockenen Lehmboden, der ziemlich humusarm sein kann. Besiedelt Ödland, Wegränder, Böschungen, vor allem aber Waldsäume und Gebüsche, im höheren Bergland auch Hochstaudenfluren. Fehlt im Tiefland, in den Mittelgebirgen mit kalkarmem Gestein und im Alpenvorland ebenso gebietsweise wie in Gegenden mit frühjahrskaltem, sommertrockenem Klima. Sonst zerstreut. Steigt in den Alpen örtlich über 1800 m.

Wissenswertes: ♃. Die ursprüngliche Heimat des Pyrenäen-Storchschnabels sind die Gebirge im Hinterland der Südwest- und der Nordküste des Mittelmeeres. Nach Mitteleuropa ist er wohl erst im Laufe des 18. Jahrhunderts eingewandert; heute ist er eingebürgert, hält sich indes meist nur in gestörten Gesellschaften.

Blutroter Storchschnabel

Geranium sanguineum L.
Storchschnabelgewächse *Geraniaceae*

Beschreibung: Blüten im oberen Teil des Stengels abwechselnd in den Achseln der Blätter. „Blütenstand" jeweils mit nur 1 Blüte, diese deutlich über die nächststehenden Blätter emporgehoben, leuchtend karmin- bis purpurrot, 3–4 cm im Durchmesser (ausgebreitet gemessen); Blütenblätter breit verkehrt-eiförmig, keilig in den Grund verschmälert, vorn breit abgestutzt bis seicht ausgerandet oder unregelmäßig buchtig geschwungen, seltener fast abgerundet, vor allem an trockenen Tagen ziemlich zerknittert. Kelchblätter wie die Blütenstiele lang abstehend und oft ziemlich dicht behaart. Frucht storchschnabelähnlich, 3–4 cm lang, kurzhaarig. Blütenstiel in der oberen Hälfte mit 2 kleinen, schuppenartigen, gegenständigen Tragblättern. Stengel niederliegend oder aufsteigend, verzweigt, abstehend behaart. Stengelblätter gegenständig, 3–6 cm breit, bis zur Blattbasis handförmig 7teilig; Blattabschnitte sehr schmal und in der vorderen Hälfte tief in meist 3 ganzrandige Zipfel gespalten. Mai–September. 20–60 cm.

Vorkommen: Braucht kalkreichen, mergeligen, lockeren Lehm- oder Lößboden in sommerwarmer Lage. Besiedelt Trockengebüsche, lichte Trockenwälder, Halbtrockenrasen und Böschungen. Im Tiefland nur vereinzelt, vor allem östlich der Elbe; in den Mittelgebirgen mit kalkhaltigem Gestein und in den Südlichen Kalkalpen zerstreut, oft in lockeren Beständen; im Alpenvorland, in den Nord- und Zentralalpen selten; steigt kaum über etwa 1000 m.

Wissenswertes: ♃. Der Blutrote Storchschnabel färbt seine Blätter im Herbst leuchtend rot (Name). Früher gelegentlich Heilpflanze; enthält Gerbstoffe.

Schlitzblättriger Storchschnabel

Geranium dissectum L.
Storchschnabelgewächse *Geraniaceae*

Beschreibung: Teilblütenstände nicht straußförmig angeordnet, sondern einzeln in den Achseln der obersten Blätter, die am Stengelende ziemlich dicht stehen. Blütenstandsstiele 2blütig, sehr kurz, so daß die Blüten die zugehörigen Blätter nicht überragen und auf den ersten Blick fast zu sitzen scheinen. Blüten karmin- bis purpurrot, 0,8–1,2 cm im Durchmesser (ausgebreitet gemessen); Blütenblätter sehr schmal verkehrt-eiförmig-keilig, am vorderen Rand deutlich, aber nicht sehr tief herzförmig eingekerbt; Kelchblätter so lang wie oder etwas länger als die Blütenblätter, eiförmig, mit aufgesetzter, etwa 1 mm langer Granne, außen behaart. Frucht storchschnabelähnlich, 1,2–1,8 cm lang. Stengel verzweigt, ziemlich dicht und rückwärts abstehend behaart. Blätter am Stengel gegenständig, beidseits schütter kurzhaarig, am Rande etwas dichter behaart, bis fast zum Grund handförmig 5-7teilig; Blattabschnitte wiederum sehr tief 2-4teilig; Zipfel 2–3 mm breit und bis über 1,5 cm lang, ganzrandig. Mai–Oktober. 10–40 cm.

Vorkommen: Braucht mäßig basen- und ziemlich stickstoffsalzreichen, lückig bewachsenen Lehmboden. Besiedelt Ödland und Hackfruchtkulturen, geht aber auch an den Rand von Getreideäckern und an Wegränder. Fehlt in Gegenden mit Sandböden, z.B. im Tiefland und im Alpenvorland sowie in den Zentral- und Südalpen größeren Gebieten; sonst zerstreut. Steigt in den Alpen kaum über 800 m.

Wissenswertes: ⊙. Der Schlitzblättrige Storchschnabel ist erst mit dem Ackerbau in Mitteleuropa heimisch geworden. Seine ursprüngliche Heimat ist wohl das Mittelmeergebiet.

Tauben-Storchschnabel

Geranium columbinum L.
Storchschnabelgewächse *Geraniaceae*

Beschreibung: Teilblütenstände nicht straußförmig angeordnet, sondern einzeln in den Achseln der obersten Blätter, die auch am Stengelende ausgesprochen locker stehen. Blütenstandsstiel 2blütig, ziemlich lang, so daß die Blüten die zugehörigen Blätter weit überragen. Blüten karmin- bis purpurrot bis tiefrosa, dunkler geadert, 1,4–1,8 cm im Durchmesser (ausgebreitet gemessen); Blütenblätter breit verkehrt-eiförmig bis keilig, vorne flach ausgerandet, nicht markant herzförmig eingekerbt; Kelchblätter eiförmig-lanzettlich, 3nervig, oft hautrandig, mit 1–3 mm langer, dunkler Granne, außen kahl oder sehr kurzhaarig. Frucht storchschnabelähnlich, 2–2,5 cm lang. Stengel aufsteigend oder aufrecht, einfach oder nur wenig verzweigt, mit sehr kurzen, rückwärts gerichteten Haaren bestanden. Blätter am Stengel gegenständig, beidseits kurz und anliegend behaart, bis fast zum Grund handförmig 5-7teilig; Blattabschnitte nur 1mal oder 2mal tief geteilt, Zipfel fast fiederteilig aufgespalten, wobei die letzten Auszweigungen mehr als 3mal so lang wie breit sind. Mai–August. 10–40 cm.

Vorkommen: Braucht kalkhaltigen, eher trockenen, lockeren und oft etwas steinigen Lehm- oder Lößboden. Besiedelt Ödland, Wegränder, Hecken, Brachen, Hackkulturen, aber auch Bahnschotter und lückige, steinige Rasen. Fehlt im Tiefland und in den Mittelgebirgen mit kalkarmen Gesteinen sowie im Alpenvorland und in den Zentralalpen größeren, sonst nur kleineren Gebieten. Selten.

Wissenswertes: ⊙. Die ursprüngliche Heimat des Tauben-Storchschnabels liegt in Osteuropa und Westasien.

**Pyrenäen-
Storchschnabel**
Geranium pyrenaicum

Tauben-Storchschnabel
Geranium columbinum

**Blutroter
Storchschnabel**
Geranium sanguineum

Schlitzblättriger Storchschnabel
Geranium dissectum

Rundblättriger Storchschnabel
Geranium rotundifolium L.
Storchschnabelgewächse *Geraniaceae*

Beschreibung: Ziemlich reichblütig, aber Teilblütenstände nicht straußförmig angeordnet, sondern einzeln in den Achseln der oberen Blätter. Blütenstandsstiele 2blütig, verhältnismäßig kurz, so daß die Blüten die zugehörigen Blätter kaum überragen, ohne daß die Blüten den Eindruck machen, sie würden dem Stengel ansitzen. Blüten rosa, 0,7–1,2 cm im Durchmesser (ausgebreitet gemessen); Blütenblätter keilförmig-spatelig, dunkler geadert, vorne abgerundet oder abgestutzt, aber nie deutlich eingekerbt. Kelchblätter kaum kürzer als die Blütenblätter, ohne deutliche Granne, außen dicht kurzhaarig. Frucht storchschnabelähnlich, 1,5–1,8 cm lang, schütter und abstehend behaart. Stengel niederliegend oder aufsteigend, etwas schlaff, abstehend behaart. Stengelblätter gegenständig, etwas gelblich-grün, langstielig; Blattspreite 1–2 cm im Durchmesser, rundlich-nierenförmig, bis etwa zur Blattmitte handförmig 7-9teilig, beidseits kurzhaarig; Zipfel und Zähne der Blattabschnitte etwa so lang wie breit. Mai–Oktober. 10–30 cm.

Vorkommen: Braucht steinigen, lockeren und daher oftmals sandigen Lehmboden, der oberflächlich entkalkt sein kann, aber nicht zu basenarm und zu arm an Stickstoffsalzen sein sollte. Bevorzugt sommerwarme Lagen. Besiedelt Hackfruchtäcker und Weinberge, geht aber auch auf lückiges Ödland und an Mauern. Bei uns fast ausschließlich in den Weinbaugebieten, fehlt aber auch hier kleineren Gebieten; sonst nur vereinzelt.

Wissenswertes: ☉. Die ursprüngliche Heimat des Rundblättrigen Storchschnabels ist wahrscheinlich das Mittelmeergebiet. Heute ist er fast weltweit verschleppt.

Weicher Storchschnabel
Geranium molle L.
Storchschnabelgewächse *Geraniaceae*

Beschreibung: Ziemlich wenigblütig, Teilblütenstände nicht straußförmig angeordnet, einzeln in den Achseln der oberen Blätter. Blütenstandsstiele 2blütig, mittellang, so daß die Blüten die zugehörigen Blätter nicht oder nur unwesentlich überragen. Blüten rosa, 1–1,5 cm im Durchmesser (ausgebreitet gemessen); Blütenblätter verkehrt-eiförmig, an der Basis allmählich spitz zulaufend, vorne herzförmig eingekerbt oder deutlich ausgerandet. Kelchblätter etwas kürzer als die Blütenblätter, ohne deutliche Granne, außen mit sehr kurzen Haaren besetzt, zwischen denen einzelne, sehr dünne und etwa 1–2 mm lange Haare stehen. Frucht storchschnabelähnlich, 1,5–2 cm lang, kahl. Stengel niederliegend oder aufsteigend, dicht abstehend behaart. Stengelblätter meist wechselständig, stumpfgrün, obere sehr kurzstielig, bis etwa zur Blattspreitenmitte handförmig 5-9teilig eingeschnitten, beidseits kurz und weich behaart; Zipfel und Zähne der Blattabschnitte etwa so lang wie breit. Mai–September. 10–30 cm.

Vorkommen: Braucht steinigen, lockeren, nährstoffreichen, oberflächlich entkalkten Lehmboden; geht auch auf nährstoffreiche, kalkarme Sandböden. Besiedelt Hackfruchtäcker, Weinberge, lückige Rasen und Ödland. Fehlt in den Kalkgebieten, in den Gebieten mit schweren Böden sowie in Höhen über etwa 900 m ganz oder gebietsweise; im Tiefland und in den Sandgebieten zerstreut, sonst nur vereinzelt.

Wissenswertes: ☉. *G. molle* L. wird mit *G. brutium* GASPARR. (Stengel nur schütter behaart), das auf dem Balkan, in Süditalien und auf Sizilien vorkommt, zur Sammelart *G. molle* agg. zusammengefaßt.

Böhmischer Storchschnabel
Geranium bohemicum

Spreizender Storchschnabel
Geranium divaricatum

Rundblättriger Storchschnabel
Geranium rotundifolium

Weicher Storchschnabel
Geranium molle

Böhmischer Storchschnabel

Geranium bohemicum L.
Storchschnabelgewächse *Geraniaceae*

Beschreibung: Verhältnismäßig armblütig; Teilblütenstände nicht straußförmig angeordnet, sondern einzeln in den Achseln der oberen Blätter. Blütenstandsstiele 2blütig, so daß die Blüten die zugehörigen Blätter nicht oder nur unwesentlich überragen. Blüten blauviolett, 1,3–2 cm im Durchmesser (ausgebreitet gemessen); Blütenblätter verkehrt-eiförmig, vorne ausgerandet bis herzförmig eingekerbt. Kelchblätter etwa so lang wie die Blütenblätter, mit einer Granne, die 1–3 mm lang wird, außen nicht nur auf den 3–5 Nerven dicht wollig und überdies auch noch drüsig behaart. Frucht storchschnabelähnlich, 2,5–3 cm lang, im unteren, verdickten Teil ohne Querrippen, hier vielmehr glatt, lang behaart. Stengel aufsteigend bis aufrecht, verzweigt, abstehend behaart. Stengelblätter gegenständig, beiderseits schütter kurzhaarig. Blattspreite 3–10 cm breit, bis etwa ¼ der Blattbreite tief handförmig 5- bis 7teilig; Blattabschnitte unregelmäßig gekerbt-gezähnt, aber nicht wirklich eingeschnitten. Blattzähne oft breiter als lang. Juni–Juli. 30–60 cm.

Vorkommen: Braucht offenen, feuchten Boden, der nicht zu arm an Mineralsalzen sein sollte. Bevorzugt Feuerstellen auf Rodungsflächen oder geräumten Windbrüchen in nicht zu sonnenexponierten Lagen von Bergwäldern. Tritt nur sporadisch auf, oft aber in größeren oder auffallenden Beständen. Verschiedentlich aus Sachsen, aus dem Vorderrheintal, dem Wallis und vom Alpensüdfuß gemeldet.

Wissenswertes: ⊙. Die Samen des Böhmischen Storchschnabels sollen mehrere Jahrzehnte keimfähig bleiben. Dies erklärt u. a. das sporadische Auftreten der Art.

Spreizender Storchschnabel

Geranium divaricatum EHRH.
Storchschnabelgewächse *Geraniaceae*

Beschreibung: Verhältnismäßig armblütig; Teilblütenstände nicht straußförmig angeordnet, sondern einzeln in den Achseln der oberen Blätter. Blütenstandsstiele 2blütig, ziemlich kurz, so daß die Blüten die zugehörigen Blätter nicht oder nur unwesentlich überragen. Blüten rosa, 1–1,5 cm im Durchmesser (ausgebreitet gemessen); Blütenblätter verkehrt-eiförmig, vorne seicht ausgerandet bis herzförmig eingebuchtet. Kelchblätter etwa so lang wie die Blütenblätter, mit einer Granne, die etwa 1 mm lang wird, außen auf den 3 Nerven und am Rand deutlich behaart. Frucht storchschnabelähnlich, um 1 cm lang, im unteren, verdickten Teil mit 3 behaarten Querrippen. Stengel aufsteigend bis aufrecht, verzweigt, abstehend behaart. Stengelblätter gegenständig, beiderseits schütter kurzhaarig. Blattspreite 3–5 cm breit, bis etwa auf ¼ der Blattbreite tief handförmig 5-7teilig; Blattabschnitte unregelmäßig gekerbt-gezähnt, aber nicht wirklich eingeschnitten. Blattzähne oft breiter als lang. Juni–August. 25–50 cm.

Vorkommen: Braucht basen- und mäßig stickstoffsalzreichen, etwas kalkhaltigen oder höchstens schwach sauren, lockeren und vorzugsweise trockenen Lehmboden in sommerwarmer Lage. Besiedelt lückige Gebüsche, Weinberge, Hackfruchtäcker und Ödland. Brandenburg, Sachsen, warme Täler in den West- und Südalpen (z. B. Wallis und Veltlin), Unterengadin: selten; sonst nur vorübergehend eingeschleppt und meist unbeständig.

Wissenswertes: ⊙. Das Hauptverbreitungsgebiet des Spreizenden Storchschnabels liegt in Südosteuropa, im südlichen Osteuropa und im westlichen Südsibirien.

Sibirischer Storchschnabel

Geranium sibiricum L.
Storchschnabelgewächse *Geraniaceae*

Beschreibung: Verhältnismäßig armblütig; Teilblütenstände nicht straußig angeordnet, mit meist nur 1 einzelnen, selten mit 2 Blüten. Blütenstandsstiel (oft als solcher nicht erkennbar oder fehlend) bzw. Blütenstiel noch stärker behaart als der Stengel. Blüten hellrosa, 1–1,4 cm im Durchmesser (ausgebreitet gemessen); Blütenblätter seicht, aber deutlich ausgerandet; Kelchblätter so lang wie oder etwas länger als die Blütenblätter, eiförmig, 3nervig, an der Spitze mit einer 1–2 mm langen Granne, zur Blütezeit abstehend oder leicht zurückgeschlagen, auf den Nerven behaart. Frucht storchschnabelähnlich, 1,5–2 cm lang. Stengel niederliegend bis aufsteigend, schlaff, oft vom Grund an gabelig verzweigt, mäßig dicht abstehend behaart. Grundblätter in einer Rosette, 5-7lappig; Blätter am Stengel gegenständig, 1–8 cm lang gestielt; Spreite 3–6 cm im Durchmesser, tief handförmig 5lappig, beidseits nur schütter behaart und meist früh verkahlend; Blattabschnitte ziemlich grob und scharf gezähnt. Nebenblätter 5–8 mm lang, lanzettlich, trockenhäutig, spitz, bewimpert. Juli–August. 20–50 cm.

Vorkommen: Braucht zumindest mäßig stickstoffsalz- und kalkhaltigen, frischen Lehmboden. Besiedelt gewässernahe, lichte Gebüsche, Hecken und ortsnahes Ödland. Selten als Zierpflanze gehalten und dann zuweilen verwildernd. Westgrenze des Verbreitungsgebiets etwa im Einzugsgebiet der Oder und im östlichen Österreich. An der Arealgrenze selten.

Wissenswertes: ♃. Der Sibirische Storchschnabel scheint sich etwa seit Beginn des 20. Jahrhunderts langsam nach Westen auszubreiten. Ursachen hierfür sind unbekannt.

Kleiner Storchschnabel

Geranium pusillum BURM. f.
Storchschnabelgewächse *Geraniaceae*

Beschreibung: Ziemlich reichblütig; Gesamtblütenstand – auch Knospen und verblühte Blüten einbezogen – oft fast scheindoldig am Stengelende; Teilblütenstände meist 2blütig; Blütenstandsstiele und Blütenstiele ziemlich kurz, so daß die Blüten die zugehörigen Blätter kaum überragen. Blüten blaß blauviolett bis lila, seltener rotviolett bis rosa, 5–9 mm im Durchmesser (ausgebreitet gemessen); Blütenblätter verkehrteiförmig, keilig verschmälert, vorne deutlich ausgerandet. Kelchblätter eiförmig, kurz zugespitzt, außen zottig-drüsig behaart, etwa so lang wie die Blütenblätter. Frucht storchschnabelähnlich, um 1 cm lang, im unteren, verdickten Teil ohne Querfalten oder Runzeln, aber dicht anliegend behaart. Stengel niederliegend oder aufsteigend, reichlich verzweigt, sehr kurz behaart. Mittlere und obere Stengelblätter beidseitig dicht und weich behaart, gegenständig, oberste zuweilen wechselständig. Blattspreite 1,5–4 cm im Durchmesser, sehr tief (bis auf etwa $\frac{1}{4}$ der Spreitenbreite) handförmig 5-7teilig. Blattabschnitte wenig aufgeteilt, mit 2–3 stumpfen, ziemlich breiten Zipfeln. Mai–Oktober. 10–30 cm.

Vorkommen: Braucht stickstoffsalzreichen, kalkarmen oder doch oberflächlich entkalkten, humusreichen, lockeren, steinigen Lehmboden in sommerwarmer Lage. Besiedelt Ödland, offene Stellen an Wegen, Hackfruchtäcker und Weinberge. Fehlt in den frühsommers noch rauhen Lagen der Mittelgebirge gebietsweise, steigt in den Alpen selten über etwa 1200 m. Zerstreut.

Wissenswertes: ☉. *Geranium pusillum* besitzt die kleinsten Blüten unter den heimischen Storchschnabel-Arten.

Glänzender Storchschnabel
Geranium lucidum L.
Storchschnabelgewächse *Geraniaceae*

Beschreibung: Teilblütenstände nicht straußförmig oder scheindoldig angeordnet, sondern einzeln in den Achseln der oberen Blätter. Blütenstandsstiele 2blütig, verhältnismäßig kurz, so daß die Blüten die zugehörigen Blätter nur wenig überragen. Blüten rot, 1,5–2 cm im Durchmesser (ausgebreitet gemessen); Blütenblätter verkehrt-eiförmig, rasch in den Stiel („Nagel") verschmälert, vorne meist abgerundet, seltener ausgerandet oder herzförmig eingekerbt. Kelchblätter etwa ⅔ der Länge der Blütenblätter erreichend, außen mit 3 fast flügelartig erhöhten Nerven, beidseitig – wie auch die Blütenstiele – meist kahl. Frucht storchschnabelähnlich, 1,2–1,5 cm lang, im unteren, verdickten Teil mit Querrippen und netziger Oberfläche, am Schnabelansatz kurz behaart. Stengel aufsteigend oder aufrecht, verzweigt, meist kahl, oft rot überlaufen. Stengelblätter gegenständig, meist kahl, 1,5–4 cm breit, bis auf ¼ der Spreitenbreite tief handförmig 5-7teilig; Blattabschnitte wenig tief und unregelmäßig stumpf gekerbt-gezähnt. Mai–Juli. 10–40 cm.

Vorkommen: Braucht stickstoffsalzreichen, kalkarmen, steinigen Lehmboden, geht aber auch in Mauerritzen und auf Felsbänder. Bevorzugt Halbschatten. Besiedelt in Gegenden mit mildem Winter und Frühjahr Waldsäume, Waldlichtungen und Mauern. Sehr selten in der Eifel und in der Pfalz, vereinzelt in der Fränkischen Schweiz, am Unterlauf von Lahn und Main, am Nordrand der Mittelgebirge, in Niederösterreich, in der Westschweiz und am Alpensüdfuß.

Wissenswertes: ☉. Ursprüngliche Heimat: Westliches Mittelmeergebiet.

Stinkender Storchschnabel
Geranium robertianum L.
Storchschnabelgewächse *Geraniaceae*

Beschreibung: Mäßig reichblütig; Blütenstandsstiele meist 2blütig, ziemlich kurz, so daß die Blüten die zugehörigen Blätter nur wenig überragen. Blüten tiefrosa oder hell purpurviolett, 1,5–2,5 cm im Durchmesser (ausgebreitet gemessen); Blütenblätter mit oft unscharf begrenzten weißen Längsstreifen, breit verkehrt-eiförmig bis keilig, vorn meist abgerundet, seltener abgestutzt oder gar flach ausgerandet. Kelchblätter etwa halb so lang wie die Blütenblätter, schmaleiförmig, oft rötlich überlaufen, locker abstehend behaart. Frucht storchschnabelähnlich, 1,5–2,5 cm lang, im unteren, verdickten Teil mit etwas netziger Oberfläche, kurz behaart oder kahl. Stengel niederliegend, aufsteigend oder aufrecht, abstehend behaart, oft rot überlaufen. Stengelblätter gegenständig, beiderseits locker behaart, bis zum Grunde 3-5teilig. Blattabschnitte gestielt und bis zum Mittelnerv fiederteilig. Mai–Oktober. 10–50 cm.

Vorkommen: Braucht basen- und besonders stickstoffsalzreichen, locker-steinigen Lehmboden in schattigen, luftfeuchten Lagen. Besiedelt lichte Wälder, Schlagflächen, Steinbrüche und Mauern. Fehlt örtlich im Tiefland. Steigt in den Alpen bis etwa 1800 m. Häufig.

Wissenswertes: ☉. *G. robertianum* L. wird mit dem Purpur-Storchschnabel (*G. purpureum* VILL.: Blüten 1–1,8 cm im Durchmesser; Blütenblätter kaum länger als die Kelchblätter; Westschweiz, Alpensüdfuß; selten) zur Sammelart *G. robertianum* agg. zusammengefaßt. – Der Stinkende Storchschnabel enthält in den oberirdischen Teilen ein ätherisches Öl mit unangenehmem Geruch (Name!), außerdem Gerbstoffe und den Bitterstoff Geraniin.

Stinkender Storchschnabel
Geranium robertianum

Kleiner Storchschnabel
Geranium pusillum

Glänzender Storchschnabel
Geranium lucidum

Sibirischer Storchschnabel
Geranium sibiricum

Gewöhnlicher Reiherschnabel

Erodium cicutarium (L.) L'HÉR.
Storchschnabelgewächse *Geraniaceae*

Beschreibung: 3–8 Blüten stehen in einer sparrig-lockeren Dolde. Blütenstandsstiele dicht, Blütenstiele schütterer abstehend behaart. Blüten rosa, 1,2–1,8 cm im Durchmesser; Blütenblätter sehr schmal verkehrt-eiförmig, einander nicht berührend, vorn abgerundet. Kelchblätter nur wenig kürzer als die Blütenblätter, außen abstehend langhaarig. Frucht storchschnabelähnlich, 3–4 cm lang. Stengel niederliegend oder aufsteigend, einfach oder verzweigt, dicht abstehend behaart. Blätter bis zum Mittelnerv fiederteilig, beiderseits kurzhaarig; Blattabschnitte bis auf die halbe Abschnittsbreite fiederteilig. April–Juli. 5–40 cm.

Vorkommen: Braucht locker-steinigen oder sandig-trockenen Lehmboden in sommerwarmer Lage. Besiedelt lückige Rasen, Weinberge, Brachen und Ödland. Fehlt im Tiefland örtlich, in den rauhen, niederschlagsreichen Lagen der Mittelgebirge gebietsweise. Steigt in den Alpen örtlich bis über 1500 m. Zerstreut.

Wissenswertes: ☉. Der Gewöhnliche Reiherschnabel wird mit dem Dünen-Reiherschnabel (*E. ballii* JORD.: Blütenstand 3-4blütig; Frucht um 2,5 cm lang; Blattabschnitte bis zur Mitte fiederteilig; sandige Äcker, Küsten; selten) und mit dem Dänischen Reiherschnabel (*E. danicum* LARSEN: Blütenstand 4-6blütig; Frucht um 3 cm lang; Blattabschnitte bis zur Mitte fiederteilig; Dünen, vorwiegend Nordseeküste; wahrscheinlich allopolyploider Bastard) sowie dem Drüsigen Reiherschnabel (*E. lebelii* JORD.: Blütenstand 2-3blütig; Frucht unter 2,5 cm lang; Blüten blaßlila; Dünen, westlichste Nordseeküste) zur Sammelart *E. cicutarium* agg. zusammengefaßt.

Moschus-Reiherschnabel

Erodium moschatum (L.) L'HÉR.
Storchschnabelgewächse *Geraniaceae*

Beschreibung: 5–12 Blüten stehen in einer sparrig-lockeren Dolde. Blütenstandsstiele und Blütenstiele jeweils schütter bis mäßig dicht abstehend behaart. Blüten purpurrot oder rotviolett, 1,8–2,8 cm im Durchmesser (ausgebreitet gemessen); Blütenblätter verkehrt-eiförmig bis spatelig. Kelchblätter viel kürzer als die Blütenblätter, oft nur etwa halb so lang. Frucht storchschnabelähnlich, 3,5–4,5 cm lang. Stengel dünn, niederliegend oder aufsteigend, einfach oder verzweigt, ziemlich dicht drüsig und dazwischen wollig behaart. Grundblätter in einer Rosette, Stengelblätter gegenständig; alle Blätter nicht nur fiederteilig, sondern eindeutig unpaarig gefiedert und mit gestielten Fiederblättchen; diese eiförmig, 1–2 cm lang, 0,5–1 cm breit, randlich unregelmäßig gezähnt, beiderseits meist schütter oder mäßig dicht behaart (Blattspindel, zumindest der Stengelblätter, dicht drüsenhaarig). Mai-September. 10–40 cm.

Vorkommen: Braucht stickstoffsalzreichen, steinig-kiesigen oder sandig-lockeren Boden in sommerwarmer Lage. Besiedelt Verladeplätze, Ödland, Wegränder, seltener Äcker. Heimat: Mittelmeergebiet, bei uns selten eingeschleppt, gelegentlich in Gärten gepflanzt und dann – meist unbeständig – verwildernd (z. B. am Oberrhein), am Genfer See möglicherweise eingebürgert.

Wissenswertes: ☉. Ähnlich: Malvenblättriger Reiherschnabel (*E. malacoides* (L.) L'HÉR.): Dolden mit 3–7 Blüten, diese 1,5–2 cm im Durchmesser, purpurn; Blätter 2–10 cm lang, 1–5 cm breit, schmal-eiförmig, selten 3lappig, an der Basis herzförmig, randlich gezähnt. Alpensüdfuß; selten.

Gewöhnlicher Reiherschnabel
Erodium cicutarium

Moschus-Reiherschnabel
Erodium moschatum

Garten-Balsamine
Impatiens balsamina

Indisches Springkraut
Impatiens glandulifera

Garten-Balsamine

Impatiens balsamina L.
Balsaminengewächse *Balsaminaceae*

Beschreibung: 1–3 Blüten stehen in den Achseln der oberen Blätter. Blüten rosa, purpurviolett oder weiß; „Sack" vorne weit, plötzlich in den kurzen Sporn zusammengezogen. Sporn – wenn vorhanden – 0,5–1 cm lang, gebogen, oft gar nicht ausgebildet. Frucht eine länglich-eiförmige, behaarte Kapsel, die um 1 cm lang wird. Reife Kapseln schleudern beim Berühren die Samen aus. Stengel einfach, meist kahl. Blätter wechselständig, 5–12 cm lang und 1,5–3 cm breit, lanzettlich bis schmal-eiförmig, am Grunde ziemlich rasch keilförmig in den Blattstiel verschmälert, vorne spitz zulaufend, Rand ziemlich dicht gesägt-gezähnt (jederseits 15–20 Blattzähne). Juli–August. 20–50 cm.

Vorkommen: Braucht lockeren, feuchten, nährstoffreichen Lehmboden. Heimat: Östliches Indien. Bei uns Zierpflanze, vor allem auf Friedhöfen als Grabbepflanzung und in Anlagen als Rabattenblume. Sehr selten in der Umgebung von Friedhöfen und von Parkanlagen unbeständig verwildert. Sehr frostempfindlich.

Wissenswertes: ⊙. Von der Garten-Balsamine gibt es zahlreiche Sorten, die sich nicht nur in der Blütenfarbe, sondern auch in der Wuchshöhe voneinander unterscheiden: Zwerg-Balsaminen werden kaum 25 cm hoch; Hohe Balsaminen dagegen oft mehr als 50 cm. Neben normalblütigen Rassen gibt es solche mit gefüllten Blüten (= „Rosen-Balsaminen"). Formen, deren Blütenblätter weiß-längsstreifig gemustert sind, nennt man oft „Nelken-Balsaminen"; Formen mit anders gefleckten Blüten werden zuweilen als „Kamelien-Balsaminen" bezeichnet. Die Garten-Balsamine soll schon im 16. Jahrhundert von Portugiesen nach Europa gebracht worden sein.

Indisches Springkraut

Impatiens glandulifera ROYLE
Balsaminengewächse *Balsaminaceae*

Beschreibung: 5–20 Blüten stehen in aufrechten Trauben in den Achseln der oberen Blätter. Blüten rosa bis hell purpurviolett, 2,5–4 cm lang. „Sack" vorne weit, plötzlich in den kurzen, meist grünlich-gelben Sporn zusammengezogen. Sporn 3–7 mm lang, abwärts gebogen. Frucht eine Kapsel, deren Form keulenförmig ist und die 3–5 cm lang wird. Reife Kapseln schleudern beim Berühren die Samen aus. Stengel meist einfach, kahl. Blätter gegenständig, im oberen Stengeldrittel auch zuweilen zu 3 quirlständig, schmal lanzettlich, 10–25 cm lang und 2,5–5 cm breit, meist scharf gesägt-gezähnt und in der unteren Blatthälfte und am Blattstiel mit Drüsen, die auf 1–3 mm langen Stielen sitzen (hierauf verweist der wissenschaftliche Artname: *glandulifera*, lat. = „drüsentragend"). Juni–Oktober. 0,5–2 m.

Vorkommen: Braucht basen- und stickstoffsalzreichen, feuchten, ja nassen Lehm- oder Tonboden. Besiedelt bachbegleitende Gebüsche und lichte Auenwälder. Kommt hauptsächlich in Tälern vor. Fehlt im Tiefland, in niederschlagsarmen Gebieten sowie in den mittleren und höheren Lagen der Mittelgebirge und der Alpen größeren Gebieten. Heimat: Himalaja. Kam als Zierpflanze nach Europa und verwilderte hier an verschiedenen Stellen vereinzelt seit etwa 1900, mit rascher Ausbreitung seit etwa 1930. Heute vielerorts eingebürgert und örtlich bestandsbildend.

Wissenswertes: ⊙. Ähnlich: Balfours Springkraut (*I. balfourii* HOOK. f.): Meist nur 3–10 Blüten pro Traube; obere Blütenhälfte weißlich, untere rosa; Blätter wechselständig, ohne Drüsen. Alpensüdfuß; Frankreich; verwilderte Zierpflanze; Heimat: Himalaja.

Balsaminengewächse *Balsaminaceae* ▶

Springkraut, Rührmichnichtan *Impatiens*

Kreuzblumengewächse *Polygalaceae* ▶

Kreuzblume *Polygala*

Kleines Springkraut
Impatiens parviflora DC.
Balsaminengewächse *Balsaminaceae*

Beschreibung: 4–10 Blüten stehen in aufrechten, meist scheindoldig gestauchten Trauben in den Achseln der oberen Blätter. Blütenstandsstiel und Blütenstiel zusammen sind etwa so lang wie das Blatt, aus dessen Achsel sie entspringen. Blüten blaßgelb, die seitlichen, oberen Blütenblätter fast weißlich, im Schlund mit einem dunkelgelben Fleck und braunroten, strichartigen Saftmalen, um 1 cm lang. Sporn trichterig zulaufend, 3–6 mm lang, gerade. Frucht eine keulenförmige, kahle Kapsel, die etwa 1,5–2 cm lang wird. Reife Kapseln schleudern beim Berühren die Samen aus. Stengel aufrecht, zumindest oberwärts meist etwas verzweigt, blaßgrün, kahl. Blätter wechselständig, 4–12 cm lang, 2,5–5 cm breit, breit-lanzettlich bis schmal-eiförmig, am Grund abgerundet oder keilig in den Blattstiel verlaufend, vorne spitz, scharf gesägt-gezähnt, gegen den Grund Zähne stielartig zugespitzt und an der Spitze mit einer oft undeutlichen Drüse. Juni–September. 20–60 cm.

Vorkommen: Braucht nährstoffreichen, eher kalkarmen, lockeren Lehmboden in Lagen mit hoher Luftfeuchtigkeit. Besiedelt lichte Wälder und Hecken, geht auch auf schattiges Ödland und in Gärten. Fehlt im Tiefland, in den Mittelgebirgen mit kalkhaltigem Gestein sowie in rauheren Lagen gebietsweise; sonst selten, doch meist in individuenreichen Beständen. Steigt im Gebirge kaum über 1000 m.

Wissenswertes: ☉. Ursprüngliche Heimat: Nordost-Asien. Verwilderte um 1840 offensichtlich aus mehreren botanischen Gärten und faßte im Umland Fuß. Örtlich wurde es zum lästigen Unkraut. Heute ist es an den genannten Standorten eingebürgert.

Rührmichnichtan
Impatiens noli-tangere L.
Balsaminengewächse *Balsaminaceae*

Beschreibung: 1–4 Blüten sind in überhängenden, traubigen Blütenständen zusammengefaßt, die den Achseln der oberen Blätter entspringen. Blüten hell goldgelb, im Schlund zuweilen intensiver gelb und mit weinroten Punkten, 2,5–3 cm lang. „Sack" vorne weit, allmählich in den gekrümmten und an der Spitze nicht selten gedrehten Sporn zusammengezogen. Frucht eine walzlich-spindelige Kapsel, die etwa 2–3 cm lang wird. Reife Kapseln schleudern beim Berühren die Samen aus. Stengel aufrecht, an den Knoten leicht angeschwollen, kahl, in der oberen Hälfte verzweigt, zuweilen etwas rötlich überlaufen. Blätter wechselständig, breit-lanzettlich bis schmal-eiförmig, 3–7 cm lang, 1,5–3,5 cm breit, am Grunde abgerundet oder etwas keilig in den Blattstiel verlaufend, vorne stumpflich oder nur kurz zugespitzt, stumpf gesägt-gezähnt, Zähne aber mit aufgesetzter, feiner Spitze, an der Blattbasis Zahnspitzen mit einer oft undeutlichen Drüse, am Grunde des Blattstiels mit meist deutlicher, gestielter Drüse. Juli–Oktober. 0,5–1 m.

Vorkommen: Braucht feuchten, ja nassen, gut durchlüfteten und daher zuweilen steinigen Lehm- oder Tonboden. Besiedelt Wälder. Fehlt vor allem im Tiefland kleineren Gebieten. Häufig. Kommt an seinen Standorten oft in ausgedehnten, individuenreichen Beständen vor. Geht im Gebirge bis über 1200 m.

Wissenswertes: ☉. In der reifen Frucht steht eine zentrale Gewebesäule unter hoher Gewebespannung. Bei Berührung trennen sich die Fruchtblätter, rollen sich ein und schleudern die Samen meterweit aus (Name: „Rühr-mich-nicht-an" = „noli-(me)-tangere").

Balsaminengewächse *Balsaminaceae*
Kreuzblumengewächse *Polygalaceae*

Quendelblättrige Kreuzblume

Polygala serpyllifolia HOSE
Kreuzblumengewächse *Polygalaceae*

Beschreibung: 3–8 Blüten stehen in einer kurzen, an der Spitze gedrungenen Traube am Ende des Stengels. Blüten 5–7 mm lang, blau (-violett) bis weiß. Obere seitliche Kelchblätter blütenblattartige, blaue „Flügel", die vorwärts gestreckt oder seitlich zurückgeschlagen sind; Blütenblätter rinnig verwachsen, an der Blütenbasis blau, vorne weiß. Die rinnig verwachsenen Blütenblätter sind etwas kürzer als die „Flügel", zwischen denen sie sich befinden. Frucht eine verkehrt-herzförmige Kapsel, die etwa 4 mm lang und 3 mm breit wird. Stengel sehr dünn und fadenförmig, am Grunde niederliegend und aufgebogen. Untere Blätter gegenständig, die oberen Blätter deutlich länger als die unteren; obere Blätter 1–2 cm lang, verkehrt-eiförmig bis lanzettlich, meist etwas unterhalb der Mitte am breitesten. Mai–September. 10–20 cm.

Vorkommen: Braucht feuchten, humosen, sandigen Lehmboden, der arm an Stickstoffsalzen sein sollte; geht in Mooren auch auf torfigen Boden. Bevorzugt Gegenden mit luftfeuchtem Klima. Besiedelt extensiv genutzte, lückige Weiden und lückige, magere Rasen. Im Tiefland selten; in den Mittelgebirgen mit kalkarmem, sandig verwitterndem Gestein, im Alpenvorland und in den Alpen zerstreut, aber größeren Gebieten fehlend (z. B. fast in den gesamten Zentralalpen, im Bayerischen Wald und im nördlichen und östlichen Alpenvorland). In den Mittelgebirgen mit kalkhaltigem Gestein nur bei Oberflächenentkalkung und Vermoorung (z. B. im Schweizer Jura). Steigt in den Alpen kaum über 1800 m.

Wissenswertes: ♃. Hauptverbreitungsgebiet: Westeuropa.

Schopfige Kreuzblume

Polygala comosa SCHKUHR
Kreuzblumengewächse *Polygalaceae*

Beschreibung: 12–45 Blüten stehen in einer zunächst pyramidenförmigen und vor allem an der Spitze deutlich gedrungenen Traube, so daß die zuweilen grünlichen, oft auch rosarot überlaufenen Tragblätter die Knospen an der Spitze der Traube etwas überragen oder doch deren Spitze erreichen. In vielen Fällen bilden sie einen kleinen „Tragblattschopf" (Name!). Blüten 7–9 mm lang, mehr oder weniger intensiv rosa oder hell purpurviolett, sehr selten auch blauviolett. Obere seitliche Kelchblätter blütenblattartige, rosarote oder hell purpurviolette „Flügel", deren Mittelnerv gut, die Seitennerven hingegen meist schlecht zu erkennen sind; der Mittelnerv ist zuweilen grünlich; Blütenblätter rinnig verwachsen, an der Basis weißlich-rosa bis rosa, vorne weiß oder weißlich-rosa, mit 10–25 kräftigen, sich nach vorne verdickenden Fransen. Stengel aufsteigend bis aufrecht, meist unverzweigt, neben den blütentragenden Stengeln oft auch sterile. Keine Grundblattrosette; Stengelblätter wechselständig, die mittleren und oberen etwas länger als die unteren; längste Blätter um etwa 2,5 cm lang, schmal-lanzettlich; Blätter schmecken beim Kauen nicht bitter. Mai–Juli. 8–30 cm.

Vorkommen: Braucht kalkhaltigen, trockenen, nährstoffarmen Lehmboden. Besiedelt lückige Halbtrockenrasen, Wegränder, Wald- und Gebüschsäume. Im Tiefland nur vereinzelt östlich der Elbe. In den Mittelgebirgen mit kalkhaltigem Gestein, im Alpenvorland und in den Alpenketten mit kalkreichem Gestein zerstreut. Steigt in den Alpen bis etwa 2000 m.

Wissenswertes: ♃. Mehrere, schlecht abgrenzbare Sippen, die in Südeuropa *P. nicaeensis* RISSO ex KOCH nahestehen.

Schopfige Kreuzblume
Polygala comosa

Kleines Springkraut
Impatiens parviflora

Rührmichnichtan
Impatiens noli-tangere

Quendelblättrige Kreuzblume
Polygala serpyllifolia

129

Gewöhnliche Kreuzblume

Polygala vulgaris L.
Kreuzblumengewächse *Polygalaceae*

Beschreibung: 5–30 Blüten stehen in einer zunächst pyramidenförmigen, aber nicht allzu gedrungen-dichten Traube, die sich im Verlauf der Blütezeit lockert und etwas verlängert. Blüten 7–8 mm lang, dunkelblau bis violett. Obere seitliche Kelchblätter blütenblattartige, violette oder blaue „Flügel", deren Nerven stark verzweigt und netzartig vermascht sind; Nerven zuweilen grünlich; Blütenblätter rinnig verwachsen, an der Basis violett oder blau, vorne violett- oder blau-weißlich, mit 10–20 kräftigen, sich nach vorne etwas verdickenden und meist nicht rein weißen Fransen. Stengel aufrecht oder aufgebogen, meist unverzweigt, kahl. Keine Grundblattrosette; untere Stengelblätter wechselständig, schmal-eiförmig, kürzer als die mittleren und oberen, die schmal-lanzettlich, ja fast lineal und bis etwa 2,5 cm lang sind. Blätter schmecken beim Kauen nicht bitter. Mai–August. 10–30 cm.

Vorkommen: Braucht lockeren, sandigen, nährstoffarmen Lehmboden, der kalkarm sein kann, aber eher trocken als feucht sein sollte. Besiedelt ungedüngte, nicht zu hochwüchsige Wiesen und Rasen, Böschungen, Wegränder in Wäldern, lichte Gebüsche und Heiden. Im Tiefland westlich der Elbe nur vereinzelt, sonst selten und kleineren Gebieten fehlend. Steigt in den Alpen bis etwa 2000 m.

Wissenswertes: ⧾. Innerhalb der Art werden üblicherweise 2 Unterarten unterschieden: Ssp. *vulgaris* ist die häufigere der beiden; auf sie bezieht sich die Beschreibung; ssp. *oxyptera* (Rchb.) Lange: 5–15 Blüten, die nur 5–6 mm lang werden; Flügel vorne mehr oder weniger deutlich zugespitzt (bei ssp. *vulgaris* abgerundet); sie ist sehr selten.

Kalk-Kreuzblume

Polygala calcarea F. W. Schultz
Kreuzblumengewächse *Polygalaceae*

Beschreibung: 6–20 Blüten stehen in einer zunächst etwas gedrungenen, sich im Verlauf der Blütezeit auflockernden und verlängernden Traube am Ende des Stengels. Blüten 5–7 mm lang, blau. Obere seitliche Kelchblätter blütenblattartige, blaue „Flügel", deren Seitennerven nicht deutlich sichtbar und wenig netzartig vermascht sind; Blütenblätter rinnig verwachsen, blau, vorne weiß und mit 10–30 Fransen. Frucht eine verkehrt-herzförmige Kapsel, die etwa 4 mm lang und 3 mm breit wird. Stengel zwischen Wurzel und Blattrosette meist mehrere Zentimeter dem Boden aufliegend, verzweigt. Untere Blätter am Stengel und an den Verzweigungsstellen, von denen die Seitenzweige nach oben wachsen, rosettig angeordnet, sonst wechselständig, die oberen kaum länger oder – meist – kürzer als die unteren, die längsten etwa 1,5 cm lang, verkehrt-eiförmig bis lanzettlich, meist oberhalb der Mitte am breitesten. April–Juni. 5–20 cm.

Vorkommen: Braucht kalkreichen, steinig-mergeligen, aber humushaltigen Lehm- oder Tonboden oder Löß in Lagen mit ziemlich luftfeuchtem und wintermildem Klima. Besiedelt Halbtrockenrasen und lückige, lichte Trockengebüsche. Eifel, Saargebiet, Südpfalz, Kaiserstuhl, Alpensüdfuß. Sehr selten.

Wissenswertes: ⧾. Die Standorte im Westen Deutschlands markieren die Ostgrenze des Areals der Kalk-Kreuzblume, das sich im Westen von Spanien bis Großbritannien erstreckt. – Ähnlich: Alpen-Kreuzblume (*P. alpina* (Poir.) Steud.): Längste Blätter um 1 cm; Rosette mit sterilem Mitteltrieb; zerkaute Blätter schmecken nicht bitter; Pflanze nur 2–6 cm hoch. West-, Zentral- und Südalpen; selten.

Kalk-Kreuzblume
Polygala calcarea

Berg-Kreuzblume
Polygala alpestris

Gewöhnliche Kreuzblume
Polygala vulgaris

Bittere Kreuzblume
Polygala amara

Berg-Kreuzblume

Polygala alpestris RCHB.
Kreuzblumengewächse *Polygalaceae*

Beschreibung: 6–20 Blüten stehen in einer zunächst etwas gedrungenen, sich im Verlauf der Blütezeit auflockernden und verlängernden Traube am Ende des Stengels. Blüten 4–6 mm lang, hellblau bis bläulich-weiß. Obere seitliche Kelchblätter blütenblattartige, hellblaue „Flügel", deren Seitennerven nicht deutlich sichtbar und wenig netzartig vermascht sind; Blütenblätter rinnig verwachsen, blau, vorne weiß und mit deutlich abspreizenden Fransen. Frucht eine verkehrt-herzförmige Kapsel, die 3,5–4,5 mm lang und fast ebenso breit wird. Stengel niederliegend oder aufsteigend. Untere Blätter wechselständig, keine Rosette bildend, die oberen länger als die unteren, die längsten etwa 1 cm lang, verkehrteiförmig bis lanzettlich, etwa in der Blattmitte am breitesten. Juni–Juli. 5–15 cm.

Vorkommen: Braucht steinig-lockeren, nährstoffarmen, nicht zu trockenen Lehm- oder Tonboden, der nicht unbedingt kalkhaltig sein muß, aber basenreich sein sollte. Besiedelt in alpinem Klima lückige, magere Rasen und Matten. Schweizer Jura, Alpen; zerstreut; im Alpenvorland nur unmittelbar am Fuße der Alpen; hier selten. Steigt bis über 2500 m.

Wissenswertes: ♃. Die Berg-Kreuzblume gehört zu den mitteleuropäischen Arten, die nur in den Alpen und an ihrem Fuße vorkommen, also für dieses Gebiet endemisch sind. Sie ist fast im gesamten Verbreitungsgebiet einheitlich mit Ausnahme des südöstlichsten Bereichs der Julischen Alpen und der Karawanken. Dort gibt es eine Sippe, bei der die Flügel länger als 5 mm, aber kaum so lang wie die Blütenröhre sind; sie wird als ssp. *croatica* (CHODAT) HAYEK von der beschriebenen Normalform abgegrenzt.

Bittere Kreuzblume

Polygala amara L.
Kreuzblumengewächse *Polygalaceae*

Beschreibung: 10–40 Blüten stehen in einer zunächst pyramidenförmig gedrungenen, sich im Verlauf der Blütezeit auflockernden und verlängernden Traube am Stengelende. Blüten 5–8 mm lang, dunkelviolett oder blau. Obere seitliche Kelchblätter blütenblattartige, violette oder blaue „Flügel", deren Mittelnerv gut, die Seitennerven hingegen meist schlecht zu erkennen sind; Blütenblätter rinnig verwachsen, an der Basis weißlich-violett, vorne weiß und mit vielen feinen Fransen. Stengel aufgebogen bis aufrecht, meist unverzweigt, kahl. Unterste Blätter knapp über dem Boden rosettig gehäuft, Stengelblätter wechselständig, die unteren größer als die oberen. Rosettenblätter verkehrt-eiförmig, spatelig in den Grund verschmälert, unterseits oft braunviolett überlaufen; Stengelblätter lanzettlich, bis 2,5 cm lang. Blätter schmecken gekaut bitter. April–Juni. 5–20 cm.

Vorkommen: Braucht steinigen, humosen, nicht zu trockenen, tonigen, kalkhaltigen, stickstoffsalzarmen Boden. Besiedelt Halbtrockenrasen und alpine Matten. Fehlt im Tiefland; in den Mittelgebirgen und Alpenketten mit kalkhaltigem Gestein selten und kleineren Gebieten fehlend. Steigt in den Alpen bis etwa 1800 m.

Wissenswertes: ♃. *P. amara* L. wird mit der Sumpf-Kreuzblume (*P. amarella* CR.: Blütenstand auch anfänglich locker. Blüten verwaschen blau, 3–5 mm lang; Flügel mit deutlichem Mittelnerv und 2 Seitennerven, die oft ebenso deutlich und grünlich sind; Stengelblätter stumpf, in der Vorderhälfte am breitesten) zur Sammelart *P. amara* agg. zusammengefaßt. – Enthält Saponine, vor allem Senegin, den Bitterstoff Polygalin, etwas Gerbstoff und ätherisches Öl.

Buchsblättrige Kreuzblume

Polygala chamaebuxus L.
Kreuzblumengewächse *Polygalaceae*

Beschreibung: 1–2 Blüten, seltener 3, stehen in den Achseln der mittleren und oberen Blätter oder am Ende des Stengels. Blüten 2–3 cm lang, weiß-gelb-orange. Obere, seitliche Kelchblätter blütenblattartige, weiße „Flügel", die aufwärts gerichtet oder etwas zurückgeschlagen sind; Blütenblätter rinnig verwachsen, an der Blütenbasis weiß bis elfenbeinfarben, vorne z.T. frei und fast lippenartig, gelb, verblühend braunorange. Frucht eine rundlich-herzförmige, fleischige Kapsel. Stengel unten holzig und verzweigt, niederliegend oder bogig aufsteigend, jung abstehend behaart und grün, im Alter verkahlend und braun. Blätter wechselständig, immergrün, ledrig, dunkelgrün, ungestielt oder kurz gestielt, schmal-eiförmig, mit kleiner, aufgesetzter Spitze, kahl. März–Mai. 5–25 cm.

Vorkommen: Braucht kalkreichen, steinigen, trockenen, lockeren Lehm- oder Tonboden, geht auch auf Granitverwitterungsböden. Besiedelt Halbtrockenrasen, lichte Stellen in Trockenwäldern und -gebüschen, gelegentlich auch in feinerdereichen Gesteinsspalten. Thüringen, Sachsen, Bayerischer Wald, Fränkischer, Schwäbischer und Schweizer Jura, Baar, Alpenvorland und Alpenketten mit kalkhaltigem oder wenigstens basenreichem Gestein. Selten, aber an ihren Standorten oft in größeren Beständen. Steigt in den Alpen bis etwa 2000 m.

Wissenswertes: ♄; ▽. Die Buchsblättrige Kreuzblume hat ihren Verbreitungsschwerpunkt in den niederen und mittleren Lagen der Kalkalpen und in den entsprechenden Lagen der Mittelgebirge mit geeigneten Böden. Gegen Stickstoffsalze ist sie empfindlich; bei Düngung oder starker Beweidung verschwindet sie.

Gewöhnliches Pfaffenhütchen

Euonymus europaea L.
Spindelbaumgewächse *Celastraceae*

Beschreibung: 2–7 Blüten stehen in blattachselständigen, scheindoldig-rispigen Blütenständen. Blüten grünlich-gelblich bis weißlich, 0,6–1 cm im Durchmesser. Blütenblätter meist 4, sehr selten 5; Griffel fast 2 mm lang; Kelchblätter in der Anzahl gleich wie die Blütenblätter, rundlich, grün, nur etwa 1 mm lang. Früchte 4teilig, intensiv rosa bis hell purpurviolett, dem Barett eines katholischen Geistlichen entfernt ähnlich (Name!). Samen von einem leuchtend orangegelben Mantel umschlossen; die ummantelten Samen hängen wie eine genoppt-genarbte, eiförmige und etwas zusammengedrückte Blase unten an der aufgesprungenen Frucht. Sommergrüner Strauch, seltener niedriges Bäumchen. Junge Zweige grün, 4kantig, Kanten leicht geflügelt, an alten Zweigen weitgehend abgerundet und ohne schwarze Korkwarzen. Blätter gegenständig, 3,5–5 cm lang, 1,5–2,5 cm breit, breit-lanzettlich, mindestens in der vorderen Hälfte sehr fein gekerbt-gezähnt. Blätter im Herbst oft rötlich überlaufen. Mai–Juli. 1,5–6 m.

Vorkommen: Braucht nährstoffreichen, nicht zu trockenen, ziemlich tiefgründigen Lehm- und Tonboden. Wächst im Waldsaum, in Hecken und Feldgehölzen. Fehlt im Tiefland und in den Mittelgebirgsgegenden, in denen Sandböden überwiegen, kleineren Gebieten; sonst zerstreut, örtlich angepflanzt. Geht im Gebirge bis etwa 1200 m.

Wissenswertes: ♄; ☠. Vor allem in den Samen, aber auch in den Blättern und in der Rinde und wahrscheinlich in der Fruchtwand sind herzwirksame Glykoside und außerdem Alkaloide enthalten. Für die Giftigkeit sind vornehmlich die Glykoside verantwortlich.

Breitblättriges Pfaffenhütchen

Euonymus latifolia (L.) MILL.
Spindelbaumgewächse *Celastraceae*

Beschreibung: 6–15 Blüten stehen in blattachselständigen, scheindoldig-rispigen Blütenständen. Blüten grünlich-gelblich bis hell bräunlich, 5–7 mm im Durchmesser. Blütenblätter meist 5, sehr selten nur 4; Griffel kaum 0,1 mm lang, Narben daher praktisch dem Fruchtknoten unmittelbar aufsitzend; Kelchblätter in der Anzahl gleich wie die Blütenblätter, rundlich, grün, nur etwa 1 mm lang. Früchte meist 5teilig, intensiv rosa bis hell purpurviolett, dem Barett eines katholischen Geistlichen entfernt ähnlich (Name!). Samen von einem leuchtend orangegelben Mantel umschlossen; die ummantelten Samen hängen wie eine genoppt-genarbte, eiförmige und etwas zusammengedrückte Blase unten an der aufgesprungenen Frucht. Sommergrüner Strauch, seltener niedriges Bäumchen. Junge Zweige olivgrün, annähernd rundlich. Blätter gegenständig, 7–12 cm lang und 2,5–6 cm breit, breit-lanzettlich bis schmal-eiförmig, mindestens in der vorderen Hälfte sehr fein gesägt-gekerbt. Blätter im Herbst oft rötlich überlaufen. Mai–Juni. 1,5–5 m.

Vorkommen: Braucht nährstoff- und kalkreichen, lockeren, etwas mullhaltigen Lehmboden, der nicht zu trocken sein darf. Besiedelt Bergwälder und Waldsäume in niederschlagsreichen, winterkühlen, aber sommermilden Gegenden. Südlicher Schweizer Jura, Nördliche Kalkalpen mit ihrem unmittelbaren Vorland (vor allem in den Föhngebieten), Südliche Kalkalpen, selten, aber örtlich in lockeren Beständen; in den Zentralalpen sehr selten.

Wissenswertes: ♄; ☠. Enthält herzwirksame, giftige Glykoside und außerdem Alkaloide.

Warzen-Pfaffenhütchen

Euonymus verrucosa SCOP.
Spindelbaumgewächse *Celastraceae*

Beschreibung: 1–3 Blüten stehen in blattachselständigen, scheindoldig-rispigen Blütenständen. Blüten gelbgrün, um 5 mm im Durchmesser. Blütenblätter 4, sehr breit-eiförmig bis rundlich, rot gepunktet; Griffel nur um 0,1 mm lang, Narben daher dem Fruchtknoten praktisch unmittelbar aufsitzend; Kelchblätter 4, nierenförmig, gut 1 mm lang. Früchte 4teilig, intensiv rosenrot bis gelbrot; Samen schwarz, nur etwa halb vom roten Samenmantel umschlossen. Sommergrüner, ziemlich niedrig bleibender Strauch mit etwas sparrigem Wuchs. Zweige rundlich-stumpfkantig, anfangs grünlich, später graubraun, mit auffallenden, schwarzen Korkwarzen dicht besetzt (Name!). Blätter gegenständig, 3–6 cm lang und 2–3,5 cm breit, breit-lanzettlich bis schmal-eiförmig, mindestens in der vorderen Hälfte fein gekerbt-gezähnt. Blätter im Herbst oft rötlich überlaufen. Mai–Juni. 0,3–2 m.

Vorkommen: Braucht nährstoff- und kalkreichen Lehmboden, der ziemlich flachgründig sein kann. Besiedelt lichte Wälder und Waldränder in Gegenden mit trockenwarmen Sommern. Österreich mit Ausnahme von Vorarlberg, wo die Art zu fehlen scheint, selten, desgleichen am Alpensüdfuß westlich bis ins Aostatal. Hauptverbreitung: Osteuropa und nördliches Südosteuropa.

Wissenswertes: ♄; ☠. Untersuchungen der Samen dieser Art haben ergeben, daß sie ebenso wie diejenigen des Gewöhnlichen Pfaffenhütchens reichlich herzwirksame Glykoside und außerdem Alkaloide enthalten. Obschon uns Untersuchungen darüber nicht bekanntgeworden sind, sollte man davon ausgehen, daß auch andere Pflanzenteile gifthaltig sind.

Gewöhnliches Pfaffenhütchen
Euonymus europaea

**Buchsblättrige
Kreuzblume**
Polygala chamaebuxus

**Breitblättriges
Pfaffenhütchen**
Euonymus latifolia

Warzen-Pfaffenhütchen
Euonymus verrucosa

Zwerg-Kreuzdorn

Rhamnus pumilus TURRA
Kreuzdorngewächse *Rhamnaceae*

Beschreibung: 2–7 Blüten stehen büschelig-doldig in den Achseln der Blätter. Blüten unvollkommen eingeschlechtig oder – seltener – zwittrig. Blüten gelbgrün, kaum 5 mm im Durchmesser (ausgebreitet gemessen). Blütenblätter 4 (sehr selten 5; bei weiblichen Blüten fehlen häufig die Blütenblätter), kürzer als die Kelchblätter. Kelchblätter 4 (sehr selten 5), eiförmig-3eckig. Frucht eine beerenartige, schwarze, kugelige Steinfrucht, die nur um 7 mm im Durchmesser erreicht. Niederliegender, knorriger, kriechender, dornenloser Strauch. Junge Zweige fein behaart, mit trübgrauer, runzeliger Rinde. Blätter wechselständig (doch gelegentlich einander so stark angenähert, daß man sie für gegenständig halten könnte), eiförmig, 1,5–2,5 cm lang (selten länger) und 0,8–1,8 cm breit (selten breiter), meist spitzlich, aber auch abgerundet oder etwas ausgerandet, jederseits mit 7–8 (an sehr kleinen Blättern nur mit 4–6) Seitennerven, die gerade oder leicht nach vorne gebogen verlaufen. Juni–Juli. 5–20 cm.

Vorkommen: Braucht kalkreichen Felsboden. Besiedelt Felsspalten, die feinerdearm sein können, und Felsbänder. Erträgt Trockenheit, Hitze und Kälte gleichermaßen. Liebt volles Tageslicht; meidet Schatten und erträgt Halbschatten schlecht. Schweizer Jura, Nördliche Kalkalpen und unmittelbar angrenzendes Vorland, Südliche Kalkalpen: zerstreut; Zentralalpen: selten auf kalkhaltigem oder doch basischem Gestein. Bevorzugt Höhen zwischen etwa 1500 und 2500 m.

Wissenswertes: ♄; (☠). Da andere Kreuzdorn-Arten Anthraglykoside enthalten, muß der Zwerg-Kreuzdorn so lange als giftverdächtig angesehen werden, bis das Gegenteil bewiesen ist.

Alpen-Kreuzdorn

Rhamnus alpinus L.
Kreuzdorngewächse *Rhamnaceae*

Beschreibung: 2–7 Blüten stehen büschelig-doldig in den Achseln der Blätter. Blüten eingeschlechtig (höchstens mit Rudimenten des anderen Geschlechts); gelegentlich kommen Exemplare vor, die überwiegend oder ganz Blüten nur eines Geschlechts tragen. Blüten gelbgrün, um 6 mm im Durchmesser (ausgebreitet gemessen). Blütenblätter 4 (bei weiblichen Blüten gelegentlich fehlend), kürzer als die Kelchblätter. Kelchblätter 4, eiförmig-3eckig. Frucht eine beerenartige, schwarze, kugelige Steinfrucht, die knapp 1 cm im Durchmesser erreichen kann. Aufrechter, schlanker, dornenloser Strauch. Junge Zweige graubraun. Blätter wechselständig, rundlich oder breit-eiförmig, 3–6 cm lang und 2–4,5 cm breit, stumpflich oder mit kleiner, aufgesetzter Spitze, fein gezähnt, oberseits meist kahl, unterseits weich behaart, jederseits mit 9–20 geraden oder leicht nach vorne gebogenen Seitennerven. Mai–Juli. 1–3 m.

Vorkommen: Braucht kalkreichen, trockenen, felsig-gerölligen Boden in sonniger Lage. Besiedelt lichte Stellen in Bergwäldern, Waldrändern und Hecken. Hauptverbreitung: Südeuropäische Gebirge. Besiedelt den südlichen Schweizer Jura und die Nördlichen Kalkalpen ostwärts bis in den Kanton Schwyz. Hier selten. Am Alpensüdfuß ostwärts bis ins Tessin sehr selten; in der Steiermark und in Kärnten selten; fehlt sonst in Österreich.

Wissenswertes: ♄; (☠). Die österreichischen Sippen werden meist in eine andere Unterart gestellt als diejenigen, die in der Schweiz vorkommen. – Da andere Kreuzdorn-Arten Anthraglykoside enthalten, muß der Alpen-Kreuzdorn so lange als giftverdächtig angesehen werden, bis das Gegenteil bewiesen ist.

Echter Kreuzdorn
Rhamnus catharticus

Alpen-Kreuzdorn
Rhamnus alpinus

Felsen-Kreuzdorn
Rhamnus saxatilis

Zwerg-Kreuzdorn
Rhamnus pumilus

Echter Kreuzdorn

Rhamnus catharticus L.
Kreuzdorngewächse *Rhamnaceae*

Beschreibung: 2–8 Blüten stehen büsche-lig-doldig in den Achseln der Blätter. Blüten oft nur scheinbar zwittrig, d. h. ein Geschlecht ist nur partiell oder rudimentär ausgebildet. Blüten gelbgrün, um 8 mm im Durchmesser (ausgebreitet gemessen). Blütenblätter 4, lineal. Kelchblätter 4, 2–3 mm lang, lanzettlich-3eckig, spitz, zuletzt zurückgeschlagen. Frucht eine beerenartige, schwarze, kugelige Steinfrucht, 5–7 mm im Durchmesser. Meist mäßig sparrig verzweigter Strauch. Zweige kahl oder schütter behaart, praktisch gegenständig, oft am Ende dornig zugespitzt. Blätter gegenständig, breit-eiförmig bis rundlich, 3–6 cm lang, 2–4,5 cm breit, oft mit aufgesetzter Spitze, am Grunde oft etwas unsymmetrisch in den Blattstiel auslaufend, gelegentlich auch keilig verschmälert, am Rand fein gezähnt, oberseits meist kahl, unterseits weich behaart, jederseits mit 3–5 Seitennerven, die deutlich nach vorne gebogen sind. Blattstiel 0,5–1,5 cm lang. Mai–Juni. 1–3 m.

Vorkommen: Braucht kalkhaltigen, flachgründig-steinigen, lockeren Lehmboden. Besiedelt Hecken und Ränder von Trockenwäldern. Fehlt gebietsweise im Tiefland, in den Mittelgebirgen und in den Zentralalpen mit kalkarmem Gestein; sonst selten. Geht im Gebirge bis etwa 1200 m.

Wissenswertes: ♄; ☠. Enthält Anthraglykoside, die Erbrechen und starken Durchfall auslösen können. Dieser „Reinigungswirkung" wegen („kathartikos", griech. = reinigend; örtlich auch: „Purgier-Kreuzdorn"; „purgare", lat. = reinigen, abführen) hat man Teile der Pflanze als Abführmittel verwendet. Von Selbstmedikation ist dringend abzuraten.

Felsen-Kreuzdorn

Rhamnus saxatilis JACQ.
Kreuzdorngewächse *Rhamnaceae*

Beschreibung: 2–6 Blüten stehen büsche-lig-doldig in den Achseln der Blätter. Blüten oft nur scheinbar zwittrig, d. h. ein Geschlecht ist partiell oder rudimentär ausgebildet. Blüten gelbgrün, um 8 mm im Durchmesser (ausgebreitet gemessen). Blütenblätter 4, lineal. Kelchblätter 4, 2–3 mm lang, lanzettlich-3eckig, spitz, zuletzt zurückgeschlagen. Frucht eine beerenartige, schwarze, kugelige Steinfrucht, die um 7 mm im Durchmesser erreichen kann. Kleiner Strauch mit oft niederliegend-bogig aufsteigenden Zweigen. Zweige kahl oder schütter behaart, praktisch gegenständig, sparrig abstehend und oft am Ende dornig zugespitzt. Blätter gegenständig, breit-lanzettlich bis eiförmig, 1–3 cm lang, 0,8–1,5 cm breit, vorn spitz oder stumpflich, am Grund meist keilig in den stets recht kurzen Blattstiel verschmälert, am Rand fein gezähnt, oberseits meist kahl, unterseits weich behaart, jederseits mit 2–4 Seitennerven, die deutlich nach vorne gebogen sind. Blattstiel 2–8 mm lang. April–Juni. 0,2–1,2 m.

Vorkommen: Braucht kalkhaltigen, lockeren, flachgründigen, steinigen Boden, der ziemlich feinerdearm sein kann. Besiedelt lichte Trockenwälder und Trockengebüsche. Vereinzelt im Schwäbischen Jura; im südlichen Fränkischen Jura, entlang von Lech und Isar, am Fuß der Nördlichen Kalkalpen, in der Nordschweiz, in Ober- und Niederösterreich und am Alpensüdfuß: selten. Geht bis etwa 1200 m.

Wissenswertes: ♄; (☠). *R. saxatilis* JACQ. wird mit *R. intermedius* STEUD. & HOCHST. (Blätter rundlich; Balkanhalbinsel) zur Sammelart *R. saxatilis* agg. zusammengefaßt. – Gilt als giftverdächtig.

Kreuzdorngewächse *Rhamnaceae* ▶

Faulbaum *Frangula*

Weinrebengewächse *Vitaceae* ▶

Weinrebe *Vitis*
Jungfernrebe *Parthenocissus*

Faulbaum

Frangula alnus MILL.
Kreuzdorngewächse *Rhamnaceae*

Beschreibung: 2–10 Blüten stehen büschelig-doldig in den Achseln der Blätter. Blüten grünlich-weiß, um 6 mm im Durchmesser (ausgebreitet gemessen), durchwegs zwittrig. Blütenblätter 5, aus breitem Grund 3eckig, nur etwa so lang wie oder etwas kürzer als die Kelchblätter. Kelchblätter 5, länglich-3eckig, spitz. Frucht eine kugelige, zunächst grüne, dann rote und zuletzt schwarze, beerenartige Steinfrucht, die etwa 8 mm im Durchmesser erreichen kann. Mäßig sparrig verzweigter, nicht ausladender Strauch. Zweige nicht dornig zugespitzt, nicht knorrig. Blätter wechselständig, schmal verkehrt-eiförmig bis eiförmig, 2–5 cm lang und 1,5–3,5 cm breit, kahl, oberseits dunkelgrün bis olivgrün, unterseits heller und mattgrün, jederseits mit 6–9 (sehr selten bis zu 12) Seitennerven, die auf der Blattunterseite etwas hervorgehoben sind, ganzrandig oder – selten – gegen die Spitze gezähnt. Blattstiel bis 2 cm lang. Mai–Juni. 1–3 m.

Vorkommen: Braucht feuchten, etwas sauren Lehm- oder Tonboden, der ziemlich verdichtet sein kann. Besiedelt Bruch- und Auenwälder, geht aber auch an feuchtere, lichte Stellen in Eichenwäldern. Häufig, aber an seinen Standorten meist nur in wenigen Exemplaren. Geht im Gebirge bis über 1000 m.

Wissenswertes: ♄; ☠. Enthält Anthraglykoside, die Erbrechen und starken Durchfall auslösen können (Rinde und Früchte nicht zur Selbstmedikation!). – Ähnlich: Felsen-Faulbaum (*F. rupestris* (SCOP.) SCHUR): Zweige knorrig; Blätter ringsum oder von der unteren Hälfte bis zur Spitze gezähnt, nie ganzrandig, mit 4–8 Seitennerven. 20–80 cm. Nur Alpensüdfuß, nordwärts bis in die Bergamasker Alpen; selten.

Weinrebe

Vitis vinifera L.
Weinrebengewächse *Vitaceae*

Beschreibung: Zahlreiche Blüten stehen in ziemlich dichten und reich verzweigten Rispen. Pflanze prinzipiell 2häusig; auf der männlichen Pflanze kommen indessen auch zwittrige Blüten vor. Blüten unscheinbar, gelbgrün, um 8 mm im Durchmesser (ausgebreitet gemessen). Blütenblätter 5, ebenso wie die 5 Kelchblätter früh abfallend. Die Früchte sind Beeren („Trauben"). Kletterstrauch (Liane). Zweige rotbraun bis gelbbraun, kahl oder etwas flockig behaart. Rinde löst sich in langen Bändern ab. Blätter im Umriß rundlich, Spreite 5–12 cm im Durchmesser, selten auch größer, bei den männlichen Pflanzen sehr tief, aber nicht bis zum Grund, handförmig 3–5teilig, bei den weiblichen Pflanzen viel weniger tief und zuweilen nur undeutlich eingeschnitten bis gelappt. Juni. 2–30 m.

Vorkommen: Braucht kalkhaltigen oder doch basischen Lehm- oder Tonboden. Besiedelt Auenwälder oder Ränder von wärmeliebenden, nicht zu trocken stehenden Wäldern und Gebüschen. Oberrhein zwischen Mannheim und Karlsruhe, östliches Niederösterreich, Genfer See, Alpensüdfuß: vereinzelt.

Wissenswertes: ♄. Die oben beschriebene Wilde Weinrebe (ssp. *sylvestris* (C. C. GMEL.) HEGI) kommt in Mitteleuropa nur vereinzelt vor. Exemplare der Kultursorten verwildern ziemlich selten und meist nur unbeständig. Kultiviert wird die Weinrebe wahrscheinlich seit rund 5000 Jahren. Die Kulturreben haben zwittrige Blüten. Von den zahlreichen bekannten Sorten werden nur relativ wenige angebaut. Nicht alle Sorten eignen sich für alle Lagen gleich gut, weil der aus ihnen gewonnene Wein seine Sorteneigenart nicht auf allen Böden voll entfaltet.

Gewöhnliche Jungfernrebe

Parthenocissus quinquefolia agg.
Weinrebengewächse *Vitaceae*

Beschreibung: Zahlreiche Blüten stehen
in nicht sehr großen, endständigen, etwas sparrigen und nur mäßig lockeren Rispen. Blüten prinzipiell zwittrig, grünlich, 5–8 mm im Durchmesser (ausgebreitet gemessen). Blütenblätter 5, frei
abstehend, ebenso wie die 5 Kelchblätter früh
abfallend. Früchte blauschwarze Beeren, 4–6 mm
dick, kaum bereift, meist mit 2–3 Samenkörnern.
Kletterstrauch, dessen Ranken in 5–8 Arme aufzweigen, die – im Kontakt mit einer Unterlage –
am Ende eine Haftscheibe ausbilden. Rinde der
Triebe nicht längsrissig, sich nicht in langen Bändern ablösend. Junge Triebe rötlich. Blätter
wechselständig, kahl, 5zählig (selten auch 7zäh-
lig) handförmig geteilt; Teilblättchen gestielt,
4–10 cm lang, 1,5–4 cm breit, schmal-eiförmig bis
breit-lanzettlich, in eine lange Spitze auslaufend,
am Grund leicht keilförmig verschmälert, grob
und etwas kerbig gesägt, oberseits stumpfgrün,
unterseits trüb-bläulich, im Herbst leuchtend
karminrot. Juli–September. 3–10 m.
Vorkommen: Braucht lehmigen oder tonigen, jedoch nicht zu sehr verfestigten Boden.
Zierpflanze aus Nordamerika, die bei uns örtlich
in Säumen von Wäldern, vor allem Auenwäldern, verwildert ist.
Wissenswertes: ♄; (☠). Enthält reichlich
Oxalsäure. Nach dem Genuß größerer Mengen
von Beeren soll es zu Vergiftungen gekommen
sein. – Die Sammelart umfaßt 2 Kleinarten: Gewöhnliche Jungfernrebe (*P. quinquefolia* (L.)
PLANCH.): Ranken 5–8teilig, mit Haftscheiben.
– Fünfblättrige Jungfernrebe (*P. inserta*
(KERN.) FRITSCH): Ranken 3–5teilig, ohne Haftscheiben, Rankenende meist keulig angeschwollen.

Dreilappige Jungfernrebe

Parthenocissus tricuspidata (SIEB. & ZUCC.)
PLANCH.
Weinrebengewächse *Vitaceae*

Beschreibung: Zahlreiche Blüten stehen
in nicht sehr großen, endständigen, etwas sparrigen und nur mäßig lockeren Rispen. Blüten prinzipiell zwittrig, gelblich-grün, 5–8 mm im Durchmesser (ausgebreitet gemessen). Blütenblätter 5,
frei abstehend, ebenso wie die 5 Kelchblätter
früh abfallend. Früchte blauschwarze Beeren,
6–8 mm dick, deutlich bereift, meist mit 1–2 Samenkörnern. Kletterstrauch, dessen kurze Ranken sich vielfach aufzweigen, wobei die Arme in
einer Haftscheibe enden, die auch ohne Kontakt
mit der Unterlage ausgebildet wird, also von An-
fang an vorhanden ist. Triebe kahl. Blätter wechselständig, an jungen Trieben zum Teil handförmig 3teilig, zum Teil einfach, breit-eiförmig oder
– in der Regel – mit 3 zugespitzten, grob gesägten
Lappen, an den Triebenden nur 1–5 cm im
Durchmesser, an älteren 10–20 cm breit, lang gestielt, beidseits glänzend grün und kahl, zuweilen
unterseits auf den Nerven behaart; Herbstfärbung leuchtend orangegelb und scharlachrot. Juli–August. 2–10 m.
Vorkommen: Braucht nicht zu stickstoffsalzarmen Boden, der im übrigen eher trocken
als naß sein sollte. Kletter-Zierstrauch aus Ostasien (Korea, China, Japan), der vielfach zur Begrünung von Mauern und Wänden gepflanzt
wird und der zuweilen – vor allem am Alpensüdfuß – ortsnah verwildert ist.
Wissenswertes: ♄; (☠). Die Beeren enthalten Oxalsäure und könnten – in größerer
Menge genossen – eventuell zu Vergiftungen
führen; Vergiftungsfälle sind uns nicht bekannt
geworden. Von der Dreilappigen Jungfernrebe
werden mehrere Gartensorten gepflanzt.

Dreilappige Jungfernrebe
Parthenocissus tricuspidata

Weinrebe
Vitis vinifera

Faulbaum
Frangula alnus

Gewöhnliche Jungfernrebe
Parthenocissus quinquefolia

141

Berg-Leinblatt

Thesium bavarum SCHRANK
Sandelgewächse *Santalaceae*

Beschreibung: Endständige Rispe. Unter den Blüten stehen 1 größeres und 2 kleinere Tragblätter. Blüten unscheinbar, innen weiß, mit meist 5 gekerbten Blütenzipfeln (selten sind nur 4 Blütenzipfel ausgebildet, allerdings nie an allen Blüten eines Blütenstandes; Exemplare, bei denen 4zipflige Blüten überwiegen, gibt es beim Berg-Leinblatt nicht; Vorsicht: Falschbestimmung wahrscheinlich!). Frucht um 4 mm lang, kugelig bis eiförmig, gestielt. Blütenhülle zur Fruchtzeit bis auf den Grund der tief gespaltenen Zipfel eingerollt und deutlich kürzer, als die Frucht lang ist. Stengel aufrecht, kantig, verzweigt, reich beblättert. Blätter blaugrün, lanzettlich, mindestens 3nervig, 2–4 cm lang, 3–7 mm breit, ganzrandig, kahl. Pflanze ohne Ausläufer. Juni–Juli. 30–80 cm.

Vorkommen: Braucht kalkhaltigen, lockeren Lehm- oder Lößboden in Gegenden mit warmem Klima, vor allem im Sommer. Besiedelt trockene Gebüsche, lichte Trockenwälder oder Ränder solcher Wälder. Steigt in warmen Alpentälern bis etwa 1800 m. Sehr selten, kommt aber an seinen Standorten gelegentlich in kleineren, eher individuenarmen Beständen vor.

Wissenswertes: ♃. Das Berg-Leinblatt ist ein Halbschmarotzer, der seinen Wirtspflanzen Wasser und Nährsalze entzieht. Eine besondere Wirtsspezifität scheint nicht zu bestehen. Die obersten Blüten im Blütenstand sind meist auffällig klein; sie bleiben geschlossen und befruchten sich selbst. Die übrigen Blüten werden von Bienen bestäubt. – Ähnlich: Niedriges Leinblatt (*T. dollineri* MURB.): Blüten in einfacher oder zusammengesetzter Traube; Blätter 1nervig. Niederösterreich; Tschechien; selten.

Mittleres Leinblatt

Thesium linophyllon L.
Sandelgewächse *Santalaceae*

Beschreibung: Blütenstand endständige Rispe. Unter den Blüten stehen 1 größeres und 2 kleinere Tragblätter. Blüten unscheinbar, glockig, 5zipflig, innen weiß; Blütenzipfel meist eingerollt. Blütenhülle zur Fruchtzeit bis auf den Grund eingerollt und erheblich kürzer als die Frucht lang ist. Eigentlicher Stengel unterirdisch kriechend, dünn – vor allem getrocknet –, ohne deutliche Pfahlwurzel. Äste stengelartig, aufrecht, kantig, oberwärts verzweigt, kahl, gleichmäßig reich beblättert. Blätter blaugrün, schmallanzettlich, meist nur 1nervig, gelegentlich undeutlich 3nervig oder – selten – undeutlich 5nervig, 2–4 cm lang, 1–4 mm breit, ganzrandig, kahl. Juni–Juli. 15–30 cm.

Vorkommen: Braucht lockeren, sandigen oder steinigen Boden, der stark besonnt wird. Besiedelt Trockenrasen, Felsbänder und Dünen. Steigt in den Gebirgen bis über 1200 m. Sehr selten, kommt aber an seinen Standorten gelegentlich in kleineren, lockeren und individuenarmen Beständen vor; im nordwestlichen Tiefland völlig fehlend.

Wissenswertes: ♃. Das Mittlere Leinblatt ist – wie die anderen Arten der Gattung – ein Halbschmarotzer. Es wird manchmal von dem Rostpilz *Puccinia thesii* befallen. Die Blätter sind dann verkrümmt, die Pflanze gelbgrün. Auch andere Leinblatt-Arten können von diesem oder anderen Rostpilzen befallen werden. – Die unscheinbaren Blüten werden von Bienen rege beflogen und bestäubt. Für die Anlockung der Bienen soll in erster Linie der Duft maßgebend sein; der menschlichen Nase erscheint er indessen so schwach, daß man ihn kaum wahrnehmen kann. Über die Fernanlockung ist nichts bekannt.

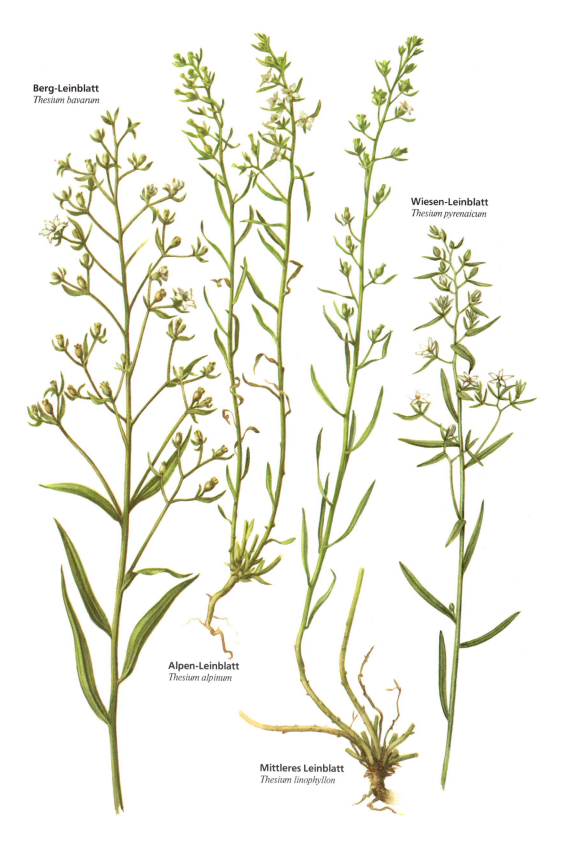

Berg-Leinblatt
Thesium bavarum

Wiesen-Leinblatt
Thesium pyrenaicum

Alpen-Leinblatt
Thesium alpinum

Mittleres Leinblatt
Thesium linophyllon

Alpen-Leinblatt
Thesium alpinum L.
Sandelgewächse *Santalaceae*

Beschreibung: Blütenstand endständige, wenig verzweigte, praktisch einseitswendige Rispe. Unter den Blüten stehen 1 größeres und 2 kleinere Tragblätter. Blüten unscheinbar, flach trichterig, meist 4zipflig. Blütenhülle zur Fruchtzeit nur an der Spitze eingerollt, so lang wie oder länger als die eiförmige oder kugelige Frucht, die nur um 2 mm an Länge erreicht. Stengel aufsteigend oder liegend, kantig, gelegentlich einfach oder – meist – nur 1- oder 2mal verzweigt. Blätter schmal-lineal, um oder kaum über 1 mm breit, 1nervig, gelbgrün. Das Alpen-Leinblatt besitzt einen kurzen Wurzelstock, aus dem die oberirdischen Sprosse austreiben. Juni–Juli. 10–30 cm.

Vorkommen: Braucht einigermaßen basenreichen, eher stickstoffsalzarmen, humosen und lockeren, steinigen Lehmboden in alpinem Klima. Besiedelt sowohl Blaugrasrasen als auch Borstgrasrasen in Höhen zwischen etwa 1000 und 2000 m; geht selten tiefer (z.B. im Alpenvorland im Bereich der Flußtäler, wo es mit Hochwässern herabgeschwemmt wird). Vereinzelt auch in Mittelgebirgen (z.B. im Schwarzwald im Feldberggebiet und am Belchen sowie im Harz). Sehr selten; kommt aber an seinen Standorten meist in kleineren, lockeren und eher individuenarmen Beständen vor.

Wissenswertes: ♃. Die Früchte des Alpen-Leinblatts werden durch Ameisen verbreitet. Neben der Insektenbestäubung spielt wahrscheinlich Selbstbestäubung eine gleichwertige Rolle, vor allem, wenn zur Blütezeit das Wetter überwiegend schlecht ist. Örtlich wird die Pflanze – meist mäßig häufig – von dem Rostpilz *Puccinia mougeotii* befallen, der nur auf dieser Art angetroffen wird.

Wiesen-Leinblatt
Thesium pyrenaicum POURR.
Sandelgewächse *Santalaceae*

Beschreibung: Blütenstand endständige, wenig verzweigte und eindeutig allseitswendige Rispe. Unter den Blüten stehen 1 größeres und 2 kleinere Tragblätter. Blüten unscheinbar, flach trichterig, meist 5zipflig. Blütenhülle zur Fruchtzeit nur an der Spitze eingerollt, so lang wie oder länger als die kaum 2 mm lange, kugelige Frucht. Stengel aufrecht oder aufsteigend, kantig und gestreift, meist einfach oder nur im oberen Drittel verzweigt. Blätter schmal-lineal, 1nervig oder undeutlich 3nervig, 1–2 mm breit, gelbgrün. Das Wiesen-Leinblatt besitzt einen kurzen Wurzelstock, aus dem meist mehrere dicht beieinander stehende oberirdische Sprosse treiben, von denen oft ein Teil nicht zur Blüte kommt. Mai–Juli. 10–50 cm.

Vorkommen: Braucht kalkarmen, sauren, aber zumindest mäßig basenreichen Boden, der lehmig und humushaltig, aber vor allem arm an Stickstoffsalzen sein sollte. Erträgt sowohl kurzzeitige Trockenheit wie auch zeitweilige Nässe. Besiedelt Halbtrockenrasen, Borstgrasrasen, Matten und Bergwiesen. Steigt in den Alpen bis über 2200 m. Fehlt im Tiefland; sonst selten; kommt an seinen Standorten meist in kleinen, lockeren und eher individuenarmen Beständen vor.

Wissenswertes: ♃. Wie die anderen Arten der Gattung ist auch das Wiesen-Leinblatt ein Halbschmarotzer. Es ist auf keine bestimmte Wirtspflanze angewiesen. – Leinblatt-Arten sollen früher Bestandteile von Sträußen und Blumengebinden gewesen sein, mit denen böse Geister gebannt werden sollten („Vermeinkraut"). Was sie dafür hätte besonders geeignet machen sollen, ist indessen unbekannt.

Sandelgewächse *Santalaceae* ▶

Leinblatt *Thesium*

Mistelgewächse *Viscaceae* ▶

Mistel *Viscum*

Riemenblumengewächse *Loranthaceae* ▶

Riemenblume *Loranthus*

Schopf-Leinblatt

Thesium ebracteatum HAYNE
Sandelgewächse *Santalaceae*

Beschreibung: Der Blütenstand ist stets eine Traube, an deren Spitze ein blütenloses Blattbüschel steht (hierauf bezieht sich der deutsche Name). Unter den Blüten steht nur 1 kleines Tragblatt. Blüten unscheinbar, 4- oder 5zipflig. Blütenhülle zur Fruchtzeit an der Spitze eingerollt und deutlich kürzer als die eiförmige, ledrige, nie beerenartige und gelbliche Frucht. Stengel unverzweigt. Blätter linealisch, undeutlich 3nervig oder 1nervig, 1–2 mm breit. Das Schopf-Leinblatt besitzt einen kriechenden Wurzelstock, aus dem auch Ausläufer treiben, und aus dem stets mehrere Stengel austreiben. Mai–Juni. 10–30 cm.

Vorkommen: Braucht warmen, sauren Sandboden. Besiedelt Heiden im Tiefland in Gegenden mit günstigem Klima. Westgrenze des derzeitigen geschlossenen Verbreitungsgebiets: vermutlich südöstliches Brandenburg und östliches Sachsen. Westlich davon nur isolierte Einzelstandorte (s. unten). Sehr selten. Hauptverbreitung: Ost- und Südosteuropa.

Wissenswertes: ⒉ Das Schopf-Leinblatt treibt nicht jedes Jahr oberirdische Sprosse aus seinem Wurzelstock. Daher wird es an seinen bekannten Standorten manchmal nicht aufgefunden. Da es fast ausschließlich auf Sandböden wächst, die für die landwirtschaftliche Nutzung nicht in Frage kommen, dürften die westlichsten Standorte in der Lüneburger Heide, in den Heiden bei Itzehoe und Mölln wohl erhalten bleiben. Hingegen sind einige Standorte westlich der Elbe, die noch anfangs des 20. Jahrhunderts bekannt gewesen sind, ebenso durch die Intensivierung der Landwirtschaft zerstört worden wie solche im Thüringer Becken um Erfurt.

Geschnäbeltes Leinblatt

Thesium rostratum MERT. et KOCH
Sandelgewächse *Santalaceae*

Beschreibung: Blütenstand eine Traube, an deren Spitze ein blütenloses Blattbüschel steht. Stiele der Blüten entspringen nicht der Achsel eines Blattes. Vielmehr sitzt unter jedem Fruchtknoten nur ein kaum 5 mm langes Tragblatt. Blüten unscheinbar, 5zipflig. Blütenhülle zur Fruchtzeit bis zur Mitte eingerollt und fast doppelt so lang wie die kugelige Frucht, die wie eine gelbliche, weiche Beere aussieht. Stengel aufrecht oder aufsteigend, unverzweigt. Blätter lineal, 1nervig, kaum 1 mm breit. Das Geschnäbelte Leinblatt besitzt einen mehrere Millimeter dicken Wurzelstock, aus dem nie Ausläufer treiben, stets aber mehrere, ja viele Stengel „lockerhorstig" sprießen. April–Mai. 15–40 cm.

Vorkommen: Braucht sehr lockeren, kalkreichen Boden in alpiner Lage oder in den Mittelgebirgen. Besiedelt daher steinige und wenigstens zeitweise trockene und lichte Kiefernwälder sowie alpine Zwergstrauchheiden und das Latschengebüsch, wo sie sekundär in tieferen Lagen vorkommen, z.B. auf Moränenschottern. Geht auch auf Kiesbänke der Flüsse (z.B. von Lech und Isar) am Alpenfuß, vereinzelt sogar bis an ihre Mündung in die Donau. Westwärts bis in die Ostschweiz (z.B. Umland von Zürich), nordwärts bis an die Donau bei Regensburg und bis nach Tschechien, ostwärts bis Kärnten und südwärts bis nach Südtirol und an den Alpensüdfuß. Steigt bis etwa 1500 m. Sehr selten. Kommt an seinen Standorten meist in kleineren, individuenarmen, lockeren und unauffälligen Beständen vor.

Wissenswertes: ⒉ Der Verbreitungsschwerpunkt der Art liegt vor allem im östlichen Alpen- und Voralpengebiet.

Sandelgewächse *Santalaceae*
Mistelgewächse *Viscaceae*
Riemenblumengewächse *Loranthaceae*

Mistel

Viscum album agg.
Mistelgewächse *Viscaceae*

Beschreibung: Immergrüner Halbschmarotzer auf Bäumen. Männliche und weibliche Blüten auf getrennten Pflanzen. Frucht eine weiße oder cremefarbene Beere mit nur 1 oder mit 2 Samen. Stengel oft gabelig verästelt, Strauch daher von meist kugelig-nestartigem Wuchs. Zweige brechen an den Gabelungsstellen verhältnismäßig leicht. Blätter dick, ledrig, immergrün, gelbgrün, spatelig, ganzrandig, 2–8 cm lang und 0,8–1,5 cm breit. März–Mai. 0,5–1 m.

Vorkommen: Braucht zum Gedeihen hohe Luftfeuchtigkeit. Kommt daher vor allem in Flußtälern und im Regenstau der Mittelgebirge in Gegenden mit milden Wintern vor. Zerstreut. Wächst meist in kleineren Beständen. Steigt im Gebirge bis etwa 1200 m.

Wissenswertes: ♄; (☠). Vor allem an winterkahlen Bäumen ist die Mistel schon von weitem an ihrem kugeligen Wuchs erkennbar. Sitzt sie hoch, vereinzelt und untypisch in der Baumkrone, könnte man sie mit Vogelnestern oder „Hexenbesen" verwechseln. Eine Betrachtung mit dem Fernglas, durch das man fast immer die grünen Blätter erkennen kann, schafft Klarheit. Nach den Bäumen, die befallen werden, unterscheidet man 3 Sippen, die auch als Kleinarten aufgefaßt werden: Die Laubholz-Mistel (*Viscum album* L.), die Tannen-Mistel (*Viscum abietis* (WIESB.) FRITSCH) und die Kiefern-Mistel (*Viscum laxum* BOISS. et REUT.). Häufig befallene Laubbäume sind Apfelbaum, Pappeln, Weiden, Ahorn-Arten, Walnuß, Birke, Hainbuche. Die Mistel entzieht ihrer Wirtspflanze hauptsächlich Wasser und Nährsalze. Ihr Gehalt an herzwirksamen Inhaltsstoffen ist umstritten. Über Vergiftungen gibt es keine unbezweifelbaren Berichte; gespritzte Extrakte sind wohl giftig.

Riemenblume

Loranthus europaeus L.
Riemenblumengewächse *Loranthaceae*

Beschreibung: Sommergrüner Halbschmarotzer auf Bäumen. Männliche und weibliche Blüten stets auf verschiedenen Pflanzen. Männliche Blütenstände Trauben mit 3–9 Blüten am Ende der Zweige, 3–6 cm lang. Weibliche Blütenstände mit 3–7 Blüten in lockerer Ähre, die am Ende der Zweige steht. Frucht hellgelbe, etwas birnförmige Beere. Stengel oft gabelig verästelt, dunkelbraun, relativ leicht brechend. Strauch von fast kugelig-nestartigem Wuchs. Blätter sommergrün, im Herbst abfallend, sehr schmal eiförmig, spatelig in den Stiel verschmälert, dick, dunkelgrün, nie gelbgrün! Mai–Juni. 20–50 cm.

Vorkommen: Braucht zum Gedeihen Sommerwärme und eher Lufttrockenheit. Heimat: Südosteuropa. Erreicht in Sachsen im Tal der Elbe bei Pirna die Nordostgrenze ihres Areals. Hier sehr selten. In Tschechien im Umland von Prag vereinzelt, im Südosten selten, desgleichen in Niederösterreich, und zwar vor allem nördlich der Donau sowie in Steiermark.

Wissenswertes: ♄. Die Riemenblume unterscheidet sich in allen Jahreszeiten deutlich durch die braunen Zweige von der Mistel. Sie ist auch wesentlich kleiner. Als Wirtsbäume bevorzugt sie Eichen-Arten, vor allem die Flaum-Eiche *(Quercus pubescens)* und im Südosten Mitteleuropas auch die Zerr-Eiche *(Qu. cerris* L.), – weniger oft – Trauben-Eiche *(Qu. petraea)* und die Stiel-Eiche *(Qu. robur)*; ganz selten geht sie auf die Edel-Kastanie *(Castanea sativa)*. Aus ihren Beeren – nicht, wie oft fälschlich behauptet, aus denen der Mistel – stellte man früher den „Vogelleim" her. Sie enthalten – im Gegensatz zu den fetthaltigen Beeren der Mistel – in geringer Menge Kautschuk, und nur dieser „klebt".

Mistel
Viscum album

Geschnäbeltes Leinblatt
Thesium rostratum

Riemenblume
Loranthus europaeus

Schopf-Leinblatt
Thesium ebracteatum

Niederliegende Wolfsmilch

Euphorbia humifusa WILLD.
Wolfsmilchgewächse *Euphorbiaceae*

Beschreibung: Blütenstände nicht aus mehreren Teilblütenständen zusammengesetzt, sondern einzeln und mit nur 1 „Blüte" („Cyathium") in den gabeligen Verzweigungen des Stengels. Drüsen des Hüllbechers querlänglich, mit einem 2–3lappigen, schmalen, stumpfen, hellroten Anhängsel. Fruchtknoten bzw. Frucht kahl. Griffel des Fruchtknotens tief 2spaltig. Kapsel knapp 2 mm im Durchmesser, glatt. Stengel dünn, niederliegend und mehrfach gabelig verzweigt. Blätter gegenständig, schmal verkehrt-eiförmig, vorne abgerundet und an der Spitze fein gesägt, aber nie ausgerandet, spatelig in den Grund verlaufend, bis 8 mm lang und etwa halb so breit wie lang, kahl, jung bläulich-grün, im Alter wie die Stengel oft rötlich überlaufen. Nebenblätter stets vorhanden, aber kaum 1 mm lang, pfriemlich. Pflanze enthält weißen Milchsaft. April–September. 5–15 cm.
Vorkommen: Braucht trockenen, lockeren, sandigen oder steinigen, nährstoffreichen Boden. Besiedelt siedlungsnahes Ödland, geht auch an Wege und in Pflasterfugen. Bevorzugt sonnige Standorte. Heimat: Südsibirien vom Ural bis nach Ostasien. Vor allem im Umfeld von Botanischen Gärten gelegentlich verwildert, doch meist unbeständig. In den Parkanlagen der Ferienzentren im Gebiet der Seen am Alpensüdfuß und in der Südwestschweiz möglicherweise örtlich beständig eingebürgert.
Wissenswertes: ☉; ☠. Die Niederliegende Wolfsmilch kam wahrscheinlich um 1800 in Botanische Gärten nach Europa; im Mittelmeergebiet hat sie verbreitet Fuß gefaßt; in Mitteleuropa tritt sie sporadisch auf.

Kreuzblättrige Wolfsmilch

Euphorbia lathyris L.
Wolfsmilchgewächse *Euphorbiaceae*

Beschreibung: Gesamtblütenstand gabelig-scheindoldig. „Blüte" = „Cyathium"; Drüsen des Hüllbechers ziemlich groß, gelb, 2hörnig. Frucht deutlich 3fächerig; Teilkapsel mit einer deutlichen Mittelkante; reife Kapsel etwa 1 cm im Durchmesser. Stengel aufrecht, kahl, dunkelgrün, bläulich bereift. Stengel im ersten Jahr dicht beblättert, im 2. Jahr am vorjährig gebildeten Stengelteil unbeblättert. Stengelblätter kreuzgegenständig, lineal, 5–12 cm lang, 1–1,5 cm breit, spitz zulaufend oder abgestumpft, mit buchtigem Grund sitzend. Tragblätter im Blütenstandsbereich gegenständig, 3–10 cm lang, 1,5–4 cm breit, eiförmig bis breit-lanzettlich, mit herzförmigem Grund sitzend, nicht miteinander verwachsen, ganzrandig, ziemlich hell gelblichgrün, deutlich bläulich bereift. Ganze Pflanze enthält weißen Milchsaft. Juli–August. 0,3–1,5 m.
Vorkommen: Braucht nährstoffreichen, lockeren Lehmboden in Lagen mit sommerwarmem und wintermildem Klima. Besiedelt Ödland, bevorzug im Umfeld von Schrebergartenanlagen und an Waldsäumen. Heimat: Mittelmeergebiet und Vorderasien. Bei uns nur verwildert und mit Ausnahme von Standorten in klimatisch begünstigten Gegenden (Weinbaugebieten) kaum längere Zeit beständig.
Wissenswertes: ☉; ☠. Früher wurde die Kreuzblättrige Wolfsmilch in Bauerngärten weniger als reine Zierpflanze, sondern auch als Arzneipflanze (gekaute Samen lösen Erbrechen und Magen-Darm-Entzündungen aus!) angebaut. Heute bringt man sie zuweilen in Gärten ein, weil sie angeblich Wühlmäuse vertreibt. Ein Beweis hierfür fehlt allerdings.

Kreuzblättrige Wolfsmilch
Euphorbia lathyris

Sonnenwend-Wolfsmilch
Euphorbia helioscopia

Kantige Wolfsmilch
Euphorbia angulata

Niederliegende Wolfsmilch
Euphorbia humifusa

Kantige Wolfsmilch

Euphorbia angulata JACQ.
Wolfsmilchgewächse *Euphorbiaceae*

Beschreibung: Gesamtblütenstand endständig, scheindoldig; Scheindolde mit 5 Strahlen. „Blüte" = „Cyathium"; Drüsen des Hüllbechers queroval, zuerst grünlich, zuletzt rotgelb. Fruchtknoten bzw. Frucht mit halbkugeligen oder kurzkegeligen Warzen bedeckt, kahl, reif um 3 mm im Durchmesser. Stengel aufsteigend oder aufrecht, am Grunde knollig, in der Mitte und oben deutlich gerillt und an den Rillen mit scharfen Kanten, kahl. Die Stengel entspringen einem meist unverzweigten Rhizom, dessen Abschnitte entweder knollig verdickt oder aber ausläuferartig lang und dünn sind. Blätter wechselständig, 2–3 cm lang und 0,5–1,2 cm breit, verkehrt-eiförmig, allmählich in den Blattgrund verschmälert, an der Spitze stumpflich und fein gesägt, kahl oder beiderseits mehr oder weniger deutlich flaumig behaart. Hüllblätter der Blütenstandsstrahlen breit-eiförmig, mäßig spitz zulaufend, kürzer als die Blütenstandsstrahlen. Hüllchenblätter aus herzförmigem Grund breit-3ekkig, stumpflich bis mäßig spitz, an der breitesten Stelle fast so breit wie lang. Ganze Pflanze enthält weißen Milchsaft. Mai–Juni. 20–60 cm.

Vorkommen: Braucht kalkhaltigen, lockeren, steinigen Lehmboden an Standorten mit luftfeuchtem Klima und Schatten. Besiedelt mäßig dichte Schlucht- und Bergwälder. Ausschließlich in Ober- und Niederösterreich, im Burgenland, von der Steiermark und von Kärnten ostwärts bis zum Comer See. Steigt in den Alpen kaum über 1000 m. Im übrigen Mitteleuropa höchstens unbeständig eingeschleppt.

Wissenswertes: ♃; ☠. Hauptverbreitungsgebiet: Osteuropa; in Südwestfrankreich und Nordspanien ein Teilareal.

Sonnenwend-Wolfsmilch

Euphorbia helioscopia L.
Wolfsmilchgewächse *Euphorbiaceae*

Beschreibung: Gesamtblütenstand endständig, scheindoldig. Scheindolde mit meist 5 Strahlen, seltener mit nur 3 Strahlen. Die Strahlen teilen sich in der Regel in 3 Tochterstrahlen, ehe sie sich in die „Blütenstiele" gabeln. „Blüte" = „Cyathium"; Drüsen des Hüllbechers queroval, samtgrün bis gelblich. Fruchtknoten bzw. Frucht warzenlos. Stengel aufrecht oder bogig aufsteigend, meist nur am Grund mit 2 gegenständigen Ästen, die oft klein und unscheinbar bleiben, rund, etwas fleischig, nur wenig beblättert (Stengelblätter früh abfallend), oft rötlich-braun überlaufen. Stengelblätter wechselständig, verkehrt-eiförmig, spatelig-keilig in den Grund verschmälert, vorne fein gezähnt, etwa ab der Blattmitte bis zum Grund ganzrandig, meist gelbgrün, seltener dunkelgrün, zuweilen rot überlaufen, bräunlich verwelkend. Tragblätter im Blütenstandsbereich nicht verwachsen, in der Form ähnlich wie die Stengelblätter, aber kleiner als diese. Pflanze enthält weißen Milchsaft. April–Oktober. 10–40 cm.

Vorkommen: Braucht nährstoffreichen, lockeren Lehmboden. Besiedelt Hackfruchtkulturen, Weinberge und Gärten, geht aber auch an den Rand von Getreidefeldern und auf Ödland. Fehlt im Tiefland und in den Mittelgebirgen ohne Ackerbau kleinerer Gebiete. Steigt in den Alpen bis über 1500 m. Häufig.

Wissenswertes: ☉; ☠. Der deutsche Name Sonnenwend-Wolfsmilch, der mit dem Art-Epithet *„helioscopia"* bedeutungsgleich ist, macht darauf aufmerksam, daß die Pflanze den Gesamtblütenstand nach der Sonne dreht. Darauf soll schon PLINIUS vor rund 2000 Jahren hingewiesen haben.

Österreicher Wolfsmilch

Euphorbia austriaca KERN.
Wolfsmilchgewächse *Euphorbiaceae*

Beschreibung: Gesamtblütenstand endständig, scheindoldig; außer der endständigen Scheindolde finden sich in den Achseln der obersten Blätter oft noch einzelne Döldchen; Scheindolde mit mehr als 5 Strahlen. „Blüte" = „Cyathium"; Drüsen des Hüllbechers queroval, zuerst gelblich-grün, dann rötlich-gelb. Fruchtknoten bzw. Frucht kaum gefurcht, kahl, glatt, höchstens undeutlich warzig, reif um 4 mm im Durchmesser. Stengel aufrecht, hohl, kahl, verzweigt; ein Teil der Seitenäste kann steril sein und die endständige Scheindolde überragen. Dem dickwalzlichen Rhizom, das lange unterirdische Ausläufer treibt, entspringen meist mehrere Stengel, so daß die Pflanze insgesamt buschig wirkt. Stengelblätter aus stielförmig verschmälertem Grund schmal-eiförmig bis spatelig, ganzrandig oder fein gesägt, 3–5 cm lang und 2–3 cm breit. Tragblätter im Blütenstandsbereich breit-eiförmig bis rundlich, gelbgrün. Pflanze enthält weißen Milchsaft. Mai–Juli. 50–80 cm.

Vorkommen: Braucht humosen, nährstoffreichen, kalkhaltigen Boden mit Mullauflage. Besiedelt lichte, allenfalls oberflächlich versauerte Bergwälder und alpine Weiden. Vor allem zwischen Totem Gebirge und Hochschwab, vielleicht auch noch in den Kalkalpen Ober- und Niederösterreichs. Ein Vorkommen bei Passau ist zweifelhaft.

Wissenswertes: ♃; ☠. Die Österreicher Wolfsmilch (*E. austriaca* KERN.) wird mit der Zottigen Wolfsmilch (*E. villosa* W. & K. ex WILLD.: Stengelblätter am Grund abgerundet oder herzförmig; Steiermark, Burgenland, Niederösterreich; selten) zur Sammelart *E. villosa* agg. zusammengefaßt.

Steppen-Wolfsmilch

Euphorbia seguierana NECK.
Wolfsmilchgewächse *Euphorbiaceae*

Beschreibung: Gesamtblütenstand endständig, scheindoldig; nur sehr selten finden sich einzelne Teilblütenstände in den Achseln der obersten Blätter. Scheindolde mit mehr als 5 Strahlen. „Blüte" = „Cyathium"; Drüsen des Hüllbechers queroval, nur ausnahmsweise auch halbmondförmig, anfangs dunkelgrün, zuletzt dunkelgelb. Fruchtknoten bzw. Frucht warzenlos und glatt, reif etwa 3 mm im Durchmesser. Stengel bogig aufsteigend oder aufrecht, unverzweigt, am Grund meist 2 mm dick oder dicker, hier verholzt; dem langen, verholzten, meist waagrecht im Boden verlaufenden Rhizom entspringen meist mehrere Stengel. Stengelblätter wechselständig, nicht vor der Fruchtreife abfallend, schmal-lanzettlich bis lineal, 1–3 cm lang, 2–4 mm breit, mit aufgesetzter, feiner Spitze, ganzrandig. Blätter wie Stengel gelbgrün bis graugrün. Pflanze enthält weißen Milchsaft. Mai–Juni. 20–60 cm.

Vorkommen: Braucht kalkhaltigen, lockeren, sandigen oder steinigen Lehmboden, geht auch auf Löß. Bevorzugt Gegenden mit wintermildem und vor allem sommerwarmem Klima. Besiedelt Trockenrasen und lückige Sandrasen. Im Weinbaugebiet vom Oberrhein bis zum Niederrhein und am mittleren Main, im Wallis, im südlichen Schweizer Jura und am Alpensüdfuß, desgleichen im Burgenland, in Niederösterreich und im östlichen Oberösterreich; selten, aber örtlich in kleineren Beständen.

Wissenswertes: ♃; ☠. Der deutsche Artname verweist darauf, daß das Hauptverbreitungsgebiet der Art in den Steppen des südlichen Osteuropas und Südsibiriens liegt. Von dort erstreckt es sich bis nach Zentralspanien.

Sumpf-Wolfsmilch

Euphorbia palustris L.
Wolfsmilchgewächse *Euphorbiaceae*

Beschreibung: Gesamtblütenstand endständig, scheindoldig; Scheindolde mit mehr als 5 Strahlen (sehr selten mit 5 Strahlen). „Blüte" = „Cyathium"; Drüsen des Hüllbechers queroval, zuerst wachsgelb, zuletzt bräunlich. Fruchtknoten bzw. Frucht dicht warzig, reif um 5 mm im Durchmesser. Stengel aufrecht, kahl, an seiner Basis mindestens 1 cm im Durchmesser (gutes Kennzeichen!) und hier häufig rot überlaufen, im mittleren und oberen Teil schwach bläulich bereift und oben mit zahlreichen, spitzwinklig abstehenden, blütenlosen Seitenästen, die bei verblühten Exemplaren die Fruchtstände oft überragen. Stengelblätter wechselständig, bis zur Fruchtreife am Stengel verbleibend, schmal-eiförmig, 5–8 cm lang und 1–2 cm breit, ganzrandig oder fein gezäht, oberseits dunkelgrün, unterseits blaugrün. Meist treiben aus dem Wurzelstock mehrere Stengel und einige weitkriechende unterirdische Ausläufer. Pflanze enthält weißen Milchsaft. Mai–Juni. 0,5–1,5 m.

Vorkommen: Braucht nassen, kalkhaltigen Boden, der torfig, schlammig oder tonig sein kann. Erträgt zeitweilige Überflutung. Besiedelt Sumpfwiesen, Gräben und Ufergebüsche. Mecklenburg-Vorpommern, Brandenburg, Sachsen, Sachsen-Anhalt, Unterlauf der Elbe und Weser, an der Aller, vom Niederrhein bis zum Oberrhein (hier gebietsweise fehlend), am oberen Main, von Regensburg donauabwärts bis ins Wiener Becken, am Unterlauf der Isar: selten. Im Vorland des südlichen und mittleren Schweizer Jura und am Alpensüdfuß vereinzelt.

Wissenswertes: ♃; ☠. Die Sumpf-Wolfsmilch ist offensichtlich eine „Stromtalpflanze"; an ihrer Ausbreitung ist hauptsächlich fließendes Wasser beteiligt.

Süße Wolfsmilch

Euphorbia dulcis L.
Wolfsmilchgewächse *Euphorbiaceae*

Beschreibung: Gesamtblütenstand endständig, scheindoldig; Scheindolde mit 3–5 Strahlen. „Blüte" = „Cyathium"; Drüsen des Hüllbechers queroval, zuerst gelblich-grün, zuletzt meist leuchtend samtrot. Fruchtknoten bzw. Frucht ungleichmäßig warzig, reif 3–4 mm im Durchmesser. Stengel aufrecht, rund, nicht verzweigt. Dem knotig verdickten Wurzelstock entspringen meist mehrere Stengel. Stengelblätter wechselständig, nicht vor der Fruchtreife abfallend, schmal-eiförmig bis breit-lanzettlich, vorne spitz zulaufend, aber Spitze abgestumpft, ganzrandig oder fein gezäht, 2–5 cm lang und 1–2,5 cm breit; größte Blattbreite etwa in der Blattmitte oder etwas spitzenwärts von ihr, oberseits grün, unterseits bläulich-grün. Tragblätter im Blütenstandsbereich aus herzförmig eingebuchtetem oder abgestutztem Grund breit-3eckig, mit zuweilen geschwungenem Rand und stets abgestumpfter Spitze, grün oder leicht bläulich-grün. Pflanze enthält weißen Milchsaft. Mai–Juni. 15–60 cm.

Vorkommen: Braucht kalkhaltigen, nicht zu trockenen, lockeren Lehmboden mit guter Mullauflage. Besiedelt Laub- und Mischwälder. Westerwald, Eifel, Rhön, Pfalz, Schwäbisch-Fränkische Muschelkalkgebiete, Schwäbischer Jura, Ober- und Hochrhein, Südschwarzwald sowie Österreich: zerstreut; Voralpengebiet und Nördliche Kalkalpen – vor allem in den Tälern – selten; fehlt in den Zentral- und Südalpen oder kommt dort nur vereinzelt vor. Steigt in den Nördlichen Kalkalpen bis etwa 1500 m.

Wissenswertes: ♃; ☠. „Süß" bezieht sich darauf, daß im Milchsaft etwas weniger hautreizende Gifte enthalten sein sollen als bei anderen Arten der Gattung.

Österreicher Wolfsmilch
Euphorbia austriaca

Sumpf-Wolfsmilch
Euphorbia palustris

Süße Wolfsmilch
Euphorbia dulcis

Steppen-Wolfsmilch
Euphorbia seguierana

Warzen-Wolfsmilch

Euphorbia verrucosa L. emend. L.
Wolfsmilchgewächse *Euphorbiaceae*

Beschreibung: Gesamtblütenstand endständig, scheindoldig; Scheindolde mit 5 Strahlen, die nochmals verzweigt sein können. „Blüte"
= „Cyathium"; Drüsen des Hüllbechers queroval, grünlich-gelb bis gelb. Fruchtknoten bzw.
Frucht dicht mit kurzwalzlichen oder halbkugeligen Warzen besetzt. Frucht 3-4 mm im Durchmesser. Stengel bogig aufsteigend oder aufrecht,
unverzweigt, oft aus den Blattachseln eines abgestorbenen Stengels aus dem Vorjahrestrieb entspringend. Stengelblätter wechselständig, nicht
vor der Fruchtreife welkend und abfallend,
2–5 cm lang und 1–2 cm breit, sehr fein gezähnt,
oberseits meist dunkelgrün, unterseits – seltener
auch oberseits – etwas bläulich-grün. Tragblätter
im Blütenstandsbereich gelb bis dottergelb, eiförmig bis breit-eiförmig, noch feiner gesägt als
die Stengelblätter oder praktisch ganzrandig.
Pflanze enthält weißen Milchsaft. Mai–Juni.
20–40 cm.

Vorkommen: Braucht kalkreichen, lockeren, steinigen bis mergeligen Lehm- oder Tonboden, geht auch auf Löß. Besiedelt Halbtrok-
kenrasen und lichte Trockengebüsche. Fehlt –
mit Ausnahme der Rhön – nördlich des Mains.
Im fränkischen Muschelkalk- und Keupergebiet,
im südlichen Fränkischen Jura, im Schwäbischen
und Schweizer Jura, am südlichen Oberrhein
und am Hochrhein, in den Gebieten mit kalkhaltigen Böden im Alpenvorland, in Ober- und Niederösterreich zerstreut und meist in lockeren Beständen. In den Nördlichen und Südlichen Kalkalpen nur vereinzelt. Steigt kaum über 800 m.

Wissenswertes: ♃; ♀. Warzen-Wolfs-
milch-Exemplare werden zuweilen vom Rostpilz
Uromyces pisi befallen und habituell stark verändert. Sie bleiben steril.

Breitblättrige Wolfsmilch

Euphorbia platyphyllos L.
Wolfsmilchgewächse *Euphorbiaceae*

Beschreibung: Gesamtblütenstand aus
achselständigen Seitendöldchen und einer endständigen, meist 5strahligen Scheindolde, deren
Strahlen nochmals verzweigt sein können. „Blüte" = „Cyathium"; Drüsen des Hüllbechers queroval bis rundlich, gelb oder grünlich-gelb.
Fruchtknoten bzw. Frucht auf 3 Flächen dicht
warzig; 3 Streifen bleiben warzenfrei (Lupe!), reif
3 mm im Durchmesser. Stengel unten unverzweigt, nur im Bereich des Blütenstandes in
Form der achselständigen Seitendöldchen locker
verzweigt, meist einzeln. Stengelblätter wechselständig, zur Zeit der Fruchtreife meist abgefallen, schmal-lanzettlich, 2–4 cm lang und
0,7–1,5 cm breit, stumpflich oder zugespitzt, sitzend und am Grunde abgestutzt oder leicht
buchtig, in der oberen Hälfte sehr fein und nicht
immer deutlich gesägt. Blätter auffallend gelbgrün, nur an schattigen Standorten dunkelgrün.
Tragblätter im Blütenstandsbereich breit-3eckig
bis fast halbkreisförmig, oft mit einem deutlichen
Spitzchen. Pflanze enthält weißen Milchsaft und
riecht mehr oder minder ausgeprägt nach Mäusen. Juni–September. 20–80 cm.

Vorkommen: Braucht nährstoffreichen,
nicht zu trockenen, kalkhaltigen Lehmboden,
der humusarm und ziemlich schwer sein kann.
Besiedelt vorzugsweise Wegränder und Böschungen in eher sonnigen Lagen. Fehlt im Tiefland;
in den Mittelgebirgen mit kalkhaltigem Gestein
und in den Kalkalpen in den milderen Lagen selten, aber zuweilen in kleineren, individuenreichen Beständen; im Alpenvorland nur vereinzelt; fehlt in den Zentralalpen größeren Gebieten. Steigt vereinzelt bis zur Ackerbaugrenze.

Wissenswertes: ☉; ♀. Hauptareal: Mittelmeergebiet.

Zypressen-Wolfsmilch
Euphorbia cyparissias

Breitblättrige Wolfsmilch
Euphorbia platyphyllos

Steife Wolfsmilch
Euphorbia stricta

Warzen-Wolfsmilch
Euphorbia verrucosa

Steife Wolfsmilch

Euphorbia stricta L.
Wolfsmilchgewächse *Euphorbiaceae*

Beschreibung: Gesamtblütenstand aus achselständigen Döldchen und einer endständigen, meist 3strahligen, seltener bis 5strahligen Scheindolde, deren Strahlen nochmals mehrfach gabelig verzweigt sind. „Blüte" = „Cyathium"; Drüsen des Hüllbechers queroval bis rundlich, gelb oder grünlich-gelb. Fruchtknoten bzw. Frucht überall warzig, reif etwa 2 mm im Durchmesser. Stengel unten einfach, nur im Bereich des Blütenstandes in Form der achselständigen Seitendöldchen locker verzweigt. Aus der Wurzel treiben meist mehrere Stengel, so daß die Pflanze buschig wirkt. Stengelblätter wechselständig, zur Zeit der Fruchtreife meist abgefallen, schmal-lanzettlich, 2–4 cm lang und 0,7–1,5 cm breit, stumpflich oder leicht zugespitzt, sitzend und am Grunde abgestutzt oder leicht buchtig, in der oberen Hälfte sehr fein und nicht immer deutlich gesägt. Blätter meist grün oder graugrün, seltener gelblich-grün. Tragblätter im Blütenstandsbereich breit-3eckig bis fast halbkreisförmig, oft mit einem Spitzchen. Pflanze enthält weißen Milchsaft und riecht widerlich, jedoch nicht nach Mäusen. Juni–Juli. 20–60 cm.

Vorkommen: Braucht nährstoffreichen Lehm- oder Tonboden, der nicht allzu trocken sein sollte. Besiedelt lichte, feuchte Laub- oder Auenwälder, bevorzugt an Waldwegen. Fehlt im Tiefland; in den Mittelgebirgen, in denen Lehm- oder Tonböden häufig sind, vor allem im Weinbaugebiet am Mittelrhein und im Neckarland, am Bodensee, im westlichen Alpenvorland, an Lech und Isar, in Ober- und Niederösterreich und im Schweizer Mittelland zerstreut.

Wissenswertes: ☉–♃; ☠. Hauptverbreitung: Süd- und Südosteuropa.

Zypressen-Wolfsmilch

Euphorbia cyparissias L.
Wolfsmilchgewächse *Euphorbiaceae*

Beschreibung: Gesamtblütenstand aus Seitendöldchen und einer endständigen 10- bis 20strahligen Scheindolde. „Blüte" = „Cyathium"; Drüsen des Hüllbechers halbmondförmig, gelb, zuletzt bräunlich. Fruchtknoten bzw. Frucht tief 3furchig, runzelig, reif um 3 mm im Durchmesser. Aus dem Rhizom treiben meist mehrere Stengel. Stengel kahl, unverzweigt oder meist nur in der oberen Hälfte verzweigt; Seitenäste oft nicht blühend. Stengelblätter wechselständig, zur Zeit der Fruchtreife noch vorhanden, 1,5–3 cm lang, 2–3 mm breit, lineal, bläulich-grün, grün oder gelblich-grün, kahl. Tragblätter im Blütenstandsbereich meist intensiv gelb. Pflanze enthält weißen Milchsaft. April–Juli. 15–50 cm.

Vorkommen: Braucht kalkhaltigen oder wenigstens nicht allzu sauer reagierenden, überwiegend trockenen Lehm- oder Tonboden, geht auch auf Löß. Besiedelt Halbtrockenrasen, lückig bewachsene Böschungen und Wegränder sowie Schotterflächen und Gesteinsschutt. Fehlt im Tiefland größeren Gebieten, sonst häufig, oft in lockeren, individuenreichen Beständen. Steigt in den Alpen bis über 2000 m.

Wissenswertes: ♃; ☠. Exemplare der Zypressen-Wolfsmilch werden zuweilen vom Rostpilz *Uromyces pisi* befallen und habituell stark verändert. Sie bleiben steril. – Der Milchsaft der *Euphorbia*-Arten enthält giftige Diterpene; nicht bei allen Arten kommen dieselben Diterpene vor, und nicht alle sind gleich giftig. Auf der Haut kann der Milchsaft zu Entzündungen führen; ins Auge gebracht löst er Verätzungen aus, die eine fachärztliche Behandlung notwendig machen. Bei einzelnen Arten schwankt der Giftgehalt je nach Jahreszeit.

Glänzende Wolfsmilch
Euphorbia lucida W. & K.
Wolfsmilchgewächse *Euphorbiaceae*

Beschreibung: Blütenstand aus achselständigen Seitendöldchen und einer endständigen, meist 7–11strahligen Scheindolde, deren Strahlen nochmals verzweigt sein können. „Blüte" = „Cyathium"; Drüsen des Hüllbechers halbmondförmig, selten fast queroval, wachsgelb, zuletzt bräunlich. Fruchtknoten bzw. Frucht tief 3furchig, kahl, reif um 3 mm im Durchmesser. Stengel aufrecht, rund, kahl, hohl, meist verzweigt, wobei die blütentragenden Seitenäste die endständige Scheindolde meist deutlich überragen. Neben blühenden, langstieligen Seitenästen oft auch 4–6 nichtblühende, die in der Regel kürzer als die blütentragenden Zweige bleiben. Stengelblätter wechselständig, 5–10 cm lang und 1,5–2,5 cm breit, sehr schmal lanzettlich bis lineal, allmählich in die stumpfliche Spitze verschmälert, die obersten meist mit aufgesetztem Stachelspitzchen, alle mit herzförmigem oder geöhrtem Grund sitzend, oberseits deutlich fettglänzend, olivgrün bis gelblich, im Alter ledrig. Tragblätter im Blütenstandsbereich eiförmig bis 3eckig, etwa so breit wie lang, stumpf oder zugespitzt, gelbgrün. Pflanze enthält weißen Milchsaft. Mai–Juli. 0,4–1,5 m.

Vorkommen: Braucht feuchten, nährstoff- und humusreichen Lehm- oder Tonboden. Wächst auf Sumpfwiesen und geht auch auf lichte Stellen im Ufergebüsch und an Waldrändern. Vereinzelt am Rhein nördlich von Worms und an der Isarmündung; in Niederösterreich und im Burgenland selten; fehlt in der Schweiz.

Wissenswertes: ♃; ☠. Das Hauptareal der Glänzenden Wolfsmilch liegt in Südosteuropa. Unklar ist, wie das isolierte Vorkommen am Rhein zustandegekommen ist.

Ruten-Wolfsmilch
Euphorbia virgata W. & K.
Wolfsmilchgewächse *Euphorbiaceae*

Beschreibung: Blütenstand aus 2–12 achselständigen Seitendöldchen und einer endständigen Scheindolde, die meist 5–9 Strahlen aufweist, die oft nochmals gegabelt sind. „Blüte" = „Cyathium"; Drüsen des Hüllbechers halbmondförmig, grün, später gelbgrün bis schmutzig olivgrün, Spitzen keulenartig verdickt. Fruchtknoten bzw. Frucht wenig gefurcht, nur auf dem Rücken der Teilfrüchtchen runzelig oder undeutlich warzig (Lupe!). Stengel aufrecht, aber schlaff wirkend, kahl, rund, verzweigt, wobei die blühenden Seitenäste nur ausnahmsweise, die nichtblühenden nie die endständige Scheindolde überragen. Stengelblätter wechselständig, graugrün, 4–12 cm lang, 0,5–1 cm breit, lineal bis schmal-lanzettlich, dunkelgrün, kahl, am Grund dem Stengel breit ansitzend, größte Blattbreite stengelwärts von der Blattmitte, ganzrandig. Tragblätter im Blütenstandsbereich breit-eiförmig bis herzförmig, oft stachelspitzig, gelbgrün. Pflanze enthält weißen Milchsaft. Mai–August. 0,3–1,5 m.

Vorkommen: Braucht überwiegend trockenen, nährstoff- und humusreichen, lockeren, sandig-kiesigen Lehmboden in sommerwarmen Lagen. Wächst in Unkrautgesellschaften an Dämmen und Ufern, gelegentlich auch auf Bahnanlagen und Verladeeinrichtungen sowie in deren Umfeld. Im gesamten Gebiet nur vereinzelt eingeschleppt und meist nur mehr oder weniger beständig eingeschleppt und verwildert.

Wissenswertes: ♃; ☠. Die Ruten-Wolfsmilch wird mit der Scharfen Wolfsmilch (*E. esula* L.) zur Sammelart *E. esula* agg. zusammengefaßt. Manche Autoren sehen sie auch als Unterart der Scharfen Wolfsmilch an; sie heißt dann ssp. *tommasiniana* (BERTOL.) NYMAN.

Scharfe Wolfsmilch

Euphorbia esula L.
Wolfsmilchgewächse *Euphorbiaceae*

Beschreibung: Blütenstand aus 8–20 achselständigen Seitendöldchen und einer endständigen Scheindolde, die meist 8–17 Strahlen aufweist, die oft nochmals gegabelt sind. „Blüte" = „Cyathium"; Drüsen des Hüllbechers halbmondförmig, grün, später gelbgrün bis schmutzig olivgrün, Spitzen nicht keulenartig verdickt. Fruchtknoten bzw. Frucht wenig gefurcht, nur auf dem Rücken der Teilfrüchtchen runzelig oder undeutlich warzig (Lupe!). Stengel aufrecht, aber schlaff wirkend, kahl, rund, verzweigt, wobei die blühenden Seitenäste nur ausnahmsweise, die nichtblühenden nie die endständige Scheindolde überragen. Stengelblätter wechselständig, 4–6 cm lang, 0,5–1 cm breit, lineal bis schmal-lanzettlich, oberseits trübgrün, unterseits bläulich-grün, kahl, am Grund dem Stengel schmal (d. h. praktisch nur in der Breite der Mittelrippe) ansitzend, größte Blattbreite in der Mitte oder spitzenwärts von ihr, an der Spitze feinst gezähnelt (starke Lupe!). Tragblätter im Blütenstandsbereich breit-eiförmig bis herzförmig, oft stachelspitzig, gelbgrün. Pflanze enthält weißen Milchsaft. Juni–August. 30–90 cm.

Vorkommen: Braucht nährstoffreichen, nicht zu trockenen Lehm- oder Tonboden. Besiedelt Böschungen, Ödland, nicht zu trockene Schafweiden und geht auch in das Ufergebüsch. Im Tiefland und in den tieferen Lagen der Mittelgebirge bzw. in den Tälern der großen Ströme und Flüsse, selten; sonst nur vereinzelt und meist unbeständig eingeschleppt.

Wissenswertes: ♃; ☠. Die Scharfe Wolfsmilch wird mit der Ruten-Wolfsmilch (*E. virgata* W. & K.) zur Sammelart *E. esula* agg. zusammengefaßt.

Mandelblättrige Wolfsmilch

Euphorbia amygdaloides L.
Wolfsmilchgewächse *Euphorbiaceae*

Beschreibung: Blütenstand aus meist zahlreichen achselständigen Seitendöldchen und einer endständigen, meist 5–9strahligen Scheindolde, deren Strahlen nochmals gegabelt sind. „Blüte" = „Cyathium"; Drüsen des Hüllbechers halbmondförmig, gelb, selten auch rötlich. Fruchtknoten bzw. Frucht warzenlos, allenfalls feinst punktiert (starke Lupe!). Stengel aufgebogen oder aufrecht. Neben blütentragenden Stengeln gibt es auch nichtblühende. Junge Stengel dicht beblättert, wobei die obersten Blätter überwintern; die blühenden Stengel entwickeln sich aus der Spitze der an ihrer Basis entblätterten, vorjährigen und jetzt unten verholzten Stengel. Stengelblätter wechselständig, breit-lanzettlich bis schmal-eiförmig, spatelig in den breiten Stiel verschmälert, ganzrandig, dunkelgrün bis bläulich-grün, im 2. Jahr derb und oft mit roten Flecken; oberste Stengelblätter an den blühenden Stengeln viel kleiner. Tragblätter der Einzelblütenstände zu einem becherartigen, runden Blatt verwachsen, gelblich(bläulich)grün. Pflanze enthält weißen Milchsaft. April–Juni. 20–70 cm.

Vorkommen: Braucht kalkhaltigen, nährstoffreichen, lockeren Lehmboden mit guter Mullauflage. Besiedelt lichte Laubwälder. Fehlt im Tiefland. In den Mittelgebirgen mit kalkhaltigen Gesteinen und Lehmböden, am Ober- und Hochrhein, im östlichen Alpenvorland, in Ober- und Niederösterreich, Kärnten, Steiermark und Tirol zerstreut; meidet spätfrostgefährdete Standorte.

Wissenswertes: ♃; ☠. Der Artname (amygdalon, griech. = Mandel) wurde gegeben, weil die Blätter entfernt an die des Mandelbaumes erinnern.

Scharfe Wolfsmilch
Euphorbia esula

Ruten-Wolfsmilch
Euphorbia virgata

Mandelblättrige Wolfsmilch
Euphorbia amygdaloides

Glänzende Wolfsmilch
Euphorbia lucida

Weidenblättrige Wolfsmilch

Euphorbia salicifolia HOST
Wolfsmilchgewächse *Euphorbiaceae*

Beschreibung: Blütenstand aus meist zahlreichen, lang gestielten Seiten„döldchen" und einer endständigen, meist 9–16strahligen Scheindolde, deren Strahlen oft noch 2–3mal gegabelt sind. „Blüte" = „Cyathium"; Drüsen des Hüllbechers halbmondförmig, anfänglich wachsgelb, zuletzt purpurrot. Fruchtknoten bzw. Frucht fein punktiert (starke Lupe!) und undeutlich runzelig, nicht warzig. Stengel aufrecht, in der unteren Hälfte unverzweigt, oberwärts zuweilen mit nichtblühenden Ästen, sonst nur im Blütenstandsbereich verzweigt, flaumig behaart, dicht beblättert. Stengelblätter wechselständig, schmal-lanzettlich bis lanzettlich, sitzend, etwa in der Mitte am breitesten (hier 1–3 cm breit), 2–10 cm lang, gegen die Spitze allmählich verschmälert und spitzlich auslaufend, aber nicht stachelspitzig, ganzrandig, beidseits drüsig behaart, randlich bewimpert. Tragblätter der Einzelblütenstände nicht zu einem becherartigen Blatt verwachsen, sondern frei, breit-lanzettlich bis eiförmig, an den Scheindöldchen auch herzförmig-3eckig, stumpflich oder kurz stachelig bespitzt, zur Blütezeit gelblich oder gelb. Mai–Juni. 30–70 cm.

Vorkommen: Braucht kalkhaltigen, mäßig trockenen, locker-humosen Lehmboden. Besiedelt Gebüsch- und Waldränder, geht auch auf Raine, an Zäune und Ackerränder. Isoliert bei Regensburg; in Tschechien, in Niederösterreich und im Burgenland selten (in Österreich nur im Bereich der pannonischen Flora).

Wissenswertes: ♃; ✿. Interessanterweise scheint die Weidenblättrige Wolfsmilch bei Regensburg noch um 1880 eher ein Ackerunkraut gewesen zu sein. Heute wächst sie dort in Gebüsch- und Waldsäumen.

Garten-Wolfsmilch

Euphorbia peplus L.
Wolfsmilchgewächse *Euphorbiaceae*

Beschreibung: Blütenstand gelegentlich auch aus 1–5 achselständigen Seitendöldchen und stets aus einer endständigen, 3strahligen Scheindolde, deren Strahlen noch 2–3mal gegabelt sind. „Blüte" = „Cyathium"; Drüsen des Hüllbechers gelbgrün, halbmondförmig, wobei die „Hörner" deutlich weißlich oder weiß sind (Lupe!). Fruchtknoten bzw. Frucht auf dem Rücken jeder Teilfrucht mit 2 eng beieinander stehenden, häutigen Längsleisten (Lupe!), reif etwa 2 mm im Durchmesser. Stengel meist vom Grund an verästelt, aufrecht, rundlich, kahl, oft etwas rot überlaufen. Stengelblätter wechselständig, oft schon vor der Fruchtreife welkend und abfallend, breit verkehrt-eiförmig bis rundlich, praktisch ungestielt oder nur sehr kurz gestielt, hellgrün, oft rot überlaufen. Tragblätter im Blütenstandsbereich verkehrt-eiförmig, hellgrün. Pflanze enthält weißen Milchsaft. Juni–September. 5–30 cm.

Vorkommen: Braucht lockeren, nährstoff- und humusreichen Lehmboden, der ziemlich entkalkt sein sollte. Besiedelt Hackfruchtkulturen in Gärten und in Weinbergen, geht auch auf Äcker und Ödland. Bevorzugt Lagen mit hoher Luftfeuchtigkeit. Zerstreut, fehlt im Tiefland und in den Mittelgebirgen kleineren Gebiete. Steigt bis über 1200 m.

Wissenswertes: ⊙; ✿. Zuweilen wird in Südeuropa eine Sippe unterschieden, die sich durch einen kümmerlichen Blütenstand und kleineren Wuchs auszeichnet. Man hat sie als *E. peploides* GOUAN beschrieben; sie gilt als Kleinart, die mit *E. peplus* L. zur Sammelart *E. peplus* agg. zusammengefaßt wird. Manche Autoren halten diese Sippe indessen nur für eine Zwergform der Garten-Wolfsmilch.

Sichel-Wolfsmilch
Euphorbia falcata

Kleine Wolfsmilch
Euphorbia exigua

Weidenblättrige Wolfsmilch
Euphorbia salicifolia

Garten-Wolfsmilch
Euphorbia peplus

161

Kleine Wolfsmilch

Euphorbia exigua L.
Wolfsmilchgewächse *Euphorbiaceae*

Beschreibung: Blütenstand nur selten auch aus 1–3 achselständigen Seitendöldchen und stets aus einer endständigen, 3–5strahligen, sparrigen Scheindolde, deren Strahlen noch 2–5mal gegabelt sind. „Blüte" = „Cyathium"; Drüsen des Hüllbechers gelb, halbmondförmig, wobei die „Hörner" deutlich weißlich oder weiß sind (Lupe!). Fruchtknoten bzw. Frucht völlig glatt (weder Warzen noch Leisten!), reif etwa 2 mm im Durchmesser. Stengel niederliegend, aufsteigend oder aufrecht, rundlich, kahl, oft etwas rot überlaufen. Stengelblätter wechselständig, oft schon vor der Fruchtreife welkend und abfallend, lineal, mit breitem Grund dem Stengel ansitzend, 1–2,5 cm lang und 1–4 mm breit, ganzrandig, graugrün, blaugrün oder gelbgrün. Tragblätter im Blütenstandsbereich aus fast herzförmigem Grunde breit-lanzettlich bis lanzettlich, zugespitzt, in der Farbe den Stengelblättern entsprechend. Pflanze enthält weißen Milchsaft. Mai–September. 5–20 cm.

Vorkommen: Braucht kalkhaltigen, nährstoffreichen Lehm- oder Tonboden in Lagen mit sommerwarmem Klima. Besiedelt Getreide- und Hackfruchtäcker, geht auch auf Ödland und an Wegränder. Im Tiefland nur vereinzelt. In den wärmeren Lagen der Mittelgebirge mit kalkhaltigem Gestein bzw. Lehmböden selten, aber nur in kleineren Gebieten ganz fehlend. Fehlt im Alpenvorland und in den Alpen auch größeren Gebieten. Steigt kaum irgendwo über 1000 m.

Wissenswertes: ☉; ☠. Die Kleine Wolfsmilch war ursprünglich wohl im Mittelmeergebiet und in Westasien beheimatet. In Mitteleuropa konnte sie nur im Gefolge des Ackerbaues Fuß fassen und sich ausbreiten.

Sichel-Wolfsmilch

Euphorbia falcata L.
Wolfsmilchgewächse *Euphorbiaceae*

Beschreibung: Blütenstand meist mit 1–8 achselständigen Seitendöldchen und stets aus einer endständigen, 4–5strahligen, etwas sparrigen Scheindolde, deren Strahlen noch 2–5mal gegabelt sind. „Blüte" = „Cyathium"; Drüsen des Hüllbechers gelb, halbmondförmig, wobei die „Hörner" deutlich weißlich oder weiß sind (Lupe!). Fruchtknoten bzw. Frucht völlig glatt (weder Warzen noch Leisten!), reif etwa 2 mm im Durchmesser. Stengel niederliegend, aufsteigend oder aufrecht, rund, kahl, bläulich bereift. Stengelblätter wechselständig, stets schon vor der Fruchtreife welkend und abfallend, schmal-eiförmig und keilig verschmälert bis breit-lineal, 0,5–2 cm lang und 3–6 mm breit, sitzend, nur kurz und etwas stumpflich zugespitzt. Tragblätter im Blütenstandsbereich aus rundem Grund fast 3eckig plötzlich in die durch den Mittelnerv gebildete lange Spitze verschmälert, wie die Stengelblätter bläulichgrün. Pflanze enthält weißen Milchsaft. Juni–Oktober. 10–40 cm.

Vorkommen: Braucht kalkhaltigen, nährstoffreichen Lehm- oder Tonboden. Liebt Sommerwärme. Besiedelt Getreide- und Hackfruchtäcker, geht auch auf Ödland. Vereinzelt am Rhein zwischen Köln und Mannheim, im Weinbaugebiet am mittleren Main, an der Donau zwischen Sigmaringen und Ulm sowie am Hochrhein; in der südlichen Westschweiz, am Alpensüdfuß, in Kärnten, Steiermark, im Burgenland und in Ober- und Niederösterreich selten.

Wissenswertes: ☉; ☠. Wird mit der Spitzblättrigen Wolfsmilch (*E. acuminata* LAM.: Drüsen rot; Blätter trüb dunkelgrün; Alpensüdfuß, Niederösterreich) zur Sammelart *E. falcata* agg. zusammengefaßt.

Wolfsmilchgewächse *Euphorbiaceae* ▶

Bingelkraut *Mercurialis*

Buchsbaumgewächse *Buxaceae* ▶

Buchsbaum *Buxus*

Seidelbastgewächse *Thymelaeaceae* ▶

Vogelkopf *Thymelaea*

Wald-Bingelkraut

Mercurialis perennis L.
Wolfsmilchgewächse *Euphorbiaceae*

Beschreibung: Männliche und weibliche Blüten befinden sich auf getrennten Pflanzen („2häusig"). Männliche Blütenstände reichblütig, ährig in den Achseln der obersten Blätter; weibliche Blütenstände wenigblütig (1–5 Blüten), knäuelig-rispig in den Achseln der obersten Blätter. Männliche Blüten mit 3blättrigem, grünem Kelch und 8–20 Staubblättern; Kelch der weiblichen Blüten ebenfalls 3blättrig, grün; Frucht aus 2 eiförmig-kugeligen, etwas abgeplatteten, kurz borstig behaarten Hälften. Stengel unverzweigt, aufrecht, nur in der oberen Hälfte beblättert, oben 2- oder 4kantig. Blätter deutlich gestielt (d. h. Stiel länger als 5 mm), lanzettlich, 4–12 cm lang und 1,5–3,5 cm breit, am Grunde abgerundet oder in den Stiel verschmälert, unterseits mit etwas hervortretenden Adern und schütter borstlich kurzhaarig, oberseits glänzend, stumpf gezähnt-gekerbt. April–Juni. 10–40 cm.

Vorkommen: Braucht nährstoffreichen, humushaltigen, nicht zu trockenen, mulldurchmischten Lehmboden. Besiedelt Laub- und Laubmischwälder; fehlt im Tiefland und in den Mittelgebirgen mit kalkarmem Gestein bzw. mit vorherrschenden Sandböden gebietsweise. Sonst häufig und meist in individuenreichen Beständen. Steigt in den Alpen bis über 1500 m.

Wissenswertes: Ⳙ; ⚘. Das beschriebene Gewöhnliche Wald-Bingelkraut wird mit dem Eiblättrigen Wald-Bingelkraut (*M. ovata* STERNB. & HOPPE: Blätter kaum 2 mm lang gestielt, breiteiförmig, 4–7 cm lang, 2,5–5,5 cm breit; Fränkischer Jura, Österreich) und mit dem Mittleren Wald-Bingelkraut (*M. paxii* GRAEBN.: Blätter wie bei *M. ovata*, aber Stiel 3–5 mm lang) zur Sammelart *M. perennis* agg. zusammengefaßt.

Einjähriges Bingelkraut

Mercurialis annua L.
Wolfsmilchgewächse *Euphorbiaceae*

Beschreibung: Männliche und weibliche Blüten befinden sich in der Regel auf getrennten Pflanzen („2häusig"); nur selten kommen einzelne 1häusige Exemplare oder Teilausprägungen des anderen Geschlechts in männlichen bzw. weiblichen Blüten vor. Männliche Blütenstände reichblütig, knäuelig-ährig, dünnstielig, wobei die Blütenstandsachsen meist deutlich länger als das zugehörige Blatt sind. Weibliche Blüten einzeln oder zu 2–3 fast sitzend in den Blattachseln, selten sind sie wenige mm lang gestielt. Männliche und weibliche Blüten mit 3blättrigem, grünem Kelch; männliche Blüten mit 8–12 Staubblättern. Frucht aus 2 eiförmig-kugeligen, etwas abgeplatteten Hälften bestehend, diese kurz borstlich behaart. Stengel niederliegend, aufsteigend oder aufrecht, von unten an beblättert, mit meist mehreren Paaren gegenständiger Seitenäste. Stengelblätter gegenständig, lanzettlich, 3–10 cm lang, 1,5–4,5 cm breit (die untersten Blätter meist deutlich kleiner als die oberen), meist 0,5–1,5 cm lang gestielt, stumpf gezähnt bis gekerbt. Mai–Oktober. 10–40 cm.

Vorkommen: Braucht stickstoffsalzreichen, lockeren Lehm- oder Lößboden in Gegenden mit warmem Klima. Besiedelt ortsnahes Ödland, Weinberge, Hackfruchtkulturen, geht auch an Wegränder. Fehlt im Tiefland, in den höheren oder klimatisch rauheren Lagen der Mittelgebirge sowie im Alpenvorland, in den Nördlichen Kalkalpen und in den Zentralalpen ganz oder doch größeren Gebieten. Sonst selten, aber oft in individuenreichen Beständen.

Wissenswertes: ☉; ⚘. Die Heimat des Einjährigen Bingelkrauts ist wahrscheinlich das westliche Mittelmeergebiet.

Wolfsmilchgewächse *Euphorbiaceae*
Buchsbaumgewächse *Buxaceae*
Seidelbastgewächse *Thymelaeaceae*

Buchsbaum

Buxus sempervirens L.
Buchsbaumgewächse *Buxaceae*

Beschreibung: Pflanze 1häusig, d. h. auf ein und derselben Pflanze gibt es rein männliche und rein weibliche Blüten. Blüten stehen ährigkopfig in den Achseln der Blätter; in den Teilblütenständen sind die männlichen Blüten seitenständig, die weiblichen endständig; die männlichen Blüten besitzen 4 unscheinbare gelbgrüne Blütenhüllblätter (Lupe!) und 4 Staubblätter; häufig ist in den männlichen Blüten der Fruchtknoten noch rudimentär ausgebildet. Die weibliche Blüte besitzt oft mehr als 4 gelblich-grüne Blütenhüllblätter (Lupe!). Immergrüner Strauch. Junge Zweige olivgrün, kantig, sehr kurz behaart, später verkahlend. Blätter gegenständig, sehr kurz gestielt, 1–2,5 cm lang, 0,8–1,5 cm breit, eiförmig, vorne abgestumpft, ledrig-spröde, oberseits dunkelgrün glänzend, unterseits fahlgrün, Rand deutlich nach unten umgebogen. März–Mai. 0,2–2 m.

Vorkommen: Braucht kalkhaltigen oder doch basenreichen, steinigen und oft flachgründigen, nur mäßig stickstoffsalzhaltigen Lehmboden in Gegenden mit frostarmem Winterklima und hoher Luftfeuchtigkeit. Besiedelt trockene Hänge und lichte Trockenwälder. Sehr selten am Unterlauf der Mosel und am Hochrhein bei Weil am Rhein, desgleichen im südlichen Schweizer Jura, im Unterwallis und am Alpensüdfuß; örtlich bestandsbildend. Sonst da und dort verwildert und oft unbeständig.

Wissenswertes: ♄; ☠. Die Pflanze enthält mehrere Alkaloide, etwas ätherisches Öl und Gerbstoffe. Der Buchsbaum, der in Gegenden mit subtropischem Klima auch baumförmig wachsen kann, wird bei uns häufig als immergrünes Ziergehölz in Parks und Gärten gepflanzt, weil er Schnitt gut erträgt.

Vogelkopf

Thymelaea passerina (L.) Coss. & Germ.
Seidelbastgewächse *Thymelaeaceae*

Beschreibung: Blüten sehr klein und unscheinbar, einzeln oder in Knäueln in den Achseln der oberen Blätter. Blüten gelblich, kaum 1 mm im Durchmesser (ausgebreitet gemessen). Blütenblätter fehlen. Ausgebildet sind nur 4 Kelchzipfel, die kaum 0,5 mm lang werden und die aufrecht auf dem „Achsenbecher", der den Fruchtknoten umschließt, ansitzen. Die entstehende Frucht ist birnförmig und wird etwa 3 mm lang; der Kelch umschließt sie im oberen Teil, so daß sie aussieht, als wäre sie geschnäbelt. Stengel steif aufrecht, kahl oder nur mit einzelnen, sehr kurzen Haaren, rund, meist im oberen Teil verzweigt, wobei die Seitenäste meist kürzer als der Hauptstengel bleiben. Blätter wechselständig, 0,5–1,5 cm lang und 1–3 mm breit, praktisch ungestielt sitzend, schmal-lanzettlich bis lineal, spitz, andeutungsweise ledrig, kahl, schwach drüsig punktiert; die Blätter nehmen von unten nach oben an Größe etwas ab. Juli–August. 10–30 cm.

Vorkommen: Braucht nährstoffreichen, kalkhaltigen, sandig-lehmigen oder mergelig-tonigen Boden in Lagen mit sommerwarmem Klima. Besiedelt Getreidefelder und Spargelkulturen, geht aber auch in Brachen, auf Ödland und in lückige, schon etwas stickstoffbeeinflußte Halbtrockenrasen. Früher zerstreut von den Alpentälern bis zur böhmischen Elbe und zum Mittelrhein, mit Vorposten in Sachsen-Anhalt und Brandenburg; heute wohl nur noch südlich des 50. Breitengrades (Mainlinie) und auch da vereinzelt mit weiträumig-lückigem Areal (bis zum Wallis).

Wissenswertes: ☉; ☠. Der Vogelkopf ist durch chemische Unkrautbekämpfung und verbesserte Kulturmaßnahmen in den letzten Jahrzehnten stark zurückgegangen.

Buchsbaum
Buxus sempervirens

Vogelkopf
Thymelaea passerina

Einjähriges Bingelkraut
Mercurialis annua

Wald-Bingelkraut
Mercurialis perennis

Lorbeer-Seidelbast

Daphne laureola L.
Seidelbastgewächse *Thymelaeaceae*

Beschreibung: Die Blüten stehen zu 3–7 in den Achseln der oberen Blätter; sie sind sehr kurz gestielt und duften kaum. Blüten gelbgrün, 4–7 mm im Durchmesser (ausgebreitet gemessen). Blütenblätter fehlen. Ausgebildet sind nur 4 Kelchzipfel, die etwa halb so lang wie die Kelchröhre werden. Die Frucht ist eine beerenartige, 1samige, eiförmig-kugelige, oben etwas zugespitzte Steinfrucht, die unreif grün, reif schwarz aussieht. Niedriger Strauch mit wenig verzweigten, beblätterten, kahlen Zweigen. Blätter immergrün, dicklich-ledrig, lanzettlich, allmählich in einen kurzen Stiel verschmälert, 7–14 cm lang und 2,5–5 cm breit, oberseits dunkelgrün und mattglänzend, unterseits hellgrün, kahl. Februar–April. 0,4–1,2 m.

Vorkommen: Braucht kalkhaltigen, lockeren, nährstoff- und humusreichen Lehmboden in Lagen mit sehr mildem Frühjahr, frostarmen Wintern und hoher Luftfeuchtigkeit. Vereinzelt bei Andernach am Mittelrhein und bei Grenzach am Hochrhein; sehr selten im südlichen Schweizer Jura, am Genfer See und im Rhonetal zwischen St. Maurice und Genfer See, am Vierwaldstätter und am Zuger See; in Ober- und Niederösterreich und in der Steiermark selten. Geht im Schweizer Jura und in den Südalpen bis etwa 1000 m.

Wissenswertes: ♄; ☠; ▽. Wie auch andere Arten der Gattung Seidelbast enthält der Lorbeer-Seidelbast u. a. die stark wirkenden Giftstoffe Mezerein und Daphnetoxin, dazu das Cumaringlykosid Daphnin. Bringt man den Saft der Rinde, der Blätter oder der Früchte auf die Haut, können schwer heilende Blasen entstehen. Tödliche Vergiftungen durch Seidelbastgifte sind beschrieben worden.

Gewöhnlicher Seidelbast

Daphne mezereum L.
Seidelbastgewächse *Thymelaeaceae*

Beschreibung: Die Blüten sitzen ungestielt zu 1–4 in den Achseln abgefallener, vorjähriger Blätter am Ende des Stengels; sie sind in einer ungleichmäßig dichten, häufig regelrecht unterbrochenen Ähre angeordnet. Blüten purpur-rosa, hell-lila ausbleichend, 0,6–1 cm im Durchmesser (ausgebreitet gemessen), duftend. Blütenblätter fehlen. Ausgebildet sind nur 4 Kelchzipfel, die etwa halb so lang wie die Kelchröhre werden. Die Frucht ist eine beerenartige, 1samige, kugelig-eiförmige, oben abgestumpfte Steinfrucht, die reif leuchtend hellrot aussieht. Niedriger Strauch mit wenig verzweigten, oben anliegend und sehr kurz behaarten Zweigen (Lupe!). Blätter stehen wechselständig in Büscheln ausschließlich an den Enden von Stengel und Zweigen. Blätter sommergrün, sich erst am Ende der Blütezeit oder nach dem Verblühen entfaltend, 3–10 cm lang und 1–3 cm breit, lanzettlich, mit der größten Breite im vorderen Drittel, weich, allenfalls am Rande kurz behaart und auch hier meist rasch verkahlend, oberseits hellgrün, unterseits hell graugrün. Februar–April. 0,4–1,2 m.

Vorkommen: Braucht nährstoffreichen, kalkhaltigen, humosen Lehm- oder Tonboden mit guter Mullauflage. Besiedelt Laubwälder und Mischwälder. Fehlt im Tiefland großen Gebieten, ebenso in den Mittelgebirgen mit kalkfreien oder basenarmen Gesteinen. Sonst selten. Steigt in den Alpen bis über 1500 m.

Wissenswertes: ♄; ☠; ▽. Enthält u. a. die starken Gifte Mezerein, Daphnetoxin und das Cumaringlykosid Daphnin. Der Saft der Rinde, der Blätter oder der Früchte ruft auf der Haut schwer heilende Blasen hervor. Tödliche Vergiftungen sind beschrieben worden.

Gewöhnlicher Seidelbast
Daphne mezereum

Lorbeer-Seidelbast
Daphne laureola

Rosmarin-Seidelbast
Daphne cneorum

Berg-Seidelbast
Daphne alpina

Berg-Seidelbast

Daphne alpina L.
Seidelbastgewächse *Thymelaeaceae*

Beschreibung: 2–10 Blüten stehen dolden-artig am Ende der Zweige und des Stengels und in den Achseln der oberen Blätter; gelegentlich erscheinen die „endständigen" Blüten seitenstän-dig, weil sie von einem Seitentrieb übergipfelt worden sind. Blüten weiß, 1–1,8 cm im Durch-messer (ausgebreitet gemessen), nach Vanille duftend. Blütenblätter fehlen. Ausgebildet sind nur 4 Kelchzipfel, die fast so lang wie die Kelch-röhre werden. Die Frucht ist eine beerenartige, 1samige, eiförmige, etwas zugespitzte Stein-frucht, die reif rot gefärbt ist. Niedriger, reich ver-zweigter, sommergrüner Strauch. Zweige anlie-gend kurzhaarig, früh verkahlend; Hauptstengel etwas runzelig und gelbrot bis schwarz gespren-kelt. Blätter prinzipiell überall am Stengel, aber am Stengelende und an den Zweigspitzen ge-häuft, sommergrün, nicht ledrig, 1–5 cm lang, 0,5–2 cm breit, verkehrt-eiförmig bis lanzettlich, stumpf oder mit einem kleinen Spitzchen, ober-seits graugrün, unterseits heller. Mai–Juni. 20–50 cm.

Vorkommen: Braucht steinigen, kalkrei-chen, stickstoffsalzarmen Lehmboden oder Fein-erde in warmen Lagen. Besiedelt feinerdereiche Felsspalten, Mauern und ruhenden Grobschutt. Fehlt in Deutschland. In der Schweiz im mitt-leren und nördlichen Jura, in Teilen der Nord-ketten bis in den Kanton Schwyz sehr selten; im Wallis und in den Südalpen bis Südtirol und Kärnten selten.

Wissenswertes: ♄; ☠; ▽. Enthält u. a. die starkwirkenden Giftstoffe Mezerein, Daphneto-xin und Daphnin. Bringt man den Saft der Rin-de, der Blätter oder der Früchte auf die Haut, ruft dies schwer heilende Blasen hervor. Tödli-che Vergiftungen sind möglich.

Rosmarin-Seidelbast

Daphne cneorum L.
Seidelbastgewächse *Thymelaeaceae*

Beschreibung: Die Blüten stehen zu 5–15 am Ende der Zweige; sie sind sehr kurz gestielt und duften stark. Blüten tiefrosa bis hell purpur-rot, 1–1,3 cm im Durchmesser (ausgebreitet ge-messen). Blütenblätter fehlen. Ausgebildet sind nur 4 Kelchzipfel, die etwa ½–¾ so lang wie die Kelchröhre werden. Die Frucht ist eine beeren-artige, ledrig-trockene, 1samige, eiförmig-kugeli-ge, zunächst gelbbraune, dann rötlich-braune Steinfrucht, die – zumindest jung – deutlich be-haart ist; oft werden nur wenige oder gar keine Früchte ausgebildet. Niedriger Strauch, dessen Äste gegen die Spitze ziemlich dicht (aber nicht auffallend gedrängt), weiter unten hingegen nur locker beblättert sind. Zweige anliegend kurzhaa-rig (Haare um 0,1 mm lang). Blätter 1–1,5 cm lang, 2,5–5mal länger als breit, ledrig, schmal ver-kehrt-eiförmig, vorne meist mit einer kleinen Spitze, die oft nach unten gebogen ist, stumpf hellgrün, kahl. April–Juli. 10–40 cm.

Vorkommen: Braucht basisch reagieren-den, meist kalkhaltigen, steinig-lockeren und oft feinerdearmen, trockenen Boden, der ausgespro-chen stickstoffsalzarm sein sollte. Wärmelie-bend. Besiedelt lichte Kiefern- und Trockenwäl-der, lichte, trockene Gebüsche und waldnahe Trockenrasen. Sehr selten im Schwäbisch-Frän-kischen Jura, im Schweizer Jura und im Hegau, vereinzelt im südlichen Pfälzer Wald, selten in den Nördlichen Kalkalpen und im Alpenvorland, vor allem auf Kiesbänken am Lech und an der Isar sowie in den Südlichen Kalkalpen; steigt dort vereinzelt bis etwa 2000 m.

Wissenswertes: ♄; ☠; ▽. Enthält vermut-lich die stark wirkenden Giftstoffe Mezerein und Daphnetoxin, möglicherweise auch das Cuma-rinlykosid Daphnin.

Seidelbastgewächse *Thymelaeaceae*   ▶

Seidelbast *Daphne*

Ölweidengewächse *Elaeagnaceae*   ▶

Sanddorn *Hippophaë*

Efeugewächse *Araliaceae*   ▶

Efeu *Hedera*

Doldengewächse *Apiaceae*   ▶

Wassernabel *Hydrocotyle*

Steinröschen-Seidelbast

Daphne striata TRATT.
Seidelbastgewächse *Thymelaeaceae*

Beschreibung: Blüten zu 5–15 am Ende der Zweige, kurz gestielt, nach Flieder duftend, hellrot bis mattrosa, 1–1,5 cm im Durchmesser (ausgebreitet gemessen). Blütenblätter fehlen. Ausgebildet sind nur 4 Kelchzipfel, die knapp halb so lang wie die kahle Kelchröhre werden. Die Frucht ist eine beerenartige, eiförmige, orangegelbe, zuweilen bräunliche Steinfrucht, die auch jung kahl ist. Niedriger, buschiger Strauch; Äste kahl, gegen die Spitze dicht, weiter unten hingegen locker beblättert oder blattlos. Blätter 1,5–2,5 cm lang, 4–7mal länger als breit, ledrig, schmal verkehrt-eiförmig, vorne meist mit einer kleinen, aufgesetzten Spitze, die nicht abwärts gekrümmt ist und die selten fehlen kann, leicht graugrün, kahl. Mai–Juli. 10–35 cm.

Vorkommen: Braucht basisch reagierenden, meist kalkhaltigen, steinig lockeren, humushaltigen Boden, der nicht zu trocken sein sollte. Besiedelt Zwergstrauchbestände, lichte, alpine Kiefernwälder, geht aber auch in alpine Matten. Im Schweizer und deutschen Anteil der Nördlichen Kalkalpen sehr selten und gebietsweise fehlend, im österreichischen Anteil etwas häufiger; im mittleren und östlichen Teil der Zentralalpen selten; in den Südalpen von den Cottischen Alpen ostwärts, örtlich zerstreut, aber kleineren Gebieten fehlend; bevorzugt in Höhen zwischen etwa 1500 und 2500 m.

Wissenswertes: ♄; ☙; ▽. Ähnlich: Felsen-Seidelbast (*Daphne petraea* LEYB.): Blüten um 1 cm im Durchmesser, hell weinrot bis rosa; Äste kurz; Blätter dicklich, ohne Stachelspitze; Juni–Juli; 8–15 cm. Nur Südalpen zwischen Gardasee und Chiesetal. Selten.

Sanddorn

Hippophaë rhamnoides L.
Ölweidengewächse *Elaeagnaceae*

Beschreibung: Pflanze 2häusig, d. h. die Exemplare tragen entweder nur männliche oder nur weibliche Blüten. Männliche Blüten unscheinbar, vor den Blättern erscheinend, in kugeligen Blütenständen am Grunde junger Zweige; Blütenblätter fehlen; 2 röhrig verwachsene Kelchblätter; freie Kelchzipfel um 2 mm lang, grün, außen von schildförmigen Haaren (starke Lupe!) bedeckt; Staubblätter 4. Weibliche Blüten in ährigen, armblütigen Trauben; 2 röhrig verwachsene Kelchblätter; Kelchröhre 2zipflig, grün. Griffel kurz. Frucht eine fleischige, orangerote, beerenartige Steinfrucht, die um 7 mm lang wird. Mittelhoher Strauch oder niedriger Baum. Äste sparrig abstehend, glatt, dunkel rotbraun, jung mit schild- und sternförmigen Haaren bedeckt (starke Lupe!). Blätter wechselständig, bis 6 cm lang und bis zu 1 cm breit, schmallanzettlich, ganzrandig, oberseits dunkelgrün, unterseits graugrün, silbrig glänzend, zuweilen kupferrot, unterseits mit dichtstehenden Schildhaaren. April. 2–6 m.

Vorkommen: Auf kalkhaltigen Kies- oder Sandböden, die oft feinerdearm sind; wild selten auf Kiesbänken oder in Dünen. Vielfach gepflanzt und örtlich verwildert. Steigt im Gebirge selten über etwa 1500 m.

Wissenswertes: ♄. 3 Unterarten werden unterschieden: Ssp. *fluviatilis* v. SOEST: Blätter 3–6 mm breit; vorherrschende Sippe; – ssp. *carpatica* ROUSI: Blätter 0,5–1 cm breit, Frucht rundlich; Einzugsgebiet der Donau, selten; – ssp. *rhamnoides*: Blätter 0,5–1 cm breit, Frucht eiförmig; Küsten von Nord- und Ostsee, selten, gelegentlich gepflanzt.

Seidelbastgewächse *Thymelaeaceae*
Ölweidengewächse *Elaeagnaceae*
Efeugewächse *Araliaceae*
Doldengewächse *Apiaceae*

Efeu

Hedera helix L.
Efeugewächse *Araliaceae*

Beschreibung: 12–30 Blüten stehen in halbkugeligen Dolden. Blüten in der Regel zwittrig, gelegentlich vorwiegend oder vollständig eingeschlechtig. Blüten kaum 5 mm im Durchmesser, gelblich-grün bis hellgrün. 5 Blütenblätter, 3–4 mm lang, nach unten-innen umgeschlagen, innen grün, außen braun. Kelchblätter fehlen. Frucht eine dunkelbraun-blaue, oben abgeflachte und hier schwarzblaue Beere, auf deren „Platte" der Griffel stehen bleibt; Durchmesser der Beeren 0,5–1 cm. Der Efeu ist ein Kletterstrauch, der sich mit Hilfe von Haftwurzeln an der jeweiligen Unterlage festhält. Je nach dem Alter der Pflanze und der Lichtmenge, die sie erhält, sind die Blätter unterschiedlich gestaltet: Exemplare, die noch nicht blühreif sind, haben handförmig 3–5lappige Blätter, die bis zu 10 cm breit und lang werden können, aber meist erheblich kleiner sind; blühreife Exemplare haben verkehrt-eiförmige, zugespitzte, ganzrandige oder nur angedeutet und dann meist buchtig gelappte Blätter. Blätter dunkelgrün und glänzend oder stumpfgrün und etwas fleckig. September–Oktober. 1–20 m.

Vorkommen: Lichte Wälder, Felsen, Mauern, Blockhalden in schattiger, luftfeuchter, frostarmer Lage. Zerstreut, aber oft in lockeren Beständen; fehlt in frostausgesetzten oder lufttrockenen Lagen. Geht im Gebirge kaum über etwa 1200 m.

Wissenswertes: ♄; ☙. Efeu enthält Triterpensaponine (z.B. Hederacosid C, aus dem durch Enzymeinwirkung Hederin entsteht) und in geringen Mengen Alkaloide. Hauptgift ist wohl Hederin, das besonders reichlich in den Beeren vorkommen soll. Der Saft der Blätter soll hautreizende Wirkung haben.

Wassernabel

Hydrocotyle vulgaris L.
Doldengewächse *Apiaceae (Umbelliferae)*

Beschreibung: Blüten unscheinbar, zu 3–6 in einem quirlig-kopfigen Blütenstand angeordnet, der in einer Blattachsel entspringt und einen relativ kurzen Stiel besitzt; dieser ist stets erheblich kürzer als der Stiel des zugehörigen Blattes. Blüten kaum 2 mm im Durchmesser (ausgebreitet gemessen), weiß oder blaßrot. Blütenblätter 5. Kelchblätter fehlen. Früchte 1–2 mm lang und 1,5–2,5 mm breit, mit roten oder schwarzen Warzen besetzt. Stengel fadenartig dünn, kriechend und an den Knoten wurzelnd. Blätter prinzipiell wechselständig, aber alle von der Ansatzstelle „einseitswendig" nach oben wachsend, langstielig (Blattstiel stets mehrfach länger als der Spreitendurchmesser, mindestens 2,5 cm lang, oft länger als 12 cm), schütter mit etwas krausen Haaren bestanden; Blattspreite schildartig rund, 1,5–4 cm im Durchmesser, am Rande leicht ungleichmäßig gekerbt, oberseits kahl, unterseits schütter langhaarig. Blattstiel am Grunde mit kleinen, rundlichen, unscheinbaren, am Rande schmalhäutigen Nebenblättern. Juli–August. 10–90 cm, sehr selten auch bis über 1 m.

Vorkommen: Braucht zeitweise nassen, basen- und stickstoffsalzarmen, torfig-humosen Boden. Besiedelt Schlenken in Mooren, Gräben und Flachmooren. Im Tiefland zerstreut; in der Pfalz, am Unterlauf von Neckar und Main, in Oberschwaben, am Hochrhein, im Bodenseegebiet, im Alpenvorland und in Franken sehr selten. Fehlt in den Alpen.

Wissenswertes: ♃; ☙. Der Wassernabel enthält Triterpensaponine („Hydrocotylegenine"). Sie müssen als giftig angesehen werden. Tiere, die das scharf schmeckende Kraut gefressen hatten, sollen schwere Magen-Darm-Störungen davongetragen haben.

Sanddorn
Hippophaë rhamnoides

Efeu
Hedera helix

Steinröschen-Seidelbast
Daphne striata

Wassernabel
Hydrocotyle vulgaris

Alpen-Mannstreu

Eryngium alpinum L.
Doldengewächse *Apiaceae (Umbelliferae)*

Beschreibung: Zahlreiche Blüten sitzen in großen walzlich-länglichen Köpfchen, die bis 6 cm lang werden können und die von amethystblauen, doppelt fiederspaltig-stacheligen Hüllblättern umgeben werden, die den Blütenstand etwas überragen. Blüten klein, 2–3,5 mm im Durchmesser (ausgebreitet gemessen), weißlichblau bis blau. Blütenblätter 5, schmal. Kelchblätter 5, grannenspitzig, um 3 mm lang. Stengel ziemlich dick, gerillt, unverzweigt oder im Blütenstandsbereich ästig und in der oberen Hälfte blau oder blauviolett überlaufen. Blätter wechselständig, grundständige langstielig; Spreite 3eckig bis eiförmig, mit Stiel bis 20 cm lang und 2–6 cm breit, Spreite am Grund meist herzförmig, seltener nur abgestutzt-buchtig; Blattrand mit kurzen, begrannten Zähnen; Stengelblätter handförmig tief eingeschnitten, wobei die Tiefe der Einschnitte von den mittleren zu den oberen Blättern zunimmt; Blattrand grannig-stechend gezähnt; Blätter ähneln daher den Blättern von Distel-Arten. Oberste Stengelblätter bläulich überlaufen, weniger intensiv blau als die Hochblätter unterhalb der Blütenköpfchen. Juli–August. 30–80 cm.

Vorkommen: Braucht nährstoffreichen, kalkhaltigen, feuchten, steinig-lockeren Boden in alpiner Lage. Besiedelt Hochstaudenfluren und alpine Steinrasen. Südalpen (gebietsweise fehlend), südlicher Schweizer Jura, Nördliche Kalkalpen etwa westlich einer Linie Bodensee–Gardasee; selten, auch hier größeren Gebieten fehlend. In den Zentralalpen sehr selten, aber örtlich in lockeren Beständen.

Wissenswertes: ♃; ▽. Die Alpen-Mannstreu wird auch kultiviert. Wiedereinbürgerungen sind oftmals mißlungen.

Flachblättrige Mannstreu

Eryngium planum L.
Doldengewächse *Apiaceae (Umbelliferae)*

Beschreibung: Zahlreiche Blüten sitzen in mittelgroßen, eiförmigen, seltener fast halbkugeligen Köpfchen, die um 1,5 cm lang werden können und die von 5–8 bläulich überlaufenen, ziemlich steifen, schmal-lanzettlichen, entfernt fiedrig dornig-gezähnten Hüllblättern umgeben werden, die kaum länger als der Blütenstand sind. Blüten klein, 2–4 mm im Durchmesser, blau. Blütenblätter 5, schmal. Kelchblätter 5, dornspitzig, um 2 mm lang. Stengel steif aufrecht, im Blütenstandsbereich sparrig-ästig, stahlblau überlaufen. Blätter wechselständig, grundständige langstielig; Spreite eiförmig bis verkehrt-eiförmig, am Grund herzförmig, am Rand gekerbt-gesägt; Zähne mit spitzen, stechenden Grannen, mit Stiel bis 12 cm lang und bis 6 cm breit; untere Stengelblätter kurz gestielt, oft seicht gelappt, mit gesägt-zerschlitzten Lappen; obere Stengelblätter sitzend, handförmig 3–5teilig; Blattabschnitte tief gesägt bis zerschlitzt und dadurch eher schlank und zierlich wirkend; oberste Blätter wie der Stengel stahlblau überlaufen. Juli–September. 30–60 cm.

Vorkommen: Braucht nährstoffreichen, sandig-lockeren Boden, der etwas Stickstoffsalze enthalten sollte. Besiedelt Trockenrasen in Gegenden mit Sommertrockenheit. Sehr selten in Brandenburg; in Niederösterreich und im Burgenland selten. Sonst gelegentlich eingeschleppt und unbeständig verwildert.

Wissenswertes: ♃; ▽. Die Flachblättrige Mannstreu erreicht in Deutschland die Westgrenze ihres Verbreitungsgebiets, das vom Ural im Norden bis nach Kaschmir und von Südsibirien über den Balkan bis nach Österreich reicht. Gelegentlich wird die Pflanze in Gärten gezogen und ist örtlich verwildert.

Feld-Mannstreu
Eryngium campestre

Alpen-Mannstreu
Eryngium alpinum

Stranddistel
Eryngium maritimum

Flachblättrige Mannstreu
Eryngium planum

Feld-Mannstreu

Eryngium campestre L.
Doldengewächse *Apiaceae (Umbelliferae)*

Beschreibung: Zahlreiche Blüten sitzen in
– meist reichlich vorhandenen – kugeligen Köpfchen, die um 1,5 cm im Durchmesser erreichen
und die von 5–8 grünlichen, steifen, schmal-lanzettlichen, spärlich dornig gezähnten Hüllblättern umgeben werden, die wesentlich länger als
der Blütenstand sind und in einen gut entwickelten endständigen Dorn auslaufen. Blüten klein,
um 3 mm lang (ausgerissen gemessen), weißlich-
grün. Blütenblätter 5, nur etwa halb so lang wie
die Kelchblätter. Kelchblätter 5, dornspitzig, um
3 mm lang. Stengel dick, flachrillig, sparrig-ästig,
weißlich bis hellgrün. Blätter wechselständig,
grundständige langstielig; Spreitenumriß meist
3eckig, Blatt mit Stiel bis zu 20 cm lang, handförmig meist tief 3teilig und mit fiederschnittigen
Teilblättern; Blattzähne mit aufgesetzter Grannenspitze; Stengelblätter im Umriß gleich, aber
sehr kurz gestielt oder sitzend, die oberen mit 2
stachelig gezähnten Lappen stengelumfassend;
alle Blätter – vor allem die obersten – weißlich-
grün. Juli–August. 15–60 cm.

Vorkommen: Braucht kalk- und humushaltigen Lehm- oder Lößboden in warmen Lagen. Besiedelt Trockenrasen und Raine. In den
linksrheinischen Mittelgebirgen selten; nach Westen hin gebietsweise fehlend, im Einzugsgebiet
des unteren und mittleren Mains, an der Unterelbe, in Mecklenburg-Vorpommern, in Brandenburg und am Genfer See sehr selten; am Alpensüdfuß zerstreut, in größeren Gebieten fehlend.

Wissenswertes: ♃; ▽. Ähnlich: Ame-
thystblaue Mannstreu (*E. amethystinum* L.): Pflanze oberwärts amethystblau überlaufen; obere
Blätter nicht stengelumfassend, am Grund ohne
Zähne. Alpensüdfuß; sehr selten.

Stranddistel

Eryngium maritimum L.
Doldengewächse *Apiaceae (Umbelliferae)*

Beschreibung: Zahlreiche Blüten stehen
in mittelgroßen, fast kugeligen Köpfchen, die bis
zu 2 cm im Durchmesser erreichen können und
die von 5–8 bläulich oder violett überlaufenen,
steifen, im Umriß eiförmigen, lang und ste-
chend-dornig gezähnten Hüllblättern umgeben
werden, die deutlich länger als der Blütenstand
sind. Blüten klein, 4–5 mm lang (ausgerissen gemessen), trüb stahlblau-violett. Blütenblätter 5,
kürzer als die Kelchblätter. Kelchblätter 5, dornspitzig, 4–5 mm lang. Stengel bis zu 1 cm dick,
sparrig-ästig; durch diese Form der Verzweigung
entsteht ein fast halbkugeliger „Busch". Blätter
wechselständig, grundständige langstielig; Spreite rundlich bis nierenförmig, am Rand buchtig
gezähnt; Zähne dornspitzig; Stengelblätter von
unten nach oben zunehmend 3–5lappig, am Rande buchtig gezähnt; Zähne in einen kräftigen,
stechend-steifen Dorn auslaufend. Juni–August.
20–60 cm.

Vorkommen: Wächst auf Sandböden an
der Nord- und Ostseeküste. Besiedelt lückig bewachsene und noch in Bewegung befindliche
Dünen. Sehr selten und nur noch vereinzelt in
nennenswerten Beständen.

Wissenswertes: ☉-♃; ▽. Die Stranddistel
hat durch Übernutzung infolge des Fremdenver-
kehrs viele ihrer ursprünglichen Standorte verloren. Ihre Ausrottung war weniger eine Folge
des Zertretenwerdens, als vielmehr rücksichtslo-
sen Ausgrabens. Der Weidenutzung war sie ge-
wachsen, denn durch ihre dornigen Zähne ist sie
gegen Verbiß geschützt. Überschüttung mit Sand
macht ihr nichts aus. Junge Sprosse durchwachsen ihn rasch. Mit ihren langen Wurzeln festigt
sie auch noch ziemlich stark bewegten Sand.

Sterndolde *Astrantia*
Sanikel *Sanicula*

Kleine Sterndolde

Astrantia minor L.
Doldengewächse *Apiaceae (Umbelliferae)*

Beschreibung: Blütenstand zusammengesetzt; Stengel gabelig oder spärlich doldenartig verzweigt; eine Dolde 1. Ordnung wird nicht ausgebildet. Die Dolde 2. Ordnung am Ende des Hauptstengels überragt die seitlichen Dolden. An den Verzweigungsstellen stehen tief 3–5teilige Hochblätter mit lineal-lanzettlichen Zipfeln. Eine eigentliche Hülle fehlt. Blüten unscheinbar, 2–3 mm im Durchmesser, meist weiß. Blütenblätter 5. Kelchblätter 5, kaum 1 mm lang, schmal-eiförmig (Lupe!). Hüllblätter der Dolden 2. Ordnung höchstens um 1 cm lang, nie mit mehr als 3 Nerven, sehr schmal lanzettlich, ganzrandig oder an der Spitze 3zähnig. Stengel dünn, wenig verzweigt. Grundblätter langstielig, im Umriß rund, bis zum Grund handförmig 5–9teilig, Abschnitte schmal-lanzettlich, tief und scharf gezähnt. Juli–August. 15–30 cm.

Vorkommen: Braucht kalkarme oder kalkfreie, humushaltige, nicht zu trockene und nicht zu feuchte Böden. Besiedelt Rasen und Matten, geht aber auch in lichte Gebüsche und in Felsspalten. In den Zentral- und Südalpen westlich einer Linie, die etwa von Innsbruck zum Schlern führt, zerstreut, örtlich selten oder fehlend. Fehlt östlich dieser Linie sowie in den Nördlichen und Südlichen Kalkalpen. Bevorzugt Höhen zwischen etwa 1000 und 2500 m.

Wissenswertes: ⨄. Sehr selten kommt die Kleine Sterndolde auch über Kalkgestein vor. Allerdings hat sich an solchen Standorten stets eine kalkfreie, dezimeterdicke Humusdecke gebildet. Auf solchen Standorten erzeugen auch hohe Niederschläge keine Dauerfeuchtigkeit, weil der darunterliegende Kalk das Wasser meist rasch durch Spalten versickern läßt.

Große Sterndolde

Astrantia major L.
Doldengewächse *Apiaceae (Umbelliferae)*

Beschreibung: Stengel im Blütenstandsbereich gabelig oder doldenartig verzweigt; eine Dolde 1. Ordnung fehlt. An den Verzweigungsstellen stehen 1–3teilige Hochblätter mit schmaleiförmigen, mindestens an der Spitze scharf gesägten Abschnitten. Eine Hülle fehlt. Blüten unscheinbar, um 5 mm im Durchmesser (ausgebreitet gemessen), weiß oder rötlich; zwittrige Blüten sind in den Döldchen oft in der Unterzahl; dann überwiegen männliche Blüten. Blütenblätter 5. Kelchblätter 5. Hüllblätter der Dolden 2. Ordnung 1,5–2,5 cm lang, lanzettlich, in den Grund verschmälert, vorn mit Grannenspitze, weiß oder rötlich, Spitze meist grünlich, mit 3 oder 5 Nerven, ganzrandig, selten an der Spitze 3zähnig. Stengel aufrecht. Grundblätter nicht bis zum Grund handförmig 5–7teilig, Abschnitte wenig tief 2–3teilig, breit, am Rand tief gesägt. Juni–August. 30–90 cm.

Vorkommen: Braucht kalk- und humushaltigen Lehmboden in Lagen mit durchschnittlich hoher Luftfeuchtigkeit. Besiedelt Bergwiesen und grasige Stellen in lichten Wäldern. Im Keuperbergland am oberen und mittleren Nekkar, auf der Schwäbisch-Fränkischen Alb, im Alpenvorland, im Schweizer Jura sowie in den Alpen zerstreut. In Brandenburg, Thüringen und Sachsen, in der Rhön, am Mittellauf des Mains und im Bayerischen Wald vereinzelt. Bevorzugt Höhen zwischen etwa 700 und 1800 m.

Wissenswertes: ⨄. Es werden 2 Unterarten unterschieden: Ssp. *carinthiaca* (HOPPE) ARC. (Hüllblätter zumindest bei der endständigen Dolde doppelt so lang wie die Dolde) kommt nur in den Südalpen vor; ssp. *major* ist die in Mitteleuropa verbreitete Sippe.

Bayerische Sterndolde

Astrantia bavarica F. W. SCHULTZ
Doldengewächse *Apiaceae (Umbelliferae)*

Beschreibung: Stengel im Blütenstandsbereich gabelig oder spärlich doldenartig verzweigt; eine Dolde 1. Ordnung fehlt. An den Verzweigungsstellen stehen 1–3teilige Hochblätter
mit schmal-eiförmigen, mindestens an der Spitze
scharf gesägten Abschnitten. Eine Hülle fehlt.
Blüten unscheinbar, um 3 mm im Durchmesser
(ausgebreitet gemessen), weiß; die Dolden sind
armblütig; männliche Blüten überwiegen gelegentlich die zwittrigen. Blütenblätter 5. Kelchblätter 5. Hüllblätter der Dolden 2. Ordnung
dünn, länger als die Dolde, 1–1,5 cm lang,
2–3 mm breit, lanzettlich, leicht spatelig in den
Grund verschmälert, vorn mit Grannenspitze,
weiß, ganzrandig, selten an der Spitze wenig gesägt. Stengel dünn, wenig beblättert. Grundblätter fast bis zum Grund handförmig 5teilig, Mit-
telabschnitte meist frei; Blattstiel 3–10 cm lang;
Blattabschnitte gesägt, am Grund keilförmig.
Juni–August. 20–50 cm.

Vorkommen: Braucht kalk- und humushaltigen Lehmboden. Besiedelt Bergwiesen und
grasige Stellen in lichten Legföhrenbeständen sowie Hochstaudenfluren. In den Nördlichen Kalkalpen vom Karwendel an östlich in den Nord-
tiroler Alpen bis etwa zum Inn, in den Südlichen
Kalkalpen in der Steiermark. Selten, aber örtlich
in kleineren Beständen.

Wissenswertes: ♃. Ähnlich: Krainer
Sterndolde (*A. carniolica* JACQ.): Blätter nur bis
etwas über die Blattmitte eingeschnitten. Südliches Kärnten und südliche Steiermark; selten. –
Die Bayerische Sterndolde war vor den Vereisungsperioden in den Alpen weiter verbreitet als
heute. Darauf weist ihr zerrissenes Verbreitungsgebiet hin.

Sanikel

Sanicula europaea L.
Doldengewächse *Apiaceae (Umbelliferae)*

Beschreibung: Stengel im Blütenstandsbereich doldenartig verzweigt; eine Dolde
1. Ordnung wird nicht ausgebildet. An der Ver-
zweigungsstelle stehen einfache oder unregelmäßig tief eingeschnittene 2–3teilige Hochblätter
mit breit-lanzettlichen Abschnitten, die am Rand
gekerbt-gesägt sind. Eine eigentliche Hülle fehlt.
Blüten unscheinbar, 2–3 mm im Durchmesser
(ausgebreitet gemessen), weiß, zuweilen schwach
rötlich oder gelblich überlaufen; außer zwittrigen
gibt es rein männliche Blüten. Blütenblätter 5.
Kelchblätter 5. 6–8 Hüllchenblätter an der Basis
der Dolden 2. Ordnung lineal-lanzettlich, kürzer
als die Döldchen, zuletzt zurückgeschlagen.
Stengel meist einzeln, aufrecht. Grundblätter
langstielig, dunkelgrün, derb, handförmig meist
bis zum Grund 5teilig, selten nur 3teilig; Abschnitte fiederteilig; Rand ungleichmäßig gekerbt-gesägt. Mai–Juni. 20–40 cm.

Vorkommen: Braucht kalkhaltigen, frischen, humusreichen Lehm- oder Tonboden. Besiedelt Laub- und Mischwälder sowie Auenwälder. Fehlt im Tiefland und in den Mittelgebirgen
mit kalkarmem Gestein sowie in den Zentralalpen ganz oder größeren Gebieten. Sonst zerstreut und örtlich in lockeren Beständen. Steigt
in den Alpen nur selten über etwa 1500 m.

Wissenswertes: ♃. Die Pflanze galt früher
als Wundheilmittel (sanare, lat. = heilen). Sie
enthält u. a. Saponine, Gerbstoffe und ätherisches Öl. Ihre Heilkraft ist heute umstritten. –
Ähnlich: Schaftdolde (*Hacquetia epipactis* (SCOP.)
DC.): Nur 1 Dolde am Stengelende; Blüten gelblich; Hüllblätter groß, vorn gezähnt. Südsteiermark; selten. Zuweilen als Bodendecker gepflanzt, doch kaum verwildert.

Sanikel
Sanicula europaea

Große Sterndolde
Astrantia major

Bayerische Sterndolde
Astrantia bavarica

Kleine Sterndolde
Astrantia minor

Gold-Kälberkropf

Chaerophyllum aureum L.
Doldengewächse *Apiaceae (Umbelliferae)*

Beschreibung: Blütenstand aus Dolden 1. und 2. Ordnung. Dolden 1. Ordnung ohne Hüllblätter, mit 8–20 Dolden 2. Ordnung. Stiele der Dolden 2. Ordnung kahl. An den Dolden 2. Ordnung 5–10 Hüllchenblätter, lanzettlich, allmählich lang zugespitzt, mit deutlichem Hautrand, bewimpert. Blüten um 3 mm im Durchmesser (ausgebreitet gemessen), weiß. Blütenblätter 5, verkehrt-eiförmig, kahl, tief ausgerandet (Lupe! Blütenblätter gegebenenfalls mit einer Pinzette auseinanderfalten!). Frucht um 1 cm lang, kahl, länglich, ohne Schnabel, reif gelblich; Griffel mindestens doppelt so lang wie das Polster, auf dem sie stehen, abgebogen oder aufrecht. Stengel aufrecht, dick, im unteren Drittel kantig gefurcht, im oberen Drittel fein gerillt, mit rückwärts gerichteten, borstigen Haaren bestanden, oft rotfleckig, unter den Blattansätzen etwas verdickt. Blätter wechselständig, unterseits weichhaarig, 3- bis 4fach gefiedert, Fiedern fiederteilig oder tief und unregelmäßig gezähnt; Zähne spitz zulaufend. Juni–Juli. 0,5–1,3 m.

Vorkommen: Braucht stickstoffsalzreichen, kalkhaltigen, eher feuchten als trockenen, lockeren und humushaltigen Lehm- oder Tonboden. Besiedelt ortsnahes Ödland, Gräben und Hecken, geht auch in überdüngte, frische Wiesen. Vereinzelt am Niederrhein; fehlt sonst im Tiefland; nach Süden zu zerstreut (wird oft für den Wilden Kerbel gehalten, s. S. 182), in Trockengebieten und über 1000 m selten; geht in den Alpen örtlich bis etwa 1400 m.

Wissenswertes: ♃; (☠). Enthält ätherische Öle und – möglicherweise nur in einigen Rassen – zumindest geringe Mengen des giftigen Alkaloids Chaerophyllin.

Behaarter Kälberkropf

Chaerophyllum hirsutum L.
Doldengewächse *Apiaceae (Umbelliferae)*

Beschreibung: Blütenstand aus Dolden 1. und 2. Ordnung. Dolden 1. Ordnung ohne Hüllblätter, mit 10–20 Dolden 2. Ordnung. An den Dolden 2. Ordnung 5–10 Hüllchenblätter, lanzettlich, mit deutlichem Hautrand, zottig bewimpert. Blüten um 3 mm im Durchmesser (ausgebreitet gemessen), weiß, seltener rosa. Blütenblätter 5, verkehrt-eiförmig, am Rand bewimpert (Lupe!). Frucht 1–2 cm lang, kahl, länglich, heller gerippt, ohne Schnabel; Griffel mindestens doppelt so lang wie das Polster, auf dem sie stehen. Stengel aufrecht, rund, gerillt, behaart oder kahl, im oberen Drittel verzweigt, unter den Blattansätzen nicht verdickt. Blätter wechselständig, unterseits glänzend, 3–4fach gefiedert, Fiedern fiederteilig oder tief und unregelmäßig gezähnt. An den untersten Blättern ist das unterste Teilblatt 1. Ordnung fast so groß wie der Rest des Blattes. Mai–Juli. 40–90 cm.

Vorkommen: Braucht feuchten, humosen, lehmig-tonigen Boden in Lagen mit hoher Luftfeuchtigkeit. Besiedelt Auenwälder, Ufer und Hochstaudenfluren. Fehlt im Tiefland. In den niederschlagsreicheren Mittelgebirgen und im Alpenvorland zerstreut, oft in individuenreichen Beständen. Steigt bis etwa 2000 m.

Wissenswertes: ♃. Über Alkaloidgehalt ist uns nichts bekannt geworden. – *Ch. hirsutum* L. wird mit dem Alpen-Kälberkropf (*Ch. elegans* GAUDIN: Nerven der Blattunterseite mit 2 Flaumreihen; Spreite weichhaarig; Westalpen) und dem Südalpen-Kälberkropf (*Ch. villarsii* KOCH: Unterstes Teilblatt 1. Ordnung kleiner als der Rest des Blattes. Nerven der Blattunterseite borstig. Schweizer Jura, Alpenvorland, Alpen) zur Sammelart *Ch. hirsutum* agg. vereint.

Gold-Kälberkropf
Chaerophyllum aureum

Knolliger Kälberkropf
Chaerophyllum bulbosum

Hecken-Kälberkropf
Chaerophyllum temulum

Behaarter Kälberkropf
Chaerophyllum hirsutum

Hecken-Kälberkropf
Chaerophyllum temulum L.
Doldengewächse *Apiaceae (Umbelliferae)*

Beschreibung: Blütenstand aus Dolden 1.
und 2. Ordnung. Dolden 1. Ordnung ohne Hüllblätter, mit 6–12 Dolden 2. Ordnung. Stiele der
Dolden 2. Ordnung mit nach vorn gerichteten,
borstigen Haaren. An den Dolden 2. Ordnung
4–8 Hüllchenblätter, lanzettlich, allmählich spitz
zulaufend, am Rande dicht bewimpert. Blüten
um 2,5 mm im Durchmesser (ausgebreitet gemessen), weiß oder rötlich überlaufen. Blütenblätter 5, kahl, eingeschnitten. Frucht 5–7 mm
lang und nur etwa 1 mm dick, mit sehr dünnen
Längsrippen, kahl, ohne Schnabel; Griffel etwa
so lang wie das Polster, auf dem sie stehen, senkrecht oder stumpfwinklig abstehend. Stengel
sparrig verzweigt, borstig behaart, meist rotflek-
kig, unter den Blattansätzen deutlich verdickt.
Blätter wechselständig, meist nur 2fach gefiedert,
Fiedern stumpf gekerbt, Kerben mit feiner, aufgesetzter Spitze. Mai–Juli. 0,3–1 m.
   Vorkommen: Braucht nährstoff-, besonders stickstoffsalzreichen, feuchten, humusreichen Lehmboden. Besiedelt Waldränder, Gebüsche, ortsnahe Hecken und Parkanlagen. Im
Tiefland, in den unteren und mittleren Lagen
der Mittelgebirge von Norden bis etwa zur Donau zerstreut, örtlich fehlend; in den höheren
Lagen der Mittelgebirge, im Alpenvorland und in
den Alpen meist nur in milden Tallagen, sonst
fehlend. Geht kaum irgendwo über etwa 800 m.
   Wissenswertes: ☉; ☠. Enthält das giftige
Alkaloid Chaerophyllin. Tiere, die das Kraut gefressen haben, beginnen zu taumeln und erlei-
den letztlich Lähmungen. Auf diese lang bekannten Erscheinungen bezieht sich der wissenschaftliche Name (*temulum*, lat. = betäubend;
auch gebraucht: Taumel-Kälberkropf).

Knolliger Kälberkropf
Chaerophyllum bulbosum L.
Doldengewächse *Apiaceae (Umbelliferae)*

Beschreibung: Blütenstand aus Dolden 1.
und 2. Ordnung. Dolden 1. Ordnung meist ohne
Hüllblätter, sehr selten mit 1 oder wenigen kleinen lanzettlichen Blättchen, mit 5–12 Dolden
2. Ordnung. Stiele der Dolden 2. Ordnung kahl.
An den Dolden 2. Ordnung 4–8 Hüllchenblätter,
von denen meist 1 oder mehrere sehr viel kürzer
als die übrigen sind; längere Hüllchenblätter
feinspitzig, kahl oder sehr schütter bewimpert.
Blüten um 2,5 mm im Durchmesser, weiß. Blütenblätter 5, kahl. Frucht um 5 mm lang, kahl,
hellrippig, ohne Schnabel; Griffel etwa so lang
wie das Polster, auf dem sie stehen, senkrecht
oder stumpfwinklig abstehend, sehr selten zurückgebogen. Stengel nur unten etwas steifhaarig
und rot gefleckt, oben leicht bläulich überlaufen,
unter den Blattansätzen verdickt. Blätter wechselständig, 3–4fach gefiedert, mit schmal-lanzettlichen, kaum 1 mm breiten, spitz zulaufenden
Zipfeln. Wurzel rübenförmig, 1–4 cm lang und
bis 2,5 cm dick. Juni–August. 0,8–1,8 m.
   Vorkommen: Braucht nährstoffreichen,
kalkhaltigen, nassen, humosen Lehm- oder Tonboden. Besiedelt Ufer, Gräben und Auenwälder.
In den unteren und mittleren Lagen des Berglands und in den Tälern der großen Flüsse und
Ströme selten, aber meist bestandsbildend. Fehlt
in den Alpen, im Alpenvorland und im Schwarzwald oder kommt dort nur vereinzelt vor.
   Wissenswertes: ☉; ☠. Die oberirdischen
Teile enthalten das giftige Alkaloid Chaerophyllin. Die Wurzel ist giftfrei und wurde früher als
Wurzelgemüse gegessen. Achtung: Der sehr giftige Wasserschierling (s. S. 202) hat einen verdickten, gekammerten Wurzelstock; Gefleckter
Schierling (s. S. 192) riecht nach Mäuseharn!

Gewürz-Kälberkropf
Chaerophyllum aromaticum L.
Doldengewächse *Apiaceae (Umbelliferae)*

Beschreibung: Blütenstand aus Dolden 1. und 2. Ordnung. Dolden 1. Ordnung meist ohne Hüllblätter, sehr selten mit 1 oder wenigen, meist hinfälligen, lanzettlichen Blättchen, mit 12–20 Dolden 2. Ordnung. Stiele der Dolden 2. Ordnung kahl. An den Dolden 2. Ordnung zahlreiche Hüllchenblättchen, breit-lanzettlich, mit deutlichem Hautrand, bewimpert, fein zugespitzt, zuletzt zurückgeschlagen. Blüten um 2 mm im Durchmesser, weiß, kahl. Fruchtansatz sehr spärlich; Früchte 0,8–1,3 cm lang, um 3 mm dick, gelbbraun. Griffel mindestens doppelt so lang wie das Polster, auf dem sie stehen, an reifen Früchten fast waagrecht nach außen gebogen. Stengel aufrecht, ästig, rund, im unteren Drittel schütter borstig behaart und oft rotfleckig, unter den Blattansätzen verdickt. Blätter wechselständig, 3teilig; Teilblätter 1. Ordnung wiederum 3teilig, mittleres oft 2fach fiederteilig; Teilblätter letzter Ordnung bis 7 cm lang und 1,5–2,5 cm breit, eiförmig-zugespitzt, gegen den Spindelansatz fast stielartig zusammengezogen, doppelt gesägt. Juli–August. 0,6–1,5 m.
Vorkommen: Braucht feuchten, humosen, kalkarmen Lehmboden. Besiedelt Waldränder, Auenwälder, Gebüsche und Gräben. Niederösterreich und Burgenland zerstreut; Oberösterreich, Bayerischer Wald, Thüringen und Brandenburg vereinzelt.
Wissenswertes: ♃. Der Gewürz-Kälberkropf enthält ätherisches Öl. Blätter und Früchte verströmen beim Zerreiben einen deutlichen Geruch nach Möhren. Der Verbreitungsschwerpunkt der Art liegt in Südosteuropa und in Südrußland. In Mitteleuropa erreicht sie ihre Westgrenze. Als Würze wurde sie hier nicht genutzt.

Hunds-Kerbel
Anthriscus caucalis MB.
Doldengewächse *Apiaceae (Umbelliferae)*

Beschreibung: Blütenstand aus Dolden 1. und 2. Ordnung. Dolden 1. Ordnung meist ohne Hüllblätter; nur ausnahmsweise mit 1 oder 2 hinfälligen, kleinen Hüllblättern, mit 3–5 Dolden 2. Ordnung. Stiele der Dolden 2. Ordnung kahl. An den Dolden 2. Ordnung 2–5 Hüllchenblätter, breit-lanzettlich, zugespitzt, mit schmalem Hautrand, schütter bewimpert, meist ziemlich einseitswendig angeordnet. Blüten um 1,5 mm im Durchmesser, grünlich-weiß. Blütenblätter 5, kaum ausgerandet (Lupe!). Frucht um 5 mm lang, um 1,5 mm dick, in einen etwa 1 mm langen Schnabel zusammengezogen, dicht mit hakigen Borsten bestanden. Griffel sehr kurz und auch mit der Lupe oft nicht eindeutig vom Griffelpolster bzw. vom Schnabel unterscheidbar. Stengel aufsteigend bis aufrecht, rund, kahl, ästig. Blätter wechselständig, unterseits auf den Nerven abstehend weichhaarig, oberseits dunkelgrün. 3–4fach gefiedert. Scheiden am Blattstiel – mindestens der mittleren Blätter – zottig-weißwollig. Mai–Juni. 15–50 cm.
Vorkommen: Braucht lockeren, sandigen, kalkarmen, aber nährstoff-, besonders stickstoffsalzreichen Lehmboden. Besiedelt ortsnahes Ödland und ortsnahe Gebüsche sowie Wegränder. Zwischen unterem Neckar und unterem Main, an der Unterelbe, im Tiefland und in den Mittelgebirgen östlich der Elbe zerstreut, doch gebietsweise fehlend; sonst nur vereinzelt; fehlt im Alpenvorland und in den Alpen.
Wissenswertes: ☉. Wegen der hakigen Früchte, die sich im Fell verhaken können, wird der Hunds-Kerbel von Tieren verbreitet. Der Name „Hunds"-Kerbel erklärt sich daraus, daß die Pflanze nicht aromatisch riecht.

Garten-Kerbel

Anthriscus cerefolium (L.) HOFFM.
Doldengewächse *Apiaceae (Umbelliferae)*

Beschreibung: Blütenstand aus Dolden 1.
und 2. Ordnung. Dolden 1. Ordnung ohne Hüllblätter, mit 2–5 Dolden 2. Ordnung; sehr selten
gibt es nur 1 Döldchen; Stiele der Dolden 2. Ordnung flaumig behaart, sehr selten ist die Behaarung schütter oder der Stiel praktisch kahl. An
den Dolden 2. Ordnung 1–5 Hüllchenblätter,
schmal-lanzettlich, am Rand bewimpert. Blüten
um 2,5 mm im Durchmesser, weiß. Blütenblätter
5, kahl. Frucht 0,6–1 cm lang, gut 1 mm dick,
kantig, kahl oder sehr kurz borstig behaart, dunkelbraun, glänzend, unter den Griffeln mit einem matten Ring, der den nicht abgesetzten
Schnabel darstellt. Griffel etwas zusammenneigend, länger als das Griffelpolster. Stengel rund,
etwas verbogen, kahl oder schütter flaumig, ungefleckt. Blätter wechselständig, 2–4fach gefiedert, dünn, hellgrün, sehr schütter behaart oder
kahl; Blattabschnitte kurz zugespitzt oder
stumpflich, an den gestielten Abschnitten zuweilen gezähnt. Mai–Juni. 30–60 cm.

Vorkommen: Braucht nährstoff- und humusreichen, lockeren, sandig-steinigen, frischen
Lehmboden. Frühere Kulturpflanze, die örtlich
verwildert ist. Am Mittelrhein zwischen Mainz
und Köln, am Unterlauf des Mains und an der
Sieg, am Mittellauf des Neckars sehr selten; vereinzelt an der oberen Donau und an der oberen
Mosel; in Ober- und Niederösterreich, dem Burgenland, Steiermark und Kärnten selten; in der
Westschweiz sehr selten.

Wissenswertes: ⊙. Der Garten-Kerbel
enthält ätherisches Öl (mit Estragol) sowie Bitterstoffe. Er wurde früher vielfach als Gewürzpflanze in Bauerngärten angebaut und darüber hinaus
auch als Heilpflanze verwendet. Gewürzpflanze
ist er da und dort noch heute.

Wilder Kerbel

Anthriscus sylvestris (L.) HOFFM.
Doldengewächse *Apiaceae (Umbelliferae)*

Beschreibung: Blütenstand aus Dolden 1.
und 2. Ordnung. Dolden 1. Ordnung meist ohne
Hüllblätter, selten mit 1 oder wenigen lanzettlichen Blättchen, mit 8–16 Dolden 2. Ordnung.
Stiele der Dolden 2. Ordnung kahl. An den Dolden 2. Ordnung 4–8 Hüllchenblätter, in eine lange Spitze ausgezogen, mit häutigem Rand, bewimpert. Blüten um 4 mm im Durchmesser
(auch äußere kaum größer als innenstehende),
weiß. Blütenblätter 5, kahl. Frucht 0,7–1 cm lang,
so lang wie ihr Stiel oder deutlich länger, unter
dem Griffelpolster mit verschmälert-einge-
schrumpfter, etwa 1–2 mm langer Zone („Schnabel"); Griffel mindestens so lang wie das Polster,
auf dem sie stehen, wenig abspreizend. Stengel
verzweigt, ungefleckt, unter den Blattansätzen
nicht verdickt. Blätter wechselständig, dunkelgrün, glänzend, 2–3fach gefiedert. April–Juni.
0,6–1,5 m.

Vorkommen: Braucht stickstoffsalzreichen, lockeren, humosen Lehm- oder Tonboden.
Besiedelt Fettwiesen, Baumwiesen, Gebüsche
und Wegränder. Sehr häufig; in jaucheüberdüng-
ten Wiesen bildprägend. Steigt in den Alpen örtlich bis über etwa 1800 m.

Wissenswertes: ♃ *A. sylvestris* (L.)
HOFFM. wird mit dem Glänzenden Kerbel (*A. ni-
tida* (WAHLENB.) HAZSL.: Äußere Blüten etwas
größer als innenstehende; Frucht 5–9 mm, höchstens so lang wie ihr Stiel; Blätter unterseits stark
glänzend, fast 3teilig, Teilblätter 1. Ordnung gefiedert; Schluchtwälder, feuchte Laubwälder;
Rhön, Schwäbische Alb, Schweizer Jura, Alpenvorland, Nieder- und Oberösterreich; selten) zur
Sammelart *A. sylvestris* agg. zusammengefaßt.
Hinzu kommen noch Kleinarten, die in Südeuropa beheimatet sind.

Wilder Kerbel
Anthriscus sylvestris

Hunds-Kerbel
Anthriscus caucalis

Garten-Kerbel
Anthriscus cerefolium

Gewürz-Kälberkropf
Chaerophyllum aromaticum

Echter Venuskamm

Scandix pecten-veneris L.
Doldengewächse *Apiaceae (Umbelliferae)*

Beschreibung: Blütenstand oft nur aus Dolden 2., aber auch aus Dolden 1. und 2. Ordnung. Dolden 1. Ordnung – wenn vorhanden – ohne Hüllblätter, mit 2–3 Dolden 2. Ordnung. Stiele der Dolden 2. Ordnung meist kahl, höchstens mit einzelnen, borstlichen Haaren. An den Dolden 2. Ordnung mehrere gezähnte oder sogar eingeschnittene Hüllchenblätter und mit 3–15 Blüten. Blüten 3–5 mm im Durchmesser (äußere oft etwas größer als innenstehende), weiß. Blütenblätter 5. Frucht 2–8 cm lang, gelblich gerippt, Rippen kurz borstlich behaart, Zwischenrillen kahl, dunkelbraun. Griffel gerade, aufrecht, wenig spreizend, 1–2 mm lang. Stengel aufsteigend bis aufrecht, rund, fein gerillt, meist verästelt, schütter abstehend behaart. Blätter wechselständig, 2–4fach gefiedert, Blattzipfel meist weniger als 1 mm breit und zugespitzt. Blattstiel am Grund mit einer weißen, hautrandigen Scheide, die bei den oberen Blättern oft leicht aufgeblasen und am Rand zottig bewimpert ist. Mai–Juni. 10–30 cm.

Vorkommen: Braucht kalkhaltigen, lockeren, steinig-sandigen, humusarmen Lehm- oder Tonboden. Gedeiht nur in Lagen mit sommerwarmem Klima. In den tieferen Lagen des Berglands mit kalkhaltigem Gestein auf Ödland, Brachäckern, zuweilen in Getreideäckern oder in lückigen Trockenrasen, selten. Im Tiefland vereinzelt. Fehlt in den Mittelgebirgen mit kalkarmem oder kalkfreiem Gestein, im Alpenvorland und in den Alpen mit Ausnahme der warmen Täler. Am Alpensüdfuß in den Kalkgebieten selten.

Wissenswertes: ⊙. Der Echte Venuskamm hat durch die Anwendung von Herbiziden viele seiner früheren Standorte verloren.

Süßdolde

Myrrhis odorata (L.) Scop.
Doldengewächse *Apiaceae (Umbelliferae)*

Beschreibung: Blütenstand aus Dolden 1. und 2. Ordnung. Dolden 1. Ordnung ohne Hüllblätter, mit 6–20 Dolden 2. Ordnung. Stiele der Dolden 2. Ordnung behaart. An den Dolden 2. Ordnung 5–7 Hüllchenblätter, lanzettlich, zugespitzt, weißhäutig, am Rand gewimpert. Blüten um 4 mm im Durchmesser (äußere etwas größer als innenstehende), weiß. Blütenblätter 5. Frucht 2–2,5 cm lang, dunkelbraun, glänzend, kantig gerippt, nur auf den Kanten schütter und kurz borstig behaart. Griffel etwa doppelt so lang wie das Polster, auf dem sie stehen. Stengel aufrecht, im oberen Drittel verzweigt, an den Knoten der Blättansatzstellen abstehend behaart. Blätter wechselständig, 2–4fach gefiedert; Teilblättchen spitzzähnig. Zerriebene Pflanzenteile riechen kräftig nach Anis. Mai–Juli. 0,5–1,2 m.

Vorkommen: Braucht nährstoffreichen, steinig-lockeren, humosen Lehmboden. Besiedelt Waldränder, Hecken und ortsnahes Ödland; wurde örtlich in Bergwiesen eingebracht. Im Tiefland vereinzelt, z. B. am Unterlauf der Elbe und in Schleswig-Holstein, ebenfalls im Harz, im Sauerland, in der Eifel und in den Berchtesgadener Alpen; in Niederösterreich, in der Steiermark, am Alpensüdfuß östlich der Grigna, im Wallis und im südlichen Schweizer Jura selten und gebietsweise fehlend.

Wissenswertes: ♃. Die Süßdolde soll die Milchleistung von Kühen fördern. Deswegen hat man sie früher auf Bergwiesen ausgesät. Auch als Gewürz- und Arzneipflanze wurde sie vielfach angebaut. Beheimatet ist sie in den südeuropäischen Gebirgen. Mit der Myrrhe des Alten Testaments hat die Pflanze nichts zu tun. Dabei handelt es sich um ein Harz von Sträuchern, die in Äthiopien vorkommen.

Süßdolde
Myrrhis odorata

Möhren-Haftdolde
Caucalis platycarpos

Echter Venuskamm
Scandix pecten-veneris

Breitblättrige Haftdolde
Turgenia latifolia

Möhren-Haftdolde

Caucalis platycarpos L.
Doldengewächse *Apiaceae (Umbelliferae)*

Beschreibung: Blütenstand aus Dolden 1. und 2. Ordnung. Dolden 1. Ordnung mit 0–5 Hüllblättern, mit 2–3, selten mit bis zu 5 Dolden 2. Ordnung. Stiele der Dolden 2. Ordnung kantig, etwas rauhhaarig. 0–5 Hüllchenblätter. Dolden 2. Ordnung meist mit 2–5 zwittrigen, fast sitzenden und mit 1–3 männlichen, deutlich gestielten Blüten; Blüten um 4 mm im Durchmesser, weiß oder – selten – rötlich. Blütenblätter 5, sehr breit verkehrt-eiförmig, tief ausgerandet, kahl. Frucht 0,6–1,2 cm lang, gerippt, auf jeder Teilfrucht 4 Reihen langer, glänzender, an der Spitze umgebogener Stachelborsten, dazwischen kürzere Borsten. Stengel aufsteigend bis aufrecht, kantig, schütter borstig behaart, sparrig verzweigt. Blätter wechselständig, stumpfgrün, 2–3fach gefiedert, Zipfel spitz oder stumpflich. Mai–Juli. 10–30 cm.

Vorkommen: Braucht trockenen, kalkreichen, steinigen Tonboden. Besiedelt Brachäcker, Getreidefelder und Wegränder. Nur in den wärmeren Lagen der Mittelgebirge mit Kalkgestein sehr selten und unbeständig. Fehlt im Tiefland, im Alpenvorland und in den Alpen.

Wissenswertes: ☉. Die Möhren-Haftdolde war ursprünglich im östlichen Mittelmeergebiet beheimatet und kam mit dem Getreidebau nach Mitteleuropa. Durch den Einsatz von Herbiziden ist sie in den letzten Jahrzehnten stark zurückgegangen. – Die Stacheln an den Früchten sorgen in hervorragender Weise für eine „Klettverbreitung", d.h. die Früchte bleiben wie die Kletten im Fell von Tieren haften und werden so verschleppt. Nicht zuletzt wegen dieser wirksamen „Aussaatmethode" gehörte früher die Möhren-Haftdolde zu den häufigeren Unkräutern.

Breitblättrige Haftdolde

Turgenia latifolia (L.) HOFFM.
Doldengewächse *Apiaceae (Umbelliferae)*

Beschreibung: Blütenstand aus Dolden 1. und 2. Ordnung. Dolden 1. Ordnung mit 2–5 Hüllblättern und 2–5 Dolden 2. Ordnung. Stiele der Dolden 2. Ordnung kurz und rauh behaart und mit eingestreuten längeren Borstenhaaren. An den Dolden 2. Ordnung 5–7 breit-lanzettliche Hüllchenblätter mit sehr breitem, weißem Hautrand, der fein gewimpert ist. Blüten um 4 mm im Durchmesser, oft rot oder rotbraun, aber auch rötlich-weiß oder weiß. Blütenblätter 5, breit verkehrt-eiförmig, tief eingeschnitten. Frucht 0,6–1 cm lang, gerippt, mit 9 Reihen von langen, an der Spitze hakig gebogenen Stachelborsten. Stengel aufrecht, gefurcht, fein und kurz behaart, mit eingestreuten, längeren Borstenhaaren, sparrig verzweigt. Blätter wechselständig, graugrün, 1fach fiederteilig; Blattabschnitte fiederschnittig; Nerven auf der Blattunterseite borstig behaart. Juni–August. 15–60 cm.

Vorkommen: Braucht nährstoffreichen, trockenen, kalkreichen, steinig-lockeren Tonboden, der humusarm sein kann. Liebt sommerliche Wärme. Kommt daher nur in warmen Lagen der Kalkmittelgebirge vereinzelt vor.

Wissenswertes: ☉. Das Hauptverbreitungsgebiet der Breitblättrigen Haftdolde liegt im Mittelmeergebiet. Von dort kam sie mit dem Getreidebau nach Mitteleuropa. Vermutlich wurde sie wiederholt eingeschleppt. Schon früher galt sie als unbeständig. Seit dem Einsatz von Herbiziden ist sie von den meisten der Standorte verschwunden, an denen sie noch um die Jahrhundertwende aufgetreten war. Obschon sie selbst in ihrem Hauptareal zurückgeht, könnte sie auch heute noch da und dort eingeschleppt werden.

Gewöhnlicher Klettenkerbel

Torilis japonica (HOUTT.) DC.
Doldengewächse *Apiaceae (Umbelliferae)*

Beschreibung: Blütenstand aus Dolden 1. und 2. Ordnung. Dolden 1. Ordnung mit 4–6 Hüllblättern (selten auch mit bis zu 12 Hüllblättern), die den Stielen der Dolden 2. Ordnung anliegen; 5–12 Dolden 2. Ordnung. Stiele der Dolden 2. Ordnung durch kurzborstige Haare, die nach vorwärts gerichtet sind, etwas rauh. An den Dolden 2. Ordnung gibt es zahlreiche schmal-lineale bis pfriemliche Hüllchenblätter, die etwa so lang wie die Döldchen werden und borstlich behaart sind. Blüten um 2,5 mm im Durchmesser, weiß oder rosa. Blütenblätter 5. Frucht 3–4 mm lang, von aufwärts gekrümmten, aber nicht widerhakig zugespitzten Borstenhaaren bedeckt. Griffel an den reifen Früchten zurückgeschlagen, 2–3mal länger als das Polster, auf dem sie sitzen (Lupe!). Stengel aufrecht, vom Grund an verzweigt, oft rötlich-braun überlaufen, von rückwärts gerichteten Haaren rauh. Blätter wechselständig, 2–3fach fiederteilig; Blattzipfel eiförmig-lanzettlich und etwas gesägt. Juli–August. 0,3–1,2 m.

Vorkommen: Braucht nährstoffreichen, etwas feuchten, lockeren und humushaltigen Lehmboden. Besiedelt lichte Stellen in Laubwäldern, Waldwege, Waldränder und Gebüsche. Zerstreut, fehlt jedoch in den höheren Lagen der Mittelgebirge, des Alpenvorlandes und der Alpen zumindest kleineren Gebieten. Geht nur vereinzelt höher als etwa 1200 m.

Wissenswertes: ☉. *T. japonica* (HOUTT.) DC. wird mit *T. ucranica* SPRENG. (äußere Blütenblätter länger als innenstehende; reife Frucht 2 mm lang; Südosteuropa; gelegentlich eingeschleppt, aber meist unbeständig) in der Sammelart *T. japonica* agg. vereint.

Knotiger Klettenkerbel

Torilis nodosa (L.) GAERTN.
Doldengewächse *Apiaceae (Umbelliferae)*

Beschreibung: Blütenstand aus Dolden 1. und 2. Ordnung. Dolden 1. Ordnung fast ungestielt, daher scheinbar sitzend; Dolden 2. Ordnung ebenfalls sehr kurz gestielt; Blütenstand auf den ersten Blick fast knäuelig (der Aufbau aus Dolden 1. und 2. Ordnung wird zuweilen erst nach sorgsamem Zerzupfen unter einer Präparationslupe erkennbar!). Den Dolden 1. Ordnung fehlen in der Regel Hüllblätter. An den Dolden 2. Ordnung gibt es mehrere lineal-pfriemliche Hüllchenblätter, die allerdings kürzer als die Döldchen bleiben. Blüten um 1 mm im Durchmesser, weiß. Blütenblätter 5. Frucht um 2,5 mm lang, von kurzen Borstenhaaren bedeckt, die widerhakenartig zugespitzt sind. Griffel kahl, kürzer als das Polster, auf dem sie stehen. Stengel niederliegend oder aufsteigend, seltener aufrecht, rund, rückwärts rauh, schütter kurzborstig behaart. Blätter wechselständig, 1–2fach gefiedert oder fiederteilig; Blattzipfel etwa 1 mm breit, fein zugespitzt. Mai–Juni. 15–40 cm.

Vorkommen: Braucht trockenen, lockeren, stickstoffsalzhaltigen oder stickstoffsalzreichen Boden, der lehmig, sandig oder steinig und ziemlich feinerdearm sein kann. Hauptverbreitung: Mittelmeergebiet. Auf Dünen, vor allem an der Nordsee sowie auf steinigem Ödland am Südalpenfuß selten; sonst nur vereinzelt und meist unbeständig.

Wissenswertes: ☉. Der Knotige Klettenkerbel hat vermutlich erst vor einigen hundert Jahren in Mitteleuropa Fuß gefaßt. Die Gründe hierfür sind unbekannt. An der Nordseeküste wächst er bevorzugt an der Binnenseite der Seedünen; Sandflächen, die weiter landeinwärts liegen, werden meist nicht besiedelt.

Acker-Klettenkerbel

Torilis arvensis (Huds.) Lk.
Doldengewächse *Apiaceae (Umbelliferae)*

Beschreibung: Blütenstand aus Dolden 1. und 2. Ordnung. Dolden 1. Ordnung ohne Hüllblätter oder höchstens mit 1 Hüllblättchen, das oft hinfällig ist; 3–9 Dolden 2. Ordnung. Stiele der Dolden 2. Ordnung sehr schütter und kurz borstig behaart. An den Dolden 2. Ordnung gibt es zahlreiche schmal-lineale bis pfriemliche Hüllchenblätter. Blüten um 2 mm im Durchmesser, weiß oder rötlich. Blütenblätter 5. Frucht um 4 mm lang, dicht mit widerhakigen Stacheln besetzt. Griffel aufrecht abstehend, meist deutlich länger als das Polster, auf dem sie sitzen (Lupe!). Stengel aufsteigend bis aufrecht – und dann einfach oder wenig verzweigt – oder niederliegend bis aufsteigend und dann mehrfach, wenn auch kurz, verzweigt, oft rötlich angelaufen. Blätter wechselständig, graugrün, die unteren und mittleren 2–3fach fiederteilig, die oberen zuweilen nur 1fach fiederteilig. Juli–August. 30–80 cm.

Vorkommen: Braucht basenreichen, kalkhaltigen, ja kalkreichen, trockenen, sommerwarmen Lehm- oder Tonboden, der Stickstoffsalze in nur mäßigen Mengen enthalten sollte. Besiedelt Getreidefelder, Brachäcker, Wegränder und Ödland. Vor allem in den Weinbaugebieten an Rhein, Main, Mosel und Neckar selten; sonst nur vereinzelt und meist unbeständig. Fehlt in den Alpen und im Alpenvorland völlig.

Wissenswertes: ☉. 3 Unterarten werden unterschieden: Ssp. *arvensis* (4–12 Dolden 2. Ordnung; Griffel doppelt so lang wie ihr Polster); ssp. *neglecta* (Spreng.) Thell. (4–12 Dolden 2. Ordnung; Griffel 3–6mal so lang wie ihr Polster) und ssp. *heterophylla* (Guss.) Thell. (3 Dolden 2. Ordnung). Ssp. *neglecta* und ssp. *heterophylla* sind im Mittelmeergebiet verbreitet, erreichen aber den Alpensüdfuß.

Breitsame

Orlaya grandiflora (L.) Hoffm.
Doldengewächse *Apiaceae (Umbelliferae)*

Beschreibung: Blütenstand aus Dolden 1. und 2. Ordnung. Dolden 1. Ordnung mit 5 (selten mit nur 4 oder 6) Hüllblättern, die ganzrandig sind und einen auffälligen weißen Hautrand besitzen, sowie mit 4–12 Dolden 2. Ordnung. Stiele der Dolden 2. Ordnung allenfalls auf der Innenseite etwas rauh. An den Dolden 2. Ordnung gibt es meist 5 (3–8) Hüllchenblätter, die aus eiförmigem Grund plötzlich in eine Spitze auslaufen und die ebenfalls einen deutlichen, weißen Hautrand besitzen. Blüten, weiß oder rotviolett überlaufen, ungleich: äußere um 1,7 cm im Durchmesser, innere um 3 mm im Durchmesser; an den äußeren Blüten werden die äußeren Blütenblätter bis 1,5 cm lang, die nach innen gerichteten kaum 2 mm. Frucht 6–8 mm lang, abgeflacht, die äußeren Rippen mit kurzen, aufwärts gerichteten Borstenhaaren bestanden (Lupe!), innen längere, hakig gekrümmte, dichtstehende Borstenhaare. Stengel aufrecht, oft vom Grunde an ästig. Blätter wechselständig, 1fach gefiedert; Abschnitte doppelt fiederschnittig oder fiederteilig; Zipfel mit einer dünnen, gelben Spitze. Juli–August. 10–30 cm.

Vorkommen: Braucht trockenen, kalk- und nährstoffreichen, sommerwarmen, locker-steinigen Tonboden. Besiedelt Getreide- und Brachäcker. Am Mittelrhein, in der Eifel, im Muschelkalkgebiet des württembergischen Unterlands, im Schwäbischen und Fränkischen Jura, im Wallis, in Nieder- und Oberösterreich und am Alpensüdfuß vereinzelt und meist unbeständig.

Wissenswertes: ☉. Die aus dem Mittelmeergebiet stammende Art hatte in Mitteleuropa kaum irgendwo Standorte längerfristig besiedeln können. Durch den Einsatz von Herbiziden ist sie praktisch verschwunden.

Knotiger Klettenkerbel
Torilis nodosa

Acker-Klettenkerbel
Torilis arvensis

Breitsame
Orlaya grandiflora

Gewöhnlicher Klettenkerbel
Torilis japonica

Koriander

Coriandrum sativum L.
Doldengewächse *Apiaceae (Umbelliferae)*

Beschreibung: Blütenstand aus Dolden 1. und 2. Ordnung. Dolden 1. Ordnung meist ohne Hüllblätter (selten mit 1 hinfälligen Hüllblatt), mit 3–5 Dolden 2. Ordnung. Stiele der Dolden 2. Ordnung kahl. An den Dolden 2. Ordnung gibt es meist 3 Hüllchenblätter, die lineal-pfriemlich sind, in eine Haarspitze auslaufen und in der Regel einseitig ausgerichtet sind. Blüten weiß oder rosa, ungleich: äußere um 7 mm, innere um 3 mm im Durchmesser; an den äußeren Blüten werden die äußeren Blütenblätter bis 4 mm lang. Frucht kugelig oder kugelig-eiförmig, hart, 3–5 mm im Durchmesser. Griffel 2–3mal so lang wie das Polster, auf dem sie stehen. Stengel aufrecht, rund, im oberen Drittel spärlich verzweigt. Blätter wechselständig, 1fach gefiedert oder 3teilig; Blattabschnitte rundlich-keilförmig, gekerbteingeschnitten; Grundblätter früh absterbend; mittlere und obere Stengelblätter besitzen Scheiden mit breitem Hautrand; sie sind in der Regel feiner zerteilt und feiner zipfelig als die Grundblätter. Riecht frisch widerlich nach Wanzen. Juni–Juli. 30–60 cm.
Vorkommen: Braucht trockenen, warmen, nährstoffreichen Löß- oder Lehmboden. Besiedelt Ödland, Brach- und Getreideäcker. Vor allem in den Weinbaugebieten Mitteleuropas selten verwilderte, aber nirgends eingebürgerte Gartenpflanze.
Wissenswertes: ☉. Der Koriander ist im östlichen Mittelmeergebiet beheimatet. Von dort wurde er – vermutlich im 16. Jahrhundert – als Gewürzpflanze nach Mitteleuropa gebracht. Früher wurde er in Bauerngärten oft gepflanzt. Er enthält ätherisches Öl. Noch heute wird er zur Likör- und Curryherstellung verwendet.

Strahlen-Hohlsame

Bifora radians MB.
Doldengewächse *Apiaceae (Umbelliferae)*

Beschreibung: Blütenstand meist aus Dolden 1. und 2. Ordnung. Dolden 1. Ordnung meist ohne Hüllblätter (selten wird 1 hinfälliges Hüllblatt ausgebildet), mit 3–8 Dolden 2. Ordnung; Stiele der Dolden 2. Ordnung kahl. An den Dolden 2. Ordnung gibt es 2–3 lineal-pfriemliche Hüllchenblättchen, die mehr oder weniger deutlich einseitig ausgerichtet sind. Blüten weiß, ungleich: äußere um 6 mm, innere um 2,5 mm im Durchmesser; an den äußeren Blüten werden die äußeren Blütenblätter bis 3,5 mm lang. Frucht aus 2 kugeligen Teilfrüchtchen, 3–4 mm hoch und 6–7 mm breit; Griffel fast 2 mm lang und damit etwa 3–5mal so lang wie das Polster, auf dem sie stehen. Stengel aufrecht, kantig, gefurcht, vom Grund an verzweigt. Blätter wechselständig, mittlere und obere 2–3fach, untere zuweilen nur 1fach fiederschnittig; Blattzipfel zumindest der oberen Blätter haarfein, spitz; bei den obersten Blättern sitzen die untersten Zipfel an den Blattscheiden. Riecht ziemlich widerlich nach Wanzen. Mai–August. 15–30 cm.
Vorkommen: Braucht nährstoff- und kalkreichen, sommerwarmen, lockeren Löß- oder Lehmboden. Heimat: Mittelmeergebiet; besiedelt in Mitteleuropa Ödland, Brachäcker und Getreidefelder. Vereinzelt und meist unbeständig in den tieferen Lagen der Kalk-Mittelgebirge. Durch den Einsatz von Herbiziden noch seltener geworden; vielerorts verschwunden.
Wissenswertes: ☉. Ähnlich: Hoden-Hohlsame (*B. testiculata* (L.) SPRENG.): Höchstens 3 Dolden 2. Ordnung; Blütenblätter der Randblüten fast gleich groß wie die der übrigen Blüten; Zipfel der obersten Blätter lineal, um 1 mm breit. Alpensüdfuß; vereinzelt.

Koriander
Coriandrum sativum

Strahlen-Hohlsame
Bifora radians

Gefleckter Schierling
Conium maculatum

Südliches Hasenohr
Bupleurum gerardii

Gefleckter Schierling

Conium maculatum L.
Doldengewächse *Apiaceae (Umbelliferae)*

Beschreibung: Blütenstand aus Dolden 1.
und 2. Ordnung. Dolden 1. Ordnung mit zahlreichen lanzettlich-spitzen, weißrandigen, zunächst
zurückgeschlagenen Hüllblättern, die früh abfallen; 8–15 Dolden 2. Ordnung. An den Dolden
2. Ordnung stehen 2–4 breit-lanzettliche, kahle,
zuletzt zurückgeschlagene Hüllchenblätter einseitswendig auf der Außenseite der Dolden; Blüten um 3 mm im Durchmesser, weiß. Blütenblätter 5. Frucht 3 mm im Durchmesser, eiförmig,
mit wellig-gekerbten Rippen. Stengel verzweigt,
röhrig, fein gerillt, kahl, mit bläulichem, abwisch-
barem Reif überzogen, im unteren Drittel mit
länglichen rotvioletten Flecken und Streifen.
Blätter wechselständig, 2–4fach fiederteilig, die
unteren bis 50 cm lang und bis 40 cm breit, mit
rundem, hohlem Stiel, dunkelgrün, kahl; obere
Blätter kleiner, weniger stark gefiedert, Spreiten
auf den schmalen, mit weißem Hautrand verse-
henen Scheiden sitzend. Pflanze riecht widerlich
nach Mäusen. Juli–August. 1–2 m.

Vorkommen: Braucht stickstoffsalzreichen, feuchten Lehm- oder Tonboden. Besiedelt
ortsnahes Ödland und Gebüsche. Im Tiefland
und in den wärmeren Gegenden der Mittelgebirge selten; fehlt größeren Gebieten, z.B. im Alpenvorland und in den Alpen; steigt dort kaum
über etwa 1200 m.

Wissenswertes: ☉; ☠. Enthält stark giftige Alkaloide, u.a. das Nervengift Coniin, das
letztlich Atemlähmung verursacht. Obwohl bei
Coniinvergiftungen das Bewußtsein lange erhalten bleibt, wurden Extrakte von Schierling
(griech. koneion = „Schierlingsbecher") im Altertum zur Vollstreckung der Todesstrafe benutzt
(z.B. an dem griechischen Philosophen SOKRA-
TES).

Südliches Hasenohr

Bupleurum gerardii ALL.
Doldengewächse *Apiaceae (Umbelliferae)*

Beschreibung: Blütenstand aus Dolden 1.
und 2. Ordnung. Dolden 1. Ordnung mit meist 5
lineal-lanzettlichen, spitz zulaufenden, 3nervigen
Hüllblättern. 3–7 Dolden 2. Ordnung. Hüllchenblätter an den Dolden 2. Ordnung lineal-pfriemlich, meist nicht einmal 1 mm breit, langspitzig,
1nervig (höchstens im unteren Drittel mit 2 weiteren, randlichen, schwach ausgebildeten Nerven; Lupe!), deutlich länger als die fruchttragenden Blütenstiele (zusammen mit den Früchten
gemessen). Blüten um 2 mm im Durchmesser,
gelblich. Frucht 2–3 mm lang, länglich-eiförmig.
Stengel dünn, aufrecht, mit aufwärts gerichteten
Seitenzweigen. Blätter lineal-lanzettlich, zuweilen etwas sichelförmig gebogen, zugespitzt, am
Blattgrund dem Stengel breit aufsitzend oder angedeutet stengelumfassend, auf der Blattunterseite mit 3–5 Nerven (in Südeuropa auch bis zu
7 Nerven; Lupe!). Juli–August. 20–60 cm.

Vorkommen: Heimat: Mittelmeergebiet
und westliches Asien. In Mitteleuropa nur unbeständig eingeschleppt.

Wissenswertes: ☉. Das Südliche Hasenohr wurde aus verschiedenen Teilen Mitteleuropas gemeldet, hat sich aber wohl nirgendwo länger gehalten. Fundmeldungen aus den Südalpen,
z.B. aus dem Aostatal, müssen mit Vorsicht be-
handelt werden; sie könnten auf einer Verwechslung mit dem Binsen-Hasenohr *(B. praealtum* L.)
beruhen; (Binsen-Hasenohr: Hüllchenblätter an
den Dolden 2. Ordnung kaum 5 mm lang, kürzer
als die fruchttragenden Blütenstiele mit ansitzen-
den Früchten; nur Alpensüdfuß von den Proven-
calischen Alpen bis zu den Bergamasker Alpen;
selten). Obschon die Wärmeansprüche des Südlichen Hasenohrs hoch sind, ist sporadisches
Auftreten möglich.

Sterndolden-Hasenohr

Bupleurum stellatum L.
Doldengewächse *Apiaceae (Umbelliferae)*

Beschreibung: Blütenstand aus Dolden 1. und 2. Ordnung. Dolden 1. Ordnung mit 2–4 Hüllblättern, die den Stengelblättern ähneln, aber kleiner als diese und überdies ungleich lang sind. 3–6 Dolden 2. Ordnung. 8–12 Hüllchenblätter an den Dolden 2. Ordnung, die meist bis weit über ihre Mitte untereinander verwachsen sind und dadurch eine gelbliche, schüsselförmige Hülle bilden; an fruchtenden Exemplaren überragt diese Hülle die Früchte nicht. Blüten um 3 mm im Durchmesser, gelb. Frucht um 5 mm lang, eiförmig, dunkelbraun. Stengel aufrecht, rund, nur im oberen Drittel verzweigt. Grundständige Blätter in einer schopfigen Rosette, grasartig schmal-lineal bis lineal-lanzettlich, 5–20 cm lang und 0,3–1,5 cm breit, mit einem auf der Blattunterseite deutlich hervortretenden Mittelnerv und vernetzten Nerven. Stengelblätter wechselständig, nur an den Verzweigungsstellen, halbstengelumfassend, schmal-eiförmig. Rhizom am Ansatz der Grundblattrosette von einem dichten Schopf aus abgestorbenen Blattscheiden bedeckt. Juli–August. 15–30 cm.

Vorkommen: Braucht kalk- und basenarme, trockene, saure Böden, die steinig sein können und stickstoffsalzarm sein müssen. Besiedelt alpine Wiesen und Matten, geht aber auch in Felsspalten. Kommt in den Zentralketten mit kalkarmen Gesteinen von den Seealpen bis nach Vorarlberg, bis in die nordöstlichen Graubündner Alpen und etwa bis zum Ortler vor. Bevorzugt Höhen zwischen etwa 1000 und 2500 m. Zerstreut, aber kleineren Gebieten fehlend oder gebietsweise sehr selten.

Wissenswertes: ♃. Das Sterndolden-Hasenohr ist in den westlichen Alpenketten mit kalkarmem Gestein endemisch.

Hahnenfuß-Hasenohr

Bupleurum ranunculoides L.
Doldengewächse *Apiaceae (Umbelliferae)*

Beschreibung: Blütenstand aus Dolden 1. und 2. Ordnung. Dolden 1. Ordnung mit 2–5 Hüllblättern, die den obersten Stengelblättern ähneln, aber kleiner als diese sind. 4–8 Dolden 2. Ordnung. Meist 5 rundliche bis breit-lanzettliche, gelbliche Hüllchenblätter an den Dolden 2. Ordnung, die meist frei oder nur am Grunde miteinander verwachsen sind; sie besitzen 5–7 Längsnerven und können an fruchtenden Exemplaren gelegentlich die Früchtchen überragen. Blüten um 2,5 mm im Durchmesser, gelblich, zuweilen rötlich überhaucht. Frucht um 3 mm lang, dunkelbraun. Stengel aufrecht, wenig verzweigt oder einfach. Grundständige Blätter in einer schopfigen Rosette, am Grunde stielartig verschmälert, 3–10 cm lang und 5–9 mm breit, auf der Unterseite mit 9–20 Nerven, die in der oberen Blatthälfte deutlich zu erkennen sind. Stengelblätter wechselständig, meist nur zu 1–3, gegen den Grund verbreitert und stengelumfassend. Rhizom höchstens mit vereinzelten Resten abgestorbener Blattscheiden, nie mit einem Schopf abgestorbener Blattscheiden. Juli–August. 5–30 cm.

Vorkommen: Braucht kalkreichen, trocken-steinigen Lehmboden. Besiedelt Matten, steinig-lückige Rasen, seltener ruhende Schutthalden. Südlicher Schweizer Jura; Nördliche Kalkalpen, nach Osten bis in die Berchtesgadener Alpen, selten; in den Südlichen Kalkalpen zerstreut. Bevorzugt Höhen zwischen etwa 1500 und 2000 m.

Wissenswertes: ♃. Ähnlich: Felsen-Hasenohr (*B. petraeum* L.): Hüllchenblätter überragen die Früchte nicht; deutlicher Schopf aus abgestorbenen Blattresten am Rhizom. Südliche Kalkalpen.

Salz-Hasenohr

Bupleurum tenuissimum L.
Doldengewächse *Apiaceae (Umbelliferae)*

Beschreibung: Blütenstand besteht in der Regel nur aus Dolden 2. Ordnung; die Dolden 1. Ordnung sind gewissermaßen auf eine Verzweigung reduziert; nur selten werden doldenartige Verzweigungen ausgebildet. Die Blüten in den Dolden 2. Ordnung stehen auf so kurzen Stielen, daß sie auf den ersten Blick wie Knäuel wirken. Hüllchenblätter der Dolden 2. Ordnung 3–5, kaum 1 mm breit und spitz oder lanzettlich-stumpflich, 3nervig (Unterseite mit Lupe betrachten; Randnerven nicht mitzählen), die reifen Früchte deutlich überragend. Blüten um 2 mm im Durchmesser, gelb. Frucht um 2 mm lang, eiförmig, dicht mit Warzen besetzt (Lupe!), dunkelbraun, fast sitzend. Stengel aufrecht, ziemlich reichästig. Blätter wechselständig, schmal-lanzettlich, die untersten zur Blütezeit meist schon abgestorben, mit 5–7 Längsnerven, die auf der Unterseite meist gut, auf der Oberseite kaum sichtbar sind. Juli–September. 10–30, selten bis 60 cm.

Vorkommen: Braucht sandig-tonigen, zumindest zeitweise feuchten Boden, der kochsalzhaltig sein sollte, aber auch stickstoffsalzhaltig sein kann. Besiedelt lückige Salzrasen an der Nord- und Ostseeküste, daneben aber auch Salzquellen im Binnenland; vereinzelt auch verschleppt und dann meist unbeständig. An den Küsten selten, sonst vereinzelt.

Wissenswertes: ⊙. Ähnlich: Verwandtes Hasenohr (*B. affine* SCHRADER): Blüten grünlich oder rötlich überlaufen. Frucht bis zu 2,5 mm lang, glatt (ohne Warzen), schmalflügelig, längsrippig. Steppen und Heiden Südosteuropas, vereinzelt bis ins östliche Österreich (westlich bis Mödling); in Süddeutschland sehr selten und unbeständig eingeschleppt.

Sichelblättriges Hasenohr

Bupleurum falcatum L.
Doldengewächse *Apiaceae (Umbelliferae)*

Beschreibung: Blütenstand aus Dolden 1. und 2. Ordnung. Dolden 1. Ordnung mit 1–3 ungleich langen Hüllblättern, die lineal-lanzettlich und nicht miteinander verwachsen sind; zuweilen können die Hüllblätter auch fehlen. 3–15 Dolden 2. Ordnung. Meist 5 Hüllchenblätter an den Dolden 2. Ordnung, diese lineal-lanzettlich, fein zugespitzt, mit 3–5 Längsnerven auf der Unterseite, nicht länger als Fruchtstiel und Frucht zusammen. Blüten um 3 mm im Durchmesser, gelb. Frucht 3–4 mm lang, braun. Stengel aufsteigend bis aufrecht, zuweilen zickzackförmig hin-und-hergebogen, sparrig verzweigt. Blätter wechselständig, die unteren zuweilen sitzend oder – häufiger – in einen oft langen Stiel verschmälert und mit fast eiförmig-rundlicher Spreite, die mittleren und oberen spatelförmig-breitlineal und oft sichelig gekrümmt, in einen stielartigen Blattgrund verschmälert, mit dem sie dem Stengel aufsitzen und ihn angedeutet umfassen. Juni–September. 0,2–1 m.

Vorkommen: Braucht kalkreichen, lockeren Lehm- oder Lößboden. Besiedelt lichte Gebüsche, Waldränder, lichte Trockenwälder, geht auch in Halbtrockenrasen und auf Raine. Auf kalkhaltigen Böden im Tiefland und in den Mittelgebirgen mit kalkhaltigem Gestein zerstreut; fehlt im Alpenvorland, in den Nördlichen Kalkalpen und in den Zentralalpen ganz oder gebietsweise, in den Südlichen Kalkalpen selten. Steigt örtlich bis über etwa 1000 m.

Wissenswertes: ♃. Innerhalb der Art werden mehrere Unterarten unterschieden. Die heimische Unterart ist – wie beschrieben – ssp. *falcatum*; bei der ssp. *cernuum* (TEN.) ARC. sind alle Blätter schmal-lanzettlich und kürzer als 10 cm; Wallis, Südalpen; selten.

Sterndolden-Hasenohr
Bupleurum stellatum

Hahnenfuß-Hasenohr
Bupleurum ranunculoides

Salz-Hasenohr
Bupleurum tenuissimum

Sichelblättriges Hasenohr
Bupleurum falcatum

Rundblättriges Hasenohr
Bupleurum rotundifolium L.
Doldengewächse *Apiaceae (Umbelliferae)*

Beschreibung: Blütenstand aus Dolden 1. und 2. Ordnung. Dolden 1. Ordnung ohne Hüllblätter. 5–10 Dolden 2. Ordnung. 5–6 Hüllchenblätter an den Dolden 2. Ordnung, von denen die äußeren breit-lanzettlich sind und die Früchte überragen; auf der Unterseite dieser Hüllchenblätter kann man mit der Lupe 5–9 Nerven erkennen. Blüten um 3 mm im Durchmesser, gelb. Frucht 3–4 mm lang, schwarzbraun. Stengel aufrecht, am Grund fast 5 mm dick, sehr hellgrün (da etwas bereift), oft weinrot überlaufen, glänzend, oben mehrfach gegabelt, selten nur spärlich verzweigt. Blätter wechselständig, rundlich-eiförmig, bis 7 cm lang und bis 3 cm breit; untere Blätter andeutungsweise stengelumfassend, mittlere und obere am Spreitengrund vom Stengel eindeutig durchwachsen; 5–10 Nerven, speichenförmig verlaufend, an der Spitze und an der Basis oft etwas verdickt. Juni–August. 15–50 cm.

Vorkommen: Braucht trockene, nährstoff- und kalkreiche, lockere und daher oft steinige Lehm- oder Tonböden in sommerwarmem Klima. Besiedelt Getreidefelder, seltener Brachäcker oder Ödland. Harz, Rhön, hessisches und fränkisches Muschelkalkgebiet, Rheinpfalz, Schwäbisch-Fränkischer Jura, Genfer See, Wallis, Ober- und Niederösterreich; überall nur vereinzelt; seit 1950 immer seltener werdend.

Wissenswertes: ☉. Ähnlich: Gelbdolde (*Smyrnium perfoliatum* L.): Blüten gelb; obere Blätter nur scheinbar durchwachsen; Grundblätter – oft mehrfach – 3geteilt. Heimat: Mittelmeergebiet. Von Wien im Osten bis Zürich und Schwetzingen im Westen an mehreren Orten in Parks und Gartenanlagen verwildert und wenigstens über Jahre, wenn nicht über Jahrzehnte beständig; scheint sich nicht auszubreiten.

Langblättriges Hasenohr
Bupleurum longifolium L.
Doldengewächse *Apiaceae (Umbelliferae)*

Beschreibung: Blütenstand aus Dolden 1. und 2. Ordnung. Dolden 1. Ordnung mit 3–4 breit-eiförmigen bis rundlichen oder breit-lanzettlichen Hüllblättern, die 0,5–2 cm lang werden können. 5–10 Dolden 2. Ordnung. 5–8 Hüllchenblätter an den Dolden 2. Ordnung, die an ihrer Basis etwas miteinander verwachsen sind, in der Form den Hüllblättern an den Dolden 1. Ordnung gleichen, aber kleiner als diese bleiben. Blüten um 3 mm im Durchmesser, gelb bis gelbbräunlich. Frucht 4–5 mm lang, fast schwarz. Stengel am Grund bis 7 mm dick, rund, hellblau bis weißlich-grün, in der unteren Hälfte oft rötlich überlaufen, meist einfach oder oberwärts spärlich verzweigt, die Seitenästchen zuweilen kümmerlich. Blätter wechselständig, breit-eiförmig bis lanzettlich; grundständige Blätter bis 15 cm lang und 3–4,5 cm breit, mit der größten Breite meist etwas über der Mitte, zuweilen lang gestielt; Stiel etwas geflügelt; mittlere und obere Stengelblätter sitzend, den Stengel mit großen Zipfeln herzförmig umfassend. Stengel und Blätter leicht weißlich bis blaugrün bereift. Mai–August. 30–80 cm.

Vorkommen: Braucht kalk- und nährstoffreichen, mullhaltigen oder humosen, lockeren, oft steinigen Lehm- oder Tonboden. Besiedelt Gebüsche, lichte Wälder und Waldränder, geht auch auf feinereeichen, nicht voll der Sonne ausgesetzten Gesteinsschutt. Warme Stellen in mittleren und höheren Lagen der Mittelgebirge mit kalkhaltigem Gestein, Alpenvorland, Nördliche Kalkalpen, mittlerer und südlicher Schweizer Jura. Fehlt am Alpensüdfuß.

Wissenswertes: ♃. Das Langblättrige Hasenohr ist eine typische mitteleuropäische Waldpflanze.

Rippensame
Pleurospermum austriacum

**Rundblättriges
Hasenohr**
Bupleurum rotundifolium

Langblättriges Hasenohr
Bupleurum longifolium

Faserschirm
Trinia glauca

Rippensame

Pleurospermum austriacum (L.) HOFFM.
Doldengewächse *Apiaceae (Umbelliferae)*

Beschreibung: Blütenstand aus Dolden 1. und 2. Ordnung. Dolden 1. Ordnung mit meist 3–8 Hüllblättern, von denen fast alle entweder im vorderen Drittel tief gezähnt bis eingeschnitten oder fiederteilig sind und dann den oberen Stengelblättern ähneln. 12–20 Dolden 2. Ordnung (zuweilen sogar mehr als 20), deren Stiele bis zu 15 cm lang sein können. Hüllchenblätter zahlreich, lineal bis sehr schmal lanzettlich, vereinzelt im vorderen Drittel gezähnt. Blüten 5–7 mm im Durchmesser, weiß. Blütenblätter 5, breit-eiförmig, vorn nicht ausgerandet. Frucht 0,6–1 cm lang und etwa halb so breit, mit zahlreichen großen, warzig punktierten Rippen. Stengel 0,7–1,2 cm dick, gefurcht, im oberen Drittel verzweigt und mit reichdoldigem, großem Gesamtblütenstand. Blätter wechselständig, 2–3fach gefiedert; Blattabschnitte mit mehreren, leicht nach vorwärts gerichteten Zähnen. Juni–August. 0,6–1,5 m.

Vorkommen: Braucht kalkreichen, mindestens zeitweise feuchten, kiesig-tonigen Boden. Besiedelt uferbegleitende Grau-Erlen-Gebüsche, Auenwälder und Waldränder. Rhön, Schwäbischer und Fränkischer Jura sehr selten. Alpenvorland, Nördliche Kalkalpen selten, westlich vom Säntis nur vereinzelt; Südalpen sehr selten. Steigt bis etwa 1800 m.

Wissenswertes: ⊙. Ähnlich: Kerndolde (*Grafia golaka* (HACQ.) RCHB.): Hüllblätter der Dolden eiförmig, bis 1 cm lang, bis fast 5 mm breit, ganzrandig, allenfalls im vorderen Drittel leicht buchtig, aber nicht den oberen Stengelblättern ähnlich; Blütenblätter ausgerandet; Pflanze kahl. Östliche Südalpen, nach Westen bis zu den Bergamasker Alpen; sehr selten.

Faserschirm

Trinia glauca (L.) DUM.
Doldengewächse *Apiaceae (Umbelliferae)*

Beschreibung: Blütenstand aus Dolden 1. und 2. Ordnung. Dolden 1. Ordnung meist ohne Hüllblätter. 4–8 Dolden 2. Ordnung; Hüllchenblätter fehlen in der Regel oder sind nur klein und hinfällig. Pflanze entweder nur mit weiblichen oder nur mit männlichen Blüten. Männliche Pflanzen zierlicher als weibliche (in den männlichen Blüten kann es einen unterentwickelten Fruchtknoten geben). Blüten knapp 2 mm im Durchmesser, weiß. Blütenblätter außen mit einem rötlichen Mittelstreif. Frucht um 3 mm lang, dunkelbraun, kugelig-eiförmig, stumpf gerippt. Stengel vom Grund an sparrig mehrfach verzweigt, wobei die untersten Äste fast so lang wie der Stengel werden; die Pflanze bekommt dadurch ein nahezu halbkugeliges Äußeres. Blätter wechselständig, 2–3fach fiederteilig; Blattzipfel bis 3 cm lang und meist kaum 1 mm breit, zugespitzt. Blätter und Stengel bläulich-grün. An der Stelle, an der der Stengel dem Rhizom entspringt, befindet sich ein Schopf aus Resten abgestorbener Blätter. April–Mai. 15–30 cm.

Vorkommen: Braucht trockenen, steinig-flachgründigen, kalkhaltigen Lehm- oder Sandboden. Besiedelt lückige Trockenrasen und lichte Trockengebüsche. Südliche Rhön, linksrheinische Trockengebiete zwischen Neckar- und Mainmündung, Ober- und Niederösterreich, Burgenland und östliche Steiermark, selten. Schwäbische Alb (Trochtelfingen) und Oberrhein (Istein) vereinzelt; Schweizer Jura, Wallis, Alpensüdfuß sehr selten.

Wissenswertes: ⊙. Der Faserschirm wurzelt sehr flach. Daher können ganze Pflanzen aus dem Untergrund gerissen und als „Steppenhexen" vom Wind verweht werden.

Echter Sellerie

Apium graveolens L.
Doldengewächse *Apiaceae (Umbelliferae)*

Beschreibung: Blütenstand aus Dolden 1.
und 2. Ordnung. Hüllblätter und Hüllchenblätter
fehlen. Untere Dolden 1. Ordnung fast sitzend,
scheinbar blattgegenständig. 5–10 Dolden 2. Ordnung. Blüten um 1,5 mm im Durchmesser, weiß,
gelblich- oder grünlich-weiß. Frucht 1–1,5 mm
lang und breit, gelblich. Stengel aufrecht, furchig,
hohl, verzweigt. Grundblätter langstielig, 1–2fach
gefiedert, glänzend dunkelgrün. Teilblätter rhombisch, untere 3teilig, gezähnt, Basis keilförmig,
meist ganzrandig. „Selleriegeruch". Juni–September. 25–80 cm.

Vorkommen: Braucht schlammig-salzhal-
tigen Boden, viel Licht und im Frühjahr mildes
Klima. An den Küsten von Nord- und Ostsee
selten, an Salzquellen im Binnenland vereinzelt;
sonst nur auf stickstoffsalzreichem Ödland meist
unbeständig verwildert.

Wissenswertes: ⊙. Der Echte Sellerie ist
eine alte Gewürzpflanze. Vermutlich kam sie mit
den Römern nach Mitteleuropa. Jedenfalls wurden Reste von Sellerie bei Ausgrabungen in
mehreren römischen Siedlungen nördlich der
Alpen gefunden. Üblicherweise werden 3 Varietäten angebaut. Am bekanntesten ist der Knol-
len-Sellerie (var. *rapaceum*). Bei ihm sind Wurzel-
kopf und Stengelbasis zu einer Knolle verdickt.
Blätter und Knolle werden vor allem als Suppenwürze genutzt. Die var. *dulce* bildet keine Knolle.
Als Speicher dienen bei ihr die verdickten Blattstiele. Durch Binden bleicht man diese (Bleich-
Sellerie), bereitet aus ihnen Salat oder kocht sie
als Gemüse. Var. *secalinum* (Schnitt-Sellerie) ist
mehrjährig. Genutzt werden die Blätter, die getrocknet auch Bestandteil des „Selleriesalzes"
sind. Enthält u. a. mehrere ätherische Öle.

Flutender Sellerie

Apium inundatum (L.) Rᴄʜʙ. f.
Doldengewächse *Apiaceae (Umbelliferae)*

Beschreibung: Blütenstand aus Dolden 1.
und 2. Ordnung. Dolden 1. Ordnung fast sitzend,
scheinbar blattgegenständig, ohne Hüllblätter;
nur 2–3 Dolden 2. Ordnung; diese mit 2–6 eiförmigen Hüllchenblättern, die ganzrandig sind und
vorne ein sehr kurzes, aufgesetztes Spitzchen tragen. Blüten um 1,5 mm im Durchmesser, weiß.
Frucht um 3 mm lang, gelbbraun, gerippt. Stengel zunächst im Schlamm kriechend – dabei oft
wurzelnd – und dann aufsteigend-flutend, rund,
gerillt, hohl. Blätter wechselständig, Blattstiel am
Grund aufgeblasen-scheidig. Untergetauchte
Blätter meist 2fach gefiedert und Teilblättchen
fast bis zum Mittelnerv fiederteilig oder 3teilig;
an den flutenden Blättern sind die Blattabschnitte lang und fadenförmig dünn; aus dem Wasser
genommen fallen sie schlaff zusammen. Die Abschnitte an den Überwasserblättern sind breiter
und kürzer (meist kaum 1 cm lang), zuweilen
3lappig; die Überwasserblätter sind durchaus
steif. Juni–Juli. 15–60 cm.

Vorkommen: Braucht kalkreichen, sauren,
nährstoffarmen, humusreichen oder torfhaltigen
Schlammboden. Gedeiht nur in luftfeuchtem,
winter- und frühjahrsmildem Klima. Besiedelt
Schlenken in Mooren, Gräben und flache, dauernasse Ufer. Im Tiefland selten, sonst nur vereinzelt am Mittelrhein und im Elsaß. Fehlt in Österreich und in der Schweiz.

Wissenswertes: ♃. Der Flutende Sellerie
ist eine Pflanze, deren Hauptverbreitungsgebiet
im atlantischen Klimagebiet liegt. Sie erreicht im
Hinterland der Ostseeküste in Mecklenburg die
Ostgrenze ihres Areals. Durch Trockenlegung
hat sie in den letzten Jahrzehnten viele ihrer
Standorte verloren.

Knotenblütiger Sellerie

Apium nodiflorum (L.) LAG.
Doldengewächse *Apiaceae (Umbelliferae)*

Beschreibung: Blütenstand aus Dolden 1. und 2. Ordnung. Dolden 1. Ordnung fast sitzend, scheinbar den Blättern gegenüberstehend. Hüllblätter fehlen oft; manchmal sind indessen 1–2 Hüllblätter vorhanden, die lanzettlich in der Form und – falls 2 vorhanden sind – einseitswendig angeordnet sind. 5–10 Dolden 2. Ordnung, deren Stiele länger als die Stiele der Dolden 1. Ordnung sind. Hüllchenblätter 4–6, lanzettlich, weißrandig, nach unten geschlagen. Blüten um 1 mm im Durchmesser, weiß. Frucht um 1,5 mm lang, gerippt, gelb. Stengel zunächst niederliegend und dann bogig aufsteigend, an den unteren Knoten wurzelnd, rund, hohl, gerillt, verzweigt. Blätter wechselständig, 1fach gefiedert; seitenständige Teilblättchen gegenständig, lanzettlich, gezähnt; endständiges Teilblättchen oft 3teilig fiederschnittig; alle Teilblättchen gezähnt. Juli–September. 20–60 cm.

Vorkommen: Braucht nährstoff- und humusreichen Schlammboden. Besiedelt Ufer und Gräben, z. B. im Kraichgau, im linksrheinischen Teil der Oberrheinischen Tiefebene zwischen Karlsruhe und Main, im Tal von Saar und Mosel, im westlichen Hessischen Bergland, im nördlichen Eifelvorland und am Alpensüdfuß.

Wissenswertes: ♃. *A. nodiflorum* (L.) LAG. wird mit dem Kriechenden Sellerie (*A. repens* (JACQ.) LAG.: Dolden 1. Ordnung stets 1–3 cm lang gestielt; Hüllblätter 3–6; Stengel durchwegs kriechend; Teilblättchen rundlich-eiförmig, ungleich gesägt; Donautal zwischen Regensburg und Deggendorf, Alpenvorland und Nördliche Kalkalpen, sehr selten, sonst nur vereinzelt; in Niederösterreich selten) zur Sammelart *A. nodiflorum* agg. zusammengefaßt.

Hundspetersilie

Aethusa cynapium L.
Doldengewächse *Apiaceae (Umbelliferae)*

Beschreibung: Blütenstand aus Dolden 1. und 2. Ordnung. Dolden 1. Ordnung ohne Hüllblätter oder mit 1–2 Hüllblättern; diese sind schmal-lanzettlich. Die Dolden 1. Ordnung sitzen fast oder stehen sehr kurz gestielt nahezu blattgegenständig. 5–15 Dolden 2. Ordnung. An den Dolden 2. Ordnung gibt es meist 3 Hüllchenblätter, die einseitswendig nach unten außen weisen; sie sind meist deutlich länger als die Blüten- bzw. Fruchtstiele. Blüten um 2 mm im Durchmesser, weiß; Randblüten etwas größer (bis über 3 mm im Durchmesser). Frucht 3–4 mm lang, eiförmig, gelb gerippt. Stengel aufrecht, rund oder undeutlich kantig, oft weinrot überlaufen und leicht bläulich bereift. Blätter wechselständig, 2–3fach gefiedert, oberseits dunkelgrün, unterseits hellgrün, beim Zerreiben schwach widerlich und leicht nach Knoblauch riechend; Teilblättchen fiederteilig, tief gezähnt; Zähne wenig spitz oder stumpflich. Juni–Oktober. 0,2–1 m.

Vorkommen: Braucht nährstoffreichen, lockeren, humushaltigen Lehm- oder Tonboden. Besiedelt Ödland, Brachäcker, geht auch in Hackfruchtäcker, Weinberge und Gärten; zerstreut. Steigt in den Alpen vereinzelt bis über etwa 1500 m.

Wissenswertes: ☉; ☠. Die Pflanze enthält Aethusin und Aethusanol. Bei diesen Stoffen handelt es sich um Polyacetylene, die sehr giftig sind. Die Hundspetersilie – darauf verweist schon der Name – ähnelt den Formen der Garten-Petersilie, die keine krausen Blätter haben. Daher sind schon mehrfach schwere, ja tödliche Vergiftungen vorgekommen. Als Gewürzpflanze sollten infolgedessen von der Petersilie Rassen mit gekrausten Blättern angebaut werden.

Knotenblütiger Sellerie
Apium nodiflorum

Flutender Sellerie
Apium inundatum

Hundspetersilie
Aethusa cynapium

Echter Sellerie
Apium graveolens

Wasserschierling *Cicuta*
Knorpelmöhre *Ammi*
Sichelmöhre *Falcaria*
Knollenkümmel *Bunium*

Wasserschierling

Cicuta virosa L.
Doldengewächse *Apiaceae (Umbelliferae)*

Beschreibung: Blütenstand aus Dolden 1. und 2. Ordnung. Dolden 1. Ordnung mit meist 1–2 Hüllblättern, die selten auch fehlen können. 8–20 Dolden 2. Ordnung; diese reichblütig und etwas gewölbt. Hüllchenblätter zahlreich. Blüten um 2 mm im Durchmesser, weiß. Frucht um 1,5 mm lang und ca. 2 mm breit, kugelig, gerippt. Stengel aufsteigend oder aufrecht, an der Basis oft über 1 cm dick, röhrig. Blätter wechselständig, 2–3fach gefiedert; Blattabschnitte schmal-lanzettlich, mit spitzen, nach vorn gerichteten Zähnen. Pflanze steht in der Regel im Wasser. Wurzelstock länglich-knollenartig; wenn man ihn längs durchschneidet, sieht man, daß er quer gekammert ist; Kammern hohl, nicht markig; aus der Schnittfläche – vor allem der Querwände – tritt blaß goldgelbes Sekret aus, das an der Luft meist rasch nachdunkelt und bräunlich-gelb werden kann. Geruch erinnert an Sellerie oder Pastinak. Juni–August. 0,5–1,5 m.

Vorkommen: Braucht schlammigen, mindestens zeitweise überschwemmten, leicht sauren, humosen Schlammboden. Besiedelt Ufer und Gräben. Im Tiefland und in den Tälern der größeren Flüsse zerstreut, in den niedrigeren Stufen der Mittelgebirge mit kalkarmem Gestein und im Alpenvorland selten; fehlt in den Alpen oder tritt dort nur vereinzelt auf. Durch Trockenlegung von vielen Standorten verschwunden.

Wissenswertes: ♃; ☠. Enthält sehr giftige Polyacetylene, vor allem Cicutoxin und Cicutol. Vergiftungen wurden auch aus neuerer Zeit beschrieben, u. a. weil die Betroffenen versuchten, sich naturgemäß von Wildpflanzen zu ernähren. Eine Vergiftung mit Wasserschierling ist in vielen Fällen tödlich (s. auch S. 180).

Knorpelmöhre

Ammi majus L.
Doldengewächse *Apiaceae (Umbelliferae)*

Beschreibung: Blütenstand aus Dolden 1. und 2. Ordnung. Dolden 1. Ordnung mit mehreren Hüllblättern; diese fiederteilig oder mit 3 langen, sehr dünnen, spitzen Zipfeln; nur ausnahmsweise sind einzelne Hüllblätter ungeteilt, aber fadenartig dünn. 15–30 Dolden 2. Ordnung. Hüllchenblätter zahlreich, lanzettlich bis pfriemlich, zumindest undeutlich weiß-hautrandig. Blüten um 1,5 mm im Durchmesser, weiß. Frucht um 2 mm lang und ca. 1,5 mm dick, schlank eiförmig, gerippt. Stengel in der unteren Hälfte unverzweigt, in der oberen Hälfte mäßig ästig, rundlich. Blätter wechselständig, untere 1fach gefiedert oder 3zählig; Teilblättchen oft fiederschnittig oder gefiedert; obere Blätter 2–3fach gefiedert, mit schmalen, gezähnten Blattzipfeln. Juli–September. 0,3–1 m.

Vorkommen: Braucht einigermaßen stickstoffsalzreichen, trockenen, lockeren und daher oft sandigen oder steinig-kiesigen Lehmboden in Lagen mit sommerwarmem Klima. Besiedelt ortsnahes Ödland, seltener Hackfruchtäcker. In den Weinbaugegenden aus altem Anbau gelegentlich unbeständig verwildert (z.B. am Genfer See) oder vorübergehend eingeschleppt.

Wissenswertes: ☉; (☠). Das Hauptverbreitungsgebiet der Knorpelmöhre ist das Mittelmeergebiet. Dort scheint sie früher als Würze genutzt worden zu sein. Die Früchte schmecken würzig. Durchgesetzt hat sich der Gebrauch indessen nicht. Möglicherweise wurde die Pflanze mehr als Ersatz für andere Gewürzpflanzen genommen. An Inhaltsstoffen wurden Cumarine und Furocumarine nachgewiesen, die – auf die Haut gebracht – Entzündungen hervorrufen können. Der Gebrauch ist also problematisch.

Wasserschierling
Cicuta virosa

Sichelmöhre
Falcaria vulgaris

Knollenkümmel
Bunium bulbocastanum

Knorpelmöhre
Ammi majus

Sichelmöhre

Falcaria vulgaris BERNH.
Doldengewächse *Apiaceae (Umbelliferae)*

Beschreibung: Blütenstand aus Dolden 1. und 2. Ordnung. Dolden 1. Ordnung mit 4–8 lineal-pfriemlichen, spitzen, ungleich langen Hüllblättern. 12–18 Dolden 2. Ordnung. Hüllchenblätter 4–8, in der Form wie die Hüllblätter, nur kleiner. Blüten um 2 mm im Durchmesser, weiß. Blütenblätter 5, vorn nicht ausgerandet. Frucht 3–4 mm lang, zylindrisch, stumpf gerippt; Griffel höchstens wenig länger als das Polster, auf dem sie stehen. Stengel aufrecht, rund, sehr sparrig und ziemlich reichlich verzweigt; Pflanze daher von ausladendem Wuchs. Blätter wechselständig, blaugrün bis seegrün, 3teilig; Endblatt oft nochmals 3teilig eingeschnitten; Seitenblättchen einfach oder 1mal eingeschnitten. Zipfel sehr lang und schmal lineal-lanzettlich, an den untersten Blättern bis 20 cm lang und bis 1,5 cm breit, an den obersten Blättern erheblich kürzer; Zipfel aller Blätter am Rande regelmäßig und fein gezähnt; Zähne nach vorwärts gerichtet. Juni–August. 20–60 cm.

Vorkommen: Braucht trockenen, nährstoff- und kalkreichen, lockeren Lehm- oder Lößboden. Besiedelt Halbtrockenrasen, Raine, Dämme und lichte Trockengebüsche, geht auch an Wegränder und gelegentlich auf Brachäcker. In den tieferen Lagen der Mittelgebirge mit Kalkgestein, in Mecklenburg, Brandenburg, in der Hallertau, in Ober- und Niederösterreich selten, im Sauerland und am Kaiserstuhl vereinzelt.

Wissenswertes: ⊙–♃. Das Hauptverbreitungsgebiet der Sichelmöhre liegt im Mittelmeergebiet, im südlichen Osteuropa und in Westasien. Früher war die Art örtlich ein Getreideunkraut. Durch die Bekämpfung mit Herbiziden hat sie diesen Standort nahezu verloren.

Knollenkümmel

Bunium bulbocastanum L.
Doldengewächse *Apiaceae (Umbelliferae)*

Beschreibung: Blütenstand aus Dolden 1. und 2. Ordnung. Dolden 1. Ordnung mit 4–7 Hüllblättern, die lineal-lanzettlich und zuletzt zurückgebogen sind. 10–25 Dolden 2. Ordnung. Hüllchenblätter 4–7, in der Form wie die Hüllblätter, nur etwas kleiner, zur Fruchtzeit stets kürzer als die Fruchtstiele. Blüten um 3 mm im Durchmesser (äußere Blüten etwas größer als innere), weiß. Blütenblätter 5, äußere der Randblüten etwas größer als innere. Frucht 3–4 mm lang, zylindrisch, mit helleren Rippen; Griffel etwa doppelt so lang wie das Polster, auf dem sie sitzen. Stengel aufrecht, rund, in der oberen Hälfte verzweigt. Blätter wechselständig, untere lang gestielt, 2–3fach fiederschnittig; obere Blätter weniger stark unterteilt; Blattzipfel schmal-lanzettlich, stumpf oder mit kleiner, aufgesetzter, knorpeliger Spitze. Wurzelstock eine dunkelbraune Knolle, die bis zu 4 cm im Durchmesser messen kann. Juni–Juli. 40–60 cm.

Vorkommen: Braucht nährstoffreichen, kalkhaltigen, lockeren Lehm- oder Tonboden in Lagen mit sommerwarmem Klima. Besiedelt Brachäcker, seltener Wegränder und Getreideäcker. In den linksrheinischen Mittelgebirgen mit kalkhaltigem Gestein, am Genfer See, im Wallis und im westlichen Teil des Alpensüdfußes selten und gebietsweise fehlend, in den Kalk-Mittelgebirgen nördlich des Mains vereinzelt.

Wissenswertes: ♃. Ehe die Kartoffel nach Europa kam, wurde der Knollenkümmel als Gemüse („Erdkastanie") oder Viehfutter angebaut. Er ist nicht sehr ergiebig. – Ähnlich: Französische Erdkastanie (*Conopodium majus* (GOUAN) LORET): Stengel hohl. West- und Nordeuropa (bis Jütland); 1961 im Westharz entdeckt.

Wiesen-Kümmel

Carum carvi L.
Doldengewächse *Apiaceae (Umbelliferae)*

Beschreibung: Blütenstand aus Dolden 1. und 2. Ordnung. Dolden 1. Ordnung meist ohne Hüllblätter; selten sind wenige fädlich-pfriemliche Hüllblätter vorhanden. 8–15 Dolden 2. Ordnung. Hüllchenblätter fehlen oder sind klein, pfriemlich und hinfällig. Blüten um 3 mm im Durchmesser, weiß oder rötlich. Blütenblätter 5, breit-herzförmig bis faltig. Frucht um 3 mm lang und ca. 2 mm breit, stumpf gerippt. Stengel aufrecht, oberwärts etwas kantig, vom Grund an sparrig verzweigt. Blätter wechselständig, doppelt gefiedert; Teilblättchen fiederteilig; Zipfel lineal, ganzrandig, spitz; an den untersten Blättern sitzt das unterste Fiedernpaar an der Blattscheidenbasis unmittelbar am Stengel, als ob es sich um Nebenblätter handele. April–Juni. 30–70 cm.

Vorkommen: Braucht nährstoffreichen, tiefgründigen und humosen Lehm- oder Tonboden. Besiedelt Wiesen und Weiden, seltener Wegränder und Raine. Im Tiefland und in den niederschlagsärmeren Gebieten auf weiten Strecken fehlend; sonst zerstreut, auf Weiden der mittleren und höheren Mittelgebirge örtlich häufig, ebenso in den Alpen bis etwa 1800 m.

Wissenswertes: ☉. Enthält vor allem in den Früchten ätherisches Öl, dessen Hauptbestandteil Carvon ist. Es riecht intensiv, schmeckt charakteristisch und regt die Tätigkeit der Drüsen im Magen-Darm-Trakt an. Kümmel wird deshalb traditionsgemäß manchen Speisen beigemischt. Überdies werden Destillate von Kümmelöl zur Likörherstellung verwendet. Um den Bedarf an Früchten zu decken, wird der Kümmel örtlich feldmäßig angebaut. Da dies in Gebieten geschieht, in denen Kümmel ohnehin vorkommt, spielen Verwilderungen keine Rolle.

Quirlblättriger Kümmel

Carum verticillatum (L.) KOCH
Doldengewächse *Apiaceae (Umbelliferae)*

Beschreibung: Blütenstand aus Dolden 1. und 2. Ordnung. Dolden 1. Ordnung gelegentlich ohne Hüllblätter; meist sind einige wenige fädliche Hüllblätter vorhanden. 6–12 Dolden 2. Ordnung. Mehrere Hüllchenblätter stets vorhanden; diese breit-lanzettlich bis schmal eiförmig-zugespitzt, hautrandig. Blüten um 2,5 mm im Durchmesser, weiß oder rötlich. Blütenblätter 5, breitherzförmig. Frucht um 2,5 mm lang und um 2 mm dick, stumpf gerippt. Stengel wenig verzweigt; Äste nicht sparrig abstehend, sondern spitzwinklig abzweigend. Blätter wechselständig. Die meisten Blätter stehen in einer grundständigen Rosette; sie werden bis zu 25 cm lang und sind paarig gefiedert (meist mehr als 20 Fiederpaare); die Fiedern sind mehrfach bis zum Grunde gabelig geteilt; daher stehen zahlreiche, fadenförmig dünne Blattzipfel scheinbar quirlig an der Blattspindel (Name!). Stengelblätter nur 1–3, wechselständig, gleich gebaut wie die Grundblätter, aber nach oben deutlich kleiner werdend. Juli–August. 30–80 cm.

Vorkommen: Braucht zeitweise feuchten, ja nassen, moorigen, torfig-sandigen oder tonigen Boden in Lagen mit dauernd hoher Luftfeuchtigkeit und mit milden Wintern. Erreicht im Elsaß und in den Dombes nördlich Lyon die Ostgrenze seines Verbreitungsgebiets. Früher auch am Ober- und Niederrhein; auf eine Wiedereinbürgerung ist indes kaum zu hoffen.

Wissenswertes: ♃. Vom Quirlblättrigen Kümmel gibt es neben der beschriebenen Landform Wuchsformen, die typisch für den Stand im seichten Wasser sind. Bei ihnen ist die Länge der Blattzipfel kürzer; die Blütenbildung unterbleibt gelegentlich.

Große Bibernelle

Pimpinella major (L.) HUDS.
Doldengewächse *Apiaceae (Umbelliferae)*

Beschreibung: Blütenstand aus Dolden 1. und 2. Ordnung. 10–15 Dolden 2. Ordnung. Hüllblätter und Hüllchenblätter fehlen. Blüten um 2,5 mm im Durchmesser, weiß oder rosa. Blütenblätter 5, die äußeren der Randblüten etwas größer als die inneren. Frucht kaum 3 mm lang und um 2 mm breit, nur undeutlich gerippt. Stengel aufrecht, röhrig, kantig, gefurcht. Blätter überwiegend grundständig; alle Blätter einfach und unpaarig gefiedert; untere Blätter langstielig, mit 1–4 Paaren von Teilblättern, diese breit-eiförmig bis eiförmig, bis 4 cm lang, unregelmäßig und recht grob gezähnt, am Grund abgerundet oder schwach herzförmig, an den Grundblättern z. T. kurz gestielt, sonst sitzend; Endblättchen angenähert 3teilig. Stengelblätter wechselständig, den Grundblättern ähnlich; Teilblättchen oft schmäler als bei den Grundblättern; weniger Teilblättchenpaare; Endblättchen zuweilen stärker zerteilt. Juni–September. 0,4–1 m.

Vorkommen: Braucht nährstoff- und humusreichen, nicht zu trockenen und eher tiefgründigen Lehmboden. Besiedelt Fettwiesen, Hochstaudenfluren und Viehweiden. Fehlt im nordwestlichen Tiefland größeren, in niederschlagsarmen Landstrichen kleineren Gebieten. Steigt in den Alpen bis etwa 2000 m. Häufig.

Wissenswertes: ♃. Die Große Bibernelle enthält neben ätherischem Öl Saponine, und zwar beides besonders reichlich im Wurzelstock und in den Wurzeln. Deshalb werden diese getrocknet seit langem als Tee und als Bestandteil von Rachen- und Hustenmitteln genutzt. Als Futterkraut wird die Große Bibernelle nicht geschätzt. Das Vieh frißt sie frisch nicht besonders gern. Im Heu zerbröseln die Blätter.

Kleine Bibernelle

Pimpinella saxifraga L.
Doldengewächse *Apiaceae (Umbelliferae)*

Beschreibung: Blütenstand aus Dolden 1. und 2. Ordnung. 10–15 Dolden 2. Ordnung. Hüllblätter und Hüllchenblätter fehlen. Blüten um 2 mm im Durchmesser, weiß, gelblich oder rosa. Blütenblätter 5, die äußeren der Randblüten etwas größer als die inneren. Frucht um 2 mm lang und ca. 1,5 mm breit, undeutlich gerippt. Stengel aufrecht, nicht hohl, rund, zart gerillt (nicht gefurcht), fast nur unten und dort spärlich beblättert. Blätter überwiegend grundständig; alle Blätter einfach und unpaarig gefiedert; untere Blätter langstielig, mit 3–5 Paaren von Teilblättern; Teilblätter der grundständigen Blätter eiförmig, am Grund leicht keilig verschmälert, meist sitzend, kahl oder höchstens unterseits schütter behaart, gezähnt; Endblättchen nur wenig tief 3teilig. Stengelblätter wechselständig, zumindest mittlere und obere mit deutlich schmaleren Teilblättchen als sie die Grundblätter besitzen. Juni–Oktober. 15–60 cm.

Vorkommen: Braucht kalkhaltigen, stickstoffsalzarmen, lockeren Lehm- oder Lößboden. Besiedelt Trockenrasen, lichte Trockengebüsche und Raine. Fehlt im Tiefland gebietsweise, sonst zerstreut; in den Mittelgebirgen mit kalkhaltigem Gestein örtlich häufig. Steigt in den Alpen bis etwa 2000 m.

Wissenswertes: ♃. Enthält dieselben Inhaltsstoffe (ätherisches Öl und Saponine) wie die Große Bibernelle und wird wie diese genutzt. *P. saxifraga* L. wird mit *P. alpina* HOST (Stengel hohl, am Grunde mit Faserschopf; selten) und *P. nigra* MILL. (15–25 Dolden 2. Ordnung; Stengel unten zottig; Blätter dicht behaart; östlich der Elbe; zerstreut) zur Sammelart *P. saxifraga* agg. zusammengefaßt.

Quirlblättriger Kümmel
Carum verticillatum

Kleine Bibernelle
Pimpinella saxifraga

Wiesen-Kümmel
Carum carvi

Große Bibernelle
Pimpinella major

Giersch

Aegopodium podagraria L.
Doldengewächse *Apiaceae (Umbelliferae)*

Beschreibung: Blütenstand aus Dolden 1. und 2. Ordnung. 10–18 Dolden 2. Ordnung. Hüllblätter und Hüllchenblätter fehlen. Blüten um 3 mm im Durchmesser, weiß, nur sehr selten rosa. Blütenblätter 5, die äußeren der Randblüten etwas größer als die inneren, verkehrt-herzförmig. Frucht um 3 mm lang und ca. 2 mm breit. Stengel aufrecht, hohl, kantig, gefurcht. Grundblätter meist 3teilig, mit breit-lanzettlichen, gezähnten Teilblättern, 3–10 cm lang, 1,5–4 cm breit. Stengelblätter wechselständig, scheidig dem Stengel ansitzend, 3teilig, doppelt 3teilig, 1fach oder doppelt gefiedert. Teilblättchen länglich-eiförmig, zugespitzt, vor allem in der vorderen Blatthälfte gezähnt; Zähne nach vorne gerichtet; Teilblättchen der Stengelblätter kleiner als die Teilblättchen der Grundblätter. Alle Blätter leicht blaugrün, seltener gelblich-grün. Pflanze bildet lange, unterirdische Ausläufer. Mai–Juli. 50–80 cm.

Vorkommen: Braucht nährstoffreichen, lockeren, frischen Lehm- oder Tonboden. Besiedelt Waldränder, Gebüsche, Hecken, geht auch in Gärten, Parkanlagen, an Ufer und in lichte Bergwälder. Sehr häufig und oft in dichten, individuenreichen Beständen. Steigt im Gebirge vereinzelt bis über 1800 m.

Wissenswertes: ♃; (☠). Obschon Giersch früher als Heilpflanze gegen rheumatische Beschwerden und gegen Gicht gebraucht wurde („Podagrakraut"), sind seine Inhaltsstoffe noch wenig erforscht. Er enthält ätherische Öle und in der Wurzel die Polyacetylene Falcarinon und Falcarindol. Sie sollen das Wachstum von Pilzen hemmen. Über eine Giftwirkung beim Menschen ist uns nichts bekanntgeworden.

Aufrechter Merk

Berula erecta (HUDS.) COVILLE
Doldengewächse *Apiaceae (Umbelliferae)*

Beschreibung: Blütenstand aus Dolden 1. und 2. Ordnung. Dolden 1. Ordnung mit mehreren Hüllblättern, die meist gezähnt oder geteilt sind; nur bei den oberen Dolden kommen auch ganzrandige von lanzettlichem Zuschnitt vor. Ein Teil der Dolden 1. Ordnung ist so kurz gestielt, daß sie am Stengel blattgegenständig zu sitzen scheinen. 10–20 Dolden 2. Ordnung. Mehrere Hüllchenblätter, meist lanzettlich, aber auch eingeschnitten oder fiederspaltig. Blüten um 2 mm im Durchmesser, weiß. Blütenblätter 5, äußere an den Randblüten etwas größer, verkehrt-herzförmig. Frucht etwa 2 mm lang und ebenso breit, undeutlich gerippt. Stengel aufrecht, rund, hohl, verzweigt. Grundblätter gestielt, bis 30 cm lang, 1fach unpaarig gefiedert, mit 2–9 Paaren von fast „gegenständigen" Teilblättchen, die 1,5–4 cm lang und 0,7–2 cm breit werden; das unterste Paar ist meist kleiner als die übrigen und von ihnen durch eine Lücke getrennt. Endblättchen oft 3teilig. Stengelblätter wechselständig, mit kleinerem, länglichem und ungleich eingeschnittenem Teilblättchen. Grundblätter oft untergetaucht und große Kissen bildend. Pflanze mit Ausläufern. Juli–August. 20–80 cm.

Vorkommen: Braucht sandig-schlammigen Boden in Gräben und kleineren Bächen mit kühlem, nur mäßig nährstoffreichem Wasser. Fehlt im nordwestlichen Tiefland, in den höheren Mittelgebirgen, im Alpenvorland und in den Alpen oberhalb etwa 700 m. Sonst selten, aber meist in auffallenden Beständen.

Wissenswertes: ♃. Wird von wilden Hochwässern vom Grund losgerissen. Kommt daher in typischen Forellenbächen nur vor, wo solche Hochwässer ausbleiben.

Aufrechter Merk
Berula erecta

Giersch
Aegopodium podagraria

Großer Merk
Sium latifolium

**Österreicher
Sesel**
Seseli austriacum

Großer Merk

Sium latifolium L.
Doldengewächse *Apiaceae (Umbelliferae)*

Beschreibung: Blütenstand aus Dolden 1. und 2. Ordnung. Dolden 1. Ordnung mit 2–6 Hüllblättern, die lineal-lanzettlich, ganzrandig (vorn zuweilen leicht gezähnt), weißlich berandet und zuletzt zurückgeschlagen sind. Die Dolden 1. Ordnung stets am Ende des Stengels bzw. seiner Äste. 15–25 Dolden 2. Ordnung. Hüllchenblätter ähnlich den Hüllblättern, nur kleiner. Blüten um 3 mm im Durchmesser, weiß. Blütenblätter 5, rundlich-herzförmig, äußere an den Randblüten etwas größer. Frucht um 3 mm lang und fast ebenso breit, stumpf, aber deutlich gerippt. Stengel aufrecht, dick, kantig-gefurcht, hohl, oberwärts verzweigt. Untergetauchte Blätter mit fadenfeinen Abschnitten. Überwasserblätter bis 40 cm lang, 1fach unpaarig gefiedert, mit 4–10 Paaren von Teilblättchen; Teilblättchen eiförmig-lanzettlich, einander gegenüber sitzend, 3–6 cm lang und 1–1,8 cm breit, fein und scharf gesägt; das unterste Paar der Teilblättchen ist kaum kleiner als die übrigen und von ihnen nicht durch eine Lücke getrennt; Endblättchen nie 3teilig. Juli–August. 0,6–1,2 m.

Vorkommen: Braucht Schlammböden in nährstoffreichen, stehenden Gewässern. Im Tiefland zerstreut, im Verlauf der großen Flüsse und Ströme selten, streckenweise fehlend, sonst nur vereinzelt.

Wissenswertes: ♃. Der Große Merk hat durch „Uferpflege" einige seiner Standorte verloren, war aber außerhalb des Tieflands und der großen Täler auch früher nicht sehr verbreitet. An Standorten mit wechselndem Wasserstand kann man Individuen mit Blattzuschnitten finden, wie sie weder typischen Land- noch typischen Wasserpflanzen entsprechen.

Österreicher Sesel

Seseli austriacum (BECK) WOHLF.
Doldengewächse *Apiaceae (Umbelliferae)*

Beschreibung: Blütenstand aus Dolden 1. und 2. Ordnung. Dolden 1. Ordnung in der Regel ohne Hüllblätter. 8–20 Dolden 2. Ordnung. 4–12 Hüllchenblätter, pfriemlich, höchstens so lang wie die Blütenstiele. Blüten um 2 mm im Durchmesser, weiß. Blütenblätter 5. Frucht um 3 mm lang und ca. 2 mm breit, undeutlich gerippt, dicht kurzhaarig. Stengel aufrecht, rund, bläulich bereift, oft rötlich überlaufen, kahl, in der oberen Hälfte verzweigt. Untere Blätter 3fach fiederteilig; Blattzipfel auch dieser Blätter lineal-länglich, 1–4 cm lang, kaum 1 mm breit; Stiele dieser Blätter ziemlich lang und auf ihrer Oberseite aufgewölbt. Stengelblätter wechselständig; ihre Größe nimmt von unten nach oben ab; obere Stengelblätter kurzstielig oder Spreite der eng dem Stengel anliegenden, hautrandigen Scheide aufsitzend; oberste Stengelblätter mit ungeteilter oder gänzlich verkümmerter Spreite. August–September. 30–80 cm.

Vorkommen: Braucht kalkhaltigen, trockenen, lockeren, steinigen Lehmboden an Orten mit voller Sonneneinstrahlung und mit sommerlicher Wärme. Besiedelt Trockenrasen und lockere Trockengebüsche. Ober- und Niederösterreich, Burgenland, Steiermark, Kärnten und Südtirol. Selten, aber an seinen Standorten meist in kleineren, lockeren Beständen.

Wissenswertes: ♃. *S. austriacum* (BECK) WOHLF. wird mit *S. osseum* CR. (8–20 Dolden 2. Ordnung; Frucht kahl; Osteuropa), mit *S. gouanii* KOCH (2–7 Dolden 2. Ordnung; Frucht kahl; Venetien, Slowenien, Kroatien) sowie mit *S. elatum* L. (2–7 Dolden 2. Ordnung; Frucht behaart; Frankreich, Norditalien) zur Sammelart *S. elatum* agg. zusammengefaßt.

Bunter Sesel

Seseli pallasii BESS.
Doldengewächse *Apiaceae (Umbelliferae)*

Beschreibung: Blütenstand aus Dolden 1. und 2. Ordnung. Dolden 1. Ordnung in der Regel ohne Hüllblätter; sehr selten kann 1 pfriemliches, hinfälliges Hüllblatt ausgebildet sein. 15–25 Dolden 2. Ordnung. Hüllblättchen zahlreich, lanzettlich, schmal-hautrandig, etwa halb so lang wie die Blütenstiele. Stiele der Dolden 2. Ordnung kahl. Blüten um 1,5 mm im Durchmesser, weiß. Frucht um 3,5 mm lang und etwa 1,5 mm dick, dunkelbraun, gelb gerippt, kahl. Stengel rund, kahl, in der oberen Hälfte sparrig verzweigt und hier meist blattlos. Untere Blätter 2–3fach fiederteilig; Zipfel dieser Blätter 1,5–2,5 cm lang und um 1 mm breit. Spreiten der mittleren und oberen Stengelblätter auf den weiß berandeten Scheiden sitzend, weniger zerteilt als die Spreiten der Grundblätter oder bis auf einen Rest verkümmert. Juli–August. 0,3–1,2 m.

Vorkommen: Braucht kalkhaltigen, trockenen, lockeren, steinigen Lehmboden, der humusreich sein sollte. Besiedelt Halbtrockenrasen, lichte Trockengebüsche und extensiv genutzte Trockenwiesen. Südalpen, vom Comer See bis zur Steiermark, selten; vereinzelt in Nieder- und Oberösterreich; kaum über 1000 m.

Wissenswertes: ♃. Ähnlich: Bergfenchel (*S. montanum* L.): Stiele der Dolden 2. Ordnung abstehend behaart; Frucht graugrün; Rippen undeutlich, nicht gelb. Schweizer Jura, Savoyen; sehr selten; früher angeblich in der Pfalz. – Der Bergfenchel wird mit Tommasinis Bergfenchel (*S. tommasinii* RCHB. f.), der sehr ähnlich, aber an seinen deutlich gerippten Früchten kenntlich ist, zur Sammelart *S. montanum* agg. zusammengefaßt. *S. tommasinii* kommt in Italien und auf dem Balkan vor.

Steppenfenchel

Seseli annuum L.
Doldengewächse *Apiaceae (Umbelliferae)*

Beschreibung: Blütenstand aus Dolden 1. und 2. Ordnung. Dolden 1. Ordnung ohne Hüllblätter. 15–30 Dolden 2. Ordnung. Zahlreiche lanzettliche Hüllchenblätter so lang wie oder länger als die Blütenstiele, mit deutlichem Hautrand. Blüten knapp 2 mm im Durchmesser, weiß oder leicht rötlich. Blütenblätter 5, breit-eiförmig. Frucht um 2 mm lang und etwa halb so breit, gelb gerippt (Lupe!), kahl. Stengel aufrecht, starr, in der oberen Hälfte verzweigt, rund, gerillt, oft weinrot überlaufen, kurzhaarig. Blätter leicht blaugrün; untere Blätter 2–4fach fiederschnittig; Blattzipfel dieser Blätter 0,5–1 cm lang und kaum 1 mm breit, spitz, kurzhaarig; Stiele dieser Blätter oben engrinnig. Stengelblätter wechselständig, von unten nach oben an Größe abnehmend; Spreite der mittleren und oberen Stengelblätter ihrer Scheide aufsitzend, weniger zerteilt als untere, die obersten oft 1fach fiederschnittig und zuweilen ziemlich verkümmert. Juli–September. 20–50 cm.

Vorkommen: Braucht lockeren, sandig-steinigen, kalkreichen, stickstoffsalzarmen Lehm- oder Lößboden. Besiedelt magere Trockenrasen und lichte Trockengebüsche in den niederen und sommerwarmen Lagen der Mittelgebirge mit kalkhaltigen Gesteinen; im Alpenvorland und in den Kalkalpen sehr selten und gebietsweise fehlend. Steigt kaum über 1000 m.

Wissenswertes: ☉–♃. Der Steppenfenchel, der sein Hauptareal im südlichen Osteuropa besitzt, erträgt Stickstoffsalzgaben so schlecht, daß er danach an seinem Standort zugrunde geht. Daher ist er in Mitteleuropa überall verschwunden, wo die Bewirtschaftung seiner Standorte intensiviert worden ist.

Pferde-Sesel

Seseli hippomarathrum Jacq.
Doldengewächse *Apiaceae (Umbelliferae)*

Beschreibung: Blütenstand aus Dolden 1.
und 2. Ordnung. Dolden 1. Ordnung in der Regel
ohne Hüllblätter. 5–10 Dolden 2. Ordnung. Hüllchenblätter in der unteren Hälfte zu einem
schüsselförmigen Gebilde verwachsen, dessen
„Rand" aus tief hinabreichenden, gewimperten
Zähnen besteht. Blüten um 2 mm im Durchmesser, weiß oder rötlich. Blütenblätter 5, breit-eiförmig bis rundlich, ausgerandet. Stengel aufsteigend bis aufrecht, rund, kahl, leicht bläulich-
grün, in der oberen Hälfte verzweigt, armblättrig
oder blattlos. Untere Blätter 2–4fach fiederteilig;
Zipfel dieser Blätter 4–9 mm lang und meist
kaum 1 mm breit, kahl; Spreite der oberen Blätter ihrer Scheide aufsitzend, sehr viel kleiner als
die der unteren Blätter, weniger zerteilt als diese
oder verkümmert; Scheiden randlich leicht bewimpert. Juli–September. 20–40 cm.

Vorkommen: Braucht trockenen, kalkhaltigen oder basisch reagierenden, lockeren und
daher sandigen oder flachgründig-steinigen Boden in Lagen mit sommerwarmem Klima, geht
auch auf Löß. Besiedelt Trockenrasen und Felsbänder. Vereinzelt in Thüringen und Brandenburg, am Kaiserstuhl, am Isteiner Klotz, in der
Pfalz südlich Mainz und an der Weinstraße; in
Ober- und Niederösterreich selten.

Wissenswertes: ♃. Das Hauptareal des
Pferde-Sesels liegt im südlichen Osteuropa und
in Südosteuropa. Dort ist er in trockenen Steppen heimisch, in denen er dank seines Vermö-
gens überdauern kann, seine Wurzeln mehrere
Dezimeter in die Tiefe abzusenken. In Mitteleuropa erreicht die Art die Ostgrenze ihres Verbreitungsgebiets. Angaben über ein Vorkommen
am Alpensüdfuß dürften auf Verwechslungen beruhen.

Heilwurz

Seseli libanotis (L.) Koch
Doldengewächse *Apiaceae (Umbelliferae)*

Beschreibung: Blütenstand aus Dolden 1.
und 2. Ordnung. Dolden 1. Ordnung mit 2–12
Hüllblättern, lanzettlich-pfriemlich, mit weißem
Hautrand, bewimpert. 20–40 Dolden 2. Ordnung,
ihre Stiele kantig und in der oberen Hälfte dicht
abstehend bewimpert. Zahlreiche Hüllchenblätter, die lanzettlich-pfriemlich, hautrandig und am
Rand bewimpert sind. Blüten um 2 mm im
Durchmesser, weiß oder rötlich. Blütenblätter 5,
rundlich-eiförmig. Frucht um 3,5 mm lang, etwa
halb so dick, gelb gerippt, jung ziemlich dicht
kurzhaarig. Stengel aufrecht, hart, gefurcht, in
der oberen Hälfte verzweigt, ziemlich dicht beblättert. Am Ende des Wurzelstocks befindet
sich ein deutlicher Schopf aus Resten abgestorbener Blätter. Blätter wechselständig, 2–3fach fiederteilig, auf der Unterseite blaugrün; Blattzipfel
schmal-eiförmig bis lanzettlich, nie lineal-band-
förmig, unregelmäßig eingeschnitten-gezähnt,
kahl. Juli–August. 0,3–1,2 m.

Vorkommen: Braucht stickstoffsalzarmen,
kalkhaltigen, lockeren, steinigen Lehm- oder
Lößboden in Gegenden mit sommerwarmem
Klima. Besiedelt lückige Trockengebüsche, lichte
Trockenwälder, Waldsäume, geht auch auf Felsschutthalden, auf Felsbänder und in lückige
Trockenrasen. Ost-Schleswig-Holstein und Feh-
marn, Harz, Mecklenburg, Thüringen, Sachsen-
Anhalt, Sachsen, Pfalz, Hügelland am mittleren
und oberen Main, Fränkischer, Schwäbischer
und Schweizer Jura, Alpenvorland, Nördliche
und Südliche Kalkalpen, Ober- und Niederösterreich; überall selten, örtlich in kleineren Beständen.

Wissenswertes: ♃. Von den Unterarten
der Art kommt nur ssp. *libanotis* in Mitteleuropa
vor.

Steppenfenchel
Seseli annuum

Bunter Sesel
Seseli pallasii

Heilwurz
Seseli libanotis

Pferde-Sesel
Seseli hippomarathrum

213

Haarstrangblättriger Wasserfenchel

Oenanthe peucedanifolia POLLICH
Doldengewächse *Apiaceae (Umbelliferae)*

Beschreibung: Blütenstand aus Dolden 1. und 2. Ordnung. Dolden 1. Ordnung in der Regel ohne Hüllblätter; selten ist 1 hinfälliges Hüllblatt ausgebildet, ausnahmsweise können es 2 oder gar 3 sein. 5–12 Dolden 2. Ordnung. Hüllchenblätter zahlreich, schmal-lanzettlich bis pfriemlich, viel kürzer als die Stiele der äußeren Blüten. Blüten um 4 mm im Durchmesser, weiß. Blütenblätter 5, verkehrt-herzförmig, die äußeren der randständigen Blüten vergrößert. Frucht um 3 mm lang und etwa halb so dick, ellipsoidisch, undeutlich und flach gerippt. Fruchtende Dolden 2. Ordnung fast kugelig. Stengel aufrecht, röhrig, leicht zusammendrückbar, gefurcht, kahl, blaßgrün, in der oberen Hälfte gabelig verzweigt. Blätter 2fach fiederteilig; Blattzipfel lanzettlich, 2–4 cm lang und um 2 mm breit, oft auch schmäler, blaßgrün. Wurzeln z. T. knollig-rübenartig verdickt, z. T. faserig dünn; verdickte Wurzeln an ihrer Ansatzstelle verschmälert, etwa 1–2 cm lang. Juni–Juli. 30–60 cm.

Vorkommen: Braucht kalkarmen, humosen, sandigen oder torfigen, zeitweise feuchten Tonboden in Gegenden mit durchschnittlich hoher Luftfeuchtigkeit. Besiedelt Sumpf- und Moorwiesen. Erreicht am Rhein südlich Ludwigshafen die Ostgrenze seines Verbreitungsgebiets nördlich der Alpen. In der Pfalz und im Saarland selten; in Savoyen vereinzelt, ebenso am Alpensüdfuß östlich bis ins Tal der Adda.

Wissenswertes: ♃; (☠). Über Vergiftungen durch *O. peucedanifolia* ist uns nichts bekanntgeworden. Zumindest die Wurzeln, vielleicht die ganze Pflanze scheinen indessen das Polyin Falcarinon zu enthalten.

Silgblättriger Wasserfenchel

Oenanthe silaifolia MB.
Doldengewächse *Apiaceae (Umbelliferae)*

Beschreibung: Blütenstand aus Dolden 1. und 2. Ordnung. Dolden 1. Ordnung in der Regel ohne Hüllblätter; selten ist 1 hinfälliges Hüllblatt ausgebildet, ausnahmsweise können es 2 oder 3 sein. 4–8 Dolden 2. Ordnung. Hüllchenblätter zahlreich, schmal-lanzettlich, mit einem schmalen Hautrand. Die Strahlen der Dolden 1. Ordnung sind an Dolden mit reifen Früchten deutlich verdickt. Blüten um 4 mm im Durchmesser, weiß oder rötlich. Blütenblätter 5, verkehrt-herzförmig, die äußeren der randständigen Blüten vergrößert. Frucht um 3,5 mm lang und etwa halb so dick, ellipsoidisch, undeutlich und flach gerippt. Stengel aufrecht, röhrig, leicht zusammendrückbar, gefurcht, oft rotfleckig, kahl, blaßgrün, in der oberen Hälfte verzweigt. Untere Blätter 3fach, mittlere und obere 2fach fiederteilig, oberste 1fach fiederschnittig; Blattzipfel lanzettlich, die der oberen Blätter auch lineal, spitz. Blattscheiden kurz, locker, weiß-hautrandig; Stiel der oberen Blätter so lang wie oder kürzer als die Spreite; Stiele der unteren Blätter hohl. Wurzeln z. T. rübenartig verdickt; diese bis zu 3 cm lang. Mai–Juli. 30–60 cm.

Vorkommen: Braucht nährstoffreichen, mindestens zeitweise feucht-nassen Tonboden in Gegenden mit mildem Klima. Besiedelt Naßwiesen und das Uferröhricht an flachen Tümpeln. Heimat: Süd-, Südost- und Westeuropa. Früher aus der Gegend von Mannheim angegeben, heute dort verschollen; selten in Niederösterreich, in der Steiermark und am Alpensüdfuß.

Wissenswertes: ♃; (☠). Über Vergiftungen durch *O. silaifolia* ist uns nichts bekanntgeworden. Wegen des Giftgehalts ähnlicher Arten ist Vorsicht geboten.

Fluß-Wasserfenchel
Oenanthe fluviatilis

Luftblatt

Wasser-
blatt

Großer Wasserfenchel
Oenanthe aquatica

**Haarstrangblättriger
Wasserfenchel**
Oenanthe peucedanifolia

Silgblättriger Wasserfenchel
Oenanthe silaifolia

215

Großer Wasserfenchel

Oenanthe aquatica (L.) POIR.
Doldengewächse *Apiaceae (Umbelliferae)*

Beschreibung: Blütenstand aus Dolden 1.
und 2. Ordnung. Dolden 1. Ordnung endständig
oder sehr kurz gestielt und daher „seiten"- und
scheinbar blattgegenständig, meist ohne Hüllblätter; sehr selten ist ein hinfälliges, pfriemliches Hüllblatt ausgebildet. Hüllchenblätter zahlreich, pfriemlich, kürzer als die Stiele der äußeren Blüten. Blüten um 2 mm im Durchmesser,
weiß. Blütenblätter 5, breit verkehrt-herzförmig,
die äußeren der randständigen Blüten etwas vergrößert. Frucht um 4 mm lang und halb so dick,
ellipsoidisch, undeutlich gerippt. Stengel aufrecht, am Grunde 1–5 cm (!) im Durchmesser,
vereinzelt noch dicker, bei Landformen zuweilen
nur 5 mm dick, rund, hohl, gerillt, sparrig verzweigt. Blätter wechselständig, 2fach gefiedert,
an untergetauchten Stengeln mit fadenförmigen
Zipfeln (selten!); Überwasserblätter mit spreizenden Zipfeln, die um 5 mm lang und 1 mm breit
werden. Wurzelstock möhrenförmig, schwam-
mig, an den Knoten faserig. Juni–August.
0,3–1,5 m.
  Vorkommen: Braucht nährstoff- und kalkreichen, zeitweise überfluteten Schlammboden.
Besiedelt das Röhricht an Tümpeln und Altwässern, geht auch auf zeitweise überschwemmte
Stellen in Auenwäldern. Im Tiefland zerstreut,
desgleichen in den Tälern der größeren Flüsse
und Ströme; in den unteren Stufen der Mittelgebirge mit kalkhaltigem Gestein selten, desgleichen in den tieferen Tälern der Kalkalpen.
  Wissenswertes: ☉; (☠). Über Vergiftungen durch *O. aquatica* ist uns nichts bekanntgeworden. Wegen des Gehalts an ätherischem Öl
wurden die Früchte früher als Hustenheilmittel
gebraucht. In den Wurzeln scheinen geringe
Mengen von giftigen Polyinen vorzukommen.

Fluß-Wasserfenchel

Oenanthe fluviatilis (BAB.) COLEMAN
Doldengewächse *Apiaceae (Umbelliferae)*

Beschreibung: Blütenstand aus Dolden 1.
und 2. Ordnung. Dolden 1. Ordnung endständig
oder sehr kurz gestielt und daher „seiten"- und
scheinbar blattgegenständig, meist ohne Hüllblätter; sehr selten ist ein hinfälliges, pfriemliches Hüllblatt ausgebildet. Hüllchenblättchen
zahlreich, pfriemlich, kürzer als die Stiele der äußeren Blüten. Blüten um 2 mm im Durchmesser,
weiß. Blütenblätter 5, verkehrt-herzförmig, die
äußeren der randständigen Blüten etwas vergrößert. Frucht um 6 mm lang und nur etwa 2 mm
dick, undeutlich gerippt. Stengel überwiegend
flutend, oft nur einige Dezimeter aus dem Wasser hervorragend, oder aber bei sehr flachem
Wasser auf Schlamm kriechend, ästig, rund, undeutlich gerillt, auch bei Wasserformen kaum
2 cm im Durchmesser. Blätter wechselständig;
Unterwasserblätter stets vorhanden. 2–4fach fiederteilig, mit lanzettlichen, keilförmig verschmälerten Zipfeln, die nach vorne gerichtet sind und
nie spreizen; Überwasserblätter in der Regel
3fach fiederteilig; ihre Fiedern 1. Ordnung im
Umriß eiförmig, 1,5–2,5 cm lang und bis 1 cm
breit, keilförmig in den Stiel verschmälert. Juni–
Juli. 0,5–2 m.
  Vorkommen: Braucht nährstoff- und kalkarmen Schlammboden. Besiedelt das Röhricht
an Altwässern und kühlen Grundwasserseen.
Unterelbe; sehr selten; vereinzelt im Elsaß.
Hauptareal: Nordwesteuropa.
  Wissenswertes: ☉; (☠). Die auf nur gelegentlich überflutetem Grund wachsenden Sippen an der Unterelbe wurden wegen ihres überwiegend aufrecht wachsenden Stengels als
Schierlingsblättriger Wasserfenchel (*O. conioides*
(NOLTE) LGE.) beschrieben. Beide Arten werden
der Sammelart *O. aquatica* agg. zugeordnet.

Doldengewächse *Apiaceae* ▶

Wasserfenchel *Oenanthe*
Augenwurz *Athamanta*
Bärwurz *Meum*

Röhriger Wasserfenchel
Oenanthe fistulosa L.
Doldengewächse *Apiaceae (Umbelliferae)*

Beschreibung: Blütenstand aus Dolden 1. und 2. Ordnung. Dolden 1. Ordnung in der Regel ohne Hüllblätter; selten sind 1–2 pfriemliche, hinfällige Hüllblätter ausgebildet; tiefstehende Dolden 1. Ordnung mit 2–4, die mittleren und oberen mit 6–10 Dolden 2. Ordnung. Hüllchenblätter zahlreich, pfriemlich. Blüten um 4 mm im Durchmesser, Randblüten deutlich größer, weiß oder leicht rötlich. Blütenblätter 5, verkehrt-herzförmig, keilig verschmälert, die äußeren der randständigen Blüten vergrößert. Frucht um 5 mm lang und um 3,5 mm dick, ellipsoidisch, dicht und „igelartig" in den Fruchtständen sitzend. Stengel aufrecht, unten bis 3 cm im Durchmesser, weitröhrig-dünnwandig, daher leicht zusammendrückbar, bleichgrün, kahl. Blätter wechselständig; untergetauchte Blätter 2fach gefiedert, mit fadenförmig dünnen Zipfeln; untere Blätter zur Blütezeit meist abgestorben, 2fach gefiedert; mittlere und obere Stengelblätter 1–2fach gefiedert, mit schmal-eiförmigen, ganzrandigen Zipfeln; Spreite dieser Blätter kürzer als ihr Stiel; dieser gegen die Stengelbasis und gegen den Spreitenansatz verengt, sonst weitröhrig und leicht zusammendrückbar. Wurzelstock mit Ausläufern, die im Schlamm kriechen, und mit rüben- oder knollenartig verdickten Wurzeln. Juni–Juli. 30–60 cm.
Vorkommen: Braucht nährstoff- und kalkreichen Schlammboden. Besiedelt Sumpfwiesen, Ufer und Gräben. Im Tiefland zerstreut, in den tieferen und milden Lagen der Mittelgebirge mit Kalkgestein vereinzelt.
Wissenswertes: ♃; (☠). Vergiftungsfälle sind uns nicht bekanntgeworden; wegen des Giftgehalts anderer Arten der Gattung ist indessen Vorsicht geboten.

Wiesen-Wasserfenchel
Oenanthe lachenalii C.C. Gmel.
Doldengewächse *Apiaceae (Umbelliferae)*

Beschreibung: Blütenstand aus Dolden 1. und 2. Ordnung. Dolden 1. Ordnung mit 4–6 schmal-lanzettlichen Hüllblättern; an den endständigen Dolden zuweilen weniger oder keine Hüllblätter. 8–15 Dolden 2. Ordnung. Hüllchenblätter zahlreich, lanzettlich-pfriemlich, etwa so lang wie die Stiele der äußeren Blüten. Blüten um 3 mm im Durchmesser, weiß. Blütenblätter 5, breit verkehrt-herzförmig, etwa bis zur Mitte eingekerbt. Frucht um 4 mm lang, asymmetrisch ellipsoidisch, im oberen Drittel am dicksten, dicht und igelartig in den Fruchtständen sitzend. Stengel aufrecht, engröhrig, hart, oberwärts etwas kantig und in der oberen Hälfte verzweigt. Blätter wechselständig, untere 2fach gefiedert, zur Blütezeit meist schon abgestorben; nur wenige mittlere und obere Stengelblätter, diese kurzstielig, 1fach gefiedert; Zipfel lineal-lanzettlich, 2–4 cm lang und um 2 mm breit. Wurzeln z. T. knollig-rübenartig verdickt; Rüben mehrere cm lang, plötzlich in eine dünne Faser verlaufend. Juni–Juli (deutlich später als der in manchen Formen sehr ähnliche Haarstrangblättrige Wasserfenchel, s. S. 214). 40–60 cm.
Vorkommen: Braucht humusarmen, sandig-tonigen Boden, der zeitweise überschwemmt sein kann. Besiedelt Röhrichte, Sumpf- und Strandwiesen. Ost- und Nordseeküsten sowie am Oberrhein selten; zwischen Schweizer Jura und Wallis vereinzelt.
Wissenswertes: ♃; (☠). Über Vergiftungen ist uns nichts bekanntgeworden. Allerdings ist wegen des Gehalts an starken Giften, wie er z. B. für den westeuropäischen Safran-Wasserfenchel (*O. crocata* L.: Blattzipfel breit-eiförmig, zuweilen fast rundlich) nachgewiesen ist, eine gewisse Vorsicht geboten.

Augenwurz

Athamanta cretensis L.
Doldengewächse *Apiaceae (Umbelliferae)*

Beschreibung: Blütenstand aus Dolden 1.
und 2. Ordnung; selten steht nur 1 Dolde 2. Ordnung am Ende des Stengels oder der Zweige.
Dolden 1. Ordnung mit meist nur 1–5 lanzettlichen Hüllblättern; selten sind keine Hüllblätter
vorhanden oder 1 ist fiederteilig. 5–12 Dolden
2. Ordnung. Mehrere schmal-lanzettliche, etwas
häutige Hüllchenblätter. Blüten um 3 mm im
Durchmesser, weiß. Blütenblätter 5, breit verkehrt-eiförmig, keilig verschmälert, die äußeren
der Randblüten nicht vergrößert. Frucht um
6 mm lang und um 2 mm dick, dicht kurzhaarig.
Stengel aufsteigend-aufrecht, rund, oben sehr
fein gerillt (Lupe) und kurzzottig, aber oft nur
mäßig dicht behaart. Blätter wechselständig,
2–3fach fiederteilig; grundständige Blätter zahlreich; sie bilden eine buschige Rosette und hül-
len die Stengelbasis mit ihren weiten Scheiden
ein; Spreiten der Stengelblätter weniger zerteilt,
den Scheiden aufsitzend; Zipfel 0,3–1 cm lang
und kaum 1 mm breit, spitz. Mai–Juli. 10–25 cm.

Vorkommen: Braucht kalkreichen, hu-
mus- und feinerdearmen, steinig-felsigen Boden.
Besiedelt Gesteinsschutt und Felsritzen, geht gelegentlich auch in steinige, lückige alpine Rasen.
Schwäbischer Jura vereinzelt (z. B. Lochenstein),
Schweizer Jura, Nördliche Kalkalpen und angrenzendes Alpenvorland, Südliche Kalkalpen
zerstreut. Steigt in den Alpen örtlich bis über
2000 m.

Wissenswertes: ♃ *„cretensis"* ist irrefüh-
rend; es bedeutet „kretisch"; doch auf Kreta
(oder einer anderen griechischen Insel) kommt
A. cretensis nicht vor. Mit der beschriebenen
Kleinart werden Arten aus Südeuropa zur Sammelart *A. cretensis* agg. zusammengefaßt.

Bärwurz

Meum athamanticum JACQ.
Doldengewächse *Apiaceae (Umbelliferae)*

Beschreibung: Blütenstand aus Dolden 1.
und 2. Ordnung. Dolden 1. Ordnung entweder
ohne Hüllblätter oder mit nur 1–5 Hüllblättern,
die in der Regel lineal-pfriemlich, selten aber
auch fiederig zerteilt sein können. 6–15 Dolden
2. Ordnung. Hüllchenblättchen 3–8, zuweilen etwas einseitswendig gestellt, meist pfriemlich, selten etwas fiederig zerteilt. Blüten um 3 mm im
Durchmesser, weiß oder gelblich-weiß, vor allem
äußere Blüten außen oft weinrot bis rotviolett
überlaufen. Frucht um 7 mm lang und um
3,5 mm dick, kantig gerippt. Stengel aufsteigend
bis aufrecht, fein gerillt, kahl, oben spärlich verästelt und mit nur 1–2 Stengelblättern. Wurzelstock dick; an seinem oberen Ende befindet sich
ein dichter, faseriger Schopf aus abgestorbenen
Blattresten. Blätter lebhaft dunkel(gelb)grün,
überwiegend grundständig, 3fach gefiedert, mit
2–7 mm langen, haarfeinen Zipfeln (um 0,2 mm
breit!); Spreiten der Stengelblätter kleiner, den
breiten, aufklaffenden, oft hautrandigen Scheiden aufsitzend. Pflanze riecht zerrieben intensiv
würzig! Mai–August. 20–60 cm.

Vorkommen: Braucht kalk- und stickstoffsalzarmen, humosen, steinig-lockeren Lehmboden in Lagen mit dauernd hoher Luftfeuchtigkeit. Besiedelt Bergwiesen, vor allem über kristallinen Gesteinen. Harz, Rhön, Frankenwald,
Fichtelgebirge, Eifel, Hunsrück, mittlerer und
südlicher Schwarzwald, Schwäbischer und
Schweizer Jura, nördliche und südliche Alpenketten selten (hier gebietsweise fehlend), aber
meist bestandsbildend. Steigt bis etwa 2200 m.

Wissenswertes: ♃ Die Bärwurz wird
frisch von Weidetieren nicht gefressen, gilt jedoch als „Heuwürze".

Röhriger Wasserfenchel
Oenanthe fistulosa

**Wiesen-
Wasserfenchel**
Oenanthe lachenalii

Bärwurz
Meum athamanticum

Augenwurz
Athamanta cretensis

Wiesensilge *Silaum*
Silge *Selinum*
Brenndolde *Cnidium*
Fenchel *Foeniculum*

Wiesensilge

Silaum silaus (L.) SCHINZ & THELL.
Doldengewächse *Apiaceae (Umbelliferae)*

Beschreibung: Blütenstand aus Dolden 1. und 2. Ordnung. Dolden 1. Ordnung oft ohne Hüllblätter; gelegentlich sind 1–3 kurze, lineal-pfriemliche, hinfällige Hüllblätter ausgebildet. 4–10 Dolden 2. Ordnung. Hüllchenblättchen zahlreich, schmal-lineal, kürzer als die Blütenstiele. Blüten um 3 mm im Durchmesser, grünlich-weißgelb. Blütenblätter 5, breit verkehrt-eiförmig. Frucht um 5 mm lang und etwa halb so dick, deutlich gerippt. Stengel aufrecht, ziemlich starr, im Blütenstandsbereich verzweigt und etwas gefurcht, in der unteren Hälfte rund und unverzweigt, kahl. Blätter wechselständig; grundständige Blätter und untere Stengelblätter langstielig, 3fach gefiedert; endständige Teilblättchen fiederteilig; Blattzipfel 1–2,5 cm lang und 2–3 mm breit, zugespitzt; obere Stengelblätter oft nur 1fach gefiedert oder bis auf eine Scheide verkümmert; Spreite – wenn vorhanden – der Scheide meist aufsitzend. Juni–September. 0,3–1 m.

Vorkommen: Braucht basen- und humusreichen, stickstoffsalzarmen tiefgründigen Lehm- oder Tonboden. Besiedelt Fettwiesen, geht auch in Flachmoore oder in wechselfeuchte Rasen. Fehlt im Tiefland, den Mittelgebirgen mit kalkarmem Gestein, im Alpenvorland und in den Zentralalpen ganz oder in größeren Gebieten. Steigt in den Kalkalpen kaum über etwa 1000 m. Selten, aber meist in lockeren Beständen.

Wissenswertes: ♃. Der Gattungs- und Artname ist uns heute nicht mehr verständlich. Vermutlich leitet er sich wie Peter „silie" (Petersilig, Pitterselk), Sellerie und auch *Selinum* von „selinon", griech. = Sellerie ab – andeutend, daß es sich um eine Pflanze aus der „Selleriefamilie" handelt.

Kümmel-Silge

Selinum carvifolia L.
Doldengewächse *Apiaceae (Umbelliferae)*

Beschreibung: Blütenstand aus Dolden 1. und 2. Ordnung. Dolden 1. Ordnung meist ohne Hüllblätter; selten sind 1–2 kurze, lanzettlich-pfriemliche, hinfällige Hüllblätter vorhanden. 12–20 Dolden 2. Ordnung. Hüllchenblätter zahlreich, lineal-pfriemlich, etwa so lang wie die Blütenstiele. Blüten um 3 mm im Durchmesser, weiß oder rötlich. Blütenblätter 5, verkehrt-eiförmig, Frucht um 3 mm lang und etwa ebenso breit, abgeflacht, deutlich gerippt. Stengel aufrecht, oben ästig und gefurcht, kahl. Blätter wechselständig; grundständige Blätter und untere Stengelblätter langstielig, mit Stiel bis 30 cm lang, Spreite bis 15 cm breit, 2–3fach gefiedert; Zipfel schmal-lanzettlich, 1–2,5 cm lang und 2–4 mm breit; obere Stengelblätter kleiner, weniger zerteilt, gelegentlich nur 1fach fiederteilig, ihre Spreiten meist den Scheiden unmittelbar aufsitzend. Rhizom am oberen Ende ohne auffälligen Faserschopf. Juli–September. 0,3–1 m.

Vorkommen: Braucht schwach sauren, stickstoffsalzarmen, humusreichen Lehm- oder Tonboden, der wenigstens zeitweise feucht, ja naß sein sollte. Besiedelt Sumpfwiesen, Gräben und lichte Stellen in Auenwäldern. Im Tiefland – vor allem östlich der Elbe –, in den unteren und mittleren Stufen des Berglandes, im Alpenvorland und in der Laubwaldstufe der Alpen selten, aber zuweilen in lockeren Beständen. Steigt bis über etwa 1200 m.

Wissenswertes: ♃. Durch die Intensivierung der Landwirtschaft hat die Kümmel-Silge seit dem 2. Weltkrieg viele ihrer vordem bekannten Standorte verloren. Neben dem Trockenlegen von Feuchtwiesen hat die vermehrte Düngung hierbei die Hauptrolle gespielt.

Fenchel
Foeniculum vulgare

Kümmel-Silge
Selinum carvifolia

Sumpf-Brenndolde
Cnidium dubium

Wiesensilge
Silaum silaus

Sumpf-Brenndolde

Cnidium dubium (SCHKUHR) THELL.
Doldengewächse *Apiaceae (Umbelliferae)*

Beschreibung: Blütenstand aus Dolden 1. und 2. Ordnung. Dolden 1. Ordnung fehlen in der Regel; selten sind indessen bis zu 8 pfriemliche, kurze Hüllblätter vorhanden. 20–30 Dolden 2. Ordnung. Hüllchenblätter zahlreich, lineal-pfriemlich, etwa so lang wie die Blütenstiele, nicht häutig berandet und gegen die Spitze randlich feinst gezähnt (Lupe!). Blüten um 2,5 mm im Durchmesser, weiß. Blütenblätter 5, breit-eiförmig. Frucht kugelig-eiförmig, etwa 2 mm lang und fast ebenso breit, mit deutlich, ja fast flügelartig vorspringenden Rippen. Stengel aufrecht, starr, hohl, oben sehr spärlich verzweigt, rund, glatt, unter der Dolde kantig gefurcht; Äste meist mit nur 1 endständigen Dolde 1. Ordnung. Blätter wechselständig, meist 2–3fach fiederteilig, an kleinen Exemplaren nur 1fach fiederteilig; grundständige Blätter zur Blütezeit oft schon verdorrt; Spreite der obersten Stengelblätter weniger geteilt als es die Spreiten der unteren Blätter sind, den eng anliegenden Scheiden meist aufsitzend, zuweilen bis auf 1–2 Zipfelchen verkümmert. Juni–Juli. 30–60 cm.

Vorkommen: Braucht kalkarmen, feuchten, humosen Lehm- oder Tonboden in Lagen mit warmen Sommern. Besiedelt Ufergebüsche; am Oberrhein zwischen Karlsruhe und Mainz, an der unteren und mittleren Elbe, in Sachsen, Thüringen und Sachsen-Anhalt sehr selten; sonst nur vereinzelt. Fehlt in der Schweiz.

Wissenswertes: ⊙. Ähnlich: Wiesensilgen-Brenndolde (*C. silaifolium* (JACQ.) SIMK.): Frucht 3–4 mm lang und um 3 mm dick; Scheiden der oberen Blätter etwas abstehend; Trockengebüsche, Trockenwälder; auf Kalk; Alpensüdfuß; selten.

Fenchel

Foeniculum vulgare MILL.
Doldengewächse *Apiaceae (Umbelliferae)*

Beschreibung: Blütenstand aus Dolden 1. und 2. Ordnung. Hüllblätter und Hüllchenblätter fehlen. 4–20 Dolden 2. Ordnung. Blüten um 2,5 mm im Durchmesser, gelb. Blütenblätter 5, breit-eiförmig bis rundlich. Frucht 0,5–1 cm lang und um 2 mm im Durchmesser. Stengel aufrecht, gerillt, markig, mindestens im oberen Drittel bläulich bereift. Blätter grund- und stengelständig; die grundständigen Blätter, die dem spindelförmigen Rhizom entspringen, bilden mit der Basis ihrer Blattscheiden eine Zwiebel, die bei Kultursorten bis 10 cm dick und um 15 cm lang werden kann; Stengelblätter wechselständig; untere Stengelblätter und grundständige Blätter 2–3fach gefiedert, ihre Zipfel 3–7 cm lang und kaum 1 mm breit; obere Stengelblätter weniger zerteilt, ihre Zipfel kürzer als die der grundständigen Blätter. Juli–August. 0,8–1,5 m.

Vorkommen: Braucht trockenen, nährstoffreichen Lehm- oder Lößboden in Lagen mit sommerwarmem Klima. Heimat: Mittelmeergebiet; in Kultursorten als Gewürz- oder Gemüsepflanze gelegentlich angebaut, selten und unbeständig auf gartennahem Ödland verwildert.

Wissenswertes: ⊙. Die Früchte enthalten reichlich ätherisches Öl. Sie werden vielfach in Hustentees verwendet. Außerdem dienen sie als Würze für Soßen, Obst und Backwaren; geschnittene Blattzipfel werden als Salatwürze gebraucht. Die Zwiebeln (var. *azoricum* (MILL.) THELL.) werden als Gemüse oder in Form von Salat genutzt. – Ähnlich: Dill (*Anethum graveolens* L.): Stengel fein weiß-längsstreifig; 30–50 Dolden 2. Ordnung; Gewürzpflanze (Blätter), früher Heilpflanze. Heimat: Östliches Mittelmeergebiet. Sehr selten und unbeständig verwildert.

Mutterwurz *Ligusticum*
Engelwurz *Angelica*

Alpen-Mutterwurz
Ligusticum mutellina (L.) CR.
Doldengewächse *Apiaceae (Umbelliferae)*

Beschreibung: Blütenstand aus Dolden 1.
und 2. Ordnung. Stengel entweder mit 1 Dolde
1. Ordnung und dann ohne Stengelblatt oder mit
2–3 Dolden 1. Ordnung und mit 1–2 Stengelblättern. Hüllblätter fehlen meist; selten ist 1 Hüllblatt vorhanden, vereinzelt sind es 1–3; sie sind
lanzettlich, ganzrandig, abstehend. 7–12 Dolden
2. Ordnung. Mehrere Hüllchenblätter, diese lineal-lanzettlich, ganzrandig, länger als die Blütenstiele. Blüten um 3 mm im Durchmesser, rötlich
oder – seltener – weiß. Blütenblätter 5, breit-eiförmig bis rundlich, vor allem außen weinrot.
Frucht um 5 mm lang und um 3,5 mm dick, gerippt. Stengel aufrecht, unten rund, oben oft kantig. Am Stengelansatz des Wurzelstocks schopfig.
Blätter meist grundständig, grasgrün, 2–3fach fiederteilig, langstielig; Stiel am Grund mit einer
erweiterten Scheide; Zipfel schmal-lineal,
3–5 mm lang und etwa 0,5 mm breit. Juni–August. 10–20 cm, selten bis zu 50 cm.
Vorkommen: Braucht sickerfeuchten, kühlen, humosen, kalk- und stickstoffsalzarmen,
steinig-lockeren Lehmboden in alpinem Klima.
Besiedelt Schneetälchen und nährstoffarme Weiden mit etwas lückigem Bewuchs. Vereinzelt im
Bayerischen Wald (Arber) und im Südschwarzwald (Feldberggebiet); im gesamten Alpengebiet
zerstreut, gebietsweise häufig. Bevorzugt Höhen
zwischen etwa 1500 und 2500 m.
Wissenswertes: ♃. Die Alpen-Mutterwurz
gilt als sehr gutes Futterkraut. Früher wurde sie
auch als Würze verwendet und war örtlich Bestandteil der Kräuterkäse. Ihr Gebrauch als Heilpflanze ist weitgehend außer Mode gekommen.
Dem ätherischen Öl wurde appetitanregende
Wirkung zugeschrieben.

Kleine Mutterwurz
Ligusticum mutellinoides (CR.) VILL.
Doldengewächse *Apiaceae (Umbelliferae)*

Beschreibung: Blütenstand aus 1 Dolde
1. Ordnung und 12–20 Dolden 2. Ordnung.
5–10 Hüllblätter an den Dolden 1. Ordnung; diese lineal-lanzettlich, zuweilen vorne 3teilig eingeschnitten oder fiederschnittig, etwa so lang wie
die Stiele der Dolden 2. Ordnung. Hüllchenblätter an den Dolden 2. Ordnung in der Form wie
die Hüllblätter 1. Ordnung, meist länger als die
Blütenstiele. Blüten um 2 mm im Durchmesser,
grünlich-weiß, seltener rötlich. Blütenblätter 5,
breit-eiförmig bis rundlich. Frucht um 4 mm
lang, 2,5 mm dick, gerippt. Stengel aufrecht, gerillt, bis unter die Dolde kahl, dort oft kurzflaumig behaart, blattlos oder in der unteren Hälfte
mit 1–2 Stengelblättern. Grundständige Blätter
grasgrün, 2–3fach fiederteilig, nicht auffallend
lang gestielt, 2,5–6 cm lang, 2–3 cm breit; Blattzipfel dichtstehend, lineal, 2–8 mm lang, 0,5 mm
breit. Wurzelstock kräftig, wenig faserig oder fa-
serlos. Juli–August. 5–15 cm.
Vorkommen: Braucht kalk- und stickstoffsalzarmen, flachgründig-steinigen, aber etwas
humosen Lehmboden in alpinem Klima. Besiedelt lückige, steinige Rasen und Matten, geht
auch in Felsspalten und auf windgefegte Grate,
die im Winter schneefrei bleiben. Sehr kälteresi-
stent. Bevorzugt Höhen zwischen etwa 1800 und
2800 m. In den Alpen zerstreut, gebietsweise fehlend oder sehr selten.
Wissenswertes: ♃. Die Kleine Mutterwurz ist wohl das gegen Kälte widerstandsfähig-
ste Doldengewächs Mitteleuropas. Ihre Wurzeln
dringen ziemlich tief in den Untergrund vor.
Dies ist nicht nur für die Verankerung der Pflanze wichtig, sondern auch für ihre Versorgung mit
einem Mindestmaß an Wasser.

Pyrenäen-Engelwurz

Angelica pyrenaea (L.) SPRENG.
Doldengewächse *Apiaceae (Umbelliferae)*

Beschreibung: Blütenstand aus Dolden 1. und 2. Ordnung. Dolden 1. Ordnung in der Regel ohne Hüllblätter; vereinzelt ist ein einzelnes, pfriemliches, hinfälliges Hüllblatt ausgebildet. 3–10 Dolden 2. Ordnung. Hüllchenblätter zahlreich, lineal-pfriemlich, etwa so lang wie die Blütenstiele, nicht hautig. Blüten um 2,5 mm im Durchmesser, gelblich-weiß oder grünlich-weiß. Blütenblätter 5, verkehrt-eiförmig, außen zuweilen etwas weinrot überlaufen. Frucht um 5 mm lang und ca. 3 mm im Durchmesser, gerippt. Stengel meist einfach und dann mit nur 1 Stengelblatt, seltener spärlich verzweigt und dann mit mehreren Stengelblättern, steif-aufrecht, gefurcht, nicht röhrig, kahl. Blätter gestielt, 6–12 cm lang (mit Stiel), 2fach gefiedert; Fiedern fiederig-eingeschnitten; Zipfel kaum 1 mm breit, grannenspitz; Blattscheide nicht aufgeblasen. An der Ansatzstelle von Blättern und Stengel am Rhizom Faserreste, die keinen Schopf bilden. Juni–September. 10–50 cm.

Vorkommen: Braucht feuchten, ja nassen, humosen, kalkarmen Lehm- oder Tonboden oder torfigen Untergrund. Besiedelt Sumpfwiesen und Moore, und zwar bevorzugt in Höhenlagen zwischen etwa 600 und 1200 m. Vogesen; dort zerstreut, aber gebietsweise selten oder fehlend.

Wissenswertes: ☉–ⳁ. Die Pyrenäen-Engelwurz hat ihr Hauptverbreitungsgebiet in Südwesteuropa und erreicht in den Vogesen die Nordostgrenze ihres Areals. Frühere Angaben darüber, daß sie am Südwestfuß des Schwarzwaldes gefunden worden sein soll, dürften auf Verwechslungen beruhen. Noch heute wächst der sehr ähnliche Steppenfenchel dort in der Nähe.

Sumpf-Engelwurz

Angelica palustris (BESS.) HOFFM.
Doldengewächse *Apiaceae (Umbelliferae)*

Beschreibung: Blütenstand aus Dolden 1. und 2. Ordnung. Dolden 1. Ordnung in der Regel ohne Hüllblätter; selten sind 1–3 Hüllblätter ausgebildet, die lanzettlich und hautig berandet sind. 15–30 Dolden 2. Ordnung. Stiele der Dolden 2. Ordnung kahl oder fast kahl. Hüllchenblätter zahlreich, aus mäßig breitem Grund lanzettlich-pfriemlich auslaufend. Blüten um 3 mm im Durchmesser, weiß oder cremefarben. Blütenblätter 5, rundlich bis breit-eiförmig. Frucht knapp 5 mm lang und um 3 mm breit, gerippt, geflügelt. Stengel aufrecht, röhrig, kahl, in der oberen Hälfte gefurcht und spärlich verästelt, meist deutlich kantig. Blätter meist grundständig oder tief am Stengel ansitzend; diese Blätter schmalscheidig, lang gestielt, 2–3fach fiederteilig; Blattstiel 3kantig; Fiederblättchen länglich-eiförmig, am Grund oft herzförmig eingebuchtet, am Rand ungleich kerbig-gesägt, gegen die Spitze und gegen den Grund oft fast ganzrandig; Sägezähne spitz. Juli–August. 0,5–1,2 m.

Vorkommen: Braucht feuchten, mindestens zeitweilig sogar nassen, nährstoff- und humusreichen oder etwas moorigen Tonboden. Besiedelt Naßwiesen und Ufergebüsche. Vereinzelt in den Tälern der größeren Flüsse und Ströme in Mecklenburg, Thüringen, Sachsen-Anhalt und Sachsen.

Wissenswertes: ☉. Die Sumpf-Engelwurz hat ihr Hauptverbreitungsgebiet in Osteuropa und im südlichen Westsibirien. Sie erreicht mit ihren Standorten in Mitteleuropa die Ostgrenze ihres Areals. Angaben, die Art komme auch in Kärnten oder in Bayern vor, haben sich nicht bestätigen lassen. Vermutlich handelt es sich um Verwechslungen mit *A. sylvestris* (s. S. 226).

Kleine Mutterwurz
Ligusticum mutellinoides

Alpen-Mutterwurz
Ligusticum mutellina

Sumpf-Engelwurz
Angelica palustris

Pyrenäen-Engelwurz
Angelica pyrenaea

Engelwurz *Angelica*
Haarstrang *Peucedanum*

Wilde Engelwurz

Angelica sylvestris L.
Doldengewächse *Apiaceae (Umbelliferae)*

Beschreibung: Blütenstand aus Dolden 1. und 2. Ordnung. Dolden 1. Ordnung in der Regel ohne Hüllblätter; selten sind 1–3 pfriemliche und meist hinfällige, kleine Hüllblätter vorhanden. 20–40 Dolden 2. Ordnung. Stiele der Dolden 2. Ordnung sehr kurz, aber ziemlich dicht behaart (Lupe!). Hüllchenblätter zahlreich, lineal-pfriemlich, etwa so lang wie oder etwas länger als die Blütenstiele. Blüten um 2,5 mm im Durchmesser, weiß, grünlich-weiß, rötlich, seltener cremefarben, Blütenblätter 5, verkehrt-eiförmig. Frucht um 5 mm lang und um 3,5 mm breit, gerippt. Stengel aufrecht, rund, gestreift, röhrig, kahl, im oberen Drittel spärlich verzweigt, zuweilen violett überlaufen, mindestens in der oberen Hälfte deutlich weißlich bereift. Blätter meist grundständig, 2–3fach fiederteilig, die unteren bis über 50 cm lang, mit oberseits rinnigem Stiel; Fiedern bis 15 cm lang und bis 5 cm breit, ungleichmäßig gesägt; Spreiten der Stengelblätter weniger zerteilt, kleiner, oft fast verkümmert, auf den bauchig aufgeblasenen Scheiden sitzend. Juli–August. 1–2 m.

Vorkommen: Braucht feuchten, nährstoff- und humusreichen, lockeren Lehm- oder Tonboden. Besiedelt Berg- und Auenwälder, Naßwiesen, Ufer und Wegränder. Sehr häufig; oft in lockeren, individuenreichen Beständen. Steigt in den Alpen bis über 1500 m.

Wissenswertes: ⧖; (☠). Enthält ätherisches Öl, Cumarine und Furocumarine. Heute nur noch selten als Heilpflanze verwendet. Bei empfindlichen Personen kann Gewebesaft aus angerissenen Pflanzenteilen – auf die Haut gebracht – im Licht wegen des Gehalts an Furocumarinen Entzündungen hervorrufen.

Arznei-Engelwurz

Angelica archangelica L.
Doldengewächse *Apiaceae (Umbelliferae)*

Beschreibung: Blütenstand aus Dolden 1. und 2. Ordnung. Dolden 1. Ordnung 15–50 cm im Durchmesser, ohne Hüllblätter. 20–40 Dolden 2. Ordnung. Stiele der Dolden 2. Ordnung höchstens im oberen Viertel schütter behaart (Lupe!). Hüllblättchen zahlreich, lineal-pfriemlich, höchstens so lang wie die Blütenstiele. Blüten um 3 mm im Durchmesser, grünlich bis grünlich-weiß, seltener gelblich, nie weiß oder rötlich. Blütenblätter 5, eiförmig-keilig. Frucht um 7 mm lang und ca. 4,5 mm breit, deutlich gerippt. Stengel aufrecht, an der Basis 3–7,5 cm im Durchmesser, rund, fein gerillt, kahl, unten oft trübrot überlaufen, in der oberen Hälfte verzweigt, weißlich bereift. Grundblätter 3fach fiederteilig, 50–90 cm lang, langstielig; Stiel zumindest in der unteren Hälfte rund und nicht rinnig eingetieft. Fiedern bis 15 cm lang und bis 5 cm breit, ungleichmäßig gesägt, oft fast fiederig eingeschnitten; Spreiten der Stengelblätter weniger zerteilt, kleiner und auf den sackartigen Scheiden sitzend. Wurzelstock rübenartig, 3–8 cm dick. Zerriebene Pflanzenteile verströmen einen aromatischen Geruch. Juni–August. 1–2,5 m.

Vorkommen: Braucht nassen, nährstoffreichen, sandig-tonigen Boden. Besiedelt Ufer. Im Tiefland – vor allem in den Tälern der größeren Flüsse und Ströme –, am Main, am Regen, von seiner Mündung an donauabwärts in Ober- und Niederösterreich selten. Gelegentlich angebaut und verwildert. Fehlt in der Schweiz.

Wissenswertes: ☉; (☠). Alte und noch bis heute verwendete Heilpflanze; enthält ätherische Öle, Furocumarine und Cumarine. Pflanzensaft kann auf der Haut im Licht Entzündungen hervorrufen.

Wilde Engelwurz
Angelica sylvestris

Riesen-Haarstrang
Peucedanum verticillare

Österreicher Haarstrang
Peucedanum austriacum

Arznei-Engelwurz
Angelica archangelica

227

Österreicher Haarstrang

Peucedanum austriacum (Jacq.) Koch
Doldengewächse *Apiaceae (Umbelliferae)*

Beschreibung: Blütenstand aus Dolden 1.
und 2. Ordnung. Dolden 1. Ordnung mit zahlreichen Hüllblättern; sie sind lineal-lanzettlich bis pfriemlich, weißhäutig berandet und zuletzt zurückgeschlagen. 10–20 Dolden 2. Ordnung. Hüllchenblätter zahlreich, im Aussehen wie die Hüllblätter, aber etwas kleiner, kürzer als die Blütenstiele. Blüten um 3,5 mm im Durchmesser, weiß. Blütenblätter 5, breit verkehrt-eiförmig, vorne eingekerbt. Frucht um 8 mm lang und ca. 6 mm breit, gerippt; Griffel 2–3 mm lang. Stengel aufrecht, in der oberen Hälfte spärlich verzweigt oder einfach, gefurcht, kantig. Blätter 2–3fach fiederteilig (oft mit 2 großen Seitenfiedern 1. Ordnung und einer noch größeren Endfieder); Blattzipfel bis etwa 1 cm lang und um 2 mm breit, meist kürzer und schmäler; Spreiten der Stengelblätter weniger zerteilt als die grundständigen Blätter, den hautig berandeten Scheiden unmittelbar aufsitzend; selten sind die Spreiten der Stengelblätter fast verkümmert. Am Übergang vom Wurzelstock zum oberirdischen Sproß befindet sich ein lockerer Schopf von Fasern aus Resten abgestorbener Blätter. Juli–August. 0,6–1,2 m.

Vorkommen: Braucht kalkreichen, steinigen Lehmboden in Lagen mit sommerwarmem, trockenem Klima. Besiedelt lichte Trockengebüsche, Waldränder, magere, lückige Rasen, auch Felsbänder und Mauern. Südliche Kalkalpen, vom Aostatal ostwärts, zerstreut; Nördliche Kalkalpen vom Wallis bis etwa zur Aare, sehr selten. Geht örtlich bis über 1500 m.

Wissenswertes: ♃. Der Österreicher Haarstrang hat sein Hauptverbreitungsgebiet in Südosteuropa.

Riesen-Haarstrang

Peucedanum verticillare (L.) Mert. & Koch
Doldengewächse *Apiaceae (Umbelliferae)*

Beschreibung: Blütenstand aus Dolden 1.
und 2. Ordnung. Dolden 1. Ordnung stehen quirlig übereinander am Stengel; sie sind meist ohne Hüllblätter; vereinzelt sind 1 oder 2 pfriemliche, meist hinfällige Hüllblätter vorhanden. 10–30 Dolden 2. Ordnung; Hüllchenblätter fehlend oder zu 1–3, klein, pfriemlich, meist hinfällig. Blüten um 2 mm im Durchmesser, grünlich-gelb. Blütenblätter 5, verkehrt-eiförmig, vorn ausgerandet. Frucht um 8 mm lang und ca. 6 mm breit, deutlich gerippt und geflügelt. Stengel aufrecht, an seiner Basis 2–5 cm im Durchmesser, gerillt, hohl. Blätter wechselständig; unterste Blätter 30–80 cm lang, 2–3fach fiederteilig. Teilblättchen letzter Ordnung 5–10 cm lang und 2,5–5 cm breit, eiförmig, grob gezähnt; Seitenfiedern z. T. tief eingeschnitten gelappt; Endfiedern zuweilen mehr oder weniger deutlich 3teilig; Spreiten der mittleren und oberen Stengelblätter weniger zerteilt, zuweilen fast verkümmert, den Scheiden unmittelbar aufsitzend; alle Blätter oberseits dunkelgrün, unterseits blaugrün. Am Ansatz des Stengels am wohlausgebildeten, kräftigen Wurzelstock kein Faserschopf. Juni–August. 1–3 m.

Vorkommen: Braucht kalkreichen, steinigen, trockenen Lehmboden. Besiedelt lichte Gebüsche und Trockenwälder, Wegränder und Raine. Süd- und Zentralalpen, selten und gebietsweise fehlend, im Osten häufiger als im Westen; vereinzelt in Nieder- und Oberösterreich sowie in Tirol. Steigt bis 1500 m.

Wissenswertes: ♃. Obschon der Riesen-Haarstrang ausgesprochen wärme- und trockenheitsliebend ist, fehlt er im Tessin, doch kommt er im Aostatal vor.

Sumpf-Haarstrang

Peucedanum palustre (L.) MOENCH
Doldengewächse *Apiaceae (Umbelliferae)*

Beschreibung: Blütenstand aus Dolden 1. und 2. Ordnung. Dolden 1. Ordnung mit zahlreichen (mindestens 4!) Hüllblättern; sie sind lanzettlich, ungleich lang, breit weiß-hautrandig, zurückgeschlagen. 15–30 Dolden 2. Ordnung. Hüllchenblätter zahlreich, im Aussehen wie die Hüllblätter, etwa so lang wie oder etwas länger als die Blütenstiele. Blüten um 2,5 mm im Durchmesser, weiß. Blütenblätter 5, verkehrt-herzförmig. Frucht um 5 mm lang und ca. 3,5 mm breit, gerippt, geflügelt. Griffel um 1 mm lang, Stengel aufrecht, hohl, leicht zusammendrückbar, gefurcht, oberwärts sparrig ästig, kahl, oft etwas weinrot überlaufen. Blätter wechselständig, untere 3fach fiederteilig, mehrere Dezimeter lang, gestielt; Stiel oberseits mit tiefer Rinne; Blattzipfel 1–2 mm breit und 0,6–3 cm lang; Spreiten der Stengelblätter weniger zerteilt als die der grundständigen Blätter, den hautig berandeten Scheiden aufsitzend; selten sind die Spreiten der Stengelblätter fast verkümmert. Am Übergang vom Wurzelstock zum Sproß befinden sich keine Fasern. Juli–August. 0,8–1,5 m.
Vorkommen: Braucht nährstoffreichen, nassen, torfig-humosen Boden, der zeitweise überschwemmt sein kann. Besiedelt lichte Bruchwälder und Ufer. Im Tiefland zerstreut; in den Mittelgebirgen mit kalkarmen Gesteinen und im Alpenvorland sowie in den Alpen selten; steigt kaum irgendwo über etwa 1000 m; oft in individuenreichen, lockeren Beständen.
Wissenswertes: ♃. Obwohl der Sumpf-Haarstrang bis zum Polarkreis vorkommt, fehlt er vielfach in den Alpen. Darin gleicht er der Schwarz-Erle *(Alnus glutinosa)*, deren Standort („Erlenbruch") er oft teilt.

Berg-Haarstrang

Peucedanum oreoselinum (L.) MOENCH
Doldengewächse *Apiaceae (Umbelliferae)*

Beschreibung: Blütenstand aus Dolden 1. und 2. Ordnung. Dolden 1. Ordnung mit zahlreichen Hüllblättern; sie sind schmal-lanzettlich bis pfriemlich, weiß-hautrandig, zurückgeschlagen. 10–25 Dolden 2. Ordnung. Hüllchenblättchen zahlreich, im Aussehen wie die Hüllblätter, aber etwas kleiner. Blüten um 2,5 mm im Durchmesser, weiß oder etwas rötlich. Blütenblätter 5, breit verkehrt-eiförmig, vorn ausgerandet. Frucht um 7 mm lang und etwa ebenso breit, gerippt, geflügelt. Stengel aufrecht, rund, im oberen Drittel deutlich gerillt, kahl, spärlich verzweigt. Blätter wechselständig; untere Blätter 20–40 cm lang und bis 15 cm breit, langstielig, Stiele mit kurzen Scheiden, 2–3fach fiederteilig; Fiedern 1. und 2. Ordnung gehen recht- oder stumpfwinklig (also stielwärts) von der Blattspindel ab; Fiedern letzter Ordnung grob und spärlich gezähnt oder fast 3teilig (vor allem die Endfiedern); Spreiten der oberen Stengelblätter weniger zerteilt oder nahezu verkümmert; sie sitzen den großen, aufgeblasenen Scheiden auf. Am Übergang vom Wurzelstock zum oberirdischen Sproß befindet sich ein wenig auffälliger, aber meist deutlicher Faserschopf. Juli–August. 0,3–1 m.
Vorkommen: Braucht lockeren, kalkhaltigen Lehmboden. Besiedelt Trockenwälder und -gebüsche, Halbtrockenrasen und Raine. Im Tiefland an der Unterelbe und östlich davon, im Bergland am Main, in der Pfalz, am Ober- und am Hochrhein, im Hegau, im Fränkischen Jura und in Tälern des Schweizer Jura, im Mittelland, im Wallis, am Alpensüdfuß; selten.
Wissenswertes: ♃. Enthält ätherisches Öl und Cumarinverbindungen; früher als Heilpflanze gebraucht.

Hirschwurz

Peucedanum cervaria (L.) LAPEYR.
Doldengewächse *Apiaceae (Umbelliferae)*

Beschreibung: Blütenstand aus Dolden 1. und 2. Ordnung. Dolden 1. Ordnung mit zahlreichen Hüllblättern; sie sind schmal-lanzettlich bis pfriemlich, weiß-hautrandig, zurückgeschlagen. 20–30 Dolden 2. Ordnung. Hüllchenblätter zahlreich, im Aussehen wie die Hüllblätter. Blüten um 3 mm im Durchmesser, weiß, im Knospenstadium oft rötlich. Blütenblätter 5, vorn ausgerandet. Stengel aufrecht, rund, im oberen Drittel deutlich gerillt, kahl, spärlich verzweigt. Blätter vorwiegend grundständig, derb, 30–50 cm lang, 15–30 cm breit, langstielig, 2–3fach fiederteilig; Fiedern 1. und 2. Ordnung gehen spitzwinklig von der Blattspindel ab; Fiedern letzter Ordnung reichlich und ungleichmäßig gezähnt, oft auch fast 3teilig; Spreiten der oberen Stengelblätter weniger zerteilt oder nahezu verkümmert; sie sitzen den locker anliegenden Scheiden auf. Am Übergang vom Wurzelstock zum oberirdischen Sproß befindet sich ein schwärzlicher Faserschopf. Juli–September. 0,3–1,2 m.

Vorkommen: Braucht lockeren, sandig-steinigen, kalkhaltigen Lehm- oder Lößboden. Besiedelt lichte Trockenwälder und -gebüsche sowie Halbtrockenrasen. Nur in den wärmeren Lagen der Mittelgebirge, des Alpenvorlands und der Alpenketten mit basischem Gestein, selten. Steigt kaum über etwa 900 m.

Wissenswertes: ♃ „Hirschwurz" wurde die Art benannt, weil der griechische Arzt DIOSKORIDES, der im 1. Jahrhundert n. Chr. lebte, glaubte, Hirschkühe würden gegen Schlangenbisse unempfindlich, wenn sie von dem Kraut gefressen haben. DIOSKORIDES hatte wohl eine andere Art gemeint, abgesehen davon, daß es eine solche Schutzwirkung nicht geben kann.

Elsässer Haarstrang

Peucedanum alsaticum L.
Doldengewächse *Apiaceae (Umbelliferae)*

Beschreibung: Blütenstand aus Dolden 1. und 2. Ordnung. Dolden 1. Ordnung mit 4–10 Hüllblättern; sie sind lineal-lanzettlich, kaum hautrandig und stehen waagrecht ab. Dolden 2. Ordnung 6–12. Hüllchenblätter 4–8, im Aussehen wie die Hüllblätter. Blüten um 2 mm im Durchmesser, cremefarben. Blütenblätter 5, breit verkehrt-eiförmig. Frucht um 5 mm lang, 3,5 mm breit, gerippt, geflügelt. Griffel etwa so lang wie das Polster, auf dem sie stehen (Lupe!). Stengel aufrecht, kantig, markig, reichlich verästelt, oft weinrot überlaufen. Blätter wechselständig, langstielig; Stiel rinnig. Spreite 2–4fach fiederteilig, Zipfel 0,4–1 cm lang, 2–4 mm breit, stumpf; Spreiten der mittleren und oberen Stengelblätter sitzen den kurzen und anliegenden Scheiden an; sie sind weniger zerteilt, bei den obersten Blättern zuweilen fast verkümmert. Am Übergang vom Wurzelstock zum Sproß befindet sich ein unscheinbarer, schwarzbräunlicher Faserschopf. Juli–September. 0,5–1,2 m.

Vorkommen: Braucht steinig-sandigen, lockeren, kalkhaltigen Lehmboden, geht auch auf Löß. Besiedelt lichte Trockenwälder und -gebüsche, seltener auch Raine und brachliegende Weinberge. Weinbaugebiete der Pfalz und Mainfrankens, südlicher Fränkischer Jura, Hochrhein, Kalkgebiete im Elsaß, Nieder- und Oberösterreich, Steiermark; selten.

Wissenswertes: ♃ Ähnlich: Venetianer Haarstrang (*P. venetum* (SPRENG.) KOCH): Griffel 2–3mal so lang wie das Polster, auf dem sie stehen (Lupe!); Blattzipfel 0,4–1 cm lang, um 2 mm breit, spitzlich. Graubünden, Alpensüdfuß; selten, gebietsweise fehlend. Enthält geringe Mengen giftiger Polyacetylene.

Berg-Haarstrang
Peucedanum oreoselinum

Elsässer Haarstrang
Peucedanum alsaticum

Hirschwurz
Peucedanum cervaria

Sumpf-Haarstrang
Peucedanum palustre

Kümmelblättriger Haarstrang
Peucedanum carvifolia VILL.
Doldengewächse *Apiaceae (Umbelliferae)*

Beschreibung: Blütenstand aus Dolden 1.
und 2. Ordnung. Dolden 1. Ordnung ohne Hüllblätter. 6–18 Dolden 2. Ordnung. Hüllchenblättchen fehlend oder zu 1–5, pfriemlich, klein. Stiele der Dolden 2. Ordnung im unteren Drittel behaart. Blüten um 2,5 mm im Durchmesser,
gelblich- oder grünlich-weiß. Blütenblätter 5,
breit verkehrt-eiförmig, vorne ausgerandet, außen zuweilen rötlich überlaufen. Frucht um
6,5 mm lang und um 4,5 mm breit, gerippt, wenig
geflügelt; Griffel etwa so lang wie das Polster, auf
dem sie sitzen. Stengel aufrecht, im oberen Drittel gefurcht und meist verzweigt. Blätter wechselständig; Grundblätter meist nur an nichtblühenden Wurzelstockenden reichlich vorhanden: untere Blätter 2–3fach fiederteilig, langstielig, ihre
Zipfel lineal, 1–2 cm lang und 1–2 mm breit;
Spreiten der mittleren Stengelblätter sitzen auf
den aufrechten, hautrandigen Scheiden; sie sind
weniger zerteilt als die der unteren Blätter; Spreiten an den oberen, oft herabhängenden Blattscheiden verkümmert oder nur 3–4teilig. Am
Übergang vom Wurzelstock zum Sproß befindet
sich ein Faserschopf. Juli–August. 0,4–1 m.

Vorkommen: Braucht nicht zu trockenen,
humosen, tiefgründigen Lehm- oder Tonboden
in Lagen mit warmem Klima. Saar, Mosel, Mittelrhein, südöstlicher Bayerischer Wald, Lech-
feld, zwischen Laber und Isarmündung, südlicher Schweizer Jura, Niederösterreich, Steiermark und Kärnten, selten.

Wissenswertes: ♃. Ähnlich: Schotts Haarstrang (*P. schottii* BESS. ex DC.): Stiele der Dolden 2. Ordnung kahl. Griffel 2–3mal so lang wie
das Polster, auf dem sie sitzen. Südliche Kalkalpen; selten.

Echter Haarstrang
Peucedanum officinale L.
Doldengewächse *Apiaceae (Umbelliferae)*

Beschreibung: Blütenstand aus Dolden 1.
und 2. Ordnung, im Knospenstadium der Blüten
schlaff und oft überhängend. Hüllblätter an den
Dolden 1. Ordnung fehlend oder nur 1–4; sie
sind pfriemlich und hinfällig. 10–40 Dolden
2. Ordnung. Hüllchenblätter zahlreich, pfriemlich, meist kürzer als die Blütenstiele. Blüten um
2,5 mm im Durchmesser, blaßgelb. Blütenblätter
5, breit-eiförmig, kaum ausgerandet. Frucht um
8 mm lang, ca. 4 mm breit (Größe kann um
1–2 mm schwanken). Griffel so lang wie das Polster, auf dem sie stehen. Stengel aufrecht, hart,
rund, fein gerillt, in der oberen Hälfte spärlich
verzweigt. Blätter überwiegend grundständig,
langstielig, mit Stiel 30–60 cm lang, 3fach 3zählig
eingeschnitten; Blattzipfel 3–15 cm lang, pinsel-
oder besenartig wirkend, zuweilen schlaff; Spreiten der mittleren und oberen Stengelblätter weniger zerteilt als die der unteren Blätter, den
Scheiden aufsitzend; Spreite der obersten Blätter
meist verkümmert. Juli–August. 0,5–1,2 m.

Vorkommen: Braucht kalkhaltigen, stickstoffsalzarmen Lehm- oder Tonboden in Lagen
mit sommerwarmem Klima. Besiedelt lichte
Trockengebüsche, seltener Waldränder und zeitweise sickerfeuchte Stellen in Halbtrockenrasen;
Pfalz, am mittleren Main, im württembergischen
Muschelkalk- und Keupergebiet, an der Donau
zwischen Ulm und Deggendorf, in Niederösterreich und am Alpensüdfuß; überall selten, aber
an seinen Standorten in auffallenden, wenngleich meist individuenarmen Beständen.

Wissenswertes: ♃; (☠). Enthält u. a. ätherische Öle, Cumarine und Furocumarine. Saft
kann auf der Haut im Licht Reizungen hervorrufen. Früher Heilpflanze.

Echter Haarstrang
Peucedanum officinale

Pastinak
Pastinaca sativa

Meisterwurz
Peucedanum ostruthium

**Kümmelblättriger
Haarstrang**
Peucedanum carvifolia

233

Meisterwurz
Peucedanum ostruthium (L.) KOCH
Doldengewächse *Apiaceae (Umbelliferae)*

Beschreibung: Blütenstand aus Dolden 1. und 2. Ordnung. Dolden 1. Ordnung meist ohne Hüllblätter; sehr selten ist 1 hinfälliges, pfriemliches Hüllblatt vorhanden. 20–50 Dolden 2. Ordnung. Hüllchenblätter 1–6, borstlich-pfriemlich. Blüten um 3 mm im Durchmesser, weiß oder rötlich. Blütenblätter 5, breit verkehrt-eiförmig, vorn etwas ausgerandet. Frucht rund, Durchmesser um 4,5 mm, gerippt, geflügelt. Griffel etwa doppelt so lang wie das Polster, auf dem sie stehen. Stengel aufrecht, rund, gerillt, hohl, kahl, spärlich verzweigt oder einfach. Blätter grundständig oder meist tief am Stengel ansitzend, mit Stiel bis 30 cm lang und ebenso breit; Spreite der unteren Blätter doppelt 3zählig; Teilblättchen 5–15 cm lang und 3–7 cm breit, unregelmäßig spitz gezähnt; obere Stengelblätter weniger zerteilt, meist nur 1fach 3teilig, ihre Spreiten den großen, aufgeblasenen Scheiden aufsitzend. Juli–August. 0,5–1,2 m.

Vorkommen: Braucht lockeren, tiefgründigen, stickstoffsalzreichen, nicht zu trockenen, sommerkühlen Lehm- oder Tonboden. Besiedelt Staudenfluren und Grün-Erlen-Gebüsch, geht auch auf ortsnahes, steiniges Ödland. Harz, Rheinisches Schiefergebirge, Oberpfälzer Wald, Südschwarzwald, Bayerischer Wald vereinzelt; Alpenvorland und Alpen zerstreut. Bevorzugt Höhen zwischen etwa 1200 m und 2500 m.

Wissenswertes: ♃; (☠). Enthält ätherisches Öl, Cumarine, Furocumarine und Gerbstoffe. Noch heute gebrauchte Heilpflanze, die früher angebaut wurde. Die außeralpinen Vorkommen dürften durch Einbürgerung verwilderter Pflanzen entstanden sein. Saft kann im Licht auf der Haut Entzündungen hervorrufen.

Pastinak
Pastinaca sativa L.
Doldengewächse *Apiaceae (Umbelliferae)*

Beschreibung: Blütenstand aus Dolden 1. und 2. Ordnung. Hüllblätter und Hüllchenblätter fehlen in der Regel; vereinzelt können 1–2 hinfällige, pfriemliche, kurze Blättchen ausgebildet sein. 5–20 Dolden 2. Ordnung. Blüten um 2 mm im Durchmesser, gelb. Blütenblätter 5, rundlich, nach unten gerollt. Frucht um 6 mm lang und um 5 mm breit, eiförmig, zusammengedrückt, gerippt. Stengel aufrecht, gefurcht-gerillt, in der unteren Hälfte schütter borstlich behaart, im Blütenstandsbereich zuweilen ziemlich dicht abstehend-zottig. Blätter meist 1fach gefiedert, mit 2–7 Paaren von Seitenfiedern; diese – vor allem an ihrer Basis – oft gelappt, sitzend, eiförmig, grob und ungleichmäßig gezähnt, behaart; die Spreite der mittleren Stengelblätter sitzt der Scheide unmittelbar auf; obere Stengelblätter meist nur als Scheide ausgebildet, höchstens mit einer verkümmerten Blattspreite. Wurzel weißlich, spindel- oder schlank rübenförmig; mit Möhrengeruch. Juli–August. 0,3–1,2 m.

Vorkommen: Braucht kalkhaltigen, lockeren, nährstoffreichen Lehm- oder Tonboden. Besiedelt Böschungen, Ödland, Steinbrüche, Eisenbahnschotter und Wiesen. Fehlt im Tiefland und in den Mittelgebirgen mit silikatreichen Gesteinen größeren Gebieten; sonst zerstreut. Steigt im Gebirge kaum über 1500 m.

Wissenswertes: ☉; (☠). Alte Kulturpflanze, von der Kultursorten mit verdickter Wurzel bis zur Durchsetzung des Kartoffelanbaus im 18. Jahrhundert in Mitteleuropa oft angebaut worden sind. Allerdings schmeckt die rübenförmige Wurzel penetrant möhrenartig. Enthält u. a. Furocumarine. Pflanzensaft kann im Licht auf der Haut Entzündungen hervorrufen.

Österreichischer Bärenklau

Heracleum austriacum L.
Doldengewächse *Apiaceae (Umbelliferae)*

Beschreibung: Blütenstand aus Dolden 1. und 2. Ordnung. Dolden 1. Ordnung meist ohne Hüllblätter; selten sind 1–5 hinfällige, pfriemliche Hüllblätter vorhanden. 8–12 Dolden 2. Ordnung. Hüllchenblätter zahlreich, lineal-pfriemlich. Blüten um 5 mm im Durchmesser, weiß oder rosa. Blütenblätter 5, länglich verkehrt-eiförmig, tief ausgerandet, die äußeren der randständigen Blüten deutlich vergrößert (zuweilen etwa 1 cm lang!). Frucht um 8 mm lang, breiteiförmig, schütter behaart, gerippt. Stengel an der Basis höchstens 4 mm im Durchmesser, aufrecht, gerillt, oft mit nur 1 Dolde 1. Ordnung, kahl oder nur sehr schütter behaart. Grundständige Blätter mit Stiel bis 15 cm lang, 1fach gefiedert, mit 1–3 Paaren von Teilblättern und 1 Endblättchen; Teilblätter 1–2 cm voneinander entfernt, lanzettlich bis eiförmig, 2–4 cm lang, sitzend, gezähnt, an der Basis zuweilen tief eingeschnitten-gelappt. Spreiten der Stengelblätter sitzen auf kurzen Stielen oder unmittelbar den Scheiden an; sie besitzen meist nur 1 Paar von Seitenfiedern. Juli–September. 20–50 cm.
Vorkommen: Braucht lockeren, feuchten, humus- und kalkreichen Boden. Besiedelt Bergwiesen, Hochstaudenfluren und Felsbänder. Kalkalpen und Voralpenberge von den Berchtesgadener Alpen ostwärts; Südliche Kalkalpen vom Monte Baldo ostwärts; zerstreut, gebietsweise fehlend oder sehr selten; in der Schweiz vereinzelt im Emmental und auf dem Napf. Bevorzugt Höhen zwischen etwa 1000 und 1500 m.
Wissenswertes: ♃; (☠). *Heracleum*-Arten enthalten Furocumarine. Ihr Saft kann auf lichtausgesetzten Hautstellen brandblasenähnliche Entzündungen hervorrufen.

Wiesen-Bärenklau

Heracleum sphondylium L.
Doldengewächse *Apiaceae (Umbelliferae)*

Beschreibung: Blütenstand aus Dolden 1. und 2. Ordnung. Dolden 1. Ordnung meist ohne Hüllblätter; selten sind 1–5 hinfällige, pfriemliche Hüllblätter vorhanden. 15–30 Dolden 2. Ordnung. Hüllchenblätter zahlreich, lineal-pfriemlich, behaart. Blüten um 5 mm im Durchmesser, weiß, seltener cremefarben oder grünlich-weiß. Blütenblätter 5, länglich verkehrt-eiförmig, tief ausgerandet, die äußeren der randständigen Blüten deutlich vergrößert (zuweilen etwa 1 cm lang!). Frucht um 8 mm lang, breit-eiförmig, dünn gerippt. Stengel an der Basis 0,5–2 cm dick, aufrecht, kantig gefurcht, borstig behaart, hohl, in der oberen Hälfte verzweigt. Blätter bis 50 cm lang, fast ungeteilt oder gelappt bis fiederteilig; Rand kerbig gesägt-gezähnt, oft wellig, meist behaart; Spreiten der oberen Stengelblätter weniger zerteilt bis verkümmert, den Scheiden ansitzend. Juni–September. 0,5–1,5 m.
Vorkommen: Braucht stickstoffsalzreichen, lockeren Lehm- oder Tonboden. Besiedelt Wiesen, Wegränder, Hochstaudenfluren und lichte, frische Wälder. Sehr häufig. Steigt vereinzelt über etwa 2200 m.
Wissenswertes: ♃; (☠). Wichtige Unterarten: Ssp. *alpinum* (L.) Bonn. & Lay.: Grundblätter ungeteilt oder nur seicht eingeschnitten, oberseits kahl und glatt; Stengelblätter tiefer geteilt. Schweizer Jura; selten. – Ssp. *elegans* (Cr.) Schübl. & Mart.: Grundblätter 3–5teilig, oberseits rauh. Südschwarzwald, Alpen; selten. – Ssp. *pollinianum* (Bertol.) Neumay.: Alle Blätter höchstens lappig, nicht fiederig geteilt, unterseits flaumig. Alpen, fehlt in Deutschland. – Ssp. *sphondylium*: Entspricht der Beschreibung; häufigste Unterart.

Riesen-Bärenklau, Herkulesstaude

Heracleum mantegazzianum SOMM. & LEV.
Doldengewächse *Apiaceae (Umbelliferae)*

Beschreibung: Blütenstand aus Dolden 1. und 2. Ordnung. Dolden 1. Ordnung meist ohne Hüllblätter, oft 30–50 cm im Durchmesser (vereinzelt noch breiter); sehr selten sind 1–5 hinfällige, pfriemliche Hüllblätter vorhanden. 15–30 Dolden 2. Ordnung. Hüllchenblätter zahlreich, lineal-pfriemlich. Blüten im Innern der Döldchen 4–8 mm im Durchmesser, außenstehende (mit vergrößerten Randblüten) 1–2 cm im Durchmesser, weiß, sehr selten rosa überlaufen. Blütenblätter 5, länglich verkehrt-eiförmig, tief ausgerandet, die äußeren der randständigen Blüten deutlich vergrößert (zuweilen fast 1,5 cm lang). Frucht um 1 cm lang, breit-eiförmig, dünn gerippt, kahl oder behaart. Stengel an der Basis 2–10 cm im Durchmesser, aufrecht, meist mit zahlreichen, oft ausgedehnten dunkel weinroten Flecken, undeutlich gefurcht, nur unmittelbar unterhalb des Blütenstandsbereichs mäßig dicht und meist abstehend behaart, sonst in der Regel nur sehr schütter behaart oder kahl. Blätter bis 3 m lang, 3teilig oder tief 5–9teilig, wobei die seitlichen Abschnitte über 1 m lang und mehr als 20 cm breit werden können; meist sind sie wiederum tief fiederig geteilt, wobei die Abschnitte letzter Ordnung scharf und spitz gezähnt sind (der Grad, in dem die Spreite untergliedert ist, schwankt individuell beträchtlich); unterseits sind die Blätter ziemlich kurz behaart. Juni–September. 1–3 m.

Vorkommen: Braucht eher tiefgründigen und frischen, etwas stickstoffsalzhaltigen Lehm- oder Tonboden. Zierpflanze aus dem Kaukasus, die bei uns vor allem in bachbegleitenden Unkrautgesellschaften, auf Waldschlägen und Ödland verwildert ist. Zerstreut.

Wissenswertes: ☉; ☠. Das stattliche, 2–3jährige Kraut wurde wegen seines repräsentativen Wuchses nicht nur öfters in öffentlichen Anlagen ausgepflanzt, sondern in jüngerer Zeit gelegentlich zur raschen Begrünung von Böschungen neu angelegter Waldwege eingesetzt. Es hält sich dort sehr lange Zeit und unterdrückt durch sein kräftiges Wachstum andere Arten, so daß oft fast reine Monokulturen mit all deren Nachteilen entstehen. Bedenklich indessen ist, daß die stark aromatisch riechende Pflanze bei ahnungslosen Menschen Gesundheitsschäden verursachen kann. Sie enthält reichlich Furocumarine. Gelangt ihr Saft auf die Haut und wird diese dem Licht ausgesetzt, entstehen bei Personen, die hierfür disponiert sind, schwer heilende, brandblasenähnliche Entzündungen. Vor allem Kinder fügen sich und anderen erhebliche Verletzungen zu, wenn sie mit den Stengeln, die sich relativ leicht abschneiden lassen, spielen. So berichten FROHNE & PFÄNDER (1987) von einem Fall, bei dem 8 Kinder zwischen 6 und 14 Jahren schwere Hautschäden durch „den ätzenden Saft von Bärenklau und Herkulesstaude" erlitten, wie sich durch klinische Untersuchungen herausstellte, nachdem zunächst angenommen worden war, die Verletzungen seien durch Industrieabwässer in einem Flüßchen entstanden, in dem die Kinder geplantscht hatten. Mit einem ähnlichen Fall ist einer von uns befaßt worden. Jungen hatten mit nacktem Oberkörper einen Fechtkampf mit den geradewegs dazu einladenden Stengeln des Riesen-Bärenklaus ausgetragen. Auf ihrer Haut bildeten sich später schwer heilende Blasen von mehreren cm Durchmesser. Die Disposition für diese Lichtreaktion ist individuell verschieden: Sind die einen völlig unempfindlich, reagieren andere Menschen schon auf den Wiesen-Bärenklau. – Möglicherweise gehört ein Teil der als *H. mantegazzianum* angesehenen Pflanzen zu anderen Arten (z. B. *H. persicum*).

Wiesen-Bärenklau
Heracleum sphondylium

Österreichischer Bärenklau
Heracleum austriacum

Riesen-Bärenklau, Herkulesstaude
Heracleum mantegazzianum

237

Großer Zirmet

Tordylium maximum L.
Doldengewächse *Apiaceae (Umbelliferae)*

Beschreibung: Blütenstand aus Dolden 1. und 2. Ordnung. Dolden 1. Ordnung mit zahlreichen, schmal-lanzettlichen bis pfriemlichen, krautigen, behaarten, steif abstehenden Hüllblättern. Strahlen der Dolden 1. Ordnung dick, borstlich behaart. 5–15 Dolden 2. Ordnung. Hüllchenblätter zahlreich, im Aussehen und in der Anordnung den Hüllblättern gleich, etwa so lang wie die Blütenstiele. Blüten um 2,5 mm im Durchmesser, weiß. Blütenblätter 5, verkehrt-eiförmig, vorne ausgerandet, die äußeren der randständigen Blüten vergrößert. Frucht um 6 mm lang und ebenso breit, im Umriß fast rund, flach, gerippt, borstig behaart. Stengel aufrecht, gefurcht, in der oberen Hälfte meist ziemlich reich verzweigt und hier borstlich-angedrückt behaart (Haare stengelabwärts gerichtet). Blätter wechselständig, 1fach gefiedert, mit fiederteiligen oder grob gezähnten Teilblättchen; Grundblätter zur Blütezeit meist abgestorben; Spreiten der mittleren Stengelblätter kurz gestielt oder den Scheiden unmittelbar aufsitzend, auf der Fläche schütter borstig behaart, ihr Endblättchen oft lanzettlich im Umriß, 3lappig bis fiederteilig, mit schmalen, kurzen Zipfeln. Juni–August. 0,3–1,2 m.

Vorkommen: Braucht nährstoff- und kalkarmen, ja kalkfreien, lockeren, humushaltigen Lehmboden in sommerwarmer Lage. Besiedelt Wegränder, Ödland, Brachen und ungedüngte Wiesen. Vereinzelt in der Pfalz und am Mittelrhein; sehr selten im Schweizer Jura, am Alpensüdfuß, in Ober- und Niederösterreich.

Wissenswertes: ☉. Der Große Zirmet hat sein Hauptareal in Südeuropa. Möglicherweise wurde er früher in Burggärten gepflanzt, aus denen er verwildert ist.

Roßkümmel

Laser trilobum (L.) BORKH.
Doldengewächse *Apiaceae (Umbelliferae)*

Beschreibung: Blütenstand aus Dolden 1. und 2. Ordnung. Dolden 1. Ordnung meist ohne Hüllblätter; selten sind 1–2 hinfällige, kurze, lanzettliche Hüllblätter vorhanden. 15–20 Dolden 2. Ordnung. 2–6 lanzettliche, fast häutige Hüllchenblätter, die kürzer als die Blütenstiele sind. Blüten um 3 mm im Durchmesser, weiß, im Knospenzustand oft rötlich überlaufen. Blütenblätter 5, verkehrt-eiförmig. Frucht um 7,5 mm lang und etwa halb so breit, gerippt. Stengel aufrecht, rund, gerillt, bläulich bereift, in der oberen Hälfte verzweigt. Grundblätter und Stengelblätter; Grundblätter doppelt 3teilig; Abschnitte 2–3lappig, 4–8 cm lang und fast ebenso breit, ungleichmäßig stumpfkerbig; Kerben mit kleinem, aufgesetztem Spitzchen; Stengelblätter wechselständig; Spreiten der oberen Stengelblätter den Scheiden aufsitzend, weniger zerteilt als die der unteren Blätter, oberste oft nur verkümmert 3lappig. Mai–Juni. 0,6–1,2 m.

Vorkommen: Braucht kalkreichen, trockenen, locker-steinigen, aber tiefgründigen Lehmboden in Lagen mit sommerwarmem Klima. Besiedelt Waldränder, lichte Trockenwälder und Trockengebüsche. Vereinzelt im Solling und Ith, in der Rhön, im Hessischen Bergland und in Thüringen; in der Steiermark, in Nieder- und Oberösterreich sowie in Salzburg selten.

Wissenswertes: ♃. Der Roßkümmel hat sein Hauptareal in Südosteuropa. Es ist umstritten, ob die mitteleuropäischen Vorkommen darauf zurückzuführen sind, daß der Roßkümmel früher in Gärten angebaut worden war, aus denen er verwildert ist, oder ob es sich um natürliche Wuchsorte handelt. Dafür könnte sprechen, daß der Roßkümmel auch in Frankreich vorkommt.

Garten-Möhre, Gelbe Rübe
Daucus carota ssp. *sativa*

Roßkümmel
Laser trilobum

Wilde Möhre
Daucus carota

Großer Zirmet
Tordylium maximum

Wilde Möhre
Daucus carota L.
Doldengewächse *Apiaceae (Umbelliferae)*

Beschreibung: Blütenstand aus Dolden 1. und 2. Ordnung. Dolden 1. Ordnung mit zahlreichen 3teiligen oder fiederteiligen Hüllblättern, oft herabgeschlagen, so lang wie oder länger als die Stiele der Dolden 2. Ordnung. 15–50 Dolden 2. Ordnung. Hüllchenblätter zahlreich, pfriemlich bis fiederteilig-schmalzipflig, krautig oder häutig. Blüten um 3 mm im Durchmesser, weiß, cremefarben oder schwach rötlich; in der Mitte der Dolde befindet sich in der Regel 1 (selten keine oder 2–4) schwarzpurpurne „Mohrenblüte". Frucht um 4 mm lang, eiförmig, mit Stacheln, die in Längsreihen angeordnet sind. Dolden 1. Ordnung zur Fruchtzeit nestartig zusammengezogen. Stengel aufrecht, rund, borstig behaart. Untere Blätter 2fach gefiedert; Abschnitte fiederteilig oder tief zipfelig gezähnt; obere Blätter etwas weniger zerteilt, ihre Zipfel zuweilen etwas schlanker. Mai–Juli. 30–90 cm.

Vorkommen: Braucht nährstoffreichen, lockeren und oft etwas steinigen Lehm- oder Tonboden. Besiedelt Wiesen, Wegränder, Halbtrockenrasen und Böschungen. Fehlt im Tiefland und in den Mittelgebirgen mit kalkfreiem Gestein kleinen Gebieten. Sonst häufig. Steigt im Gebirge bis über 1500 m.

Wissenswertes: ☉. Innerhalb der Art werden – vor allem in Südeuropa – mehrere Unterarten unterschieden. In Mitteleuropa kommt nur die formenreiche ssp. *carota* vor. Die weiße Wurzel der Wildart ist im 1. Jahr eßbar und wohlschmeckend, aber karotinarm und wenig ergiebig. Sie wurde früher in Notzeiten gesammelt. Mehrere Sippen wurden als „variatio" (var.) oder „forma" (f.) beschrieben und benannt; ihr systematischer Wert ist umstritten.

Gelbe Rübe, Möhre, Karotte, Garten-Möhre
Daucus carota L. ssp. *sativa* (HOFFM.) ARCANG.
Doldengewächse *Apiaceae (Umbelliferae)*

Vermutlich ist unsere Garten-Möhre aus einer Kreuzung zwischen Exemplaren der im Mittelmeergebiet wild vorkommenden Unterart ssp. *maximus* (DESF.) BALL und der bei uns wachsenden Unterart ssp. *carota* hervorgegangen; wahrscheinlich wurde auch die orientalische ssp. *afghanicus* eingekreuzt, auf die die Rotfärbung der Wurzel zurückgeht und möglicherweise das Fehlen der „Mohrenblüte", das man bei Kultursorten in der Regel antrifft. In den übrigen Merkmalen steht die Garten-Möhre zwischen den mutmaßlichen Elternsippen. Entscheidend für die Kultivierung war die orangerote, fleischige Rübe, die diese Kreuzung auszeichnete und die es bei den Eltern in dieser Weise nicht gibt. Die Rübe ist besonders reich an Provitamin A (bei marktgängigen Sorten fast 10 mg/100 g); Vitamin C ist in geringer Menge enthalten. Die Form und Konsistenz der Rübe variiert stark und wurde in verschiedener Ausprägung zum Sortenmerkmal. Die Riesen- oder Futter-Möhre ist lang spindelförmig, weißlich, schmeckt nicht süß und war früher als Viehfutter geschätzt. – Bei der eigentlichen Gelben Rübe ist die Wurzel hellgelb, lang, dick, süßschmeckend. – Hauptmarktsorten sind indessen mittellange, intensiv gelbrote, zartfleischige, süße Sorten mit geringem Möhrengeschmack, die man oft als var. *aurantius* ALEF. bezeichnet. – Karotten (var. *curtus* ALEF.) sind kurzwalzlich oder kugelig. Innerhalb dieser Varietät wurden mehrere Sorten herausgezüchtet. Die Sortenzucht innerhalb der Art ist keineswegs abgeschlossen. Mit rund 6 Millionen Tonnen Weltjahresproduktion gehört die Gelbe Rübe zu den wirtschaftlich bedeutenden Gemüsen.

Preußisches Laserkraut

Laserpitium prutenicum L.
Doldengewächse *Apiaceae (Umbelliferae)*

Beschreibung: Blütenstand aus Dolden 1. und 2. Ordnung. Dolden 1. Ordnung mit zahlreichen, lanzettlichen, mindestens gegen die Spitze hautrandigen, randlich kurz bewimperten, oft zurückgeschlagenen Hüllblättern. 10–20 Dolden 2. Ordnung. Hüllchenblätter zahlreich, breit-lanzettlich, weißhäutig berandet, früh zurückgeschlagen. Blüten um 4 mm im Durchmesser, cremefarben oder weiß. Blütenblätter 5, verkehrt-eiförmig, vorne seicht ausgerandet, außen kurz und abstehend behaart (Lupe!). Frucht um 4 mm lang, gerippt, leicht wellig geflügelt. Stengel aufrecht, dünn (auch an der Basis höchstens 4 mm dick!), hart, kantig gefurcht, zuweilen rot überlaufen, meist kurzhaarig. Untere Blätter langstielig, 2–3fach fiederteilig; Teilblättchen zipfelig gekerbt, sitzend. Am Übergang vom Wurzelstock zum oberirdischen Sproß befinden sich keinerlei Fasern. Juli–August. 0,3–1 m.

Vorkommen: Braucht nährstoff-, vor allem stickstoffsalzarmen, feuchten, humusreichen oder moorig-torfigen Boden. Besiedelt Sumpfwiesen und Naßstellen in bodensauren Laubwäldern. Vereinzelt in der Rhön, zwischen Würzburg und Bayreuth, im südlichen Schwäbischen und Fränkischen Jura; in Mecklenburg-Vorpommern, Brandenburg, Thüringen, im Schweizer Jura, im Mittelland, im Alpenvorland, in Vorarlberg, Tirol, Ober- und Niederösterreich selten; möglicherweise auch am Alpensüdfuß.

Wissenswertes: ☉. „*Prutenicum*" müßte eigentlich „prussicus" = preußisch heißen. Allerdings kommt die Art in Preußen heute nicht besonders häufig vor. Zugegebenermaßen hat sie erst seit Beginn des 20. Jahrhunderts viele ihrer Standorte nördlich der Donau verloren.

Rauhhaar-Laserkraut

Laserpitium halleri Cr.
Doldengewächse *Apiaceae (Umbelliferae)*

Beschreibung: Blütenstand aus Dolden 1. und 2. Ordnung. Dolden 1. Ordnung mit zahlreichen, breithäutigen, an der Spitze bewimperten und oft 3zähnigen Hüllblättern. 15–40 Dolden 2. Ordnung. Hüllchenblätter zahlreich, breit-lanzettlich, bis auf einen grünen Mittelstreif häutig, zugespitzt, im Mittelteil am Rande zottig bewimpert. Blüten um 3,5 mm im Durchmesser, weiß oder rötlich. Blütenblätter 5, verkehrt-eiförmig, ausgerandet. Frucht um 7,5 mm lang, undeutlich gerippt, schwach wellig geflügelt. Stengel aufrecht, rund, gerillt, an der Basis höchstens 5 mm dick, oft schon unten verzweigt. Untere Blätter kurzstielig, mit Stiel bis 50 cm lang, 2–3fach fiederteilig; Teilblättchen fiederteilig, ihre dicht nebeneinander stehenden Zipfel 1–4 mm lang, höchstens 1 mm breit; Spreiten der oberen Blätter den Scheiden aufsitzend, weniger zerteilt oder verkümmert. Am Übergang vom Wurzelstock zum Stengel befindet sich ein brauner Faserschopf. Juni–August. 20–60 cm.

Vorkommen: Braucht kalk- und nährstoffarme, saure, trockene Böden in alpiner Klimalage. Von den Cottischen Alpen bis nach Vorarlberg und Tirol; zerstreut, kleineren Gebieten fehlend. Bevorzugt Höhen zwischen etwa 1500 und 2500 m.

Wissenswertes: ♃. Ähnlich: Französisches Laserkraut (*L. gallicum* L.): Blattzipfel nicht auffällig dicht stehend, ihre Spitze häufig 3zähnig, ihr Grund keilförmig. West- und Südalpen bis zu den Bergamasker Alpen; selten. – Glänzendes Laserkraut (*L. nitidum* Zanted.): Blätter nur 2fach gefiedert; Blattstiel der unteren Blätter über 10 cm lang. Auf Kalk; Südostalpen; vom Comer See bis Südtirol. Selten.

Berg-Laserkraut
Laserpitium siler L.
Doldengewächse *Apiaceae (Umbelliferae)*

Beschreibung: Blütenstand aus Dolden 1. und 2. Ordnung. Dolden 1. Ordnung mit zahlreichen, lanzettlichen, derben, hautrandigen, nicht abstehenden Hüllblättern. 20–40 Dolden 2. Ordnung. Hüllchenblätter breit-lanzettlich, bis auf einen grünen Mittelstreif häutig, deutlich kürzer als die Blütenstiele, nicht abstehend. Blüten um 3 mm im Durchmesser, weiß. Blütenblätter 5, vorn deutlich ausgerandet. Frucht um 9 mm lang (im Extrem etwa 2,5 mm länger oder kürzer), undeutlich gerippt, leicht wellig geflügelt. Stengel aufrecht, rund, in der oberen Hälfte verzweigt, fein gerillt. Untere Blätter blaugrün, 3–4fach fiederteilig; Teilblättchen letzter Ordnung lanzettlich bis schmal-eiförmig, mit fiederig verlaufenden Nerven, 1–6 cm lang und 0,3–1 cm breit, ganzrandig, kahl; Spreiten der oberen Stengelblätter den weiten, etwas bauchigen Scheiden aufsitzend, weniger stark zerteilt, oberste zuweilen ungeteilt oder 3teilig, klein. Juni–August. 0,3–1,5 m.
Vorkommen: Braucht kalkreichen, steiniglockeren Lehmboden. Besiedelt Trockengebüsche und lichte Trockenwälder, seltener Felsspalten oder Trockenrasen. Schwäbischer Jura vereinzelt; Schweizer Jura, Alpenvorland, Kalkalpen zerstreut, zuweilen in kleineren Beständen; in den Zentralalpen sehr selten; bevorzugt Höhen zwischen etwa 1000 und 2000 m.
Wissenswertes: ♃. Ähnlich: Haarstrang-Laserkraut (*L. peucedanoides* L.): Teilblättchen sehr schmal lanzettlich, 2–8 cm lang, kaum über 3 mm breit, mit unterseits deutlich sichtbaren Nerven, die fast randparallel verlaufen. Auf Kalk; vom Comer See ostwärts bis in die Steiermark; selten.

Breitblättriges Laserkraut
Laserpitium latifolium L.
Doldengewächse *Apiaceae (Umbelliferae)*

Beschreibung: Blütenstand aus Dolden 1. und 2. Ordnung. Dolden 1. Ordnung mit zahlreichen, lanzettlichen, meist deutlich hautrandigen, kahlen Hüllblättern. 20–40 Dolden 2. Ordnung. Hüllchenblätter 2–6, kurz, pfriemlich. Blüten um 5 mm im Durchmesser, weiß, rötlich oder weinrot. 5 Blütenblätter, verkehrt-eiförmig, keilförmig verschmälert, seicht ausgerandet. Frucht um 9 mm lang (im Extrem um etwa 2,5 mm länger oder kürzer), undeutlich gerippt, wellig geflügelt. Stengel aufrecht, rund, an der Basis bis 2 cm dick, bereift, kahl, in der oberen Hälfte spärlich verzweigt. Untere Blätter mit Stiel bis fast 1 m lang, blaugrün, 1–2fach gefiedert; wenigstens untere Teilblättchen gestielt, 3–15 cm lang und 1–8 cm breit; Rand gekerbt-gezähnt; Spreiten der oberen Blätter sitzen den bauchigen, hautrandigen Scheiden auf; sie sind weniger zerteilt, selten lanzettlich oder verkümmert. Juni–August. 0,6–1,2 m.
Vorkommen: Braucht basischen, oft kalk- und humusreichen, lockeren Lehmboden. Besiedelt lichte Gebüsche und sonnige Waldränder. Harz, Brandenburg, vereinzelt; Rhön, Fränkischer, Schwäbischer und Schweizer Jura, württembergisches und fränkisches Muschelkalk- und Keupergebiet. Schweizer Mittelland, Voralpen und Alpen selten, gebietsweise fehlend, aber oft in auffallenden, wenn auch individuenarmen Beständen. Bevorzugt Höhen zwischen etwa 500–1800 m.
Wissenswertes: ♃. Ähnlich: Krapfs Laserkraut (*L. krapfii* Cr.): Höchstens 15 Dolden 2. Ordnung; nur wenige Hüllblätter; Teilblättchen letzter Ordnung gelappt. St. Galler Oberland, Südalpen; selten.

Preußisches Laserkraut
Laserpitium prutenicum

Berg-Laserkraut
Laserpitium siler

**Rauhhaar-
Laserkraut**
Laserpitium halleri

Breitblättriges Laserkraut
Laserpitium latifolium

Echte Pfingstrose

Paeonia officinalis L.
Pfingstrosengewächse *Paeoniaceae*

Beschreibung: Einzelblüte am Ende des Stengels, groß, 7–10 cm im Durchmesser, rot, rosa oder weiß, seltener cremefarben oder gelblich. Meist 5–10 Blütenblätter, verkehrt-eiförmig, ganzrandig oder vorne unregelmäßig buchtig eingekerbt. 5 Kelchblätter, die deutlich kürzer als die Blütenblätter und grün sind; gelegentlich ist das innerste ähnlich einem Blütenblatt ausgebildet. Zahlreiche Staubblätter, am Grunde zu einem fleischigen, nektarabsondernden Ring verwachsen. Stengel aufrecht, meist deutlich hin- und hergebogen, kahl, unverzweigt. Stengelblätter wechselständig, mehrfach geteilt. Blattabschnitte breit-lanzettlich. Mai. 30–60 cm.

Vorkommen: Braucht steinigen, trockenen, nährstoffreichen Boden, der kalkhaltig sein sollte und der schon im zeitigen Frühjahr gut erwärmt wird. Besiedelt am Alpensüdfuß, etwa vom Aostatal über das Tessin bis zum Monte Baldo, selten lichte Flaum-Eichen-Wälder, Stein-Eichen-Bestände und aufgelockerte Trockengebüsche, geht seltener in offene Trockenrasen. Bevorzugt Höhen unterhalb von etwa 1000 m. Örtlich in kleineren, auffallenden Beständen.

Wissenswertes: ♃; (☠); ▽. Gärtnerisch veredelte Sorten, vor allem solche mit gefüllten Blüten, werden vielfach angepflanzt; sie verwildern nur selten. Neben rotblühenden Sorten trifft man rosa- und weißblühende. – Die Echte Pfingstrose enthält Glykoside, ätherische Öle und Gerbstoffe. In der Wurzel und in den Samen will man ein Alkaloid Peregrinin gefunden haben, jedoch konnte es in neuerer Zeit nicht als Inhaltsstoff der Pfingstrose bestätigt werden. Ob man die Pfingstrose zu Recht als giftverdächtig ansieht, ist also fraglich; andererseits wird Gastroenteritis als Vergiftungsfolge zugegeben.

Immergrünes Johanniskraut

Hypericum calycinum L.
Johanniskrautgewächse *Hypericaceae*

Beschreibung: Die Blüten sitzen einzeln am Ende der Triebe, erreichen 6–8 cm im Durchmesser (ausgebreitet gemessen) und sind goldgelb. Blütenblätter 5, deutlich asymmetrisch und zuweilen vorne undeutlich gelappt-gekerbt, am Rande ohne schwarze oder rote punktförmige Drüsen. Kelchblätter 5, breit-eiförmig, vorn abgerundet, drüsenlos. Staubblätter an ihrer Basis zu 5 Bündeln verwachsen; Staubbeutel rötlichgelb. Frucht nickende, eiförmige, fleischige Kapsel, die etwa 2 cm lang wird. Rhizom unterirdisch kriechend. Aus ihm entspringen die oberirdischen, meist unverzweigten und zumindest im unteren Teil verholzten Stengel, die leicht aufgebogen sein können, aber meist schräg oder gerade aufwärts wachsen. Keine Grundblätter, nur gegenständige Stengelblätter, 4–9 cm lang, 1,5–3,5 cm breit, schmal-eiförmig bis eiförmig, sehr kurz und undeutlich gestielt oder sitzend, etwas ledrig und zäh, oberseits dunkelgrün, unterseits graugrün, im Herbst und Winter oberseits oft rötlich oder schmutzig-braun überlaufen, unterseits oft fleckig verfärbt. Juni–August. 20–50 cm.

Vorkommen: Braucht lockeren, frischen und humusreichen Lehmboden, der ziemlich steinig sein kann, aber nicht dem vollen Sonnenlicht ausgesetzt sein sollte. Zierpflanze; Heimat: Griechenland, Bulgarien, Türkei und Kleinasien. Bei uns häufig in Steingärten in Schattenlage oder als Unterwuchs unter Sträuchern gepflanzt, doch nur selten und unbeständig in der Nähe von Gartenanlagen verwildert.

Wissenswertes: ♃. Das Immergrüne Johanniskraut ist bei uns wenig konkurrenzfähig, weil es in strengen Wintern zurückfriert und dadurch seine Triebe verliert.

Immergrünes Johanniskraut
Hypericum calycinum

Zierliches Johanniskraut
Hypericum elegans

Nadel-Johanniskraut
Hypericum coris

Echte Pfingstrose
Paeonia officinalis

Nadel-Johanniskraut

Hypericum coris L.
Johanniskrautgewächse *Hypericaceae*

Beschreibung: 3–12 Blüten stehen in einer lockeren endständigen Rispe; gelegentlich sind schlechtwüchsige Exemplare auch 1blütig. Blüten 1,7–2,3 cm im Durchmesser (ausgebreitet gemessen), rein gelb oder mit einzelnen, rötlichen, streifigen Flecken. Blütenblätter 5, schmal-eiförmig bis zungenförmig, drüsenlos. Kelchblätter 5, um 3 mm lang, lanzettlich bis schmal-eiförmig, vorn abgerundet, fein und schwarzdrüsig gezähnt. Staubblätter an ihrer Basis zu 3 Bündeln verwachsen, kürzer als die Blütenblätter. Kapsel eiförmig, um 7 mm lang. Kahler Kleinstrauch mit spindelförmiger, ästiger Wurzel. Zweige einfach oder vom Grund aus verästelt, aufgebogen bis aufsteigend, hohl. Blätter meist zu 4 (3–5) quirlständig, lineal bis nadelförmig, 0,5–1,8 cm lang, 0,5–2 mm breit, stumpflich, mit kurzem, aufgesetztem Spitzchen, sitzend oder undeutlich und kurz gestielt, sehr fein durchscheinend punktiert (Lupe!), unterseits bläulich-grün, am Rande etwas eingerollt. Juni–August. 15–40 cm.

Vorkommen: Braucht kalkreichen, trockenen, steinig-flachgründigen Untergrund, der feinerdearm sein kann. Besiedelt lückige Trockenrasen, Felsspalten und Mauern. Alpensüdfuß, von den Bergamasker Alpen ostwärts bis Verona; in den Nördlichen Kalkalpen vereinzelt als Föhnpflanze in den Kantonen Glarus und St. Gallen sowie im Kanton Schwyz am Vierwaldstätter See. Von der Ebene bis etwa 2000 m.

Wissenswertes: ♄. Am Alpensüdfuß (z. B. im Tessin) kommt ebenfalls das Mannsblut (*Hypericum androsaemum* L.) vor: Halbstrauch mit armblütigen Scheindolden; Blüten 4,5–6 cm im Durchmesser; Blätter halb stengelumfassend, herz-eiförmig, vorn stumpf.

Zierliches Johanniskraut

Hypericum elegans STEPH. ex WILLD.
Johanniskrautgewächse *Hypericaceae*

Beschreibung: Zahlreiche Blüten stehen rispig-scheindoldig am Ende des Stengels und der oberen Äste. Blüten 1,8–2,5 cm im Durchmesser (ausgebreitet gemessen), hell goldgelb. Blütenblätter 5, schmal verkehrt-eiförmig, vorne etwas unsymmetrisch, am Rand mit schwarzen, punktförmigen Drüsen. Kelchblätter 5, um 5 mm lang, breit-lanzettlich, spitz zulaufend, mit hellen Drüsen auf der Blattfläche (Lupe!), am Rand deutlich gefranst, nur selten mit vereinzelten schwarzen, punktförmigen Drüsen. Staubblätter an ihrer Basis zu 3 meist wenig ausgeprägten Bündeln undeutlich verwachsen, vorne (zwischen den Staubbeuteln) mit einer kleinen, schwarzen Drüse. Stengel aufgebogen bis aufrecht, unten rund, in der oberen Hälfte mit 2 deutlichen, meist mit schwarzen, punktförmigen Drüsen besetzten Leisten, in der Regel ästig, selten unverzweigt. Blätter gegenständig, schmal-lanzettlich bis zungenförmig-länglich, die unteren stumpflich, die oberen zuweilen etwas zugespitzt, halb stengelumfassend sitzend, fein und ziemlich dicht durchscheinend punktiert. Juni–Juli. 15–40 cm.

Vorkommen: Braucht gips- und kalkhaltigen, lehmig-tonigen oder mergeligen Boden. Besiedelt Halbtrockenrasen und Trockengebüsche; vereinzelt (linksrheinisch) zwischen Bingen und Worms sowie in Thüringen, Sachsen-Anhalt und in Niederösterreich bei Krems. Fehlt in der Schweiz.

Wissenswertes: ♃. Die Blütenblätter setzen beim Zerreiben den roten Farbstoff Hypericin frei; er wirkt photosensibilisierend und ruft bei Tieren, die Johanniskraut gefressen haben, die Lichtkrankheit hervor.

Schönes Johanniskraut

Hypericum pulchrum L.
Johanniskrautgewächse *Hypericaceae*

Beschreibung: Zahlreiche Blüten stehen meist auf langen Stielen in einer schlanken, pyramidenförmigen Rispe am Ende des Stengels. Blüten 1–2 cm im Durchmesser, goldgelb. Blütenblätter 5, schmal-eiförmig bis eiförmig, am Rande mit gestielten, schwarzen Drüsen, außen oft rötlich überlaufen (besonders gut im Knospenstadium in der oberen Knospenhälfte zu sehen! Gutes Kennzeichen!). Kelchblätter 5, etwa 3 mm lang, breit-eiförmig, stumpf, am Rande mit gestielten schwarzen Drüsen. Staubblätter mäßig zahlreich, an ihrer Basis zu 3, oft kaum erkennbaren Bündeln undeutlich verwachsen, steil abstehend. Stengel aufrecht, rund, kahl, grau-blaugrün. Blätter gegenständig, zumindest obere im Umriß fast stumpf 3eckig, mit breitem, leicht herzförmigem Grund halb stengelumfassend sitzend, wobei die Öhrchen sich berühren oder teilweise überdecken. An nichtblühenden Stengeln, an der Stengelbasis und an den Seitenzweigen sind die Blätter meist schmäler als im mittleren Teil des Hauptstengels. Juni–August. 20–50 cm.

Vorkommen: Braucht kalk- und nährstoffarmen, sandig-lehmigen Boden in Lagen mit hoher Luftfeuchtigkeit. Besiedelt lichte Stellen in bodensauren Laubwäldern und in Heiden. Fehlt im Tiefland, in den Mittelgebirgen mit Kalkgestein, im Alpenvorland und in den niederschlagsärmeren Gegenden gebietsweise, in Österreich und in den östlichen Bundesländern fast ganz, und kommt in der Schweiz nur nördlich der Alpen und im nördlichen Jura vor. Selten.

Wissenswertes: ♃. Die Blütenblätter enthalten den roten Farbstoff Hypericin (s. *H. elegans*, S. 246). Die Art erreicht in Mitteleuropa die Ostgrenze ihres Areals.

Geflecktes Johanniskraut

Hypericum maculatum Cr.
Johanniskrautgewächse *Hypericaceae*

Beschreibung: Zahlreiche Blüten stehen rispig-scheindoldig am Ende des Stengels und der oberen Äste. Blüten 1,3–2,3 cm im Durchmesser (ausgebreitet gemessen), goldgelb. Blütenblätter 5, schmal-eiförmig bis eiförmig, vorne symmetrisch in die Spitze gerundet, am Rande oft mit punktförmigen schwarzen Drüsen. Kelchblätter 5, um 5 mm lang, breit-lanzettlich, vorne mäßig spitz oder allmählich abgerundet, mit hellen (Lupe!) oder dunklen Drüsen am Rand. Staubblätter sehr zahlreich, an ihrer Basis zu 3 meist wenig ausgeprägten Bündeln undeutlich verwachsen. Stengel aufrecht, zumindest oberwärts mit 4 Kanten (unten oft nur 2kantig). Blätter gegenständig. 2–4 cm lang und 1,2–2,5 cm breit, schmal verkehrt-eiförmig, durchscheinend punktiert. Juni–August. 20–60 cm.

Vorkommen: Braucht kalkarmen, feuchten Lehm- oder Tonboden. Feuchte Wiesen, lichte Stellen in Wäldern, Ufergebüsch. Fehlt im Tiefland kleineren Gebieten. Sonst zerstreut, oft in kleineren, lockeren Beständen. Geht im Gebirge örtlich über 1500 m.

Wissenswertes: ♃. Die Blütenblätter enthalten den roten Farbstoff Hypericin (s. *H. elegans*, S. 246). – *H. maculatum* Cr. wird mit folgenden Kleinarten bzw. Bastarden zur Sammelart *H. maculatum* agg. zusammengefaßt: *H. × carinthiacum* A. Fröhl. (= *H. maculatum × H. perforatum*): Blütenblätter vorn leicht oder teilweise unsymmetrisch, Stengel oft undeutlich 4kantig; östliches Mitteleuropa; – *H. × desetangsii* Lamotte (= *H. maculatum* ssp. *obtusiusculum × H. perforatum*): Kelchblätter lanzettlich, Stengel mit 2 ausgeprägten und 2 undeutlichen Kanten; Ufer, Naßwiesen; selten.

Geflügeltes Johanniskraut

Hypericum tetrapterum FRIES
Johanniskrautgewächse *Hypericaceae*

Beschreibung: Zahlreiche Blüten stehen rispig-scheindoldig am Ende des Stengels und der oberen Äste. Blüten 1–1,8 cm im Durchmesser (ausgebreitet gemessen), goldgelb. Blütenblätter 5, schmal-eiförmig bis zungenförmig, vorne nie schief abgestutzt, sondern stumpflich oder allmählich wenig scharf zugespitzt, nie gezähnelt, allenfalls spitzennah undeutlich und einseitig gekerbt. Kelchblätter 5, knapp 5 mm lang, schmal-lanzettlich, allmählich in die Spitze verschmälert, kahl, nur sehr schütter mit schwarzen punkt- oder strichförmigen Drüsen bestanden (die zuweilen fehlen können). Staubblätter höchstens 30–40, an ihrer Basis zu 3 meist wenig ausgeprägten Bündeln undeutlich verwachsen. Stengel aufrecht, im Blütenstandsbereich verzweigt, deutlich 4kantig, wobei 2 der Kanten meist merklich, die beiden anderen zumindest angedeutet geflügelt sind. Blätter gegenständig, verkehrt-eiförmig, mit breitem Grund halb stengelumfassend sitzend, ganzrandig, vorn stumpf oder etwas spitzlich zulaufend, fein und ziemlich dicht durchscheinend punktiert, unterseits am Rand nur sehr schütter oder gar nicht mit schwarzen Drüsen bestanden, am Rand nicht gewellt oder verbogen, sondern durchweg eindeutig flach. Juni–August. 30–60 cm.

Vorkommen: Braucht nassen, nährstoffreichen Lehm- oder Tonboden. Besiedelt Ufer und einmähdige Naßwiesen. Fehlt im Tiefland, in den Mittelgebirgen mit kalkarmem Gestein oder mit rauhem Frühsommerklima gebietsweise. Sonst selten. Geht kaum über 800 m.

Wissenswertes: ♃ Über die Bildung der Staubblatt-Büschel bei der Gattung Johanniskraut s. Band 1, S. 183, Fußnote[1].

Berg-Johanniskraut

Hypericum montanum L.
Johanniskrautgewächse *Hypericaceae*

Beschreibung: 10–30 Blüten stehen rispigkopfig am Ende des Stengels und einzeln oder zu wenigen und meist kurz gestielt in den Achseln der oberen Blätter. Blüten 1,3–2,3 cm im Durchmesser (ausgebreitet gemessen), hell goldgelb. Blütenblätter 5, ohne schwarze Drüsen, vorn oft etwas unsymmetrisch abgestutzt und ungleichmäßig buchtig geschwungen. Kelchblätter 5, aus breitem Grund allmählich zugespitzt, am Rand – vor allem in der Vorderhälfte – mit lang gestielten, schwarzen, punktförmigen Drüsen. Staubblätter zahlreich, an ihrer Basis zu 3, meist kaum erkennbaren Bündeln undeutlich verwachsen. Stengel aufrecht, rund, kahl. Blätter gegenständig, sitzend, mit fast herzförmigem Grund halb stengelumfassend, schmal-eiförmig bis länglich, 2–6 cm lang und 1–2,5 cm breit, vorn abgerundet oder spitz zulaufend und dann etwas abgestumpft, ganzrandig, beidseits am Rande schwarz punktiert (auf der Oberseite zuweilen nur sehr spärlich), zumindest obere Blätter durchscheinend punktiert. Juni–August. 30–80 cm.

Vorkommen: Braucht nährstoffreichen, kalkhaltigen, trockenen Lehmboden. Besiedelt lichte Laub- und Mischwälder. Im Tiefland nur vereinzelt und östlich der Weser; fehlt in den Mittelgebirgen mit kalkarmem Gestein, im Alpenvorland und in den Zentralalpen gebietsweise, sonst selten. Geht in den Alpen örtlich bis über 1500 m.

Wissenswertes: ♃ Die Blütenblätter enthalten den roten Farbstoff Hypericin (s. *H. elegans*, S. 246). – Ähnlich: *H. richeri* VILL.: Kelchblätter mit Stieldrüsen und Fransen; Stengelblätter sehr dicht stehend. Südwestliche Alpen, Schweizer Jura; selten.

Geflecktes Johanniskraut
Hypericum maculatum

Schönes Johanniskraut
Hypericum pulchrum

Geflügeltes Johanniskraut
Hypericum tetrapterum

Berg-Johanniskraut
Hypericum montanum

Behaartes Johanniskraut

Hypericum hirsutum L.
Johanniskrautgewächse *Hypericaceae*

Beschreibung: Zahlreiche Blüten stehen in einer lockeren, pyramidenförmigen Rispe. Blüten 1,3–2,3 cm im Durchmesser (ausgebreitet gemessen), hell goldgelb. Blütenblätter 5, schmal verkehrt-eiförmig bis zungenförmig, allenfalls vorne am Rand mit gestielten schwarzen Drüsen. Kelchblätter 5, schmal-lanzettlich, spitz, um 5 mm lang, durch schwarze, kurzstielige Drüsen gewimpert. Staubblätter zahlreich, an ihrer Basis zu 3 meist wenig ausgeprägten Bündeln undeutlich miteinander verwachsen. Stengel aufrecht, rund, vor allem in der oberen Hälfte sehr kurz, aber dicht und abstehend behaart. Blätter gegenständig, sehr kurz gestielt, schmal-eiförmig bis eiförmig, 1–6 cm lang und 0,8–3 cm breit, am Rand ohne Drüsen, stumpflich, durchscheinend punktiert, dicht kurzhaarig. Juni–August. 40–80 cm.

Vorkommen: Braucht kalkhaltigen, zumindest mäßig stickstoffsalzreichen, nicht zu trockenen Lehm- oder Tonboden. Besiedelt lichte Stellen in Wäldern, Waldränder und Waldwege. Im Tiefland nur vereinzelt, vor allem in Schleswig-Holstein und Mecklenburg-Vorpommern, sonst fehlend; fehlt in den Mittelgebirgen mit Silikatgestein, im Alpenvorland, in den Zentralalpen und am Alpensüdfuß gebietsweise. Sonst zerstreut und meist in sehr lockeren, doch mäßig individuenreichen Beständen. Geht in den Alpen bis etwa 1000 m, im Schweizer Jura jedoch wesentlich höher.

Wissenswertes: ♃. Die Blütenblätter enthalten den roten Farbstoff Hypericin (s. *H. elodes*, S. 252). Manche Exemplare ähneln auf den ersten Blick dem stets kahlstengeligen Berg-Johanniskraut, können aber durch ihre Behaarung sicher unterschieden werden.

Echtes Johanniskraut

Hypericum perforatum L.
Johanniskrautgewächse *Hypericaceae*

Beschreibung: Zahlreiche Blüten stehen rispig-scheindoldig am Ende des Stengels und der oberen Äste. Blüten 2–2,5 cm im Durchmesser (ausgebreitet gemessen), goldgelb. Blütenblätter 5, schmal-eiförmig bis zungenförmig, vorne oft schief abgestutzt und hier meist leicht gezähnelt oder gesägt-gekerbt, seltener abgerundet oder leicht ausgerandet. Kelchblätter 5, breit-lanzettlich, kahl, mit schwarzen punkt- oder strichförmigen Drüsen. Staubblätter sehr zahlreich (50 oder mehr), an ihrer Basis zu 3 meist wenig ausgeprägten Bündeln undeutlich verwachsen. Stengel aufrecht, im Blütenstandsbereich meist verzweigt, rund, mit 2 Längskanten, die bei älteren Exemplaren im unteren Stengeldrittel und im Bereich der Verzweigungen des Blütenstands allerdings zuweilen wenig ausgeprägt sein können. Blätter gegenständig, die oberen kaum gestielt, die unteren sitzend, 1–2 cm lang, 0,7–1 cm breit, verkehrt-eiförmig bis eiförmig, stumpf, ganzrandig, kahl, durchscheinend punktiert, unterseits am Rand und zuweilen auch auf der Spreite mit schwarzen Drüsen. Juni–August. 30–80 cm.

Vorkommen: Braucht nährstoffarmen, tiefgründigen, eher trockenen Boden. Besiedelt lichte Stellen in Wäldern, Waldränder und Gebüsche, lückige Trockenrasen, Heiden, Raine, Wegränder und Bahnschotter. Sehr häufig und oft in kleinen, individuenreichen Beständen. Geht im Gebirge bis über 1500 m.

Wissenswertes: ♃. Die Blütenblätter setzen beim Zerreiben den roten Farbstoff Hypericin frei; er wirkt photosensibilisierend und ruft bei Tieren, die das Kraut gefressen haben, die „Lichtkrankheit" mit schweren Entzündungen im Kopfbereich hervor.

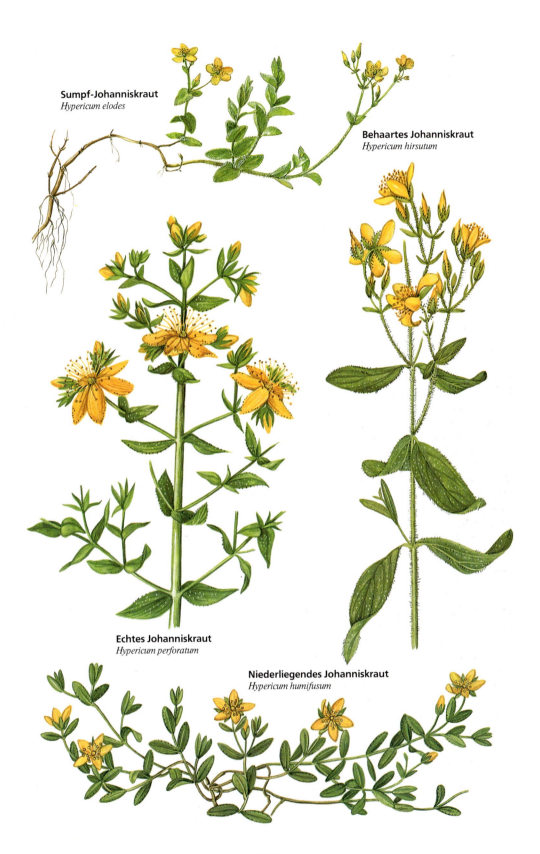

Sumpf-Johanniskraut
Hypericum elodes

Behaartes Johanniskraut
Hypericum hirsutum

Echtes Johanniskraut
Hypericum perforatum

Niederliegendes Johanniskraut
Hypericum humifusum

Niederliegendes Johanniskraut

Hypericum humifusum L.
Johanniskrautgewächse *Hypericaceae*

Beschreibung: 2–5 Blüten stehen traubig-rispig bis scheindoldig am Ende des Stengels und der Äste. Blüten 0,8–1,5 cm im Durchmesser (ausgebreitet gemessen), hellgelb. Blütenblätter 5, schmal verkehrt-eiförmig, am Rande mit schwarzen Drüsen. Kelchblätter 5, ungleich; die 3 größeren Kelchblätter sind eiförmig und vorne meist stumpflich; die 2 kleineren sind lanzettlich und vorne zugespitzt; alle sind ganzrandig oder nur schwach drüsig gezähnelt. Insgesamt 15–20 Staubblätter in 3 Bündeln, an ihrer Basis verwachsen, kürzer als die Blütenblätter. Stengel und Äste niederliegend, nur an der Spitze aufgebogen, kaum 1 mm im Durchmesser, rund oder mit 2 Kanten. Blätter gegenständig, sitzend oder kurz gestielt, schmal-eiförmig, 1–1,5 cm lang, um 5 mm breit, stumpflich, am Rand auf der Blattunterseite mit schwarzen Drüsen, durchscheinend punktiert, blaugrün. Juni–September. 5–15 cm.

Vorkommen: Braucht sandigen, feuchten Lehmboden, der kalkarm, aber nicht allzu arm an Nährstoffen sein sollte. Besiedelt Naßstellen auf Waldwegen, Ufer, geht aber auch auf verdichtete und vernäßte Stellen in Äckern. Fehlt im Tiefland, in den Mittelgebirgen mit Kalkgestein und im Alpenvorland größeren Gebieten und in den Zentralalpen fast durchweg; sonst selten, doch örtlich in kleineren, lockeren Beständen. Geht im Gebirge bis über 1000 m.

Wissenswertes: ⊙-♃. Die Blütenblätter enthalten den roten Farbstoff Hypericin (s. *H. elodes*, rechts). – Das Niederliegende Johanniskraut ist die einzige einheimische Art, die nicht immer ausdauernd wächst. 1jährige Exemplare haben oft nur 4 Blütenblätter.

Sumpf-Johanniskraut

Hypericum elodes L.
Johanniskrautgewächse *Hypericaceae*

Beschreibung: 2–10 Blüten stehen in einer lockeren Rispe am Ende des Stengels und der Seitenzweige. Blüten 1,8–2,5 cm im Durchmesser (ausgebreitet gemessen), zitronengelb. Blütenblätter 5, verkehrt-eiförmig bis keilig in den Grund verschmälert, am Grunde mit einer zerschlitzten Schuppe, nach dem Verblühen gedreht. Kelchblätter 5, schmal-eiförmig, nur etwa 4 mm lang, am Rande rotdrüsig bewimpert. Staubblätter in 3 Bündeln zu je 5 Staubblättern, die bis zur Mitte der Staubfäden miteinander verwachsen sind. Stengel niederliegend bis aufsteigend, unverzweigt oder verzweigt, rund, gefurcht, in der oberen Hälfte dicht und zottig weißhaarig. Blätter gegenständig, mit angedeutet herzförmigem Grund sitzend, die oberen größer als die unteren, fein durchscheinend punktiert, die oberen rauhhaarig, die unteren kahl. Juni–September. 10–30 cm.

Vorkommen: Braucht nassen, nährstoffarmen, kalkfreien, sandigen oder torfigen Boden in Gegenden mit milden Wintern, kühlen Sommern und mit überwiegend hoher Luftfeuchtigkeit. Vereinzelt zwischen Weser und Ems, selten im südlichen Emsland und zwischen dem nördlichen Niederrhein und der holländischen Grenze; vereinzelt im Odenwald bei Mossautal.

Wissenswertes: ♃. Das Sumpf-Johanniskraut, das sein Hauptareal in Westeuropa besitzt, erreicht im genannten Gebiet seine Ostgrenze. Fundangaben aus Oberösterreich sind zweifelhaft. Die Art hat durch Trockenlegung von Mooren viele ihrer Standorte verloren. – Die Blütenblätter setzen beim Zerreiben den roten Farbstoff Hypericin frei; er wirkt photosensibilisierend und ruft bei Tieren, die Johanniskraut gefressen haben, die „Lichtkrankheit" hervor.

Quirl-Tännel

Elatine alsinastrum L.
Tännelgewächse *Elatinaceae*

Beschreibung: Die Blüten sitzen einzeln in den Achseln der Luftblätter und zuweilen auch der Blätter, die sich im Übergangsbereich zwischen untergetauchten Blättern und Luftblättern befinden. Blüten grünlich bis weißlich-grün, 2–4 mm im Durchmesser (ausgebreitet gemessen). Blütenblätter 4, schmal verkehrt-eiförmig bis leicht keilig in den Grund verschmälert, vorn breit abgerundet, wenig aufgebogen und etwas hohl. Kelchblätter 4, bis etwa zur Hälfte ihrer Länge verwachsen, mit breit-lanzettlichen Zipfeln, kaum 1,5 mm lang. Stengel aufrecht oder aufsteigend, einfach oder verzweigt, an den unteren Knoten wurzelnd. Unterwasserblätter zu 8–16 quirlständig, schmal-lineal, 1–5 cm lang, um 1 mm breit, 1nervig, rückwärts gerichtet, schlaff. Luftblätter meist zu 3, seltener bis zu 5 quirlständig, schmal-eiförmig bis lanzettlich, 1–3 cm lang, 0,3–1 cm breit, mit mehreren Nerven, die vom Grund in die Spitze verlaufen. Zwischen den Blättern befinden sich sehr zarte Nebenblätter, die 1–2 mm lang werden und sich zwischen den untergetauchten Blättern in schmale Zipfel aufspalten. Die Nebenblätter bestehen aus nur 1 Lage von Zellen (Mikroskop!). Juli–August. 2–50 cm.

Vorkommen: Braucht nährstoffreichen, sandig-schlammigen, nassen, ja zeitweise überschwemmten Boden. Besiedelt flache Ufer und wenig tiefe Böden von Teichen und Tümpeln, geht aber auch in die Uferzonen von Altwässern. Vereinzelt im mittleren und östlichen Tiefland, im westlichen Harzvorland, am Oberlauf der Ruhr, am unteren Main, an Mittel- und Oberrhein, am Luganer See und in Niederösterreich.

Wissenswertes: ☉-♃. Landformen sind bei dieser Art selten.

Wasserpfeffer-Tännel

Elatine hydropiper L.
Tännelgewächse *Elatinaceae*

Beschreibung: Die Blüten sitzen in den Achseln der Blätter; zuweilen sind sie sehr kurz gestielt (Stiel kürzer als 1 mm). Blüten unscheinbar, rötlich, um 1 mm im Durchmesser (ausgebreitet gemessen). Blütenblätter 4, schmal verkehrt-eiförmig bis leicht keilig in den Grund verschmälert, vorn breit abgerundet, schräg aufwärts abstehend und schwach löffelartig gewölbt, kaum länger als der Kelch. Kelchblätter 4, nur am Grunde verwachsen, mit zungenförmigen Zipfeln, um 0,5 mm lang (Lupe!). Stengel kriechend und an den Knoten wurzelnd, verzweigt, Äste meist aufsteigend, gelegentlich aufrecht. Blätter gegenständig, schmal-eiförmig bis spatelförmig, Blattspreite um 5 mm lang und 1–2 mm breit, in einen kaum 0,5 mm dicken Stiel verschmälert, der mindestens so lang wie die Spreite, oft aber 2–3mal so lang wie diese ist. Juni–September. 2–15 cm.

Vorkommen: Braucht basenhaltigen, oft kalk- und humusreichen, stickstoffsalzarmen, sandig-schlickigen Boden. Besiedelt Uferbereiche von Teichen und Tümpeln. Sehr selten im Tiefland, vereinzelt in den Mittelgebirgen und am Alpensüdfuß sowie in Kärnten und in der Steiermark.

Wissenswertes: ☉-♃. Der Wasserpfeffer-Tännel wächst meist in sehr flachem Wasser untergetaucht, wobei er Tiefen von etwa 40 cm nur selten unterschreitet. Die Blüten öffnen sich bei solchen Pflanzen nicht (Kleistogamie); Samen und Früchte entwickeln sich nach Selbstbestäubung. Die Samen werden durch das Wasser verfrachtet, wahrscheinlich auch durch Wasservögel verschleppt. Anders ist die lückige Verbreitung kaum zu erklären. Möglicherweise wird die Art an ihren Standorten gelegentlich übersehen.

Dreimänniger Tännel

Elatine triandra SCHKUHR
Tännelgewächse *Elatinaceae*

Beschreibung: Die Blüten sitzen einzeln in den Achseln der Blätter. Sie sind unscheinbar und öffnen sich nur bei Landformen, nicht aber, wenn die Pflanze untergetaucht ist. Blüten der Landform rosa, 1–2 mm im Durchmesser (ausgebreitet gemessen). Blütenblätter 3, verkehrt-eiförmig, vorne breit abgerundet, bei der Landform meist ziemlich waagrecht abstehend. Kelchblätter 3, nur am Grund miteinander verwachsen. Zipfel zungenförmig-3eckig, vorne stumpflich, um 0,5 mm lang. Staubblätter 3. Geschlossene Blüten der Wasserform grünlich, kaum 1 mm Durchmesser. Stengel kriechend, verzweigt, die Seitentriebe im Wasser aufgerichtet, wie der Stengel schlaff. Blätter schmal verkehrt-eiförmig bis lineal, 0,8–1,5 cm lang und 1–2 mm breit, mindestens die unteren in einen Stiel zusammengezogen, der deutlich kürzer als die Blattspreite bleibt. Rand und Blattspitze undeutlich gekerbt-gebuchtet (Lupe!). Juni–September. 1–10 cm.

Vorkommen: Braucht kalkarmen, humosen und nährstoffreichen, sandig-schlickigen oder schlammigen Boden. Besiedelt wenig tiefe Stellen an Tümpel- und Teichufern, seltener wasserspiegelnahe Uferpartien. Sehr selten im Tiefland, im Oberrheingebiet, Hessen, in Nord- und Ostbayern, im Alpenvorland sowie in Ober- und Niederösterreich, in der Steiermark, im Burgenland und am Alpensüdfuß (in den Reisfeldern Oberitaliens zerstreut!). Die Art ist überall dort im Rückgang, wo Weiher nicht mehr regelmäßig im Herbst abgelassen werden.

Wissenswertes: ☉. Ähnlich: Verkannter Tännel (*E. ambigua* WIGHT): Blüten 1–2 mm lang gestielt, sich öffnend. Elsaß, Burgundische Pforte; vereinzelt.

Sechsmänniger Tännel

Elatine hexandra (LAPIERRE) DC.
Tännelgewächse *Elatinaceae*

Beschreibung: Die Blüten stehen in der Regel auf kurzen Stielen in den Achseln der Blätter. Die Stiele werden 0,5–5 mm lang; sehr selten sitzen die Blüten. Selbst bei untergetauchten Pflanzen öffnen sie sich in den meisten Fällen. Blüten weißlich, rosa oder rötlich, 2–3 mm im Durchmesser (ausgebreitet gemessen). Blütenblätter 3, verkehrt-eiförmig, vorne breit abgerundet, schräg aufrecht abstehend und oft etwas hohl. Kelchblätter 3, nur am Grund miteinander verwachsen, Zipfel eiförmig-3eckig, leicht zugespitzt. Staubblätter 6. Stengel kriechend, verzweigt, die Seitentriebe im Wasser aufgerichtet, wie der Stengel schlaff. Blätter schmal verkehrt-eiförmig bis lineal, 0,5–1 cm lang und 2–3,5 mm breit, auch die unteren meist nicht deutlich in einen Stiel zusammengezogen, allenfalls sehr kurz gestielt; Spreite stets länger als der Stiel. Juni–August. 2–10 cm.

Vorkommen: Braucht kalk- und vor allem stickstoffsalzarmen, aber mäßig basenhaltigen Schlammboden. Besiedelt wenig tiefe Stellen an Tümpel- und Teichufern, geht auch in Altwässer, seltener auf wasserspiegelnahe, zeitweise überschwemmte und dauernasse Uferpartien. Im Bereich der Mittelgebirge vereinzelt in Gegenden mit Teichwirtschaften, außerdem im Tiefland; sehr selten im Teichgebiet zwischen Schwarzach und Regen, ebenso in der Westschweiz, am Alpensüdfuß und in Niederösterreich.

Wissenswertes: ☉-♃. Wie der Dreimännige Tännel kommt der Sechsmännige Tännel im Reisanbaugebiet Oberitaliens relativ häufig vor. Da seine Samen von Wasservögeln verschleppt werden, ist mit Neuansiedlungen – vor allem am Alpensüdfuß, vielleicht auch in Süddeutschland – immer zu rechnen.

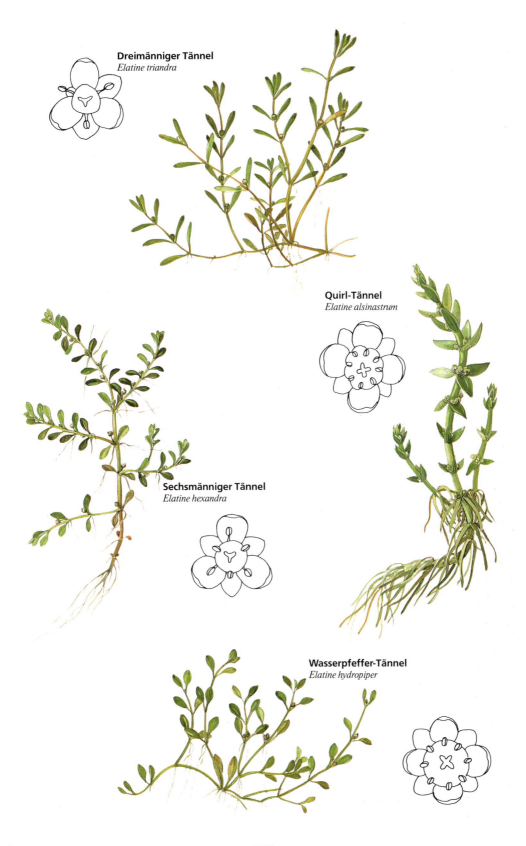

Dreimänniger Tännel
Elatine triandra

Quirl-Tännel
Elatine alsinastrum

Sechsmänniger Tännel
Elatine hexandra

Wasserpfeffer-Tännel
Elatine hydropiper

Wasserfalle
Aldrovanda vesiculosa L.
Sonnentaugewächse *Droseraceae*

Beschreibung: Blüten einzeln auf kurzen Stielen, 5–8 mm im Durchmesser, weiß bis grünlich. Blütenblätter 5, schmal verkehrt-eiförmig. Kelchblätter 5, am Grunde miteinander verwachsen. Die Pflanze schwimmt frei und wurzellos unter der Wasseroberfläche. Ihr Stengel ist meist nicht oder nur sehr spärlich verzweigt. Blätter in kurzen Abständen zu 6–9 quirlständig, aus 2 Teilen bestehend: Der untere Teil ist gegen den Blattansatz keilig verschmälert; er wird 4–8 mm lang und um 2 mm breit; oben trägt er jederseits 2–3 dünne Borsten, die etwa so lang wie die Blattspreite werden. Blattspreite rundlich-nierenförmig, 5–7 mm lang, 0,8–1 cm breit, in der Mitte verdickt, ihre Hälften um die Längsrippe in einem Winkel von etwa 70° aufgeklappt, am Rande fein gezähnt, auf der Blattfläche Fühlborsten. Juli–August. 10–30 cm.

Vorkommen: Braucht sommerwarme, nährstoffreiche, stehende Gewässer und besiedelt dort windgeschützte Stellen im Schilf- oder Binsengürtel. Soll noch im Bodensee bei Konstanz vorkommen und wurde dort möglicherweise angesiedelt; früher auch an der unteren Elbe und in Vorarlberg; ausgepflanzt wohl noch im Kanton Bern; vereinzelt am Alpensüdfuß.

Wissenswertes: ♃. Werden die berührungsempfindlichen Fühlborsten durch ein kleines Wassertier gereizt, so klappen die Blatthälften ruckweise zusammen und fangen das Tier ("Turgorbewegung"). Je mehr Borsten gereizt worden sind, desto rascher und stärker erfolgt die Bewegung. Das Blatt bildet Verdauungsenzyme; diese verdauen die Beute, und die Nährstoffe werden resorbiert. Nach einigen Tagen öffnet sich das Blatt und ist erneut fangbereit.

Rundblättriger Sonnentau
Drosera rotundifolia L.
Sonnentaugewächse *Droseraceae*

Beschreibung: Blüten in traubenähnlichen, etwas einseitswendigen, armblütigen Blütenständen ("Wickeln"), 3–7 mm im Durchmesser, weiß. Blütenblätter 5, verkehrt-eiförmig, spatelig verschmälert. Kelchblätter 5, am Grunde miteinander verwachsen. Stengel blattlos, senkrecht aus der Mitte der Grundblattrosette wachsend, mindestens 3mal so lang wie die Rosettenblätter, im Blütenstandsbereich zuweilen gabelig verzweigt. Blätter dem Boden anliegend, nur selten schräg aufwärts wachsend, lang gestielt. Blattspreite im Umriß rundlich, so lang wie breit, 0,5–1 cm im Durchmesser, hell olivgrün bis gelbgrün, auf der Fläche und am Rand mit zahlreichen rötlichen "Tentakeln", die an der Spitze eine Drüse tragen, aus der sie tautropfenartig Sekret absondern. Juni–August. 10–30 cm.

Vorkommen: Braucht wenig bewachsenen oder nackten Torfboden oder Torfmoospolster, geht gelegentlich auch auf ständig nassen, humosen Sand. Besiedelt Torfmoore, seltener Zwischenmoore und Flachmoore sowie anmoorige Stellen in Heiden und Dünen. In den Hochmooren des Tieflands, des Alpenvorlands, der Alpen und der Mittelgebirge mit kalkarmen Gesteinen häufig und oft in individuenreichen Beständen; da Hochmoore in den Mittelgebirgen und den Alpen mit Kalkgestein weithin fehlen, hier nur vereinzelt, aber oft bestandsbildend.

Wissenswertes: ♃; ▽. Der Rundblättrige Sonnentau fängt mit Hilfe seiner Blätter Kleintiere und verdaut sie (s. *D. intermedia*). Er – wie auch die anderen Sonnentau-Arten – enthält Naphthochinonderivate, Flavonoide und ein eiweißspaltendes Enzym. Er wurde als Heilpflanze gegen Reizhusten verwendet.

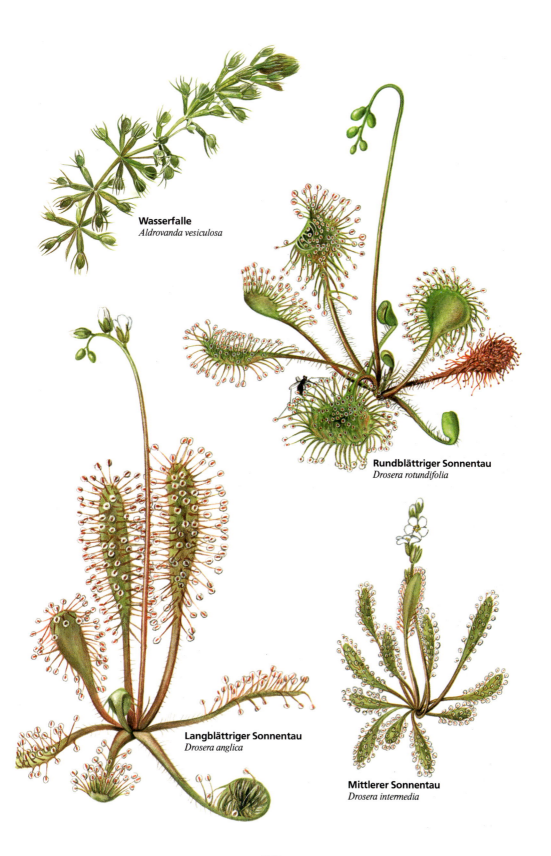

Wasserfalle
Aldrovanda vesiculosa

Rundblättriger Sonnentau
Drosera rotundifolia

Langblättriger Sonnentau
Drosera anglica

Mittlerer Sonnentau
Drosera intermedia

Mittlerer Sonnentau

Drosera intermedia HAYNE
Sonnentaugewächse *Droseraceae*

Beschreibung: Blüten in traubenähnlichen, etwas einseitswendigen, sehr armblütigen (2–5 Blüten) Blütenständen („Wickeln"), 3–7 mm im Durchmesser, weiß. Blütenblätter 5, verkehrt-eiförmig, spatelig verschmälert. Kelchblätter 5, am Grunde miteinander verwachsen. Stengel blattlos, seitlich aus der Rosette entspringend und bogig aufsteigend-aufrecht, nur selten länger als 10 cm. Blätter aufrecht oder schief aufrecht wachsend, lang gestielt; Spreite spatelig, 0,5–1 cm lang, 2–4 mm breit, allmählich in den Stiel verschmälert, unterseits kahl, auf der Blattspreite und an ihrem Rand mit zahlreichen rötlichen „Tentakeln", die bis 3 mm lang werden und an ihrer Spitze eine Drüse tragen, aus der sie tautropfenartig Sekret absondern. Juli–August. 5–10 cm.

Vorkommen: Braucht nassen, torfigen, aber nicht unbedingt kalkfreien Untergrund. Besiedelt Hochmoor- und Zwischenmoorschlenken, seltener Flachmoore. Vor allem im Tiefland und im Alpenvorland zerstreut, in den Alpen selten; sonst nur vereinzelt.

Wissenswertes: ♃; ▽. Hochmoore sind arm an Stickstoffsalzen. Stickstoff ist zum Aufbau von Eiweißen notwendig. Die Sonnentau-Arten besorgen sich Stickstoff durch das Fangen von kleinen Tieren. Kommt ein Tier mit den Tentakeln in Berührung, klebt es an den Leimtropfen fest. Nach kurzer Zeit biegt sich der Tentakel blatteinwärts. Der durch das Tier ausgeübte Reiz pflanzt sich als Erregung fort; weitere Tentakel krümmen sich auf die Beute zu; schließlich rollt sich das Blatt ein. Die Drüsen sondern eiweißverdauende Enzyme ab und saugen Eiweißabbauprodukte auf.

Langblättriger Sonnentau

Drosera anglica HUDS.
Sonnentaugewächse *Droseraceae*

Beschreibung: Blüten in traubenähnlichen, etwas einseitswendigen, mäßig reichblütigen (8–18 Blüten) Blütenständen („Wickeln"), 3–7 mm im Durchmesser, weiß. Blütenblätter 5, verkehrt-eiförmig, spatelig verschmälert. Kelchblätter 5, am Grunde miteinander verwachsen. Stengel blattlos, senkrecht aus der Mitte der Grundblattrosette wachsend, mindestens 2mal so lang wie die Rosettenblätter, im Blütenstandsbereich zuweilen gabelig verzweigt. Blätter aufrecht oder schief vom Boden abstehend, niemals diesem aufliegend. Blätter mit einem 2–5 cm langen Blattstiel, der am oberen Ende allmählich in die Blattspreite übergeht. Blattspreite schmal-spatelförmig, 1–3 cm lang und 2–5 mm breit, unterseits kahl, oberseits und am Rande mit zahlreichen roten „Tentakeln", die 1–5 mm lang werden und an der Spitze eine Drüse tragen, aus der sie tautropfenartig Sekret absondern. Juni–August. 15–30 cm.

Vorkommen: Braucht nassen, zeitweise überschwemmten Torf- oder Schlammboden. Besiedelt Hochmoorschlenken, noch häufiger Zwischenmoore und Flachmoore, da er mäßigen Kalkgehalt erträgt. Im Tiefland selten und hier wegen der Vernichtung seiner Standorte seit dem 2. Weltkrieg stark zurückgegangen. In den Mittelgebirgen nur vereinzelt; im Alpenvorland zerstreut. In den Alpen selten.

Wissenswertes: ♃; ▽. Da der Langblättrige Sonnentau Standorte besiedelt, an denen auch der Rundblättrige Sonnentau wächst, kommt es zuweilen zur Bastardisierung. Der Bastard (*D.* × *obovata* MERT. & KOCH) ähnelt dem Mittleren Sonnentau, doch entspringt sein Blütenstand aus der Mitte der Blattrosette.

Apenninen-Sonnenröschen

Helianthemum apenninum (L.) MILL.
Zistrosengewächse *Cistaceae*

Beschreibung: 3–10 Blüten stehen in einem traubenartigen Blütenstand am Ende des Stengels. Blüten weiß, 1,5–3 cm im Durchmesser (ausgebreitet gemessen). Blütenblätter 5, verkehrt-eiförmig bis rundlich, keilig in den Grund verschmälert, vorne meist unregelmäßig buchtig, am Grund mit einem intensiv zitronengelben Fleck (gleiche Farbe wie Staubblätter). Kelchblätter 5, die beiden äußeren deutlich kleiner als die 3 inneren, die 5–9 mm lang werden, wie die Blütenstiele sehr kurz behaart. Zahlreiche Staubblätter. Stengel aufsteigend, am Grunde verzweigt, im unteren Teil verholzt, dicht und sehr kurz behaart. Blätter gegenständig, sehr schmal eiförmig bis lineal, vorn abgestumpft, bis 3 cm lang und um 5 mm breit, am Rande nach unten gerollt, ober- und vor allem unterseits meist dicht behaart und dadurch unterseits graugrün, mit ausgeprägter Mittelrippe. Nebenblätter sehr schmal lanzettlich bis nadelförmig, kurz. Mai–Juli. 10–30 cm.

Vorkommen: Braucht steinigen, lockeren, kalkhaltigen Lehmboden, der ziemlich flachgründig sein kann und der ausgesprochen stickstoffsalzarm sein sollte. Besiedelt lückige Trockenrasen in sonnig-warmen Lagen; geht auch in Felsspalten. Weinbaugebiet bei Bingen, Main bei Karlstadt, vereinzelt; sehr selten im südlichen Schweizer Jura und am Alpensüdfuß.

Wissenswertes: ⌇ ♄. Das Hauptverbreitungsgebiet des Apenninen-Sonnenröschens liegt im Mittelmeergebiet. In Mitteleuropa kann es als Zeigerpflanze für besonders trockene und vor allem sonnenreiche Standorte gelten. Gegen Stickstoffsalze ist es empfindlich, verschwindet also nach Düngung rasch.

Gewöhnliches Sonnenröschen

Helianthemum nummularium (L.) MILL.
Zistrosengewächse *Cistaceae*

Beschreibung: 2–15 Blüten stehen in einem traubenartigen Blütenstand am Ende des Stengels. Blüten gelb, 1,5–2,5 cm im Durchmesser (ausgebreitet gemessen). Blütenblätter 5, verkehrt-eiförmig bis rundlich, keilig in den Grund verschmälert, vorne oft unregelmäßig buchtig-gekerbt. Kelchblätter 5, die beiden äußeren deutlich kleiner als die 3 inneren, die 5–7 mm lang werden. Zahlreiche Staubblätter. Stengel niederliegend bis aufsteigend, am Grunde verzweigt, im unteren Teil verholzt, kurzhaarig. Blätter gegenständig, sehr schmal eiförmig bis lineal-abgestumpft, am Rande flach oder zurückgerollt, beidseitig schütter behaart, oberseits dunkelgrün, unterseits graugrün-filzig, kurz gestielt. Nebenblätter länger als der Blattstiel, lineal-lanzettlich. Juni–September. 10–30 cm.

Vorkommen: Braucht kalkhaltigen, trockenen Lehmboden, geht auch in Felsspalten. Besiedelt lückige Trockenrasen. Fehlt im Tiefland und in den Mittelgebirgen mit kalkarmen Gesteinen. Selten.

Wissenswertes: ⌇ – ♄. *H. nummularium* (L.) MILL. wird mit folgenden mitteleuropäischen Kleinarten zur Sammelart *H. nummularium* agg. zusammengefaßt: *H. grandiflorum* (SCOP.) DC.: Blüten 2–3,5 cm im Durchmesser; innere Kelchblätter 0,7–1 cm lang; Blätter unterseits hellgrün, kahl, oberseits schütter behaart; Nördliche Kalkalpen, Alpennordfuß, südwestliche Schwäbische Alb, Schweizer Jura; selten. – *H. ovatum* (VIV.) DUNAL: Innere Kelchblätter 5–8 mm, Blütenblätter 0,8–1,2 cm lang; Blätter unterseits hellgrün, nur mit einzelnen Haaren; Trockenrasen, Felsköpfe; zerstreut, oft in lockeren, individuenreichen Beständen.

Graues Sonnenröschen

Helianthemum canum (L.) BAUMG.
Zistrosengewächse *Cistaceae*

Beschreibung: 2–15 Blüten stehen in einem traubenartigen Blütenstand am Ende des Stengels. Blüten dunkelgelb, 0,8–1,5 cm im Durchmesser (ausgebreitet gemessen). Blütenblätter 5, verkehrt-eiförmig bis rundlich, keilig in den Grund verschmälert. Kelchblätter 5, die beiden äußeren sehr schmal-lanzettlich und um etwa $\frac{1}{3}$ kürzer als die 3 inneren, breit-eiförmigen Kelchblätter. Staubblätter zahlreich, den Griffel überragend. Stengel niederliegend bis aufsteigend, am Grunde verholzt und reichlich verzweigt, wie die Zweige im oberen Viertel meist deutlich filzig behaart. Blätter gegenständig, sehr schmal eiförmig bis lineal, 1–1,5 cm lang und 3–5 mm breit, am Rande nach unten gerollt und oft borstig behaart, beiderseits oder nur unterseits von krausen Sternhaaren grau (starke Lupe!). Zumindest an den unteren Blättern fehlen die Nebenblätter, sehr selten sind lineale Nebenblätter an den obersten Blättern ausgebildet. Mai–Juni. 10–20 cm.

Vorkommen: Braucht steinigen, lockeren, kalkhaltigen Lehmboden, der ziemlich flachgründig sein kann. Besiedelt lückige Trockenrasen und Felsköpfe. Vereinzelt am Main bei Karlstadt, auf der Schwäbischen Alb bei Balingen und auf dem Küssaberg bei Waldshut-Tiengen. Sehr selten im Schweizer Jura, im Wallis, am Alpensüdfuß. In Ober- und Niederösterreich sowie in der Steiermark selten.

Wissenswertes: ♃ ♄. Ähnlich: Weidenblättriges Sonnenröschen (*H. salicifolium* (L.) MILL.): Blüten gelb, 1–2 cm im Durchmesser; Blütenblätter leicht abfallend; Pflanze unverholzt, 1jährig. Wallis, vereinzelt.

Alpen-Sonnenröschen

Helianthemum alpestre (JACQ.) DC.
Zistrosengewächse *Cistaceae*

Beschreibung: 2–6 Blüten stehen in einem traubenartigen Blütenstand am Ende des Stengels. Blüten gelb, 1,2–2 cm im Durchmesser (ausgebreitet gemessen). Blütenblätter 5, verkehrt-eiförmig bis rundlich, keilig in den Grund verschmälert. Kelchblätter 5, die beiden äußeren lineal und etwa halb so lang wie die 3 inneren, breit-eiförmigen Kelchblätter. Staubblätter zahlreich. Stengel sehr dicht verzweigt; Pflanze wächst daher rasig-polsterartig. Zweige und Stengel sind auch im oberen Viertel nicht filzig behaart. Blätter gegenständig, schmal verkehrt-eiförmig bis lineal, 1–1,5 cm lang, 2–5 mm breit, am Rande flach, beiderseits ohne Sternhaare (starke Lupe!), nicht filzig, statt dessen am Rand, oberseits auf den Nerven und unterseits vereinzelt auf der Spreite borstig behaart oder kahl. Nebenblätter fehlen. Juni–August. 8–15 cm.

Vorkommen: Braucht kalkhaltigen, lockeren, steinigen Boden. Besiedelt sonnige, lückige Rasen und Felsköpfe in alpiner Klimalage in Höhen zwischen etwa 1200 und 2500 m, geht örtlich höher und wird gelegentlich bis ins Vorland abgeschwemmt. In den Kalkalpen zerstreut, in den Zentralalpen selten.

Wissenswertes: ♃ ♄. *H. alpestre* (JACQ.) DC. wird mit folgenden Kleinarten zur Sammelart *H. alpestre* agg. zusammengefaßt: *H. italicum* (L.) PERS.: Blüten 0,7–1,3 cm im Durchmesser; Blätter beiderseits und am Rand mit zahlreichen Borstenhaaren. Südliche Kalkalpen; selten. – *H. rupifragum* KERN: Blüten 1–2 cm im Durchmesser; Blätter 1,5–3 cm lang, 5 mm breit, an der Spitze mit einem pinselartigen Haarbüschel. Steiermark, Niederösterreich; selten.

Gewöhnliches Sonnenröschen
Helianthemum nummularium

Alpen-Sonnenröschen
Helianthemum alpestre

Apenninen-Sonnenröschen
Helianthemum apenninum

Graues Sonnenröschen
Helianthemum canum

Zistrosengewächse *Cistaceae* ▶

Sonnenröschen *Fumana*
Sandröschen *Tuberaria*

Tamariskengewächse *Tamaricaceae* ▶

Tamariske *Myricaria*

Veilchengewächse *Violaceae* ▶

Veilchen *Viola*

Zwerg-Sonnenröschen
Fumana procumbens GREN. & GODR.
Zistrosengewächse *Cistaceae*

Beschreibung: Die Blüten stehen meist einzeln auf kurzen, um 5 mm langen Stielen in den Achseln der obersten Blätter, sehr selten auch traubig am Ende des Stengels. Blüten gelb, 1,5–2 cm im Durchmesser (ausgebreitet gemessen). Blütenblätter 5, verkehrt-eiförmig. Kelchblätter 5, die beiden äußeren deutlich kleiner als die 3 inneren; innere Kelchblätter um 6 mm lang. Die Kelchblätter sind mit kurzen Drüsenhaaren besetzt; auf den Nerven tragen sie mehrzellige Haare (sehr starke Lupe oder Mikroskop!). Halbstrauch mit niederliegenden oder aufsteigenden Ästen. Zweige – zumindest spitzennah – mit mehrzelligen Haaren bestanden (sehr starke Lupe!). Blätter wechselständig, nadelförmig, 0,3–1,5 cm lang und um 1 mm dick, behaart. Nebenblätter fehlen. Juni–September. 5–20 cm.

Vorkommen: Braucht kalkreichen, sandigen oder grusigen, lockeren Boden, der feinerdearm sein kann. Besiedelt in sonnigen Lagen lükkige Trockenrasen und Trockengebüsche. Vereinzelt bei Höxter, am Mittelrhein, bei Pegnitz, im Kaiserstuhl, am Lech bei Augsburg und an der unteren Isar; sehr selten in den Sandgebieten von Bingen bis Schwetzingen und im südlichen Fränkischen Jura; sehr selten im Schweizer Jura, am Genfer See, im Rhonetal bis ins Wallis und in den zentralalpinen Tälern; selten in Thüringen, Sachsen-Anhalt und Sachsen, in Nieder- und Oberösterreich, Steiermark und Kärnten.

Wissenswertes: ♃ ♄. Ähnlich: Felsen-Sonnenröschen (*F. ericoides* (CAV.) GDGR.): Blütenstiel länger als die nächststehenden Blätter; Kelchblätter nur mit einzelligen Haaren. Alpensüdfuß, Wallis; selten.

Sandröschen
Tuberaria guttata (L.) FOURR.
Zistrosengewächse *Cistaceae*

Beschreibung: 5–15 Blüten stehen in einem lockeren, traubigen Blütenstand am Ende des Stengels oder der oberen Zweige. Blüten gelb, 1,2–2 cm im Durchmesser (ausgebreitet gemessen). Blütenblätter 5, verkehrt-eiförmig, keilig in den Grund verschmälert, oft mit einem dunkleren Fleck am Grunde. Kelchblätter 5, die 2 äußeren deutlich kürzer als die 3 inneren; die inneren Kelchblätter werden etwa halb so lang wie die Blütenblätter. Im Blütenstandsbereich gibt es keine Vorblätter. Stengel aufrecht, oft verzweigt, abstehend bis anliegend behaart, gelegentlich darüber hinaus mit einigen eingestreuten Drüsenhaaren. Blätter gegenständig, zuweilen die obersten auch wechselständig, sitzend, sehr schmal verkehrt-eiförmig bis lineal, 1–5 cm lang und 0,1–1 cm breit, beidseitig behaart, 3nervig (höchstens die untersten Blätter am Blattansatz 5nervig, die obersten Blätter gelegentlich auch 1nervig). Nebenblätter sind nur bei den oberen Blättern ausgebildet; sie sind etwa halb so lang wie das zugehörige Blatt, sehr schmal lanzettlich, frei oder unten mit dem Blatt verwachsen. Juni–August. 5–25 cm.

Vorkommen: Braucht kalkarmen, aber sonst basenreichen, sandig-lockeren, trockenen Boden. Besiedelt offene Sandböden in lichten Kiefernwäldern und in Heiden, geht auch auf sonnige Brachen. Vereinzelt auf Norderney (ob noch?), Juist (ausgepflanzt) und im Elsaß bei Hirtzfelden; sehr selten in Sachsen-Anhalt und im südlichen Brandenburg sowie am Alpensüdfuß; scheint in Österreich zu fehlen.

Wissenswertes: ☉. Das Hauptareal des Sandröschens liegt im Mittelmeergebiet und in Westeuropa.

Sandröschen
Tuberaria guttata

Zwerg-Sonnenröschen
Fumana procumbens

Deutsche Tamariske
Myricaria germanica

Fieder-Veilchen
Viola pinnata

Deutsche Tamariske

Myricaria germanica (L.) DESV.
Tamariskengewächse *Tamaricaceae*

Beschreibung: Die Blüten stehen vor allem an den um 5 mm dicken Hauptästen, weniger an den dünneren Seitenzweigen in endständigen, gedrungenen, rispig-traubigen Blütenständen. Blüten hellrosa, 5–8 mm im Durchmesser (ausgebreitet gemessen). Blütenblätter in der Regel 5, sehr selten nur 4, schmal-eiförmig bis lanzettlich, um 1,5 mm breit, nicht abfallend. Kelchblätter in der Regel 5, sehr selten nur 3, etwa 3 mm lang und an der Basis um 1 mm breit, allmählich in die Spitze verschmälert, nicht abfallend. Mittelhoher Strauch mit rutenförmigen, aufrecht abstehenden Ästen. Blätter wechselständig, ungestielt, schmal-eiförmig bis lanzettlich. 2–5 mm lang, 0,8–1,5 mm breit, stumpf oder spitz, mit breitem Grund dem Stengel ansitzend und sich oft dachziegelartig überdeckend, graugrün. Juni–August. 0,8–2 m.

Vorkommen: Braucht kiesig-schlickige, nasse, kalkreiche, seltener sandig-schlickige Böden mit hohem Grundwasserstand, die zeitweise überflutet sein können. Besiedelt Alpenflüsse und im Alpenvorland ausschließlich Flüsse, deren Ursprung in den Alpen liegt (z.B. Iller, Lech, Isar, Inn); in Österreich und in der Schweiz im Bereich der Nördlichen Kalkalpen und deren Vorland; selten. Im Schweizer Jura wohl nur im Neuenburger Jura und im Birstal; vereinzelt; steigt in den Alpen selten über 2000 m.

Wissenswertes: ♄. Die Deutsche Tamariske ist vor allem durch Flußverbauungen von vielen ihrer Standorte, die sie noch im 19. Jahrhundert besiedelt hat, verdrängt worden. Gelegentlich wurde sie auch auf dem Schotter wenig befahrener Bahnlinien gesehen, konnte sich aber hier nie lange halten.

Fieder-Veilchen

Viola pinnata L.
Veilchengewächse *Violaceae*

Beschreibung: Die Blüten stehen einzeln am Stengelende. Blütenstiele 3–6 cm lang. Blüten blaßviolett, im größten Durchmesser um 1,5 cm, schwach duftend. Seitliche Blütenblätter waagrecht abstehend. Sporn stumpf, etwa so lang wie die Kelchzipfel. Ein oberirdischer Stengel fehlt; die Blütenstiele und die Blätter entspringen direkt dem kurzwalzlichen, nur 2–3 mm dikken, oft kräftig bewurzelten Rhizom, das ziemlich senkrecht oder schräg abwärts gerichtet in der Erde steckt. Alle Blätter grundständig; Blattstiel 4–10 cm lang; Spreite im Umriß rundlichherzförmig, 3–6 cm im Durchmesser, tief handförmig-fiederig in 5–9 Abschnitte geteilt, die 1–2,5 cm lang und 2–5 mm breit werden; sie sind vorne ziemlich stumpf und in der Regel am Rand mehr oder weniger tief gekerbt, oft fast wiederum fiederig eingeschnitten, nur am Rand und auf der Unterseite auf den Nerven sehr schütter und kurz abstehend behaart, meist fast kahl. Nebenblätter lanzettlich, weißlich-häutig, bis etwa 1 cm lang, kaum 3 mm breit, bis über die Mitte mit dem Blattstiel verwachsen, ganzrandig oder wimperig gezähnt. Mai–Juni. 5–10 cm.

Vorkommen: Braucht trockenen, kalk- und feinerdereichen, nicht zu groben, ruhenden oder noch etwas bewegten Felsschutt als Untergrund. Besiedelt Schuttflächen, geht aber auch auf lückig bewachsene, steinige Matten und in lichte, steinige Gebüsche und Kiefernwälder. Südliche Kalkalpen, zerstreut; Zentralalpen selten; fehlt im deutschen Alpengebiet. Wächst bevorzugt zwischen etwa 1800–2500 m.

Wissenswertes: ♃. Gelegentlich werden Exemplare bis in tiefere Tallagen herabgeschwemmt; dort unbeständig.

Zweiblütiges Veilchen
Viola biflora L.
Veilchengewächse *Violaceae*

Beschreibung: Die Blüten stehen einzeln oder zu 2 (vereinzelt auch zu 3) am Ende des Stengels. Eigentlicher Blütenstiel so lang bis doppelt so lang wie das nächststehende Blatt. Blüten gelb, im größten Durchmesser (von oben nach unten) etwa 1,5 cm. Seitliche Blütenblätter schräg aufwärts gerichtet; untere Hälfte des unteren Blütenblatts mit dunkelgelbem, von braunen Längsstrichen durchzogenem Saftmal; Sporn des untersten Blütenblatts gerade, gelb. Kelchblätter spitz, meist kahl oder nur am Rand kurzhaarig, samt den sehr kurzen Anhängseln um 5 mm lang. Stengel aufsteigend oder aufrecht, außerhalb des Blütenstands unverzweigt, kahl. Blätter grund- und stengelständig. Blattspreite nierenförmig, Grundblätter 1,5–4 cm im Durchmesser, sehr schütter und unterseits vorwiegend auf den Nerven behaart. Stengelblätter kaum kleiner als die Grundblätter, meist zu 1–4, deutlich kürzer gestielt als die Grundblätter, sonst diesen ähnlich. Nebenblätter klein, höchstens 1 cm lang, lanzettlich, grün, ganzrandig. Die Blüten duften nicht. Mai–Juli. 5–15 cm.

Vorkommen: Braucht sickerfeuchten, kalkhaltigen, steinigen, lockeren Lehmboden in schattigen Lagen mit hoher Luftfeuchtigkeit. Besiedelt Bergwälder. Vereinzelt im Rothaargebirge, in der Sächsischen Schweiz, in Thüringen und im mittleren Schweizer Jura. Im Alpenvorland und in den Alpen zerstreut, örtlich in lockeren, individuenreichen Beständen. Geht in den Alpen stellenweise bis über 2000 m.

Wissenswertes: ♃. Ähnlich: Dinara-Stiefmütterchen (*V. zoysii* WULF.): Blüten einzeln, 2–3 cm im Durchmesser, lebhaft gelb. Südöstlicher Alpensüdfuß; selten.

Ostalpen-Stiefmütterchen
Viola alpina JACQ.
Veilchengewächse *Violaceae*

Beschreibung: Die Blüten stehen einzeln auf grundständigen Stielen, die 2–5 cm lang werden (sehr selten können sie bis zu 10 cm lang werden). Blüten violett, 1,5–3 cm im Durchmesser (ausgebreitet gemessen). Blütenblätter verkehrt-eiförmig, seitliche schräg aufwärts gerichtet, das untere breit verkehrt-herzförmig, mit einem 3–4 mm langen, stumpfen, manchmal etwas aufwärts gebogenen Sporn. Saftmal gelb, mit dunkelvioletten Streifen. Ein eigentlicher Stengel fehlt. Die Blätter entspringen – wie die Blütenstiele – direkt dem Wurzelstock, der ziemlich dicht mit den Resten von Nebenblättern bedeckt ist. Stiel der grundständigen Blätter 1–2 cm lang; Spreite 0,5–1,5 cm lang und nur wenig schmaler, rundlich-eiförmig, am Spreitengrund gestutzt oder schwach herzförmig gebuchtet, am Rand seicht gekerbt, schütter kurzhaarig oder kahl. Nebenblätter lanzettlich, um 5 mm lang, ungeteilt, bis über die Mitte mit dem Blattstiel verwachsen. Juni–Juli. 2–10 cm.

Vorkommen: Braucht kalkreichen, steiniglehmigen Boden. Besiedelt Matten und alpine Rasen, Zwergstrauchheiden und verfestigte Schutthalden. Kommt nur in den östlichen Kalkalpen vor, und zwar in den Nördlichen Kalkalpen östlich der Traun; hier selten. In Steiermark und Kärnten sehr selten. Bevorzugt Höhen zwischen 1500 und 2200 m.

Wissenswertes: ♃. Ähnlich: Feinblättriges Stiefmütterchen (*V. dubyana* BURNAT ex GREMLI): Blüten 2–3 cm im Durchmesser, violett, seitliche Blütenblätter waagrecht abstehend, am Grunde mit einem dunkleren Fleck; unterstes Blütenblatt erst dunkel-, dann gelbfleckig. Bergamasker Alpen bis Monte Baldo; selten.

Gesporntes Stiefmütterchen
Viola calcarata L.
Veilchengewächse *Violaceae*

Beschreibung: Die Blüten stehen meist einzeln, sehr selten zu 2, vereinzelt zu 3–4 auf einem aufrechten, über den kleinen Vorblättern oft leicht geknickten Stiel, der 3–8 cm lang werden kann. Blüten dunkelviolett, vereinzelt gelb, 2,5–4 cm im Durchmesser (ausgebreitet gemessen). Blütenblätter breit-eiförmig bis rundlich, das untere verkehrt-eiförmig, mit einem sattgelben, oft von einem hellen Hof umgebenen Saftmal, durch das dunkelviolette Längsstriche ziehen; Sporn 0,8–1,5 cm lang, gerade oder schwach aufwärts gebogen. Kelchblätter lanzettlich, 6–7 mm lang, mit großen, fast quadratischen und gezähnelten Anhängseln. Stengel sehr kurz, aufgebogen bis aufsteigend. Blätter daher alle praktisch grundständig. Blätter schmal-eiförmig bis lanzettlich, gekerbt, 2–3 cm lang und 3–8 mm breit, kahl oder höchstens am Rand sehr schütter behaart. Nebenblätter bis 2 cm lang, nicht mit dem Blattstiel verwachsen, deutlich gezähnt oder sogar fiederteilig. Juni–August, oft Zweitblüte im Frühherbst. 5–10 cm.

Vorkommen: Braucht kalkarmen, aber basenreichen, steinig-lehmigen, feuchten Boden. Besiedelt feinerdereiche Schutthalden, lückige alpine Rasen und Matten, lange von Schnee bedeckte Böden und Schneetälchen. Sehr selten im südlichen Schweizer Jura. In den Kalkalpen selten, in den Zentralalpen zerstreut. Bevorzugt Höhen zwischen 1500 und 3000 m.

Wissenswertes: ♃. Das Art-Epitheton „*calcarata*" ist kein Hinweis auf einen kalkreichen Untergrund, wie man voreilig schlußfolgern könnte; „*calcarata*" leitet sich vielmehr von lat. „calcar" = Sporn her; auf diesen verweist auch der deutsche Artname.

Gelbes Stiefmütterchen
Viola lutea Huds.
Veilchengewächse *Violaceae*

Beschreibung: Die Blüten stehen einzeln am Ende des Stengels oder der – nur sehr selten vorhandenen – oberen Äste (= Blütenstiele). Blütenstiele 3–9 cm lang. Blüten gelb, im größten Durchmesser 2–3 cm. Obere Blütenblätter gelegentlich teilweise, seltener ganz blau oder violett; seitliche Blütenblätter waagerecht abstehend bis schräg aufwärts gerichtet; unteres Blütenblatt meist etwas dunkler gelb als die beiden seitlichen und die beiden oberen Blütenblätter; seitliche Blütenblätter und vor allem unteres Blütenblatt mit dunkelviolett-braunen Strichen, unteres Blütenblatt auch zuweilen mit dunkelgelbem Grund; Sporn gerade oder etwas gebogen, 3–8 mm lang, violett. Kelchblätter spitz, kahl, mit den Anhängseln 0,8–1,5 cm lang. Stengel aufsteigend bis aufrecht, nur im Blütenstandsbereich verzweigt. Blätter ganzrandig oder mit wenigen seichten Kerben, gestielt, die unteren mit 0,5–1 cm breiter, fast rundlicher Spreite, oft ganzrandig, die mittleren und oberen mit schmal-eiförmiger, 2–3 cm langer und 0,3–1 cm breiter Spreite, deren Rand meist seicht buchtig ist, oberseits glänzend. Nebenblätter handförmig bis fiederig geteilt; Endabschnitt größer, ganzrandig. Die Blüten duften. Mai–Juli. 10–20 cm.

Vorkommen: Wächst oft auf kalkarmen, sandig-grusigen Böden mit hohem Lehmanteil, kommt in den Alpen aber meist auf humosen Kalkböden vor. Besiedelt magere, lückige Rasen. In der Steiermark, in den Vogesen und den Schweizer Nordwestalpen sehr selten.

Wissenswertes: ♃. Obschon Rassen des Gelben Stiefmütterchens sehr verschiedene Böden besiedeln, lassen sie sich gestaltlich nicht voneinander trennen.

Zweiblütiges Veilchen
Viola biflora

Ostalpen-Stiefmütterchen
Viola alpina

Gelbes Stiefmütterchen
Viola lutea

Gesporntes Stiefmütterchen
Viola calcarata

Wildes Stiefmütterchen

Viola tricolor L.
Veilchengewächse *Violaceae*

Beschreibung: Die Blüten stehen einzeln an den Blütenstielen. Blütenstiele 1–5 cm lang. Blüten gelb, blauviolett oder die beiden oberen Blütenblätter weißlich oder blauviolett und die unteren gelb bzw. blaugelb, 1–3 cm im größten Durchmesser. Seitliche Blütenblätter schräg aufwärts gerichtet, wie das untere Blütenblatt mit schwarzvioletten Längsstrichen. Kelchblätter mit den Anhängseln 0,7–1,5 cm lang. Stengel aufsteigend bis aufrecht, unten meist verzweigt. Untere Blätter rundlich, mittlere und obere eiförmig bis lanzettlich, am Rand unregelmäßig buchtig. Blattspreiten der mittleren Stengelblätter länger als 1 cm. Nebenblätter frei, tief fiederteilig; Endzipfel größer als die Seitenzipfel; diese höchstens doppelt so lang wie die ungeteilte Mitte des Nebenblatts. Mai–Oktober. 10–25 cm.

Vorkommen: Braucht nährstoffreichen Lehmboden. Böschungen, Wegraine. Im Tiefland östlich der Elbe zerstreut, sonst größeren Gebieten fehlend; selten.

Wissenswertes: ⊙. Neben der beschriebenen ssp. *tricolor* werden folgende Unterarten unterschieden: Ssp. *curtisii* (FORST.) SYME: Blüten blauviolett, Nebenblätter schmal. Selten auf Sandböden. – Ssp. *subalpina* (LATOURR.) GAUDIN: Blüten 2–3 cm lang, wohlriechend; Sporn um 5 mm lang. Höhere Mittelgebirge, Alpen, selten. – *V. tricolor* L. wird mit folgenden Kleinarten zur Sammelart *V. tricolor* agg. zusammengefaßt: *V. arvensis* MURRAY (s. Abb.): Blüten 1–1,5 cm, meist gelblich; Äcker; häufig. – *V. calaminaria* (DC.) LEJ.: Blüten 1,5–3 cm lang, gelb; Nebenblätter handförmig geteilt. Nur auf zinkhaltigen Böden bei Aachen. – *V. kitaibeliana* SCHULT.: Blüten 0,5–1 cm lang. Österreich, Schweiz; selten.

Wunder-Veilchen

Viola mirabilis L.
Veilchengewächse *Violaceae*

Beschreibung: Die Blüten stehen einzeln an den grundständigen Blütenstielen. Blütenstiele 2–10 cm lang. Blüten lila bis violett, 1,5–2,5 cm im größten Durchmesser. Seitliche Blütenblätter waagrecht abstehend oder leicht abwärts gerichtet, breit verkehrt-eiförmig, spitzkeilig in den Grund verschmälert, im Schlund bärtig; unteres Blütenblatt fast rundlich, im Schlund mit dunkelvioletten Adern. Sporn um 7 mm lang, dicklich, meist stumpf. Kelchblätter kahl oder am Rand behaart, mit den Anhängseln 0,8–1,5 cm lang. Neben den grundständigen Blütenstielen entwickeln sich stengelständig und später im Jahr Blüten, die sich nicht oder nur selten öffnen und meist grünlich-weiß bleiben; geöffnete Blüten gleichen den grundständigen Blüten, sind allerdings oft kleiner. Stengel entwickelt sich erst im Sommer. Erste Blätter daher alle grundständig, langstielig; Stiel – wie der Stengel – mit einer Haarreihe. Spreite zunächst tutenförmig eingerollt, aufrecht, nach der Entfaltung 3–10 cm lang und etwa ebenso breit, nierenförmig-herzförmig, flach gekerbt, unterseits auf den Nerven schütter borstig behaart. April–Juni. 10–25 cm.

Vorkommen: Braucht kalkhaltigen, nährstoffreichen Lehm- oder Tonboden mit ausgeprägter Mullauflage. Besiedelt lichte Eichenwälder an warmen Standorten. Fehlt im Tiefland, in den Mittelgebirgen mit kalkarmen Gesteinen, im Alpenvorland und in den Zentralalpen größeren Gebieten. Sonst selten, aber meist in kleineren, lockeren Beständen. Steigt in den Alpen nur örtlich über etwa 1000 m.

Wissenswertes: ♃. Früchte bilden meist nur die stengelständigen Blüten, und zwar durch Selbstbestäubung.

Frühjahrsform

Sand-Veilchen
Viola rupestris

Wunder-Veilchen
Viola mirabilis

Folgeform

Wildes Stiefmütterchen
Viola tricolor

Wald-Veilchen
Viola reichenbachiana

Sand-Veilchen

Viola rupestris F. W. SCHMIDT
Veilchengewächse *Violaceae*

Beschreibung: Blüten stengelständig, duftlos, einzeln an 2–5 cm langen Stielen; Blütenstiele im oberen Drittel sehr kurz behaart. Blüten blaßblau bis trüb blauviolett, selten rotviolett, 1–2 cm im größten Durchmesser. Seitliche Blütenblätter schräg abwärts gerichtet, am Grunde bärtig; unteres Blütenblatt länger als breit, am Grunde mit dunklen Adern; Sporn 5–8 mm lang. Kelchblätter mit den Anhängseln 5–7 mm lang. Stengel 1–6 cm lang, aufsteigend, flaumig behaart, oft etwas rötlich überlaufen. Blätter grundständig und stengelständig, flaumig behaart. Blattstiele meist kürzer als 2 cm. Blattspreite rundlich-eiförmig bis herz-nierenförmig, nur 1–2 cm lang und kaum breiter als lang, oberseits meist bläulich-grün, unterseits oft violett überlaufen; Rand fein gekerbt, selten fast ganzrandig; Blatt macht einen derben Eindruck. Nebenblätter etwa halb so lang wie der Blattstiel, 2–4mal so lang wie breit, schmal-eiförmig, spitz auslaufend, frei, mit nach vorn gerichteten Fransen, meist kahl. April–Juni. 3–8 cm.

Vorkommen: Braucht kalk- und humushaltigen Sandboden, geht auch auf Löß. Besiedelt lichte, trockene Wälder, trockene Gebüsche und Halbtrockenrasen. In den Sandgebieten zwischen Bingen und Schwetzingen, im Fränkischen Jura und im Alpenvorland – vor allem im Lechtal –, in den Nördlichen Kalkalpen und im südlichen Schweizer Jura selten; am Kaiserstuhl sehr selten; in den Zentralalpen, in Ober- und Niederösterreich zerstreut.

Wissenswertes: ♃. Das Verbreitungsgebiet des Sand-Veilchens erstreckt sich von Spanien und Frankreich bis nach Sibirien und auf die Halbinsel Kamtschatka.

Wald-Veilchen

Viola reichenbachiana JORD. ex BOREAU
Veilchengewächse *Violaceae*

Beschreibung: 1–3 1blütige Blütenstiele entspringen einzeln aus den Achseln der obersten Blätter; sie sind 3–10 cm lang. Blüten blauviolett, 1,5–2 cm im größten Durchmesser, von vorn gesehen höher als breit. Seitliche Blütenblätter schräg abwärts gerichtet; unteres Blütenblatt unterhalb der Mitte zunächst mit einem dunkler violetten Fleck, dann mit einem weißlichen Saftmal, das von dunkelvioletten Adern durchzogen wird; Sporn gerade, violett, allmählich in die abgestumpfte Spitze auslaufend. Stengel meist aufsteigend. Grundständige Blätter vorhanden. Alle Blätter so lang wie breit oder etwas länger als breit; Blattstiel 1–6 cm lang (selten länger); Spreite 2–4 cm lang und 1,5–2,5 cm breit, breit-eiförmig, mit herzförmigem Grund und gekerbt-stumpfzähnigem Rand. Nebenblätter schmal-lanzettlich, gefranst; untere Fransen länger als die ungeteilte Spreite des Nebenblattes breit ist. März–Mai. 10–20 cm.

Vorkommen: Braucht nährstoff- und humusreichen Lehmboden mit guter Mullauflage. Besiedelt mäßig dichte Wälder. Fehlt im Tiefland gebietsweise; sonst häufig und oft in lockeren, individuenreichen Beständen. Geht im Gebirge örtlich bis über 1500 m.

Wissenswertes: ♃. Ähnlich: Hain-Veilchen (*V. riviniana* RCHB.): Blüten 2–2,5 cm im größten Durchmesser, von vorn gesehen meist breiter als hoch; Sporn ausgesackt, weißlich, selten blaßviolett überlaufen. Untere Fransen der Nebenblätter kürzer als die ungeteilte Spreite des Nebenblattes breit ist. Wälder; auf eher kalkarmem Boden; häufig. Die beiden Arten wurden früher als Sippen einer Art (*V. sylvestris* LAM.) angesehen.

Veilchen *Viola*

Hunds-Veilchen

Viola canina L.
Veilchengewächse *Violaceae*

Beschreibung: 1–3 1blütige Blütenstiele
entspringen einzeln aus den Achseln der oberen
Blätter. Blüten blauviolett, 2–2,5 cm im größten
Durchmesser, von vorn gesehen etwa so hoch
wie breit. Seitliche Blütenblätter schräg abwärts
gerichtet; unteres Blütenblatt am Grund weißlich, von dunkelvioletten Adern durchzogen;
Sporn etwas aufwärts gebogen, gelblich bis grünlich. Stengel meist aufsteigend. Grundständige
Blätter fehlen; Blätter stengelständig. Blattspreite
2–3 cm lang und 1–2 cm breit (sehr selten können die Blätter auch noch größer sein), breit-eiförmig, am Grund herzförmig oder gestutzt, am
Rand gekerbt; Blätter wirken derb. Nebenblätter
der mittleren Stengelblätter $\frac{1}{5}$–$\frac{1}{3}$ so lang wie der
Blattstiel, gefranst; untere Fransen kürzer als die
ungeteilte Spreite des Nebenblatts breit ist.
April–Juni. 5–30 cm.

Vorkommen: Braucht nährstoff- und kalkarmen, trockenen Lehmboden. Besiedelt lichte
Wälder, Heiden und Halbtrockenrasen. Fehlt im
Tiefland kleineren Gebieten, in den niederschlagsreichen Mittelgebirgen sowie in den Mittelgebirgen mit kalkhaltigem Gestein, im Alpenvorland und in den Kalkalpen auch größeren Gebieten. Geht in den Alpen örtlich bis etwa
1800 m. Zerstreut.

Wissenswertes: ♃. Innerhalb der Art werden außer der beschriebenen ssp. *canina* folgende Unterarten abgegrenzt: Ssp. *montana* (L.)
HARTM.: Blüten höher als breit, hellblau; Sporn
gerade; Blätter länglich-eiförmig, spitz; auf wechselfeuchten Böden; selten. – Ssp. *schultzii* (BIL-
LOT) KIRSCHL.: Wie ssp. *montana*, aber Sporn
aufgebogen und am Ende ausgerandet; torfige
Böden; sehr selten.

Gräben-Veilchen

Viola persicifolia SCHREB.
Veilchengewächse *Violaceae*

Beschreibung: 1–5 1blütige Blütenstiele
entspringen einzeln aus den Achseln der oberen
Blätter. Blütenstiele kahl. Blüten weißlich-lila,
1–1,5 cm im größten Durchmesser. Seitliche Blütenblätter schräg abwärts gerichtet; unteres Blütenblatt am Grund mit intensiv lilafarbenen
Adern; Sporn grünlich, oft etwas gebogen.
Kelchblätter lanzettlich, spitz, mit großen, abge-
rundeten-quadratischen Anhängseln. Stengel
aufrecht, meist mehrfach verzweigt, kahl. Grundständige Blätter fehlen; Blätter stengelständig.
Blattstiel 0,5–3 cm lang, meist deutlich geflügelt.
Blattspreite 2–4 cm lang und 1–2 cm breit, gelbgrün, am Grunde gestutzt, kahl oder nur mit vereinzelten kurzen Haaren, am Rand fein gekerbt.
Nebenblätter der mittleren und oberen Blätter
breit-lanzettlich bis eiförmig, bis etwa 1 cm lang
und bis 3 mm breit, gezähnt oder mit vereinzelten Fransen, seltener ganzrandig. Mai–Juni.
10–25 cm.

Vorkommen: Braucht nassen, kalkarmen,
aber sonst eher basenreichen, leicht sauren, humosen oder torfigen Boden. Besiedelt Gräben
und Sumpfwiesen. Im Tiefland zwischen Weser
und Elbe sowie in Mecklenburg-Vorpommern
und Brandenburg selten; am Oberrhein (etwa bis
Bingen), am oberen Main, an der Donau zwischen Iller und Isar, im Schweizer Mittelland
und in Ober- und Niederösterreich sehr selten.
Zwischen Bodensee und Ammersee erloschen.

Wissenswertes: ♃. Das Gräben-Veilchen
bevorzugt eindeutig die großen Täler, ist also eine Stromtalpflanze. Es hat seine Standorte nacheiszeitlich – aus Osten kommend – besiedelt. Im
20. Jahrhundert ist es wegen „Melioration" von
vielen Standorten verschwunden.

Hohes Veilchen

Viola elatior FRIES
Veilchengewächse *Violaceae*

Beschreibung: 1–3 1blütige Blütenstiele entspringen einzeln aus den Achseln der oberen Blätter. Blütenstiele kurzhaarig. Blüten hellblau, 1,8–2,5 cm im größten Durchmesser. Seitliche Blütenblätter schräg abwärts gerichtet, unten stark bärtig; unteres Blütenblatt am Grund weißlich, von dunkelvioletten Adern durchzogen; Sporn gerade, grünlich. Stengel aufrecht, mit einer oder mehreren „Haarzeilen", auf denen – allerdings sehr kurze – Haare stehen. Grundständige Blätter fehlen; Blätter stengelständig. Blattspreite 3–7 cm lang und 1–2 cm breit, am Grunde gestutzt oder in den 2–4 cm langen, höchstens undeutlich geflügelten Stiel verschmälert, hellgrün, am Rande und auf den Nerven kurzhaarig, am Rand fein gekerbt. Nebenblätter der oberen Blätter so lang wie der Stiel des zugehörigen Blattes und etwa halb so breit wie die Spreite dieses Blattes, ganzrandig oder am Grund gezähnt. Mai–Juli. 20–50 cm.

Vorkommen: Braucht feuchten, ja nassen, kalkhaltigen Lehm- oder Tonboden. Besiedelt lichte Auwälder und Sumpfwiesen. An Mittel- und Oberrhein, am oberen Main, an der Donau zwischen Iller und Isar, im Elbe-Saale-Gebiet bis Magdeburg: selten; vereinzelt am Bodensee, in Franken, am Odenwald, im Alpenvorland und im Vorland des Schweizer Juras sowie um den Genfer See, in Kärnten und Steiermark.

Wissenswertes: ♃. Das Verbreitungsgebiet des Hohen Veilchens erstreckt sich bis Mittelsibirien und bis nach Nordfrankreich. Die in Mitteleuropa auf Feuchtbiotope spezialisierte Art hat möglicherweise in den letzten 100 Jahren manche ihrer vorher besiedelten Standorte durch „Meliorisationsmaßnahmen" verloren.

Niedriges Veilchen

Viola pumila CHAIX
Veilchengewächse *Violaceae*

Beschreibung: 1–3 1blütige Blütenstiele entspringen einzeln aus den Achseln der oberen Blätter. Blütenstiele kahl. Blüten meist blaßviolett, seltener violett, 1–1,5 cm im größten Durchmesser. Seitliche Blütenblätter schräg abwärts gerichtet; unteres Blütenblatt am Grund weißlich oder doch etwas heller als im vorderen Teil; alle Blütenblätter dunkelviolett geadert; Sporn gerade, nur 2–3 mm lang, heller als das untere Blütenblatt oder leicht grünlich. Kelchblätter kahl, mit den Anhängseln 6–9 mm lang. Stengel aufsteigend bis aufrecht, kahl. Grundständige Blätter fehlen; Blätter stengelständig, dunkelgrün. Blattspreite 2–3 cm lang und etwa 1 cm breit, breit-lanzettlich, meist deutlich keilförmig in den Blattstiel verschmälert, sehr selten mit leicht abgerundetem Blattgrund und kurzkeilig in den Blattstiel verlaufend; Blattstiel in der Regel deutlich geflügelt; Rand fein gekerbt, gegen die Spitze nicht selten fast ganzrandig. Nebenblätter der oberen Blätter etwa so lang wie der Blattstiel und ⅓ so breit wie die Spreite des zugehörigen Blattes, gezähnt oder ganzrandig. Mai–Juni. 5–15 cm.

Vorkommen: Braucht kalkarmen, nährstoffreichen, zeitweise feuchten Lehmboden, der humos oder torfig sein sollte. Besiedelt anmoorige oder wechseltrockene Wiesen. An Ober- und Mittelrhein (bis zur Nahe), von Bode, Unstrut und Saale bis zur Elbe, in Ober- und Niederösterreich sowie am Genfer See selten; vereinzelt im Schweizer Mittelland bis zum Bieler See; zwischen Main und Inn stark zurückgegangen.

Wissenswertes: ♃. Das Areal der Art erstreckt sich von Ostfrankreich bis nach Mittelsibirien.

Hunds-Veilchen
Viola canina

Gräben-Veilchen
Viola persicifolia

Hohes Veilchen
Viola elatior

Niedriges Veilchen
Viola pumila

273

Moor-Veilchen

Viola uliginosa BESS.
Veilchengewächse *Violaceae*

Beschreibung: Die Blüten stehen einzeln auf 5–12 cm langen Blütenstielen, von denen 1–3 pro Rosette in den Achseln von Grundblättern entspringen. Blüten violett, 2–3 cm im größten Durchmesser. Seitliche Blütenblätter schräg abwärts gerichtet, kahl oder schwach bärtig; Sporn 3–4 mm lang, dicklich, trüb hellviolett, leicht nach unten gebogen; alle Blütenblätter sind von dunkelvioletten Adern durchzogen. Kelchblätter schmal-eiförmig bis lanzettlich, mit kurzen, rundlichen Anhängseln. Ein oberirdischer Stengel fehlt. Grundblätter 2–10 cm lang gestielt; der Stiel bricht verhältnismäßig leicht ab; im oberen Teil ist er meist deutlich geflügelt. Blattspreite 2–6 cm lang und 1,5–4 cm breit, breit-eiförmig bis herzförmig, vorn meist abgestumpft, am Rand seicht gekerbt. Nebenblätter schmal-eiförmig bis lanzettlich, 0,5–1 cm lang, häutig, ganzrandig, fast bis zur Mitte mit dem Blattstiel verwachsen. März–April. 8–12 cm.

Vorkommen: Braucht torfig-schlickigen Boden. Besiedelt lichte Erlenbruchwälder und moorige Streuwiesen. Wahrscheinlich nur noch in der Lausitz vereinzelt; früher auch aus Thüringen angegeben. Angaben aus Österreich sind wohl unrichtig und beruhen auf Fehlbestimmungen; fehlt in der Schweiz.

Wissenswertes: ♃. Die sächsischen Standorte liegen an der Westgrenze des Areals. Viele früheren Standorte sind durch Entwässerung (Moore) bzw. durch intensivierte Nutzung (Streuwiesen) zerstört worden. – Ähnlich: Torf-Veilchen (*V. epsila* LEDEB.): Blüten 1,5–2 cm, Sporn 2–3mal so lang wie die Kelchanhängsel; meist 2 Blätter. Westgrenze: Ost-Holstein, Mecklenburg, Brandenburg; sehr selten.

Sumpf-Veilchen

Viola palustris L.
Veilchengewächse *Violaceae*

Beschreibung: Blüten einzeln auf 4–10 cm langen Blütenstielen, von denen 1–3 pro Rosette in den Achseln von Grundblättern entspringen. Blüten blaßlila, 1–1,5 cm im größten Durchmesser. Seitliche Blütenblätter schräg abwärts gerichtet, am Grunde kleinflächig bärtig; vor allem unterstes Blütenblatt dunkelviolett geadert; Sporn 3–5 mm lang, lila, gerade. Kelchblätter eiförmig, stumpflich, kahl, mit kurzen, rundlichen Anhängseln. Oberirdischer Stengel fehlt. Grundblätter 1–5 cm lang gestielt; Stiel nicht auffällig brüchig und höchstens ganz oben undeutlich geflügelt. Blattspreite 2–5 cm lang und 2,5–5,5 cm breit, rundlich-nierenförmig, kahl, am Rand gekerbt-gezähnt, hellgrün, oft lange etwas eingerollt, auf der Unterseite mit deutlich hervortretenden Adern. Nebenblätter etwa ¼ so lang wie der Stiel des zugehörigen Blattes, häutig-weiß, kahl, frei, am Rand mit sehr kurzen Fransen. Mai–Juni. 3–10 cm.

Vorkommen: Braucht nassen, sauren, humosen, nährstoffarmen, sandig-torfigen oder torfig-lehmigen Boden. Besiedelt Flach- und Hochmoore, Quellhorizonte und den Verlandungsbereich von Seen. Im Tiefland, in den niederschlagsreichen Mittelgebirgen mit kalkarmen Gesteinen, im Alpenvorland und in den Alpen zerstreut und an seinen Standorten oft in lockeren, nicht allzu individuenreichen Beständen. Fehlt in den Gebieten mit Kalkgestein größeren Gebieten. Geht in den Alpen bis etwa 2000 m.

Wissenswertes: ♃. Gelegentlich treten neben sehr hell lila blühenden Individuen auch vereinzelt echt albinotische Exemplare auf. Subspezifische Taxa lassen sich auf diesen Merkmalen aber nicht errichten.

Hügel-Veilchen
Viola collina

Moor-Veilchen
Viola uliginosa

Sumpf-Veilchen
Viola palustris

Rauhhaariges Veilchen
Viola hirta

Rauhhaariges Veilchen
Viola hirta L.
Veilchengewächse *Violaceae*

Beschreibung: Die Blüten stehen einzeln auf 3–12 cm langen Blütenstielen, von denen 1–12 pro Rosette in den Achseln von Grundblättern entspringen. Blüten hell oder intensiv blauviolett, 1,5–2 cm im größten Durchmesser. Seitliche Blütenblätter abwärts gerichtet, am Grund oft heller, aber kaum bärtig. Unterstes Blütenblatt dunkler violett geadert. Sporn 3–5 mm lang, an der Spitze aufwärts gebogen, violett. Kelchblätter mit den Anhängseln um 6 mm lang und etwa halb so breit, eiförmig, nur am Rande sehr kurzhaarig. Ein oberirdischer Stengel fehlt. Die im Frühjahr gebildeten Grundblätter sind 1–8 cm lang gestielt; Stiele der im Sommer gebildeten Grundblätter 5–20 cm lang; Spreiten der Frühjahrsblätter 1,5–4 cm lang und 1–3,5 cm breit, trübgrün bis leicht gelbgrün; Spreiten der Sommerblätter 4–10 cm lang und 2,5–6 cm breit; im Umriß sind die Spreiten breit-eiförmig bis herzförmig, stumpflich, am Rand regelmäßig und ziemlich grob gekerbt, zumindest jung schütter kurzhaarig, vor allem unterseits, oberseits rasch verkahlend. Nebenblätter lanzettlich, um 1 cm lang, 2–3 mm breit, häutig, ganzrandig oder kurz gefranst. März–Mai. 5–25 cm.

Vorkommen: Braucht kalkhaltigen Lehm-, Ton- oder Lößboden. Besiedelt lichte, trockene Wälder, Trockengebüsche und Halbtrockenrasen. Im Tiefland nur vereinzelt. Fehlt in den Mittelgebirgen mit kalkarmem Gestein und im Alpenvorland gebietsweise. Sonst zerstreut und meist in lockeren Beständen. Geht im Gebirge örtlich bis über 1500 m.

Wissenswertes: ♃. Die Samen des Rauhhaarigen Veilchens werden von Ameisen verschleppt und auf diese Weise verbreitet. So erklärt sich sein oft büschelig-rasiger Wuchs.

Hügel-Veilchen
Viola collina BESS.
Veilchengewächse *Violaceae*

Beschreibung: Blüten einzeln auf 4–6 cm langen Stielen, von denen 1–8 pro Rosette in den Achseln von Grundblättern entspringen. Blüten hell blauviolett, 1,2–1,7 cm im größten Durchmesser. Seitliche Blütenblätter abwärts gerichtet, am Grund oft heller, kaum bärtig. Unterstes Blütenblatt dunkler geadert. Sporn 2–4 mm lang, an der Spitze aufwärts gebogen, weißlich. Kelchblätter um 6 mm lang und etwa $\frac{1}{3}$ so breit, schmaleiförmig bis lanzettlich, unten auch auf der Fläche behaart. Ein oberirdischer Stengel fehlt. Frühjahrsblätter 1–4 cm lang gestielt; Stiele der Sommerblätter 5–12 cm lang; Spreiten der Frühjahrsblätter 1,5–4 cm lang und fast ebenso breit; Spreiten der Sommerblätter 2–6 cm lang und 1,5–4,5 cm breit; Spreiten im Umriß breit-eiförmig bis herzförmig, am Rand fein gekerbt, jung weichhaarig und unterseits auch später noch ziemlich dicht und fast wollig behaart. Nebenblätter lanzettlich, um 1 cm lang, stets mit zahlreichen Fransen. März–April. 5–10 cm.

Vorkommen: Braucht kalkhaltigen, lockeren Lehm- oder Lößboden. Besiedelt Trockenwälder und Trockengebüsche. Vereinzelt im nordhessischen Bergland, im Harz, in Thüringen, Sachsen-Anhalt, Sachsen, zwischen Mainz und Darmstadt, im Kaiserstuhl sowie im südlichen Schwäbischen Jura; im Fränkischen Jura und im Gebiet der Voralpenflüsse selten, desgleichen in Ober- und Niederösterreich, in der Steiermark, im Engadin, im Wallis und im Vorderrheintal.

Wissenswertes: ♃. Ähnlich: Westalpen-Veilchen (*V. thomasiana* PERR. & SONG.): Blüten lila bis weißlich; Sporn violett; Kelchblätter kaum 5 mm lang, fast kahl. Nur Süd- und Westalpen; selten.

Pyrenäen-Veilchen

Viola pyrenaica RAMOND ex DC.
Veilchengewächse *Violaceae*

Beschreibung: Die Blüten stehen einzeln auf 3–7 cm langen Blütenstielen, von denen 2–15 pro Rosette in den Achseln von Grundblättern entspringen. Blüten blaß blauviolett, lila oder hellblau, um 1,5 cm im größten Durchmesser. Seitliche Blütenblätter schräg abwärts gerichtet, am Grund kaum bärtig. Sporn 2–4 mm lang, an der Spitze leicht aufwärts gebogen, sehr blaß blauviolett oder weißlich. Kelchblätter mit den Anhängseln um 5 mm lang, knapp 2 mm breit, schmal-eiförmig, eindeutig kahl. Ein oberirdischer Stengel fehlt. Die im Frühjahr gebildeten Grundblätter sind 1–5 cm lang gestielt; Stiele der im Sommer gebildeten Grundblätter kaum länger, nur mit einzelnen, sehr kurzen (kaum 0,5 mm langen), anliegenden, rückwärts gerichteten Haaren, sonst kahl; Spreiten der Frühjahrsblätter 1–3 cm lang, breit-eiförmig, am Grund herzförmig, kahl, vorn spitzlich, am Rand seicht, aber ziemlich scharf gezähnt; Spreite der Sommerblätter glänzend. Nebenblätter lanzettlich, 0,5–1,5 cm lang. 2–4 mm breit, nur mit einzelnen, kurzen, oft drüsenkopfigen Fransen, höchstens am Rand schütter behaart, meist völlig kahl. Mai–Juli. 5–10 cm.

Vorkommen: Braucht feuchten, basenreichen, etwas stickstoffsalzhaltigen Lehmboden in halbschattiger Lage. Besiedelt lichte Wälder und Gebüsche, Hochstaudenfluren und Kuhlen unter überhängenden Felsen. Fehlt in Deutschland. Südlicher Schweizer Jura, Schweizer und Österreicher Nördliche Kalkalpen und Zentralalpen selten, großen Gebieten fehlend. Bevorzugt zwischen etwa 1000–1500 m.

Wissenswertes: ♃. Das Pyrenäen-Veilchen ist eine vorwiegend südeuropäische Gebirgspflanze (Pyrenäen bis Kaukasus).

Kornblumen-Veilchen

Viola suavis MB.
Veilchengewächse *Violaceae*

Beschreibung: Die duftenden Blüten stehen einzeln auf 4–12 cm langen Stielen, von denen 1–8 pro Rosette in den Achseln von Grundblättern entspringen. Blüten leuchtend blau, seltener dunkelblau, 2–2,5 cm im größten Durchmesser; seitliche Blütenblätter abwärts gerichtet, in der unteren Hälfte sehr hell bis fast weiß. Sporn 3–6 mm lang, meist gerade, violett. Kelchblätter mit den Anhängseln 6–9 mm lang, um 3 mm breit, kahl oder höchstens am Rand behaart. Ein oberirdischer Stengel fehlt. Aus der Hauptrosette entspringen oberirdische oder unterirdische Ausläufer, die ziemlich dick und bis zu 5 cm lang werden; an diesen Ausläufern entwickeln sich Tochterrosetten. Stiel der Frühjahrsblätter 3–10, der Sommerblätter zuweilen bis 15 cm lang; zumindest Stiel der Sommerblätter abstehend behaart; Spreite aller Blätter 3–9 cm lang und 2–7,5 cm breit, dunkelgrün, herz-eiförmig, vorne nur mäßig spitz zulaufend, schütter behaart oder kahl, am Rand regelmäßig gekerbt. Nebenblätter lanzettlich, 1–2,5 cm lang, 2–3 mm breit, mit kurzen oder längeren Fransen. März–April. 5–15 cm.

Vorkommen: Braucht kalk- und nährstoffreichen, steinig-lockeren Lehmboden in warmen Lagen. Besiedelt lichte Trockenwälder und Trockengebüsche, geht auch in feinerdereiche Mauerritzen. Schweizer Südwestalpen, Alpensüdfuß, Niederösterreich; selten.

Wissenswertes: ♃. Das Kornblumen-Veilchen ist vielgestaltig. Mehrere Sippen, die im Alpengebiet vorkommen, wurden als Arten beschrieben (z. B. *V. sepincola* JORD. oder *V. wolfiana* BECKER), gehören aber nach derzeit verbreiteter Ansicht eindeutig zu *V. suavis*. Das Hauptareal der Art liegt in der Ukraine.

März-Veilchen

Viola odorata L.
Veilchengewächse *Violaceae*

Beschreibung: Die duftenden Blüten stehen einzeln auf 2–6 cm langen Stielen, von denen 1–8 pro Rosette in den Achseln von Grundblättern entspringen. Blüten dunkel blauviolett, selten rosa oder weiß, 1,5–2 cm im größten Durchmesser; seitliche Blütenblätter abwärts gerichtet, am Grund bärtig; alle Blütenblätter, öfter aber nur die seitlichen oder nur das untere, am Grunde heller oder weißlich; Sporn 5–7 mm lang, meist gerade, dunkelviolett. Kelchblätter mit Anhängseln um 6 mm lang und 2–3 mm breit, meist kahl oder nur am Rand der Anhängsel behaart (Lupe!). Ein oberirdischer Stengel fehlt. Aus der Hauptrosette entspringen dünne, bis 20 cm lange oberirdische Ausläufer, die sich bewurzeln und an denen Tochterrosetten entstehen. Blattstiele 1–5 cm lang, vor allem auf den Kanten sehr kurzhaarig. Blattspreiten 1,5–3,5 cm lang, dunkelgrün, vorn oft abgerundet, breit herz-eiförmig bis rundlich, sehr schütter kurzhaarig bis – meist – kahl, regelmäßig gekerbt. Nebenblätter 1–1,5 cm lang und 3–4 mm breit, ganzrandig oder an der Spitze mit kurzen Fransen. Vom Rauhhaarigen Veilchen durch den Duft unterschieden; das Kornblumen-Veilchen dagegen hat um 2 mm dicke, allerhöchstens 10 cm lange Ausläufer. März–April. 3–10 cm.

Vorkommen: Braucht nährstoffreichen, etwas feuchten Lehmboden. Besiedelt Hecken und Rasen, vor allem in Siedlungsnähe. Fehlt im Tiefland, in den Mittelgebirgen mit rauhem Frühjahrsklima sowie im Alpenvorland und in den Alpen gebietsweise; sonst zerstreut und an seinen Standorten oft in kleinen, aber individuenreichen, dichten Beständen.

Wissenswertes: ♃ Alte Zierpflanze, wohl nur verwildert.

Weißes Veilchen

Viola alba BESS.
Veilchengewächse *Violaceae*

Beschreibung: Die duftenden Blüten stehen einzeln auf 2–6 cm langen Stielen, von denen 1–8 pro Rosette in den Achseln von Grundblättern entspringen. Blüten weiß oder – selten – sehr hell violett, 1,5–2 cm im größten Durchmesser. Sporn dick, 3–4 mm lang, stumpf, gelbgrün oder weißlich. Kelchblätter mit Anhängsel um 5 mm lang und 2–3 mm breit. Ein oberirdischer Stengel fehlt. Aus der Hauptrosette entspringen dünne, bis 20 cm lange, oberirdische Ausläufer, die sich bewurzeln und an denen Tochterrosetten entstehen. Blattstiele 2–10 cm lang, rückwärts abstehend behaart. Blattspreiten 2–6 cm lang und 1–5 cm breit, hellgrün, vorn meist mäßig spitz zulaufend, breit herz-eiförmig, sehr schütter behaart bis fast kahl, regelmäßig gekerbt. Nebenblätter 1–1,5 cm lang und um 2 mm breit, spitz, mit einigen langen Fransen, behaart. März–April. 3–10 cm.

Vorkommen: Braucht nährstoffreichen, kalkhaltigen Lehmboden in warmen, aber eher schattigen als sonnigen Lagen. Besiedelt etwas stickstoffbeeinflußte Waldränder, Gebüsche und siedlungsnahe Ödflächen. Vereinzelt an der Bergstraße, im Saargebiet, zwischen Karlsruhe und Baden-Baden, am südlichen Oberrhein, am Hochrhein, Bodensee und im Alpenvorland. Selten im Schweizer Jura, in nordalpinen Föhntälern, am Genfer See und am Alpensüdfuß; in Ober- und Niederösterreich, Kärnten und Steiermark selten.

Wissenswertes: ♃ Innerhalb der Art werden mehrere Unterarten unterschieden: Ssp. *scotophylla* (JORD.) GREMLI unterscheidet sich durch dunkelgrüne, unterseits oft violett überlaufene Blätter und den violetten Sporn; sie kommt vor allem südlich der Donau vor.

Kornblumen-Veilchen
Viola suavis

Pyrenäen-Veilchen
Viola pyrenaica

Weißes Veilchen
Viola alba

März-Veilchen
Viola odorata

279

Resedengewächse *Resedaceae* ▶

Wau *Reseda*

Kreuzblütengewächse *Brassicaceae* ▶

Knoblauchsrauke *Alliaria*
Rauke *Sisymbrium*

Färber-Wau

Reseda luteola L.
Resedengewächse *Resedaceae*

Beschreibung: Blüten stehen auf sehr kurzen Stielen in rutenförmigen, langen, reichblütigen Trauben. Blüten 3–7 mm im Durchmesser, hellgelb. Blütenblätter 4; das oberste, 4–5 mm lange Blütenblatt hat 4–5 Zipfel, die seitlichen haben 3 Zipfel; das unterste Blütenblatt ist meist ungeteilt. Kelchblätter 4, bis etwa 2 mm lang und um 1 mm breit, eiförmig. Staubblätter zahlreich. Stengel aufrecht, verzweigt, kahl. Blätter mit allmählich schmäler werdendem Grund sitzend, ungeteilt, schmal-lanzettlich, zum Teil etwas wellig-buchtig, aber ohne knorpelige Zähne. Juni–September. 0,5–1,5 m.

Vorkommen: Braucht nährstoffreichen, vorzugsweise kalkhaltigen, lockeren, oft etwas steinigen, trockenen Lehm- oder Tonboden. Besiedelt Wegränder, Dämme und Ödland in Gegenden mit warmem Klima. Fehlt im Tiefland, in den Mittelgebirgen mit kalkarmen Gesteinen, im Alpenvorland und in den Alpen größeren Gebieten; sonst selten.

Wissenswertes: ⊙. Die Heimat des Färber-Waus ist das Mittelmeergebiet. Er wurde seit der jüngeren Steinzeit offensichtlich als farbstoffliefernde Pflanze kultiviert. Man hat Reste des Färber-Waus in jungsteinzeitlichen Siedlungen im Schweizer Alpenvorland gefunden. Noch im letzten Jahrhundert wurde er großflächig vor allem in Frankreich und in Italien, aber auch in wärmeren Gegenden Deutschlands angebaut. Der Farbstoff Luteolin, ein Flavon, wurde durch Kochen aus den getrockneten Stengeln und Blättern extrahiert. Man kann mit ihm Seide lichtecht gelb bis olivgrün färben. Mit Tonerde gebeizte Wolle färbt sich ebenfalls; diese Färbung ist aber nicht lichtbeständig.

Gelber Wau

Reseda lutea L.
Resedengewächse *Resedaceae*

Beschreibung: Blüten stehen auf mindestens 5 mm langem Stiel in kopfig-lockeren, pyramiden-kegelartigen, mäßig reichblütigen Trauben am Ende des Stengels und – falls vorhanden – der Äste. Blüten 3,5–7 mm im Durchmesser, weißlich-gelb. Blütenblätter 6, die beiden oberen 3–5 mm lang, 3teilig, wobei der mittlere Zipfel deutlich kürzer ist. Die seitlichen und die unteren Blütenblätter sind ungeteilt oder haben nur einen kleinen, seitlichen Zipfel. Kelchblätter 6, gelegentlich auch 8, 2–3 mm lang, aber nur etwa 0,5 mm breit. Staubblätter zahlreich. Stengel aufrecht oder aufsteigend, oft verzweigt, kahl. Alle Blätter 3teilig oder fiederteilig, wobei die größeren Abschnitte oft nochmals mit 1–3 Zipfeln versehen sein können; Blattrand mit einzelnen, nur etwa 0,1 mm hohen, knorpeligen Zähnen. Mai–Oktober. 30–60 cm.

Vorkommen: Braucht nährstoffreichen, lockeren, steinigen oder sandigen Lehmboden, geht aber auch auf Grus oder Schotter. Besiedelt Ödland, Wegränder, Bahnschotter und grusige Wegränder. Fehlt im Tiefland und in den höheren Mittelgebirgen gebietsweise, wird allgemein nach Osten etwas seltener. Sonst zerstreut und oft in kleineren, individuenarmen, lockeren, aber auffälligen Beständen.

Wissenswertes: ⊙–24. Der Gelbe Wau enthält ebenfalls etwas Luteolin in Stengeln und Blättern. – Ähnlich: Rapunzel-Wau (*Reseda phyteuma* L.): Blüten grünlich-weiß; untere Blätter ungeteilt, obere 3lappig, mit dichtstehenden, knorpeligen Zähnen am Rand; Stengel aufsteigend bis aufrecht. Die Pflanze wird höchstens 40 cm hoch. Genfer See, Südtirol, Burgenland, Wiener Becken. Meist unbeständig.

Steife Rauke
Sisymbrium strictissimum

Knoblauchsrauke
Alliaria petiolata

Gelber Wau
Reseda lutea

Färber-Wau
Reseda luteola

Knoblauchsrauke

Alliaria petiolata (MB.) Cavara & Grande
Kreuzblütengewächse *Brassicaceae*
(Cruciferae)

Beschreibung: Die Blüten stehen in Trauben am Ende des Stengels und der oberen Äste. Trauben zunächst doldig abgeflacht, erst nach dem Verblühen sich streckend. Blüten 0,6–1 cm im Durchmesser, weiß. Blütenblätter 4, ganzrandig, breit verkehrt-eiförmig. Kelchblätter 4, blaßgrün oder weißhäutig. Fruchtknoten länglich; Frucht eine Schote, die 2–7 cm lang wird. Fruchtstiele aufrecht abstehend, 0,3–1 cm lang, etwa so dick wie die Früchte. Stengel aufrecht, meist unverzweigt oder nur im Bereich des Blütenstandes verzweigt, nur im unteren Teil schütter abstehend behaart. Untere Blätter lang gestielt, ungeteilt, nierenförmig bis herzförmig, mit Stiel bis 15 cm lang, stumpf gezähnt, sehr schütter und vor allem am Blattstiel behaart oder kahl. Obere Blätter kurz gestielt, spitz zulaufend und spitzer gezähnt als die unteren. Die Blätter riechen zerrieben auffallend nach Knoblauch (Name!). April–Juli. 15–90 cm.

Vorkommen: Braucht nährstoffreichen, besonders an Stickstoffsalzen reichen, lockeren, nicht allzu trockenen Lehmboden. Besiedelt – vor allem in Gegenden, in denen eine hohe Luftfeuchtigkeit herrscht – Gebüsche und Laubwälder sowie Auenwälder, geht aber auch auf stickstoffbeeinflußte Öd- und Schuttflächen, an Wegränder, Mauern und Zäune. Fehlt im Tiefland, im Alpenvorland gebietsweise und in den Gebirgslagen über etwa 1000 m fast durchweg. Sonst häufig und meist bestandsbildend; breitet sich derzeit wohl aus.

Wissenswertes: ☉-♃. Die Knoblauchsrauke enthält das Senfölglykosid Sinigrin, Allylsenföl und Diallyldisulfid; als Gewürz ist sie wenig empfehlenswert.

Steife Rauke

Sisymbrium strictissimum L.
Kreuzblütengewächse *Brassicaceae*
(Cruciferae)

Beschreibung: Blütenstand aus mehreren, traubig-doldigen Einzelblütenständen zusammengesetzt (wobei gelegentlich unreife Früchte vom unteren Teil der Traube die scheindoldigen Blüten überragen). Blüten 1,2–1,6 cm im Durchmesser, gelb. Blütenblätter 4, verkehrt-eiförmig, Kelchblätter 4; sie tragen unterhalb ihrer Spitze außen ein hornförmiges Gebilde. Fruchtknoten länglich; Frucht eine Schote, die 3–8 cm lang und nur etwa 1 mm dick wird. Die Früchte stehen aufrecht vom Stengel ab. Stengel aufrecht, im oberen Teil verzweigt, schütter mit abwärts gerichteten Haaren bestanden oder kahl. Blätter wechselständig, 3–8 cm lang und 1–3 cm breit, am Grunde in einen kurzen Stiel zusammengezogen, alle ungeteilt, lanzettlich bis schmal-eiförmig, spitz gezähnt bis fast ganzrandig, oberseits meist kahl, unterseits dicht behaart; oberste Blätter schmal, sitzend. Rhizom mit scharfem Meerrettichgeschmack. Juni. 0,5–1,5 m.

Vorkommen: Braucht nährstoffreiche, kalkhaltige, feuchte, tiefgründige, doch lockere und oft etwas sandige Lehmböden. Besiedelt Auenwälder, Gräben, Ufergebüsche und Waldwege, geht auch auf nasse Brachen. Bevorzugt Gegenden mit warmen Sommern. Vereinzelt am Mittellauf der Weser, an Main, Neckar und Donau, in warmen Tälern Savoyens, der Süd-, Südost- und Zentralalpen. Sehr selten.

Wissenswertes: ♃. Untersuchungen, die sich auf die Inhaltsstoffe der Steifen Rauke beziehen, sind uns nicht bekanntgeworden. In anderen Arten der Gattung sind indessen Senfölglykoside gefunden worden, die den scharfen Geschmack des Rhizoms nach Meerrettich erklären können.

Weg-Rauke

Sisymbrium officinale (L.) SCOP.
Kreuzblütengewächse *Brassicaceae*
(*Cruciferae*)

Beschreibung: Blütenstand aus vielen, sparrig vom Stengel abstehenden, blattlosen, fast ährenartigen Trauben gebildet, an denen die Blüten oben doldig angeordnet sind. Blüten 4–7 mm im Durchmesser, blaßgelb. Blütenblätter schmal verkehrt-eiförmig; Kelchblätter aufrecht, schmal-eiförmig, kaum 2 mm lang, etwas behaart. Fruchtknoten länglich; Frucht eine Schote, 1–1,5 cm lang, um 1 mm dick; Fruchtstiele 1–3 mm lang und etwa so dick wie die Früchte. Die Früchte liegen der Fruchtstandsachse dicht an, so daß diese rutenartig wirkt. Früchte und Fruchtstandsachse kurz, doch dicht abstehend behaart. Stengel aufrecht, rund, reich verzweigt, meist deutlich, selten nur schütter mit abwärts gerichteten Haaren bestanden. Grundständige Blätter und untere Stengelblätter gestielt, bis fast auf den Mittelnerv fiederig zerteilt, mit 3–9, in der Gestalt veränderlichen Abschnitten, die stumpf buchtig gezähnt und beidseits behaart sind; Endabschnitt der Blätter größer; obere Blätter oft ungeteilt oder mit nur 2–4 Abschnitten, kleiner. Mai–Oktober. 30–60 cm.

Vorkommen: Braucht stickstoffsalzreiche Lehm- oder Sandböden, die humusarm sein können. Besiedelt Wege, Schuttplätze und frische Ödflächen. Häufig, doch meist nicht bestandsbildend. Fehlt in den Mittelgebirgen und Alpen etwa oberhalb 1000 m.

Wissenswertes: ☉; (☠). Die Weg-Rauke enthält ein Senfölglykosid, aus dem hydrolytisch Allylsenföl freigesetzt werden kann, sowie Gerbstoffe. Möglicherweise kommen auch herzwirksame Glykoside vor. Von einer Verwendung ist daher abzuraten, da möglicherweise unerwünschte Nebenwirkungen auftreten könnten.

Lösels Rauke

Sisymbrium loeselii L.
Kreuzblütengewächse *Brassicaceae*
(*Cruciferae*)

Beschreibung: Blüten stehen am Ende des Stengels und der oberen Zweige in Trauben, und zwar am Traubenende halbkugelig gehäuft. Blüten 0,8–1,2 cm im Durchmesser, gelb. Blütenblätter 4, verkehrt-eiförmig. Kelchblätter 4, kaum 3 mm lang, oft schütter borstlich behaart, selten kahl, die beiden seitlichen unterhalb der Spitze mit einem kleinen, hornartigen Gebilde. Fruchtknoten länglich; Frucht eine Schote, die 2–3 cm lang, doch kaum 1 mm dick wird; sie ist zumindest schwach sichelig aufwärts gebogen. Der Fruchtstiel ist dünner als die Frucht; Früchte stehen fast waagrecht ab oder sind aufgebogen. Stengel kräftig, aufrecht, oben verzweigt, wie die Blätter ziemlich dicht mit 1–2 mm langen Haaren bestanden. Grundblätter zur Blütezeit meist fehlend. Stengelblätter schrotsägeförmig-fiederspaltig, mit 4–7 Abschnitten; Endabschnitt größer als die übrigen, 3eckig-eiförmig oder verlängert 3eckig-eiförmig, gezähnt, am Grunde oft spießförmig. Juni, Juli. 10–60 cm.

Vorkommen: Braucht nährstoffreichen, gut mit Stickstoffsalzen versorgten, lockeren Lehmboden, der nicht allzu dicht bewachsen sein sollte. Besiedelt Schuttplätze und Ödland, geht auch an Mauern und in Unkrautbestände an Wegen. Oder, Elbe, Unterweser, Ems, Mittel- und Niederrhein, Unterlauf des Mains und Regnitzbecken, Niederösterreich, Vorarlberg. Überall sehr selten und unbeständig. Tritt auch sonst in klimatisch begünstigten Gebieten in geringer Zahl und meist nur 1 Jahr lang auf.

Wissenswertes: ☉. Lösels Rauke hat ihre Hauptverbreitung in Osteuropa und Asien. Sie ist an ihren mitteleuropäischen Standorten wohl nur eingeschleppt.

Glanz-Rauke

Sisymbrium irio L.
Kreuzblütengewächse *Brassicaceae*
(Cruciferae)

Beschreibung: Blüten stehen am Ende des Stengels und der oberen Zweige in Trauben, und zwar am Traubenende gehäuft in einer flachen Scheindolde. Die unreifen Früchte vom unteren Teil der Traube überragen in der Regel die Scheindolden. Blüten 5–7 mm im Durchmesser, blaßgelb. Blütenblätter 4, schmal-spatelförmig. Kelchblätter 4, nur etwa 2 mm lang, aufrecht abstehend. Fruchtknoten länglich; Frucht eine Schote, die 3–4,5 cm lang, doch kaum 1 mm dick wird; sie ist oft – aber nicht immer – etwas gebogen. Der Fruchtstiel ist dünner als die Frucht, die er trägt; er wird 0,5–1 cm lang. Die Früchte stehen aufrecht von der Fruchtstandsachse ab. Stengel aufrecht, meist verzweigt, mehr oder weniger dicht mit abwärts gerichteten Haaren bestanden, zuweilen auch kahl, etwas kantig gestreift. Grundständige und untere Stengelblätter gestielt, bis fast auf den Mittelnerv fiederteilig, mit 5–13 schmal-eiförmigen, ganzrandigen oder buchtig gezähnten Abschnitten; Endabschnitt deutlich größer als die Seitenabschnitte. Mai–Juni. 10–50 cm.

Vorkommen: Braucht lockeren Sand- oder Lehmboden, der basen- und stickstoffsalzreich sein sollte. Besiedelt schuttige Stellen in Hafenanlagen und im Bereich von Güterbahnhöfen in Gegenden mit milden Wintern und trockenen und warmen Sommern. In Mitteleuropa nur unbeständig; gelegentlich gefunden z.B. im Rhein-Main-Gebiet, am Oberrhein, im Wallis, im Wiener Becken und am Alpensüdfuß.

Wissenswertes: ☉. Die Glanz-Rauke enthält – anders als manche anderen Arten der Gattung – in den Samen fette Öle, die relativ reich an Erucasäure sind.

Österreichische Rauke

Sisymbrium austriacum Jacq.
Kreuzblütengewächse *Brassicaceae*
(Cruciferae)

Beschreibung: Blüten stehen am Ende des Stengels und der oberen Zweige in Trauben, denen Tragblätter fehlen. Blüten stehen am Traubenende dichter, aber weder nahezu halbkugelig noch schirmförmig-scheindoldig angeordnet. Blüten 1,2–1,5 cm im Durchmesser, goldgelb. Blütenblätter 4, spatelig. Kelchblätter 4, um 4 mm lang, ohne hornförmiges Gebilde, an der Spitze meist mit einzelnen Haaren, sonst kahl, gelblich, aufrecht abstehend. Fruchtknoten länglich; Frucht eine Schote, die 2,5–6 cm lang, doch kaum 1 mm dick wird und die meist kahl ist. Fruchtstiel 0,5–1 cm lang, fast so dick wie die Frucht, deutlich gebogen (bei anderen Arten der Gattung meist gerade). Die Früchte stehen aufrecht ab oder sind schwach gegen die Fruchtstandsachse geneigt. Stengel aufrecht, verzweigt, kahl oder schütter behaart. Grundständige Blätter und untere Stengelblätter gestielt, wenig tief oder fast bis zum Mittelnerv (der oft weißlich ist) fiederteilig, mit 7–17 ganzrandigen oder gezähnten Abschnitten, die im Umriß 3eckig sind, wobei der Endabschnitt nicht größer ist, als es die Seitenabschnitte sind. Mai–Juni. 15–80 cm.

Vorkommen: Braucht kalkhaltigen, nährstoffreichen, steinigen Boden, der arm an Feinerde sein kann, aber sommerwarm sein sollte. Besiedelt Wegränder, Felsschutthalden und Mauern. Vereinzelt am Mittellauf von Weser, Main und Rhein sowie im Schwäbischen und Fränkischen Jura, bei Krems, südlich des Genfer Sees, im Wallis und am Alpensüdfuß, im Wiener Becken und am Wiener Schneeberg.

Wissenswertes: ☉; ☠. Enthält Senföle und – anders als die übrigen Arten der Gattung – herzwirksame Glykoside.

Glanz-Rauke
Sisymbrium irio

Lösels Rauke
Sisymbrium loeselii

Weg-Rauke
Sisymbrium officinale

Österreichische Rauke
Sisymbrium austriacum

Rauke *Sisymbrium*
Besenrauke *Descurainia*
Schmalwand *Arabidopsis*

Ungarische Rauke

Sisymbrium altissimum L.
Kreuzblütengewächse *Brassicaceae*
(*Cruciferae*)

Beschreibung: Blüten stehen am Ende des Stengels und der oberen Zweige in Trauben, wobei die jeweils obersten Blüten ziemlich dicht gedrängt halbkugelig am Ende der Blütenstandsachse angeordnet sind. Blüten 1–1,5 cm im Durchmesser, hellgelb, gegen Ende der Blütezeit fast weißlich-gelb. Blütenblätter 4, verkehrt-eiförmig. Kelchblätter 4, 3–5 mm lang, schmal-eiförmig, außen kahl, unterhalb der Spitze mit einem hornförmigen Gebilde. Fruchtknoten länglich; Frucht eine Schote, die 5–10 cm lang und gut 1 mm dick wird; sie ist kahl. Fruchtstiel 0,5–1 cm lang, etwa so dick wie die Schote. Die Früchte stehen aufrecht ab. Stengel aufrecht, meist verzweigt, unten schütter mit 1–3 mm langen Haaren bestanden, die waagrecht abstehen oder abwärts gerichtet sind. Grundständige Blätter und untere Stengelblätter gestielt, bis auf den Mittelnerv fiederteilig, mit 9–21 schmal-3eckigen und gezähnten Abschnitten, beidseits behaart; Endabschnitt deutlich größer als die Seitenabschnitte. Obere Blätter sitzend, fast kahl, mit Abschnitten, die kaum 1 mm breit sind (dies gilt auch für den Endabschnitt, der bei anderen Arten der Gattung breiter ist). Mai–Juli. 0,3–1 m.

Vorkommen: Braucht lockeren Sand- oder Kiesboden, der aber nährstoffreich, vor allem stickstoffsalzhaltig sein sollte. Besiedelt Schuttplätze, Wege und Dämme, vor allem im nordöstlichen Teil des Tieflands, im Nordteil der Mittelgebirge, im Rhein-Main-Gebiet, in der Fränkischen Alb und ihrem Vorland, in der Westschweiz und im Wiener Becken. Selten und meist unbeständig.

Wissenswertes: ☉. Die Samen enthalten reichlich Erucasäure.

Orientalische Rauke

Sisymbrium orientale L.
Kreuzblütengewächse *Brassicaceae*
(*Cruciferae*)

Beschreibung: Blüten stehen am Ende des Stengels und der oberen Zweige in Trauben, wobei die jeweils obersten Blüten ziemlich dicht gedrängt halbkugelig am Ende der Blütenstandsachse angeordnet sind. Blüten in der Traube ohne Tragblätter, 1,2–1,8 cm im Durchmesser, hellgelb, gegen Ende der Blütezeit weißlich werdend. Blütenblätter 4, eiförmig. Kelchblätter 4,4–5 mm lang, ohne hornförmiges Gebilde unterhalb der Spitze. Fruchtknoten länglich; Frucht eine Schote, die 4–10 cm lang und fast 2 mm dick wird; sie ist meist behaart, seltener fast kahl. Fruchtstiel 4–7 mm lang, fast so dick wie die Frucht, die er trägt. Die Früchte stehen aufrecht ab. Stengel aufrecht, verzweigt, mit zahlreichen, kaum 1 mm langen Haaren bestanden, die waagrecht abstehen oder abwärts gerichtet sind. Grundständige Blätter und untere Stengelblätter gestielt, bis fast auf den Mittelnerv fiederteilig, mit 3–9 verschieden gestalteten Abschnitten, die im Umriß etwa 3eckig sind und deren Rand buchtig gezähnt ist; Blätter beidseitig behaart. Endabschnitt größer. Obere Blätter kleiner und mit schmalem, am Grund zuweilen spießförmigem Endabschnitt. Juni–August. 30–60 cm.

Vorkommen: Braucht trockenen Lehmboden, der einigermaßen nährstoffreich sein sollte. Kommt sehr selten und unbeständig an Wegen und Dämmen im Umfeld von Verkehrswegen vor, an denen Güter aus dem Mittelmeerraum umgeschlagen werden. Wärmegebiete.

Wissenswertes: ☉. Enthält Senföle. Ähnlich: Wolga-Rauke (*S. volgense* MB. ex E. FOURN.): Blüten gelb, Fruchtstiel dünner als die Schote; obere Blätter ungeteilt. Gelegentlich eingeschleppt, unbeständig.

Ungarische Rauke
Sisymbrium altissimum

Besenrauke
Descurainia sophia

Orientalische Rauke
Sisymbrium orientale

Acker-Schmalwand
Arabidopsis thaliana

Besenrauke

Descurainia sophia (L.) Webb ex Prantl
Kreuzblütengewächse *Brassicaceae*
(Cruciferae)

Beschreibung: Die Blüten stehen am Ende des Stengels und der oberen Zweige in Trauben, wobei die jeweils obersten Blüten ziemlich dicht gedrängt halbkugelig am Ende der Blütenstandsachse angeordnet sind. Blüten ohne Tragblätter, 3–4 mm im Durchmesser, hellgelb oder grünlich-gelb. Blütenblätter 4, schmal-spatelig, zuweilen fehlend. Kelchblätter 4, sehr schmal eiförmig, Fruchtknoten länglich; Frucht eine Schote, die 1,5–2,5 cm lang und 0,5–1 mm dick wird. Fruchtstiel 0,5–1,5 cm lang, deutlich dünner als die ohnehin dünnen Schoten. Die Früchte stehen aufrecht ab und sind oft etwas sichelförmig einwärts gebogen. Stengel aufrecht, nur im oberen Teil verzweigt, zerstreut kurzhaarig; Haare sparrig verzweigt (Lupe!). Blätter 2–3fach fiederteilig, mit sehr schmalen, lanzettlichen, fast linealen Zipfeln (Endzipfel nicht größer als die seitlichen), dicht mit verzweigten Haaren bestanden, daher oft gräulich. Mai–Juli. 20–80 cm.

Vorkommen: Braucht nährstoffreichen, lockeren, steinigen oder sandigen Lehm- oder Lößboden. Besiedelt Schuttplätze, Wegränder und Mauern. Wärmeliebend. Fehlt im westlichen Teil des Tieflands, in den Mittelgebirgen im Südwesten der Bundesrepublik und im Alpenvorland größeren Gebieten. In der Pfalz, im östlichen Teil des Tieflandes und der Mittelgebirge der Zentralalpen und am Alpensüdfuß zerstreut.

Wissenswertes: ☉. Die Besenrauke führt in ihren zahlreichen, aber ziemlich kleinen Samen fettes Öl, in dem Erucasäure in Konzentrationen vorkommt, wie sie auch bei vielen verwandten Arten anzutreffen sind. Die Gattung wurde zu Ehren des französischen Apothekers F. Descuraine (1658–1740) benannt.

Acker-Schmalwand

Arabidopsis thaliana (L.) Heynh.
Kreuzblütengewächse *Brassicaceae*
(Cruciferae)

Beschreibung: Blüten stehen am Ende des Stengels und der Zweige in Trauben, wobei die obersten Blüten ziemlich dicht scheindoldig an der Blütenstandsachse angeordnet sind. Blüten 4–7 mm im Durchmesser (ausgebreitet gemessen), weiß. 4 Blütenblätter, schmal-keilförmig, an der Spitze abgerundet. Kelchblätter 4, kaum 2 mm lang, schmal-eiförmig. Oft nur 4 Staubblätter ausgebildet. Fruchtknoten länglich; Frucht eine Schote, die 1–2 cm lang und 0,5–1 mm dick wird. Fruchtstiele waagrecht bis aufrecht abstehend, kahl, 4–8 mm lang und deutlich dünner als die Schote, die sie tragen. Schoten oft etwas nach oben gebogen. Stengel aufrecht, oft verzweigt. Grundständige Blätter in einer Rosette, bis 3 cm lang und kaum 1 cm breit, schmal-eiförmig, meist ganzrandig oder schwach buchtig gezähnt, mehr oder weniger dicht mit gabeligen Haaren besetzt (Lupe!), am Blattgrund und am Blattstiel mit einfachen, wimperartigen Haaren. Stengelblätter sitzend, lanzettlich-lineal, ganzrandig, fast kahl. April–Mai. 5–30 cm.

Vorkommen: Braucht kalkarmen, doch nährstoffreichen, vor allem stickstoffsalzhaltigen Boden, der locker und sandig oder steinig-lehmig sein sollte. Bevorzugt Gegenden mit warmen Sommern. Besiedelt dort Mauern, Wegränder, Ödland, lückige, magere Rasen, auch gelegentlich in Unkrautgesellschaften auf Äckern. Ursprüngliche Heimat: Mittelmeergebiet. Heute in fast ganz Mitteleuropa. Fehlt allerdings in den Gegenden mit kalkhaltigem Gestein gebietsweise, in den Alpen fast durchweg. Sonst zerstreut.

Wissenswertes: ☉. Benannt nach dem Arzt J. Thal (1542–1583); er publizierte die erste Flora des Harzes.

Orientalisches Zackenschötchen

Bunias orientalis L.
Kreuzblütengewächse *Brassicaceae* (*Cruciferae*)

Beschreibung: Blüten stehen am Ende des Stengels und der oberen Zweige in dichten, reichblütigen Trauben. Blüten ohne Tragblätter, 0,6–1 cm im Durchmesser, gelb. Blütenblätter 4, verkehrt-eiförmig, abgerundet, ziemlich abrupt in den schmalen, viel helleren Nagel verschmälert. Kelchblätter 4, 3 mm lang, eiförmig, kahl, mit weißem Hautrand. Fruchtknoten flaschenförmig; Frucht ein Schötchen, das 5–9 mm lang wird, eiförmig, verkehrt-birnförmig, ja fast rundlich aussieht, oben einen schiefen Griffel trägt und das runzelig bzw. unregelmäßig höckerig ist. Fruchtstiel 1–1,5 cm lang, aufrecht abstehend. Stengel aufrecht, nur oben verzweigt. Grundständige Blätter im Umriß lanzettlich, gestielt, bis 40 cm lang, bis zum Mittelnerv fiederig geteilt; Abschnitte gezähnt. Stengelblätter nach oben kleiner werdend, weniger geteilt, oberste zuweilen ganzrandig. Mai–August. 0,3–1,2 m.

Vorkommen: Braucht nährstoff-, besonders stickstoffsalzreichen, lehmigen oder tonigen Boden, der indessen nicht verfestigt sein sollte und steinig sein kann. Besiedelt Bahngelände, Ödland aller Art, Schuttplätze, Wegränder und Dämme, geht aber auch in Kleeäcker. Im Tiefland nur vereinzelt; in den Mittelgebirgen mit kalkhaltigen Gesteinen und im Alpenvorland sehr selten und gebietsweise fehlend. Fehlt oberhalb von 800 m.

Wissenswertes: ☉–♃. Das Orientalische Zackenschötchen wurde früher gelegentlich als Futterpflanze angebaut, möglicherweise auch als Salatpflanze genutzt. Manche der heutigen Vorkommen dürften auf Verwilderungen aus solchem Anbau zurückzuführen sein.

Flügel-Zackenschötchen

Bunias erucago L.
Kreuzblütengewächse *Brassicaceae* (*Cruciferae*)

Beschreibung: Blüten stehen am Ende des Stengels und der oberen Zweige in ziemlich armblütigen, lockeren Trauben. Unterste Blüten zuweilen mit einem Tragblatt. Blüten 0,8–1,4 cm im Durchmesser, gelb. Blütenblätter 4, keilförmig und vorne gestutzt oder sogar schwach ausgerandet, allmählich in den Nagel verschmälert. Kelchblätter 4, 3–5 mm lang, gelblich-grün, spärlich behaart. Fruchtknoten flaschenförmig; Frucht ein Schötchen, das 0,8–1,2 cm lang wird (mit Griffel gemessen, der 3–5 mm lang sein kann); Frucht mit 4 deutlich ausgebildeten, gezackten Flügeln (Name der Gattung!). Fruchtstiel 2–4 cm lang. Die reifen Früchte stehen mehr oder weniger waagerecht von der Fruchtstandsachse ab. Stengel aufrecht, verzweigt, mit zahlreichen Drüsenhaaren. Grundständige Blätter im Umriß lanzettlich, gestielt, bis 15 cm lang und meist bis zum Mittelnerv fiederig geteilt; Abschnitte schmal 3eckig, gezähnt. Stengelblätter nach oben kleiner werdend, weniger geteilt, die obersten meist ganzrandig. Mai–Juli. 20–70 cm.

Vorkommen: Braucht nährstoff- und besonders stickstoffsalzreichen Tonboden, der durchaus etwas verfestigt sein kann, der aber eher trocken und nicht längere Zeit hindurch naß und verquollen sein sollte. Besiedelt Schuttstellen, Ödland und Wegränder. Kommt im zentralen Mitteleuropa meist nur vorübergehend verschleppt vor, in Niederösterreich indessen beständig, seltener in Oberösterreich und in der Steiermark, desgleichen im Gebiet des Genfer Sees, im Wallis und am Alpensüdfuß. Hauptverbreitung im Mittelmeergebiet.

Wissenswertes: ☉. Die Samen enthalten etwas Sinapin.

Färber-Waid

Isatis tinctoria L.
Kreuzblütengewächse *Brassicaceae*
(Cruciferae)

Beschreibung: Blütenstand besteht aus zahlreichen Trauben, die am Ende des Stengels zu einem ausladenden Gesamtblütenstand vereinigt sind. Blüten in den Trauben tragblattlos, 4–8 mm im Durchmesser, gelb. Blütenblätter 4, spatelig-zungenförmig, an der Spitze abgerundet. Kelchblätter 4, gelblich-grün, schmal-eiförmig. Fruchtknoten keulenförmig-flach; Frucht ein Schötchen, 0,8–2 cm lang und 3–7 mm breit, nach dem Grunde zu allmählich verschmälert, an einem 5–8 mm langen, unter dem Fruchtansatz verdickten Stiel hängend. Stengel aufrecht, oben verzweigt und hier kahl, unten mit einzelnen Haaren. Blätter blaugrün, meist ganzrandig, in der Regel kahl, spätgebildete Blätter zuweilen behaart. Unterste Blätter zur Blütezeit meist abgestorben. Mai–Juli. 0,3–1,5 m.

Vorkommen: Braucht nährstoff- und kalkreichen Boden, der steinig sein darf und im Sommer gut erwärmt werden muß. Besiedelt Wegränder, Dämme, Bahnschotter, Steinschutthalden, geht auch gelegentlich in Trockenrasen und trockene Gebüsche. Kommt fast nur im Weinbaugebiet mit kalkhaltigen Böden und an den wärmsten Hängen im südlichen Teil des Schwäbischen und Fränkischen Jura vor, desgleichen im südlichen Schweizer Jura, im Wallis, am Alpensüdfuß und in Niederösterreich. Selten, aber an seinen Standorten oft in individuenreichen, doch lockeren Beständen.

Wissenswertes: ⊙; (☠). Enthält das Glykosid Indican, aus dem früher der Farbstoff Indigo gewonnen wurde. *I. tinctoria* L. wird mit dem südosteuropäischen *I. praecox* KIT. ex TRATT. (reife Frucht breit verkehrt-eiförmig) zu *I. tinctoria* agg. zusammengefaßt.

Gewöhnliche Nachtviole

Hesperis matronalis L.
Kreuzblütengewächse *Brassicaceae*
(Cruciferae)

Beschreibung: Blütenstand besteht meist aus mehreren Trauben. Blüten ohne Tragblätter, 1,5–2,5 cm im Durchmesser (ausgebreitet gemessen), violett, purpurrot, seltener lila oder weiß. Blütenblätter 4, breit verkehrt-eiförmig, vorne abgestumpft oder flach ausgerandet und in der Mitte oft mit einem Spitzchen. Kelchblätter 4, länglich, violett mit einer grünen Spitze. Fruchtknoten länglich; Frucht eine Schote, 3–10 cm lang, 1–2 mm dick, mit einem 1–4 mm langen Griffel. Fruchtstiel 1–3 cm lang, aufrecht abstehend. Stengel aufrecht, gelegentlich einfach, meist aber verzweigt, kahl oder behaart. Grundständige Blätter eiförmig-lanzettlich, bis 15 cm lang, kurz gestielt, buchtig gezähnt oder ganzrandig, beidseitig kurz behaart. April–Juli. 40–80 cm.

Vorkommen: Braucht nährstoffreichen, etwas feuchten, lockeren, steinig-sandigen und humosen Lehmboden. Kommt in Auenwäldern, an feuchten und lichten Stellen in Laubwäldern, an Wegrändern und gelegentlich auf Ödland vor. Fehlt im Tiefland fast überall, ebenso gebietsweise in den höheren Mittelgebirgslagen und in den Mittelgebirgen mit kalkarmen Gesteinen. Fehlt in den Alpen oberhalb etwa 800 m. Sonst selten, aber oft in kleineren Beständen. Meist aus Gärten verwildert.

Wissenswertes: ⊙–⑂. *H. matronalis* L. wird unter anderem mit *H. sylvestris* CR. (Pflanze drüsig-klebrig; Heimat Südosteuropa; vereinzelt aus Gärten verwildert) zur Sammelart *H. matronalis* agg. zusammengefaßt. – Verwandt: Trübe Nachtviole (*H. tristis* L.): Blüten grünlich, violett geadert. Heimat: Schwarzmeergebiet; Vorposten im Burgenland und in Niederösterreich, westwärts bis zum Wienerwald.

**Orientalisches
Zackenschötchen**
Bunias orientalis

**Gewöhnliche
Nachtviole**
Hesperis matronalis

Färber-Waid
Isatis tinctoria

Flügel-Zackenschötchen
Bunias erucago

Mittleres Barbarakraut

Barbarea intermedia BOREAU
Kreuzblütengewächse *Brassicaceae*
(*Cruciferae*)

Beschreibung: Blüten stehen in einer kurzen, nur mäßig lockeren und daher nur angedeutet kopfig wirkenden Traube. Blüten 4–8 mm im Durchmesser, hellgelb. Blütenblätter 4, verkehrt-eiförmig bis keilig. Kelchblätter 4, eiförmig, hellgrün. Fruchtknoten länglich; Frucht eine Schote, 1,5–4 cm lang und um 2 mm dick. Griffel der Schote 1–2 mm lang, wenig scharf von der Schote abgesetzt. Stengel aufrecht, einfach oder verzweigt, kahl. Grundblätter rosettig angeordnet, unpaarig gefiedert; mit 2–12 unregelmäßig eiförmigen seitlichen Teilblättchen; unterste der seitlichen Teilblättchen meist am kleinsten; Endblättchen viel größer als die Seitenblättchen. Am Rand des Blattstiels können einzelne Haare stehen, die zwar kürzer als 1 mm bleiben, aber trotzdem auffallen. Stengelblätter bis zum Mittelnerv fiederteilig, mit 2–10 lanzettlichen seitlichen Fiedern; untere Stengelblätter mit 2 Zipfeln stengelumfassend, obere oft ohne solche Zipfel. April–Mai. 30–60 cm.

Vorkommen: Braucht nährstoffreichen, stickstoffsalzhaltigen, zumindest mäßig feuchten Boden, der im übrigen sandig, lehmig oder tonig sein kann. Besiedelt Ufer, Ödland und Wege, geht aber auch auf Äcker und – seltener – in Gärten. Frostempfindlich, kommt daher vorwiegend linksrheinisch vor; hier selten. Sehr selten in Schleswig-Holstein, am Unterlauf von Elbe, Weser und Ems, im Weserbergland, am mittleren Neckar und im Alpenvorland, desgleichen im mittleren Schweizer Jura, im Wallis und am Alpensüdfuß (nach Osten bis etwa zum Aostatal).

Wissenswertes: ⊙. Das Mittlere Barbarakraut ist hauptsächlich in Westeuropa verbreitet.

Frühlings-Barbarakraut

Barbarea verna (MILL.) ASCH.
Kreuzblütengewächse *Brassicaceae*
(*Cruciferae*)

Beschreibung: Blüten stehen in einer kurzen, lockeren Traube. Blüten 5–9 mm im Durchmesser (ausgebreitet gemessen), gelb. Blütenblätter 4, verkehrt-eiförmig bis keilig. Kelchblätter 4, eiförmig, hellgrün. Fruchtknoten länglich; Frucht eine Schote, 4–7 cm lang und um 2 mm dick. Griffel der Schote 1–2 mm lang, wenig scharf von der Schote abgesetzt. Stengel aufrecht, einfach oder verzweigt, kahl. Grundblätter rosettig angeordnet, unpaarig gefiedert bzw. fiederteilig eingeschnitten; mit 6–20 unregelmäßig geformten, länglich-eiförmigen Teilblättchen bzw. Fiedern. Endblättchen viel größer als die Seitenblättchen. Am Rand des Blattstiels können einzelne Haare stehen, die zwar kürzer als 1 mm bleiben, aber trotzdem auffallen. Stengelblätter bis zum Mittelnerv fiederteilig, mit 2–12 lanzettlichen seitlichen Fiedern; untere Stengelblätter mit 2 Zipfeln stengelumfassend, obere oft ohne solche Zipfel. April–Juni. 10–75 cm.

Vorkommen: Braucht nährstoffreichen, vor allem stickstoffsalzhaltigen, feuchten, lockeren, oft steindurchsetzten Boden, der sandig, lehmig oder tonig sein kann. Besiedelt vor allem Ödland und Wegränder. In Mitteleuropa nur verwildert und unbeständig, z. B. am Oberrhein und in der Westschweiz.

Wissenswertes: ⊙. Das Frühlings-Barbarakraut wurde früher in den Marschen der Tiefebene als Ölpflanze angebaut. In diesem Anbaugebiet hat sich die Pflanze, die ursprünglich wohl im südlichen Westeuropa beheimatet gewesen sein dürfte, nicht gehalten. Die Funde im Oberrheingebiet sind wahrscheinlich durch Einschleppungen aus Frankreich zu erklären.

**Mittleres
Barbarakraut**
Barbarea intermedia

**Frühlings-
Barbarakraut**
Barbarea verna

Echtes Barbarakraut
Barbarea vulgaris

Steifes Barbarakraut
Barbarea stricta

Steifes Barbarakraut
Barbarea stricta ANDRZ. ex BESS.
Kreuzblütengewächse *Brassicaceae*
(Cruciferae)

Beschreibung: Blüten stehen in einer verlängerten, ziemlich dichten und an der Spitze angedeutet doldig eingeebneten Traube. Blüten 3–7 mm im Durchmesser (ausgebreitet gemessen), hellgelb. Blütenblätter 4, verkehrt-eiförmig bis keilig. Kelchblätter 4, hellgrün, an der Spitze mit sehr kurzen, aber mit der Lupe deutlich erkennbaren Haaren (sicheres Erkennungszeichen!). Fruchtknoten länglich; Frucht eine Schote, 2–3 cm lang und knapp 2 mm dick. Griffel der Schote um 1 mm lang, wenig scharf von der Schote abgesetzt. Stengel aufrecht, einfach oder verzweigt, kahl. Grundblätter rosettig angeordnet, unpaarig gefiedert, mit nur 2–4 seitlichen Teilblättchen. Endblättchen viel größer als die Seitenblättchen. Untere Stengelblätter mehr oder weniger tief fiederteilig, mit oft nur 2 seitlichen Fiedern. Obere Stengelblätter meist ungeteilt und höchstens doppelt so lang wie breit. Rand der oberen Stengelblätter meist grobzipfelig stumpf gezähnt. April–Juni. 20–90 cm.
Vorkommen: Braucht nassen, zumindest zeitweilig überfluteten, nährstoff- und kalkreichen, lehmigen Boden. Besiedelt vor allem Ufer an Gräben, Bächen und Flüssen, geht hier auch ins Ufergebüsch, seltener auf nasses, stickstoffsalzhaltiges Ödland oder an nasse Wege. Kommt sehr selten im Tiefland westlich der Elbe, am Mittelrhein, am unteren und mittleren Main, am unteren Neckar sowie an Isar, Lech und Donau (bis Passau) vor; selten im österreichischen Donauraum, zerstreut in Schleswig-Holstein sowie zwischen Elbe und Oder.
Wissenswertes: ⊙. Das Hauptverbreitungsgebiet des Steifen Barbarakrauts liegt in Osteuropa und Westasien.

Echtes Barbarakraut
Barbarea vulgaris R. BR.
Kreuzblütengewächse *Brassicaceae*
(Cruciferae)

Beschreibung: Blüten stehen in einer kurzen, dichten, ausgeprägt kopfig wirkenden Traube, die sich allerdings gegen Ende der Blütezeit verlängert und auflockert. Blüten 4–9 mm im Durchmesser (ausgebreitet gemessen), goldgelb. Blütenblätter 4, verkehrt-eiförmig bis keilig. Kelchblätter 4, hellgrün. Fruchtknoten länglich; Frucht eine Schote, 1,5–2,5 cm lang und knapp 2 mm dick. Griffel der Schote um 2 mm lang und gut erkennbar gegen die Schote abgesetzt. Stengel aufrecht, einfach oder verzweigt, kahl. Grundblätter rosettig angeordnet, unpaarig gefiedert, mit 2–10 unregelmäßig eiförmigen seitlichen Teilblättchen; Endblättchen viel größer als die Seitenblättchen. Blätter kahl. Zumindest oberste Stengelblätter ungeteilt, mit etwas buchtig-seicht gezähnt-gekerbtem Rand, meist auffallend dunkelgrün. April–Juli. 20–90 cm.
Vorkommen: Braucht zumindest mäßig feuchten, basen- und stickstoffsalzreichen Boden, der lehmig, aber zugleich locker sein sollte. Besiedelt Ufer an Gräben, Bächen und Flüssen, Wegränder, geht aber auch auf lichte Stellen in Wäldern und im Ufergebüsch sowie ins Röhricht an Seen. Häufig, doch meist nur in individuenarmen, lockeren Beständen; fehlt im westlichen Teil des Tieflands kleineren Gebieten.
Wissenswertes: ⊙. Aus den Blättern des Echten Barbarakrauts hat man früher Wildsalat zubereitet. Angaben über Inhaltsstoffe haben wir nicht gefunden; das Barbarakraut dürfte Senfölglykoside enthalten. Unklar ist, ob daneben – wie bei anderen Kreuzblütengewächsen – auch Vitamin C vorkommt; doch ist dies wahrscheinlich. Eine Teilung der Art in Unterarten ist schwierig und hat sich nicht durchgesetzt.

Schnabelschötchen *Euclidium*
Gänsesterbe *Erysimum*

Schnabelschötchen

Euclidium syriacum (L.) R. Br.
Kreuzblütengewächse *Brassicaceae*
(Cruciferae)

Beschreibung: Zahlreiche Blüten stehen in dichten Trauben auf dicken, kaum 1 mm langen, behaarten Stielen (Lupe!). Blüten um 2 mm im Durchmesser, weiß. Blütenblätter 4, schmal-lanzettlich bis sehr schmal eiförmig, vorn abgerundet, seltener abgestutzt. Kelchblätter 4, kaum 1 mm lang, eiförmig, weiß-hautrandig, oft violett überlaufen, behaart. Fruchtstand – verglichen mit dem Blütenstand – stark verlängert; Früchte eiförmig-kugelig, behaart, 2fächerig; Fächer 1samig. Stengel aufrecht, ziemlich verzweigt, kantig, behaart; Haare sowohl einfach als auch gabelig (Starke Lupe! Gutes Kennzeichen!). Keine Grundblattrosette; Stengelblätter wechselständig, untere schmal verkehrt-eiförmig, stumpflich, in den Blattstiel verschmälert, ganzrandig oder nur undeutlich gezähnt, beidseitig behaart (Haare meist gegabelt, seltener einfach oder sowohl einfach als auch gegabelt; starke Lupe!); obere Stengelblätter schmal-lanzettlich, deutlicher zugespitzt als die unteren, in den Blattgrund verschmälert. April–Mai. 20–35 cm.

Vorkommen: Braucht trockenen, zumindest mäßig stickstoffsalzreichen Boden, der im übrigen sandig, lehmig oder tonig sein kann. Besiedelt ortsnahes Ödland, Wegränder, Raine, seltener Brachen, Äcker oder lückig-rasige Weiden. Erreicht in Tschechien, in der Slowakei, in Niederösterreich und im Burgenland die Westgrenze seines Verbreitungsgebiets. Auch dort selten; sporadisch westlich davon.

Wissenswertes: ☉. Das Hauptverbreitungsgebiet des Schnabelschötchens liegt in Osteuropa und Kleinasien. Es erstreckt sich von der Wolga bis nach Afghanistan und reicht von dort über den Iran nach Syrien.

Gänsesterbe

Erysimum crepidifolium Rchb.
Kreuzblütengewächse *Brassicaceae*
(Cruciferae)

Beschreibung: Blüten stehen am Ende des Stengels und (der nur selten vorhandenen) oberen Zweige in nur mäßig reichblütigen, oben ziemlich dichten Trauben. Blüten tragblattlos, 0,8–1,5 cm im Durchmesser, leuchtend hellgelb. Blütenblätter 4, verkehrt-eiförmig, vorn abgerundet, rasch in den Nagel verschmälert. Kelchblätter 4, 6–9 mm lang, länglich, gelblich-grün, etwas behaart, unmittelbar an der Spitze weiß-hautrandig. Fruchtknoten länglich; Frucht eine Schote, 2,5–6 cm lang und um 1 mm dick, undeutlich 4kantig, Griffel mit polsterartiger Narbe, über den Samen höckerig, auf den Kanten und auf den Flächen mäßig behaart. Stengel aufrecht oder aufsteigend, einfach oder verzweigt, an der Basis zuweilen verholzt, unten oft rötlich überlaufen, kantig, behaart. Neben dem Stengel in der Regel keine sterilen Blattrosetten. Untere Stengelblätter buchtig gezähnt; Zähne lang und ungleichmäßig. April–Juli. 15–60 cm.

Vorkommen: Braucht flachgründigen, steinigen, kalkreichen Boden, der feinerdearm sein kann. Besiedelt Felsspalten und steinige Trockenrasen in Gegenden mit warmen Sommern. Mit großen Lücken von der Pfalz bis Westbayern und Thüringen, Süd-Sachsen-Anhalt und Mittelsachsen; überall sehr selten, aber örtlich in kleinen, lockeren Beständen.

Wissenswertes: ☉-♃; ☠. Enthält in den Samen herzwirksame Glykoside. Die Giftigkeit dieser Art ist trotz ihres seltenen Vorkommens seit langem so bekannt, daß sie den Volksnamen „Gänsesterbe" erhalten hat. Warum gerade Gänse vergiftet worden sein sollen, bleibt in Anbetracht der felsig-trockenen Standorte, die diese Art bevorzugt, unverständlich.

Wohlriechender Schöterich

Erysimum odoratum EHRH.
Kreuzblütengewächse *Brassicaceae*
(*Cruciferae*)

Beschreibung: Blüten stehen am Ende des Stengels und (der nur selten vorhandenen) oberen Zweige in ziemlich dichten Trauben. Blüten tragblattlos, 1–1,5 cm im Durchmesser (ausgebreitet gemessen), gelb. Blütenblätter 4, verkehrt-eiförmig, vorn abgerundet, rasch in den Nagel verschmälert. Kelchblätter 6–9 mm lang, schmal-länglich, an der Spitze weiß-hautrandig, grauhaarig. Fruchtknoten länglich; Frucht eine Schote, 2,5–6 cm lang und um 1 mm dick, deutlich 4kantig, auf den Kanten fast kahl, auf den Flächen grauhaarig. Griffel etwa 2 mm lang, Narbe nur wenig polsterartig und angedeutet 2lappig. Stengel aufrecht oder aufsteigend, einfach oder verzweigt, ziemlich dicht angedrückt behaart. Untere Blätter rosettig gehäuft, länglich-lanzettlich, unregelmäßig buchtig gezähnt (jederseits mit 3–6 Zähnen). Stengelblätter kurz gestielt, obere sitzend und oft undeutlich gezähnt bis fast ganzrandig. Juni–Juli. 20–90 cm.

Vorkommen: Braucht flachgründig-steinigen, kalkreichen Boden, der feinerde- und humusarm sein kann und stickstoffsalzarm sein muß. Besiedelt steinige Rasen und Trockenrasen, geht aber auch auf Gesteinsschutthalden oder auf Kies. Vereinzelt am Mittelrhein, am Main, an der Isar und bei Kufstein am Inn; im östlichsten Teil des Schwäbischen Jura und im Fränkischen Jura selten, ebenso im Harz, in Thüringen, Sachsen und in Niederösterreich.

Wissenswertes: ☉; ☠. Der Wohlriechende Schöterich enthält herzwirksame Glykoside. Seinen Artnamen hat man ihm gegeben, weil er intensiv nach Honig duftet. – „Funde" aus dem Hegau und vom Alpensüdfuß beruhen wahrscheinlich auf Verwechslungen.

Sparriger Schöterich

Erysimum repandum L.
Kreuzblütengewächse *Brassicaceae*
(*Cruciferae*)

Beschreibung: Blüten stehen am Ende des Stengels und (der nur selten vorhandenen) oberen Zweige in ziemlich dichten Trauben. Blüten tragblattlos, 0,8–1,2 cm im Durchmesser (ausgebreitet gemessen), hellgelb. Blütenblätter 4, verkehrt-eiförmig, vorn abgerundet, rasch in den Nagel verschmälert. Kelchblätter 3–5 mm lang, länglich, gelbgrün, schütter anliegend behaart, an der Spitze mit weißem Hautrand. Fruchtknoten länglich; Frucht eine Schote, 4,5–10 cm lang und 1–1,5 mm dick, oft etwas gebogen, sehr undeutlich kantig, angedrückt behaart. Stiele der Früchte sehr kurz, fast waagerecht abstehend und fast so dick wie die Früchte. Stengel aufrecht oder am Grunde aufsteigend, einfach oder ästig, unten zuweilen etwas kantig, sehr schütter grauhaarig. Blätter schmal-lanzettlich, die unteren gestielt und buchtig gezähnt, ja fast fiederteilig (und dann mit kleinen, 3eckigen Abschnitten), die oberen sitzend und zuweilen fast ganzrandig. April–Juli. 15–30 cm.

Vorkommen: Braucht stickstoffsalzreichen Tonboden, der allerdings nicht überwiegend feucht sein sollte. Besiedelt Äcker, Ödland, Brachen und Wege. Wärmeliebend. Erträgt kochsalzhaltige Böden. Vereinzelt im Harz, an der Werra, in Thüringen, Sachsen-Anhalt und Mainfranken. Selten in Ober- und Niederösterreich. Gelegentlich verschleppt.

Wissenswertes: ☉; ☠. Enthält herzwirksame Glykoside. Das Hauptverbreitungsgebiet des Sparrigen Schöterichs liegt in Südosteuropa, in Südrußland und in Südwestsibirien. Die Vorkommen in Nieder- und Oberösterreich sind ursprünglich. Die übrigen mitteleuropäischen Standorte sind sekundär entstanden.

Schnabelschötchen
Euclidium syriacum

Wohlriechender Schöterich
Erysimum odoratum

Gänsesterbe
Erysimum crepidifolium

Sparriger Schöterich
Erysimum repandum

Acker-Schöterich

Erysimum cheiranthoides L.
Kreuzblütengewächse *Brassicaceae*
(*Cruciferae*)

Beschreibung: Blüten stehen am Ende des Stengels und der oberen Zweige in Trauben, wobei die jeweils obersten Blüten ziemlich dicht gedrängt doldig angeordnet sind. Blüten in den Trauben tragblattlos, 0,5–1 cm im Durchmesser (ausgebreitet gemessen), gelb. Blütenblätter 4, länglich-keilig, plötzlich in den Nagel verschmälert. Kelchblätter 4, 2–3 mm lang, länglich, an der Spitze weiß-gelblich hautrandig. Fruchtknoten länglich; Frucht eine Schote, 1–3 cm lang und gut 1 mm dick, zerstreut anliegend und sehr kurz behaart, 4kantig, mit einem etwa 1 mm langen Griffel. Stengel aufrecht, verzweigt, anliegend behaart. Blätter lanzettlich, ganzrandig oder wenig gezähnt, untere Blätter gestielt, obere sitzend, beidseits mit sehr kurzen, aber mehrstrahligen Haaren bestanden (meist 3 Strahlen, starke Lupe!). Mai–September. 15–60 cm.

Vorkommen: Braucht nährstoffreichen, lockeren, sandigen oder steinigen Lehmboden. Geht in Unkrautgesellschaften auf Äckern, auf Ödland, in Gärten und an Wegen. Seit dem Einsatz von Unkrautbekämpfungsmitteln auf Wuchsstoffbasis sehr selten geworden. Fehlt größeren Gebieten im westlichen Teil des Tieflandes und in den Mittelgebirgen mit kalkarmen Gesteinen ebenso wie im Alpenvorland, im Innern der Alpen ganz. Sonst selten, oft unbeständig und örtlich wohl nur eingeschleppt.

Wissenswertes: ☉; ☠. Enthält herzwirksame Glykoside (z. B. Erysimotoxin, Erysimosid, strophantinähnliches Glykosid und Erycordin). Medizinisch wird die Pflanze nicht verwendet. Von einer Selbstmedikation mit ihr ist abzuraten. Veröffentlichungen über Giftwirkungen sind uns nicht bekanntgeworden.

Steifer Schöterich

Erysimum hieraciifolium L.
Kreuzblütengewächse *Brassicaceae*
(*Cruciferae*)

Beschreibung: Blüten stehen am Ende des Stengels und – falls vorhanden – der oberen Äste in Trauben, wobei die jeweils obersten Blüten dicht gedrängt flach-doldig angeordnet sind. Blüten in den Trauben tragblattlos, 1,2–1,8 cm im Durchmesser (ausgebreitet gemessen), schwefelgelb. Blütenblätter 4, verkehrt-eiförmig, vorn abgerundet, plötzlich in den langen Nagel verschmälert. Kelchblätter länglich, 4–7 mm lang, an der Spitze weiß-hautrandig, behaart. Fruchtknoten länglich; Frucht eine Schote, 2,5–7 cm lang und gut 1 mm dick, anliegend behaart, 4kantig, mit einem 1–2 mm langen Griffel und einer meist nur sehr wenig tief 2teiligen Narbe. Stengel aufrecht, einfach oder oben verzweigt, schütter behaart. Blätter lanzettlich, entfernt gezähnt oder ganzrandig, die unteren gestielt, die oberen sitzend, beidseits mit kurzen, mehrteiligen Haaren bestanden (Lupe!). Juni–August. 0,4–1 m.

Vorkommen: Braucht kalkhaltigen, nährstoffreichen lockeren Lehm- oder Tonboden. Besiedelt Flußauen, geht auch an Felsen, Mauern, an Wege und auf Ödland. Kommt selten zwischen Elbe und Oder, am Mittelrhein, an der Lahn, am Main und an der Donau vor; vereinzelt im Fränkischen Jura, an der Isar, am unteren Inn, im Schweizer Jura, im Wallis, im Engadin und in Ober- und Niederösterreich.

Wissenswertes: ☉–♃; (☠). Enthält höchstwahrscheinlich herzwirksame Glykoside. *E. hieraciifolium* L. wird u. a. mit *E. marschallianum* Andrz. ex DC. (Blütenblätter 6–8 mm, Kelchblätter 2–5 mm; Blätter ganzrandig) und *E. virgatum* Roth (Blütenblätter 1–1,4 cm, Kelchblätter 6–8 mm; Blätter ganzrandig) zur Sammelart *E. hieraciifolium* agg. zusammengefaßt.

Steifer Schöterich
Erysimum hieraciifolium

Acker-Schöterich
Erysimum cheiranthoides

Schweizer Schöterich
Erysimum rhaeticum

Grauer Schöterich
Erysimum diffusum

Grauer Schöterich

Erysimum diffusum EHRH.
Kreuzblütengewächse *Brassicaceae*
(*Cruciferae*)

Beschreibung: Blüten stehen am Ende
des Stengels und – falls vorhanden – am Ende
der oberen Zweige in reichblütigen, ziemlich
dichten Trauben. In den Trauben stehen allenfalls die untersten Blüten in den Achseln von
Tragblättern (meist handelt es sich um verkümmerte Seitenzweige mit nur 1 oder 2 Blüten).
Blüten 1–1,5 cm im Durchmesser, gelb. Blütenblätter 4, verkehrt-eiförmig, unterseits behaart,
plötzlich in einen langen Nagel verschmälert.
Kelchblätter 4, 6–7 mm lang, länglich, an der
Spitze weiß-hautrandig, grauhaarig. Fruchtknoten länglich; Frucht eine Schote, 3–8 cm lang,
aber höchstens 1 mm dick, 4kantig, auf den Kanten zerstreut, auf den Flächen dicht behaart.
Stengel aufrecht, einfach oder verzweigt; neben
den blütentragenden Stengeln zuweilen sterile
Blattrosetten. Untere Laubblätter oft dicht stehend, gestielt, schmal-lanzettlich bis lineal, ganzrandig, dicht grauhaarig. Obere Stengelblätter sitzend, nur wenig schmäler. Juni–Juli. 0,3–1 m.

Vorkommen: Braucht trockenen, steinigen
oder sandigen, lockeren Lehmboden in Gegenden mit überdurchschnittlich warmem Klima.
Vorzugsweise an und vor Mauern und an Wegen.
Heimat: Südosteuropa. Ursprünglich heimisch
wohl nur in Österreich, vor allem in den östlichen Bundesstaaten, und möglicherweise im
Ostteil des Alpensüdfußes. Sonst nur gelegentlich verschleppt (z. B. an der Elbe in Sachsen und
bei Hamburg) und meist unbeständig.

Wissenswertes: ♃; ☠. Enthält herzwirksame Glykoside bzw. Verbindungen, in denen sie
enthalten sind. – Inwieweit der Graue Schöterich
in Oberösterreich ursprünglich oder verwildert
ist, bleibt unklar.

Schweizer Schöterich

Erysimum rhaeticum
(SCHLEICH. ex HORNEM.) DC.
Kreuzblütengewächse *Brassicaceae*
(*Cruciferae*)

Beschreibung: Blüten stehen am Ende
des Stengels und (der nur selten vorhandenen)
oberen Zweige in armblütigen, doch ziemlich
dichten Trauben. Blüten tragblattlos, 1,1–2 cm im
Durchmesser, gelb. Blütenblätter 4, verkehrt-eiförmig, kahl, rasch in einen langen Nagel verschmälert. Kelchblätter 4, 0,8–1 cm lang, schmal-
länglich, in der vorderen Hälfte weiß-hautrandig,
behaart. Fruchtknoten länglich; Frucht eine
Schote, 4–9 cm lang und 1–2 mm dick, 4kantig,
auf den Flächen sehr dicht behaart; Griffel
2–4 mm lang. Stengel aufrecht oder aufsteigend,
kantig, angedrückt behaart; neben blühenden zuweilen einzelne sterile Blattrosetten. Grundblätter und untere Stengelblätter oft dicht stehend,
allmählich in einen langen Blattstiel verschmälert, lineal-lanzettlich, ganzrandig oder flachbuchtig gezähnt. Obere Stengelblätter undeutlicher gestielt oder sitzend, schmäler. Blätter grauhaarig. Juni–Juli. 10–50 cm.

Vorkommen: Braucht felsigen, trockenen,
feinerdereichen oder lehmigen, doch nicht unbedingt kalkhaltigen Boden. Besiedelt Rasenbän-
der, Felsspalten, alpinen Gesteinsschutt, Moränen und alpine, trockene Matten und Rasen.
Zentralalpen und Südalpen. Selten, aber örtlich
in kleineren, lockeren Beständen.

Wissenswertes: ♃; ☠. *E. rhaeticum* wird
mit dem Wald-Schöterich (*E. sylvestre* (CR.)
SCOP.: Griffel nur 1 mm lang; Schoten auch auf
den Kanten behaart; östliches Österreich, Südalpen, selten) zur Sammelart *E. sylvestre* agg. zusammengefaßt. – In den Samen von *E. rhaeticum*
wurden etwa 10 herzwirksame Glykoside nachgewiesen.

Goldlack *Erysimum*
Levkoje *Matthiola*
Zahnwurz *Dentaria*

Goldlack

Erysimum cheiri (L.) Cr.
Kreuzblütengewächse *Brassicaceae*
(Cruciferae)

Beschreibung: Blüten stehen am Ende des Stengels und der (nicht häufig vorhandenen) oberen Äste in ziemlich dichten, nicht allzu reichblütigen Trauben. Blüten tragblattlos, 1,2–2,2 cm im Durchmesser, goldgelb (bei verwilderten Gartenformen auch ockerorange, braun oder violett). Blütenblätter 4, rundlich bis verkehrt-eiförmig, vorne gestutzt oder flach ausgerandet, plötzlich in den langen Nagel verschmälert. Kelchblätter 4, lanzettlich, hautrandig, behaart. Fruchtknoten länglich; Frucht eine Schote, 3–7 cm lang und um 3 mm dick, behaart; Griffel 2–3 mm lang, mit deutlich 2teiliger Narbe. Stengel aufrecht oder aufsteigend, oft verzweigt, anliegend behaart. Blätter länglich-lanzettlich, meist ganzrandig, die unteren gestielt, die oberen sitzend, beiderseits angedrückt und meist dicht behaart. April–Juni. 20–60 cm.

Vorkommen: Braucht nährstoff-, besonders stickstoffsalzreichen Steinboden. Besiedelt Felsspalten und Mauerritzen, besonders an alten Stadt- und Weinbergsmauern und an Ruinen. Heimat: Östliches Mittelmeergebiet. In Mitteleuropa nur aus alten Kulturen verwildert und örtlich eingebürgert, vor allem im Rhein-, Mosel-, Nahe-, Main- und Neckartal, desgleichen im südlichen Schweizer Jura, im Gebiet des Genfer Sees, im Wallis und am Alpensüdfuß.

Wissenswertes: ♃; ☠. Enthält herzwirksame Glykoside. Auffällig am Goldlack ist sein intensiver Duft nach Veilchen. Neben der frühen Blütenentfaltung war es wohl diese Eigenschaft, die ihn zu einer häufig gepflanzten Zierblume gemacht hat. In der Kultur sind Farbvarianten entstanden. Auch Formen mit gefüllten Blüten werden gelegentlich gepflanzt.

Garten-Levkoje

Matthiola incana (L.) R. Br.
Kreuzblütengewächse *Brassicaceae*
(Cruciferae)

Beschreibung: Blüten stehen am Ende des Stengels und der oberen Zweige in einer lokkeren, doch ziemlich reichblütigen Traube. Blüten tragblattlos, 2–3 cm im Durchmesser, purpurviolett, rot, rosa oder weiß. Blütenblätter 4, breit verkehrt-eiförmig, vorne abgerundet. Kelchblätter 4, 1–1,5 cm lang, lineal, weiß- oder violetthautrandig, grau behaart. Fruchtknoten länglich; Früchte 5–15 cm lang, um 3 mm dick, graufilzig behaart, auf Stielen, die fast parallel zur Fruchtstandsachse angeordnet sind, aufrecht abstehend. Griffel um 1 mm lang; Narbe tief 2lappig. Stengel aufrecht, verzweigt, unten oft verholzend, rund, grau behaart (Drüsenhaare und verästelte drüsenlose Haare). Untere Stengelblätter rosettig angeordnet, gestielt, schmal-lanzettlich, vorne stumpf, ganzrandig, grauhaarig. Obere Stengelblätter sitzend oder sehr kurz gestielt, sonst gleich gestaltet wie die unteren Stengelblätter. Juni–Oktober. 20–80 cm.

Vorkommen: Braucht stickstoffsalzhaltigen Steinboden bzw. feinerdereiche Mauer- und Felsspalten. Heimat: Mittelmeergebiet und Atlantikküste. Bei uns an Mauern, in Ruinen und an Felsen in Gegenden mit warmem Klima verwildert, z. T. unbeständig. Selten.

Wissenswertes: ☉. Die Levkoje wird schon im 16. Jahrhundert von Leonhart Fuchs in seinem „New Kreüterbuch" von 1543 erwähnt. Offensichtlich waren schon damals verschiedene Zierrassen bekannt, wie z. B. Levkojen mit gefüllten Blüten. Neben der Blütenfarbe wurde der Wuchsform und dem Blühzeitpunkt züchterisch frühzeitig Aufmerksamkeit geschenkt. Vor allem in Bauerngärten waren Levkojen beliebt. Heute sind sie seltener anzutreffen.

Neunblättrige Zahnwurz

Dentaria enneaphyllos L.
Kreuzblütengewächse *Brassicaceae*
(Cruciferae)

Beschreibung: Blüten stehen in einer kurzen, gedrängten, vor dem Aufblühen nickenden Traube, die etwa mit den Blättern erscheint und dann von ihnen etwas verdeckt werden kann. Blüten 1–1,6 cm im Durchmesser (ausgebreitet gemessen), hellgelb oder fast weiß. Blütenblätter 4, verkehrt-eiförmig. Kelchblätter 4, länglich, dünnhäutig, gelblich, nur etwa 5–8 mm lang. Fruchtknoten länglich; Frucht eine Schote, 4–7 cm lang und 3–4 mm dick. Griffel der Schote 1–1,5 cm lang. Stengel schief aufrecht, unverzweigt, kahl, durch Herablaufen der Blattnerven etwas kantig. Stengelblätter meist 3, quirlständig am Stengel angeordnet, kurz gestielt, 3zählig; Teilblättchen ungleichmäßig gesägt, am Rande gewimpert, sonst kahl. Grundständige Blätter selten vorhanden, größer als die Stengelblätter, aber diesen ähnlich. Mai–Juli. 15–30 cm.

Vorkommen: Braucht nährstoffreichen, meist kalkhaltigen, immer humosen oder mulldurchsetzten, lockeren, steinigen Lehmboden. Besiedelt Buchen- und Tannen-Mischwälder, und zwar vereinzelt im Bayerischen Wald und im Fränkischen Jura; zerstreut im östlichen Alpenvorland, in den Nördlichen und Südlichen Kalkalpen etwa östlich einer Linie Oberstdorf – Bergamasker Alpen; in den östlichen Zentralketten mit kristallinem Gestein seltener. Geht kaum irgendwo höher als etwa 1800 m.

Wissenswertes: ♃. Über Inhaltsstoffe ist uns nichts bekanntgeworden. Beim Kauen der Blätter fällt ein scharfer Geschmack unangenehm auf. Vermutlich enthält die Neunblättrige Zahnwurz Senföle. Sie soll auch Gerbstoffe enthalten. Darauf dürfte eine frühere Verwendung als „Wundmittel" zurückzuführen sein.

Zwiebel-Zahnwurz

Dentaria bulbifera L.
Kreuzblütengewächse *Brassicaceae*
(Cruciferae)

Beschreibung: Blüten stehen in einer kurzen, eher lockeren als dichten Traube, die auch vor dem Aufblühen aufrecht ist. Blüten 1,5–2,5 cm im Durchmesser (ausgebreitet gemessen), violett, rosa oder weißlich. Blütenblätter 4, verkehrt-eiförmig. Kelchblätter 4, länglich-eiförmig, grünlich und oft an der Spitze violett getönt. Fruchtknoten länglich; Frucht eine Schote, die aber nur selten zur Reife gelangt und dann 2–3 cm lang wird. Stengel unverzweigt, aufrecht oder aufsteigend, kahl, höchstens ganz unten behaart. Grundständige Blätter oft nicht vorhanden. Untere Stengelblätter gestielt, mit 3–7 Teilblättern, oft quirlig gestellt; die oberen Stengelblätter ungeteilt. Vor allem in den Achseln der oberen Blätter befinden sich braunviolette Brutzwiebeln („Knöllchen"; sicheres Kennzeichen!). April–Mai. 30–60 cm.

Vorkommen: Braucht mullreichen, etwas feuchten, nährstoffreichen, lockeren und daher oft steinigen Lehmboden. Besiedelt Laubmischwälder mit gut entwickelter Krautschicht, vor allem Buchenwälder. Im Tiefland zwischen Elbe und Oder zerstreut; selten in Schleswig; in den Mittelgebirgen nördlich des Mains örtlich häufig; südlich des Mains bis zu den Alpen gebietsweise fehlend, sonst oft in großen, individuenreichen Beständen, so z. B. auf der östlichen Schwäbischen Alb, im Frankenjura, Alpenvorland, Südschwarzwald und in der Nordschweiz. In den Alpen bis etwa 1500 m; fehlt wohl in Tirol.

Wissenswertes: ♃. Die Vermehrung der Zwiebel-Zahnwurz erfolgt fast ausschließlich durch die Brutzwiebeln, die schon am Stengel zu wachsen beginnen und am Boden von Ameisen verschleppt werden.

Neunblättrige Zahnwurz
Dentaria enneaphyllos

Goldlack
Erysimum cheiri

Zwiebel-Zahnwurz
Dentaria bulbifera

Garten-Levkoje
Matthiola incana

Finger-Zahnwurz

Dentaria pentaphyllos L.
Kreuzblütengewächse *Brassicaceae*
(*Cruciferae*)

Beschreibung: Blüten stehen in einer kurzen, an der Spitze oft etwas gedrängten und vor dem Aufblühen nickenden Traube. Blüten 1,5–2,5 cm im Durchmesser (ausgebreitet gemessen), rotviolett, oft sehr dunkel, selten weiß. Blütenblätter 4, verkehrt-eiförmig. Kelchblätter 4, schmal-eiförmig, grün, vorne oft violett getönt. Fruchtknoten länglich; Frucht eine Schote, 4–7 cm lang und 3–4 mm dick. Griffel der Schote nur 0,7–1 cm lang, der Frucht nicht schroff aufgesetzt und nur undeutlich von der Schote abgegrenzt. Stengel aufrecht, unverzweigt, nur unten kurz behaart. Grundblätter zur Blütezeit meist nicht vorhanden. 3–4 wechselständige Stengelblätter, untere gestielt und 5zählig gefingert; Teilblättchen länglich-eiförmig, lang zugespitzt, scharf gezähnt, seitliche Teilblättchen mehr oder weniger deutlich schief. Oberstes Blatt meist nur 3- oder 4zählig. April–Mai. 20–50 cm.

Vorkommen: Braucht gut durchsickerten, nährstoffreichen, humosen, steinigen Lehmboden, der sogar leicht sauer reagieren kann, aber eine ausgeprägte Mullauflage haben sollte. Besiedelt Schluchtwälder und krautreiche, feuchte Laubwälder. Sehr selten, aber oft in lockeren, zuweilen individuenreichen Beständen auf der Baar, am Hochrhein und im Hegau, im Schweizer Jura, im Alpenvorland, in den Nördlichen und Südlichen Kalkalpen sowie im Wallis; innerhalb ihres Verbreitungsgebiets auch größeren Gebieten fehlend. Steigt kaum bis 1500 m.

Wissenswertes: ♃. Der wissenschaftliche Artname verweist auf die Blätter (griech. „pente" = fünf; „phyllon" = Blatt). Die Keimung der Samen kann wohl nur in mullhaltigen Böden erfolgen.

Fieder-Zahnwurz

Dentaria heptaphylla VILL.
Kreuzblütengewächse *Brassicaceae*
(*Cruciferae*)

Beschreibung: Blüten stehen in einer kurzen, lockeren, vor dem Aufblühen nickenden Traube. Blüten 1,5–2,5 cm im Durchmesser, weiß oder blaßlila. Blütenblätter 4, breit verkehrt-eiförmig. Kelchblätter 4, nicht so lang wie die Nägel der Blütenblätter, schmal verkehrt-eiförmig, grün. Fruchtknoten länglich; Frucht eine Schote, 4–7,5 cm lang und 4–5 mm dick. Griffel der Schote nur 0,4–1 cm lang, nicht schroff von der Schote abgesetzt. Stengel aufrecht, einfach, kahl. Meist ohne grundständige Blätter. Stengelblätter wechselständig, kurz gestielt, die unteren 3–4paarig, die oberen 2–3paarig gefiedert, mit einem Endblättchen. Teilblättchen oft ungleich gesägtgekerbt. April–Mai. 30–60 cm.

Vorkommen: Braucht nährstoffreichen, meist kalkhaltigen, humosen oder mulldurchsetzten, lockeren, steinigen Lehmboden. Besiedelt Buchen- und Tannen-Mischwälder, und zwar sehr selten im Südschwarzwald und am Hochrhein; selten im Schweizer Jura sowie im westlichen Teil der Nördlichen und Südlichen Kalkalpen (hier bis etwa zum Monte Baldo). Fehlt auch innerhalb des Areals größeren Gebieten, kommt aber an ihren Standorten oft in individuenreichen Beständen vor. Steigt kaum bis 1800 m.

Wissenswertes: ♃. Der Name „*Dentaria*" (lat. „dens" = Zahn) und eingedeutscht „Zahnwurz" verweist nicht – wie man meinen könnte – auf einen früheren Gebrauch als Heilmittel gegen Zahnschmerzen: Bei einigen Arten ist der Wurzelstock zahnartig beschuppt. Diese Eigenheit hat der Gattung den Namen gegeben. Die Fieder-Zahnwurz hat ihren Verbreitungsschwerpunkt in den Buchenwäldern Südwestfrankreichs.

Finger-Zahnwurz
Dentaria pentaphyllos

Vielblättrige Zahnwurz
Dentaria polyphylla

Fieder-Zahnwurz
Dentaria heptaphylla

Alpen-Schaumkraut
Cardamine alpina

Vielblättrige Zahnwurz

Dentaria polyphylla W. & K.
Kreuzblütengewächse *Brassicaceae*
(Cruciferae)

Beschreibung: Blüten stehen in einer kurzen, armblütigen, vor dem Aufblühen nickenden Traube, die bei Pflanzen feuchter Standorte von den gut entwickelten Blättern fast verdeckt werden kann. Blüten 1,2–2 cm im Durchmesser, hellgelb. Blütenblätter 4, verkehrt-eiförmig. Kelchblätter 4, schmal-eiförmig, gelbgrün, 7–9 mm lang. Fruchtknoten länglich; Frucht eine Schote, 4–6,5 cm lang, 3–5 mm dick. Griffel nur 2–4 mm lang. Stengel aufrecht oder aufsteigend, unverzweigt, unten dicht kurzhaarig, durch Herablaufen der Blattnerven meist deutlich kantig. Stengelblätter meist 3, die sehr dicht, zuweilen quirlständig beieinander stehen. Alle Stengelblätter haben mindestens 7, oft aber 9 Teilblättchen. Teilblättchen lanzettlich, alle etwa gleich groß, am Rande mit scharfen, nach vorn gerichteten Zähnen. Grundständige Blätter selten vorhanden, etwas größer als die Stengelblätter und diesen ähnlich. März–Mai. 20–40 cm.

Vorkommen: Braucht feuchten, nährstoffreichen, kalkhaltigen Boden mit ausgeprägter Mullauflage. Besiedelt Laubwälder, vor allem Buchenwälder, in denen sie schattige Stellen bevorzugt. Kommt in den Südalpen (von den Bergamasker Alpen bis etwa zum Lago Maggiore), in den Nordalpen vom Vierwaldstätter See bis in den Kanton Thurgau und vereinzelt in den Schweizer Zentralalpen vor. Sehr selten, aber an ihren Standorten oft bestandsbildend.

Wissenswertes: ♃. Die Vielblättrige Zahnwurz hat früher sicher ein größeres Verbreitungsgebiet gehabt. Darauf deutet ihr zersplittertes Areal hin. Außer in den Alpen kommt sie auch noch im Apennin und auf dem Balkan in mehreren isolierten Gebieten vor.

Alpen-Schaumkraut

Cardamine alpina WILLD.
Kreuzblütengewächse *Brassicaceae*
(Cruciferae)

Beschreibung: Blüten stehen in einer kurzen, am Stengelende doldig gedrängten, armblütigen Traube. Blüten 3–6 mm im Durchmesser (ausgebreitet gemessen), weiß. Blütenblätter 4, vorn oft etwas ausgerandet oder abgestutzt, schmal verkehrt-eiförmig. Kelchblätter 4, sehr schmal eiförmig, kaum 2 mm lang, grün, an der Spitze meist violett überlaufen, mit undeutlich ausgeprägtem, weißem Hautrand. Fruchtknoten länglich; Frucht eine Schote, 1–2 cm lang und um 1 mm dick. Griffel der Schote unauffällig, kaum 0,5 mm lang. Stengel aufrecht, unverzweigt, kantig, kahl. Grundblätter in einer Rosette, eiförmig oder rautenförmig, meist ganzrandig, seltener undeutlich wellig eingebuchtet, in den kurzen, aber meist deutlichen Stiel verschmälert. Nur 1–3 Stengelblätter, die dem Stengel mit verschmälertem Grund ansitzen, ihn aber nicht umfassen. Alle Blätter machen einen fleischigen Eindruck. Juli–August. 3–10 cm.

Vorkommen: Braucht kalten, tonigen, gut durchsickerten Boden, der mehr als ein halbes Jahr schneebedeckt sein kann, ja sollte. Besiedelt Schneetälchen und Schneeböden, vorwiegend auf kalkarmen oder kalkfreien Böden, geht aber auch an quellige Stellen in hochalpinen Matten. Bevorzugt Höhen zwischen etwa 1800 und 2800 m, geht örtlich aber auch etwas tiefer oder etwas höher. In den Nordalpen selten und gebietsweise fehlend, in den Zentral- und Südalpen zerstreut, gebietsweise häufig.

Wissenswertes: ♃. Das Alpen-Schaumkraut kann an hochgelegenen Standorten mit dem Felsen-Schaumkraut (*C. resedifolia* L., s. S. 307) verwechselt werden, das unter Extrembedingungen ungeteilte Blätter ausbildet.

Felsen-Schaumkraut

Cardamine resedifolia L.
Kreuzblütengewächse *Brassicaceae*
(Cruciferae)

Beschreibung: Blüten stehen in einer kurzen, nicht ausgesprochen doldig gedrängten, sondern eher kopfigen, armblütigen Traube. Blüten 4–6 mm im Durchmesser (ausgebreitet gemessen), weiß. Blütenblätter 4, vorn meist abgerundet, nur selten abgestutzt oder gar seicht ausgerandet, verkehrt-eiförmig-keilig. Kelchblätter um 2 mm lang, grün, an der Spitze meist violett überlaufen, mit undeutlich ausgeprägtem weißem Hautrand. Fruchtknoten länglich; Frucht eine Schote, 1,2–2,5 cm lang und um 1 mm dick. Griffel der Schote unauffällig, um 1 mm lang. Stengel aufrecht oder aufsteigend, oft verzweigt, kantig, kahl. Grundblätter in einer Rosette, ungeteilt oder tief 3–5teilig, mit größerem, rundlichem oder eiförmigem Endabschnitt. 1–5 Stengelblätter, die stets fiederteilig sind und die den Stengel am Grund mit 2 schmalen Zipfeln umfassen. Alle Blätter kahl, etwas derb, aber nicht fleischig wirkend. Juni–August. 3–15 cm.

Vorkommen: Braucht steinigen, sickerfeuchten, kalkarmen oder kalkfreien Boden. Besiedelt feinerdereichen und -armen, nicht allzu groben Felsschutt, geht aber auch in Felsspalten und in lückige, felsige Rasen. Bevorzugt Höhen zwischen 1500 und 2500 m, geht örtlich etwas höher, aber öfter wesentlich tiefer und kommt dann nur in Felsspalten vor. In den Nordalpen selten und auch größeren Gebieten völlig fehlend; in den Zentral- und Südalpen zerstreut, gebietsweise häufig. Sehr selten im Bayerischen Wald und in den Sudeten.

Wissenswertes: ⌁. Die Samen des Felsen-Schaumkrauts werden offensichtlich vom Wind verweht; so erklärt sich sein vorübergehendes Auftreten in Föhntälern.

Kleeblättriges Schaumkraut

Cardamine trifolia L.
Kreuzblütengewächse *Brassicaceae*
(Cruciferae)

Beschreibung: Blüten stehen in einer lokkeren, eher armblütigen, doldig eingeebneten Traube. Blüten 0,6–1,2 cm im Durchmesser (ausgebreitet gemessen), weiß, gelegentlich hellrosa. Blütenblätter 4, verkehrt-eiförmig. Kelchblätter 4, schmal-eiförmig, grün, mit undeutlich ausgebildetem weißem Hautrand. Fruchtknoten länglich; Frucht 1,5–2,5 cm lang und um 2 mm dick. Griffel der Schote 2–4 mm lang. Stengel am Grunde meist aufgebogen, oberwärts straff aufrecht, im Blütenstandsbereich zuweilen spärlich verzweigt, kantig, kahl. Grundblätter lang gestielt, mit 3 rundlichen, mehr oder weniger gleich großen, stumpf gezähnten, kurz gestielten Teilblättern. Nur 1–2 Stengelblätter, die aber auch häufig fehlen können: Stengelblätter kurz gestielt, sowohl 3teilig als auch ungeteilt, am Grund meist mit 2 kleinen Zipfelchen, die den Stengel umfassen. April–Juni. 10–30 cm.

Vorkommen: Braucht kalkhaltigen, nährstoffreichen, sickerfeuchten und humushaltigen Lehmboden mit guter Mullauflage. Besiedelt krautreiche Buchenwälder, geht aber auch in andere Laubwaldgesellschaften und in Mischwaldbestände. Kommt vor allem im Ostteil der Nördlichen und Südlichen Kalkalpen zerstreut vor (nach Westen bis etwa Dornbirn und ins Vorderrheintal bzw. bis etwa zum Gardasee). Isoliert im Neuenburger und Berner Jura sowie in den nordwestlichen Schweizer Alpen bei Saanen. An seinen Standorten meist bestandsbildend.

Wissenswertes: ⌁. Entfernt ähnlich: Haselwurz-Schaumkraut (*C. asarifolia* L.): Grund- und Stengelblätter (diese kleiner) rundlich-nierenförmig. Kalkmeidend; Südwestalpen; 1000–2000 m; selten.

Wiesen-Schaumkraut

Cardamine pratensis L.
Kreuzblütengewächse *Brassicaceae*
(Cruciferae)

Beschreibung: Blüten stehen in einer kurzen, lockeren, am Stengelende zumindest angedeutet doldig angeordneten, armblütigen Traube. Blüten 1–2 cm im Durchmesser (ausgebreitet gemessen), rosa, lila bis violett oder selten auch weiß. Blütenblätter 4, breit verkehrt-eiförmig. Kelchblätter 4, schmal-eiförmig, mit meist deutlichem weißen Hautrand. Fruchtknoten länglich; Frucht eine Schote, 2–4 cm lang und um 1 mm dick. Griffel der Schote undeutlich abgesetzt, 1–2 mm lang. Stengel aufrecht, rund, kahl, meist nicht verzweigt. Grundblätter in einer Rosette, die zuerst angelegten mit 4–14 Seitenblättchen und meist deutlich vergrößertem Endblättchen. Stengelblätter gefiedert, mit linealen Teilblättchen. April–Juni, gelegentlich nochmals September–Oktober. 15–50 cm.

Vorkommen: Braucht feuchten, nährstoffreichen und mäßig stickstoffsalzhaltigen Lehm- oder Tonboden. Besiedelt frische Stellen in Wiesen, lichten Wäldern, auf Wegen und an Ufern. Sehr häufig, oft in ausgedehnten, das Bild der Wiesen prägenden Beständen.

Wissenswertes: ♃. Enthält das Senfölglykosid Glucocochlearin. – *C. pratensis* L. wird mit *C. matthioli* MORETTI (Blüten weiß, Stengel am Grund verzweigt), mit *C. nemorosa* LEJ. (Blüten lila; Kelchblätter 3–4 mm lang; erste Grundblätter schwach behaart, mit nur 8–10 Teilblättchen; Endblättchen breiter als 1,5 cm), mit *C. palustris* (WIMM. & GRAB.) PETERM. (Blüten weiß, Kelchblätter 4–6 mm lang) und mit *C. rivularis* SCHUR (Blüten lila; Endblättchen des zweitobersten Stengelblattes so lang wie der Rest dieses Blattes) zur Sammelart *C. pratensis* agg. vereint. Die genannten Kleinarten sind selten.

Bitteres Schaumkraut

Cardamine amara L.
Kreuzblütengewächse *Brassicaceae*
(Cruciferae)

Beschreibung: Blüten stehen in einer kurzen, lockeren, am Stengelende zumindest angedeutet doldig angeordneten, armblütigen Traube. Blüten 0,8–1,2 cm im Durchmesser, weiß, ganz selten schwach rosa überlaufen. Blütenblätter 4, verkehrt-eiförmig. Kelchblätter 4, eiförmig, grün, mit weißem Hautrand. Staubbeutel rotviolett. Fruchtknoten länglich; Frucht eine Schote, 2–4 cm lang und 1–2 mm dick. Griffel der Schote 2–3 mm lang. Stengel aufsteigend oder aufrecht, meist einfach, kantig, markig. Grundblätter nicht in einer Rosette, gestielt, gefiedert, mit 4–10 seitlichen Teilblättchen und einem größeren, rundlichen bis schmal-eiförmigen Endabschnitt. Stengelblätter zahlreich, gefiedert, zuweilen etwas behaart. Alle Blätter eher hell- bzw. frischgrün als dunkelgrün. April–Juli. 10–60 cm.

Vorkommen: Braucht lehmig-tonigen, zügig von kühlem Wasser durchsickerten Boden und zumindest teilweise beschatteten Stand. Besiedelt quellige Stellen in Gebüschen, Bruchwäldern, seltener in Wiesen, an Gräben und Bächen. Fehlt vor allem im Tiefland kleineren Gebieten. Zerstreut und an seinen Standorten meist in kleineren, seltener in ausgedehnten Beständen. Steigt in den Alpen bis etwa 2000 m.

Wissenswertes: ♃. Das Bittere Schaumkraut enthält das Senfölglykosid Glucocochlearin, aus dem Butylsenföl abgespalten werden kann. Der bittere Geschmack stammt von einem Bitterstoff, über den wir nähere Angaben in der Literatur nicht gefunden haben. Bemerkenswert ist auch ein hoher Gehalt an Vitamin C. Früher wurde das Bittere Schaumkraut – wie auch die ähnliche Brunnenkresse – als Wildsalat und als Heilmittel gegen Skorbut verwendet.

Kleeblättriges Schaumkraut
Cardamine trifolia

Wiesen-Schaumkraut
Cardamine pratensis

Bitteres Schaumkraut
Cardamine amara

Felsen-Schaumkraut
Cardamine resedifolia

Spring-Schaumkraut

Cardamine impatiens L.
Kreuzblütengewächse *Brassicaceae*
(*Cruciferae*)

Beschreibung: Blüten stehen in einer dichten, aber wegen der Kleinheit der Blüten oft unscheinbaren Traube. Blüten kaum 2 mm im Durchmesser, weiß, oft blütenblattlos und dann grünlich. Blütenblätter 4, länglich-keilförmig. Kelchblätter 4, länglich; grün, kaum 2 mm lang. Fruchtknoten länglich; Frucht eine Schote, 2–3 cm lang und um 1 mm dick. Griffel der Schote 1–2 mm lang. Stengel aufrecht, oben zuweilen verzweigt, kantig, kahl. Grundblätter rosettig, gestielt, gefiedert, mit 10–16 seitlichen Teilblättchen und einem etwa gleich großen Endblättchen (an fruchtenden Exemplaren sind die Grundblätter in der Regel abgestorben). Stengelblätter unpaarig gefiedert; Teilblättchen grob gezähnt; Blattstielbasis umfaßt den Stengel mit 2 schmalen Zipfelchen. Mai–Juli. 10–80 cm.

Vorkommen: Braucht nährstoffreichen, lockeren, sandigen, feuchten, aber gut durchlüfteten Lehmboden mit guter Mullauflage. Besiedelt Buchenwälder, geht aber auch in Laubmischwälder und in Schluchtwälder, auf Waldwege oder an feuchte, überrieselte und zumindest teilweise beschattete Felsen. Fehlt im Tiefland fast überall, desgleichen in weiten Teilen des Schwarzwaldes, des Bayerischen Waldes und der Moränenlandschaft südlich der Donau. Sonst selten, doch an seinen Standorten oft in kleineren Beständen. Steigt in den Alpen bis etwa 1800 m.

Wissenswertes: ☉. Beim Spring-Schaumkraut reißen die Klappen der Frucht plötzlich von dem stark verdickten Rahmen der Scheidewand und rollen sich von unten her ein. Die reifen Samen werden dadurch allseits meterweit um die Pflanze verstreut.

Garten-Schaumkraut

Cardamine hirsuta L.
Kreuzblütengewächse *Brassicaceae*
(*Cruciferae*)

Beschreibung: Blüten stehen in einer kurzen, armblütigen, dichten Traube. Blüten 3–4 mm im Durchmesser, weiß; Blütenblätter 4, länglich-keilförmig, selten fehlend. Kelchblätter 4, länglich, grünlich oder – häufiger – zart rotviolett. Fruchtknoten länglich; Frucht eine Schote, 2–2,5 cm lang und um 1 mm dick. Griffel an den Schoten nur schwer zu erkennen, kaum 0,5 mm lang. Stengel aufrecht, unten oft verzweigt, kantig, meist kahl. Grundblätter rosettig, unpaarig gefiedert, mit 4–8 seitlichen, rundlich-eiförmigen Teilblättchen und einem meist deutlich größeren Endblättchen. Grundblätter auch an fruchtenden Pflanzen noch vorhanden. Meist nur 2–4 unpaarig gefiederte Stengelblätter; Teilblättchen oft schmäler als die der Grundblätter; am Blattstiel und an den Rändern der Teilblättchen mit einzelnen, um 1 mm langen Haaren. März–Juni und oft nochmals September–November. 5–25 cm.

Vorkommen: Braucht nährstoffreichen, lockeren, lückig bewachsenen Boden. In Weinbergen, Gärten, Hackfruchtäckern und auf Friedhöfen; geht auch in Rasen und lichte Hecken. In wintermilden Gebieten häufig (breitet sich noch aus); im Nordosten Mitteleuropas und in den Alpen selten und gebietsweise fehlend; steigt in den Südalpen über 1500 m.

Wissenswertes: ☉. Das Garten-Schaumkraut ist seit etwa 1960 durch Versandgärtnereien ungewollt verbreitet worden. Es besitzt wie das Spring-Schaumkraut Schleuderschoten. – Entfernt ähnlich: Kleinblütiges Schaumkraut (*C. parviflora* L.): Blüten 2–3 mm im Durchmesser; keine Grundblattrosette; Stengelblätter mit 5–13 schmalen Teilblättchen; auf sandigem Schlamm. Rhein, Elbe, Oder; sehr selten.

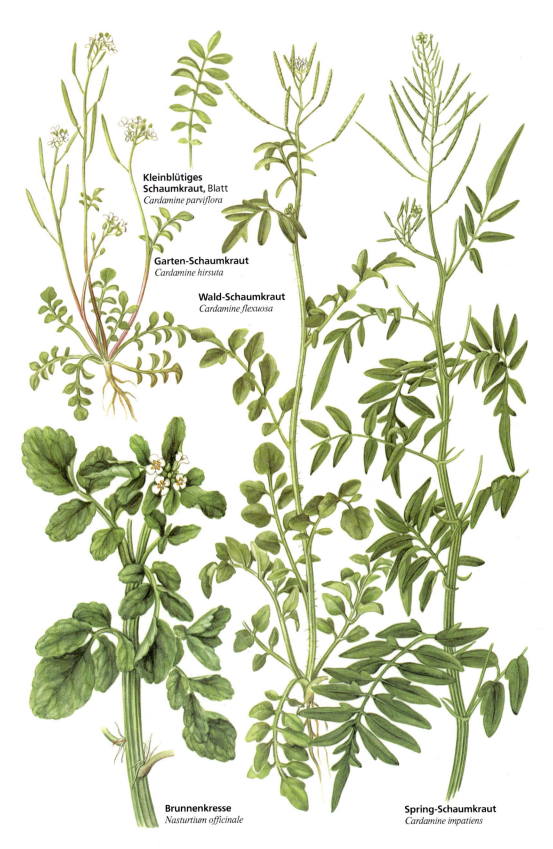

Kleinblütiges Schaumkraut, Blatt
Cardamine parviflora

Garten-Schaumkraut
Cardamine hirsuta

Wald-Schaumkraut
Cardamine flexuosa

Brunnenkresse
Nasturtium officinale

Spring-Schaumkraut
Cardamine impatiens

Wald-Schaumkraut

Cardamine flexuosa WITH.
Kreuzblütengewächse *Brassicaceae*
(*Cruciferae*)

Beschreibung: Blüten stehen in einer kurzen, eher lockeren und nur angedeutet doldig angeordneten, armblütigen Traube. Blüten 3–5 mm im Durchmesser (ausgebreitet gemessen), weiß. Blütenblätter 4, länglich-keilförmig. Kelchblätter 4, länglich-eiförmig, meist gelbgrün. Fruchtknoten länglich; Frucht eine Schote, 2–2,5 cm lang und um 1 mm dick. Griffel an der Frucht nur schwer zu erkennen, kaum 0,5 mm lang. Stengel aufrecht oder aufsteigend, meist deutlich hin- und hergebogen, nicht nur unten, sondern zuweilen auch oben verzweigt, kantig, mindestens unten, ja oft bis über die Mitte zerstreut und kurz borstig behaart. Grundblätter unpaarig gefiedert, mit 6–12 seitlichen Teilblättchen. Meist 5–10 Stengelblätter; Stengelblätter unpaarig gefiedert, zumindest vordere Teilblättchen oft mit großen Zähnen. April–Juni und oftmals September–November. 5–30 cm.

Vorkommen: Braucht kalkarmen, sickerfeuchten, lockeren Lehmboden, geht seltener auf Tonboden. Liebt Schatten. Besiedelt daher nasse, lückig bewachsene Waldwege und lichte Stellen in nassen Wäldern. Fehlt größeren Gebieten im Tiefland sowie in den Mittelgebirgen mit kalkhaltigem Gestein. Geht in den Alpen kaum bis 1500 m und ist hier in den Kalkalpen sehr selten.

Wissenswertes: ⊙. Das Wald-Schaumkraut besitzt in den Körperzellen 32 Chromosomen ($2n = 32$). Die meisten Sippen unserer heimischen Arten haben $2n = 16$. ELLIS und JONES halten die Art für allotetraploid und aus *C. impatiens* und *C. hirsuta* entstanden. Andere Forscher glauben an eine Entstehung durch Autotetraploidisierung von *C. hirsuta*. Die Standortansprüche sprechen für Allopolyploidie.

Brunnenkresse

Nasturtium officinale R. BR.
Kreuzblütengewächse *Brassicaceae*
(*Cruciferae*)

Beschreibung: Blüten stehen in einer kurzen, dichten, zumindest angedeutet doldigen, zuweilen auch kopfig gedrängten, eher reichblütigen Traube. Blüten 0,5–1 cm Durchmesser, weiß. Blütenblätter 4, verkehrt-eiförmig. Kelchblätter 4, eiförmig, grün, mit weißem Hautrand. Staubbeutel gelb. (Achtung: Mit dem Altern der Blüte werden die Staubfäden (!) rotviolett; wenn Staubbeutel (!) rotviolett: siehe Bitteres Schaumkraut, S. 308.) Fruchtknoten länglich; Frucht eine Schote, 1,2–1,8 cm lang und um 2 mm dick. Stengel niederliegend oder aufsteigend, seltener aufrecht, verzweigt, kahl. Alle Blätter einander ähnlich, gestielt, unpaarig gefiedert, mit 4–8 seitlichen Teilblättchen und einem meist eiförmigen Endblättchen, dessen Rand oft ungleichmäßig geschwungen ist. Teilblättchen geschwungen gekerbt, mit kurzen, knorpeligen Zähnen. Blätter wirken saftig-fleischig. April–Juli. 30–90 cm.

Vorkommen: Braucht schlammhaltigen Sand- oder Kiesboden, der von nährstofffreichem, kühlem Wasser durchspült werden sollte. Besiedelt Bäche, Gräben, Ufer, und zwar meist an voll besonnten Stellen. Fehlt in den Mittelgebirgen mit kalkfreiem Gestein und in den entsprechenden Gebieten in den Alpen gebietsweise; sonst selten, doch oft in kleineren Beständen.

Wissenswertes: ♃. Enthält das Senfölglykosid Gluconasturtiin, außerdem ätherische Öle und einen Bitterstoff. Sein hoher Gehalt an Vitamin C machte es zu einem begehrten Wildsalat. *N. officinale* wird mit *N. microphyllum* (BOENN.) RCHB. (Blüten 4–8 mm im Durchmesser, Samen 1reihig) und dem sterilen Bastard (*N.* × *sterile* (AIVY SHAW) OEFELEIN) beider Kleinarten zur Sammelart *N. officinale* agg. zusammengefaßt.

Gewöhnliche Sumpfkresse
Rorippa palustris (L.) Bess. emend. Jons.
Kreuzblütengewächse *Brassicaceae*
(*Cruciferae*)

Beschreibung: Blüten stehen in einer zuerst kurzen, später verlängerten, oben etwas doldig eingeebneten Traube. Blüten 2–4 mm im Durchmesser, hellgelb. Blütenblätter 4, länglich verkehrt-eiförmig. Kelchblätter 4, 2–2,5 mm lang, länglich, grün. Fruchtknoten länglich; Frucht eine Schote, 0,5–1 cm lang und 2–3 mm dick. Griffel der Schote bis zu 1 mm lang und meist deutlich von der Schote abgesetzt. Stengel niederliegend bis aufsteigend, einfach oder erst eine Handtellerbreite über dem Boden verzweigt (nicht unmittelbar am Boden!), kahl. Blätter bis fast zur Mittelrippe oder bis zur Mittelrippe fiederteilig, mit 6–14 seitlichen Fiederabschnitten, die schmal-eiförmig und unregelmäßig gezähnt sind; Endabschnitt deutlich größer als die Seitenabschnitte. Blattrand und Nerven oft mit einzelnen, kaum 0,5 mm langen, aber mit der Lupe gut zu sehenden Haaren. Mittelteil des Blattes („Mittelrippe" mit zugehöriger schmaler Blattspreite) unterhalb des Endabschnitts breiter als 2 mm. Juni–September. 0,1–1 m.

Vorkommen: Braucht zeitweise nassen, basenreichen, kalkarmen, stickstoffsalzreichen, schlammigen Boden. Besiedelt Ufer von Seen, Teichen und Gräben, geht aber auch auf nasse Brachäcker. Fehlt auf Kalkgestein in kleineren Gebieten; sonst zerstreut. Steigt in den Alpen bis über 2500 m.

Wissenswertes: ☉-♃ *R. palustris* (L.) Bess. wird mit *R. islandica* (Oed. ex Murray) Borb. emend. Jons. (Traube an der Spitze nicht doldig eingebuchtet; Kelchblätter höchstens 1,5 mm lang; Blattmittelteil unter dem Endblättchen nur 1,5 mm breit; West- und Südalpen) zur Sammelart *R. islandica* agg. vereint.

Wilde Sumpfkresse
Rorippa sylvestris (L.) Bess.
Kreuzblütengewächse *Brassicaceae*
(*Cruciferae*)

Beschreibung: Blüten stehen in einer zuerst kurzen, später verlängerten, oben etwas doldig eingeebneten Traube; nicht selten entwickeln sich an der Basis des Blütenstands „Seitentrauben". Blüten 3–5 mm im Durchmesser (ausgebreitet gemessen), gelb. Blütenblätter 4, länglich-keilig. Kelchblätter 4, 2 mm lang, grün, mit weißlichem Hautrand. Fruchtknoten länglich; Frucht eine Schote, 0,8–1,8 cm lang und um 1 mm dick. Griffel der Schote bis zu 1 mm lang. Stengel aufrecht oder aufsteigend, vom Grund an verzweigt, kahl, mit dünnen, verzweigten, unterirdischen Ausläufern. Blätter gestielt, den Stengel nicht umfassend, zumindest die unteren gefiedert und mit 6–14 schmalen, z. T. wiederum fiederschnittigen oder tief gezähnten Blattabschnitten; Endblättchen ähnlich wie die seitlichen Blattabschnitte, aber größer. Juni–September. 20–50 cm.

Vorkommen: Braucht zeitweise nassen, nährstoffreichen, lehmig-tonigen, verdichteten Boden. Besiedelt offene Stellen an Ufern von Fließgewässern und Seen, aber auch Wege und feuchte Brachäcker. Selten. Steigt in den Alpen bis etwa 2000 m.

Wissenswertes: ♃ *R. sylvestris* (L.) Bess. wird mit *R. kerneri* Menyh. (Blattabschnitte ganzrandig) zur Sammelart *R. sylvestris* agg. vereint. *R. kerneri* kommt nur in Südosteuropa vor und wächst auf Salzböden. – Ähnlich ist die Zweischneidige Sumpfkresse (*R.* × *anceps* (Wahlenb.) Rchb.). Sie ist ein Bastard von *R. sylvestris* (L.) Bess. mit *R. amphibia* (L.) Bess. (Schoten nur 5–7 mm; untere Blätter fiederteilig, obere nur fiederig gelappt. Verlandungsbereich an Ufern; Rhein, Main, Weser, Elbe, Oder, Donau und ihre Alpenzuflüsse); sehr selten.

Pyrenäen-Sumpfkresse

Rorippa pyrenaica (Lam.) Rchb.
Kreuzblütengewächse *Brassicaceae*
(*Cruciferae*)

Beschreibung: Blüten stehen in einer oben etwas doldig eingeebneten, lockeren Traube, an deren Basis sich nicht selten „Seitentrauben" entwickeln. Blüten 3–4 mm im Durchmesser, gelb. Blütenblätter 4, länglich-keilig. Kelchblätter 4, 2–3 mm lang, gelblich. Fruchtknoten länglich; Frucht fast schötchenartig, nur 3–4 mm lang und um 2 mm dick. Griffel der Schote 1–2 mm lang. Stengel aufrecht, oberwärts oft verzweigt, unten mit sehr kurzen Haaren bestanden (Lupe!). Grundständige Blätter rosettig gestellt, gefiedert, mit ganzrandigen seitlichen Teilblättchen und deutlich vergrößertem, oft stumpf gezähntem Endblättchen. Stengelblätter gestielt, den Stengel mit 2 Zipfeln umfassend, gefiedert, mit 4–16 seitlichen, schmal-lanzettlichen, ganzrandigen oder deutlich 1- bis 3zähnigen Fiederabschnitten; Endblättchen ähnlich geformt wie die seitlichen Blattabschnitte. Blätter auf dem Mittelnerv mit einzelnen, kaum 1 mm langen Haaren. Mai–August. 15–30 cm.

Vorkommen: Braucht basenreichen, stickstoffsalzhaltigen, aber kalkarmen, mindestens zeitweise feuchten Lehm- oder Tonboden. Besiedelt lückige Rasen im Uferbereich von Bächen und Seen, desgleichen lückig bewachsenes, feuchtes Ödland, geht aber auch auf Fettwiesen. Sehr selten in Seitentälern des Oberrheins an klimagünstigen Standorten, am Mittellauf der Elbe, im Wallis und am Alpensüdfuß.

Wissenswertes: ♃. *R. pyrenaica* ist eine südwesteuropäische Art. Ihr ähnelt die Karst-Sumpfkresse (*R. lippizensis* (Wulf.) Rchb.): Blüten 4–5 mm im Durchmesser; Schote 1,2–2 cm lang; Südosteuropa.

Österreichische Sumpfkresse

Rorippa austriaca (Cr.) Bess.
Kreuzblütengewächse *Brassicaceae*
(*Cruciferae*)

Beschreibung: Blüten stehen in einer zuerst kurzen, später verlängerten, oben etwas doldig eingeebneten Traube; an der Basis des Blütenstandes entwickeln sich in der Regel mehrere „Seitentrauben", so daß der Blütenstand eigentlich eine „Trauben-Rispe" darstellt. Blüten 2–3 mm im Durchmesser, gelb. Blütenblätter 4, länglich bis keilig. Kelchblätter 4, eiförmig, gelblich. Fruchtknoten eiförmig; Frucht ein Schötchen, 2–3 mm lang und fast ebenso dick. Griffel des Schötchens 1–2 mm lang. Stengel aufrecht, im oberen Teil verzweigt, unten abstehend, aber sehr kurz behaart. Blätter ungestielt, den Stengel mit 2 Zipfeln umfassend, die bei den oberen Stengelblättern gut ausgebildet sind. Blätter ungeteilt, spitz zulaufend. Blattrand unregelmäßig gezähnt oder ganzrandig. Blätter unterseits deutlich kurzhaarig. Juni–August. 30–90 cm.

Vorkommen: Braucht zeitweise nassen, nährstoffreichen, lockeren, sandigen Lehmboden. Besiedelt Ufer, geht auch an Wege und auf Dämme. Selten an Oder und Elbe, an Rhein, Main, Neckar und Isar. Zerstreut im Gebiet der Donau in Österreich.

Wissenswertes: ♃. *R. austriaca* (Cr.) Bess. bildet mit der Wasser-Sumpfkresse (*R. amphibia* (L.) Bess.) Bastardformen, die unter dem Namen Meerrettich-Sumpfkresse (*R.* × *amoracioides* (Tausch) Fuss) bekannt geworden sind. Die Pflanzen dieses Bastardschwarmes sind nicht einheitlich zu kennzeichnen, sondern keiner der beiden Arten eindeutig zuzuordnen. Beschrieben wurden solche Zwischenformen vom Unter- und Mittellauf der Elbe sowie aus dem Donaugebiet und dem Gebiet der Moldau.

Pyrenäen-Sumpfkresse
Rorippa pyrenaica

Österreichische Sumpfkresse
Rorippa austriaca

Gewöhnliche Sumpfkresse
Rorippa palustris

Wilde Sumpfkresse
Rorippa sylvestris

Sumpfkresse *Rorippa*
Meerrettich *Armoracia*
Turmkraut *Arabis*
Schaumkresse *Cardaminopsis*

Wasser-Sumpfkresse

Rorippa amphibia (L.) BESS.
Kreuzblütengewächse *Brassicaceae*
(*Cruciferae*)

Beschreibung: Blüten stehen in einer oben etwas doldig eingeebneten lockeren Traube, an deren Basis sich nicht selten „Seitentrauben" entwickeln. Blüten 4–6 mm im Durchmesser (ausgebreitet gemessen), goldgelb. Blütenblätter 4, verkehrt-eiförmig. Kelchblätter 4, um 2 mm lang, eiförmig, grünlich. Fruchtknoten länglich; Frucht eine kleine Schote, 3–6 mm lang und gut 1 mm dick. Griffel der Schote 1–2 mm lang, mit verbreiterter Narbe. Stengel niederliegend (und dann wurzelnd) oder aufsteigend, verzweigt, kahl oder mit einzelnen, etwa 1 mm langen Haaren, hohl. Blätter gestielt oder fast sitzend, die unteren unregelmäßig fiederig geteilt oder grob buchtig gelappt, die oberen ungeteilt, nicht oder kaum stengelumfassend, unregelmäßig gezähnt. Mai–August. 0,4–1 m.

Vorkommen: Braucht zumindest zeitweise überschwemmten, schlammigen, nährstoffreichen Boden. Besiedelt Ufer stehender oder langsam fließender Gewässer. Geht dort ins Röhricht. Im Tiefland zerstreut; in den Mittelgebirgen meist nur in den tiefer gelegenen Tälern; dort selten. Fehlt in den Alpen.

Wissenswertes: ♃. Von der Wasser-Sumpfkresse gibt es auch Exemplare, die dauernd untergetaucht leben. Diese weichen in der Gestalt mehr oder weniger deutlich von den Individuen ab, die fast stets außerhalb des Wassers wachsen und deren Standort allenfalls gelegentlich überflutet wird. So haben sie weitröhrige, fast aufgeblasene Stengel mit einem großen Hohlraum im Innern. Die Blätter der Wasserform sind weniger geteilt als die der Landform, die unteren allenfalls gelappt. Außerdem sind Bastarde bekannt, die zerstreut vorkommen.

Echter Meerrettich

Armoracia rusticana G., M. & SCH.
Kreuzblütengewächse *Brassicaceae*
(*Cruciferae*)

Beschreibung: Blütenstand aus zahlreichen Trauben zusammengesetzt, in denen die Blüten ziemlich dicht stehen und deutlich an der Spitze doldig eingeebnet sind (vor allem im Knospenzustand). Blüten 5–9 mm im Durchmesser (ausgebreitet gemessen), weiß. Blütenblätter 4, breit verkehrt-eiförmig. Kelchblätter 4, breit-eiförmig, mit weißem, oft deutlichem Hautrand. Fruchtknoten gedrungen; Frucht ein Schötchen, verkehrt-eiförmig, 4–6 mm lang, 3–5 mm dick. Griffel des Schötchens etwa 0,5 mm lang, oben verbreitert (Lupe). Stengel aufrecht, im oberen Teil verzweigt, kantig, hohl. Grundblätter lang gestielt, schmal-eiförmig, am Grunde herzförmig oder etwas gestutzt, unregelmäßig stumpf gezähnt, bis fast 1 m lang. Untere Stengelblätter kurz gestielt, ungleich tief und in der Form unregelmäßig fiederteilig; obere Stengelblätter sehr kurz gestielt oder sitzend, ungeteilt, lanzettlich bis schmal-lanzettlich, meist deutlich gezähnt. Mai–Juli. 0,4–1,2 m.

Vorkommen: Braucht nährstoffreichen, stickstoffsalzhaltigen, lehmig-sandigen Boden. Kulturpflanze; vielerorts beständig verwildert; Heimat vermutlich Osteuropa und südliches Westasien. Fehlt im Tiefland und im Alpenvorland kleineren, in den Alpen auch größeren Gebieten oder ist dort selten; sonst zerstreut; in Lagen über etwa 700 m sehr selten.

Wissenswertes: ♃. Enthält im Wurzelstock Senfölglykoside, u. a. Sinigrin, und freies Allylsenföl, das die Reizwirkung auf die Schleimhäute von Nase und Augen verursacht. Reibt man den Wurzelstock, so spaltet das Enzym Myrosinase das Glykosid in Zucker und Allylsenföl. Seit langem Gewürzpflanze.

Wasser-Sumpfkresse
Rorippa amphibia

Turmkraut
Arabis glabra

Felsen-Schaumkresse
Cardaminopsis petraea

Echter Meerrettich
Armoracia rusticana

317

Turmkraut

Arabis glabra (L.) BERNH.
Kreuzblütengewächse *Brassicaceae*
(Cruciferae)

Beschreibung: Blüten stehen in einer Traube, an deren Basis häufig mehrere Seitentrauben ausgebildet sind. Blüten an der Spitze der Trauben dicht köpfchenartig, zumindest als Knospen doldig eingeebnet. Blüten 3–7 mm im Durchmesser, cremeweiß oder grünlich-weiß. Blütenblätter 4, sehr schmal verkehrt-eiförmig. Kelchblätter 4, um 3 mm lang, aufrecht, an der Spitze dunkelgrün, sonst weißlich-grün. Fruchtknoten länglich; Frucht eine Schote, 4–7 cm lang und stark 1 mm breit, kahl. Griffel der Schote kaum 1 mm lang, mit deutlich kopfiger Narbe. Stengel aufrecht, gelegentlich früh „fallend" und dann aufgebogen, meist unverzweigt, dicht beblättert. Grundständige Blätter zur Blütezeit verwelkt. Stengelblätter ungeteilt und meist ganzrandig, lanzettlich, herz- bis pfeilförmig den Stengel umfassend, kahl, auffallend bläulich bereift. Mai–Juli. 0,6–1,5 m.

Vorkommen: Braucht nährstoffreichen, lockeren Lehmboden und sommerliche Wärme. Besiedelt den Saum von Wäldern und Gebüschen, geht aber auch an Wegraine und Böschungen. Fehlt im Tiefland und in den Mittelgebirgen, in denen Sandsteine vorherrschen, auch größeren Gebieten. Sonst selten, in den Alpen sehr selten und nur unter etwa 1000 m.

Wissenswertes: ☉. Das Turmkraut soll früher als Heil- und Salatpflanze verwendet worden sein. Angaben über Inhaltsstoffe, die eine solche Verwendung erklären könnten, haben wir nicht gefunden. Möglicherweise enthalten die Blätter Vitamin C, so daß ein Salat aus ihnen dem Skorbut entgegenwirkt. – Der Name „Turmkraut" verweist auf den hohen Wuchs und den häufig steif aufrechten Stengel.

Felsen-Schaumkresse

Cardaminopsis petraea (L.) HIIT.
Kreuzblütengewächse *Brassicaceae*
(Cruciferae)

Beschreibung: Blüten stehen in einer lockeren, etwas kopfig-doldigen Traube. Blüten 6–9 mm im Durchmesser, weiß, zuweilen schwach lila. Blütenblätter 4, breit verkehrt-eiförmig. Kelchblätter 4, gelblich-grün, mit weißem Hautrand, kahl. Fruchtknoten länglich; Schote 2–4 cm lang und um 1 mm dick. Griffel der Schote um 1 mm lang. Narbe nicht kopfig. Stengel zu mehreren aus einer Grundblattrosette entspringend, aufrecht oder aufsteigend, verzweigt oder einfach, unten behaart, oben kahl und bereift. Grundblätter rosettig, länglich, in einen Stiel verschmälert, ganzrandig oder unregelmäßig buchtig gesägt, rauhhaarig. Stengelblätter lineal-länglich, vorn abgerundet, ganzrandig, kahl oder schütter behaart. Mai–Juli. 10–25 cm.

Vorkommen: Braucht kalkhaltigen, basenreichen, felsig-lockeren Boden, der feinerdearm sein kann und arm an Stickstoffsalzen sein muß, sich aber sommers gut erwärmen sollte. Besiedelt Felsspalten und Felsbänder, seltener groben und nicht allzu feuchten Felsschutt (Kalk, Dolomit, Basalt) oder gar Feinschutt bzw. Sand. Sehr selten im Harz und im Fränkischen Jura; im Ostteil der Nördlichen Kalkalpen selten; sehr selten in den Dolomiten.

Wissenswertes: ♃. Die Felsen-Schaumkresse hat ihre Hauptverbreitung im nördlichen Europa und in den östlichen Ketten der Nördlichen Kalkalpen. Aus dieser Verbreitung kann man schließen, daß die Art früher ein größeres, zusammenhängendes Areal besessen hat, das in der Nacheiszeit zerstückelt worden ist. Die Felsen-Schaumkresse kann man also als eine arktisch-alpine Reliktpflanze trockener, nährstoffreicher Standorte ansehen.

Kreuzblütengewächse *Brassicaceae* ▶

Schaumkresse *Cardaminopsis*
Gänsekresse *Arabis*

Sand-Schaumkresse

Cardaminopsis arenosa (L.) HAYEK
Kreuzblütengewächse *Brassicaceae*
(Cruciferae)

Beschreibung: Blüten stehen in einer ziemlich lockeren, zumindest andeutungsweise doldig eingeebneten Traube. Blüten 5–9 mm im Durchmesser (ausgebreitet gemessen), weiß oder rosa, seltener blaßlila. Blütenblätter 4, breit verkehrt-eiförmig. Kelchblätter 4, eiförmig, grün. Fruchtknoten länglich; Frucht eine Schote, 2–4,5 cm lang und knapp 1 mm dick. Griffel der Schote etwa 0,5 mm lang, unauffällig. Stengel aufrecht, einfach oder verzweigt, mit einfachen, kaum 1 mm langen, borstig abstehenden Haaren, die unten meist dicht, oben deutlich schütterer stehen. Grundständige Blätter rosettig, wie die unteren Stengelblätter gestielt, meist fiederteilig, mit größerem, eiförmigem, gezähntem Endabschnitt, mit mehrstrahligen kurzen Haaren bestanden. Obere Stengelblätter mit verschmälertem Grund sitzend, schmal-lanzettlich, gezähnt oder ganzrandig, behaart. April–Juni. 15–40 cm.

Vorkommen: Braucht kalkhaltigen, lockeren Sand- oder Steinboden, der feinerdearm sein kann. Besiedelt Felsspalten, groben, wenig bewachsenen Felsschutt, lückig bewachsenen Feinschutt oder Sand in Lagen mit sommerlich warmem Klima. Geht auch auf Eisenbahnschotter. Fehlt im Tiefland auch größeren Gebieten, vor allem im Nordwesten; sonst sehr selten; selten in den linksrheinischen Mittelgebirgen mit kalkhaltigem Gestein, desgleichen im Harz, im Schwäbisch-Fränkischen Jura, im südlichen Bayerischen Wald, im Alpenvorland sowie in den Kalkalpen und im Schweizer Jura. Örtlich in kleineren, lockeren Beständen.

Wissenswertes: ☉. Innerhalb der Art werden 2 Unterarten unterschieden, die aber schwer abzugrenzen sind.

Wiesen-Schaumkresse

Cardaminopsis halleri (L.) HAYEK
Kreuzblütengewächse *Brassicaceae*
(Cruciferae)

Beschreibung: Blüten stehen in einer eher dichten, etwas kopfig-doldigen Traube, an deren Basis häufig „Seitentrauben" ausgebildet sind. Blüten 5–8 mm im Durchmesser, weiß, seltener – und dann oft blaß- – lila. Blütenblätter 4, verkehrt-eiförmig. Kelchblätter 4, eiförmig, grün, mit weißem Hautrand und oft mit violetter Spitze. Fruchtknoten länglich; Frucht eine Schote, 1–2 cm lang und um 1 mm dick; Griffel der Schote um 1 mm lang, unauffällig. Stengel oft zu mehreren aus einer Grundblattrosette entspringend, aufsteigend oder aufrecht, einfach oder verzweigt, mit 2–3strahligen Haaren bestanden. Rosettenblätter und untere Stengelblätter gestielt, ungeteilt oder fiederteilig und dann mit größerem und oft gezähntem Endabschnitt und nur wenigen, viel kleineren Seitenabschnitten, fast kahl. Obere Stengelblätter sitzend, lanzettlich, ganzrandig oder gezähnt. April–Juni, zuweilen nochmals September–Oktober. 15–50 cm.

Vorkommen: Braucht nährstoff- und vor allem kalkarmen, lockeren und daher meist sandigen oder steinigen Lehmboden, der eher feucht als trocken sein sollte. Besiedelt Ufer oder lückige Rasen und feuchte Felsen, geht auch an Waldwege, auf Schotter und Kies und vor allem auf Böden, die Schwermetallionen enthalten (z.B. auf Galmeiböden (Galmei = ein Zinkerz), „Erzblume"). Wesermündung, Harz, Hessisches Bergland, Oberpfälzer Wald, Frankenwald, Thüringer Wald, Bayerischer Wald, östliche Nord- und Südalpen (etwa bis Innsbruck und bis zum Aostatal). Sehr selten.

Wissenswertes: ♃. Die Wiesen-Schaumkresse kann in der Wurzel bis zu 3,5% des Aschengewichts an Zinkoxid enthalten.

Turm-Gänsekresse

Arabis turrita L.
Kreuzblütengewächse *Brassicaceae*
(Cruciferae)

Beschreibung: Blüten stehen in einer reichblütigen, kopfigen, doldig eingeebneten Traube. Blütenstand zumindest im unteren Teil beblättert (gutes Kennzeichen!). Blüten 5–8 mm im Durchmesser, gelblich-weiß oder sehr blaß gelb. Blütenblätter 4, länglich-keilig, vorn abgerundet. Kelchblätter 4, länglich-eiförmig, grün, mit meist deutlichem weißem Hautrand. Fruchtknoten länglich; Frucht eine Schote, 8–15 cm lang, 2–3 mm dick, nach unten gebogen und oft alle ziemlich einseitswendig (gutes Kennzeichen!). Stengel aufrecht, einfach oder oben verzweigt, mit kurzen, mehrstrahligen Haaren bestanden. Grundständige Blätter gestielt, schmaleiförmig bis lanzettlich, unregelmäßig gezähnt, vor allem unterseits mit zahlreichen mehrstrahligen Haaren. Mehr als 10 Stengelblätter, die den Stengel mit breiten Zipfeln herz- bis pfeilförmig umfassen. April–Mai. 10–70 cm.

Vorkommen: Braucht nährstoffreichen, zumindest etwas kalkhaltigen, flachgründigen, steinigen und daher lockeren Lehmboden. Besiedelt Gebüsche und Waldränder, geht aber auch an Wegraine und Felsen. Eifel, Pfalz, Bergstraße, Südschwarzwald, südlicher Schwäbischer Jura, westliches Alpenvorland, Vorarlberg, Nordschweiz, Schweizer Jura, Täler in den Zentral- und Südalpen (hier vor allem in den östlichen Ketten), in den Nordalpen nur in Föhntälern. Sehr selten.

Wissenswertes: ♃. Der wissenschaftliche und der deutsche Artname wurden gegeben, um den steifen und dadurch hoch aufragenden Wuchs des Stengels zu kennzeichnen. Am leichtesten ist die Art indessen an ihren einseitig überhängenden, langen Schoten kenntlich.

Öhrchen-Gänsekresse

Arabis auriculata Lam.
Kreuzblütengewächse *Brassicaceae*
(Cruciferae)

Beschreibung: Blüten stehen in einer lockeren, eher armblütigen, wenig kopfigen, zumindest andeutungsweise doldig eingeebneten Traube, an deren Basis gelegentlich „Seitentrauben" ausgebildet werden. Blüten 3–5 mm im Durchmesser, weiß. Blütenblätter 4, länglich-eiförmig bis keilig, an der Spitze abgerundet. Kelchblätter 4, länglich-eiförmig, grün, mit weißem Hautrand, kahl oder etwas behaart. Fruchtknoten länglich; Frucht eine Schote, 1–3,5 cm lang und kaum 1 mm dick. Griffel der Schote unauffällig, kaum 0,5 mm lang. Stengel aufrecht, einfach oder verzweigt, vor allem unten mit mehrstrahligen Haaren bestanden. Grundblätter kurz gestielt, länglich, in den Blattstiel verschmälert, ganzrandig oder mit stumpfen Zähnen, mit mehrstrahligen Haaren bestanden. 5–15 Stengelblätter, die mit 2 Zipfeln den Stengel herz- bis pfeilförmig umfassen. April–Juni. 10–40 cm.

Vorkommen: Braucht kalkreichen, zumindest kalkhaltigen Boden, der aber arm an Stickstoffsalzen sein sollte; er sollte außerdem sommerwarm, locker, sandig-lehmig oder Löß sein. Besiedelt Gebüschränder, Felshänge, lückige Trockenrasen, Wege und Böschungen. Sehr selten in der Pfalz, im Fränkischen Jura, am Oberrhein, Südharz, untere Oder, Schweizer Jura, Südketten der Alpen von den Dolomiten ostwärts, Wiener Becken, in den Nordalpen nur in einigen Föhntälern und hier meist unbeständig. Bildet an ihren Standorten oft kleinere Bestände.

Wissenswertes: ⊙. Der Schwerpunkt des Areals der Öhrchen-Gänsekresse liegt im Mittelmeer- und Schwarzmeergebiet. Sie erreicht in Mitteleuropa die Nordgrenze ihres Verbreitungsgebietes.

Sand-Schaumkresse
Cardaminopsis arenosa

Turm-Gänsekresse
Arabis turrita

Öhrchen-Gänsekresse
Arabis auriculata

Wiesen-Schaumkresse
Cardaminopsis halleri

321

Gänsekresse *Arabis*

Armblütige Gänsekresse

Arabis pauciflora (GRIMM) GARCKE
Kreuzblütengewächse *Brassicaceae*
(*Cruciferae*)

Beschreibung: Blüten stehen in einer eher armblütigen, kopfig gedrängten, doldig eingeebneten Traube. Blüten 3–8 mm im Durchmesser, weiß. Blütenblätter 4, verkehrt-eiförmig, vorn gerundet. Kelchblätter 4, eiförmig, grün. Fruchtknoten länglich; Frucht eine Schote, 3–8 cm lang und 1–2 mm dick; Schoten stehen von den Fruchtstielen gewinkelt nach oben ab. Griffel der Schote ziemlich unauffällig und nur etwa 1 mm lang. Stengel aufrecht, oben verzweigt, kahl, bläulich bereift. Grundblätter langstielig. Spreite rundlich-eiförmig, allmählich in den Stiel verschmälert, oft unregelmäßig und wenig ausgeprägt stumpf gezähnt-gekerbt, bis auf den untersten Teil des Blattstiels kahl, mitsamt dem Stiel bis 10 cm lang. 5–15 Stengelblätter, von denen die unteren angedeutet geigenförmig, die oberen lanzettlich sind; alle sitzen dem Stengel an, werden bis 1–4 cm lang und umfassen ihn herz- bis pfeilförmig. Alle Blätter – wie der Stengel – bläulich bereift. Mai–Juli. 0,3–1 m.

Vorkommen: Braucht kalkhaltigen, humusreichen Lehm- oder Tonboden und sommerliche Wärme. Besiedelt in klimagünstigen Gegenden Gebüsche, Waldsäume und Trockenwälder, so z. B. in der Eifel und in der Pfalz, im Südharz und im nordöstlichen Hessischen Bergland, im gesamten Jura (hier gebietsweise fehlend), an der oberen Donau, in den Nördlichen Kalkalpen und in den Nordketten der Zentralalpen. Überall sehr selten; am Südfuß der Alpen selten, im östlichen Teil zerstreut.

Wissenswertes: ♃. Die Armblütige Gänsekresse weicht von anderen Arten der Gattung durch die fehlende Behaarung und die Bereifung (vgl. auch S. 318, Turmkraut) gestaltlich ab.

Behaarte Gänsekresse

Arabis hirsuta (L.) SCOP.
Kreuzblütengewächse *Brassicaceae*
(*Cruciferae*)

Beschreibung: Blüten stehen in einer gedrängten, später schlanken Traube, die oft an der Basis in den Achseln kleiner Tragblätter „Seitentrauben" aufweist. Blüten 2–5 mm im Durchmesser, weiß. Blütenblätter 4, schmal-eiförmig bis keilig, vorn abgerundet. Kelchblätter 4, grünlichweiß, an der Spitze oft violett oder dunkelgrün. Fruchtknoten länglich, 1,5–3,5 cm lang und um 1 mm dick, ziemlich aufrecht am Stengel stehend. Stengel aufrecht, meist unverzweigt, zumindest mäßig dicht abstehend rauhhaarig. Grundblätter eiförmig, gestielt, ganzrandig oder entfernt gezähnt, behaart. Stengelblätter meist zahlreich, sitzend, zuweilen herzförmig stengelumfassend, eiförmig bis lanzettlich, am Rand meist gekerbt-gezähnt. Mai–Juli. 15–60 cm.

Vorkommen: Braucht kalkhaltige, magere Böden. Besiedelt Raine, lichte Trockengebüsche und -wälder sowie versteppende Flachmoore. Fehlt im Tiefland westlich der Elbe weitgehend, desgleichen in den Mittelgebirgen und in großen Gebieten des Alpenvorlands mit kalkarmen Gesteinen, ebenso in den Alpenketten mit kristallinem Gestein. Sonst selten.

Wissenswertes: ☉–♃. *A. hirsuta* (L.) SCOP. wird mit der Sudeten-Gänsekresse (*A. allionii* DC.: Stengel kahl, Blätter nur randlich bewimpert; Südwestalpen), mit der Flachschotigen Gänsekresse (*A. planisiliqua* (PERS.) RCHB.: Stengel angedrückt behaart, oft rötlich, Blattöhrchen anliegend; auf stickstoffsalzhaltigen Böden) und mit der Pfeilblättrigen Gänsekresse (*A. sagittata* (BERTOL.) DC.: Stengel anliegend behaart, Blattöhrchen abstehend; Südwestschweiz und Alpensüdfuß) zur Sammelart *A. hirsuta* agg. zusammengefaßt.

Behaarte Gänsekresse
Arabis hirsuta

Doldige Gänsekresse
Arabis ciliata

Armblütige Gänsekresse
Arabis pauciflora

Blaue Gänsekresse
Arabis caerulea

323

Doldige Gänsekresse

Arabis ciliata CLAIRV.
Kreuzblütengewächse *Brassicaceae*
(*Cruciferae*)

Beschreibung: Blüten stehen in einer
dichten, doldig eingeebneten Traube. Blüten
2–4 mm im Durchmesser, weiß. Blütenblätter 4,
schmal verkehrt-eiförmig, vorn abgestutzt oder
gar ausgerandet, seltener abgerundet. Kelchblätter 4, an der Spitze oft violett, sonst grünlich-
weiß. Fruchtknoten länglich; Frucht eine Schote,
1–2,5 cm lang und um 1 mm dick; Griffel der
Schote unauffällig, kaum 1 mm lang. Früchte
überragen die unteren Blüten (gutes Unterscheidungsmerkmal gegen *A. hirsuta*, bei der auch die
längsten Früchte die noch vorhandenen Blüten
nicht erreichen). Stengel aufrecht-aufsteigend,
einfach oder spärlich verzweigt, kahl oder unten
behaart. Grundblätter in einer Rosette, länglich
bis verkehrt-eiförmig, in einen kurzen Stiel verschmälert, ganzrandig oder undeutlich gezähnt,
behaart. 4–30 Stengelblätter, ganzrandig, sitzend,
aber nicht stengelumfassend, schütter behaart
oder kahl. Mai–Juli. 10–20 cm.

Vorkommen: Braucht kalkhaltigen, ja
kalkreichen, steinigen, feinerdehaltigen Lehm-
oder Tonboden in alpinem Klima. Besiedelt
Steinschutthalden und steinige, lückige Matten,
bevorzugt in Höhen zwischen etwa 1200 und
2200 m, geht gelegentlich aber auch wesentlich
tiefer (dann meist auf Kiesbänken in Flüssen, in
denen sie von höher gelegenen Standorten herabgeschwemmt worden ist) oder wesentlich höher. Schweizer Jura, nördlich bis etwa Solothurn,
Alpen und Alpenvorland; zerstreut.

Wissenswertes: ☉–♃. Ähnlich: Quendel-
Gänsekresse (*A. serpyllifolia* VILL.): Nur 3–8
Stengelblätter; Haare einfach oder gegabelt, nie
mehrteilig. Feuchte Kalkböden; Westalpen;
Schweizer Jura; selten.

Blaue Gänsekresse

Arabis caerulea ALL.
Kreuzblütengewächse *Brassicaceae*
(*Cruciferae*)

Beschreibung: Blüten stehen in einer
dichten, eher armblütigen, etwas kopfigen, aber
zumindest andeutungsweise doldig eingeebneten
Traube. Blüten 3–6 mm im Durchmesser, sehr
hell bläulich-lila, nur selten ganz weiß. Blütenblätter 4, schmal-eiförmig bis keilig, vorn abgerundet oder abgestutzt. Kelchblätter 4, sehr
schmal eiförmig, an der Spitze oft violett, sonst
grünlich. Fruchtknoten länglich; Frucht eine
Schote, 1–3 cm lang und um 3 mm dick; Griffel
der Schote unscheinbar, kaum 0,5 mm lang.
Stengel kriecht unterirdisch; seine Äste enden in
Blattrosetten. Oberirdischer Stengel aufrecht, unverzweigt, behaart. Grundblätter kurz gestielt, eiförmig, vorn wenig tief und ungleichmäßig gezähnt, am Rande und auf der Blattspreite – zuweilen schütter – borstig-abstehend behaart. 1–3
schmal-eiförmige Stengelblätter, die mit verschmälertem Grund dem Stengel ansitzen. Juli–
August. 3–15 cm.

Vorkommen: Braucht nährstoffreichen,
zumindest etwas kalkhaltigen, lockeren, steinigen Lehm- oder Tonboden, der lange von Schnee
bedeckt und gut von Sickerwasser durchzogen
sein sollte. Besiedelt Schneetälchen und Schneeböden, geht aber auch auf vergruste Schutthalden und auf Moränen. Kommt vor allem in Höhen zwischen etwa 2000 und 3000 m vor, geht
aber vereinzelt bis etwa 3500 m. In den Südlichen Kalkalpen zerstreut; in den Nördlichen
Kalkalpen selten, kommt oft in kleineren Beständen vor. In den Zentralketten gebietsweise fehlend, auf kalkhaltigen Böden sehr selten.

Wissenswertes: ♃. Vermehrt sich – außer
durch Samen – auch vegetativ durch „Tochterrosetten".

Zwerg-Gänsekresse

Arabis pumila JACQ.
Kreuzblütengewächse *Brassicaceae*
(Cruciferae)

Beschreibung: Blüten stehen in einer lockeren, armblütigen, doldig eingeebneten Traube. Blüten 5–8 mm im Durchmesser, weiß. Blütenblätter 4, schmal verkehrt-eiförmig, vorn abgerundet. Kelchblätter 4, eiförmig, mit deutlichem, weißem Hautrand. Fruchtknoten länglich; Frucht eine Schote, 2–4 cm lang und um 2 mm dick, kahl. Griffel der Schote unscheinbar, um 0,5 mm lang. Stengel kriecht unterirdisch; seine Äste enden in Rosetten, die oft polsterartig dicht stehen. Oberirdischer Stengel aufrecht, seltener aufsteigend, unverzweigt, oft kahl oder nur schütter borstig behaart. Grundblätter kurz gestielt, eiförmig bis verkehrt-eiförmig, ganzrandig oder sehr undeutlich gezähnt, am Rand und auf der Spreite borstig behaart. 1–4 Stengelblätter, mit verschmälertem Grund sitzend, eiförmig, ganzrandig, am Rand bewimpert, auf den Spreiten oft kahl oder nur sehr schütter behaart. Juni–September. 5–25 cm.

Vorkommen: Braucht kalkreichen, nicht allzu nährstoffarmen, locker-steinigen, humus- und feinerdearmen Boden. Besiedelt Felsspalten mit guter Sickerwasserführung, geht aber auch auf frischen, nicht allzu groben Gesteinsschutt und auf Geröll am Rande von Bachbetten, seltener in Schneetälchen oder auf schüttere, alpine Matten. Bevorzugt Höhen zwischen etwa 2000 und 3000 m, kommt örtlich – herabgeschwemmt – auch wesentlich tiefer vor. In den Kalkalpen zerstreut, gebietsweise selten.

Wissenswertes: ♃. Ähnlich: Wocheiner Gänsekresse (*A. vochinensis* SPRENG.): Blüten 0,8–1,2 cm im Durchmesser, Blätter randlich schütter gabelhaarig. Südöstliche Kalkalpen (z. B. Gailtaler Alpen); selten.

Glänzende Gänsekresse

Arabis soyeri REUT. & HUET
Kreuzblütengewächse *Brassicaceae*
(Cruciferae)

Beschreibung: Blüten stehen in einer mäßig reichblütigen, aber dichten und deutlich doldig eingeebneten Traube. Blüten 4–7 mm im Durchmesser, weiß. Blütenblätter 4, schmal verkehrt-eiförmig, vorn abgerundet. Kelchblätter 4, eiförmig, mit schmalem, zuweilen undeutlichem weißem Hautrand und oft violetter Spitze. Fruchtknoten länglich; Frucht eine Schote, 2–4 cm lang und um 2 mm dick; Griffel der Schote unscheinbar, kaum 1 mm lang. Stengel kriecht unterirdisch oder oberirdisch-ausläuferartig; seine Äste enden in Blattrosetten. Oberirdische Stengel aufrecht, einfach, kahl. Grundblätter kurz gestielt, eiförmig, ganzrandig oder wenig gezähnt, kahl oder höchstens am Blattstiel mit vereinzelten Haaren. 5–12 schmal-eiförmige Stengelblätter, die dem Stengel mit schmalem Grund ansitzen, ja ihn leicht herzförmig umfassen. Alle Blätter glänzen. Juni–September. 10–30 cm.

Vorkommen: Braucht kalkreichen oder zumindest kalkhaltigen, sumpfigen oder dauernd durchsickerten, lockeren und steinigen Boden. Besiedelt Geröll am Ufer von Rinnen und Bächen, geht aber auch auf quellige Stellen in Matten oder in Flachmoore, seltener in durchsickerte oder überrieselte Felsspalten oder auf nicht allzu feinerde- und humusarmen Felsschutt. Bevorzugt Höhen zwischen etwa 1500 und 2500 m, kommt gelegentlich in Bachbetten als „Abschwemmling" jedoch erheblich tiefer vor. In den östlichen Ketten der Nördlichen Kalkalpen selten und gebietsweise fehlend, sonst in den Kalkalpen zerstreut, in den Zentralketten selten.

Wissenswertes: ♃. Bei trübem Wetter bleiben die Blüten fast geschlossen. Selbstbestäubung ist dann die Regel.

Felsen-Gänsekresse

Arabis nova VILL.
Kreuzblütengewächse *Brassicaceae*
(*Cruciferae*)

Beschreibung: Blüten stehen in einer armblütigen, ziemlich lockeren und doldig eingeebneten Traube. Blüten 3–7 mm im Durchmesser, weiß. Blütenblätter 4, schmal verkehrt-eiförmig, an der Spitze abgerundet. Kelchblätter 4, sehr schmal eiförmig, mit weißem Hautrand, behaart. Fruchtknoten länglich; Frucht eine Schote, 2,5–7 cm lang und stark 1 mm dick. Griffel der Schote ganz unscheinbar, kaum 0,5 mm lang. Stengel aufrecht, unverzweigt, meist dicht borstig behaart. Grundblätter in einer Rosette, eiförmig, in einen kurzen Stiel verschmälert und vorn etwas zugespitzt, unregelmäßig und seichtbuchtig gezähnt, mit mehrstrahligen Haaren bedeckt. 5–20 Stengelblätter, die dem Stengel ansitzen und ihn mit deutlich pfeilförmigem Grund umfassen. Juni–Juli. 20–30 cm.

Vorkommen: Braucht nährstoffreichen, aber nicht unbedingt kalkhaltigen, eher etwas stickstoffsalzhaltigen, trockenen, felsig-lockeren Boden in warmem Klima. Besiedelt Felsbänder und lückige alpine Rasen und Matten, geht aber auch auf Grünland, das gelegentlich gedüngt wird, oder auf verödete siedlungsnahe Flächen. Kommt selten im südlichen und mittleren Schweizer Jura und in den Westketten der Nordalpen sowie in den westlichen Zentralalpen vor, vereinzelt in den Dolomiten und im Veltlin. Bevorzugt Höhen zwischen etwa 800–1700 m.

Wissenswertes: ☉. Das Hauptverbreitungsgebiet der Felsen-Gänsekresse liegt in den Mittel- und Hochgebirgen des südwestlichen Europa. Die Pflanzen brauchen vor allem im Frühjahr Wärme. Warum die Felsen-Gänsekresse am Alpensüdfuß nicht häufiger wächst, ist unklar. In Kroatien tritt sie wieder auf.

Alpen-Gänsekresse

Arabis alpina L.
Kreuzblütengewächse *Brassicaceae*
(*Cruciferae*)

Beschreibung: Blüten stehen in einer eher armblütigen, lockeren, doldig eingeebneten Traube, an deren Basis sich auch „Seitentrauben" (mit allerdings oft nur sehr wenigen Blüten) entwickeln können. Blüten 0,7–1,1 cm im Durchmesser, weiß. Blütenblätter 4, verkehrt-eiförmig bis keilig, vorne abgerundet, gelegentlich ganz flach ausgerandet. Kelchblätter 4, schmal-eiförmig, mit meist deutlichem weißem Hautrand, meist gelbgrün und kahl. Fruchtknoten länglich; Frucht eine Schote, 2–6 cm lang und um 2 mm dick, kahl. Griffel der Schote unauffällig, kaum 1 mm lang. Stengel kriecht unterirdisch; seine Äste enden in Blattrosetten. Oberirdischer Stengel aufrecht oder aufsteigend, einfach oder spärlich verzweigt, deutlich behaart. Grundständige Blätter kurz gestielt, breit-eiförmig, entfernt und etwas buchtig gezähnt, behaart. 3–10 Stengelblätter, die den Stengel deutlich herzförmig umfassen. März–Oktober. 10–40 cm.

Vorkommen: Braucht kalkhaltigen, feuchten, steinig-lockeren Boden in alpinem Klima. Besiedelt nasse Felsspalten, geht aber auch auf Gesteinsschutt oder Kiesbänke. Bevorzugt Höhen zwischen etwa 1500–2500 m, geht örtlich aber höher und wird nicht selten bis ins Vorland herabgeschwemmt. Kalkalpen und Schweizer Jura zerstreut, Zentralalpen selten, Baar und Fränkische Alb sehr selten. Zierpflanze.

Wissenswertes: ♃. Die Alpen-Gänsekresse kann auch im Winter gelegentlich zur Blüte gelangen. Ob dann immer Samen reifen, ist unklar. – *A. alpina* wird mit der südosteuropäischen Kaukasischen Gänsekresse (*A. caucasica* WILLD.: Beschreibung und Abb. s. S. 328) zur Sammelart *A. alpina* agg. zusammengefaßt.

Zwerg-Gänsekresse
Arabis pumila

Felsen-Gänsekresse
Arabis nova

Glänzende Gänsekresse
Arabis soyeri

Alpen-Gänsekresse
Arabis alpina

Gänsekresse *Arabis*
Blaukissen *Aubrieta*
Silberblatt *Lunaria*

Kaukasische Gänsekresse

Arabis caucasica WILLD.
Kreuzblütengewächse *Brassicaceae*
(*Cruciferae*)

Beschreibung: Blüten stehen in einer eher reichblütigen, etwas kopfigen, zumindest angedeutet doldig eingeebneten Traube, an deren Basis sich auch „Seitentrauben" (mit allerdings oft nur wenigen Blüten) entwickeln können. Blüten 1–1,8 cm im Durchmesser, weiß. Blütenblätter 4, breit verkehrt-eiförmig bis keilig, vorne abgerundet oder abgestutzt, gelegentlich auch sehr seicht ausgerandet. Kelchblätter 4, eiförmig, meist mit weißem Hautrand, sonst hellgrün oder gelblichgrün. Fruchtknoten länglich; Frucht eine Schote, 2–4,5 cm lang und um 2 mm dick. Griffel der Schote unauffällig, kaum 1 mm lang. Stengel kriecht unterirdisch und verzweigt sich stark; seine Äste enden in Blattrosetten, die kissenartige Polster bilden können. Blätter eiförmig bis schmal-eiförmig, mit jederseits 1–3 Zähnen, dicht graugrün oder grau behaart. Grundständige Blätter sehr kurz gestielt. 3–10 Stengelblätter, die dem Stengel ansitzen und ihn herz- bis pfeilförmig umfassen. März–April. 15–30 cm.

Vorkommen: Braucht steinigen, feinerdereichen Steinboden in warmem Klima. Heimat: Südosteuropäische Gebirge, vom Kaukasus bis nach Sizilien. Bei uns häufig als frühblühende Steingartenpflanze in Gärten gezogen, aus denen sie örtlich verwildert und sich an Mauern in Südexposition viele Jahre halten kann. Selten und meist etwas unbeständig.

Wissenswertes: ♃ *A. caucasica* WILLD. wird mit der Alpen-Gänsekresse (*A. alpina* L.) zur Sammelart *A. alpina* agg. zusammengefaßt. Beide Kleinarten können miteinander bastardieren. Die Bastarde scheinen allerdings steril zu sein, obwohl beide dieselbe Anzahl von Chromosomen besitzen (2n = 16).

Blaukissen

Aubrieta × *cultorum* BERGMANN
Kreuzblütengewächse *Brassicaceae*
(*Cruciferae*)

Beschreibung: Blüten stehen in einer eher armblütigen, lockeren, nur andeutungsweise doldig eingeebneten Traube. Blüten 1–1,8 cm im Durchmesser, hell-lila, selten weiß. Blütenblätter 4, breit verkehrt-eiförmig bis keilig, vorne meist deutlich – wenngleich flach – ausgerandet. Kelchblätter 4, eiförmig, hellgrün. Fruchtknoten länglich; Frucht eine gedrungene Schote, 1–1,5 cm lang und 3 mm dick, behaart. Griffel der Schote 5 mm lang, viel dünner als die Schote und deutlich von ihr abgesetzt. Stengel kriechend, stark verzweigt, an den Astenden Rosetten bildend, die dicht kissenartig angeordnet sind. Stengel niederliegend-aufsteigend. Rosettenblätter rhombisch bis verkehrt-eiförmig, Rand meist mit einigen groben Zähnen. Stengelblätter gestielt, eiförmig, oft ungleichmäßig buchtig gezähnt. Februar–Mai. 5–10 cm.

Vorkommen: In vielen Sorten als Steingartenpflanze gezogen. Gedeiht in Gesteinsfugen besonders gut, wenn sie, geschützt vor Frühjahrsfrösten, in Südlage an Mauerkronen überhängt. Wächst auf kalkhaltigem Gestein besser als auf kalkfreiem. Sehr häufig gepflanzt und öfters an Mauern verwildert.

Wissenswertes: ♃. Bastard aus dem Griechischen Blaukissen (*A. deltoidea* (L.) DC.: Blattrand gezähnt; Heimat: Gebirge Griechenlands) und dem etwas kleinerblütigen Italienischen Blaukissen (*A. columnae* GUSS.: Blätter ganzrandig oder fast ganzrandig; Heimat: Gebirge der Apenninen- und der nordwestlichen Balkanhalbinsel). Die mitteleuropäischen Zuchtsorten sind z. T. Rückkreuzungen mit den Elternpflanzen, auf jeden Fall jedoch nach verschiedenen Gesichtspunkten ausgelesene reine Linien.

Kaukasische Gänsekresse
Arabis caucasica

Garten-Silberblatt
Lunaria annua

Blaukissen
Aubrieta × cultorum

Wildes Silberblatt
Lunaria rediviva

Wildes Silberblatt

Lunaria rediviva L.
Kreuzblütengewächse *Brassicaceae*
(Cruciferae)

Beschreibung: Blüten stehen in einer kurzen, armblütigen, nur andeutungsweise doldig eingeebneten Traube, an deren Basis meist Seitentrauben ausgebildet werden (= „zusammengesetzte Traube"). Blüten 1–2 cm im Durchmesser, meist violett, seltener lila oder weiß. Blütenblätter 4, sehr schmal verkehrt-eiförmig bis keilig, vorn meist deutlich, wenn auch flach, ausgerandet. Kelchblätter 4, eiförmig, violett, unten zuweilen grünlich, 2 von ihnen mit deutlicher sackartiger Ausbuchtung. Fruchtknoten länglich; Frucht mit stielartigem „Fruchtträger"; dieser 2–3,5 cm lang; samentragender Teil der Frucht eiförmig, 3–7 cm lang und etwa halb so breit. Griffel der Schote etwa 4 mm lang. Stengel aufrecht, verzweigt, vor allem am Grund abstehend behaart, oberwärts kurz und fast anliegend behaart. Blätter nahezu gegenständig, aus herzförmigem Grund schmal-eiförmig, lang zugespitzt, ungleich gezähnt; Zähne mit der Spitze etwas nach vorne gebogen. Mai–Juli. 0,3–1,5 m.

Vorkommen: Braucht gut durchsickerten, bevorzugt kalkhaltigen, nährstoff- und feinerdereichen, steinigen Boden. Besiedelt Schluchtwälder und Laubwaldbestände an Orten mit hoher Luftfeuchtigkeit. Schattenliebend. Fehlt im Tiefland. In den Mittelgebirgen mit Kalk- oder Vulkangestein selten, aber oft in individuenreichen, lockeren oder dichten Beständen; selten und gebietsweise fehlend in den Alpenketten mit entsprechenden Gesteinen.

Wissenswertes: ♃. Die Blüten des Silberblatts duften; sie werden sowohl von Bienen als auch von Nachtschmetterlingen bestäubt. Der Name „Silberblatt" bezieht sich auf die glänzende Scheidewand der Früchte.

Garten-Silberblatt

Lunaria annua L.
Kreuzblütengewächse *Brassicaceae*
(Cruciferae)

Beschreibung: Blüten stehen in einer länglichen, eher armblütigen Traube, an deren Basis oft Seitentrauben ausgebildet werden (= „zusammengesetzte Traube"). Blüten 1–2 cm im Durchmesser, meist tief rotviolett, seltener weiß. Blütenblätter 4, rundlich bis verkehrt-eiförmig, vorn abgestutzt oder flach ausgerandet. Kelchblätter 4, grün, nur an der Spitze violett, 2 von ihnen mit deutlicher, sackartiger Ausbuchtung. Fruchtknoten länglich; Frucht mit stielartigem „Fruchtträger"; dieser 0,5–2 cm lang; samentragender Teil der Frucht rundlich-eiförmig, 3–4,5 cm lang und fast ebenso breit. Griffel der Schote 4–8 mm lang. Stengel aufrecht, meist verzweigt, vor allem am Grunde abstehend behaart, oberwärts meist schütter anliegend behaart. Untere Blätter gestielt, fast gegenständig, obere sehr kurz gestielt oder sitzend, alle ungleich gezähnt. April–Juni. 0,3–1 m.

Vorkommen: Braucht lockeren, oft steinigen, nährstoffreichen und vor allem recht stickstoffsalzhaltigen Lehm- oder Tonboden. Heimat: Gebirge im nördlichen Mittelmeergebiet. Bei uns früher in Bauerngärten kultiviert und daraus örtlich – zuweilen beständig – verwildert; neuerdings wieder öfter in Gärten gepflanzt und ortsnah verwildernd. Selten.

Wissenswertes: ☉. Die Blüten des Garten-Silberblatts entfalten ihren Duft, der an den Wohlriechender Veilchen erinnert, erst nachts. Die Blüten werden indessen auch von Tagfaltern und von Bienen lebhaft beflogen. – Der „Wert" als Zierpflanze liegt nicht in erster Linie in der „Blütenpracht", sondern in den silberglänzenden Scheidewänden der Früchte, die lange an der Pflanze verbleiben.

Scheibenschötchen

Peltaria alliacea JACQ.
Kreuzblütengewächse *Brassicaceae*
(*Cruciferae*)

Beschreibung: Blüten stehen in traubig-rispigem Blütenstand an den Enden der blüten-tragenden Äste straußartig-doldig gedrängt. Blü-ten 3–6 mm im Durchmesser, weiß. Blütenblätter 4, verkehrt-eiförmig, vorne abgerundet. Kelch-blätter 4, breit-eiförmig, hellgrün, mit breitem weißen Hautrand, zuletzt weißlich. Fruchtknoten eilänglich; Frucht ein stark seitlich zusammenge-preßtes, fast rundes Schötchen, dessen „Spitze" durch die praktisch sitzende Narbe gebildet wird; Schötchen 0,6–1 cm lang und 5–9 mm breit, an einem dünnen, abwärts gebogenen Stiel hän-gend. Stengel aufrecht, unverzweigt oder oben spärlich ästig, kahl, rund. Nur wenige Grundblät-ter, die lang gestielt, rundlich-herzförmig bis länglich-keilförmig sein können. Stengelblätter eiförmig bis eilanzettlich, vorne meist stumpf auslaufend oder nur undeutlich zugespitzt, mit tief herzförmigem Grund stengelumfassend. Blätter kahl, bläulich bereift, ganzrandig oder entfernt gezähnt. Blätter und Stengel riechen beim Zerreiben nach Lauch. Mai–Juli. 20–60 cm.
Vorkommen: Braucht nährstoffreichen, kalkhaltigen, steinig-lockeren Lehmboden mit guter Humusbeimischung. Besiedelt lichte Wäl-der und Gebüsche an sommerwarmen Orten. Kommt im Ostteil der Nördlichen Kalkalpen et-wa vom Höllengebirge nach Osten vor, am Süd-fuß der Alpen von Osten nur bis in die südöst-liche Steiermark. Sehr selten, an ihren Standor-ten oft in kleineren Beständen, auch in ihrem Verbreitungsgebiet auf weite Strecken fehlend.
Wissenswertes: ♃. Die bestäubenden In-sekten werden sicher nicht durch die Einzelblü-ten angelockt, sondern durch den Blütenstand insgesamt.

Schotenkresse

Braya alpina STERNB. & HOPPE
Kreuzblütengewächse *Brassicaceae*
(*Cruciferae*)

Beschreibung: Blüten stehen in einer armblütigen, zumindest andeutungsweise doldig eingeebneten Traube. Blüten 3–5 mm im Durch-messer, weiß, getrocknet oft etwas violett ange-laufen. Blütenblätter 4, verkehrt-eiförmig bis keilig, vorn abgestutzt oder flach ausgerandet. Kelchblätter 4, schmal-eiförmig, grün, zuweilen violett überlaufen, mit meist deutlichem weißem Hautrand, kahl oder nur sehr schütter behaart. Fruchtknoten länglich; Frucht eine Schote, 0,7–1,2 cm lang und etwa 1 mm dick, höckerig. Stengel kriecht unterirdisch und verzweigt sich stark; seine Äste enden in Blattrosetten, die bü-schelartig beieinander stehen. Oberirdischer Stengel aufrecht oder aufsteigend, meist unver-zweigt, gelegentlich oben ästig, oft rotviolett überlaufen. Grundständige Blätter spatelig, vor-ne abgerundet, allmählich in den Blattstiel ver-schmälert, der oft borstig bewimpert ist. Sten-gelblätter lineal, sitzend. Juni–Juli. 5–15 cm.
Vorkommen: Braucht kalkhaltigen, stei-nig-lockeren Lehmboden in alpinem Klima. Be-siedelt ältere, feinerdereiche Schutthalden, die nicht zu grobschotterig sein sollten, ebenso Mo-ränen sowie lückige Rasen und Matten. Kommt nur in den Ostalpen vor, und zwar in den Nörd-lichen Kalkalpen und in den Nordketten der Zentralalpen etwa östlich der Lechtaler Alpen. Bevorzugt Höhen zwischen etwa 2000 und 3000 m. Selten, aber an ihren Standorten oft in kleineren, lockeren Beständen.
Wissenswertes: ♃. Die Gattung *Braya* wurde nach FRANZ GABRIEL DE BRAY benannt, der 1765 in Rouen geboren wurde und zuerst französischer, dann bayerischer Diplomat war. Er betrieb Botanik als Liebhaberei.

Blasenschötchen

Alyssoides utriculata (L.) MED.
Kreuzblütengewächse *Brassicaceae*
(*Cruciferae*)

Beschreibung: Blüten stehen – schräg aufwärts gerichtet und am Blütenstandsende mäßig deutlich doldig verebnet – in einer dichten, einfachen Traube an Stielen, die 3–8 mm lang werden. Blüten 1–2 cm im Durchmesser, goldgelb. Blütenblätter 4, fast kreisrund, mit ziemlich langem, aufrechtem Nagel. Kelchblätter 4, um 1 cm lang, sehr schmal eiförmig, kahl oder nur mit einzelnen Haaren und – oft undeutlichem – weißem Hautrand. Fruchtknoten länglich; Frucht eine Schote, 1–1,5 cm lang, knapp 1 cm dick, kahl, Griffel auf der Frucht 5–8 mm lang (zur Fruchtzeit häufig schon abgebrochen). Rhizom holzig, verzweigt. Stengel aufrecht, einfach, kahl. Grundblätter in einer Rosette, schmal-eiförmig bis lanzettlich, 2–4 cm lang, 3–6 mm breit, größte Breite im obersten Drittel, in einen undeutlichen Stiel verschmälert, sehr schütter mit Sternhaaren bestanden, zuweilen fast kahl; Stengelblätter wechselständig, zahlreich, den Rosettenblättern ähnlich, aber kleiner, mit verschmälertem Grund sitzend, kahl. April. 20–50 cm.

Vorkommen: Braucht basisch reagierenden, meist kalkhaltigen Untergrund, der nicht zu arm an Feinerde sein sollte. Besiedelt Felsspalten und ruhenden Gesteinsschutt in sonnig-warmen Lagen. Südwestalpen, nach Nordosten bis ins Wallis. Im Vallée de Joux im südlichen Schweizer Jura eingebracht und wohl beständig verwildert. Überall sehr selten und gebietsweise fehlend. Im Wallis etwa ab 450 m, geht bis etwa 1300 m.

Wissenswertes: ♃. Die Blätter riechen zerrieben meist deutlich nach Rettich. Verantwortlich für diesen Geruch soll Glucoerucin sein, ein Senfölglykosid.

Felsen-Steinkraut

Aurinia saxatilis (L.) DESV.
Kreuzblütengewächse *Brassicaceae*
(*Cruciferae*)

Beschreibung: Zahlreiche Blüten stehen in traubig-rispigem Blütenstand an den Enden der blütentragenden Äste ziemlich dicht kopfig bis doldig gedrängt. Blüten 3–5 mm im Durchmesser, gelb. Blütenblätter 4, verkehrt-eiförmig, an der Spitze ausgerandet, kahl. Kelchblätter 4, breit-eiförmig, an der Spitze mit weißem Hautrand, behaart. Fruchtknoten eiförmig; Frucht ein Schötchen, das 4–5 mm lang und fast ebenso breit wird; es ist seitlich zusammengedrückt. Griffel des Schötchens kaum 1 mm lang, nicht eingesenkt. Stengel unten verholzt, aufrecht oder aufsteigend, verzweigt, mit Sternhaaren bestanden und dadurch graugrün. Blätter am Stengel und an den nichtblühenden Trieben eiförmig bis lanzettlich, bis 10 cm lang, in einen kurzen Stiel verschmälert, beiderseits von Sternhaaren graugrün. April–Mai. 15–35 cm.

Vorkommen: Braucht kalkreichen, steinig-flachgründigen, trockenen und frühjahrswarmen Boden. Besiedelt Felsspalten und Felsbänder, geht aber auch in lückige, steinige Trockenrasen. Kommt vereinzelt im Taunus, an der Bergstraße, im Fränkischen Jura, im Elbtal in Sachsen sowie in Ober- und Niederösterreich vor. Örtlich aus Steingärten verwildert. Sehr selten, aber meist bestandsbildend.

Wissenswertes: ♃. Das Felsen-Steinkraut wird vielfach in Steingärten eingebracht, weil es zu den reichblühendsten Arten gehört und gut z.B. mit Blaukissen kontrastiert. Die Zuchtform cultivar. *compactum* zeichnet sich durch besonders gedrungenen, dichten Wuchs aus; cultivar. *citrinum* hat leuchtend zitronengelbe Blüten; cultivar. *variegatum* beeindruckt durch weißrandige Blätter.

Scheibenschötchen
Peltaria alliacea

Blasenschötchen
Alyssoides utriculata

Felsen-Steinkraut
Aurinia saxatilis

Schotenkresse
Braya alpina

Silberkraut *Lobularia*
Steinkraut *Alyssum*

Silberkraut

Lobularia maritima (L.) DESV.
Kreuzblütengewächse *Brassicaceae*
(*Cruciferae*)

Beschreibung: Blüten stehen in einer vielblütigen, einfachen Traube, die an ihrer Spitze – fast kopfig – gedrängt, in ihrem unteren Teil nach dem Verblühen und bei beginnendem Fruchtansatz mäßig aufgelockert ist. Blüten 4–6 mm im Durchmesser, weiß oder rosa, selten rosaviolett. Blütenblätter 4, verkehrt-eiförmig, vorne abgerundet. Kelchblätter 4, kaum 2 mm lang, mit einzelnen gespaltenen Haaren, deren Schenkel waagrecht stehen (kompaßnadelartig; starke Lupe!). Fruchtknoten eiförmig-zylindrisch; Frucht ein Schötchen, das knapp 3 mm lang und gut 2 mm dick wird; die Schötchen sitzen auf 0,6–1 cm langen Stielen; der meist an der Frucht noch vorhandene Griffel wird kaum 0,5 mm lang und ist unscheinbar. Wurzel ziemlich senkrecht in den Untergrund eindringend, verholzt. Stengel niederliegend oder aufsteigend, oft vom Grunde an verzweigt, mit zahlreichen, kompaßnadelartigen Haaren (gutes Kennzeichen! Starke Lupe!). Keine Grundblattrosette vorhanden. Stengelblätter wechselständig, 3–5 cm lang, 2–5 mm breit, schmal-lanzettlich, vorn mäßig spitz, mit allmählich verschmälertem Grund sitzend, beidseits durch zahlreiche, dicht stehende, kompaßnadelartige Haare grau. Juni–September. 10–30 cm.
Vorkommen: Braucht steinig-lockeren, einigermaßen stickstoffsalzreichen Untergrund. Zierpflanze; Heimat: Kanaren, Madeira, Azoren, örtlich gartennah auf Ödland oder an Wegrändern verwildert, doch meist etwas unbeständig.
Wissenswertes: ♃. Enthält im Öl, das aus den Samen gewonnen werden kann, keine Erucasäure, aber Senföle (dadurch scharfer Geschmack). Früher Heilpflanze.

Karawanken-Steinkraut

Alyssum ovirense KERN.
Kreuzblütengewächse *Brassicaceae*
(*Cruciferae*)

Beschreibung: Blüten stehen mäßig zahlreich in einer Traube, die am Ende doldig verebnet ist, und zwar schräg aufwärts gerichtet auf Stielen, die 3–5 mm lang werden und die durch ziemlich dicht stehende Sternhaare deutlich grau sind. Blüten 0,6–1 cm im Durchmesser, goldgelb. Blütenblätter 4, breit verkehrt-eiförmig oder fast rundlich, keilig in den Nagel verschmälert, vorn abgerundet, abgestutzt oder seicht und leicht herzförmig ausgerandet. Kelchblätter 4, eiförmig, um 4 mm lang, weiß-hautrandig, schütter mit Sternhaaren bestanden (Lupe!), früh abfallend. Fruchtknoten flaschenförmig: Frucht ein Schötchen, das um 8 mm lang und um 4 mm dick wird; Griffel auf der Frucht um 3 mm lang, meist zur Fruchtzeit vorhanden. Stengel am Grund aufgebogen, dann mehr oder weniger deutlich aufrecht, schwach grau, weil schütter mit Sternhaaren bestanden (starke Lupe!), reichlich beblättert. Grundblätter oft nur undeutlich rosettig, rundlich oder breit verkehrt-eiförmig, 4–7 mm lang, 3–5 mm breit, ganzrandig, plötzlich in den kurzen Stiel verschmälert, nur mäßig dicht mit Sternhaaren bedeckt. Juni–August. 5–15 cm.
Vorkommen: Braucht kalkreichen, lockeren, sickerfeuchten und nicht zu feinerdearmen Untergrund. Besiedelt meist noch bewegten Kalkfelsschutt, geht aber auch auf höher gelegene Geröllbänke an Bächen und in durchsickerte Felsspalten. Südöstliche Kalkalpen von den Venetianischen Alpen bis in die Karawanken, südwärts bis Montenegro; selten; vereinzelt in den nordöstlichen Kalkalpen am Hochschwab; bevorzugt in Höhen zwischen etwa 1800–2500 m.
Wissenswertes: ♃. Überlebt auf Schutt durch Tochterrosetten.

Karawanken-Steinkraut
Alyssum ovirense

Kelch-Steinkraut
Alyssum alyssoides

Alpen-Steinkraut
Alyssum alpestre

Silberkraut
Lobularia maritima

Alpen-Steinkraut

Alyssum alpestre L.
Kreuzblütengewächse *Brassicaceae*
(Cruciferae)

Beschreibung: Blüten stehen in einer meist verzweigten und ziemlich reichblütigen Traube, die am Ende ein wenig kopfig gedrängt oder doldig verebnet ist. Blüten 2–5 mm im Durchmesser, gelb. Blütenblätter 4, verkehrt-eiförmig, keilförmig in den Nagel verschmälert, vorn abgerundet. Kelchblätter 4, um 2 mm lang, außen schütter mit Sternhaaren bestanden (starke Lupe!). Fruchtknoten flaschenförmig: Frucht ein Schötchen, das um 4 mm lang und 3–4 mm dick wird; Griffel um 1 mm lang, auf der Frucht meist noch erhalten; Fruchtstiel 3–5 mm lang. Rhizom holzig, meist stark verzweigt. Stengel aufsteigend bis aufrecht, unten etwas verholzend, meist vom Grund an eher spärlich als reich verzweigt, grau, weil ziemlich dicht mit ungestielten Sternhaaren bestanden (Lupe!). Grundblattrosette meist nur undeutlich; dem Wurzelstock entspringen in der Regel zahlreiche Rosetten, von denen ein großer Teil indessen keine Blütenstengel entwickelt, sondern steril bleibt. So entsteht ein flacher Rasen, aus dem zuweilen einige Dutzend Blütenstengel entspringen. Rosettenblätter 0,5–1 cm lang, 2–4 mm breit, schmal-eiförmig, in einen undeutlichen Stiel verschmälert, durch Sternhaare grau. Stengelblätter wechselständig, gleichgestaltet wie die Grundblätter, aber etwas kleiner. Juni–August. 5–20 cm.

Vorkommen: Braucht basischen, meist kalkhaltigen, trockenen Untergrund; besiedelt Feinschutt und Felsspalten; Südwestalpen, nordwärts bis ins Wallis; selten; bevorzugt zwischen etwa 1500–3000 m.

Wissenswertes: ♃. Die Art gilt als formenreich und läßt sich nur schwer gegen südeuropäische Sippen abgrenzen.

Kelch-Steinkraut

Alyssum alyssoides (L.) L.
Kreuzblütengewächse *Brassicaceae*
(Cruciferae)

Beschreibung: Blüten stehen in einer ziemlich dichten, „kopfigen", nur an der Spitze doldig eingeebneten Traube, an deren Basis meist „Seitentrauben" ausgebildet sind. Blüten 1,5–3 mm im Durchmesser, gelb, doch beim Verblühen weißlich werdend. Blütenblätter 4, vorne abgestutzt oder ausgerandet, auf der Außenseite mit einzelnen Sternhaaren. Kelchblätter 4, schmal-eiförmig, an der Spitze hautrandig, bis zur Fruchtreife erhalten bleibend (gutes Kennzeichen!). Fruchtknoten abgeflacht eiförmig; Frucht ein Schötchen, 3–4 mm lang und fast ebenso breit, seitlich abgeflacht. Griffel etwa 0,5 mm lang und etwas eingesenkt (Lupe). Reife Schötchen abstehend. Stengel aufrecht oder aufsteigend, oft am Grunde verzweigt, mit Sternhaaren bedeckt und dadurch graugrün. Blätter am Stengel eiförmig bis länglich-eiförmig, in einen kurzen Stiel verschmälert, bis 2 cm lang, beiderseits von Sternhaaren bedeckt und dadurch graugrün. Juni–September. 5–20 cm.

Vorkommen: Braucht kalkhaltigen, aber sonst eher nährstoff- und humusarmen, lockeren, steinigen oder sandig-grusigen, besonders offenen Boden. Besiedelt Felsen, Bahnschotter, Steinschutthalden, geht aber auch auf brachliegende Äcker oder frisch angelegte Böschungen. Fehlt im Tiefland, in den Mittelgebirgen mit kalkarmen Gesteinen und im Alpenvorland weiten Gebieten; sonst selten, aber oft in kleineren, mäßig individuenreichen Beständen. Geht in den Alpen bis etwa 2500 m.

Wissenswertes: ☉. Das Hauptareal der Art liegt im Mittelmeergebiet. Bei uns kann sich das Kelch-Steinkraut nur an relativ warmen Standorten behaupten.

Steinkraut *Alyssum*
Graukresse *Berteroa*
Felsenblümchen *Draba*

Berg-Steinkraut

Alyssum montanum L.
Kreuzblütengewächse *Brassicaceae*
(Cruciferae)

Beschreibung: Blüten stehen in einer reichblütigen, dichten, „kopfigen", aber deutlich doldig eingeebneten Traube, an deren Basis meist „Seitentrauben" ausgebildet sind. Blüten 3–6 mm im Durchmesser, leuchtend gelb. Blütenblätter 4, verkehrt-eiförmig bis keilig, vorne deutlich herzförmig ausgerandet. Kelchblätter 4, eiförmig, mit weißem Hautrand, mit Sternhaaren bedeckt und dadurch graugrün. Fruchtknoten eiförmig; Frucht ein Schötchen, 4–6 mm lang und fast ebenso breit, seitlich abgeflacht. Griffel 2–3 mm lang, dünn und etwas eingesenkt. Reife Schötchen abstehend. Stengel unten holzig, aufsteigend oder aufrecht, verzweigt, mit Sternhaaren bestanden und dadurch graugrün oder grau. Blätter schmal verkehrt-eiförmig bis lanzettlich, allmählich in den Stiel verschmälert, bis 2,5 cm lang, ganzrandig, obere schmäler und kürzer als untere, alle beidseitig von Sternhaaren bedeckt und dadurch graugrün. März–Mai. 10–20 cm.

Vorkommen: Braucht steinigen oder sandigen, flachgründigen und trockenen, kalkhaltigen Boden. Besiedelt steinige, lückig-felsige Trockenrasen, Felsbänder und Felsspalten. Kommt in den Mittelgebirgen mit kalkhaltigem Gestein an warmen Stellen sehr selten, aber meist in lockeren, individuenreichen Beständen vor; selten im Wallis und im Ostteil der Südlichen Kalkalpen (Kärnten, Steiermark) sowie am westlichen Alpensüdfuß (Aostatal); fehlt auch hier gebietsweise.

Wissenswertes: ♃. Die Blüten duften an warmen Frühjahrstagen nach Honig. Dadurch werden Insekten angelockt. Andererseits kommt gerade beim Berg-Steinkraut Selbstbestäubung bei trübem Wetter regelmäßig vor.

Graukresse

Berteroa incana (L.) DC.
Kreuzblütengewächse *Brassicaceae*
(Cruciferae)

Beschreibung: Blüten stehen in einer verlängerten, schlanken, nur oben blühenden, hier armblütigen, kopfigen, andeutungsweise doldig eingeebneten Traube. Blüten 4–7 mm im Durchmesser, weiß, selten schwach lila oder cremefarben bis gelblich. Blütenblätter 4, tief 2spaltig. Kelchblätter 4, eiförmig, mit schmalem, weißem Hautrand, behaart. Fruchtknoten kurz zylindrisch; Frucht ein Schötchen, 5–8 mm lang und 3–5 mm dick, von Sternhaaren bedeckt und dadurch graugrün. Griffel 1–3 mm lang, dünn, nicht eingesenkt. Stengel aufrecht, meist verzweigt, dicht mit Sternhaaren bedeckt und dadurch grau, unten zuweilen verholzend. Grundständige Blätter lanzettlich, in einen kurzen Stiel verschmälert, bis 5 cm lang, aber kaum 1 cm breit, ganzrandig oder entfernt gezähnt, durch Sternhaare graugrün. Stengelblätter lanzettlich bis länglich, die mittleren größer als die Grundblätter, mit verschmälertem Grund sitzend. Juni–Oktober. 30–60 cm.

Vorkommen: Braucht kalkarmen oder kalkfreien, aber nährstoffreichen, vor allem stickstoffsalzhaltigen, lockeren, sandigen Boden in Gegenden mit eher trockenen und warmen Sommern. Besiedelt Böschungen, Brachen und Ödland, geht aber auch auf Gleisanlagen und in Kiesgruben. Im Tiefland selten und hier gebietsweise – vor allem im westlichen Teil – fehlend, desgleichen selten in den tiefen Lagen der Mittelgebirge mit kalkarmem Gestein. Fehlt in den Kalkgebieten fast überall; in den Alpen sehr selten und meist nur an niederschlagsarmen Orten.

Wissenswertes: ☉. Als Inhaltsstoffe werden Senfölglykoside und die seltene Aminosäure m-Carboxyphenylalanin angegeben.

Immergrünes Felsenblümchen

Draba aizoides L.
Kreuzblütengewächse *Brassicaceae*
(Cruciferae)

Beschreibung: Blüten stehen in einer kurzen, armblütigen, kopfig gedrängten, etwas doldig eingeebneten Traube. Blüten 3–8 mm im Durchmesser, goldgelb, verblüht verwaschen gelb bis weißlich-gelb. Blütenblätter 4, meist vorn abgerundet, gelegentlich stumpf abgestutzt oder flach ausgerandet. Kelchblätter 4, eiförmig, gelblich-grün, mit gelblichem, seltener mit weißlichem Hautrand. Fruchtknoten spindelförmig; Frucht ein spindelförmiges, etwas abgeflachtes Schötchen, 0,6–1 cm lang und 2–4 mm breit, kahl; Griffel des Schötchens 2–3 mm lang. Wurzelstock meist senkrecht in Spalten steckend, oben reich verzweigt; die Verzweigungen enden in Rosetten, die daher oft dicht beieinander stehen. Stengel unverzweigt, kahl, blattlos. Rosettenblätter schmal-lanzettlich bis lineal, bis 2 cm lang und 2–4 mm breit, ledrig, vorn und am Rand sehr regelmäßig und auffällig langborstig bewimpert. März–August. 5–10 cm.

Vorkommen: Braucht feinerdearmen, etwas kalkhaltigen Steinboden in warmer, oft sonniger Lage. Besiedelt Felsspalten und Felsbänder, geht aber auch in steinig-lückige Rasen. Sehr selten im Fränkischen, Schwäbischen und Schweizer Jura; in den Kalkalpen zerstreut, in den Zentralalpen selten und gebietsweise fehlend. Steigt bis etwa 3000 m.

Wissenswertes: ♃. Formenreiche Art; es wurden über 15 Varietäten oder Unterarten beschrieben, u. a. eine Hochgebirgs- und eine Mittelgebirgssippe; die Unterschiede sind unscharf. – In den südosteuropäischen Gebirgen und in den Pyrenäen weitere, nahe verwandte Kleinarten, die mit *D. aizoides* L. zur Sammelart *D. aizoides* agg. zusammengefaßt werden.

Hoppes Felsenblümchen

Draba hoppeana Rᴄʜʙ.
Kreuzblütengewächse *Brassicaceae*
(Cruciferae)

Beschreibung: Blüten stehen in einer sehr kurzen, ausgesprochen armblütigen, angedeutet doldig eingeebneten Traube; zuweilen ist sogar nur 1 Blüte vorhanden. Blüten 2–5 mm im Durchmesser, goldgelb, verblüht verwaschen gelb bis weißlich-gelb. Blütenblätter 4, meist vorn abgerundet, gelegentlich stumpf abgestutzt oder flach ausgerandet. Kelchblätter 4, eiförmig, gelblich-grün, mit gelblichem oder weißem Hautrand. Fruchtknoten spindelförmig; Frucht ein spindelförmiges, etwas abgeflachtes Schötchen, das nur 3–5 mm lang und nur 1,5–3 mm breit wird. Griffel des Schötchens kaum 1 mm lang. Wurzelstock meist senkrecht in Spalten steckend, oben mäßig reich verzweigt; die Verzweigungen enden in Rosetten, von denen daher oft mehrere dicht beieinander stehen. Stengel unverzweigt, kahl, blattlos. Rosettenblätter nur bis etwa 1 cm lang und um 1 mm breit, ledrig, vorn und am Rand sehr regelmäßig und langborstig wimperig behaart. Juli–August. 2–3 cm.

Vorkommen: Braucht felsigen, feinerdereichen Boden oder Felsschutt, der sickerfeucht und kalkhaltig sein sollte. Besiedelt Grate, Felsspalten und Felsbänder sowie nicht allzu groben, wenig bewegten Felsschutt. Von den Savoyischen und Grajischen Alpen bis Kärnten. Selten und auch in ihrem Verbreitungsgebiet streckenweise fehlend. Bevorzugt Höhen zwischen etwa 2500–3000 m.

Wissenswertes: ♃. Der deutsche wie der wissenschaftliche Artname wurde zu Ehren von Dᴀᴠɪᴅ Hᴇɪɴʀɪᴄʜ Hᴏᴘᴘᴇ verliehen (1760–1846), der Professor für Naturgeschichte in Regensburg war und sich unter anderem mit der alpinen Flora beschäftigte.

Berg-Steinkraut
Alyssum montanum

Graukresse
Berteroa incana

**Immergrünes
Felsenblümchen**
Draba aizoides

Hoppes Felsenblümchen
Draba hoppeana

Bündner Felsenblümchen

Draba ladina Br.-Bl.
Kreuzblütengewächse *Brassicaceae*
(Cruciferae)

Beschreibung: Blüten stehen nur zu 1–4
in einer unscheinbaren, wenig auffälligen und
nur angedeutet doldig verebneten Traube. Blüten 5–9 mm im Durchmesser (ausgebreitet gemessen), blaßgelb, verblüht und beim Trocknen
weiß werdend. Blütenblätter 4, schmal verkehrt-
eiförmig, vorn abgerundet oder abgestutzt, selten
und dann nur flach ausgerandet. Kelchblätter 4,
um 2 mm lang, um 1 mm breit, schmal-eiförmig,
weiß-hautrandig. Fruchtknoten spindelförmig:
Frucht ein spindelförmiges, abgeflachtes Schötchen, das 5–9 mm lang und 3–5 mm breit wird.
Griffel des Schötchens um 1 mm lang. Wurzelstock dünn, verzweigt, mit mehreren, seltener
mit zahlreichen kleinen, dicht beieinander stehenden Rosetten. Stengel unverzweigt, blattlos,
zart, kahl oder mit nur einzelnen Sternhaaren.
Grundständige Blätter in wenig flachen Rosetten, 5–8 mm lang, 1,5–2,5 mm breit, lanzettlich,
etwas fleischig, krautig (nicht ledrig), am Rand
und unterseits mit einzelnen Sternhaaren und
mäßig dicht stehenden einfachen Haaren, die um
1 mm lang werden. Juli–August. 1–5 cm.
Vorkommen: Braucht kalkhaltigen, dolo-
mitigen Untergrund mit mäßig hohem Feinerde-
anteil. Besiedelt Felsspalten und ruhenden Felsschutt aus Dolomit, gelegentlich auch aus Kalk.
Endemit des Unterengadins, vorzugsweise im
Schweizer Nationalpark in Höhen zwischen etwa
2500–3000 m; sehr selten.
Wissenswertes: ♃; ▽. Hess/Landolt/
Hirzel äußern unter Berufung auf Buttler die
Ansicht, *Draba ladina* sei ein allotetraploider Ba-
stard zwischen dem Filzigen Felsenblümchen
(*D. tomentosa* Clairv.) und dem Immergrünen
Felsenblümchen (*D. aizoides* agg.).

Sauters Felsenblümchen

Draba sauteri Hoppe
Kreuzblütengewächse *Brassicaceae*
(Cruciferae)

Beschreibung: Blüten stehen in einer ausgesprochen armblütigen, lockeren, angedeutet
doldig eingeebneten, kurzen Traube, die wegen
der Kleinheit der Pflanze als solche auf den ersten Blick kaum erkennbar ist. Blüten 4–6 mm im
Durchmesser, hellgelb. Blütenblätter 4, verkehrt-
eiförmig bis keilig, vorn meist deutlich, aber nur
wenig tief ausgerandet. Kelchblätter 4, grün, zuweilen rötlich überlaufen, mit gelblich-weißem,
meist deutlichem Hautrand. Fruchtknoten kurz
abgeplattet eiförmig; Frucht ein Schötchen, das
nur 4–6 mm lang und 2–3 mm breit wird und das
seitlich abgeflacht ist. Griffel des Schötchens nur
0,5 mm lang, nicht eingesenkt. Stengel kahl,
dünn, blühend nur 0,5–1,5 cm hoch! Pflanze
wächst kissenartig. Kissen bestehen aus zahlreichen, dicht stehenden, kleinen Blattrosetten. Rosettenblätter lanzettlich, locker angeordnet, bis
1 cm lang, um 2 mm breit, spatelförmig, am Rande borstig gewimpert. Juni–Juli. 2–6 cm.
Vorkommen: Endemisch in den östlichen
Kalkalpen, und zwar in den Nordketten vom
Berchtesgadener Gebiet nach Osten bis zum
Hochschwab, in den Südketten in den Dolomiten. Braucht feinerdehaltigen, steinigen, gut von
Sickerwasser durchzogenen Boden. Besiedelt
Felsspalten und nicht allzu groben Felsschutt,
geht auch auf Moränen, sehr selten auf Felsbänder. Bevorzugt Höhen zwischen etwa 1800 und
3000 m. Sehr selten, aber an seinen Standorten
oft in kleineren Beständen.
Wissenswertes: ♃. Angaben über Fundorte in den Westalpen beruhen auf Verwechslung
mit Hoppes Felsenblümchen. Der Artname erinnert an den österreichischen Arzt und Botaniker
A. E. Sauter (1800–1881).

Sauters Felsenblümchen
Draba sauteri

Norisches Felsenblümchen
Draba norica

Bündner Felsenblümchen
Draba ladina

Pachers Felsenblümchen
Draba pacheri

Langgriffliges Felsenblümchen
Draba stylaris

Langgriffliges Felsenblümchen

Draba stylaris J. GAY ex KOCH
Kreuzblütengewächse *Brassicaceae*
(Cruciferae)

Beschreibung: Blüten stehen in einer kopfigen, aber beim Aufblühen der ersten Blüten zumindest andeutungsweise doldig eingeebneten Traube. Blüten 2–5 mm im Durchmesser, weiß. Blütenblätter 4, schmal verkehrt-eiförmig, vorn meist flach ausgerandet, gelegentlich auch abgerundet. Kelchblätter 4, eiförmig, mit weißem Hautrand, außen etwas behaart. Fruchtknoten eiförmig bis zusammengedrückt; Frucht ein spindelförmiges, seitlich abgeflachtes Schötchen, das 0,5–1,5 cm lang und nur 2–3 mm breit wird. Griffel des Schötchens etwa 0,5 mm lang, aber deutlich länger als breit. Hauptrosette gelegentlich mit seitenständigen, sterilen Rosetten. Stengel aufrecht, einfach oder verzweigt, schuppig und borstig behaart. Rosettenblätter lanzettlich, in einen kurzen Stiel verschmälert, bis 4 cm lang, aber kaum 1 cm breit, ganzrandig, beidseits mit Sternhaaren bedeckt und dadurch graugrün. Mehr als 5 Stengelblätter, untere so lang wie die Rosettenblätter, mittlere und obere kürzer, alle sitzend. Juni–Juli. 10–25 cm.

Vorkommen: Braucht steinige, kalkreiche, stickstoffsalzhaltige Böden. Besiedelt Felsspalten und flache Schutthalden, geht auch in die Lägerflur. Von den Hautes Alpes ostwärts bis zur Raxalpe, und zwar in den Zentralketten. Bevorzugt Höhen zwischen etwa 1800 und 2700 m. Sehr selten, gebietsweise fehlend.

Wissenswertes: ♃. *D. stylaris* J. GAY ex KOCH wird mit dem Berner Felsenblümchen (*D. incana* L.: Blätter gezähnt, Griffel der Schote so breit wie lang; Stengel und Blätter sternhaarig; Westketten der Nordalpen bis etwa zum Pilatus; sehr selten) zur Sammelart *D. incana* agg. zusammengefaßt.

Pachers Felsenblümchen

Draba pacheri STUR
Kreuzblütengewächse *Brassicaceae*
(Cruciferae)

Beschreibung: Blüten stehen in einer kurzen, ausgesprochen armblütigen, angedeutet doldig eingeebneten Traube (die bei sehr armblütigen Exemplaren allerdings kaum als solche zu erkennen ist). Blüten 4–8 mm im Durchmesser, weiß. Blütenblätter 4, verkehrt-eiförmig, schwach ausgerandet. Kelchblätter 4, eiförmig, mit gelblichem Hautrand, außen zumindest etwas behaart (Lupe). Fruchtknoten spindelförmig, flachgedrückt; Frucht ein spindelförmiges, seitlich abgeflachtes Schötchen, das nur 5–7 mm lang und um 3 mm breit wird. Griffel des Schötchens 1–3 mm lang, bei den Pflanzen im Lungau kürzer. Rosetten stehen oft zu mehreren beieinander. Stengel einfach, seltener unten verzweigt, blattlos oder mit bis zu 7 Stengelblättern, dicht mit Sternhaaren bedeckt und dadurch graugrün. Rosettenblätter sehr schmal verkehrt-eiförmig, ganzrandig, bis 3 cm lang und bis 8 mm breit, bei den Pflanzen der Koralpe und der Seetaler Alpe kürzer und schmäler. Stengelblätter sitzend, ganzrandig, bis etwa 5 mm breit. Alle Blätter meist mäßig mit Sternhaaren bedeckt und dadurch schwach graugrün. Mai–Juli. 8–15 cm.

Vorkommen: Besiedelt Felsspalten, Felsschutt, Felsbänder, die von tropfendem Wasser befeuchtet werden, und lückige, steinige, sickerfeuchte alpine Rasen. Sehr selten; endemisch auf der Koralpe, der Seetaler Alpe und im Lungau. Bevorzugt Höhen zwischen etwa 2000 und 2500 m.

Wissenswertes: ♃. Die Stellung von Pachers Felsenblümchen ist umstritten. Manche Botaniker fassen die Formen der Koralpe und aus den Seetaler Alpen als „Norisches Felsenblümchen" (*D. norica* WIDDER) auf.

Sternhaar-Felsenblümchen

Draba stellata Jacq.
Kreuzblütengewächse *Brassicaceae*
(*Cruciferae*)

Beschreibung: Blüten stehen in einer ziemlich armblütigen (meist weniger als 12 Blüten), eher dichten, deutlich doldig eingeebneten kurzen Traube. Blüten 4–8 mm im Durchmesser, weiß. Blütenblätter 4, breit verkehrt-eiförmig, vorn abgerundet oder höchstens ganz flach ausgerandet. Kelchblätter 4, eiförmig, mit weißem Hautrand. Fruchtknoten länglich-eiförmig, abgeplattet; Frucht ein spindelförmiges, seitlich abgeflachtes Schötchen, das 0,5–1 cm lang und 2–4 mm breit wird. Griffel des Schötchens 1–2 mm lang, nicht eingesenkt. Stengel aufsteigend-aufrecht, mindestens im unteren Teil von Sternhaaren bedeckt und dadurch graugrün. Meist stehen zahlreiche kleine Rosetten kissenartig beieinander. Rosettenblätter schmal verkehrt-eiförmig bis länglich, kurz gestielt, ganzrandig oder mit wenigen Zähnen an der Spitze, beidseitig von Sternhaaren bedeckt und dadurch graufilzig, am Blattgrund auch gewimpert. 1–3 Stengelblätter, breit-eiförmig, ganzrandig, sitzend, weniger dicht mit Sternhaaren bedeckt als die Rosettenblätter, am Blattrand mit einfachen Haaren. Juni–Juli. 3–10 cm.

Vorkommen: Braucht kalkhaltigen, steinig-lockeren, einigermaßen feinerdehaltigen Boden. Besiedelt Felsspalten, geht aber auch auf Felsschutt, der nicht allzu grob sein sollte und der Wasser nicht zu schnell versickern lassen darf. Ostketten der Nördlichen Kalkalpen vom Dachstein bis zum Wiener Schneeberg, Niedere Tauern. Selten. Bevorzugt Höhen zwischen etwa 2000 und 2500 m.

Wissenswertes: ♃. Das Sternhaar-Felsenblümchen ist durch den Polsterwuchs an extreme Bedingungen angepaßt.

Fladnitzer Felsenblümchen

Draba fladnizensis Wulf.
Kreuzblütengewächse *Brassicaceae*
(*Cruciferae*)

Beschreibung: Blüten stehen in einer ausgesprochen armblütigen, lockeren, angedeutet doldig eingeebneten Traube, die wegen der wenigen Blüten (manchmal sind nur 2–5 Blüten vorhanden) zuweilen auf den ersten Blick gar nicht als solche zu erkennen ist. Blüten 2–4 mm im Durchmesser, grünlich-weiß. Blütenblätter 4, breit verkehrt-eiförmig. Kelchblätter 4, länglich-eiförmig, mit weißem Hautrand. Fruchtknoten eiförmig, abgeplattet; Frucht ein spindel- bis eiförmiges, seitlich abgeflachtes Schötchen, das 4–6 mm lang und 2–3 mm breit wird. Griffel des Schötchens kaum 0,5 mm lang. Pflanze bildet kleine Pölsterchen aus zahlreichen, beieinander stehenden Rosetten. Stengel unverzweigt, oft blattlos oder nur mit 1–2 Stengelblättern. Rosettenblätter schmal-eiförmig bis lanzettlich, bis 1 cm lang, ganzrandig, am Rande gewimpert. Stengelblätter klein, schmal-eiförmig bis länglich, dem Stengel ansitzend. Sämtliche Blätter ohne Sternhaare! Juni–August. 3–8 cm.

Vorkommen: Braucht kalkhaltigen, steinigen, eher feinerdearmen, etwas sickerfeuchten Untergrund. Besiedelt exponierte Stellen an Felswänden und auf Graten, und zwar in Spalten, auf vergrustem Gesteinsschutt und auf Felsbändern, geht gelegentlich auch in lückige und steinige Rasen. Sehr selten von den Seealpen bis zu den Niederen Tauern; bevorzugt Höhen zwischen etwa 2500 und 3200 m, geht aber örtlich auch tiefer oder bis etwa 4000 m.

Wissenswertes: ♃. Die oberirdischen Teile des Fladnitzer Felsenblümchens sterben im Winter meist ab. Aus den unterirdischen Teilen treiben im Frühjahr jedoch zahlreiche neue Rosetten aus.

Kärntner Felsenblümchen

Draba siliquosa MB.
Kreuzblütengewächse *Brassicaceae*
(Cruciferae)

Beschreibung: Blüten stehen in einer mäßig reichblütigen, ziemlich dichten und daher etwas kopfig wirkenden, angedeutet doldig eingeebneten Traube. Blüten 2–5 mm im Durchmesser, weiß. Blütenblätter 4, verkehrt-eiförmig bis keilig, abgestutzt oder nur schwach ausgerandet. Kelchblätter 4, mit weißem Hautrand, außen behaart. Fruchtknoten kurz zylindrisch, seitlich abgeplattet; Frucht ein abgeflachtes, spindelförmiges Schötchen, das nur 4–9 mm lang und 2–3 mm breit wird. Griffel des Schötchens kaum 0,5 mm lang, unauffällig. Pflanze wächst kissenartig. Kissen bestehen aus zahlreichen dicht stehenden, kleinen, locker-buschigen Blattrosetten. Stengel mindestens oben kahl, unten gelegentlich mit Sternhaaren bedeckt. Rosettenblätter bis 1 cm lang und bis 3 mm breit, lanzettlich, meist ganzrandig, randlich bewimpert, schütter mit Sternhaaren überzogen. Stengelblätter kleiner als die grundständigen Blätter, ganzrandig. Juni–August. 3–12 cm.

Vorkommen: Braucht steinigen, aber nicht unbedingt kalkhaltigen, etwas feinerde- und humushaltigen Boden, der jedoch nicht allzu sauer sein sollte. Besiedelt Grate, Felsbänder und Spalten, geht aber auch in lückige und steinige Matten und auf feinerdehaltige Schutthalden. Bevorzugt Höhen zwischen etwa 1800 und 2500 m, geht aber örtlich höher bzw. tiefer. In den östlichen Ketten der Nördlichen Kalkalpen sehr selten, in den Seealpen zerstreut, im übrigen Alpengebiet selten, örtlich in größeren, aber sehr lockeren Beständen.

Wissenswertes: ♃. Pflanzen aus den Ostalpen sollen längere Schoten besitzen als solche der Westalpen.

Eis-Felsenblümchen

Draba dubia Suter
Kreuzblütengewächse *Brassicaceae*
(Cruciferae)

Beschreibung: 3–8 Blüten stehen in einer lockeren Traube, die wegen der Armblütigkeit oft nicht auf den ersten Blick als solche zu erkennen ist. Blüten 3–5 mm im Durchmesser, weiß. Blütenblätter 4, schmal verkehrt-eiförmig, vorn abgestutzt oder seicht ausgerandet. Kelchblätter 4, eiförmig, mit weißem Hautrand, außen behaart. Fruchtknoten länglich bis abgeplattet; Frucht ein spindelförmiges, seitlich abgeflachtes, kahles Schötchen, das 0,5–1,2 cm lang und 2–3 mm breit wird; zuweilen ist es etwas verdreht. Griffel des Schötchens kaum 0,5 mm lang und unscheinbar. Mehrere Rosetten stehen in der Regel locker beieinander. Stengel aufrecht, unverzweigt, locker mit Sternhaaren bedeckt bis fast kahl. Rosettenblätter schmal verkehrt-eiförmig, 5–8 mm lang, ganzrandig, vorn stumpf. 0–3 Stengelblätter; diese schmal-eiförmig, sitzend, am Grunde oft herzförmig-stengelumfassend, ganzrandig oder höchstens mit undeutlichen Zähnen. Alle Blätter mit Sternhaaren, die allerdings zuweilen nicht allzu dicht sind. Mai–Juli. 3–10 cm.

Vorkommen: Besiedelt Ritzen und Spalten von kalkhaltigen wie auch von kalkfreien Felsen, geht aber gelegentlich auch in feinerdearmen, nicht allzu groben Felsschutt. Bevorzugt Höhen zwischen etwa 1800 und 3300 m, geht örtlich etwas tiefer bzw. wesentlich höher. Von den Grajischen Alpen im Westen bis zu den Julischen und Karnischen Alpen im Osten. In den Nordketten sehr selten, sonst selten.

Wissenswertes: ♃. Die Rosetten des Eis-Felsenblümchens überdauern den Winter selbst an schneefreien Stellen. Hierauf spielt der deutsche Artname an.

Fladnitzer Felsenblümchen
Draba fladnizensis

Sternhaar-Felsenblümchen
Draba stellata

Kärntner Felsenblümchen
Draba siliquosa

Eis-Felsenblümchen
Draba dubia

Felsenblümchen *Draba*
Hungerblümchen *Erophila*
Steinschmückel *Petrocallis*

Filziges Felsenblümchen

Draba tomentosa CLAIRV.
Kreuzblütengewächse *Brassicaceae*
(*Cruciferae*)

Beschreibung: Blüten stehen in einer ausgesprochen armblütigen (3–14 Blüten), lockeren Traube, die meist andeutungsweise doldig eingeebnet ist. Blüten 3–6 mm im Durchmesser, weiß oder cremefarben. Blütenblätter 4, verkehrt-eiförmig, vorn seicht ausgerandet. Kelchblätter 4, eiförmig, mit weißem Hautrand, außen behaart. Fruchtknoten länglich-abgeplattet; Frucht ein spindelförmiges, aber abgestumpft zulaufendes, seitlich abgeflachtes Schötchen, auf dem man zumindest einzelne Haare finden kann (Lupe!); es wird 0,5–1 cm lang und 3–4 mm breit. Griffel des Schötchens kaum 0,5 mm lang und unscheinbar. Mehrere Rosetten stehen in der Regel locker beieinander. Stengel aufrecht, unverzweigt, dicht mit Sternhaaren bedeckt und dadurch graugrün oder grau. Rosettenblätter eiförmig, 5–8 mm lang, ganzrandig, vorn stumpf. 0–3 Stengelblätter; diese breit-eiförmig, sitzend. Alle Blätter dicht von Sternhaaren überzogen und dadurch graufilzig. Juni–August. 3–10 cm.

Vorkommen: Braucht kalkreichen Untergrund. Besiedelt Spalten in Kalk- und Dolomitfelsen, geht auch auf Grate und auf feinerdearmen Gesteinsschutt. Selten in den Nördlichen Kalkalpen von den Savoyer Alpen bis zum Toten Gebirge; in den Zentralalpen sehr selten; in den Südlichen Kalkalpen nur vereinzelt vom Puschlav bis in die Julischen Alpen. Bevorzugt Höhen zwischen etwa 2000 und 3000 m.

Wissenswertes: ♃. Aus der Gegend des Ofenpasses wurde *D. ladina* BR.-BL. beschrieben (Blüten blaßgelb; Blätter mit wenigen Sternhaaren; s. S. 340). Bei dieser Sippe handelt es sich vermutlich um einen allotetraploiden Bastard zwischen *D. tomentosa* und *D. aizoides*.

Mauer-Felsenblümchen

Draba muralis L.
Kreuzblütengewächse *Brassicaceae*
(*Cruciferae*)

Beschreibung: Blüten stehen in einer ziemlich reichblütigen, oben etwas kopfig verdichteten, kaum doldig eingeebneten Traube, die sich zur Fruchtreife stark verlängert und an deren Basis meist „Seitentrauben" ausgebildet werden. Blüten sehr unscheinbar und klein, 1–3 mm im Durchmesser, weiß. Blütenblätter 4, sehr schmal verkehrt-eiförmig, vorne abgerundet. Kelchblätter 4, schmal-eiförmig, außen behaart. Fruchtknoten kurz-eiförmig, seitlich zusammengedrückt; Frucht ein schmal-eiförmiges, seitlich abgeflachtes, kahles Schötchen, das 5–6 mm lang und um 2 mm breit wird und das auf einem 0,5–1 cm langen Stiel waagrecht von der Fruchtstandsachse absteht. Griffel des Schötchens unauffällig, nur etwa 0,2 mm (!) lang. Stengel aufrecht, einfach oder wenig verzweigt, mit meist mehr als 3 Stengelblättern. Grundblätter in einer Rosette, bis 4 cm lang und bis 2 cm breit, eiförmig bis breit-eiförmig, in einen kurzen Stiel verschmälert, gezähnt und mit Sternhaaren bedeckt. Stengelblätter kürzer, mit breitem Grund halb stengelumfassend sitzend, breit-eiförmig, gezähnt. Mai–Juli. 10–30 cm.

Vorkommen: Braucht kalkhaltigen, aber nicht allzu nährstoffreichen, vor allem stickstoffsalzarmen, lockeren, lückig bewachsenen Boden. Besiedelt Mauerritzen, geht auch in Trockenrasen auf kalkhaltigem Sandboden, an Böschungen und an den Rand von Gebüschen. Vereinzelt im Tiefland, selten in den linksrheinischen Mittelgebirgen, am Oberlauf der Lahn, an der Bergstraße und am Oberrhein, in der Westschweiz, im Wallis und am Alpensüdfuß.

Wissenswertes: ☉. Oft ist die Art bei uns nur eingeschleppt.

Mauer-Felsenblümchen
Draba muralis

Steinschmückel
Petrocallis pyrenaica

Hungerblümchen
Erophila verna

Filziges Felsenblümchen
Draba tomentosa

347

Hungerblümchen

Erophila verna (L.) CHEVALL.
Kreuzblütengewächse *Brassicaceae*
(*Cruciferae*)

Beschreibung: Blüten stehen in einer ausgesprochen armblütigen, meist auch noch lockeren Traube, die wegen der Armblütigkeit meist nicht auf den ersten Blick als solche zu erkennen ist und an der die oft doldenähnliche Anordnung der Blüten nicht auffällt. Blüten 3–8 mm im Durchmesser (ausgebreitet gemessen), weiß, gelegentlich rosa überhaucht. Blütenblätter 4, tief 2spaltig. Kelchblätter 4, eiförmig, mit – oft undeutlichem – weißem Hautrand, oft außen schütter langhaarig. Fruchtknoten eiförmig-abgeplattet; Frucht ein schmal-eiförmiges, seitlich abgeflachtes Schötchen, das 0,5–1,2 cm lang und 2–4 mm breit wird. Schötchen ohne Griffel. Stengel aufsteigend oder aufrecht, zuweilen etwas verbogen, meist nur unten schütter behaart, sonst kahl, unbeblättert. Rosettenblätter schmal verkehrt-eiförmig bis lanzettlich, in den Blattstiel verschmälert, ganzrandig oder an der Spitze undeutlich gezähnt, schütter behaart und gelegentlich rot überlaufen. Februar–Mai. 2–15 cm.

Vorkommen: Braucht offenen, nährstoffarmen, steinigen oder sandigen Boden. Besiedelt Steingrus auf Wegen, lückige Sandrasen, Mauern und die Kiesschüttung auf Flachdächern. Geht kaum über 900 m. Fehlt in rauhen Mittelgebirgslagen, im Alpenvorland und in den höheren Lagen der Alpen. Sonst zerstreut und an seinen Standorten oft in kleinen Beständen.

Wissenswertes: ☉. *E. verna* (L.) CHEVALL. wird mit *E. praecox* (STEV.) DC. (Schötchen etwas zugespitzt; Mittelgebirge, selten) und *E. spathulata* A. F. LANG (Schötchen fast rund; östliches Mitteleuropa, sehr selten) zur Sammelart *E. verna* agg. zusammengefaßt. Die Sammelart ist außerdem durch klonähnliche Sippen vielgestaltig.

Steinschmückel

Petrocallis pyrenaica (L.) R. BR.
Kreuzblütengewächse *Brassicaceae*
(*Cruciferae*)

Beschreibung: Pflanze wächst in dichten, kissenartigen Polstern. Blüten stehen in ausgesprochen armblütiger, dichter Traube, die wegen der Armblütigkeit oft nicht als solche auf den ersten Blick zu erkennen ist. Blüten 0,7–1 cm im Durchmesser (ausgebreitet gemessen), hellviolett, lila oder rosa. Blütenblätter 4, verkehrt-eiförmig bis spatelig, nicht ausgerandet, allenfalls abgestutzt. Kelchblätter 4, eiförmig, meist rötlich überlaufen, mit oft nur undeutlich ausgebildetem Hautrand. Fruchtknoten eiförmig-zusammengedrückt; Frucht ein schmal-eiförmiges, seitlich abgeflachtes, kahles Schötchen, 4–6 mm lang und 2–3 mm breit. Griffel des Schötchens um 0,5 mm lang. Stengel blattlos, fast nur aus dem Blütenstand bestehend. Nur Rosettenblätter; diese keilförmig, bis 8 mm lang, in der vorderen Hälfte 3–5teilig, bewimpert. Juni–Juli. 2–8 cm.

Vorkommen: Braucht steinig-schuttigen, feinerdearmen Boden, der zumindest kalkhaltig, besser aber kalkreich sein sollte. Besiedelt Felsspalten und feinerdearmen Gesteinsschutt in sonnigen Lagen. Bevorzugt Höhen zwischen etwa 1700 und 3000 m. In den Nördlichen Kalkalpen selten, in den Zentralalpen und Südlichen Kalkalpen sehr selten.

Wissenswertes: ♃. Der Steinschmückel wächst mit einem Wurzelstock, der mehrere mm dick werden und durch sein Wachstum zur Erweiterung von Gesteinsfugen beitragen kann. Der Wurzelstock verzweigt sich; die Äste schließen jeweils mit einer Blattrosette ab. Da an diesen Rosetten die innersten Blätter absterben und von neuen überwachsen werden, entsteht ein innen hohles Rosettenpolster, und zwar vor allem, wenn die Pflanze Schutt bewohnt.

Kugelschötchen *Kernera*
Steintäschel *Aethionema*
Löffelkraut *Cochlearia*

Felsen-Kugelschötchen

Kernera saxatilis (L.) RCHB.
Kreuzblütengewächse *Brassicaceae*
(Cruciferae)

Beschreibung: Blüten stehen in armblütiger, lockerer Traube, die wegen der Armblütigkeit oft nicht auf den ersten Blick als solche zu erkennen ist; sie sind an der Spitze des Blütenstandes zumindest andeutungsweise doldig eingeebnet. Blüten 3–5 mm im Durchmesser, weiß. Blütenblätter 4, verkehrt-eiförmig bis keilig, vorne abgerundet. Kelchblätter 4, breit-eiförmig, gelblich-grün, mit meist deutlichem weißem Hautrand, kahl. Fruchtknoten dicklich, kurz; Frucht ein fast kugeliges, kahles Schötchen, das allerdings nur 2–3 mm im Durchmesser erreicht und an der Spitze einen sehr kurzen Griffel (etwa 0,2 mm lang) trägt. Stengel aufrecht, einfach oder im oberen Teil verzweigt, kantig, unten anliegend behaart, oben kahl. Grundblätter rosettig angeordnet, bis 4 cm lang, spatelförmig bis sehr schmal eiförmig, kurz gestielt, ganzrandig, gezähnt oder in der vorderen Hälfte fiederteilig, behaart. Stengelblätter kleiner, die oberen sitzend, kahl. Juni–August. 10–40 cm.

Vorkommen: Braucht kalkreichen, aber feinerdearmen Untergrund. Besiedelt Felsspalten, seltener Gesteinsschutt oder Gerölle an Bachufern. Vereinzelt im Fränkischen Jura, sehr selten im Schwäbischen Jura und im Alpenvorland, selten im Schweizer Jura und in den Zentralalpen, zerstreut in den Kalkalpen. Bevorzugt Höhen zwischen etwa 800 und 2200 m.

Wissenswertes: ♃. Die Blüten des Felsen-Kugelschötchens werden normalerweise von Insekten bestäubt; bei trübem Wetter erfolgt Selbstbestäubung. – Die Gattung wurde zu Ehren des deutschen Botanikers J. S. KERNER benannt, (geb. 1755 in Kirchheim/Teck; gest. 1830 in Stuttgart).

Felsen-Steintäschel

Aethionema saxatile (L.) R. BR.
Kreuzblütengewächse *Brassicaceae*
(Cruciferae)

Beschreibung: Blüten stehen in ziemlich dichter, kopfiger Traube und sind andeutungsweise doldig eingeebnet; bei der Fruchtreife streckt sich der Fruchtstand und wird locker zylindrisch. Blüten 3–6 mm im Durchmesser, weiß oder rötlich. Blütenblätter 4, verkehrt-eiförmig bis spatelig, vorn abgerundet. Kelchblätter 4, eiförmig, mit weißem oder rötlichem, zuweilen undeutlichem Hautrand. Fruchtknoten eiförmig-abgeplattet; Frucht ein geflügeltes, seitlich abgeflachtes Schötchen, das 5–7 mm lang und 4–5 mm breit wird und dessen Flügelrand 1–3 mm breit sein kann; neben den normalen Schötchen kommen eiförmige mit nur 1 Samen vor. Stengel aufsteigend bis aufrecht, einfach oder verzweigt. Keine Rosettenbildung. Stengelblätter eiförmig bis lanzettlich, bis 2 cm lang und 3–8 mm breit, sehr kurz gestielt, ganzrandig, kahl, blaugrün. April–Juli. 5–20 cm.

Vorkommen: Braucht feinerdearmen, steinigen Boden, der kalkhaltig sein sollte. Besiedelt frische, noch in Bewegung befindliche Gesteinsschutthalden und Gerölle, geht aber auch in Felsspalten. Selten am Oberlauf der Isar, in den Nördlichen Kalkalpen vom Ostrand bis Nordtirol; dann erst wieder in Savoyen; Südalpen, besonders in den Ostketten zerstreut. In den Zentralalpen selten. Bevorzugt Höhen zwischen 500 und 1800 m.

Wissenswertes: ♃. *Aethionema saxatile* (L.) R. BR. wird mit *A. thomasianum* J. GAY (Fruchtstand dicht, eiförmig; Schötchen 0,8–1,2 cm im Durchmesser, mit 2–5 mm breitem Flügelrand; auf kalkhaltigem Schutt; um Briançon und im Aostatal; sehr selten) zur Sammelart *A. saxatile* agg. zusammengefaßt.

Dänisches Löffelkraut

Cochlearia danica L.
Kreuzblütengewächse *Brassicaceae*
(Cruciferae)

Beschreibung: Blüten stehen in einer armblütigen, zunächst kurzen, etwas kopfig wirkenden, andeutungsweise doldig eingeebneten Traube, die sich bei der Fruchtreife verlängert. Blüten 2–4 mm im Durchmesser, weiß oder blaßlila. Blütenblätter 4, schmal-eiförmig, vorne abgerundet. Kelchblätter 4, eiförmig, grün, oft rotviolett überlaufen, mit gelegentlich undeutlichem weißen Hautrand. Fruchtknoten eiförmig-zusammengedrückt; Frucht ein eiförmiges, etwas abgeflachtes Schötchen, 4–6 mm lang und 2–4 mm breit. Griffel des Schötchens um 0,5 mm. Stengel niederliegend bis aufsteigend oder – im dichten Bewuchs – aufrecht, meist unverzweigt, kantig, kahl, mit nur wenigen Stengelblättern. Grundblätter (zur Blütezeit abgestorben) lang gestielt, rundlich oder 3eckig-herzförmig, bis 1 cm lang, meist ganzrandig. Untere Stengelblätter handförmig gelappt (entfernt efeuähnlich), obere 3eckig bis eiförmig, zuweilen länglich-lanzettlich, oft 3spitzig, kurz gestielt oder sitzend. Mai–Juni. 10–25 cm.

Vorkommen: Braucht kochsalzhaltigen, schlickigen und zeitweilig überspülten Boden am Meeresstrand. Besiedelt im Außendeichbereich lückig bewachsene Weiden. Küsten von Nord- und Ostsee; zerstreut; kommt an seinen Standorten meist in lockeren, aber individuenreichen Beständen vor.

Wissenswertes: ☉. Bei Arten der Gattung *Cochlearia* wurde – neben etwas Senföl – Sinapin nachgewiesen. Sinapin ist eine bitter schmeckende Base, die – wie auch andere, ähnliche Verbindungen – als Pseudo- oder Protoalkaloid bezeichnet wird. Eigentliche Alkaloide hat man nicht gefunden.

Echtes Löffelkraut

Cochlearia officinalis L.
Kreuzblütengewächse *Brassicaceae*
(Cruciferae)

Beschreibung: Blüten stehen in einer eher reichblütigen, zuerst etwas überhängenden, kopfig wirkenden, aber an der Spitze andeutungsweise doldig eingeebneten Traube, die sich bei der Fruchtreife verlängert. Blüten 5–9 mm im Durchmesser, weiß, angenehm duftend. Blütenblätter 4, schmal verkehrt-eiförmig bis länglich, vorn abgerundet. Kelchblätter 4, schmal-eiförmig, mit weißem Hautrand. Fruchtknoten rundlich-eiförmig; Frucht ein rundlich–eiförmiges Schötchen, das 4–7 mm lang und fast ebenso breit ist. Griffel des Schötchens 0,5–1 mm lang, nicht eingesenkt. Stengel aufsteigend oder aufrecht, im oberen Teil verzweigt, kantig, kahl. Grundständige Blätter in einer Rosette, lang gestielt, rundlich bis nierenförmig, Spreite bis 2 cm lang und bis etwa ebenso breit, zuweilen etwas breiter, ganzrandig oder etwas buchtig. Stengelblätter ei- oder keilförmig, die unteren sitzend, die oberen mit 2 Zipfeln zumindest angedeutet stengelumfassend. Mai–Juli. 20–50 cm.

Vorkommen: Braucht kochsalzhaltigen Boden. Besiedelt im Außendeichbereich lückig bewachsene Weiden, aber auch dichtere Rasen. Kommt an der Küste von Nord- und Ostsee (an der Nordsee vor allem östlich der Wesermündung), am Unterlauf der Elbe und an kochsalz- oder stickstoffsalzhaltigen Stellen des Binnenlandes selten vor, so z. B. im Alpenvorland.

Wissenswertes: ☉. *C. officinalis* L. wird mit dem Pyrenäen-Löffelkraut (*C. pyrenaica* DC.: Blüten 0,8–1,2 cm; Schötchen 5–8 mm lang, beidseitig zugespitzt; kalkhaltige, feuchte Böden; sehr selten im Alpenvorland und in den Nordalpen) zur Sammelart *C. officinalis* agg. zusammengefaßt.

Echtes Löffelkraut
Cochlearia officinalis

Felsen-Steintäschel
Aethionema saxatile

Dänisches Löffelkraut
Cochlearia danica

Felsen-Kugelschötchen
Kernera saxatilis

Löffelkraut *Cochlearia*
Leindotter *Camelina*
Finkensame *Neslia*
Schleifenblume *Iberis*

Englisches Löffelkraut

Cochlearia anglica L.
Kreuzblütengewächse *Brassicaceae*
(Cruciferae)

Beschreibung: Blüten stehen in einer eher reichblütigen, zuerst eiförmigen, gedrängten und daher kopfig wirkenden, sich aber bei der Fruchtreife verlängernden und auflockernden Traube; sie sind an der Spitze der Traube andeutungsweise doldig eingeebnet. Blüten 0,8–1,2 cm im Durchmesser, weiß. Blütenblätter 4, verkehrt-eiförmig bis keilig. Kelchblätter 4, grün, oft weinrot überlaufen, mit nicht immer deutlichem, weißem Hautrand. Fruchtknoten rundlich; Frucht ein eiförmig-kugeliges, etwas abgeplattetes Schötchen, das 0,8–1,5 cm lang und etwa ebenso dick wird. Griffel des Schötchens etwa 1 mm lang, nicht eingesenkt. Stengel aufsteigend-aufrecht, beblättert, meist verzweigt, kantig, kahl. Grundblätter rosettig angeordnet, lang gestielt, eiförmig-rhombisch, oft gezähnt, keilig in den Blattstiel verschmälert. Stengelblätter schmal-eiförmig, meist grob gezähnt, gelegentlich aber auch fast ganzrandig, mit herz- oder pfeilförmigem Grund stengelumfassend. Alle Blätter kahl. Mai–Juli. 20–30 cm.

Vorkommen: Braucht kochsalzhaltigen, schlickigen oder schlickig-sandigen Boden. Besiedelt vor allem den Andelrasen bis etwa zur mittleren Flutgrenze. Nordseeküste und Unterlauf von Weser und Elbe zerstreut; Ostseeküste nur vereinzelt.

Wissenswertes: ⊙. Das Englische Löffelkraut enthält – wie auch das Echte Löffelkraut – Senfölglykosid, Bitterstoff und reichlich Vitamin C. Beide Arten wurden vor allem früher als Heilmittel gegen Skorbut, zur „Blutreinigung" oder als Wundauflage bei schlecht heilenden Geschwüren benutzt. Heute werden sie da und dort als Salatwürze verwendet.

Saat-Leindotter

Camelina sativa (L.) CR.
Kreuzblütengewächse *Brassicaceae*
(Cruciferae)

Beschreibung: Blüten stehen in einer reichblütigen, dichten, zunächst kopfigen, etwas doldig eingeebneten Traube, die sich bei der Fruchtreife verlängert. Blüten 3–7 mm im Durchmesser, gelb. Blütenblätter 4, schmal-eiförmig bis keilig, abgerundet. Kelchblätter 4, länglich, mit schmalem, weißem Hautrand, meist kahl. Fruchtknoten eiförmig, kurz; Frucht ein birnförmiges, nur sehr wenig abgeflachtes Schötchen, das 0,7–1 cm lang und 4–7 mm dick wird. Griffel des Schötchens knapp 1 mm lang, nicht eingesenkt. Stengel aufrecht, im oberen Teil oft verzweigt, kahl oder nur mit einzelnen Sternhaaren. Grundblätter (zur Blütezeit meist schon abgestorben) länglich-spatelig, gestielt, ganzrandig oder fiederlappig. Stengelblätter lanzettlich, ganzrandig oder entfernt gezähnt, gelegentlich aber fast fiederteilig, meist kahl oder sehr schütter behaart. Juni–August. 30–90 cm.

Vorkommen: Braucht nährstoff- und besonders stickstoffsalzreiche, lehmige Böden. Besiedelt Ödland; war früher Unkraut der Getreide- und Leinfelder. Sehr selten in den wärmeren Gegenden der Mittelgebirge.

Wissenswertes: ⊙. Der Saat-Leindotter enthält in seinen Samen Öl, das relativ arm an Erucasäure ist. Deswegen wurde er früher als Ölpflanze angebaut. Wegen des hohen Gehalts an ungesättigten Fettsäuren „trocknet" das Öl. In den USA soll Leindotter noch zur Gewinnung von Öl für Ölfarben angebaut werden. – *C. sativa* (L.) CR. wird mit *C. microcarpa* ANDRZ. ex DC. (Blüten 4–7 mm; Früchte 4–7 mm) und *C. alyssum* (MILL.) THELL. (Stengelblätter fiederspaltig; Frucht fast kugelig, 8–9 mm) zur Sammelart *C. sativa* agg. zusammengefaßt.

Englisches Löffelkraut
Cochlearia anglica

Bittere Schleifenblume
Iberis amara

Finkensame
Neslia paniculata

Saat-Leindotter
Camelina sativa

353

Finkensame

Neslia paniculata (L.) Desv.
Kreuzblütengewächse *Brassicaceae*
(Cruciferae)

Beschreibung: Blüten stehen in einer reichblütigen, oben kopfig wirkenden, doldig eingeebneten Traube, die sich bei der Fruchtreife sehr stark verlängert und an der im unteren Teil regelmäßig mehrere „Seitentrauben" ausgebildet werden, die von der Haupttraube abspreizen. Blüten 2–4 mm im Durchmesser, goldgelb. Blütenblätter 4, eiförmig bis keilig, abgerundet. Kelchblätter 4, eiförmig-länglich, gelbgrün, mit undeutlichem, weißem Hautrand. Fruchtknoten schmal-eiförmig; Frucht ein fast kugeliges, kaum seitlich abgeflachtes Schötchen, das 2–3 mm lang und ebenso dick wird. Griffel des (unreifen) Schötchens etwa 1 mm, nicht eingesenkt, während der Fruchtreife abfallend. Stengel aufrecht, einfach oder oben verzweigt, schütter kurzhaarig. Nur Stengelblätter; unterste Stengelblätter gestielt, mittlere und obere sitzend, mindestens die oberen mit pfeilförmigem Grund stengelumfassend. Mai–Juli. 15–80 cm.

Vorkommen: Braucht kalkhaltigen, nährstoffreichen Lehmboden in warmer Lage. Besiedelt Getreideäcker, seltener Ödland, geht zuweilen auch in gestörte Trockenrasen. Im Tiefland nur vereinzelt, vor allem in den wärmeren Gegenden der Mittelgebirge mit Kalkgestein und im Alpenvorland. Heute überall selten.

Wissenswertes: ☉. Der Finkensame soll ein Senfölglykosid „Glucocapparin" enthalten und früher als Heilpflanze verwendet worden sein; neuere Angaben über einen derartigen Gebrauch haben wir nicht gefunden. – Der Finkensame gehörte zwar nie zu den häufigen Getreideunkräutern, doch war er in den Kalkgebieten verbreitet; durch den Einsatz von Herbiziden ist er fast überall verschwunden.

Bittere Schleifenblume

Iberis amara L.
Kreuzblütengewächse *Brassicaceae*
(Cruciferae)

Beschreibung: Blüten stehen in einer reichblütigen, eindeutig doldig eingeebneten Traube, die erst während der Fruchtreife auf den ersten Blick als solche erkennbar wird. Blüten um 1 cm im Durchmesser, weiß oder hellviolett überlaufen, asymmetrisch: Die beiden äußeren Blütenblätter etwa doppelt so lang wie die beiden inneren, länglich bis verkehrt-eiförmig, vorn abgerundet oder abgestutzt. Kelchblätter 4, breiteiförmig, mit weißem oder rotviolettem Hautrand. Fruchtknoten kurz; Frucht ein rundliches, geflügeltes, seitlich abgeflachtes Schötchen, dessen Flügel beidseits des Griffels in eine gebogene Spitze auslaufen, so daß der Griffel in einer halbmondförmigen Eintiefung steht. Griffel des Schötchens etwa 1 mm lang und damit oft kürzer als die Flügelspitzen. Stengel aufrecht, im oberen Teil verzweigt, kantig, vor allem auf den Kanten schütter kurzhaarig. Blätter lanzettlich bis spatelförmig, die unteren oft gestielt, bis 5 cm lang und bis 8 mm breit, vor allem die unteren Blätter mit 4–8 Zähnen, am Rande bewimpert. Zähne kürzer als die Breite der ungeteilten Blattmitte. Mai–August. 10–40 cm.

Vorkommen: Braucht steinigen Lehmboden, geht aber auch auf Löß. Sehr selten als Unkraut in Getreidefeldern in Gegenden mit besonders mildem Klima (Oberrheinische Tiefebene; Vorland des Schweizer Jura, Genfer See); gelegentlich Zierpflanze und örtlich verwildert, aber meist unbeständig.

Wissenswertes: ☉; (☠). Enthält die Cucurbitacine E, I, J und K als Bitterstoffe und Senfölglykoside. – Als Steingartenpflanzen werden kultiviert: *I. umbellata* L. (s. S. 355), *I. intermedia* Guers., *I. sempervirens* L..

Schleifenblume *Iberis*
Gemskresse *Hutchinsia*
Steinkresse *Hornungia*
Salzkresse *Hymenolobus*

Doldige Schleifenblume

Iberis umbellata L.
Kreuzblütengewächse *Brassicaceae*
(*Cruciferae*)

Beschreibung: Blüten stehen in einer reichblütigen, eindeutig doldig verebneten Traube, die sich auch zur Fruchtzeit nur wenig verlängert und höchstens ausnahmsweise länger als breit wird. Blüten um 1 cm im Durchmesser (Randblüten wesentlich breiter), purpurn oder rosa-weinrot, nur selten weiß, asymmetrisch: Die beiden äußeren Blütenblätter der Randblüten sind etwa doppelt so lang wie die beiden inneren; sie können 0,8–1,5 cm lang werden und sind verkehrt-eiförmig, vorn abgerundet oder abgestutzt, an der Basis allmählich keilförmig verschmälert. Kelchblätter 4, um 3 mm lang, verkehrt-eiförmig, breit hautrandig. Fruchtknoten kurzwalzlich; Frucht ein rundliches, geflügeltes, seitlich abgeflachtes Schötchen, dessen Flügel beidseits des Griffels etwas zugespitzt sind; Schötchen 0,7–1 cm lang und fast ebenso breit; Griffel 3–4 mm lang, etwas kürzer als die Zipfel des Schötchens. Stengel aufrecht, im oberen Drittel oft verzweigt, kahl. Blätter wechselständig, lanzettlich, die unteren meist gestielt, bis 5 cm lang, bis 1 cm breit, ganzrandig oder jederseits mit 1–2 Zähnen, die um 1 mm lang werden, kahl. Mai–Juni. 15–50 cm.

Vorkommen: Braucht steinig-lockeren, trockenen, kalkreichen Boden in warmer Lage. Zierpflanze; Heimat: Südeuropa von Spanien bis zum Balkan, bei uns gartennah an Südhängen, selten auch auf besonders warmen Äckern unbeständig verwildert.

Wissenswertes: ☉; (☠). Die Samen enthalten die Bitterstoffe Cucurbitacin E und I, weshalb sie zumindest als mäßig giftig angesehen werden müssen. Über Gifte in anderen Organen ist uns nichts bekanntgeworden.

Alpen-Gemskresse

Hutchinsia alpina (L.) R. Br.
Kreuzblütengewächse *Brassicaceae*
(*Cruciferae*)

Beschreibung: Blüten stehen in einer eher reichblütigen, lockeren, meist ziemlich deutlich doldig eingeebneten Traube, die sich bei der Fruchtreife noch wesentlich verlängert und streckt. Blüten 5–8 mm im Durchmesser, weiß. Blütenblätter 4, verkehrt-eiförmig, vorn abgerundet. Kelchblätter 4, eiförmig, grün, mit weißem Hautrand. Fruchtknoten kurz; Frucht ein schmal-eiförmiges, abgeflachtes Schötchen, das 4–5 mm lang und etwa 2 mm breit wird. Griffel des Schötchens bis etwa 0,5 mm lang und nicht eingesenkt. Fruchtstiele stehen mehr oder minder aufrecht von der Traubenachse ab. Stengel aufsteigend oder aufrecht, einfach, blattlos, mit Sternhaaren bedeckt. Grundblätter stehen in einer Rosette, bis auf den Mittelnerv fiederteilig, jederseits mit 1–4 eiförmig–lanzettlichen Abschnitten; Endabschnitt etwa so groß wie die Seitenabschnitte. Blätter kahl oder nur mit einzelnen Sternhaaren. Mai–August. 5–15 cm.

Vorkommen: Braucht steinigen, feinerdearmen, kalkreichen oder doch wenigstens kalkhaltigen Untergrund. Besiedelt Gerölle (als Abschwemmling in Alpentälern bis ins Vorland), Felsschutthalden, seltener steinige alpine Matten. Meist zwischen etwa 1000 und 3000 m (als Abschwemmling wesentlich tiefer). Kalkalpen zerstreut; Zentralalpen sehr selten.

Wissenswertes: ♃. Neben der beschriebenen ssp. *alpina* wird noch die ssp. *brevicaulis* (Hoppe) Arc. (Kurzstenglige Gemskresse) unterschieden: Blüten 3–6 mm im Durchmesser, weiß; eiförmiges, abgeflachtes Schötchen 3–4 mm lang, um 1,5 mm breit. Juni–August; 2–5 cm; Süd- und vor allem Zentralalpen; 2000–3000 m; zerstreut.

Steinkresse

Hornungia petraea (L.) RCHB.
Kreuzblütengewächse *Brassicaceae*
(Cruciferae)

Beschreibung: Blüten stehen in einer eher armblütigen, lockeren, zumindest angedeutet doldig eingeebneten Traube, die allerdings als solche auf den ersten Blick wegen der oft wenigen Blüten nicht immer kenntlich ist. Blüten 1–2 mm im Durchmesser, weiß. Blütenblätter 4, verkehrt-eiförmig. Kelchblätter 4, eiförmig. Fruchtknoten kurz; Frucht ein abgeflachtes, eiförmiges, kahles Schötchen, das etwa 2 mm lang und 1 mm breit wird. Griffel des Schötchens auch mit Lupe kaum zu sehen. Stengel einfach, oft etwas hin- und hergebogen, oft rot überlaufen, beblättert. Grundblätter in einer Rosette, gestielt, fiederteilig, die Fiederabschnitte länglich-rhombisch bis eiförmig-keilig, kurz zugespitzt. Untere Stengelblätter – oft nur sehr kurz – gestielt, obere sitzend, fiederteilig; Fiederabschnitte kaum schmäler als die der Rosettenblätter. April–Juni. 2–10 cm.

Vorkommen: Braucht kalkhaltigen, ja kalkreichen, trockenen, flachgründigen, steiniglehmigen Boden. Besiedelt lückige Trockenrasen, Felsen, Erdanrisse und Mauerkronen in klimagünstigen Lagen. Kommt vereinzelt am Mittellauf von Weser und Main sowie im Harz, im Einzugsgebiet der Saale und in der Pfalz vor; im Vorland des Schweizer Jura, am Genfer See, im Wallis, am Alpensüdfuß und zwischen Wienerwald und Buckliger Welt selten. Steigt vereinzelt bis über 1000 m.

Wissenswertes: ☉. Das Hauptverbreitungsgebiet der Steinkresse liegt im Mittelmeergebiet. Von dort strahlt sie in die Täler am Alpensüdfuß aus. In klimatisch besonders günstigen Gegenden entwickelt sie schon im Februar oder März ihre Blüten.

Salzkresse

Hymenolobus procumbens
(L.) NUTT. ex SCHINZ & THELL.
Kreuzblütengewächse *Brassicaceae*
(Cruciferae)

Beschreibung: Blüten stehen in einer zuerst kopfig gedrungenen, andeutungsweise doldig eingeebneten Traube, die sich bei der Fruchtreife streckt und auflockert. Blüten 1–2 mm im Durchmesser, weiß. Blütenblätter 4, keilförmig, abgestutzt. Kelchblätter 4, grün, mit weißem Hautrand (Lupe! Nicht immer deutlich zu sehen.). Fruchtknoten kurz; Frucht ein länglich-eiförmiges, abgeflachtes Schötchen, das 2–4 mm lang und 1–2 mm breit wird und das oben abgerundet oder nur sehr schwach ausgerandet ist. Griffel des Schötchens unscheinbar, um 0,1 mm lang. Stengel niederliegend oder aufsteigend, seltener aufrecht, einfach oder verzweigt. Keine Blattrosette. Untere Stengelblätter gestielt, bis fast auf den Mittelnerv fiederteilig; Endabschnitt größer als die Seitenabschnitte; obere Stengelblätter länglich, oft nur gezähnt oder ganzrandig. April–Mai. 5–15 cm.

Vorkommen: Braucht kochsalzhaltige, tonige Böden. In Mitteleuropa nur vereinzelt an Salzstellen im Binnenland, so z. B. am Mittellauf der Elbe bei Sülldorf, außerdem bei Artern, Schönebeck und Staßfurt. Das aus früheren Jahren bekannte Vorkommen bei Fribourg/Schweiz scheint erloschen.

Wissenswertes: ☉. *H. procumbens* (L.) NUTT. ex SCHINZ & THELL. wird mit *H. pauciflorus* (KOCH) SCHINZ & THELL. (Stengelblätter ungeteilt, ganzrandig; Schötchen 3–5 mm lang und 2–4 mm breit; auf stickstoffsalzreichen, kalkhaltigen, lockeren und trockenen Böden; besiedelt vor allem Gemsläger in den Zentral- und Südalpen) zur Sammelart *H. procumbens* agg. zusammengefaßt.

Salzkresse
Hymenolobus procumbens

Doldige Schleifenblume
Iberis umbellata

Steinkresse
Hornungia petraea

Alpen-Gemskresse
Hutchinsia alpina

Kurzstenglige Gemskresse
Hutchinsia a. ssp. *brevicaulis*

Hirtentäschel *Capsella*
Pfriemenkresse *Subularia*
Bauernsenf *Teesdalea*
Brillenschötchen *Biscutella*

Gewöhnliches Hirtentäschel

Capsella bursa-pastoris (L.) MED.
Kreuzblütengewächse *Brassicaceae*
(Cruciferae)

Beschreibung: Blüten stehen in einer reichblütigen, oben locker-kopfigen, an der Spitze zumindest andeutungsweise doldig eingeebneten Traube, die sich bei der Fruchtreife kräftig verlängert und an deren Basis meist „Seitentrauben" stehen. Blüten 3–5 mm im Durchmesser (ausgebreitet gemessen), weiß. Blütenblätter 4, verkehrt-eiförmig. Kelchblätter 4, grün, oft weißlich oder braunviolett überlaufen. Fruchtknoten kurz; Frucht ein flaches, im Umriß 3eckig-herzförmiges, flügelloses Schötchen, das mit der „Spitze des Herzens" dem Stiel ansitzt und vorne am breitesten ist, 4–9 mm lang und 4–7 mm breit, vorne flach ausgerandet. Griffel des Schötchens um 0,5 mm lang. Scheidewand des Schötchens senkrecht zur größten Breite. Stengel aufrecht, einfach oder verzweigt. Grundständige Blätter in einer Rosette, gestielt, ungeteilt oder fiederteilig. Stengelblätter sitzend, ungeteilt, ganzrandig oder gezähnt, sehr selten auch mehr oder weniger tief fiederig gelappt, immer mit 2 spitzen Zipfeln („pfeilförmig") stengelumfassend. Februar–November. 5–50 cm.

Vorkommen: Braucht nährstoff- und vor allem stickstoffsalzreichen Untergrund. Besiedelt offenen Boden an Wegen, in Gärten, auf Äckern und Ödland. Sehr häufig. Steigt in den Alpen bis etwa 3000 m.

Wissenswertes: ☉. Als Inhaltsstoffe werden Flavonoide angegeben und möglicherweise ein Peptid, das die Blutgerinnung fördern soll. Andere Angaben sind umstritten. Ähnlich: Rötliches Hirtentäschel (*C. rubella* REUT.): Blüten rötlich, 1–2 mm im Durchmesser; Früchte um 5 mm lang, mit seitlich gerundeten Rändern. Alpensüdfuß, Engadin, Westschweiz; selten.

Pfriemenkresse

Subularia aquatica L.
Kreuzblütengewächse *Brassicaceae*
(Cruciferae)

Beschreibung: Blüten stehen in einer ausgesprochen armblütigen, lockeren Traube (nur 2–8 Blüten/Traube!). Blüten 1–2 mm im Durchmesser, weiß. Blütenblätter 4, spatelförmig, vorn abgerundet (Lupe), zuweilen fehlend. Kelchblätter eiförmig bis 3eckig, grün, mit weißem, nicht immer deutlich zu sehenden Hautrand. Fruchtknoten halb unterständig, kugelig; Frucht ein fast kugeliges bis eiförmiges, kaum abgeflachtes Schötchen, das 3–5 mm lang und 2–3 mm dick wird. Griffel des Schötchens unscheinbar, kaum 0,1 mm lang. Stengel aufrecht, unbeblättert, fast nur aus dem Blütenstand bestehend. Alle Blätter in einer grundständigen Rosette, binsenartig, aufrecht, ganzrandig. Juni–Juli. 2–8 cm.

Vorkommen: Braucht schlammig-sandigen, zeitweise überfluteten Boden, der keinesfalls kalkreich sein darf, sondern eher etwas sauer und humushaltig sein sollte. Besiedelt flache Ufer von Seen und Teichen. Wuchs früher bei Dinkelsbühl und Erlangen, scheint dort neuerdings aber nicht mehr aufgefunden worden zu sein. Als erloschen gelten müssen auch frühere Standorte bei Basel und Genf; hingegen soll die Pfriemenkresse noch in den Westvogesen bei Gérardmer vorkommen.

Wissenswertes: ☉. Die Samen der Pfriemenkresse werden wahrscheinlich durch Wasservögel verbreitet. Anders wäre das weit gestreute Vorkommen an isolierten Standorten, das die Art auch in ihrem Hauptverbreitungsgebiet in Westeuropa und in Nordamerika zeigt, nicht zu erklären. Wiewohl die Biotope für diese Art nie sehr zahlreich waren und heute eher noch seltener geworden sind, kann man mit einem örtlichen Wiederauftreten rechnen.

Pfriemenkresse
Subularia aquatica

Brillenschötchen
Biscutella laevigata

Gewöhnliches Hirtentäschel
Capsella bursa-pastoris

Bauernsenf
Teesdalea nudicaulis

Bauernsenf

Teesdalea nudicaulis (L.) R. BR.
Kreuzblütengewächse *Brassicaceae*
(*Cruciferae*)

Beschreibung: Blüten stehen in einer eher armblütigen, meist ziemlich deutlich doldig eingeebneten Traube, die sich bei der Fruchtreife nur wenig verlängert. Blüten 2–4 mm im Durchmesser (ausgebreitet gemessen), weiß. Blütenblätter 4, ungleich lang: Die beiden äußeren 1,5–2 mm lang, die beiden inneren 1–1,5 mm lang, schmal-eiförmig, vorn abgerundet. Kelchblätter 4, eiförmig, grün. Fruchtknoten kurz; Frucht ein stark abgeflachtes, breit verkehrt-eiförmig bis herzförmiges, vorn geflügeltes Schötchen, das 3–4 mm lang und fast ebenso breit wird. Flügel vorn ausgerandet. Griffel des Schötchens bis etwa 0,2 mm lang und unauffällig. Stengel aufrecht, kahl (*nudicaulis* = „nacktstengelig"!), meist blattlos, selten mit 2–3 kleinen, lanzettlichen Blättern (meist sind nur „Nebenstengel", die neben dem Hauptstengel aus der Rosette entspringen, beblättert). Grundständige Blätter in einer Rosette, bis über die Mitte tief (= bis zum Mittelnerv) fiederteilig, bis 4 cm lang und bis 1 cm breit, kahl. April–Mai. 5–20 cm.

Vorkommen: Braucht sandigen, kalkarmen, ja kalkfreien, nährstoffarmen, lockeren Boden. Etwas wärmeliebend. Besiedelt Dünen, Wegränder, geht aber auch in Äcker und in lückige Sandrasen. In den Sandgebieten des Tieflandes zerstreut, in den Mittelgebirgen mit silikatreichen, kalkarmen oder kalkfreien Gesteinen selten; fehlt in den Alpen.

Wissenswertes: ☉. Der wissenschaftliche Gattungsname wurde zu Ehren des englischen Botanikers ROBERT TEESDALE vergeben. „Bauernsenf" weist wohl darauf hin, daß die Blätter früher als Salat, Gemüse oder evtl. als Würze verwendet worden sind.

Brillenschötchen

Biscutella laevigata L.
Kreuzblütengewächse *Brassicaceae*
(*Cruciferae*)

Beschreibung: Blüten stehen in einer lockeren, andeutungsweise kopfigen Traube, an der es häufig „Seitentrauben" im unteren Teil des Blütenstandes gibt. Blüten 0,4–1 cm im Durchmesser, gelb. Blütenblätter (= „Platte") breit verkehrt-eiförmig. Kelchblätter 4, schmal-eiförmig. Fruchtknoten kurz; Frucht ein „brillenartiges" Schötchen, zwischen dessen ziemlich runden Hälften die Scheidewand deutlich zu sehen ist; das Schötchen ist von einem kaum 1 mm breiten häutigen Rand gesäumt und wird 4–7 mm lang und 0,7–1,2 cm breit. Griffel des Schötchens bis 5 mm lang. Stengel aufrecht oder aufsteigend, oben meist verzweigt, wenig beblättert, kahl oder sehr schütter behaart. Grundblätter rosettig, länglich-keilig, borstig behaart oder fast kahl, ganzrandig, gezähnt oder fiederspaltig. Stengelblätter schmäler und kürzer als die Grundblätter, sitzend. Mai–Juli. 15–50 cm.

Vorkommen: Braucht steinigen, kalkhaltigen, humusreichen, in der Regel felsigen Boden. Besiedelt Felsbänder, Felsspalten und lückige, alpine Rasen und Matten, geht aber auch in die trockeneren Partien von Flachmooren oder kalkhaltigen Quellhorizonten, vor allem im Alpenvorland und in den Alpen; dort zerstreut; selten an der Mittelelbe; Südharz, Eifel, Hunsrück, Schweizer, Schwäbischer und Fränkischer Jura vereinzelt. Steigt bis etwa 2800 m.

Wissenswertes: ♃. Innerhalb der Art werden mehrere Unterarten unterschieden, die sich indessen nur schwer voneinander abgrenzen lassen. – Ähnlich: Wegwarten-Brillenschötchen (*B. cichoriifolia* LOISEL.): Kelchblätter mit 3–4 mm langem Sporn. Südteil des Schweizer Jura; Südalpen; selten.

Berg-Hellerkraut

Thlaspi montanum L.
Kreuzblütengewächse *Brassicaceae*
(Cruciferae)

Beschreibung: Blüten stehen in einer mäßig reichblütigen, lockeren, andeutungsweise kopfigen Traube, die meist nicht oder nur bei aufblühenden Exemplaren – und dann oft undeutlich – doldig eingeebnet ist und die sich bei der Fruchtreife streckt. Blüten 4–8 mm im Durchmesser, weiß. Blütenblätter 4, breit verkehrt-eiförmig, abgestutzt oder seicht ausgerandet. Kelchblätter 4, länglich-eiförmig, gelbgrün, zuweilen rötlich überlaufen, mit – oft undeutlichem – weißlichem Hautrand. Fruchtknoten kurz; Frucht ein verkehrt-eiförmiges bis herzförmiges, geflügeltes, stark zusammengedrücktes Schötchen, das 4–8 mm lang und an der breitesten Stelle fast ebenso breit wird. Griffel des Schötchens 1–2 mm lang, zwischen die ausgerandeten Flügel eingesenkt. Stengel aufrecht, unverzweigt, kahl, locker beblättert. Grundblätter rosettig, rundlich bis eiförmig, ganzrandig oder schwach gezähnt, gestielt, bis etwa 3 cm lang, etwas ledrig, wintergrün. Stengelblätter schmal-eiförmig, sitzend, meist etwas stengelumfassend, oft bläulich bereift. April–Mai. 10–20 cm.

Vorkommen: Braucht kalkhaltigen, humusreichen, lockeren und daher meist steinigen Lehmboden. Besiedelt lichte Kiefernwälder, lichte Laubwälder in frühjahrswarmer Lage; geht auch an schattige Stellen in Trockenrasen mit lockerem Buschbestand. Im Fränkischen, Schwäbischen und Schweizer Jura und in den Ostalpen selten, aber an seinen Standorten meist in lockeren, individuenreichen Beständen.

Wissenswertes: ♃. Entfernt ähnlich: Frühblühendes Hellerkraut (*T. praecox* WULF.): Blüten weißlich-lila, Blätter ganzrandig. Südtirol bis Südsteiermark; selten.

Gebirgs-Hellerkraut

Thlaspi caerulescens J. & K. PRESL
Kreuzblütengewächse *Brassicaceae*
(Cruciferae)

Beschreibung: Blüten stehen in einer reichblütigen, zur Zeit des Aufblühens deutlich doldig eingeebneten Traube, die sich bei der Fruchtreife streckt. Blüten 2–3 mm im Durchmesser, weiß oder blaßlila. Blütenblätter 4, länglich-keilig. Kelchblätter 4, eiförmig, mit Hautrand, zuweilen rötlich überlaufen. Fruchtknoten kurz; Frucht ein verkehrt-eiförmiges bis keiliges, geflügeltes, zusammengedrücktes Schötchen, das 6–8 mm lang und 4–6 mm breit ist. Griffel des Schötchens kaum 1 mm lang, kürzer als die etwa 1 mm tiefe Einkerbung in den Vorderrand der Fruchtflügel. Stengel einfach, gelegentlich spärlich verzweigt, aufrecht, locker beblättert. Grundblätter rosettig, verkehrt-eiförmig bis spatelig, meist ganzrandig, gestielt. Stengelblätter schmal-eiförmig, sitzend, mit herz- bis pfeilförmigem Grund stengelumfassend, ganzrandig oder allenfalls undeutlich gezähnt. April–Juni. 15–30 cm.

Vorkommen: Bevorzugt kalkarmen, mäßig sauren, humusreichen Lehmboden, geht aber auch auf kalkhaltigen Untergrund. Besiedelt Weiden und Wiesen in den Alpen. Meist zwischen etwa 1500 und 2500 m, örtlich auch höher oder tiefer. In den Mittelgebirgen mit kalkarmem Gestein und in den Alpen selten.

Wissenswertes: ☉. *T. caerulescens* J. & K. PRESL wird mit *T. brachypetalum* JORD. (Blüten 3–4 mm im Durchmesser, weiß oder blaßlila, Stengel ästig; Südwestalpen; selten) und *T. virens* JORD. (Blüten 4–5 mm im Durchmesser, weiß; Griffel des Schötchens 1–2 mm lang; reifer Fruchtstand meist kürzer als 5 cm; Westalpen; selten) zur Sammelart *T. alpestre* agg. zusammengefaßt.

Stengelumfassendes Hellerkraut

Thlaspi perfoliatum L.
Kreuzblütengewächse *Brassicaceae* (*Cruciferae*)

Beschreibung: Blüten stehen in einer eher armblütigen, bei aufblühenden Exemplaren deutlich doldig eingeebneten Traube, die sich bei der Fruchtreife stark verlängert. Blüten 2–4 mm im Durchmesser, weiß. Blütenblätter 4, länglich bis schmal verkehrt-eiförmig. Kelchblätter 4, eiförmig mit – zumindest an der Spitze – meist deutlichem weißem Hautrand, grün, zuweilen etwas rötlich überlaufen. Fruchtknoten kurz; Frucht ein herzförmiges, geflügeltes, zusammengedrücktes Schötchen, das 4–6 mm lang und etwa ebenso breit wird. Griffel des Schötchens etwa 0,2 mm lang, in der stumpfen Einkerbung des Flügels kaum auffallend. Früchte sind löffelartig eingedellt und stehen ziemlich waagrecht von der Fruchtstandsachse ab. Stengel aufrecht, einfach oder verzweigt, kahl. Blätter bis 4 cm lang, eiförmig, ganzrandig oder – selten – undeutlich gezähnt, nur die untersten undeutlich gestielt, die übrigen sitzend und den Stengel mit herz- oder pfeilförmigem Grund umfassend; ganze Pflanze bläulich bereift. April–Juni. 5–20 cm.

Vorkommen: Braucht kalkhaltigen, offenen, humus- und vor allem stickstoffsalzarmen Boden. Besiedelt Wegränder, Weinberge und lückige Trockenrasen. Fehlt im Tiefland, in den Mittelgebirgen mit kalkarmem Gestein und in weiten Teilen des Alpenvorlands und der Alpen. Sonst zerstreut, aber an seinen Standorten meist in mäßig individuenreichen Beständen.

Wissenswertes: ☉. Als Inhaltsstoffe werden – wie auch bei anderen Arten der Gattung – Senföle angegeben. – Der deutsche Artname bezieht sich auf die Stengelblätter, die den Stengel deutlich umfassen.

Rundblättriges Hellerkraut

Thlaspi rotundifolium (L.) GAUDIN
Kreuzblütengewächse *Brassicaceae* (*Cruciferae*)

Beschreibung: Blüten stehen in einer dichten, halbkugelig-kopfigen Traube, die sich bei der Fruchtreife nur wenig verlängert. Blüten 3–7 mm im Durchmesser, hellviolett oder tieflila. Blütenblätter 4, breit verkehrt-eiförmig. Kelchblätter 4, schmal-eiförmig, grün, oft violett überlaufen. Fruchtknoten kurz; Frucht ein länglich- bis verkehrt-eiförmiges, ungeflügeltes Schötchen, dessen unterer Rand nach außen gewölbt, der obere fast gerade ist. Griffel des Schötchens um 2 mm lang. Nichtblühende Stengel im Geröll kriechend; blühende Stengel aufrecht oder aufgebogen, unverzweigt, kahl. Grundblätter an den blühenden Stengeln in einer Rosette, meist ganzrandig. Stengelblätter an den kriechenden Stengeln zuweilen niederblattartig reduziert und gegenständig; Stengelblätter an den blühenden Stengeln wechselständig, eiförmig, bis 1,5 cm lang, meist ganzrandig, die unteren gestielt, die oberen sitzend, etwas stengelumfassend („öhrchenartig"), kahl, fleischig, blaugrün. Juni–September. 5–15 cm.

Vorkommen: Braucht kalkreichen, steinigen, feinerdearmen, gut durchsickerten Untergrund. Besiedelt groben, bewegten Gesteinsschutt, seltener Geröll an Wasserläufen. In den Nördlichen Kalkalpen und in den Ostketten der Südlichen Kalkalpen häufig, westlich der Dolomiten und in den Zentralalpen selten. Bevorzugt Höhen zwischen etwa 1500 und 3000 m, geht örtlich aber auch darunter oder darüber.

Wissenswertes: ♃. Das Rundblättrige Hellerkraut durchzieht mit seinen langen Kriechstengeln, die sich wieder bewurzeln können, den Schutt. Man rechnet es infolgedessen zu den „Schuttwanderern".

Rundblättriges Hellerkraut
Thlaspi rotundifolium

Stengelumfassendes Hellerkraut
Thlaspi perfoliatum

Berg-Hellerkraut
Thlaspi montanum

Gebirgs-Hellerkraut
Thlaspi caerulescens

Hellerkraut *Thlaspi*
Krähenfuß *Coronopus*

Lauch-Hellerkraut

Thlaspi alliaceum L.
Kreuzblütengewächse *Brassicaceae*
(*Cruciferae*)

Beschreibung: Blüten stehen in einer reichblütigen, zur Zeit des Aufblühens zumindest angedeutet doldig eingeebneten Traube, die sich bei der Fruchtreife stark streckt. Blüten 2–4 mm im Durchmesser, weiß. Blütenblätter 4, verkehrt-eiförmig. Kelchblätter 4, eiförmig, mit schmalem, weißem, nicht immer deutlichem Hautrand. Fruchtknoten kurz; Frucht ein schmal verkehrt-eiförmiges, keilig in den Stiel zulaufendes, auf der Unterseite ausgebuchtetes, auf der Oberseite löffelförmig eingedelltes Schötchen, das an den Fruchtstielen mehr oder weniger waagrecht von der Fruchtstandsachse absteht. Griffel des Schötchens kaum 0,5 mm lang, unscheinbar. Stengel aufrecht, einfach oder verzweigt, zumindest bei jungen Pflanzen am Grunde behaart. Blätter bis 5 cm lang, die unteren gestielt, die oberen sitzend und pfeilförmig den Stengel umfassend, kahl, hellgrün, ganzrandig oder gezähnt. Mai–Juni. 20–60 cm.

Vorkommen: Braucht nährstoffreichen, nicht unbedingt kalkhaltigen, lockeren und daher oft sandigen Lehmboden in warmem Klima. Geht dort in Unkrautgesellschaften auf Äckern, und zwar sowohl in Getreidebestände wie auch in Hackfruchtkulturen. Wird aus dem Gebiet um Salzburg angegeben, außerdem vom Genfer See und vom Südfuß der Alpen. Sehr selten und in Mitteleuropa wohl nur eingeschleppt.

Wissenswertes: ⊙. Die eigentliche Heimat des Lauch-Hellerkrauts ist das nördliche Mittelmeergebiet von der nördlichen Balkanhalbinsel bis nach Nordspanien. – Die Pflanze enthält Senföle und wurde in ihrem Hauptverbreitungsgebiet früher auch in der Volksmedizin genutzt.

Alpen-Hellerkraut

Thlaspi alpinum CR. s. str.
Kreuzblütengewächse *Brassicaceae*
(*Cruciferae*)

Beschreibung: Blüten stehen in einer mäßig reichblütigen, ziemlich dichten, zur Zeit des Aufblühens fast halbkugelig-kopfigen Traube, die sich bei der Fruchtreife streckt und an deren Basis sich gelegentlich „Seitentrauben" entwickeln können. Blüten 0,6–1 cm im Durchmesser, weiß. Blütenblätter 4, breit verkehrt-eiförmig, vorne abgerundet oder abgestutzt. Kelchblätter 4, eiförmig, gelblich-grün, mit meist deutlichem weißen Hautrand. Fruchtknoten kurz; Frucht ein verkehrt-eiförmiges, keilig in den Stiel verlaufendes, geflügeltes, zusammengedrücktes Schötchen, das 0,8–1 cm lang und etwa halb so breit wird. Griffel des Schötchens 2–3 mm lang, zwischen die ausgerandeten Flügel eingesenkt. Das Alpen-Hellerkraut besitzt unterirdische Stengel, die sich stark verzweigen und an deren Ende sich Blattrosetten entwickeln, die ziemlich dicht und rasenartig beieinander stehen können. Oberirdischer Stengel aufrecht, unverzweigt, kahl, beblättert. Rosettenblätter rundlich-eiförmig, 2–3 cm lang, gestielt. Stengelblätter eiförmig bis lanzettlich, sitzend und herz- oder pfeilförmig den Stengel umfassend. Alle Blätter etwas ledrig, kahl und praktisch ganzrandig. Mai–Juli. 5–15 cm.

Vorkommen: Braucht kalkreichen, zumindest kalkhaltigen, lockeren, steinigen, feuchten Boden in alpinem Klima. Besiedelt Felsschutt, Moränen und steinige Matten. Südliche Kalkpen westwärts bis in die Cottischen Alpen, Ostketten der Nördlichen Kalkalpen bis etwa zum Dachstein. Selten.

Wissenswertes: ♃. Ähnliche Formen aus dem Wallis und den Südwestalpen (Pflanzen blaugrün) werden oft als eigenständige Art beschrieben (*T. sylvium* GAUDIN).

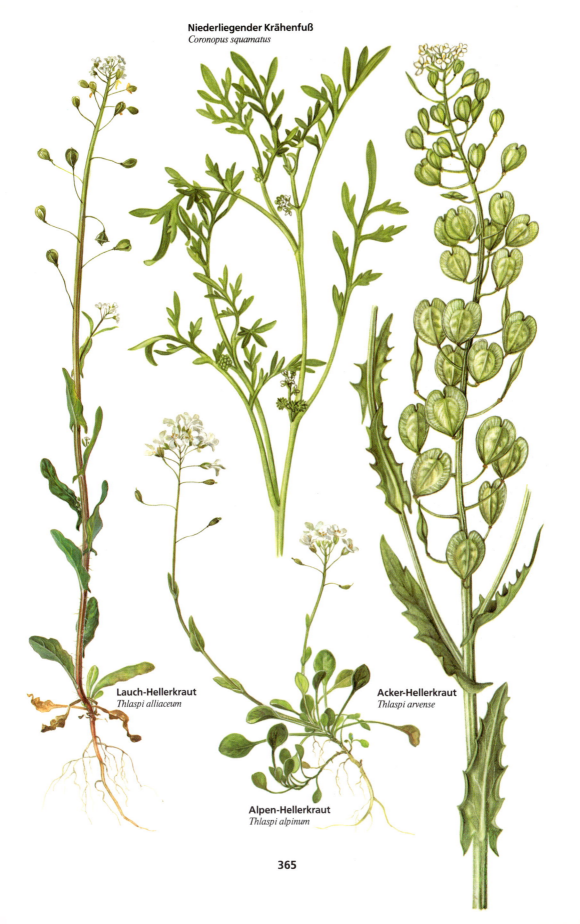

Niederliegender Krähenfuß
Coronopus squamatus

Lauch-Hellerkraut
Thlaspi alliaceum

Alpen-Hellerkraut
Thlaspi alpinum

Acker-Hellerkraut
Thlaspi arvense

Acker-Hellerkraut

Thlaspi arvense L.
Kreuzblütengewächse *Brassicaceae*
(*Cruciferae*)

Beschreibung: Blüten stehen in einer reichblütigen, zur Zeit des Aufblühens mäßig dichten und doldig eingeebneten Traube, die sich bei der Fruchtreife zu einem ziemlich lockeren Fruchtstand streckt und an deren Basis sich nicht selten Seitentrauben entwickeln. Blüten 2–5 mm im Durchmesser, weiß. Blütenblätter 4, verkehrt-eiförmig bis keilig, vorn abgerundet, abgestutzt oder seicht ausgerandet. Kelchblätter 4, schmal-eiförmig, hellgrün, mit nicht immer deutlichem, weißem Hautrand. Fruchtknoten kurz; Frucht ein rundlich-eiförmiges, zusammengedrücktes, vom Grunde an breit geflügeltes Schötchen, das 1–1,5 cm lang und an der breitesten Stelle fast ebenso breit wird. Flügel vorne tief und schmal ausgerandet. Griffel des Schötchens meist nur 0,2 mm lang und in der Einkerbung der Flügel oft nur schwer zu erkennen. Stengel aufrecht, einfach oder verzweigt. Blätter bis 6 cm lang, hellgrün, schmal-eiförmig, ganzrandig oder etwas gezähnt, die unteren gestielt, die oberen sitzend und pfeilförmig stengelumfassend. April–Juli, zuweilen noch später. 10–30 cm.

Vorkommen: Braucht nährstoffreichen, vor allem stickstoffsalzhaltigen, nicht zu trockenen und zu verfestigten Lehmboden. Besiedelt Hackfruchtäcker und Ödland, geht auch an den Rand von Getreideäckern sowie in Weinberge und Gärten. Steigt in den Alpen bis etwa 1500 m. Häufig.

Wissenswertes: ☉. Das Acker-Hellerkraut enthält das Senfölglykosid Sinigrin sowie knoblauchartig riechendes ätherisches Öl mit Diallylsulfid. In Südeuropa wurde es früher als aromatischer Wildsalat oder als Gemüse verzehrt.

Niederliegender Krähenfuß

Coronopus squamatus (FORSK.) ASCH.
Kreuzblütengewächse *Brassicaceae*
(*Cruciferae*)

Beschreibung: Blüten stehen in scheinbar seitenständigen, traubigen Blütenständen. In Wirklichkeit sind die Trauben endständig; sie werden allerdings von den Seitentrieben übergipfelt. Trauben sehr gedrungen, blattgegenständig. Blüten sehr klein, nur 0,5–1,5 mm im Durchmesser, weiß. Blütenblätter 4, verkehrt-eiförmig bis spatelig. Kelchblätter 4, rundlich, mit weißem Hautrand. Fruchtknoten kurz; Frucht nierenförmiges, kaum abgeflachtes Schötchen, das als ganze oder halbe Frucht abfällt und sich nicht öffnet, und das um 3 mm lang und bis zu 4 mm breit wird und eine grubig-höckerige Oberfläche besitzt. Griffel des Schötchens kaum 0,5 mm lang, als Spitze dem Schötchen aufgesetzt. Stengel niederliegend oder aufsteigend, vom Grunde an allseitig verzweigt („krähenfußartig"), kahl. Blätter einfach oder doppelt fiederteilig, gestielt, bis 8 cm lang, meist kahl. Mai–September. 5–25 cm.

Vorkommen: Braucht zumindest zeitweise feuchten, etwas verdichteten, nährstoff- und humusreichen Lehm- oder Tonboden, der nicht allzu arm an Stickstoffsalzen sein sollte und Steinsalz enthalten kann. Besiedelt in Gegenden mit warmem Klima Ufer von Dorfteichen, Wegränder und gut gedüngte Äcker. Im Tiefland, vor allem an den Küsten selten, desgleichen in wärmeren Tallagen der Mittelgebirge. Fehlt größeren Gebieten und ist auch an seinen Standorten oft unbeständig.

Wissenswertes: ☉. Blätter und Samen riechen zerrieben kresseartig; auch schmecken sie wie Kresse. Örtlich wurden die Blätter als Wildsalat gegessen. Über Inhaltsstoffe haben wir keine Angaben gefunden.

Krähenfuß *Coronopus*
Pfeilkresse *Cardaria*
Kresse *Lepidium*

Zweiknotiger Krähenfuß

Coronopus didymus (L.) S<small>M</small>.
Kreuzblütengewächse *Brassicaceae*
(*Cruciferae*)

Beschreibung: Blüten stehen in scheinbar seitenständigen, traubigen Blütenständen. In Wirklichkeit sind die Trauben endständig; sie werden allerdings von den Seitentrieben übergipfelt. Trauben sehr gedrungen, blattgegenständig. Blüten sehr klein, unter 1 mm im Durchmesser, gelblich-grünlich. Blütenblätter 4 oder 0, gelblich. Kelchblätter 4, nur etwa 0,5 mm lang. Fruchtknoten sehr kurz; Frucht nierenförmiges, kaum abgeflachtes Schötchen, das als ganze oder halbe Frucht abfällt und sich nicht öffnet, um 1,5 mm lang und 2–2,5 mm breit wird und eine grubige, aber keine höckerige Oberfläche besitzt (Lupe!). Griffel des Schötchens nur um 0,1 mm lang, in die deutliche Ausrandung des Schötchens eingesenkt. Stengel niederliegend oder aufsteigend, vom Grunde an allseitig verzweigt, kahl oder schütter langhaarig. Blätter einfach oder doppelt fiederteilig, gestielt, meist nur bis 3 cm lang, kahl oder schütter behaart. Juni–August. 10–25 cm.

Vorkommen: Braucht etwas feuchten, mäßig verdichteten, nährstoffreichen, eher sandigen Lehmboden. Besiedelt Pflasterritzen und Wege, geht aber auch in Gärten. Bevorzugt Gegenden mit hoher Luftfeuchtigkeit. Vereinzelt am Mittelrhein, bei Nürnberg und südwestlich von Hannover, in der Westschweiz und am Alpensüdfuß. Heimat: Wahrscheinlich südliches Südamerika; heute weltweit verschleppt und vor allem in den tropisch-gemäßigten Zonen eingebürgert. In Mitteleuropa unbeständig.

Wissenswertes: ☉. Blätter und Samen riechen zerrieben unangenehm. Enthält das Glykosid Benzylsenföl. Der Artname bezieht sich auf die Fruchtform.

Pfeilkresse

Cardaria draba (L.) D<small>ESV</small>.
Kreuzblütengewächse *Brassicaceae*
(*Cruciferae*)

Beschreibung: Blüten stehen in einer reichblütigen, doldig eingeebneten Traube, an der es stets mehrere, ebenfalls reichblütige Seitentrauben gibt, die fast gleich lang wie die „Haupttraube" werden. Zumindest die oberen sind mit der Haupttraube zu einem ebensträußigen Gesamtblütenstand vereinigt. Blüten 3–6 mm im Durchmesser, cremeweiß bis weiß. Blütenblätter 4, verkehrt-eiförmig bis keilig. Kelchblätter 4, eiförmig, gelblich-grün. Fruchtknoten kurz; Frucht ein herz-eiförmiges, oft unsymmetrisches Schötchen, das 3–5 mm lang und ebenso breit wird. Griffel des Schötchens um 1 mm lang, der Spitze des herz-eiförmigen Schötchens aufsitzend. Stengel aufrecht, im oberen Teil verzweigt, kantig, kahl oder sehr kurz und anliegend behaart. Untere Blätter eiförmig bis lanzettlich, buchtig gezähnt bis fiederteilig, gestielt, zur Blütezeit abgefallen. Obere Blätter sitzend, pfeilförmig stengelumfassend, bis 10 cm lang und bis 3 cm breit, in der Regel buchtig gezähnt, kahl oder kurz behaart. Juni–Juli. 20–60 cm.

Vorkommen: Braucht nährstoffreichen, kalk- und stickstoffsalzhaltigen, sommerwarmen, oft etwas steinigen und humusarmen Boden. Besiedelt Ödland, Wegränder, Raine und Weinberge. Im Tiefland selten; in den Mittelgebirgen mit Kalkböden zerstreut, fehlt in den Mittelgebirgen mit kalkarmem Gestein, im Alpenvorland und in den Alpen (Ausnahme: Alpensüdfuß) fast überall. Kommt an ihren Standorten meist in individuenreichen, kleinen Beständen vor.

Wissenswertes: ♃. Die Pfeilkresse ist erst im 18. Jahrhundert aus ihrer osteuropäisch-asiatischen Heimat nach Mitteleuropa eingewandert.

Virginische Kresse

Lepidium virginicum L.
Kreuzblütengewächse *Brassicaceae*
(Cruciferae)

Beschreibung: Blüten stehen in einer reichblütigen Traube, an deren Basis es meist Seitentrauben gibt. Diese sind – ebenso wie die Trauben an den oft im oberen Stengelbereich vorhandenen Seitenästen – nie zu einem ebensträußigen Gesamtblütenstand vereinigt. Nur im obersten Bereich jeder der Trauben sind die Blüten andeutungsweise doldig eingeebnet. Blüten um 1 mm im Durchmesser, weiß. Blütenblätter 4, verkehrt-eiförmig. Kelchblätter 4, unscheinbar. Fruchtknoten kurz; Schötchen rund, abgeflacht, oben geflügelt und an der Spitze ausgerandet, 3–4 mm lang und fast ebenso breit. Griffel des Schötchens kaum 0,1 mm lang und nie aus der Ausrandung hervorragend. Stengel meist einzeln, aufrecht, meist flaumig behaart. Grundblätter leierförmig bis fiederteilig, mit meist großem, rundlich-eiförmigem, gekerbten Endlappen. Seitenlappen gegen die Blattbasis rasch kleiner werdend. Untere Stengelblätter den Grundblättern ähnlich, mittlere länglich-lanzettlich, bis 3 cm lang und bis 5 mm breit, gezähnt, am Rand borstig bewimpert; obere Stengelblätter kleiner und angedrückt behaart. Mai–August. 30–50 cm.
Vorkommen: Braucht nährstoffreichen, stickstoffsalzhaltigen, steinig-kiesigen, oft etwas lehmigen Untergrund. Besiedelt Ödland, Bahnschotter, geht auch in Gärten und an Wege. Vor allem am Ober- und Mittelrhein, in der Pfalz, in Franken und Württemberg sowie in der Schweiz und in Österreich selten, sonst nur vereinzelt und gebietsweise fehlend.
Wissenswertes: ⊙. Enthält in den Samen das Senfölglykosid Glucotropaeolin. Ende des 18. Jahrhunderts aus botanischen Gärten verwildert. Heimat: Nordamerika.

Dichtblütige Kresse

Lepidium densiflorum SCHRAD.
Kreuzblütengewächse *Brassicaceae*
(Cruciferae)

Beschreibung: Blüten stehen in einer reichblütigen Traube, an deren Basis es meist Seitentrauben gibt. Diese sind – ebenso wie die Trauben an den oft im oberen Stengelbereich vorhandenen Seitenästen – nie zu einem ebensträußigen Gesamtblütenstand vereinigt. Nur im obersten Bereich jeder der Trauben sind die Blüten andeutungsweise doldig eingeebnet. Blüten um oder unter 1 mm im Durchmesser, grünlich, meist blütenblattlos und nur aus dem Kelch bestehend. Kelchblätter eiförmig, auffällig flaumig behaart, um 1 mm lang. Schötchen verkehrt-eiförmig bis rundlich, abgeflacht, oben geflügelt und an der Spitze ausgerandet, 2–3 mm lang und fast ebenso breit. Griffel des Schötchens kaum 0,1 mm lang, nie aus der Ausrandung hervorragend. Achse des Fruchtstandes dicht flaumig behaart. Stengel einzeln, aufrecht, grauflaumig, in der oberen Hälfte verzweigt. Grundblätter fiederteilig bis leierförmig oder nur tief schrotsägeartig. Stengelblätter länglich-lanzettlich, sitzend, auch die oberen meist deutlich sägezähnig. Mai–Juli. 20–40 cm.
Vorkommen: Braucht lockeren, steinigsandigen oder sandigen Boden, der nicht zu arm an Nährstoffen, vor allem an Stickstoffsalzen sein sollte, in der Regel aber humusarm ist. Besiedelt sandige Stellen auf Ödland, an Wegen und unbefestigten Verladeeinrichtungen. Vor allem im Gebiet der größeren Flüsse örtlich und oft unbeständig. Heimat: Nordamerika.
Wissenswertes: ⊙. Die Samen der Dichtblütigen Kresse enthalten das Senfölglykosid Glucotropaeolin. Die Art wurde erst Ende des 19. Jahrhunderts eingeschleppt und hat vor allem in regenarmen Gegenden Fuß gefaßt.

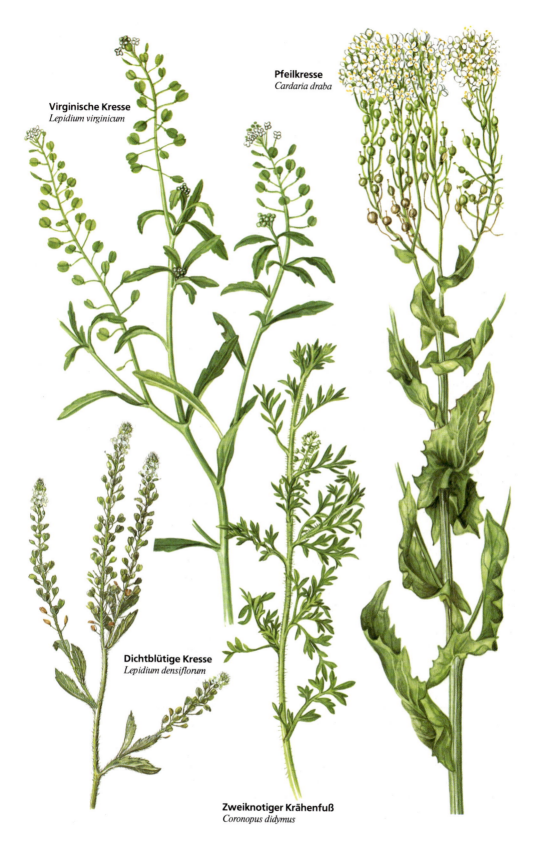

Virginische Kresse
Lepidium virginicum

Pfeilkresse
Cardaria draba

Dichtblütige Kresse
Lepidium densiflorum

Zweiknotiger Krähenfuß
Coronopus didymus

Schutt-Kresse

Lepidium ruderale L.
Kreuzblütengewächse *Brassicaceae*
(*Cruciferae*)

Beschreibung: Blüten stehen in einer reichblütigen Traube, an deren Basis es meist Seitentrauben gibt. Diese sind – ebenso wie die Trauben an den oft im oberen Stengelbereich vorhandenen Seitenästen – nie zu einem ebensträußigen Gesamtblütenstand vereinigt. Nur im obersten Bereich jeder der Trauben sind die Blüten andeutungsweise doldig eingeebnet. Blüten unscheinbar, kaum 1 mm im Durchmesser, grünlich. Blütenblätter fehlen. Kelchblätter 4, kahl, schmal-eiförmig, nach dem Verblühen eingerollt. Schötchen eiförmig, mäßig abgeflacht, oben etwas geflügelt und an der Spitze ausgerandet, 1,5–3 mm lang und 1–2,5 mm breit. Griffel des Schötchens kaum 0,1 mm lang, nie aus der Ausrandung hervorragend. Achse des Fruchtstandes und Fruchtstiele nur sehr kurz und nicht auffällig dicht flaumig. Stengel aufrecht, sehr kurz abstehend behaart, in der oberen Hälfte verzweigt. Grundblätter bis auf den Mittelnerv 1–3fach fiederteilig, mit schmal-lanzettlichen Abschnitten. Obere Stengelblätter mit verschmälertem Grund sitzend, bis 2 cm lang und bis 2 mm breit, ganzrandig, sehr kurz behaart. Mai–Juli. 10–30 cm.

Vorkommen: Braucht verfestigten, eher trockenen, nährstoffreichen und stickstoffsalzhaltigen Boden, der lehmig oder sandig-lehmig sein kann; geht auch auf Schotter und Kies. Besiedelt Wegränder, Bahngleise und lückig bewachsenes Ödland. Von der Küste bis zum Alpensüdfuß zerstreut, örtlich teils häufig, teils (vor allem im Nordwesten und in höheren Lagen) selten oder fehlend. Oft nur vorübergehend verschleppt, so in den Alpen bis 2000 m.

Wissenswertes: ☉. Die Pflanze riecht zerrieben widerlich!

Grasblättrige Kresse

Lepidium graminifolium L.
Kreuzblütengewächse *Brassicaceae*
(*Cruciferae*)

Beschreibung: Blüten stehen in einem Gesamtblütenstand, der meist aus vielen Trauben besteht und der nie zu einem ebensträußigen Gesamtblütenstand vereinigt ist. Nur im obersten Bereich der Trauben sind die Blüten andeutungsweise doldig eingeebnet. Blüten 1–2 mm im Durchmesser, weiß. Blütenblätter 4, verkehrt-eiförmig bis spatelig. Kelchblätter 4, eiförmig, oben andeutungsweise mit weißem Hautrand. Fruchtknoten kurz; Frucht ein unten abgerundetes, ungeflügeltes, oben nicht ausgerandetes, mäßig zusammengedrücktes Schötchen, das 2,5–4 mm lang und 1,5–3 mm breit wird. Griffel des Schötchens bis 0,2 mm lang. Stengel aufrecht, besonders in der oberen Hälfte verzweigt, kahl oder nur kurz behaart. Untere Blätter lanzettlich, gestielt, gezähnt oder gegen die Basis zu fast fiederteilig; obere Blätter mit verschmälertem Grund sitzend, bis 4 cm lang und bis 8 mm breit, ganzrandig oder nur fein gezähnt, an der Basis kurz bewimpert. Juni–Juli. 30–70 cm.

Vorkommen: Braucht nährstoffreichen, aber nicht unbedingt kalkhaltigen, lockeren und daher oft sandigen oder steinigen, meist humusarmen Boden, der nicht zu arm an Stickstoffsalzen sein sollte. Besiedelt in Gegenden mit warmem Klima Wegränder und Dämme, geht auch auf Schotter unbenutzter Bahnlinien. Kommt vor allem am Mittelrhein, in der Pfalz, in der Eifel und am unteren Neckar sowie im Gebiet des Genfer Sees, vereinzelt am Alpensüdfuß selten und meist unbeständig vor.

Wissenswertes: ♃. Die Grasblättrige Kresse war ursprünglich im Mittelmeergebiet beheimatet und wurde von dort nach Mitteleuropa eingeschleppt.

Grasblättrige Kresse
Lepidium graminifolium

Durchwachsen-blättrige Kresse
Lepidium perfoliatum

Schutt-Kresse
Lepidium ruderale

Breitblättrige Kresse
Lepidium latifolium

Breitblättrige Kresse

Lepidium latifolium L.
Kreuzblütengewächse *Brassicaceae*
(Cruciferae)

Beschreibung: Blüten stehen in einem rispigen Gesamtblütenstand, sind aber am oberen Ende der einzelnen Äste dieses Gesamtblütenstandes kopfig-halbkugelig gedrängt. Blüten 1–3 mm im Durchmesser, weiß. Blütenblätter 4, breit-eiförmig bis rundlich. Kelchblätter 4, breit-eiförmig, mit deutlichem, vor allem oben gut ausgeprägten weißem Hautrand. Fruchtknoten kurz; Frucht ein unten abgerundetes, ungeflügeltes, oben nicht ausgerandetes, unreif sehr kurz behaartes (Lupe!), mäßig zusammengedrücktes Schötchen, das 1,5–2,5 mm lang und fast ebenso breit wird. Griffel des Schötchens um 0,2 mm lang. Stengel aufrecht, in der oberen Hälfte verzweigt, kahl. Untere Blätter breit-eiförmig und bis 25 cm lang, mit langem Stiel und wellig gezähntem Rand, auch angedeutet fiederteilig; obere Blätter mit verschmälertem Grund sitzend, bis 10 cm lang und bis 4 cm breit, ganzrandig oder nur fein gezähnt, kahl. Juni–Juli. 0,4–1 m.

Vorkommen: Braucht feuchten, kochsalz- oder stickstoffsalzhaltigen Boden, der sandig oder tonig, aber nur wenig bewachsen sein sollte. Besiedelt lückig bewachsene Wegränder und Dämme, geht aber auch auf Bahnschotter. Vereinzelt an der Nord- und an der Ostseeküste von Schleswig-Holstein und Mecklenburg-Vorpommern, am Mittelrhein und am mittleren Neckar, unbeständig auch in der Westschweiz.

Wissenswertes: ♃. Die Breitblättrige Kresse wurde früher als Küchengewürz angebaut. Sie schmeckt pfefferartig und soll Senfölglykoside, möglicherweise auch Saponine enthalten. Ihre Heimat ist das Mittelmeergebiet und Vorderasien. Die mitteleuropäischen Standorte sind durch Verwilderung entstanden.

Durchwachsenblättrige Kresse

Lepidium perfoliatum L.
Kreuzblütengewächse *Brassicaceae*
(Cruciferae)

Beschreibung: Blüten stehen in einer ziemlich reichblütigen Traube, an deren Basis es meist Seitentrauben gibt. Diese sind – ebenso wie die Trauben an den gelegentlich im oberen Stengelbereich vorhandenen Stengelästen – niemals zu einem ebensträußigen Gesamtblütenstand vereinigt. Nur im obersten Bereich jeder der Trauben sind die Blüten andeutungsweise halbkugelig-doldig angeordnet. Blüten um 1 mm im Durchmesser, blaßgelb. Blütenblätter 4, spatelig, an der Spitze oft etwas abgestutzt. Kelchblätter 4, breit-eiförmig, außen behaart. Fruchtknoten kurz; Frucht ein unten gerundetes, oben nur ganz schmal (oft undeutlich) geflügeltes, wenig ausgerandetes, zusammengedrücktes Schötchen. Griffel des Schötchens um 0,3 mm lang und damit etwa so lang, wie die Ausrandung des Flügels am Schötchen tief ist. Stengel meist einzeln, aufrecht, meist im oberen Teil verzweigt, unten kurz behaart, oben kahl. Untere Blätter gestielt, bis auf den Mittelnerv doppelt fiederteilig, mit sehr schmalen Fiederabschnitten, die meist in eine kurze, aber deutliche Borste auslaufen; obere Blätter tief herzförmig stengelumfassend, bis 2,5 cm lang und fast ebenso breit. Mai–Juni. 20–40 cm.

Vorkommen: Braucht kochsalz- oder stickstoffsalzhaltigen Lehm- oder Tonboden, der wenig bewachsen sein sollte. Besiedelt Wegränder und Ufer, geht auch auf Brachäcker und Ödland. Vor allem in den östlichen Bundesländern Österreichs selten und oft unbeständig, sonst nur vorübergehend eingeschleppt.

Wissenswertes: ☉. Das Verbreitungsgebiet der Art erstreckt sich von Südosteuropa bis nach Innerasien.

Feld-Kresse

Lepidium campestre (L.) R. Br.
Kreuzblütengewächse *Brassicaceae*
(Cruciferae)

Beschreibung: Blüten stehen in reichblütigen Trauben am Ende des Stengels und der meist im oberen Drittel vorhandenen Äste. Blüten unscheinbar, um 1 mm im Durchmesser, weiß. Blütenblätter 4, verkehrt-eiförmig bis keilig. Kelchblätter 4, eiförmig. Fruchtknoten kurz; Frucht ein unten abgerundetes, vorn geflügeltes und ausgerandetes, mit rauher Oberfläche versehenes Schötchen, das 4–6 mm lang und fast ebenso breit wird. Griffel des Schötchens etwa 0,5 mm lang und meist aus der Ausrandung gerade noch hervorragend. Stengel aufrecht, im oberen Teil verzweigt, kurz abstehend behaart. Untere Blätter schmal-eiförmig bis lanzettlich, ganzrandig oder unregelmäßig fiederteilig, gestielt; obere Blätter sitzend und mit spitzen Zipfeln stengelumfassend. Mai–Juni. 20–50 cm.

Vorkommen: Braucht nährstoffreichen, kalkhaltigen Lehm- oder Tonboden. Besiedelt lückige Brachen und Öden, geht auch an Wegränder und gelegentlich auf Hackfruchtäcker. Fehlt im Tiefland größeren Gebieten, ebenso in den Mittelgebirgen mit kalkarmem oder kalkfreiem Gestein sowie in den Alpen. Sonst selten und oft unbeständig.

Wissenswertes: ☉. Ähnlich: Verschiedenblättrige Kresse (*L. heterophyllum* BENTH.): Blütenstiele dicht und auffallend behaart; Griffel des Schötchens mindestens 1 mm lang und deutlich über die Ausrandung reichend. Meist mehrere bogig aufsteigende Stengel. Grundblätter immer fiederteilig. Auf kalkarmen, feuchten Böden; Westberlin; selten. – Nordamerikanische Kresse (*L. neglectum* THELL.): Trauben sehr reichblütig, Schötchen rundlich, bis 3 mm breit. Obere Stengelblätter ganzrandig. Unbeständig.

Schmalblättriger Doppelsame

Diplotaxis tenuifolia (L.) DC.
Kreuzblütengewächse *Brassicaceae*
(Cruciferae)

Beschreibung: Blüten stehen in reichblütigen Trauben am Ende des Stengels und der Äste. Sie sind im oberen Bereich der Trauben zumindest andeutungsweise doldig eingeebnet. Blüten 0,8–1,2 cm im Durchmesser, schwefelgelb. Blütenblätter 4, breit verkehrt-eiförmig, vorne flach abgerundet. Kelchblätter 4, breit-eiförmig, zuweilen etwas eingerollt und dadurch schmäler erscheinend, mit deutlichem, weißem Hautrand. Fruchtknoten länglich; Frucht eine Schote, die 2–6 cm lang und um 2 mm dick wird, die aufrecht vom Fruchtstandsstiel absteht und die vorne einen etwa 2 mm langen Schnabel besitzt, an dessen oberem Ende die Narbe meist gut erkennbar ist. Stengel an der Basis verholzt, aufrecht oder aufgebogen, meist verzweigt, kahl oder unten abstehend behaart. Keine grundständige Blattrosette. Untere Blätter gestielt, obere sitzend, meist kahl, tief fiederteilig, nur die obersten zuweilen ungeteilt. Jederseits nur 1–4 Fiederabschnitte, schmal-lanzettlich, ganzrandig oder gezähnt, schräg nach vorn gerichtet, mindestens 4mal so lang wie breit. Mai–September. 30–60 cm.

Vorkommen: Braucht nährstoffreichen, stickstoffsalzhaltigen, humusarmen, etwas trockenen Sandboden, der kalkarm sein kann. Geht in Unkrautgesellschaften an Wegen, Rainen und auf Ödland; gelegentlich auch auf Äckern. Rheintal und angrenzende Gebiete sowie Unterlauf von Weser und Elbe zerstreut; Tiefland, wärmere Lagen der Mittelgebirge und Alpenvorland selten; in den Alpen vorwiegend in warmen, größeren Tälern; selten.

Wissenswertes: ♃. Die Blätter sollen in Südfrankreich als Salat genutzt worden sein.

Ruten-Doppelsame

Diplotaxis viminea (L.) DC.
Kreuzblütengewächse *Brassicaceae*
(Cruciferae)

Beschreibung: Blüten stehen in armblütigen Trauben am Ende des Stengels und – falls vorhanden – der Äste. Wegen der meist nur 1–4 gleichzeitig aufgeblühten Blüten kann eine doldige Einebnung nicht zustandekommen. Blüten 4–7 mm im Durchmesser (ausgebreitet gemessen), blaßgelb, verblühend sich bräunlich verfärbend. Blütenblätter 4, länglich-spatelig, nur etwa 1 mm breit, aber bis 4 mm lang. Kelchblätter 4, schmal-eiförmig, mit hellem Hautrand, etwas abstehend. Fruchtknoten länglich; Frucht eine Schote, die 1–3,5 cm lang und um 2 mm dick wird, aufrecht vom Fruchtstandsstiel absteht und vorne einen etwa 1 mm langen Schnabel besitzt, an dessen oberem Ende die Narbe oft nur undeutlich erkennbar ist. Stengel an der Basis nicht verholzt, meist blattlos oder nur im unteren Drittel mit 1–2 Stengelblättern, meist einfach oder – seltener – unten spärlich verzweigt. Rosettenblätter etwa 5 cm lang und bis 1,5 cm breit, im Umriß spatelförmig, tief leierförmig-fiederlappig, seltener nur schrotsägeförmig gezähnt oder fast ganzrandig. Fiederabschnitte 3eckig-eiförmig bis länglich, meist ganzrandig. Endabschnitt größer als die Seitenabschnitte, verkehrt-eiförmig, oft buchtig gezähnt. Stengelblätter ähneln den Grundblättern, sind aber etwas kleiner. Juni–September. 10–30 cm.
Vorkommen: Braucht nährstoffreichen Lehm- oder Tonboden. Besiedelt in Gegenden mit warmem Klima Weinberge, Gärten und Ödland. Oberrhein; Genfer See; vereinzelt und nur unbeständig.
Wissenswertes: ☉. Das Hauptverbreitungsgebiet der Art liegt im Mittelmeergebiet, von wo sie gelegentlich eingeschleppt wird.

Mauer-Doppelsame

Diplotaxis muralis (L.) DC.
Kreuzblütengewächse *Brassicaceae*
(Cruciferae)

Beschreibung: Blüten stehen in meist ziemlich armblütigen Trauben am Ende des Stengels und – falls vorhanden – der Äste. Wegen der oft nur wenigen gleichzeitig aufgeblühten Blüten kann eine doldige Einebnung in der Regel nicht zustandekommen. Blüten 0,6–1,2 cm im Durchmesser, zitronengelb, verblühend sich bräunlich oder rötlich-violett verfärbend. Blütenblätter 4, verkehrt-eiförmig, bis 3 mm breit und bis 8 mm lang. Kelchblätter 4, schmal-eiförmig, mit nicht immer deutlichem, weißlichem Hautrand, etwas abstehend. Fruchtknoten länglich; Frucht eine Schote, die 2–4,5 cm lang und um 2 mm dick wird, die aufrecht vom Fruchtstandsstiel absteht und vorne einen etwa 2 mm langen Schnabel besitzt, an dessen oberem Ende die Narbe meist deutlich erkennbar ist. Stengel nicht verholzt, aufgebogen, seltener aufrecht, meist blattlos oder nur an den Verzweigungen beblättert, oft einfach oder nur im unteren Drittel verzweigt. Rosettenblätter 5–10 cm lang, gelblich-grün, tief und buchtig fiederspaltig, zuweilen nur tief gezähnt; Fiederabschnitte schmal-3eckig bis länglich, fast ganzrandig. Endabschnitt größer als die Seitenabschnitte, meist verkehrt-eiförmig, oft 3lappig. Stengelblätter kleiner als die Grundblätter. Juni–September. 10–40 cm.
Vorkommen: Braucht nährstoffreichen Lehm- und Lößboden. Besiedelt in Gegenden mit warmem Klima Weinberge, Äcker, Ödland und Mauern. Selten im Tiefland und in den warmen Tälern der Mittelgebirge.
Wissenswertes: ☉. Das Hauptverbreitungsgebiet der Art liegt im Mittelmeergebiet, von wo sie im 18. Jahrhundert nach Mitteleuropa vorgedrungen ist.

Ruten-Doppelsame
Diplotaxis viminea

Schmalblättriger Doppelsame
Diplotaxis tenuifolia

Mauer-Doppelsame
Diplotaxis muralis

Feld-Kresse
Lepidium campestre

Ausdauernder Rapsdotter

Rapistrum perenne (L.) ALL.
Kreuzblütengewächse *Brassicaceae*
(*Cruciferae*)

Beschreibung: Blüten stehen in reichblütigen, am Ende des Stengels und der Äste halbkugelig bis andeutungsweise doldig eingeebneten Trauben, die sich nach dem Verblühen stark in mäßig dichte, rutenförmige Fruchtstände verlängern. Blüten 5–8 mm im Durchmesser, gelb. Blütenblätter 4, dunkler geadert, verkehrt-eiförmig, spatelig in den kurzen Stiel verschmälert, vorn flach abgerundet. Kelchblätter 4, schmal-eiförmig, aufrecht abstehend. Fruchtknoten ziemlich kurz walzlich; Frucht eine 2gliedrige Schote, die 0,7–1 cm lang und um 2 mm dick wird und die der Fruchtstandsachse anliegt; unteres Schotenglied länglich-walzlich, mit meist nur 1 Samen; oberes Schotenglied eiförmig, furchig, in den kegelförmigen Griffel allmählich zugespitzt, mit meist nur 1 Samen, bei der Reife leicht abbrechend. Stengel aufrecht, verzweigt, unten mit langen, abstehenden oder rückwärts gerichteten Haaren, oben kahl. Untere Blätter gestielt, bis 20 cm lang, fiederschnittig (höchstens an der Blattbasis bis zum Mittelnerv), mit jederseits 3–7, schmal-eiförmigen, gezähnten Fiederabschnitten; Endabschnitt nur wenig größer als die Seitenabschnitte, obere Blätter kleiner, fast sitzend, ungeteilt und unregelmäßig gezähnt. Juni–August. 30–80 cm.

Vorkommen: Braucht kalkreichen, lehmigen Boden, der etwas stickstoffsalzhaltig sein kann. Besiedelt trockene, etwas lückige Rasen und offene Stellen auf Ödflächen. Nur gelegentlich und unbeständig am Ober- und Mittelrhein, an der mittleren Elbe, im Wiener Becken sowie am Alpensüdfuß.

Wissenswertes: ♃. Heimat: Südosteuropa, bei uns nur gelegentlich eingeschleppt.

Runzeliger Rapsdotter

Rapistrum rugosum (L.) ALL.
Kreuzblütengewächse *Brassicaceae*
(*Cruciferae*)

Beschreibung: Blüten stehen in reichblütigen, am Ende des Stengels und der Äste halbkugelig verdichteten Trauben, die sich nach dem Verblühen stark in mäßig dichte, rutenförmige Fruchtstände verlängern. Blüten 0,7–1,2 cm im Durchmesser, hellgelb. Blütenblätter 4, dunkler geadert, verkehrt-eiförmig, spatelig in den Stiel verschmälert, vorne flach gerundet oder abgestutzt. Kelchblätter 4, schmal-eiförmig, aufrecht abstehend. Fruchtknoten ziemlich kurz walzlich; Frucht eine 2gliedrige Schote, die 0,6–1 cm lang und 2–3 mm dick wird und die der Fruchtstandsachse anliegt; unteres Schotenglied walzlich, mit 0–2 Samen (in der Regel mit 1 Samen); oberes Schotenglied eiförmig bis kugelig, plötzlich in die 3–4 mm lange Spitze verschmälert; ganze Schote jung behaart, beim Altern zuweilen verkahlend. Stengel aufrecht, verzweigt, unten von rückwärts gerichteten, ziemlich anliegenden, aber borstig-kräftigen Haaren bestanden, oben kurz abstehend behaart. Untere Blätter gestielt, bis 15 cm lang, bis auf den Mittelnerv fiederteilig, mit jederseits 3–4 eiförmigen, gezähnten Fiederabschnitten; Endabschnitt deutlich größer; obere Blätter kleiner, fast sitzend, ungeteilt und gezähnt. Mai–September. 15–60 cm.

Vorkommen: Braucht kalkreichen, lehmigen Boden, der etwas stickstoffsalzhaltig sein kann. Besiedelt Kleefelder, Ödland und Getreideäcker. Im Tiefland sehr selten, in den Mittelgebirgen und im Alpenvorland vereinzelt, am Oberrhein und am mittleren Main, in der Westschweiz und im Wiener Becken selten.

Wissenswertes: ☉. Heimat: Mittelmeergebiet. Bei uns in warmen Gegenden örtlich eingebürgert.

Meersenf
Cakile maritima

Nördlicher Meerkohl
Crambe maritima

Runzeliger Rapsdotter
Rapistrum rugosum

Ausdauernder Rapsdotter
Rapistrum perenne

377

Meersenf

Cakile maritima SCOP.
Kreuzblütengewächse *Brassicaceae*
(Cruciferae)

Beschreibung: Blüten stehen in mäßig reichblütigen, am Ende des Stengels und der Äste etwas kopfig gedrängten, andeutungsweise doldig eingeebneten Trauben, die sich nach dem Verblühen kräftig zu einem Fruchtstand verlängern. Blüten 4–7 mm im Durchmesser, lila oder rosa, gelegentlich auch weiß. Blütenblätter 4, breit verkehrt-eiförmig, rasch keilig in den Stiel verschmälert, vorn flach abgerundet oder etwas ausgerandet. Kelchblätter 4, schmal-eiförmig, 3–4 mm lang. Fruchtknoten länglich; Frucht eine etwas zusammengedrückte, 2teilige, unten kreiselartige, oben eiförmige Schote, an der am Übergang zwischen beiden Teilen spießartige Höcker auffallen und die 1–2 cm lang und 4–6 mm breit wird. Stengel niederliegend oder aufsteigend, rund, meist reichästig; Äste verworren. Blätter dicklich-fleischig, meist deutlich gestielt, ungeteilt bis 2fach fiederspaltig, 3–6 cm lang. Stengel und Blätter blaugrün bereift. Juli–September. 10–30 cm.

Vorkommen: Braucht kochsalzhaltigen, stickstoffsalzreichen, sandigen Boden. Wächst im Bereich des Spülsaums. An den Küsten von Nord- und Ostsee und im Mündungsgebiet ihrer Zuflüsse – vor allem von Weser, Elbe und Oder – zerstreut, an ihren Standorten oft in individuenreichen, lockeren Beständen.

Wissenswertes: ⊙. 1jährige Pflanzen, wie der Meersenf eine ist, haben es im Bereich des Spülsaums schwer, Fuß zu fassen. Zwar wirft das Meer die Samen immer wieder an Land, doch liegen sie lange im Salzwasser. Beim Meersenf wird dadurch die Keimfähigkeit der Samen jedoch beträchtlich erhöht und erreicht praktisch 100 %.

Nördlicher Meerkohl

Crambe maritima L.
Kreuzblütengewächse *Brassicaceae*
(Cruciferae)

Beschreibung: Blüten stehen in reichblütigen, breit ausladenden „Traubenrispen", wobei sie am Ende jeder Traube angedeutet doldig eingeebnet oder schwach halbkugelig angeordnet, im Gesamtblütenstand indessen straußartig zusammengefaßt sind. Blüten 0,6–1 cm im Durchmesser, weiß. Blütenblätter 4, breit verkehrt-eiförmig, vorne etwas ausgerandet. Kelchblätter 4, schräg aufwärts abstehend, grün, mit weißem Hautrand. Fruchtknoten kurz; Frucht eine nußartige, 1samige, gegliederte Schote, deren unterer Teil kurz, stielartig und samenlos, der obere Teil kugelig, hart- und dickwandig ist; dieser Teil enthält einen Samen. Stengel aufrecht, vom Grund an reich und sparrig verzweigt, 2–3 cm dick, rund, glatt. Untere Blätter lang gestielt, 30–60 cm lang, eiförmig oder länglich, gelappt und ungleichmäßig wellig gezähnt; obere Stengelblätter schmäler, die obersten lanzettlich. Ganze Pflanze blau bereift. Mai–Juli. 30–70 cm.

Vorkommen: Braucht kochsalzhaltigen, sandigen oder steinigen, stickstoffsalzreichen Untergrund. Besiedelt an der Ostseeküste von Schleswig-Holstein bis Estland Strandflächen und Vordünen, geht auch auf sandige Schlickböden. Sehr selten und häufig unbeständig.

Wissenswertes: ♃. Die Samen enthalten 2 Senfölglykoside, darunter Sinigrin, aus dem Allylsenföl abgespalten wird. In den grünen Teilen scheint indessen nur 1 Senfölglykosid vorzukommen. In Westeuropa, wo die Pflanze am Atlantik wächst, soll der Meerkohl als Wildgemüse genutzt worden, ja örtlich angebaut worden sein. – Ähnlich: Tataren-Meerkohl (*C. tataria* SEBEÓK): Pflanze behaart, nicht bereift. Tschechien, Slowakei, Niederösterreich, vereinzelt.

Grausenf *Hirschfeldia*
Hohldotter *Myagrum*
Senfrauke *Eruca*
Lacksenf *Rhynchosinapis*

Grausenf

Hirschfeldia incana (L.) LAGR. – FOSS.
Kreuzblütengewächse *Brassicaceae*
(Cruciferae)

Beschreibung: Blüten stehen in reichblütigen, am Ende des Stengels und der Äste kopfig gedrängten Trauben, die sich nach dem Verblühen zu mäßig lockeren Fruchtständen strecken. Blüten 4–8 mm im Durchmesser, blaßgelb. Blütenblätter 4, eiförmig, oft dunkler geadert, vorn abgerundet. Kelchblätter 4, aufrecht abstehend, gelblich-grün. Fruchtknoten länglich, dünn; Frucht eine walzliche Schote, die nur 0,8–1,5 cm lang und 1–1,5 mm dick wird. Schnabel der Schote 4–7 mm lang, nicht immer deutlich gegen die Schote abgesetzt und gelegentlich mit bis zu 2 Samen. Die Früchte liegen der Achse des Fruchtstands mehr oder weniger eng an. Stengel aufrecht, verzweigt, unten meist deutlich und etwas borstig und rückwärtsgerichtet behaart. Untere Blätter gestielt, bis fast zum Mittelnerv fiederteilig, jederseits mit 1–5 ziemlich senkrecht abstehenden Fiederabschnitten, Endabschnitt größer als die Seitenabschnitte, auf beiden Seiten behaart; obere Blätter sitzend oder kurz gestielt, schmal-eiförmig bis lanzettlich, ganzrandig oder undeutlich gezähnt. Juni–September. 0,3–1 m.
Vorkommen: Braucht Sandboden oder lockeren Lehm- oder Lößboden. Besiedelt in Gegenden mit warmem Klima lückig bewachsene Ödflächen, Wegränder oder Kleefelder. Vereinzelt und unbeständig am Mittelrhein, am unteren Main sowie sehr selten am Unterlauf von Weser und Elbe. Am Alpensüdfuß selten.
Wissenswertes: ⊙. Der Grausenf soll in Südeuropa als Salatpflanze verwendet worden sein. Er kann mit dem Schwarzen Senf (s. S. 385) verwechselt werden. – Der Gattungsnahme wurde zu Ehren von C. HIRSCHFELD, Botanikprofessor in Kiel (1742–1792) gegeben.

Hohldotter

Myagrum perfoliatum L.
Kreuzblütengewächse *Brassicaceae*
(Cruciferae)

Beschreibung: Blüten am Ende des Stengels und der Äste doldig-kopfig gedrängt. Der Blütenstand verlängert sich nach dem Verblühen zu einem rutenförmigen Fruchtstand. Blüten 3–5 mm im Durchmesser, hellgelb. Blütenblätter 4, schmal verkehrt-eiförmig bis spatelförmig, nur etwa 1 mm breit, vorne gerundet. Kelchblätter 4, schmal-eiförmig, gelbgrün. Fruchtknoten kurz; Frucht eine 1samige Nuß, die 5–7 mm lang und 4–5 mm breit wird, birnförmig bis herzförmig-3eckig aussieht und an der der Griffel an Stelle der Einkerbung sitzt; er wird 1–2 mm lang. Die Früchte liegen der Fruchtstandsachse mehr oder weniger eng an. Stengel aufrecht, meist reichlich verzweigt. Grundblätter (zur Blütezeit meist abgestorben) ungeteilt, schmal-eiförmig, gestielt. Stengelblätter ungestielt, graugrün bis blaugrün bereift, den Stengel herz-pfeilförmig umfassend, ungeteilt, zungenförmig, ganzrandig oder undeutlich gezähnt. Juni–Juli. 20–60 cm.
Vorkommen: Braucht nährstoffreichen, kalkhaltigen oder kalkreichen Lehmboden. Besiedelt in Gegenden mit warmen Sommern Getreide- und Rapsfelder, gelegentlich auch lückig bewachsenes Ödland. Selten im Hessischen Bergland, am Neckar, an der Donau und im Alpenvorland, in der Westschweiz, in Niederösterreich, im Wiener Becken und am Alpensüdfuß; vereinzelt auch bis Hamburg und Berlin. Fast überall unbeständig.
Wissenswertes: ⊙. Das ursprüngliche Verbreitungsgebiet des Hohldotters lag vermutlich im östlichen Mittelmeergebiet. Obschon er in Mitteleuropa nie häufig war, ist er durch den Herbizideinsatz drastisch zurückgedrängt worden.

Senfrauke

Eruca sativa MILL.
Kreuzblütengewächse *Brassicaceae*
(Cruciferae)

Beschreibung: Blüten stehen in einer mäßig reichblütigen, lockeren Traube am oberen Ende von Stengel und – falls vorhanden – Ästen. Blüten 1,5–2,2 cm im Durchmesser, gelblichweiß, mit violettbraunen Adern. Blütenblätter 4, rundlich bis breit-eiförmig, vorne flach abgerundet oder (meist) etwas ausgerandet. Kelchblätter 4, aufrecht abstehend, schmal-eiförmig, stumpf, an der Spitze mit einem schmalen, oft etwas undeutlichen weißen Hautrand. Fruchtknoten länglich; Frucht eine wenig zusammengedrückte Schote, die 2–3,5 cm lang und 3–5 mm dick wird. Schnabel der Schote 5–9 mm lang. Die Schoten liegen der Fruchtstandsachse an. Stengel aufrecht, meist verzweigt, oft rauhflaumig, seltener sehr schütter behaart, kantig gestreift. Blätter buchtig fiederteilig, mit jederseits 2–4 3eckigen bis lanzettlichen, ganzrandigen, gelegentlich auch gezähnten Seitenabschnitten; Endabschnitt größer als die seitlichen Fiederabschnitte, meist kahl oder mit einzelnen Haaren auf der Blattoberfläche. Blätter und Stengel riechen zerrieben würzig-aromatisch (nach scharf gebratenem Schweinefleisch). Mai–Juni. 15–50 cm.

Vorkommen: Braucht nährstoffreichen Sand- oder Lehmboden. Tritt in Unkrautgesellschaften auf Ödland, an Wegen und in Gärten selten und unbeständig auf. Heimat: Mittelmeergebiet.

Wissenswertes: ☉. Die Senfrauke ist eine alte Kulturpflanze, die als Salat- und Gemüsepflanze im Altertum angebaut wurde; junge Triebe dienten als Salatwürze. Bei uns früher in Bauerngärten als harntreibendes Heilkraut gepflanzt. Heute zuweilen zur Gründüngung und als Futterreserve auf Herbstäckern.

Lacksenf

Rhynchosinapis cheiranthos (VILL.) DANDY
Kreuzblütengewächse *Brassicaceae*
(Cruciferae)

Beschreibung: Blüten stehen in reichblütigen, halbkugelig-doldig zusammengezogenen Trauben am Ende von Stengel und Ästen. Nach dem Verblühen streckt sich der Blütenstand zu einem ziemlich lockeren Fruchtstand. Blüten 1,2–1,8 cm im Durchmesser, schwefelgelb. Blütenblätter 4, dunkler gelb oder grünlich geadert, breit-eiförmig bis rundlich, vorn flach gerundet oder fast abgestutzt, ziemlich plötzlich in einen dünnen Stiel zusammengezogen. Kelchblätter 4, schmal-eiförmig und sich nach dem Aufblühen einrollend, aufrecht, an der Spitze behaart. Fruchtknoten länglich; Frucht eine etwas abgeflachte Schote, die 4–7 cm lang und 1,5–2 mm dick werden kann. Schnabel der Schote 1–2 cm lang, mit 1–3 Samen und undeutlich gegen die Schote abgesetzt. Stengel aufrecht, oft verzweigt, unten meist langhaarig. Blätter grundständig in einer Rosette und stengelständig, gestielt, kahl oder schütter behaart, bis fast zum Mittelnerv fiederteilig, jederseits mit 3–6 fast senkrecht von der Blattachse abstehenden Fiederabschnitten; Abschnitte der unteren Blätter 2–3mal so lang wie breit. Juni–Oktober. 25–60 cm.

Vorkommen: Braucht kiesigen oder sandigen, kalkarmen oder kalkfreien Boden. Besiedelt in Gegenden mit warmen Sommern lückig bewachsene Ödflächen, Wegränder, Bahnschotter und Kiesflächen. Am Ober- und Mittelrhein, in Tälern des mittleren Schwarzwalds, an der Mosel, in der Eifel, im Hunsrück und am Alpensüdfuß selten.

Wissenswertes: ☉. Das Hauptverbreitungsgebiet der Art liegt in Westeuropa. Die Blüten werden von Schmetterlingen bestäubt, da nur sie an den Nektar gelangen.

Senfrauke
Eruca sativa

Grausenf
Hirschfeldia incana

Lacksenf
Rhynchosinapis cheiranthos

Hohldotter
Myagrum perfoliatum

Weißer Ackerkohl

Conringia orientalis (L.) DUM.
Kreuzblütengewächse *Brassicaceae*
(Cruciferae)

Beschreibung: Blüten stehen in einer ziemlich armblütigen, lockeren, gelegentlich leicht einseitswendigen Traube. Blüten 4–8 mm im Durchmesser (nicht auseinandergedrückt), aber um oder über 1 cm lang, cremeweiß. Blütenblätter 4, breit-eiförmig bis keilig, vorn flach gerundet, außen zuweilen in der Mitte grünlich. Kelchblätter 4, länglich, gelblich-grün, meist ohne deutlichen weißen Hautrand. Fruchtknoten länglich; Frucht eine 4kantige, etwas zusammengedrückte Schote, die 7–12 cm lang und 2–3 mm dick wird. Griffel der Schote 2–3 mm lang, auf schräg abstehenden, oft etwas gebogenen Stielen an der Fruchtstandsachse ansitzend. Stengel aufrecht oder verbogen, meist unverzweigt, bläulich bereift. Grundblätter kurz gestielt, eiförmig, Rand knorpelig. Stengelblätter sitzend, mit herzförmigem Grund stengelumfassend, auffallend bläulich bereift. Mai–Juli. 10–50 cm.
Vorkommen: Braucht nährstoffreichen, kalkhaltigen Lehm- oder Tonboden. Besiedelt in warmen Lagen Ödland, Wegränder, Brachen, seltener den Rand von Getreidefeldern. Fehlt in den Mittelgebirgen mit kalkarmem Gestein. Im Tiefland vereinzelt; in den Mittelgebirgen mit Kalk, in der Oberrheinischen Tiefebene, im Alpenvorland und in den trockenwarmen zentralalpinen Tälern sehr selten, oft unbeständig. Am Alpensüdfuß selten, auch dort unbeständig.
Wissenswertes: ☉; (☠). Heimat: Östliches Mittelmeergebiet. Enthält – zumindest in den Samen – möglicherweise ein Cardenolid. – Ähnlich: Österreichischer Ackerkohl (*C. austriaca* (JACQ.) SWEET): Blüten 3–6 mm breit (nicht auseinandergedrückt), hell gelblich-grün. Tschechien, Niederösterreich; selten.

Rüben-Kohl, Stoppelrübe

Brassica rapa L.
Kreuzblütengewächse *Brassicaceae*
(Cruciferae)

Beschreibung: Blüten stehen in mäßig reichblütigen, meist deutlich doldig eingeebneten Trauben an den Enden des Stengels und der Äste. Blüten 0,8–1,2 cm im Durchmesser, gelb. Blütenblätter 4, rundlich, keilig in den Stiel verschmälert. Kelchblätter 4, fast waagrecht abstehend, schmal-eiförmig. Fruchtknoten länglich; Frucht eine kahle, etwas abgeflachte Schote, die 4–6,5 cm lang und 2–3 mm dick wird. Schnabel der Schote 0,8–2,5 cm lang. Stengel aufrecht, besonders im oberen Teil verzweigt, meist kahl oder gelegentlich sehr schütter langhaarig. Untere Blätter bis auf den Mittelnerv fiederteilig; jederseits 1–4 eiförmige Fiederabschnitte; Endabschnitt größer als die Seitenabschnitte. Obere Blätter sitzend, den Stengel herzförmig umfassend, bläulich bereift. April–Oktober. 0,3–1,2 m.
Vorkommen: Braucht etwas feuchte, nährstoffreiche Böden, die aber nicht kalkreich zu sein brauchen. Kulturpflanze. Gelegentlich in Ackernähe verwildert.
Wissenswertes: ☉. Vom Rübenkohl gibt es die öllieferne ssp. *oleifera* METZG., den Öl-Rübsen. Er ist weniger bedeutend als Raps. Die ssp. *pekinensis* ist als Chinakohl in Mitteleuropa erst zwischen 1970 und 1980 als Gemüse zu größerer Bedeutung gelangt. Die „Teltower" Rübchen, die Stoppelrübe und die Wasserrübe gehören zur Unterart ssp. *rapa*; in manchen Gegenden gelten sie als gutes Gemüse. Heimat der Wildform: Mittelmeergebiet. – Die häufig gepflanzte Ölpflanze Raps (*Brassica napus* L.) ist ein Bastard zwischen *B. rapa* × *B. oleracea*. Bei ihm werden die ersten Blüten (Durchmesser über 1 cm) von den Knospen überragt. Alle Blätter sind blaugrün. Selten verwildert.

Sarepta-Senf
Brassica juncea

Raps, oberes
Stengelblatt
Brassica napus

Langrispiger Kohl
Brassica elongata

Rüben-Kohl
Brassica rapa

Weißer Ackerkohl
Conringia orientalis

Sarepta-Senf

Brassica juncea (L.) CZERN.
Kreuzblütengewächse *Brassicaceae*
(Cruciferae)

Beschreibung: Blüten stehen in mäßig
reichblütigen, meist deutlich doldig eingeebneten Trauben an den Enden des Stengels und der
Äste. Blüten 0,6–1 cm im Durchmesser, hellgelb.
Blütenblätter 4, rundlich, keilig in den Stiel verschmälert. Kelchblätter 4, schräg aufwärts abstehend, schmal eiförmig, nach dem Aufblühen oft
an den Rändern eingerollt. Fruchtknoten länglich; Frucht eine oben und unten etwas zusammengedrückte, durch die Samen holprige Schote, die 3–5,5 cm lang und 2–3 mm dick wird.
Schnabel der Schote 0,6–1 cm lang. Fruchtstandsachse auffallend rutenförmig verlängert.
Stengel aufrecht, vor allem im oberen Drittel
verzweigt, am Grunde meist behaart. Alle Blätter
gestielt. Untere Blätter bis zum Mittelnerv fiederteilig mit jederseits 1–3 senkrecht abstehenden Fiederabschnitten, kahl oder sehr schütter
behaart; Endabschnitt deutlich größer als die Seitenabschnitte; gelegentlich sind die Blätter eher
tief buchtig gezähnt. Obere Stengelblätter
schmal-eiförmig bis lanzettlich, ungeteilt und oft
ganzrandig, allmählich in den Stiel verschmälert.
Juni–September. 40–90 cm.

Vorkommen: Braucht lockeren, basen-
und stickstoffsalzreichen Boden in Gegenden
mit warmem Klima. Besiedelt Ödland und Wegränder. In Mitteleuropa nur eingeschleppt und
meist sehr unbeständig.

Wissenswertes: ⊙. Die Heimat des Sa-
repta-Senfs ist Zentral- und Ostasien. Die Samen
enthalten – je nach Herkunft in unterschiedli-
chen Anteilen – die Senfölglykoside Sinigrin und
Gluconapin. Sie werden in Indien („Indischer
Braunsenf") und Südosteuropa („Sarepta-Senf")
zur Senfherstellung verwendet.

Langrispiger Kohl

Brassica elongata EHRH.
Kreuzblütengewächse *Brassicaceae*
(Cruciferae)

Beschreibung: Blüten stehen in mäßig
reichblütigen, am oberen Ende meist deutlich
halbkugelig-kopfigen Trauben an den Enden des
Stengels und der Äste. Blüten 0,7–1 cm im
Durchmesser, blaßgelb. Blütenblätter 4, verkehrt-eiförmig, vorne flach gerundet, keilig in
den Stiel verschmälert. Kelchblätter 4, fast aufrecht, schmal-eiförmig, nach dem Aufblühen oft
an den Rändern eingerollt. Fruchtknoten länglich; Frucht eine durch die Samen holprige Schote, die 1,5–3 cm lang und 1–2 mm dick wird.
Schnabel der Schote 1–2,5 mm lang. Die Schoten
sind über dem Kelchansatz 1,5–4 mm lang gestielt (gutes Erkennungsmerkmal!). Fruchtstandsachse sehr viel länger als Blütenstandsachse, so daß die Früchte ausgesprochen locker
schräg aufwärts abstehen. Stengel aufrecht, vor
allem im oberen Drittel verzweigt, am Grund
meist behaart. Alle Blätter gestielt. Die unteren
stumpf und unregelmäßig, mehr oder weniger
tief buchtig gezähnt, aber nie fiederteilig, am
Rand kurzhaarig; die obersten Blätter sind
schmal-lanzettlich und ganzrandig, seltener undeutlich gezähnt. Juni–September. 0,6–1,2 m.

Vorkommen: Braucht lockeren, steinig-
kiesigen oder sandigen, stickstoffsalzhaltigen Boden. Besiedelt in Gegenden mit warmem Klima
Ödland, Wegränder und Bahnschotter. In Mitteleuropa nur eingeschleppt und unbeständig.

Wissenswertes: ⊙. Das Areal des Lang-
rispigen Kohls reicht von Asien bis nach Südosteuropa. Es sind 2 Unterarten bekannt: Ssp.
elongata: Äste stehen aufrecht ab; Frucht bis
2 cm lang; untere Blätter tief buchtig gezähnt;
ssp. *integrifolia* BOISS. et HELDR. Äste spreizen;
untere Blätter wenig tief buchtig gezähnt.

Senf *Brassica, Sinapis*
Hundsrauke *Erucastrum*

Schwarzer Senf

Brassica nigra (L.) KOCH
Kreuzblütengewächse *Brassicaceae*
(*Cruciferae*)

Beschreibung: Blüten stehen in halbkugelig-kopfigen Trauben an den Enden des Stengels und der Äste. Blüten 5–9 mm im Durchmesser, leuchtendgelb. Blütenblätter 4, dunkler geädert, verkehrt-eiförmig. Kelchblätter 4, schmal-eiförmig, nach dem Aufblühen rasch sich einrollend, gelbgrün, aufrecht abstehend. Fruchtknoten länglich; Frucht eine zusammengedrückte, 4kantige, durch die Samen holprige Schote, die 1–2 cm lang und kaum 2 mm dick wird. Die Schoten stehen nicht nur aufrecht von der stark verlängerten Fruchtstandsachse ab, sondern liegen ihr mehr oder weniger eng an. Stengel aufrecht, verzweigt, am Grunde oft kurz behaart. Alle Blätter gestielt; untere Blätter fiederteilig, jederseits mit 1–4 eiförmigen, unregelmäßig gezähnten Abschnitten; Endabschnitt größer als die seitlichen Fiederabschnitte; die obersten Blätter sind meist ungeteilt, schmal-eiförmig bis lanzettlich. Juni–September. 0,6–1,2 m.

Vorkommen: Braucht stickstoffsalzhaltigen, feucht-nassen, kalkreichen Lehm- oder Tonboden. Besiedelt Ödland, Wegränder und Äcker. Zerstreut am Rhein und seinen Nebenflüssen, am Unterlauf von Elbe und Weser, in Schleswig-Holstein an der Küste, vereinzelt auch an der Donau und am Lech, im Schweizer Jura und in Niederösterreich. Sonst sporadisch verwildert.

Wissenswertes: ☉. Samen werden als Gewürz und bei der Herstellung von Senfen verwendet. Sie enthalten Sinigrin und Sinapin. – Entfernt ähnlich: Gemüse-Kohl (*Brassica oleracea* L.): Blütenstand locker-traubig; Blüten schwefelgelb, 1,5–2 cm im Durchmesser. Felsenküste auf Helgoland, Atlantikküste; sortenreiche Gemüsepflanze, selten verwildert.

Acker-Senf

Sinapis arvensis L.
Kreuzblütengewächse *Brassicaceae*
(*Cruciferae*)

Beschreibung: Blüten stehen in mäßig reichblütigen, am oberen Ende halbkugelig-doldig zusammengezogenen Trauben an den Enden des Stengels und der Äste. Blüten 1–2 cm im Durchmesser, schwefelgelb. Blütenblätter 4, rundlich, vorn flach gerundet, abgestutzt oder ausgerandet, keilig in den Stiel verschmälert. Kelchblätter 4, waagrecht abstehend, eiförmig, nach dem Aufblühen nach innen eingerollt und dadurch schmal erscheinend. Fruchtknoten länglich; Frucht eine etwas kantige, seltener fast rundliche, durch die Samen holprige, kahle Schote, die 2,5–4 cm lang und 2–3 mm dick wird. Schnabel der Schote 1–1,5 cm lang. Stengel aufrecht, meist verzweigt, unten abstehend langhaarig. Grundblätter und untere Stengelblätter gestielt, oberste sitzend, alle buchtig gezähnt bis fast fiederteilig. Mai–Oktober. 20–60 cm.

Vorkommen: Braucht nährstoffreichen, etwas kalkhaltigen Lehmboden. Besiedelt Äcker, Gärten und Ödland. Fehlt im Tiefland und in den Mittelgebirgen mit kalkarmen Gesteinen kleineren Gebieten; sonst sehr häufig. Geht in den Alpen bis etwa 2500 m.

Wissenswertes: ☉. Der Acker-Senf ist trotz des Herbizideinsatzes noch häufig anzutreffen, weil seine Samen bis zu 50 Jahren im Boden keimfähig bleiben sollen. – Ähnlich: Weißer Senf (*Sinapis alba* L.): Fruchtschnabel schwertförmig abgeflacht. Schote steifhaarig. Obere Stengelblätter gestielt, sehr tief buchtig gezähnt bis fast fiederteilig. Der Weiße Senf enthält in seinen Samen u. a. p-Oxybenzylsenföl, das nicht flüchtig ist und dem Senf deswegen anhaltende Schärfe verleiht. Derzeit oft zur Gründüngung angebaut, unbeständig verwildert.

Stumpfkantige Hundsrauke

Erucastrum nasturtiifolium (POIR.) O.E. SCHULZ
Kreuzblütengewächse *Brassicaceae*
(Cruciferae)

Beschreibung: Blüten stehen in reichblütigen, am oberen Ende halbkugelig-doldig zusammengezogenen Trauben am Ende von Stengel und Ästen. Blüten 0,5–1 cm im Durchmesser, gelb. Alle Blüten ohne Tragblätter. Blütenblätter 4, breit-eiförmig bis rundlich, an der Spitze rundlich, ziemlich rasch in einen langen Stiel zusammengezogen. Kelchblätter 4, waagrecht abstehend, schmal-eiförmig, nach dem Aufblühen eingerollt und dadurch fast borstlich, behaart, gelbgrün. Fruchtknoten länglich; Frucht eine durch die Samen holprige Schote, die 3–4 cm lang und nur etwa 1,5 mm dick wird. Schnabel der Schote 3–6 mm lang, meist mit 1 oder 2 Samen, von der übrigen Frucht nur undeutlich abgesetzt. Stengel aufrecht, verzweigt, unten behaart. Rosettenblätter und Stengelblätter gestielt, kahl oder schütter behaart, bis fast zum Mittelnerv fiederteilig, mittlere und obere Stengelblätter jederseits mit 5–10 fast senkrecht von der Blattachse abstehenden Fiederabschnitten; Abschnitte der unteren Blätter 2–3mal so lang wie breit. Mai–August. 25–80 cm.

Vorkommen: Braucht feuchten, ja nassen, steinigen, nährstoffreichen Boden. Besiedelt sandige oder kiesige Uferstreifen an Seen und Flüssen. Sehr selten am Oberrhein, am Bodensee, Bieler See, Neuenburger und Genfer See, am Alpensüdfuß und im Wiener Becken, vereinzelt in Franken und im Alpenvorland; gelegentlich unbeständig eingeschleppt.

Wissenswertes: ☉. Die Samen der Stumpfkantigen Hundsrauke sollen Senfölglykoside enthalten und wie diejenigen von Senf brauchbar sein. Über eine Nutzung ist uns nichts bekannt.

Französische Hundsrauke

Erucastrum gallicum (WILLD.) O.E. SCHULZ
Kreuzblütengewächse *Brassicaceae*
(Cruciferae)

Beschreibung: Blüten stehen in reichblütigen, am oberen Ende halbkugelig-doldig zusammengezogenen Trauben am Ende von Stengel und Ästen. Blüten 4–8 mm im Durchmesser, hellgelb. Unterste Blüten oft in der Achsel eines kleinen Tragblattes. Blütenblätter 4, breit-eiförmig bis rundlich, allmählich spatelig in den Stiel verschmälert. Kelchblätter 4, fast aufrecht abstehend, eiförmig, grünlich, vor allem an der Spitze mit einzelnen Haaren. Fruchtknoten länglich; Frucht eine durch die Samen holprige Schote, die 1,5–4,5 cm lang und etwa 1,5 mm dick wird. Schnabel der Schote 2–4 mm lang, stets ohne Samen, von der übrigen Frucht deutlich abgesetzt. Stengel aufrecht, verzweigt, unten behaart. Rosettenblätter und Stengelblätter gestielt, kahl oder schütter behaart, tief buchtig oder fiederteilig, wobei aber die Einschnitte im Vorderteil des Blattes meist nicht bis zum Mittelnerv reichen. Abschnitte der unteren Blätter 1,5–2mal so lang wie breit. Mai–September. 20–50 cm.

Vorkommen: Braucht basen-, aber nur mäßig stickstoffsalzreichen, etwas feuchten, lockeren, sanddurchsetzten Lehmboden. Besiedelt Brachen und Hackfruchtäcker, geht aber auch auf lückig bewachsenes Ödland und gelegentlich auf Bahnschotter und an Wegränder. Im Tiefland vereinzelt, ebenso im Schweizer Jura und in den Alpen; vom Mittelrhein bis zum Hochrhein, an Neckar und Donau (bis östlich von Wien) sowie im Alpenvorland selten, meist nur unbeständige Vorkommen.

Wissenswertes: ☉. Die Samen der Französischen Hundsrauke enthalten Gluconapin und Sinigrin, aus denen Butylsenföl bzw. Allylsenföl abgespalten werden.

Weißer Senf, Frucht
Sinapis alba

Stumpfkantige Hundsrauke
Erucastrum nasturtiifolium

Acker-Senf
Sinapis arvensis

Französische Hundsrauke
Erucastrum gallicum

Schwarzer Senf
Brassica nigra

387

Wendich

Calepina irregularis (ASSO) THELL.
Kreuzblütengewächse *Brassicaceae*
(Cruciferae)

Beschreibung: Blüten stehen in mäßig reichblütigen, andeutungsweise doldig eingeebneten Trauben, die sich nach dem Verblühen stark zu lockeren Fruchtständen verlängern, am Ende des Stengels und – falls vorhanden – der Äste. Blüten 2–4 mm im Durchmesser, weiß. Blütenblätter 4, schmal verkehrt-eiförmig, vorn flach abgerundet, allmählich in den Stiel verschmälert. Kelchblätter 4, aufrecht abstehend, gelblich-grün. Fruchtknoten kurz; Frucht ein birnförmiges Schötchen, das 3–4 mm lang und nicht ganz so breit wird und nur 1 Samen enthält. Die Schötchen stehen auf dünnen Stielen schräg aufrecht von der Fruchtstandsachse ab. Stengel aufrecht oder aufsteigend, oben oft verzweigt. Grundständige Blätter gestielt, grob gezähnt bis buchtig fiederteilig (Endabschnitt deutlich größer als die Seitenabschnitte); mittlere und obere Stengelblätter sitzend, den Stengel pfeilförmig umfassend, schmal verkehrt-eiförmig, ganzrandig oder schwach gezähnt. Mai–Juni. 15–60 cm.

Vorkommen: Braucht nährstoffreichen, stickstoffsalzhaltigen Lehm- oder Tonboden, der überwiegend trocken sein sollte. Besiedelt sehr selten lückig bewachsene Ödflächen, Wegränder und Weinberge, vorwiegend am linken Rheinufer zwischen Mainz und Bonn; vereinzelt in der Südpfalz, im Wallis und am Oberlauf der Isère. Unbeständig.

Wissenswertes: ⊙. Das 1samige Schötchen ist als Reduktion einer ursprünglich 2gliedrigen Schote aufzufassen, wie sie bei den Rapsdotter-Arten auftritt. Sie entspricht dem oberen Teil dieser Schoten. Auch in anderen Merkmalen besteht eine Ähnlichkeit zwischen den Rapsdotter-Arten und dem Wendich.

Hederich

Raphanus raphanistrum L.
Kreuzblütengewächse *Brassicaceae*
(Cruciferae)

Beschreibung: Blüten stehen in armblütigen, sehr lockeren Trauben am Ende des Stengels und der Äste; sie verlängern sich nach dem Verblühen zu lockeren Fruchtständen. Blüten 1–2 cm im Durchmesser, meist weiß und violett geadert, aber auch hellviolett oder gelblich. Blütenblätter 4, schmal verkehrt-eiförmig, vorne flach abgerundet oder seicht ausgerandet. Kelchblätter 4, aufrecht und der Blüte anliegend, schmal-eiförmig bis lanzettlich, mit einzelnen borstlichen Haaren oder kahl. Fruchtknoten länglich; Frucht eine Schote, die 2–9 cm lang und 3–5 mm dick wird, 2–10 Samen enthält, zwischen denen sie eingeschnürt ist; bei der Reife zerfällt die Schote in 1samige Glieder; die Früchte stehen aufrecht von der Fruchtstandsachse ab. Stengel aufrecht, verzweigt, kahl oder am Grunde etwas borstig behaart. Untere Blätter gestielt, bis 25 cm lang, bis zum Mittelnerv fiederteilig, beiderseits zerstreut borstig behaart, obere Blätter kleiner, gestielt, ungeteilt, gezähnt. Juni–September. 20–60 cm.

Vorkommen: Braucht kalkarmen bis kalkfreien und dadurch zumindest schwach sauren Lehmboden. Besiedelt Ödland, Äcker, seltener Gärten. Sehr häufig, aber durch den Herbizideinsatz merklich zurückgedrängt.

Wissenswertes: ⊙. Gelblich blühende Formen scheinen im Norden Mitteleuropas häufiger zu sein als in den mittleren und südlichen Teilen, in denen weißblühende Sippen eindeutig überwiegen. In Südeuropa treten hellviolettblühende Exemplare öfter auf. Man findet sie auch in Mitteleuropa, doch sind sie hier recht selten und am ehesten am Alpensüdfuß und in der Südwestschweiz anzutreffen.

Hederich
Raphanus raphanistrum

Rettich
Raphanus sativus

Wendich
Calepina irregularis

Kapuzinerkresse
Tropaeolum majus

389

Rettich

Raphanus sativus L.
Kreuzblütengewächse *Brassicaceae*
(Cruciferae)

Beschreibung: Blüten stehen in eher armblütigen, sehr lockeren Trauben am Ende des Stengels und der Äste; die Trauben verlängern sich nach dem Verblühen zu lockeren Fruchtständen. Blüten 1–2 cm im Durchmesser, violett oder weiß mit dunkleren Adern. Blütenblätter 4, schmal verkehrt-eiförmig, vorne flach abgerundet. Kelchblätter 4, aufrecht und der Blüte anliegend, schmal-eiförmig, grün oder rötlich überlaufen. Fruchtknoten länglich; Frucht eine Schote, die 3–9 cm lang und 0,8–1,5 cm dick wird. Stengel aufrecht, verzweigt. Untere Blätter leierförmig-fiederschnittig, mit großem, unregelmäßig geformtem, gekerbtem Endabschnitt und kleineren, länglich-eiförmigen Seitenfiedern, die stumpf gezähnt, schütter borstig und meist anliegend behaart sind. Mai–Oktober. 20–80 cm.

Vorkommen: Braucht humusreichen, tiefgründig-lockeren, sandig-lehmigen Boden. Kulturpflanze, die selten gartennah und unbeständig verwildert.

Wissenswertes: ☉. Der Rettich ist wahrscheinlich aus einer Kreuzung zwischen *R. maritimus* L. × *R. rostratus* DC. entstanden. Nach einer Inschrift aßen ihn bereits die Fronarbeiter, die die Cheopspyramide in Ägypten im Jahre 2700 v. Chr. errichtet haben. Heute sind zahlreiche Sorten im Handel. Radieschen besitzen eine kleine, kugelige Rübe und eine meist rotgefärbte Rinde. Sommerrettiche sind meist weißrindig. Winterrettiche auch blau- oder schwarzrindig. Rettiche schmecken durch den hohen Gehalt an Allylsenfölen scharf. Sie enthalten reichlich Vitamin C und etwas Mineralsalze. – *R. sativus* L. wird mit *R. raphanistrum* L. zur Sammelart *R. raphanistrum* agg. zusammengefaßt.

Kapuzinerkresse

Tropaeolum majus L.
Kapuzinerkressegewächse *Tropaeolaceae*

Beschreibung: Blüten stehen einzeln und auf langen Stielen in den Achseln der Blätter. Blüten gelborange bis orange-rötlich, 4–6 cm lang (mit Sporn gemessen), 4–7 cm im Durchmesser (ausgebreitet gemessen); Sporn wenig gekrümmt, allmählich zugespitzt. Blütenblätter nicht verwachsen, ungespornt, die 3 äußeren an ihrer Basis bärtig behaart. Kelch verwachsen, 5zipfelig, blütenblattartig, mit einem nach hinten gerichteten Sporn. Stengel niederliegend, fleischig, kahl. Blätter schildförmig, kahl, wechselständig, langstielig; Blattstiele können – wie die Blütenstiele – als „Ranken" dienen, mit deren Hilfe die Pflanze emporwachsen kann. Juni–Oktober. 1–3 m.

Vorkommen: Bei uns nur Zierpflanze und selten in der Nähe von Schrebergartenanlagen oder am Ortsrand auf Ödland, vereinzelt an laubstreureichen Waldrändern verwildert. Gedeiht auf stickstoffsalzreichen Böden (z. B. auf Komposthaufen), die eher feucht als trocken sein sollten und die lehmig, jedoch nicht tonig sein dürfen, am besten. Bevorzugt Lagen mit luftfeuchtem Klima. Empfindlich gegen Frost.

Wissenswertes: ☉. Die Heimat der Kapuzinerkresse ist Südamerika, und zwar vor allem Peru. Von dort wurde die Pflanze in der 2. Hälfte des 17. Jahrhunderts als Zierpflanze nach Europa eingeführt. Weil sie sehr rasch wächst und mit ihren zahlreichen Blättern sowohl Erdreich rasch überzieht als auch Zäune oder Pergolen schnell begrünt und sie durch reiche Blütenentfaltung verschönt, war und ist sie vor allem in Bauern und Schrebergärten beliebt. Die Pflanze enthält scharf schmeckendes Glucotropaeolin, ein Senfölglykosid (Name). Die Blätter werden gelegentlich zu Wildsalat verwendet.

Zitter-Pappel
Populus tremula L.
Weidengewächse *Salicaceae*

Beschreibung: Baum mit oft eiförmiger Krone und lange gelblich-grau und glattbleibender Rinde, die erst bei alten Exemplaren einer schmutzig dunkelgrauen Borke weicht. Seltener kommen – meist aus Stockausschlägen – mehrstämmige Zitter-Pappeln vor. Kätzchen der männlichen und der weiblichen Pflanzen 5–10 cm lang und 1,5–2 cm dick. Austreibende Äste kahl oder schütter behaart, bräunlich. 1jährige und ältere Äste werden mehr oder weniger schmutzig- oder dunkelgrau. Blätter wechselständig, am Ende der Zweige etwas büschelig genähert, 3–7 cm lang und 3–9 cm breit, am Rand gekerbt. Blätter wegen der langen Stiele (sie werden meist länger als 5 cm) durch den leichtesten Wind bewegt. Blätter oberseits graugrün, unterseits bläulich-grün, nie filzig; ganz junge Blätter seidig behaart. In sehr windausgesetzten Lagen wächst die Zitter-Pappel gelegentlich als Strauch; sie wirkt dann krüppelig. März–April. 10–25 m.

Vorkommen: Braucht eher feuchten als trockenen Boden. Stellt sonst keine besonderen Ansprüche. Wächst am besten in humos-lockerem Waldboden in einem Klima mit hoher Luftfeuchtigkeit. Forstbaum. Zerstreut. Steigt im Gebirge bis fast 2000 m.

Wissenswertes: ♄. Das weiche Holz der Zitter-Pappel wird unter anderem zur Herstellung von Zündhölzern benutzt. Forstlich wertvoll wird sie vor allem da, wo rohe Böden aufgeforstet werden müssen. – Althochdeutsch hieß die Zitter-Pappel „aspa", mittelhochdeutsch wurde daraus „aspe" und heute „Espe". Wie bekannt dieser Baum schon immer war, geht aus der Redensart „Zittern wie Espenlaub" hervor, die auf die im Wind beweglichen Blätter anspielt. Mehrere, aber wenig gepflanzte Zierformen.

Silber-Pappel
Populus alba L.
Weidengewächse *Salicaceae*

Beschreibung: Baum mit meist runder, selten mit pyramidenförmiger Krone und glatter, hellgrauer Rinde; selten ist die Rinde rissig. Männliche Pflanzen tragen etwa 3–6 cm lange und bis über 1 cm dicke Kätzchen. Die Kätzchen der weiblichen Pflanzen bleiben etwa 20% kleiner. Austreibende Äste weißfilzig, ebenso Blattstiele und Knospen. 1jährige Äste ohne Filz, graubraun. Blätter wechselständig, eiförmig bis rundlich, oft undeutlich 5lappig, am Rand grob und unregelmäßig gezähnt, 4–7 cm lang und 3–5 cm breit, oberseits dunkelgrün und kahl, unterseits stets dicht weißfilzig, nur sehr selten graufilzig, im Hochsommer langsam kahl werdend. März–April. 15–35 m.

Vorkommen: Braucht zumindest zeitweise feuchten, wenn auch nicht ausgeprägt nassen Boden. Ist hinsichtlich der übrigen Eigenschaften des Bodens ziemlich anspruchslos und gedeiht auch noch auf rohen Böden, wächst auf Kalkböden aber besser. Forstbaum. Zerstreut. Steigt im Gebirge kaum bis 1200 m.

Wissenswertes: ♄. Die Silber-Pappel kann bis 400 Jahre alt werden. Unter den weichen Nutzhölzern gilt sie als wertvoll, denn ihr Holz verzieht sich kaum. Zumindest jung wächst sie sehr rasch. Im Alter von nur 50 Jahren können Silber-Pappeln bereits eine Höhe von rund 20 m erreichen. Solche Eigenschaften machten sie zum Forstbaum. Ursprünglich, d. h. ehe der Mensch die Waldlandschaft gestaltete, besiedelte sie vor allem die Flußauen in Süd- und Südosteuropa; hier breitete sie sich vor allem im Stromgebiet der Donau aus. Ihre Herkunft spiegelt sich u. a. in der größeren Toleranz gegenüber zeitweiliger Trockenheit an ihrem Standort wieder.

Schwarz-Pappel

Populus nigra L.
Weidengewächse *Salicaceae*

Beschreibung: Baum mit breiter, ausladender Krone und tiefrissiger, schwarzer Borke. Seltener kommen mehrstämmige Exemplare vor, die dann meist aus Stockausschlägen entstanden sind. Neben der Wildform wurde aus der Art besonders die „Pyramidenpappel" ausgelesen und vor allem als Alleebaum mit schlanker, pyramidenförmiger Krone angepflanzt. Kätzchen der männlichen Pflanzen 6–10 cm lang und bis 1 cm dick. Kätzchen der weiblichen Pflanzen etwa gleich lang oder sogar etwas länger, aber meist nur um 8 mm dick. Blätter wechselständig, 3eckig, mit herzförmigem Grund, 5–7 cm lang und 3–6 cm breit; Blattstiel 2–5 cm lang. Blätter oberseits dunkelgrün, unterseits heller, jung behaart, aber nie filzig. März–April. 15–30 m.

Vorkommen: Braucht nassen, tiefgründigen, sandig-kiesigen Boden. Gedeiht vor allem im Uferwald und in Auenwäldern. Forstbaum, Alleebaum. Zerstreut. Steigt in den Alpen bis über 1500 m.

Wissenswertes: ♄. Auf den ersten Blick erscheinen einem „Pyramidenpappel" und Normalform verschiedenen Arten anzugehören. Die Formenvielfalt der Pappeln wird noch vergrößert durch Bastarde, die es zwischen verschiedenen Arten gibt, und durch Arten, die forstlich vor allem aus Nordamerika bei uns eingebracht worden sind. Zu den letzteren gehören vor allem die Virginische Pappel (*P. deltoides* MARSH.: Krone aufrecht, verbreitert, oben abgeflacht; Rinde zuletzt borkig-schuppig; Blätter 6–12 cm lang, am Grund abgestutzt oder undeutlich herzförmig, am Rand grob gekerbt bis schwach gezähnt; oft gepflanzt, gelegentlich verwildert) und die Balsam-Pappel (*P. balsamifera* L.: Krone schlank. Rinde stark rissig, grau. Äste erst oft bräunlich-grün, später bleibend braunrot. Die Blätter junger Schößlinge schmal-eiförmig, am Grund abgerundet, anfangs klebrig, an älteren Ästen eiförmig, mit keilig verschmälertem, abgerundetem bis undeutlich herzförmigem Blattgrund. Knospen aromatisch (= „balsamisch") duftend. Selten; vor allem als Zierbaum gepflanzt, kaum verwildert. Braucht feuchte, nährstoffreiche Böden in mildem Klima; ist nicht besonders frosthart). – Häufig vorkommende Bastarde: Grau-Pappel (*P. × canescens* (AIT.) SM. = *P. alba × P. tremula*): Blätter nur schwach gelappt, unterseits graufilzig. Tritt in Gebieten auf, in denen beide Stammeltern vorkommen; wird, da noch viel anspruchsloser als beide Elternarten, auch zuweilen angepflanzt. – Ontario-Pappel (*P. × gileadensis* ROUL. = (vermutlich) *P. balsamifera × P. deltoides*): Krone eher breit, offen; Zweige kurz, braun; Blätter eiförmig-3eckig, 6–15 cm lang, am Grund herzförmig, mit gekerbt-gezähntem Rand; Blattstiel 3–6 cm lang; gelegentlich angepflanzt, nur sehr selten verwildert. – Kanadische Pappel (*P. canadensis* MOENCH). Unter dieser Bezeichnung werden Bastarde zusammengefaßt, die von nordamerikanischen Pappeln und der Schwarz-Pappel (mit wechselnden Anteilen) abstammen. Eine genaue Zuordnung einzelner Exemplare zu bestimmten Kreuzungskombinationen ist ohne Kenntnis der Herkunft meist nicht möglich. Verbindende Merkmale sind die unterseits völlig kahlen Blattspreiten, die im Umriß lang zugespitzt-3eckig sind, die kahlen bis behaarten Schuppen der Blütenkätzchen und vor allem (neben den meist 3–4 Narben der weiblichen Blüten) die eher graubraune Rinde der jungen Zweige und der zumindest anfangs gewimperte Blattrand mit Drüsen am Grund. Häufiger Zier- und Forstbaum. Das Holz kann für die Papierherstellung verwendet werden, ebenso zur Herstellung von Kisten. Es ist langfaserig, sehr weich und leicht spaltbar.

Kanadische Pappel, Blatt
P. canadensis

Ontario-Pappel, Blattumriß
P. gileadensis

Silber-Pappel
Populus alba

♂

♀

Balsam-Pappel, Blatt
Populus balsamifera

♂

♀

♀

♀

♂

Zitter-Pappel
Populus tremula

Schwarz-Pappel
Populus nigra

Lorbeer-Weide

Salix pentandra L.
Weidengewächse *Salicaceae*

Beschreibung: Strauch oder – selten – mittelhoher Baum. Männliche Kätzchen etwa 3 cm lang und 1 cm dick, mit dichten grauen Haaren und meist mit 5 Staubblättern (selten weniger oder mehr). Weibliche Kätzchen lockerblütig, 3–4 cm lang, aber nur um 5–8 mm dick. Junge Zweige olivgrün, im Frühjahr klebrig und duftend. Ältere Zweige dunkel rotbraun, kahl, auffallend glänzend. Blätter gestielt, 4–10 cm lang, 2–4 cm breit, oval, allmählich in die Spitze auslaufend, am Grunde abgestutzt oder in den Blattstiel verschmälert, oberseits dunkelgrün und glänzend, unterseits heller, kahl, am Rande dicht und fein gezähnt; alle Zähne tragen an der Spitze eine Drüse (starke Lupe! Drüsen erscheinen als – oft undeutlicher – gelber Punkt!). Mai–Juni. Als Strauch 3–5 m, als Baum 8–12 m.

Vorkommen: Braucht sandig-kiesigen oder moorig-tonigen, kühlen Boden, der dauernd sickerfeucht oder staunaß sein sollte und nicht allzu nährstoffarm, vor allem nicht zu basenarm sein darf. Erträgt zeitweise Überflutung. Besiedelt im Tiefland selten, in den Mittelgebirgen sehr selten Moor-, Bruch- und Auenwälder, in den Tälern der Alpen von etwa 1000 m bis ins Vorland am Ufer und auf Kiesbänken zerstreut, örtlich noch in größeren, bachbegleitenden Beständen.

Wissenswertes: ♄. Innerhalb der Art wurden verschiedene Sippen beschrieben, die sich vor allem in der Gestalt der Blätter voneinander unterscheiden. Die alpine Lorbeer-Weide hat im allgemeinen schmälere, die der Moorgehölze mehr eiförmige Blätter. Die Lorbeer-Weide wird seit Jahrhunderten vor allem in Alpenrandsiedlungen bachbegleitend gepflanzt.

Bruch-Weide

Salix fragilis L.
Weidengewächse *Salicaceae*

Beschreibung: Baum, seltener Strauch. Kätzchen der männlichen Pflanzen 3–5 cm lang und etwa 1 cm im Durchmesser, vor dem Aufblühen durch den weißen, glänzenden Haarpelz der Tragblätter auffallend. Kätzchen der weiblichen Pflanzen 5–7 cm lang und 5–8 mm im Durchmesser. Fruchtknoten kahl. Kätzchenschuppen einfarbig gelbgrün. Kätzchen mit den Blättern erscheinend. Zweige glänzend gelbbraun, kahl. Junge Zweige brechen an der Ansatzstelle auffallend leicht ab (Astgabel zwischen Daumen und Zeigefinger kurz zusammendrücken!). Blätter gestielt, jung klebrig, ausgewachsen 10–20 cm lang und 2–4 cm breit, am Grunde mehr oder weniger abgerundet, auch spitz zulaufend, stets kahl. Die Bruch-Weide kann durch Abschlagen der Äste „Kopfweiden" bilden. März–Mai. 5–15 m.

Vorkommen: Braucht nassen, auch überschwemmten Boden, der kiesig, sandig oder lehmig sein kann. Wild und gepflanzt im Ufergebüsch vor allem von Bächen oder kleineren Flüssen, die zeitweise über die Ufer treten. Zerstreut. Steigt im Gebirge kaum über 1000 m.

Wissenswertes: ♄. Die Bruch-Weide bildet – wie viele andere Weiden-Arten auch – häufig Bastarde, die von der „reinen" Art nur schwer unterschieden werden können. Recht häufig ist unter den Mischlingen der Bastard mit der Silber-Weide *(S. alba × S. fragilis)*, der unter dem Namen *S. × rubens* SCHRANK bekannt geworden ist (jüngste Blätter anliegend silberhaarig). Er ist örtlich sicher häufiger als die Bruch-Weide. Üblicherweise betrachtet man die Bastarde als „Kleinarten" und faßt sie mit den reinen Sippen zur Sammelart *S. fragilis* agg. zusammen.

Lorbeer-Weide
Salix pentandra

Bruch-Weide
Salix fragilis

Silber-Weide
Salix alba

Trauer-Weide
Salix babylonica

Silber-Weide

Salix alba L.
Weidengewächse *Salicaceae*

Beschreibung: Baum oder Strauch. Kätzchen der männlichen Pflanzen 5–7 cm lang und 0,8–1 cm breit. Kätzchen der weiblichen Pflanzen 3–5 cm lang und 5–7 mm breit. Fruchtknoten kahl. Kätzchenschuppen einfarbig gelbgrün. Kätzchen mit den Blättern erscheinend. Zweige gelbbraun, seltener rötlich-braun, glänzend, zumindest ältere kahl, junge meist anliegend behaart und dadurch matt. Junge Zweige brechen an der Ansatzstelle nicht leicht ab. (Astgabel zwischen Daumen und Zeigefinger kurz zusammendrücken!) Blätter gestielt, 5–10 cm lang, 1,5–2 cm breit, am Grunde spitz zulaufend, jung deutlich seidig behaart, vor allem auf der Unterseite. Die Silber-Weide kann durch Abschlagen der Stämme „Kopfweiden" bilden. April–Mai. 5–20 m.

Vorkommen: Braucht ziemlich basen- und stickstoffsalzreichen Boden, der kalkhaltig sein sollte. Besiedelt Kies, Sand, Lehm und Schlamm an Fließgewässern, geht auch in Auenwälder. Zerstreut, bildet an ihren Standorten oft geschlossene Bestände. Oft angepflanzt. Steigt im Gebirge bis über 1000 m.

Wissenswertes: ♄. Die Silber-Weide verfestigt durch ihr Wurzelwerk hervorragend die Flußufer und beugt so der Erosion durch Hochwässer vor. Andererseits kann man sie nicht an Ufern auspflanzen, die reißenden Hochwässern ausgesetzt sind; denn diese können auch größere Silber-Weiden regelrecht „ausheben"; das führt zu schweren Uferabbrüchen und öffnet der Erosion erst recht Tür und Tor. – Die von den „Kopfweiden" geschnittenen Ruten dienen noch heute da und dort zum Anbinden von Reben und Bäumen sowie zum Flechten von Körben. – Innerhalb der Art werden mehrere Unterarten unterschieden.

Trauer-Weide

Salix babylonica L.
Weidengewächse *Salicaceae*

Beschreibung: Baum. Kätzchen der männlichen Pflanzen 2–4 cm lang und um 5 mm im Durchmesser. Kätzchen der weiblichen Pflanzen 1,5–2 cm lang und um 5 mm im Durchmesser. Mischformen zwischen allen Möglichkeiten der Blütenbildung kommen vor: Männliche und weibliche Blütenstände auf einem Baum; mehr oder weniger zwittrige Blüten bzw. Blütenstände. Fruchtknoten kahl. Kätzchen mit den Blättern erscheinend. Zweige hängend, kahl, braun, ganz jung kurzhaarig. Blätter 5–15 cm lang und 1–3 cm breit, gestielt, meist kahl. Die „Trauerform" kommt durch die lang herabhängenden Zweige zustande. April–Mai. 8–12 m.

Vorkommen: Gedeiht auf vielen Bodenarten in der Kultur, erträgt Winterkälte schlecht. Wird daher nur in klimagünstigen Lagen als Zierbaum gepflanzt. Eigentliche Heimat: Mittleres Asien, etwa von Persien bis Japan; auch hier ausschließlich in wintermilden Gegenden. Bei uns selten gepflanzt.

Wissenswertes: ♄. Die meisten der landläufig „Trauerweiden" genannten Zierbäume sind Bastarde zwischen der Trauer- und der Silber-Weide. Sie sind erheblich winterhärter. Die Bastarde sind nicht einheitlich. Viele von ihnen haben mehr oder weniger deutlich behaarte junge Blätter. Daran kann man sie in der Regel am besten erkennen. – Nicht verwechselt werden darf mit der Trauerweide auch die Trauerform der Silber-Weide (*S. alba* f. *tristis* BAUMANN), die gelegentlich auch unter dem deutschen Namen „Gelbe Trauerweide" gehandelt wird. Sie ist durch lange, dünne, gelbe Hängezweige ausgezeichnet. Diese Form neigt zur Stammfäule; auch sonst gilt sie als krankheitsanfällig. Außerdem wirft sie ihr Laub früh ab.

Mandelblättrige Weide

Salix triandra L.
Weidengewächse *Salicaceae*

Beschreibung: Strauch, sehr selten kleiner Baum. Kätzchen der männlichen Pflanzen 6–8 cm lang und um 1 cm im Durchmesser. Kätzchen der weiblichen Pflanzen 4–6 cm lang und 6–8 mm im Durchmesser. Junge Zweige brechen nicht leicht ab (Astgabel zwischen Daumen und Zeigefinger kurz zusammendrücken). Rinde der älteren Zweige löst sich plattig ab; die zum Vorschein kommende neue Rinde ist hellbraun. Blätter 5–10 cm lang, um 2 cm breit, oberseits stets kahl, dunkelgrün und glänzend, unterseits eher graugrün oder blaugrün; jüngere Blätter unterseits auf dem Mittelnerv etwas behaart, ältere meist kahl; Blattrand fein und regelmäßig gezähnt. April–Mai. Meist wächst die Mandel-Weide als Strauch und wird dann 1–4 m hoch; ausnahmsweise ist sie ein kleiner, tief beasteter Baum, der kaum mehr als 5 m Höhe erreicht.

Vorkommen: Braucht nassen, kalkhaltigen, lockeren Boden. Besiedelt Ufer und Auenwälder in wärmeren Lagen. Selten. Geht in den Alpen nur selten über 1500 m.

Wissenswertes: ♄. Durch das reich ausgebildete Wurzelwerk festigt die Mandel-Weide hochwassergefährdete Ufer. Sie bildet mit mehreren Arten Bastarde, vor allem mit der Silber-Weide. Außerdem kann man innerhalb der Art noch Unterarten unterscheiden, die aber von Nichtspezialisten nicht in jedem Falle eindeutig bestimmt werden können. – Entfernt ähnlich: *Salix myrsinites* agg.: Niederliegender Strauch mit bogig aufgerichteten Zweigen. 2 Kleinarten: Alpen-Weide (*S. alpina* SCOP.): Blätter ganzrandig, kaum drüsig. Ostalpen östlich der Ötztaler Alpen. – Matten-Weide (*S. breviserrata* FLOD.): Blätter feindrüsig, gesägt. Westlich der Niederen Tauern. Zerstreut.

Netz-Weide

Salix reticulata L.
Weidengewächse *Salicaceae*

Beschreibung: Kriechender Strauch („Spalierstrauch"). Kätzchen der männlichen Pflanzen 1,5–3 cm lang und um 4 mm dick. Kätzchen der weiblichen Pflanzen 1,5–2 cm lang und um 5 mm dick. Kätzchenschuppen hellbraun. Stengel kriecht oberirdisch und schlägt – ebenso wie die Zweige – Wurzeln. Junge Zweige gelbbraun, ältere graubraun bis dunkelbraun, kahl, abstehend. Blätter fast rund mit Durchmesser zwischen 3 und 4 cm, etwas schmaler als lang, oberseits dunkelgrün oder olivgrün, oft kahl. Auf der Blattunterseite grau, ziemlich dicht anliegend behaart; auffällig ist das stark hervortretende Adernetz (Name!). Blattrand nicht gekerbt. Juni–August. 5–30 cm.

Vorkommen: Braucht sickerfeuchten, kalkreichen, stickstoffsalzarmen alpinen Lockerhumusboden. Besiedelt vor allem Schneetälchen, geht aber auch auf offene Schuttböden (Ruheschutt, der ziemlich feinerdearm sein kann) und in den unteren Teil von Lawinenrunsen. Selten, kommt aber an ihren Standorten meist in kleineren, individuenreichen Beständen vor. Besiedelt fast ausschließlich Höhen zwischen der Waldgrenze und ca. 2500 m.

Wissenswertes: ♄. Die Netz-Weide erträgt lange Schneebedeckung, und zwar im Extrem bis etwa 9 Monate, vor allem wenn sie in Nordlage wächst. Ihre biegsamen Zweige sichern sie auch unter höher liegendem, nassem und daher schwerem Schnee gegen fatale Bruchverletzungen, vor allem während der frühjährlichen Tauperioden, in denen der Schnee in Bewegung geraten kann. Andererseits kann sie – da sie trockene Luft recht gut erträgt – auch auf exponierten Graten stehen, auf denen der Schnee schon nach wenigen Monaten weggefegt wird.

Kraut-Weide

Salix herbacea L.
Weidengewächse *Salicaceae*

Beschreibung: Kriechender Strauch ("Spalierstrauch"). Kätzchen der männlichen Pflanzen kugelig, um 5 mm lang und ebenso dick. Kätzchen der weiblichen Pflanzen um 1 cm lang und gleich dick. Meist steht nur 1 Kätzchen an den Zweigenden. Kätzchen erscheinen mit oder nach den Blättern. Oberirdisch fast nur "krautige" Kurzzweige. Die verholzten Äste und der "Stamm" der Kraut-Weide kriechen unterirdisch. Blätter 1–3 cm lang, fast rund oder breitoval, zuweilen breiter als lang, am Grunde abgestutzt oder fast herzförmig, sehr kurzstielig (Stiel kaum 5 mm lang) und am Rand etwas gekerbt. Juni–Juli. 2–5 cm.

Vorkommen: Braucht sickerfeuchten, kühlen, lockeren, basen- und kalkarmen alpinen Boden. Besiedelt fast ausschließlich Schneetälchen oberhalb der Waldgrenze, und zwar bis über 3000 m. Erträgt lange Schneebedeckung (bis zu 8 oder gar 9 Monaten!). Zerstreut. Kommt an ihren Standorten in den Alpen meist in kleineren Beständen vor. Außerhalb der Alpen sehr selten im Riesengebirge.

Wissenswertes: ♄. Die Kraut-Weide ist durch ihre Wuchsform an extremes winterliches Klima bestens angepaßt. Ausläuferartige Seitentriebe, die auf nassem Untergrund besonders häufig gebildet werden, wurzeln rasch. Schon nach 1–2 Jahren werden sie von der Mutterpflanze isoliert. Auf diese Weise entsteht eine Kolonie von Einzelpflanzen. – In den Vereisungsperioden war die Kraut-Weide in Mitteleuropa auch außerhalb der Alpen verbreitet. In West- und Nordeuropa kommt sie in den Mittelgebirgen, in den Pyrenäen, in Wales, im Schottischen Hochland und in entsprechenden Klimaten in Skandinavien auch in tieferen Lagen als in den Alpen vor.

Stumpfblättrige Teppich-Weide

Salix retusa L.
Weidengewächse *Salicaceae*

Beschreibung: Kriechender Strauch ("Spalierstrauch"). Kätzchen der männlichen Pflanzen 1,2–1,5 cm lang und um 5 mm breit. Kätzchen der weiblichen Pflanzen 1,5–2 cm lang und um 1 cm breit. Kätzchen erscheinen mit den Blättern. Zweige wachsen angepreßt an den Boden; sie schlagen Wurzel, brechen leicht ab und werden dann zum Mittelpunkt einer neuen Pflanze. Rinde braun, kahl, gelegentlich mit weißen Stellen, an denen sich die Rinde hautig ablöst. Blätter 0,5–2 cm lang und 2–6 mm breit, oval oder etwas spatelförmig, jedenfalls mit der größten Blattbreite im spitzenwärtigen Blattdrittel; an der Blattspitze eine kleine, stumpfwinklige Einbuchtung; Blätter bis auf einige sehr kleine, spitze Zähne am Blattgrund (Lupe!) ganzrandig, kahl, fast sitzend. Juni–Juli. 5–25 cm.

Vorkommen: Braucht feuchten, kühlen, kalkreichen und lockeren alpinen Boden mit guter Humusführung. Besiedelt vor allem Steinschuttrasen, geht aber auch in Schneetälchen und in den Auslauf von Lawinenrutschen bzw. an deren Ränder. Zerstreut; kommt an ihren Standorten meist in kleineren Beständen vor. Besiedelt meist Höhen zwischen 1800 und 2500 m.

Wissenswertes: ♄. Die Stumpfblättrige Teppich-Weide vermehrt sich durch "Stecklingsbildung" aus Zweigbruchstücken. Dadurch ist sie imstande, Lawinenrutschen zu besiedeln. Obwohl Zweigstücke oft mit Schmelzwässern in tiefere Lagen verfrachtet werden, hat sie sich hier kaum festgesetzt. – *S. retusa* L. wird mit der Quendelblättrigen Teppich-Weide (*S. serpyllifolia* SCOP.) zur Sammelart *S. retusa* agg. zusammengefaßt. Die Blätter von *S. serpyllifolia* sind kaum 1 cm lang und 2–4 mm breit; Alpen; zerstreut.

Mandelblättrige Weide
Salix triandra

♂

♀

Netz-Weide
Salix reticulata

♀

Matten-Weide
Salix breviserrata

♂

Alpen-Weide,
Blatt
Salix alpina

♀

Kraut-Weide
Salix herbacea

♀

Stumpfblättrige Teppich-Weide
Salix retusa

Seiden-Weide

Salix glaucosericea FLOD.
Weidengewächse *Salicaceae*

Beschreibung: Niedriger Strauch. Kätzchen der männlichen Pflanzen um 2 cm lang und um 1 cm dick. Kätzchen der weiblichen Pflanzen 4–5 cm lang und meist dicker als 1 cm. Junge Zweige fahlgelb und an der Spitze immer behaart, meist dicht filzig, die älteren Zweige graubraun bis dunkelbraun, glänzend. Blätter wechselständig, doch büschelig gedrängt, 3–7 cm lang und höchstens 2 cm breit, spitzlich, ganzrandig, auf der Oberseite schütter, auf der Unterseite dicht und seidig behaart, kurz gestielt, oberseits hellgrün und zuweilen etwas glänzend, unterseits deutlich blaugrün, beim Trocknen kaum schwarz werdend. Juni–Juli. 0,5–1,5 m (nur selten bis 1,8 m).

Vorkommen: Braucht feuchten, kalkfreien, lockeren oder schuttigen Boden. Besiedelt Bach- und Flußufer, Moränen und Kiesbänke im Bereich von Hochwasserzonen. Nur in den westlichen und mittleren Zentralalpen. Bevorzugt Höhen zwischen 1800 und 2500 m. Selten, in den zentralpinen Tälern jedoch zerstreut, aber an ihren Standorten oft in kleineren Beständen; fehlt im deutschen Alpengebiet sowie östlich der Hohen Tauern.

Wissenswertes: ♄. Der trotz seiner kantigen Zweige und seines sparrigen Wuchses zierlich erscheinende Strauch wirkt durch die seidige Behaarung und die eigenartige Färbung seiner Blätter. Die leuchtend gelben männlichen Kätzchen und die weißseidigen weiblichen Kätzchen fallen an den steinig-schuttigen Standorten meist schon von weitem auf. – In Skandinavien und Nordrußland kommen Formen vor, die der alpinen *S. glaucosericea* nahestehen und als *S. glauca* L. bezeichnet werden. Ihre Blätter sind schmaleiförmig und stumpflich.

Zweifarbige Weide

Salix phylicifolia L.
Weidengewächse *Salicaceae*

Beschreibung: Niedriger Strauch. Kätzchen der männlichen Pflanzen 1–2,5 cm lang und 5–8 mm dick. Kätzchen der weiblichen Pflanzen 1–3 cm lang und 5 mm dick. Junge Zweige fahlgelb, meist kahl; ältere Zweige graubraun bis dunkelbraun. Unter der Rinde ist das Holz der Zweifarbigen Weide mit erhabenen Längsstriemen versehen, die bis zu 4 mm lang werden können (sie sind in Zweifelsfällen das sicherste Kennzeichen gegen die Bäumchen-Weide!). Blätter 3–4 cm lang und 1,5–2 cm breit, ganzrandig, rein grün, kurz gestielt, zumindest im Hochsommer völlig kahl. Mai–Juni. 0,7–1,5 m.

Vorkommen: Braucht eher nährstoffreichen, aber kalkarmen, nassen oder zumindest dauerfeuchten Boden. Bevorzugt Höhen zwischen etwa 800–1500 m. Kommt dort im bachbegleitenden Gebüschsaum oder an Stellen mit Hangdruckwasseraustritten, seltener in Wiesensümpfen und in Hochstaudenfluren vor. Sehr selten in den Hochlagen der kalkarmen Mittelgebirge, möglicherweise nur in den Vogesen und im Harz. Fehlt wahrscheinlich in den Alpen; Angaben aus den Freiburger Alpen sind zweifelhaft.

Wissenswertes: ♄. Die Abgrenzung dieses Taxons gegen ähnliche Taxa ist nicht endgültig geklärt. Aus den Zentralalpen des westlichen Österreichs und der Schweiz wird als Hochtal-Weide (*Salix hegetschweileri* HEER) eine Sippe beschrieben, die höherwüchsig ist (bis zu 3 m); ihre Blätter sind größer, grobzähnig, am Grunde abgerundet oder herzförmig. Manche dieser Pflanzen ähneln der Bäumchen-Weide, andere, deren junge Blätter durchweg seidenhaarig sind, der früher als eigenständige Art angesehenen *S. bicolor* WILLD., die heute zu *S. phylicifolia* L. gestellt wird.

Schwarzwerdende Weide
Salix myrsinifolia

Zweifarbige Weide
Salix phylicifolia

Bäumchen-Weide
Salix waldsteiniana

Seiden-Weide
Salix glaucosericea

Schwarzwerdende Weide

Salix myrsinifolia SALISB.
Weidengewächse *Salicaceae*

Beschreibung: Mittelhoher Strauch, sehr selten kleiner Baum. Kätzchen der männlichen Pflanzen 1,5–3 cm lang und meist um 1 cm dick, zuweilen auch dicker (bis über 1,5 cm). Kätzchen der weiblichen Pflanzen 4–6 cm lang und um 1,5 cm dick. Kätzchen erscheinen kurz vor den Blättern, spätestens mit diesen. Zweige schwarz- oder rotbraun, selten heller, fast stets behaart. Blätter 3–8 cm lang und 1,5–4 cm breit, oberseits dunkelgrün, unterseits blaugrün, aber gegen die Blattspitze grün, beim Trocknen schwarz werdend, am Rande unregelmäßig gezähnt, schwach behaart (unterseits oft nur auf den Nerven). April-Mai. Als Strauch 2–3 m, als Bäumchen bis zu etwa 4 m hoch.

Vorkommen: Braucht nassen, kalkreichen und lockeren Boden, der zeitweise überschwemmt sein kann. Besiedelt sowohl Kiesbänke als auch schlickige Ufer (z. B. an der Unterelbe). Kommt im Ufergebüsch und in Auwäldern vor. Selten, tritt aber an ihren Standorten meist in lockeren, kleinen Beständen auf. Steigt in den Alpen bis etwa 2000 m.

Wissenswertes: ♄. Im Alpengebiet ist eine Sippe als Tauern-Weide (*Salix mielichhoferi* SAUT.) beschrieben worden, die üblicherweise mit *S. myrsinifolia* SALISB. zur Sammelart *S. nigricans* agg. zusammengefaßt wird. Ob *S. mielichhoferi* tatsächlich eine eigene, abgrenzbare Art darstellt, ist nach wie vor umstritten. Ähnliches gilt für andere Sippen, die dann und wann im Formenkreis der Schwarzwerdenden Weide beschrieben worden sind. Eine eindeutige Bestimmung vieler Exemplare macht auch deswegen Schwierigkeiten, weil die Schwarzwerdende Weide mit einigen anderen Arten häufig bastardiert.

Bäumchen-Weide

Salix waldsteiniana WILLD.
Weidengewächse *Salicaceae*

Beschreibung: Kriechender oder niedriger Strauch. Kätzchen der männlichen Pflanzen 1,5–3,5 cm lang und 0,8–1,2 cm im Durchmesser. Kätzchen der weiblichen Pflanzen 1–3 cm lang und um 5 mm im Durchmesser. Kätzchen erscheinen mit den Blättern. Zweige abstehend oder niederliegend, jung meist gelbbraun und dicht abstehend behaart; ältere Zweige olivgrün oder bräunlich, ihr Holz völlig glatt, nicht mit erhabenen Längsstriemen bedeckt (in Zweifelsfällen kann man mit diesem Merkmal untypische Exemplare gegen die Zweifarbige Weide unterscheiden, die Längsrippen von einigen Millimeter Länge besitzt!). Blätter 2–6 cm lang und 1–3 cm breit (größte Breite in der spitzenwärtigen Blatthälfte), kurzstielig, schwach und unregelmäßig gesägt-gezähnt. Juni–Juli. 0,1–2 m.

Vorkommen: Braucht feuchten bis nassen, humusführenden, lehmigen Boden in alpinem Klima. Besiedelt vor allem bachbegleitende Gebüsche und Matten mit Sickerwasserstellen. Selten, kommt gelegentlich in kleineren Beständen vor. Bevorzugt Höhen zwischen 1800 und 2500 m.

Wissenswertes: ♄. Bemerkenswerterweise kommt die Bäumchen-Weide sowohl in der Wuchsform eines Spalierstrauchs als in jener eines normalen, wenngleich auch niedrigen Strauchs vor. Mit *S. waldsteiniana* WILLD. wird meist die Ruch-Weide (*S. foetida* SCHLEICH.) zur Sammelart *S. arbuscula* agg. zusammengefaßt. *S. foetida* hat Blätter, die kaum 3 cm lang werden und in der Mitte am breitesten sind; unterseits sind sie blaugrün und meist behaart; ihr Rand ist dicht und fein gleichmäßig gezähnt. Vorwiegend auf alpinem Schutt. Zerstreut.

Sal-Weide

Salix caprea L.
Weidengewächse *Salicaceae*

Beschreibung: Hochwüchsiger Strauch, selten auch niedriger Baum. Kätzchen der männlichen Pflanzen 2–3 cm lang und um 2 cm dick. Kätzchen der weiblichen Pflanzen 5–7 cm lang und um 2 cm dick. Kätzchen erscheinen vor den Blättern. Die männlichen Kätzchen sind im frühen Entwicklungsstadium dicht silbrig-pelzig. Junge Zweige graugrün, behaart, alte verschiedenfarbig, meist rotbraun, aber auch olivgrün oder dunkelgrün, stets kahl und etwas glänzend. Blätter fast elliptisch oder fast rund, 3–10 cm im (größtmöglichen) Durchmesser, oberseits stumpfgrün oder olivgrün, unterseits graugrün und dicht kraushaarig, am Rand höchstens wenig. und unregelmäßig gezähnt. März–April. Als Strauch 2–5 m; als Bäumchen bis zu 10 m.

Vorkommen: Braucht nährstoffreichen, lockeren Lehmboden, der feucht sein sollte. Stellt sonst keine Ansprüche an den Boden. Besiedelt vor allem Kahlschläge, Waldränder, aufgelassene Steinbrüche und Kiesgruben, geht aber ebenso auf nährstoffreiche, alte Müllkippen. Zerstreut. Steigt im Gebirge bis etwa zur Laubholzgrenze.

Wissenswertes: ♄. Die Sal-Weide ist der Lieferant von „Palmkätzchen". Gelegentlich wird sie wegen dieses Schmucks auch in Gärten angebaut; meist sind nur männliche Pflanzen im Handel, die dann zuweilen als *„Salix caprea mas"* angeboten werden. Pflanzt man – in mildem Klima und in geschützter Lage – Sal-Weiden auf sehr nährstoffreichen Böden, dann treiben sie „Palmkätzchen" oft schon um den Jahreswechsel an. Die Sal-Weide ist seit dem Altertum in Kultur. Sie ist übrigens eine ergiebige und gerade im zeitigen Frühjahr wichtige Bienenweide.

Grau-Weide

Salix cinerea L.
Weidengewächse *Salicaceae*

Beschreibung: Mittelhoher Strauch, dessen Haupttriebe etwa in derselben Höhe enden und der deshalb im Umriß abgeflacht wirkt; diese Wuchsform ist für die Grau-Weide typisch. Selten kann die Grau-Weide auch als kleiner Baum wachsen. Kätzchen der männlichen Pflanzen 3–5 cm lang und um 2 cm im Durchmesser. Die Tragblätter der männlichen Blüten sind dicht grauseidig behaart. Kätzchen der weiblichen Pflanzen 5–9 cm lang und um 1,5 cm im Durchmesser. Kätzchen erscheinen vor den Blättern. Junge Zweige graufilzig, graubraun; ältere Zweige dunkelbraun; ihr Holz unter der Rinde mit kurzen, erhabenen Längsstriemen. Blätter 8–10 cm lang und 3–4 cm breit, am Rande meist fein und gleichmäßig gezähnt. März–April. Als Strauch 2–4 m, als Baum bis 6 m.

Vorkommen: Braucht nassen, aber eher kalkarmen bis sauren und daher oft etwas torfigen Boden. Besiedelt Streuwiesen im Umfeld von Mooren, steht in den Gebüschen auf Mooren verschiedener Art, kommt aber auch im Ufergebüsch und in Bruchwäldern vor. Zerstreut; bildet an ihren Standorten meist kleinere Bestände. Geht im Gebirge nur selten über 1000 m.

Wissenswertes: ♄. Die Kätzchen sind bei der Grau-Weide weniger dicht behaart als bei der Sal-Weide und – im direkten Vergleich sofort sichtbar – deutlich dunkler und weniger glänzend. – *S. cinerea* L. wird meist mit der Schwarzgrauen Weide (*S. atrocinerea* BROT.) zur Sammelart *S. cinerea* agg. zusammengefaßt. Schon die jungen Zweige der Schwarzgrauen Weide sind oft kahl. Dies und der häufiger bäumchenartige Wuchs kennzeichnen die Art. *S. atrocinerea* kommt vor allem in Westeuropa vor.

Ohr-Weide

Salix aurita L.
Weidengewächse *Salicaceae*

Beschreibung: Niedriger Strauch, der verhältnismäßig stark verzweigt ist und der starr wirkt. Kätzchen der männlichen Pflanzen 1,5–2,5 cm lang und um 1 cm im Durchmesser. Kätzchen der weiblichen Pflanzen 2–3 cm lang und um 1,5 cm im Durchmesser. Kätzchen erscheinen vor den Blättern. Ganz junge Zweige dunkelgrau oder fast schwarz, in diesem Alter meist deutlich behaart, später kahl und rotbraun, etwas glänzend. Holz der älteren Zweige mit kurzen, erhabenen Längsstriemen. Blätter 3–4 cm lang und 2–3 cm breit, rundlich oder elliptisch, in den deutlichen Stiel verschmälert, oberseits dunkelgrün und meist schütter, unterseits graugrün und meist kraus behaart. Blattrand sehr unregelmäßig und grob gezähnt. März–April. 1–2 m.

Vorkommen: Braucht nassen und eher kalkarmen bis sauren, oft etwas torfigen Boden. Besiedelt Gebüsche an und auf Mooren, geht aber auch in das bachbegleitende Gebüsch und in lichte Bruchwälder. Zerstreut. Kommt an ihren Standorten in mittleren Beständen vor. Steigt im Gebirge bis etwa 1500 m.

Wissenswertes: ♄. Die Ohr-Weide bastardiert – wie andere Weiden-Arten auch – ziemlich leicht mit anderen Arten. Artreine Exemplare sind indessen wegen ihrer geringen Größe verhältnismäßig leicht von Bastarden zu unterscheiden. Vor allem Bastarde zwischen der Ohr-Weide und der Sal-Weide bzw. der Grau-Weide, die recht häufig sind, lassen sich kaum eindeutig diagnostizieren. Die genaue Bestimmung wird noch dadurch erschwert, daß von der Ohr-Weide eine Reihe von abweichenden Wuchsformen beschrieben worden sind, denen indessen kaum taxonomische Bedeutung zukommt; gleitende Übergänge existieren.

Großblättrige Weide

Salix appendiculata Vill.
Weidengewächse *Salicaceae*

Beschreibung: Meist mittelhoher, ausladender Strauch, sehr selten kleiner Baum. Kätzchen der männlichen Pflanzen 1,5–2,5 cm lang und um 1 cm im Durchmesser. Kätzchen der weiblichen Pflanzen 2–3 cm lang und um 1 cm im Durchmesser. Kätzchen erscheinen vor oder nach den Blättern. Ganz junge Zweige weiß behaart, 1jährige Zweige schon verkahlt, gelb- bis rotbraun. Holz der älteren Zweige ohne Längsstriemen, glatt. Blätter 6–15 cm lang und 4–10 cm breit, verkehrt-eiförmig, am Rand gesägt oder gekerbt. April–Mai. Als Strauch 3–4 m, als Bäumchen bis 6 m.

Vorkommen: Braucht kalkreichen oder doch wenigstens kalkhaltigen, nährstoffreichen, nassen lockeren, steinigen Lehm- oder Tonboden in mittlerer Höhenlage. Bevorzugt als Standort den Ufersaum von Bergbächen, geht aber auch an den Rand von Lawinenrutschen. In den Alpen zerstreut; in den höchsten Lagen der Mittelgebirge sehr selten. Übersteigt meist 2000 m nicht wesentlich.

Wissenswertes: ♄. Die Großblättrige Weide steht oft nicht im Verband mit anderen Gehölzen und geht nur selten in den eigentlichen Latschengürtel. – *S. appendiculata* Vill. wird mit der Flaum-Weide (*S. laggeri* Wimm.: Junge Triebe fein und kraus behaart, im 2. oder 3. Lebensjahr verkahlend; Blätter 3–4mal so lang wie breit, am Rand zuweilen wellig, selten grob gezähnt; junge Blätter ziemlich dicht behaart (Haare etwa 1 mm lang), ältere Blätter nur noch schütter behaart oder verkahlend; von Savoyen bis in die Ötztaler Alpen; auf kalkarmem Gestein; ufernahes Geröll; selten; meist zwischen etwa 1500–2200 m) zur Sammelart *S. appendiculata* agg. zusammengefaßt.

Sal-Weide
Salix caprea

Ohr-Weide
Salix aurita

♂

Grau-Weide
Salix cinerea

♂

Großblättrige Weide
Salix appendiculata

♂

Bleiche Weide

Salix starkeana WILLD.
Weidengewächse *Salicaceae*

Beschreibung: Niedriger Strauch mit wenig verzweigten und daher schlank wirkenden Ästen. Kätzchen der männlichen Pflanzen 1,5–2,5 cm lang und 0,7–1 cm dick. Kätzchen der weiblichen Pflanzen 1,5–3 cm lang und 0,5–1 cm dick. Kätzchen erscheinen vor den Blättern. Junge Zweige kahl, braun oder rotbraun, glänzend. Holz der älteren Zweige ohne Längsstriemen, glatt. Blätter schmal-eiförmig, um 4–5 cm lang und 2–3 cm breit, zumindest im vorderen Drittel gekerbt, oberseits dunkelgrün, schütter kraus behaart, glänzend, unterseits grau- oder blaugrün, kahl. Mai. 20–80 cm.

Vorkommen: Braucht feuchten, oberflächlich kalkarmen und daher oft etwas torfigen Boden (der aber in einiger Tiefe durchaus kalkhaltig sein kann) in Gegenden mit kühlem Klima. Besiedelt vorwiegend arme Borstgrasrasen und Zwischenmoore. Vereinzelt im Alpenvorland, im Schwarzwald, auf der Schwäbischen Alb (Irrendorfer Hardt), (früher) in der Baar sowie im östlichen und nordöstlichen Teil des Tieflandes (Ostpreußen, Weichselmündung). Sehr selten.

Wissenswertes: ♄. Die Bleiche Weide ist ein Relikt aus der letzten Vereisungsperiode. Ihr Verbreitungsschwerpunkt liegt in Nordeuropa und im nördlichen Asien. Obschon sie den nordöstlichsten Zipfel des Tieflandes noch erreicht, fehlt sie in Mecklenburg-Vorpommern. Gleichermaßen kommt sie in der Schweiz nicht vor. Dies ist bemerkenswert, da sie in der Baar mehrere Standorte besitzt und im Schweizer Jura andere eiszeitliche Reliktarten häufig Wuchsorte gefunden haben. Vermoorte Stellen in den Jurahochtälern mit Kalk im Untergrund erfüllten eigentlich ihre Standortansprüche in idealer Weise.

Heidelbeer-Weide

Salix myrtilloides L.
Weidengewächse *Salicaceae*

Beschreibung: Niedriger Strauch, bei dem die Äste niederliegen und unterirdisch kriechen; aus ihnen entspringen die bogig aufsteigenden Zweige. Kätzchen der männlichen Pflanzen 1,5–2,5 cm lang und 6–8 mm dick. Kätzchen der weiblichen Pflanzen 2–3 cm lang und um 1 cm dick. Kätzchen erscheinen kurz vor oder mit den Blättern. Junge Zweige behaart, ältere kahl, rotbraun. Blätter schmal- oder breit-eiförmig, 1–2 cm lang und 1–2 cm breit, ganzrandig, am Grunde zuweilen abgestutzt, ja fast herzförmig, kahl, unterseits blaugrün; Blätter mit 6–8 Seitennerven. Mai–Juni. 10–50 cm.

Vorkommen: Braucht sehr nassen, sauren, nährstoffarmen, schlammig-torfigen Boden. Besiedelt Zwischenmoore und steht im Moor-Birkengebüsch. Sehr selten. Geht im Alpenvorland bis etwa 800 m; vereinzelt in der Oberpfalz; fehlt in den Alpen und in ganz Österreich, ebenso im Tiefland westlich der Oder und ist auch östlich von ihr eher selten.

Wissenswertes: ♄; ▽. Die Heidelbeer-Weide ist in den Vereisungsperioden des Glazials nach Mitteleuropa gelangt und hat sich hier allerdings nur an verhältnismäßig wenigen Stellen halten können. Durch die Trockenlegung potentieller Standorte ist sie im 20. Jahrhundert von den meisten ihrer früheren Fundorte verschwunden. Ihr Hauptareal liegt in Nordeuropa und in Nordasien. Ihr Vorkommen in Mitteleuropa ist als Relikt aus einer Zeit aufzufassen, in der Moore hierzulande in luftfeuchtem, eher kühlem Klima verbreitet waren. Von dieser Art sind – im Gegensatz zu anderen Weiden-Arten – nur wenige Bastarde beschrieben worden. Dies erklärt sich aus ihrer Standortarmut.

♂

Bleiche Weide
Salix starkeana

♂

Heidelbeer-Weide
Salix myrtilloides

♀

♀

♂

♀

Kriech-Weide
Salix repens

♂

Spieß-Weide
Salix hastata

Kriech-Weide

Salix repens L.
Weidengewächse *Salicaceae*

Beschreibung: Niedriger Strauch, bei dem die Äste niederliegen und unterirdisch kriechen; aus ihnen entspringen die bogig aufsteigenden Zweige. Die unterirdischen Äste durchziehen oft ansehnliche Flächen, so daß die oberirdischen Zweige einen „fleckigen" Teppich bilden, in dem allerdings auch noch andere Pflanzen hochkommen. Kätzchen der männlichen Pflanzen 1–1,5 cm lang und um 5 mm dick. Kätzchen der weiblichen Pflanzen 2,5–3 cm lang und um 1,5 cm dick. Kätzchen erscheinen meist kurz vor, gelegentlich auch mit den Blättern. Junge Zweige kahl, braun, aufrecht. Blätter lanzettlich, 1–4 cm lang und 0,5–2 cm breit, ganzrandig, auch ausgewachsen auf der Unterseite seidig behaart, sehr jung beidseitig seidig behaart; Blätter haben nur 4–6 Seitennerven; Blattrand nach unten eingerollt. April–Mai. 0,3–1 m.

Vorkommen: Braucht feuchten, nährstoffarmen, torfigen Boden. Besiedelt vor allem Streuwiesen auf oder an Mooren, Gebüsche auf Mooren, geht aber auch in Heiden und Dünen. Steigt in den Alpen bis über 1500 m. Selten, kommt aber an ihren Standorten meist in kleinen Beständen vor.

Wissenswertes: ♄. Die Kriech-Weide ist sehr vielgestaltig. Insbesondere in der Blattgröße und -form zeigt sie eine große Variabilität. Deswegen hat man innerhalb der Art mehrere Unterarten beschrieben, die aber schwer voneinander zu trennen sind. Die eindeutige Bestimmung wird nicht zuletzt noch dadurch kompliziert, daß die Kriech-Weide mit mehreren anderen Weiden-Arten leicht Bastarde bildet, so vor allem mit der verbreiteten Sal-Weide, der Grau-Weide sowie der Korb-Weide.

Spieß-Weide

Salix hastata L.
Weidengewächse *Salicaceae*

Beschreibung: Niedriger und dann buschiger Strauch; von der Spieß-Weide gibt es indessen auch viele Exemplare, bei denen die Äste ziemlich dicht am Boden kriechen und bei denen die Zweige bogig aufsteigen. Kätzchen der männlichen Pflanzen 3–5 cm lang und um 1 cm dick. Kätzchen der weiblichen Pflanzen 4–7 cm lang und 1–1,5 cm dick. Kätzchen erscheinen etwa mit den Blättern. Junge Zweige schütter behaart, hellbraun, ältere Zweige hellbraun bis rotbraun. Blätter eiförmig, 6–8 cm lang und 3–5 cm breit, oberseits mattgrün, unterseits graugrün, Rand dicht und sehr fein gezähnt; Blätter spätestens im Sommer beiderseits kahl. Netz der Blattadern auch auf der Unterseite fein und nicht erhaben. Die Blätter wirken insgesamt wenig derb, eher zart. Mai–Juli. 0,5–1,5 m.

Vorkommen: Braucht feuchten, lockeren, gut mit Humus durchsetzten, basenreichen Lehmboden in subalpiner Lage. Besiedelt vor allem das bachbegleitende Gebüsch und die Latschenstufe, geht aber auch auf Schutthalden und in felsige Matten. In Mitteleuropa in den Alpen, seltener im Schweizer Jura und in den Sudeten, und zwar bevorzugt in Höhen zwischen etwa 1000 und 2000 m. Zerstreut.

Wissenswertes: ♄. Die Spieß-Weide fällt vor allem durch ihre glanzlosen, im Verhältnis zum niedrigen Wuchs großen Blätter auf. Noch zur Jahrhundertwende wurde die Art auch aus dem Harz und den Vogesen angegeben; doch wurde sie in den letzten Jahrzehnten dort nicht mehr gefunden. Bezüglich der Vogesen ist es sogar angezweifelt worden, daß sie dort jemals vorgekommen ist. Bastarde sind bekannt; sie sind häufig ebenfalls zartblättrig.

Glanz-Weide

Salix glabra SCOP.
Weidengewächse *Salicaceae*

Beschreibung: Kriechstrauch, dessen Äste am Boden liegen und von dem die Zweige bogig aufsteigen; gelegentlich wächst die Glanz-Weide indessen auch als niedriger Strauch, dessen Äste zwar aufrecht, doch verhältnismäßig wenig verzweigt sind. Kätzchen der männlichen Pflanzen 3–5 cm lang und um 1 cm dick. Kätzchen der weiblichen Pflanzen 5–7 cm lang und um 1 cm dick. Kätzchen mit oder nach den Blättern erscheinend. Junge Zweige braun, kahl. Blätter eiförmig, 4–6 cm lang und 2–3 cm breit, schwach gekerbt, oberseits dunkelgrün und lackartig glänzend, unterseits hell blaugrün, matt, beidseitig kahl. Blätter werden beim Trocknen schwarz oder wenigstens sehr dunkel. Mai–Juni. 0,3–1,2 m.

Vorkommen: Braucht kalkreichen, nassen, lockeren, oft steinigen Lehmboden in subalpiner Lage. Kommt dort im Latschengebüsch und im bachbegleitenden Gebüsch vor, besiedelt aber auch Kiesbänke, Ufer und Stellen der Matten, an denen Sickerwasser austritt. Selten. Fehlt in den Westalpen. Kommt an ihren Standorten oft in kleineren Beständen vor. Bevorzugt Höhenlagen zwischen etwa 1500 und 2500 m.

Wissenswertes: ♃. Sehr selten wird die Glanz-Weide durch Hochwässer im Gebiet der Alpenflüsse ins Vorland verschleppt; dort faßt sie indessen meist nur vorübergehend Fuß; über Jahrzehnte hinweg hat sie sich jedenfalls an keinem der bekannt gewordenen Voralpenstandorte gehalten. – Von der Schwarzwerdenden Weide, deren Blätter beim Trocknen – wie schon ihr Name aussagt – ebenfalls schwarz werden, unterscheidet sich die Glanz-Weide durch die stets kahlen, glänzenden Blätter (glabra, lat. = kahl).

Schweizer Weide

Salix helvetica VILL.
Weidengewächse *Salicaceae*

Beschreibung: Niedriger Strauch, der nur höchst selten bodennah kriechende Äste besitzt, und normalerweise – wenig verzweigt – aufrecht wächst. Kätzchen der männlichen Pflanzen 2–3 cm lang und 1,2–1,5 cm dick. Kätzchen der weiblichen Pflanzen 3–6 cm lang und um 1 cm dick. Zumindest männliche Kätzchen meist vor den Blättern erscheinend. Junge Zweige gelbbraun, rostbraun, zuletzt dunkelbraun, jung filzig behaart, schon im Sommer fast kahl und glänzend. Blätter schmal-eiförmig, 4–7 cm lang und 2–3 cm breit, am Rand gewellt, oberseits kahl, unterseits dicht seidig behaart; oberseits dunkelgrün, unterseits – der Behaarung wegen – fast graugrün. Beim Trocknen werden die Blätter niemals schwarz, sondern eindeutig braun. Juni–Juli. 0,5–1,5 m.

Vorkommen: Braucht kalkarmen, sehr lockeren Boden, der nur wenig Feinerde enthält. Besiedelt vorzugsweise Blockhalden und Lawinenrutschen, geht aber auch auf Kiesbänke in und an Wasserläufen. Zerstreut. Bildet in den Schweizer Zentral- und Westalpen oft größere Bestände. Erreicht im Unterengadin etwa die Ostgrenze ihrer Verbreitung. Kommt vor allem in Höhen zwischen 1500 und 2500 m vor.

Wissenswertes: ♃. Die Schweizer Weide (*S. helvetica* VILL.) wird mit der Lappländischen Weide (*S. lapponum* L.) zur Sammelart *S. lapponum* agg. zusammengefaßt. *S. lapponum* L. kommt in Mitteleuropa nur im äußersten Nordosten (Ostpreußen) vereinzelt vor. Ihre südwestlichsten Standorte liegen am Oberlauf der Weichsel in Polen. Standorte aus Mecklenburg-Vorpommern sind nicht bekanntgeworden, obschon sich die Art dort eigentlich halten können sollte.

Korb-Weide

Salix viminalis L.
Weidengewächse *Salicaceae*

Beschreibung: Hoher Strauch oder niedriger Baum. Kätzchen der männlichen Pflanzen 2–3 cm lang und um 1 cm dick. Kätzchen der weiblichen Pflanzen 2–4 cm lang und um 1 cm dick. Kätzchen erscheinen vor den Blättern. Im Aufbruchsstadium sind sie fein seidig und silberglänzend. Junge Zweige lang aufgeschossen, gelbbraun, seltener graubraun oder rotbraun. Blätter schmal-lanzettlich, 10–15 cm lang und nur 1–1,5 cm breit, ganzrandig, wobei der Rand meist nach unten eingerollt ist, oberseits verwaschen grün, unterseits weiß behaart und daher mehr oder weniger hell graugrün. März–April. Als Strauch 2–4 m, als kleiner Baum bis 10 m.

Vorkommen: Braucht nassen, schlammig-tonigen, kalkhaltigen Boden, geht aber auch auf Kalkfeinkies bzw. auf Sand. Besiedelt Ufergebüsche und Kiesbänke, wird gelegentlich dort oder auf Wiesen in Talauen angebaut. Zerstreut. Kommt an ihren Standorten meist in mehr oder weniger lockeren Beständen vor. Steigt im Gebirge kaum über 1200 m.

Wissenswertes: ♄. Korb-Weiden werden durch das wiederholte Kappen der Zweige oft als „Kopfweiden" geschnitten. Wo solche Kopfweiden in der Überschwemmungszone und damit häufig im Wasser stehen, treiben sie aus ihren Stämmen „Wurzelbärte". – Die Korb-Weide und ihr häufigster Bastard mit der Mandel-Weide wurden früher – heute viel seltener – zur Herstellung von Weidenflechtwerk (Körbe) auch in Mitteleuropa genutzt. Korbmacher pflanzten sie zuweilen feldmäßig an. Als Stroh-Weide (*S.* × *stipularis* Sm.) ist der Bastard *S. atrocinerea* × *S. viminalis* beschrieben worden. Seine Blätter werden bis 2,5 cm breit und sind unterseits seidig behaart.

Filzast-Weide

Salix dasyclados Wimm.
Weidengewächse *Salicaceae*

Beschreibung: Mittelhoher, stark verzweigter Strauch. Kätzchen der männlichen Pflanzen 3–4,5 cm lang und um 1 cm dick. Kätzchen der weiblichen Pflanzen 4–5 cm lang und um 1 cm dick. Kätzchen erscheinen vor den Blättern. Junge Zweige dicht weißwollig behaart, später verkahlend; dann mit dunkelbrauner Rinde. Blätter 9–15 cm lang und nur 1–2 cm breit, lanzettlich, oberseits kahl und stumpf grün, unterseits grau, aber fast kahl (allenfalls die Nerven sind einigermaßen dicht behaart), ganzrandig oder am Rand schwach gewellt oder undeutlich gezähnt; Rand undeutlich nach unten eingerollt. März–April. 4–6 m.

Vorkommen: Braucht nassen, schlickigen, stickstoffsalzhaltigen Boden. Erreicht an der Oder die Westgrenze ihrer Verbreitung. Besiedelt in Flußtälern die Überschwemmungszonen. Sehr selten.

Wissenswertes: ♄. Die Filzast-Weide wurde früher im östlichen Mitteleuropa meist anstelle der Korb-Weide angebaut, da sie weniger wärmebedürftig ist. Aus solchen alten Anbauen ist sie da und dort beständig verwildert. Angeblich ist sie auch im süddeutschen Gebiet als Lieferant für Flechtgut kultiviert worden. Zumindest hier sind indessen keine Standorte bekannt geworden, an denen sich verwilderte Exemplare der Art hätten halten können. Ihre Herkunft ist unklar. Sicher ist sie ein Bastard. Als Elternarten glaubt man *S. cinerea* und *S. viminalis* nachgewiesen zu haben. Indessen kann man nicht alle Merkmale, die für die Filzast-Weide typisch sind, aus dieser Kreuzung erklären. Deshalb nimmt man an, daß noch eine dritte, bislang unbekannte Art (vielleicht Sal-Weide, *S. caprea*, s. S. 403) eingekreuzt worden ist.

Glanz-Weide
Salix glabra

♀

Korb-Weide
Salix viminalis

♀

Schweizer Weide
Salix helvetica

♀

Filzast-Weide
Salix dasyclados

♀

411

Lavendel-Weide

Salix eleagnos SCOP.
Weidengewächse *Salicaceae*

Beschreibung: Mittelhoher Strauch, seltener Baum. Kätzchen der männlichen Pflanzen 2–3 cm lang und um 5 mm dick. Kätzchen der weiblichen Pflanzen 4–6 cm lang und um 7 mm dick. Kätzchen erscheinen mit oder kurz vor den Blättern. Junge Zweige dünn, behaart, gelbgrün, oft überhängend, ältere stumpf braun oder rotbraun, kahl. Blätter schmal-lanzettlich, 8–12 cm lang und 1–1,2 cm breit, gezähnt; jung beidseitig behaart, später oben kahl und dunkelgrün, unten blaugrün und meist durch ziemlich dichte und krause Behaarung zusätzlich aufgehellt. Blattrand häufig nach unten eingerollt, vor allem gegen die Spitze fein gesägt. April–Mai. Als Strauch 3–8 m, als Baum bis etwa 15 m.

Vorkommen: Braucht kalkhaltigen, durchsickerten oder zumindest zeitweise feuchten, sehr lockeren Boden. Besiedelt vorwiegend Kiesbänke oder sandige Flußufer. Steigt im Gebirge bis etwa 1500 m und geht dort auch auf durchrieselten Gesteinsschutt. Selten, bildet aber an ihren Standorten oft kleinere, individuenreiche Bestände. Erreicht etwa an der Donau und am Oberrhein die Nordgrenze ihrer Verbreitung, da sie im Alpenvorland fast nur im Bereich der aus den Alpen kommenden Flüsse wächst.

Wissenswertes: ♄. Da die Lavendel-Weide ein reiches Wurzelwerk entwickelt, gehört sie in ihrem Verbreitungsgebiet zu den wichtigen Verfestigern von Ufern, vor allem wenn die Uferzonen ziemlich kiesig oder grobsandig sind. Allerdings erträgt sie wirklich reißende Hochwässer nicht ohne weiteres. Deshalb findet man sie flußnah vor allem in den Bereichen, an denen die Strömung ruhiger ist, oder aber flußfern auf höhergelegenen Schotterterrassen.

Purpur-Weide

Salix purpurea L.
Weidengewächse *Salicaceae*

Beschreibung: Mittelhoher, meist stark verästelter und daher ausladender Strauch, seltener von schlankem Wuchs. Sehr selten auch kleiner Baum. Kätzchen der männlichen Pflanzen 3–5 cm lang und um 1 cm dick. Kätzchen der weiblichen Pflanzen 1,5–3 cm lang und um 5 mm dick. Kätzchen erscheinen vor den Blättern. Junge Zweige oft purpurrot, aber auch olivgrün oder in verschiedenen Brauntönen, dünn und biegsam, meist schon sehr jung kahl. Blätter 6–12 cm lang und 0,5–1,5 cm breit, schmal-lanzettlich, nur an der Spitze gesägt, kahl (allenfalls kurz nach dem Austreiben unterseits schütter behaart), oben dunkelgrün, unten grau- oder blaugrün. Blattrand nicht umgerollt, sondern flach, im unteren Drittel ungezähnt, nach oben mit sehr kleinen, nach vorne weisenden Zähnen. März–Mai. 2–5 m.

Vorkommen: Braucht kalkhaltigen, nassen Boden, der im übrigen kiesig, sandig oder schlammig sein kann. Steigt in den Alpen über 2000 m. Besiedelt vor allem Ufer, Kies- und Sandbänke, geht aber auch in Auwälder. Zerstreut. Kommt an ihren Standorten meist in Beständen vor.

Wissenswertes: ♄. Wegen ihrer biegsamen Äste wurde die Purpur-Weide gelegentlich als Lieferant von Flechtgut angebaut. Derartige Pflanzungen fallen schon von weitem durch die rote Färbung auf. – Innerhalb der Art wurden mehrere Sippen beschrieben. Den Rang einer Unterart verdienen ssp. *purpurea*, die ausschließlich wechselständige Blätter besitzt. Bei der ssp. *lambertiana* (SM.) A. NEUM. hingegen können die Blätter auch gegenständig sein. Auch von der Purpur-Weide gibt es zahlreiche Bastarde.

Lavendel-Weide
Salix eleagnos

Purpur-Weide
Salix purpurea

♂

♀

♂

Reif-Weide
Salix daphnoides

Spitzblättrige Weide
Salix acutifolia

♂

♂

Reif-Weide

Salix daphnoides VILL.
Weidengewächse *Salicaceae*

Beschreibung: Meist niedriger Baum, seltener Strauch. Kätzchen der männlichen Pflanzen 3–4 cm lang und um 1,5 cm dick. Kätzchen der weiblichen Pflanzen 4–6 cm lang und um 1,5 cm dick. Kätzchen erscheinen mindestens 1 Monat vor den Blättern. Junge Zweige brechen leicht und sind auffallend hellblau bereift. Der Reif läßt sich abwischen. Die Farbe der darunter liegenden Rinde bzw. der älteren Zweige ist rostgelb. Blätter schmal-lanzettlich, 8–10 cm lang und um 2 cm breit, gesägt, jung behaart, später kahl, ledrig, oberseits dunkelgrün, unterseits graugrün. Februar–April. 3–10 m.

Vorkommen: Braucht kalkhaltigen, nährstoffreichen, nassen Boden, der im übrigen schlammig, sandig oder kiesig sein kann. Vereinzelt in den Mittelgebirgen, sonst vorwiegend in den Alpen und in ihrem Vorland. Besiedelt dort Ufer und Kiesbänke, steigt aber nur selten über 1500 m. Hier selten, aber an ihren Standorten meist in kleineren Beständen. Im Tiefland nur nördlich und östlich der Elbe vereinzelt. Westlich der Elbe wohl nur ausgepflanzt.

Wissenswertes: ♄. Wegen ihrer früh aufbrechenden Kätzchen wird die Reif-Weide gelegentlich im Alpengebiet auf gut durchlüftetem und feuchtem Boden als Zierpflanze angebaut. – Unter den Weiden zählt sie zu den Arten, die am leichtesten kenntlich sind; denn keine andere in Mitteleuropa einheimische Art besitzt bereifte 1jährige Zweige. Da man dieses Merkmal schon auf den ersten Blick unzweifelhaft erkennt, ist Fehlbestimmung fast unmöglich (vgl. Spitzblättrige Weide, rechts), zumal Bastardbildungen der Reif-Weide mit anderen Weidenarten ziemlich selten bekannt geworden sind.

Spitzblättrige Weide

Salix acutifolia WILLD.
Weidengewächse *Salicaceae*

Beschreibung: Hoher Strauch oder – sehr selten – kleiner Baum. Kätzchen der männlichen Pflanzen 2,5–3,5 cm lang und um 1,5 cm dick. Kätzchen der weiblichen Pflanzen 3–3,5 cm lang und um 1 cm dick. Kätzchen erscheinen vor den Blättern. Zweige dünn, biegsam, jung oft schwach bläulich bereift; der Reif läßt sich abwischen. Die Farbe der darunter liegenden Rinde bzw. auch die der älteren Zweige ist rostgelb. Blätter 8–12 cm lang und 1,5–2,5 cm breit, schmal-lanzettlich, gezähnt-gekerbt, oberseits dunkelgrün, unterseits graugrün, meist schon jung kahl. März–April. Als Strauch bis 4 m, als Bäumchen bis über 6 m.

Vorkommen: Braucht kalkhaltigen, zumindest feuchten und lockeren, daher oft etwas steinigen Boden. Heimat: Osteuropa und Zentralasien. In Mitteleuropa aus der Kultur vereinzelt verwildert.

Wissenswertes: ♄. Die Angaben über verwilderte Spitzblättrige Weiden aus den Alpen sind zweifelhaft und beruhen wahrscheinlich auf Verwechslungen mit der Reif-Weide oder ihren – zugegebenermaßen seltenen – Bastarden. – Die Spitzblättrige Weide wird in Mitteleuropa meist in einer „Trauerform" (*S. acutifolia* f. *pendulifolia*: Zweige bogig, Blätter senkrecht herabhängend) als Zierpflanze angebaut. Obschon sie – etwa seit dem 2. Weltkrieg – recht oft in Grünanlagen und Gärten eingebracht worden ist, sind beständige Einbürgerungen in bodenständige Pflanzengesellschaften nicht bekanntgeworden. Ebensowenig sind in Mitteleuropa Bastarde eindeutig diagnostiziert worden. Am Rande ihres Areals in Polen soll es Bastarde mit der Sal-Weide und mit der Grau-Weide geben.

Zaunrübe *Bryonia*
Stachelgurke *Echinocystis*
Haargurke *Sicyos*

Weiße Zaunrübe

Bryonia alba L.
Kürbisgewächse *Cucurbitaceae*

Beschreibung: Pflanze 1häusig, d.h. es gibt auf jedem Exemplar – getrennt voneinander – sowohl rein männliche als auch rein weibliche Blüten. Die männlichen Blüten stehen in lang gestielten Trauben. Die weiblichen Blüten befinden sich in doldenähnlichen, kurz gestielten Blütenständen, die den Achseln der mittleren und oberen Blätter entspringen. Blütenkrone um 1 cm lang, grünlich-weiß (auf die weißliche Grundfarbe bezieht sich der Name!), mit fast parallelen grünen Adern, schüsselförmig-weitglockig, bis auf etwa $\frac{1}{2}$ ihrer Länge in 5 eiförmige Zipfel geteilt; männliche Blüten 1–1,2 cm, weibliche 0,8–1 cm im Durchmesser (ausgebreitet gemessen). Frucht eine – reif – schwarze Beere, die um 8 mm im Durchmesser erreicht. Aus einer dicken, rübenartigen, leicht wulstig geringelten Wurzel treiben meist mehrere, langgliedrige Stengel aus, die durch kurze Borstenhaare rauh sind und die mit Hilfe von einfachen Ranken klettern. Blätter wechselständig, kurz gestielt, im Umriß breit-herzförmig, 5eckig bis handförmig-5lappig, mit eiförmig-3eckigen Lappen, die buchtig geschweift oder unregelmäßig entfernt gezähnt sind; sie sind beiderseits durch kurze Borstenhaare rauh. Juni–Juli. 2–3 m.

Vorkommen: Braucht stickstoffsalzhaltigen, lockeren, humosen Lehmboden in klimabegünstigten Lagen. Besiedelt Zäune, ortsnahe Hecken und Gebüsche. Vereinzelt in den tieferen Lagen der Lehmgebiete. Aus alten Kulturen verwildert und eingebürgert.

Wissenswertes: ♃; ☠. Enthält ein Harz mit triterpenoiden, bitterschmeckenden Cucurbitacinen, im Kraut möglicherweise auch Alkaloide. Saft hautreizend!

Zweihäusige Zaunrübe

Bryonia dioica Jacq.
Kürbisgewächse *Cucurbitaceae*

Beschreibung: Pflanze 2häusig, d.h. es gibt auf jedem Exemplar entweder nur männliche oder nur weibliche Blüten. Die männlichen Blüten stehen in lang gestielten Trauben. Die weiblichen in doldenähnlichen, kurz gestielten Blütenständen, die den Achseln der mittleren und oberen Blätter entspringen. Blütenkrone um 1 cm lang, männliche Blüten grünlich-weiß, weibliche weißlich-grün, mit fast parallelen grünen Adern, schüsselförmig-weitglockig, bis auf etwa $\frac{1}{2}$ ihrer Länge in 5 eiförmige Zipfel geteilt; männliche Blüten 1–1,2 cm, weibliche 0,8–1 cm im Durchmesser (ausgebreitet gemessen). Frucht eine Beere, die um 6,5 mm dick wird und zunächst grün, dann rot gefärbt ist. Aus einer dicken, rübenartigen und meist verzweigten Wurzel treiben langgliedrige Stengel aus, die durch kurze Borstenhaare rauh sind und mit Hilfe von einfachen Ranken klettern. Blätter wechselständig, kurz gestielt, im Umriß breit-herzförmig, handförmig 5lappig, mit eiförmig-3eckigen Lappen, die buchtig geschweift oder unregelmäßig gezähnt sind; sie sind beiderseits durch kurze Borstenhaare rauh. Juni–Juli. 2–3 m.

Vorkommen: Braucht stickstoffsalzreichen, lockeren, humos-steinigen, oft ruderal beeinflußten Lehmboden in warmen Lagen. Besiedelt ortsnahe Gebüsche und aufgelassene Weinberge. Im Tiefland vor allem am Unterlauf der Elbe und östlich von ihr selten, sonst nur vereinzelt; in den Gebieten der Mittelgebirge, in denen Lehmböden vorkommen, zerstreut. Fehlt im Hauptteil der Alpen.

Wissenswertes: ♃; ☠. Enthält Harz mit giftigen, triterpenoiden Cucurbitacinen. Saft hautreizend!

Stachelgurke

Echinocystis lobata (MICHX.) TORR. & GRAY
Kürbisgewächse *Cucurbitaceae*

Beschreibung: Pflanze 1häusig, d.h. es gibt auf jedem Exemplar – getrennt voneinander – sowohl rein männliche als auch rein weibliche Blüten. Die männlichen Blüten stehen in traubig-rispigen, lang gestielten Blütenständen in den Achseln der mittleren und oberen Blätter; die weiblichen Blüten sitzen einzeln in Blattachseln. Kelch 6teilig, bis fast zum Grund geteilt, Zipfel fadenförmig, kaum 1 mm lang. Blütenkrone in 6 Zipfel geteilt, um 1 mm lang, weiß, drüsig behaart. Frucht – vorne oft unregelmäßig abgeplattet – eiförmig, 4–5 cm lang, 3–4 cm dick, dicht mit steifen, abstehenden Borsten bestanden, die 5–8 mm lang werden; reife Samen dunkelbraun, 1,5–1,8 cm lang, flach, Rand unverdickt, Umriß eilänglich. Stengel mit Hilfe der verzweigten Ranken kletternd, kahl, verzweigt, gefurcht. Blätter wechselständig, lang gestielt; Spreite 10–12 cm lang und fast ebenso breit, bis auf etwa $\frac{1}{2}$ ihres Halbmessers 3–7teilig; Abschnitte schmal-3eckig, am Rand unregelmäßig und wenig tief gekerbt-gezähnt, nur am Rand kurzhaarig, Blattoberseite beim Darüberstreichen durch kurze Höcker rauh. Juni–August. 1–6 m.

Vorkommen: Braucht nährsalzreichen, sandig-kiesigen, wenigstens zeitweise feucht-nassen, kiesig-sandigen Lehmboden in warmen Lagen. Heimat: Wärmere Gegenden von Nordamerika; in Mitteleuropa als Zierpflanze gelegentlich angebaut und örtlich – z.B. am Unterlauf von Neckar und Main und am Rhein zwischen den Mündungen dieser Ströme – im Ufergebüsch beständig verwildert.

Wissenswertes: ☉; ☠. Enthält giftige Cucurbitacine.

Haargurke

Sicyos angulatus L.
Kürbisgewächse *Cucurbitaceae*

Beschreibung: Pflanze 1häusig, d.h. es gibt auf jedem Exemplar – getrennt voneinander – sowohl rein männliche als auch rein weibliche Blüten. Die männlichen Blüten stehen in einfachen, mehrblütigen, lang gestielten Trauben. Die weiblichen Blüten sitzen kopfig gehäuft in den Achseln derselben Blätter, aus der der Blütenstandsstiel der männlichen Blüten entspringt. Blütenkrone um 1,2 cm lang, grünlich-weiß, schüsselförmig-weitglockig, bis auf etwa $\frac{1}{2}$ ihrer Länge in 5 eiförmige Zipfel geteilt; Farbe der männlichen Blüten meist mehr weißlich, die der weiblichen Blüten meist mehr grünlich. Frucht ganz leicht zusammengedrückt, aber sonst gurkenähnlich, nur etwa 1,5 cm lang und etwa halb so dick, meist zu mehreren in köpfchenartigen Fruchtständen, die in den Blattachseln stehen. Stengel mit Hilfe der verzweigten Ranken kletternd, meist ziemlich dicht behaart. Blätter wechselständig, kurz gestielt, im Umriß breit-herzförmig, deutlich 5eckig bis tief 5lappig, mit spitzen und oft unregelmäßig, zuweilen sehr entfernt gezähnten Lappen; Blattgrund in der Regel tief herzförmig. Juni–August. 1–4 m.

Vorkommen: Braucht stickstoffsalzreichen, locker-humosen, ruderal beeinflußten, aber feuchten Lehmboden. Heimat: Wärmere Gebiete von Nordamerika, in Mitteleuropa gelegentlich als Zierpflanze zum Begrünen von Zäunen und Pergolen gepflanzt und örtlich aus der Kultur verwildert, aber überall nur unbeständig und nach wenigen Jahren wieder verschwunden.

Wissenswertes: ☉; ☠. Zumindest die Samen enthalten ein giftiges Cucurbitacin, möglicherweise auch Saponine.

Stachelgurke
Echinocystis lobata

Weiße Zaunrübe
Bryonia alba

♂

Haargurke
Sicyos angulatus

♂

♀

♀

Zweihäusige Zaunrübe
Bryonia dioica

417

Gurke *Cucumis*
Kürbis *Cucurbita*
Spritzgurke *Ecballium*
Quetschgurke *Thladiantha*

Gurke

Cucumis sativus L.
Kürbisgewächse *Cucurbitaceae*

Beschreibung: Pflanze 1häusig, d. h. es gibt auf jedem Exemplar – getrennt voneinander – sowohl rein männliche als auch rein weibliche Blüten. Die männlichen Blüten stehen – scheindoldig-büschelig gehäuft – auf einem Blütenstandsstiel in den Achseln der mittleren und oberen Blätter; die weiblichen Blüten stehen – kurz gestielt – einzeln in den Achseln oft derselben Blätter. Blütenkronen sowohl der männlichen als auch der weiblichen Blüten 1,8–3 cm lang, gelb, bis auf etwa $\frac{1}{2}$ ihrer Länge in 5 breit eiförmig-3eckige Zipfel geteilt, 1,8–3,5 cm im Durchmesser (ausgebreitet gemessen; männliche Blüten deutlich größer als weibliche). Frucht eine gurkenförmige Beere, die 10–60 cm lang werden kann. Stengel kriechend und mit Hilfe einfacher Ranken kletternd, borstig rauhhaarig. Blätter lang gestielt; Spreite 10–15 cm im Durchmesser, im Umriß 5eckig, wenig tief 3–5lappig, am Grunde herzförmig, am Rand unregelmäßig gezähnt, rauhhaarig. Juni–August. 1–4 m.

Vorkommen: Braucht stickstoffsalzreichen, humosen, lockeren Boden in sommerwarmen Lagen. Kulturpflanze, Heimat: Vorderindien. In zahlreichen Sorten gepflanzt und örtlich vereinzelt und unbeständig in der Nähe von Gartenanlagen auf Kompost verwildert.

Wissenswertes: ☉. Die Blätter und – bei einigen Sorten – die grünen Schalen der Früchte enthalten geringe Mengen von bitter schmeckendem, schwach giftigem Cucurbitacin. – Ähnlich: Melone, *C. melo* L.: Frucht eiförmig bis rundlich; Blätter mit stumpfen Lappen. Kulturpflanze, vermutlich aus Afrika, die in zahlreichen Sorten in den wärmeren Gegenden – kaum indessen in Mitteleuropa – angebaut wird.

Gewöhnlicher Kürbis

Cucurbita pepo L.
Kürbisgewächse *Cucurbitaceae*

Beschreibung: Pflanze 1häusig, d. h. es gibt auf jedem Exemplar – getrennt voneinander – sowohl rein männliche als auch rein weibliche Blüten; selten kommen auch zwittrige Blüten vor. Die männlichen Blüten stehen doldig-büschelig in den Achseln der mittleren und oberen Blätter; die weiblichen Blüten stehen einzeln und kurz gestielt in den Achseln oft derselben Blätter; Blütenstiele 5kantig. Blütenkrone gelb, 4–5 cm lang, bis auf etwa $\frac{1}{2}$ ihrer Länge in 5 breiteiförmige bis breit-3eckige Zipfel geteilt; Blütenkrone 7–10 cm im Durchmesser (ausgebreitet gemessen). Frucht eine festfleischige Beere, je nach Sorte verschieden gestaltet und von unterschiedlicher Farbe, zylindrisch bis kugelig, turban- oder flaschenförmig, 10–60 cm lang, oft fast ebenso dick, glatt oder warzig, einfarbig, mehrfarbig, gestreift oder gefleckt, gelb, orange, grün oder braun. Stengel kriechend oder mit Hilfe von 3–7teiligen Ranken kletternd. Blätter lang gestielt, Spreite im Durchmesser bis 30 cm, oft bis über die Mitte, ja fast bis zum Grund handförmig-5teilig, am Grunde herzförmig, Lappen spitz, rauhhaarig. Juni–September. 2–10 m.

Vorkommen: Braucht feucht-frischen, stickstoffsalzreichen, locker-humosen Boden in warmer Lage. Kulturpflanze aus Mittelamerika, die in zahlreichen Sorten als Gemüse- oder Zierpflanze angebaut wird; vereinzelt örtlich und unbeständig in der Nähe von Gartenanlagen auf Kompost verwildert.

Wissenswertes: ☉. Ähnlich: Riesen-Kürbis (*C. maxima* DUCHESNE): Fruchtstiele rund, Blattlappen stumpf; Früchte bis über 50 kg schwer. Futter- und Gemüsepflanze aus Argentinien, die gelegentlich angebaut wird.

Gurke
Cucumis sativus

Spritzgurke
Ecballium elaterium

Quetschgurke
Thladiantha dubia

Gewöhnlicher Kürbis
Cucurbita pepo

Spritzgurke
Ecballium elaterium (L.) Rɪᴄʜ. f.
Kürbisgewächse *Cucurbitaceae*

Beschreibung: Pflanze 1häusig, d. h. es gibt auf jedem Exemplar – getrennt voneinander – sowohl rein männliche als auch rein weibliche Blüten. Die männlichen Blüten stehen in mäßig lang gestielten Trauben in den Achseln der mittleren und der oberen Blätter; die weiblichen Blüten stehen – kurz gestielt – in den Achseln oft derselben Blätter. Blütenkrone um 2 cm lang, gelblich, bis auf etwa ½ ihrer Länge in 5 eiförmig-3eckige Zipfel geteilt (männliche Blüten etwas größer als weibliche, 2–2,5 cm im Durchmesser, ausgebreitet gemessen). Frucht eine gurkenähnliche Beere, die 4–5 cm lang und etwa halb so dick wird. Stengel niederliegend, rauhhaarig, kriechend, rankenlos. Blätter wechselständig, lang gestielt; Spreite 4–10 cm im Durchmesser, herzförmig bis breit-3eckig, nicht gelappt, sondern am Rand unregelmäßig gezähnt, allenfalls weitbuchtig geschweift, etwas wellig und fleischig, rauhhaarig. Juni–August. 20–80 cm.

Vorkommen: Braucht stickstoffsalzreichen, lockeren, steinig-lehmigen Boden in warmer Lage. Heimat: Mittelmeergebiet, bei uns sehr selten eingeschleppt und ortsnah, zuweilen auch auf Müllhalden, verwildert.

Wissenswertes: ☉–♃; ☠. Enthält bitter schmeckende, giftige Cucurbitacine. Die Früchte haben eine elastische Wand. Im Innengewebe entsteht bei der Reife durch Wasseraufnahme ein Druck von fast 14 Atmosphären. An der Ansatzstelle des Stiels befindet sich ein Trenngewebe, das sich an reifen Früchten schon bei leichter Berührung löst. Durch den Gegendruck der Fruchtwand werden die Samen aus dem entstehenden Loch bis zu 12 m fortgespritzt, die Frucht durch den Rückstoß weggeschleudert.

Quetschgurke
Thladiantha dubia Bᴜɴɢᴇ
Kürbisgewächse *Cucurbitaceae*

Beschreibung: Pflanze 2häusig, d. h. auf einem Exemplar befinden sich entweder nur weibliche oder nur männliche Blüten. Männliche Blüten in kurzen, armblütigen Trauben, zuweilen auch einzeln in den Achseln der mittleren und oberen Blätter; weibliche Blüten kurz gestielt einzeln in den Achseln der mittleren und oberen Blätter. Blütenkrone goldgelb, 2,5–3 cm lang, bis auf etwa ⅕ ihrer Länge in 5 breit-eiförmige, stumpfliche Zipfel geteilt, die außen ziemlich dicht behaart sind, schüsselförmig-gewölbt bis weitglockig. Frucht 4–5 cm lang und etwa halb so dick, länglich-eiförmig bis gurkenartig, mit 10 flachen Längsfurchen, stachelig, anfangs schwärzlich-grün, reif dunkelrot. Aus den ausdauernden Wurzelknollen entspringen meist mehrere Stengel, die mit Hilfe einfacher Ranken klettern und die weich behaart sind. Blätter wechselständig, gestielt; Spreiten 5–10 cm im Durchmesser, breiteiförmig, spitz zulaufend, am Rand gezähnt. Juni–September. 1–5 m.

Vorkommen: Braucht stickstoffsalzhaltigen, oft etwas ruderal beeinflußten, lehmig-steinigen oder sandig-lehmigen Boden in ausgesprochen sommerwarmen Lagen. Zierpflanze aus Nord-China, die in warmen Gegenden gelegentlich angebaut wird und die örtlich – doch meist unbeständig – verwildert ist, vor allem am Alpensüdfuß; in den Mittelmeerländern und in Südosteuropa soll die Art sogar neuerdings örtlich eingebürgert sein.

Wissenswertes: ♃. Über Inhaltsstoffe ist uns nichts bekanntgeworden, doch könnten die Früchte giftige Cucurbitacine enthalten, die auch bei nahe verwandten Arten häufig anzutreffen sind.

Lindengewächse *Tiliaceae* ▶

Linde *Tilia*

Malvengewächse *Malvaceae* ▶

Stundenblume *Hibiscus*
Strauchpappel *Lavatera*

Sommer-Linde

Tilia platyphyllos SCOP.
Lindengewächse *Tiliaceae*

Beschreibung: 2–5 Blüten (selten mehr) stehen in einem Blütenstand, der aus der Achsel eines Blattes an einem jungen Zweig entspringt. Blüten unscheinbar, gelblich-weiß, 1–1,5 cm im Durchmesser (ausgebreitet gemessen). 30–40 Staubblätter; keine sterilen Staubblätter („Staminodien"). Frucht kugelig, verholzt, mit 4–5 deutlichen Längsrippen. Flügelartiges Hochblatt reicht bis zum Grunde des Blütenstandsstiels. Hoher Baum mit breiter, lockerer Krone, sehr selten Strauch. Blätter fast 2zeilig angeordnet, weich, 5–15 cm im Durchmesser, oberseits meist auf den Nerven behaart, beiderseits etwa gleichfarben oder unterseits etwas heller grün, in den Innenwinkeln der Blattnerven unterseits mit einem Büschel weißer Haare, außerdem auf den Nerven und oft auch auf der Spreitenunterseite behaart. Juni–Juli. 25–40 m, als Strauch 3–8 m.

Vorkommen: Braucht steinigen, lehmigen Boden. Besiedelt Schluchtwälder und Bergwälder in Lagen ohne extreme Fröste und mit ziemlich hoher Luftfeuchtigkeit. Fehlt im Tiefland größeren, sonst nur kleineren Gebieten. Vielfach als Zierbaum gepflanzt. Geht im Gebirge bis über 1200 m. Zerstreut.

Wissenswertes: ♄. Die Sommer-Linde bildet mit der Winter-Linde einen Bastard (Holländische Linde, *T.* × *vulgaris* HAYNE: Blätter unterseits bleichgrün; Haarbüschel in den Aderwinkeln auf der Blattunterseite hellgelblich; Frucht ohne deutliche Längsrippen; auf gemeinsamen Standorten; selten). – Ähnlich: *T.* × *euchlora* KOCH: Zweige gelbgrün; Blätter dunkelgrün, glänzend; Blattzähne mit Grannenspitze. Park- und Alleebaum; ziemlich oft gepflanzt, doch wohl nirgends beständig verwildert.

Winter-Linde

Tilia cordata MILL.
Lindengewächse *Tiliaceae*

Beschreibung: 5–10 Blüten stehen in einem Blütenstand, der aus der Achsel eines Blattes an einem jungen Zweig entspringt. Blüten unscheinbar, gelblich-weiß, 1–1,5 cm im Durchmesser (ausgebreitet gemessen). 15–30 Staubblätter; sterile Staubblätter („Staminodien") oft vorhanden. Frucht kugelig, verholzt, mit nur 2–3, meist sehr undeutlichen Längsrippen. Flügelartiges Hochblatt reicht nie zum Grunde des Blütenstandsstiels. Hoher Baum mit flachkugeliger Krone, sehr selten Strauch. Blätter fast 2zeilig angeordnet, steif, 3–8 cm im Durchmesser, oberseits höchstens einige Drüsenhaare auf den Nerven, sonst kahl, dunkelgrün, unterseits blaugrün und in den Innenwinkeln der Blattnerven unterseits mit einem Büschel rotbrauner Haare (nur an sehr jungen Blättern sind die Haarbüschel noch weiß), höchstens auf den Nerven noch einige Drüsenhaare, sonst kahl. Juni–Juli. 15–25 m, als Strauch 3–5 m.

Vorkommen: Braucht steinigen, tiefgründigen, etwas kalkhaltigen Lehm- oder Tonboden. Besiedelt Auenwälder und nicht zu trockene Bergwälder in warmen Lagen. Fehlt im Tiefland größeren, sonst nur kleineren Gebieten. Vielfach als Zierbaum gepflanzt. Geht im Gebirge bis über 1400 m.

Wissenswertes: ♄. Ähnlich: Amerikanische Linde (*T. americana* L.): Mehr als 40 Staubblätter; Frucht ohne Rippen; Blätter 10–20 cm im Durchmesser, Blattzähne grannenspitz. Park- und Alleebaum, oft gepflanzt. – Silber-Linde (*T. tomentosa* MOENCH): Blattunterseite weißfilzig. Park- und Alleebaum; Heimat: Südosteuropa; da industriefest, neuerdings oft gepflanzt; für Bienen wenig verträglich.

Stundenblume

Hibiscus trionum L.
Malvengewächse *Malvaceae*

Beschreibung: Die Blüten stehen einzeln auf ziemlich langen Stielen in den Achseln der oberen Blätter. Sie blühen nur wenige Stunden am Vormittag, ehe sie welken. Blüten 3,5–5,5 cm im Durchmesser (ausgebreitet gemessen), hell schwefelgelb. Blütenblätter 5, am Grunde mit einem dunkelvioletten Fleck und selten auch noch mit einem violetten Rand. Die zahlreichen Staubblätter sind zu einer zentralen, säulenartigen Röhre verwachsen. Außenkelch aus meist 12 (10–13) schmal-linealen, borstig bewimperten Blättchen. Innenkelch mit 5 Zipfeln, zur Fruchtzeit vergrößert und blasig aufgetrieben, mit vorstehenden, steif borstig behaarten Längsnerven. Stengel niederliegend, aufsteigend oder aufrecht, verzweigt. Blätter wechselständig, die mittleren und oberen tief 3–5fach fiederteilig bis 3–5fach handförmig geteilt; Abschnitte wiederum – allerdings weniger ausgeprägt – fiederteilig. Untere Blätter fast rund und nur wenig gelappt, kleiner als die mittleren und oberen Blätter. Blätter deutlich gestielt. An der Basis des Blattstiels befinden sich 2 fädliche Nebenblätter. Juni–September. 10–60 cm.

Vorkommen: Braucht lockeren, steinigen oder kiesig-sandigen Lehmboden, der etwas stickstoffsalzhaltig sein sollte und zeitweise recht trocken sein kann. In Mitteleuropa Zierpflanze und sehr selten und unbeständig in klimabegünstigten Gegenden verwildert.

Wissenswertes: ☉. Die ursprüngliche Heimat der Stundenblume ist das östliche Mittelmeergebiet; heute ist sie im gesamten Mittelmeerraum bis zum Alpensüdfuß eingebürgert. Der deutsche Name bezieht sich auf die nur etwa von 7–11 Uhr geöffneten Blüten.

Thüringer Strauchpappel

Lavatera thuringiaca L.
Malvengewächse *Malvaceae*

Beschreibung: Die Blüten stehen einzeln in einer langen, lockeren, beblätterten Traube am Ende des Stengels. Blüten 4–8 cm im Durchmesser (ausgebreitet gemessen), hellrosa bis blaß purpurviolett, dunkler geadert. Blütenblätter 5, vorn tief ausgerandet, am Grunde behaart. Die zahlreichen Staubblätter sind zu einer Röhre verwachsen, die etwa 2–4 cm lang und damit etwas länger als der Kelch wird. Außenkelch verwachsen, mit meist 3 rundlichen, vorne zuerst stumpfen, dann in eine fast aufgesetzte Spitze auslaufenden, filzig behaarten Zipfeln. Kelchblätter 5, frei, rundlich-eiförmig, zugespitzt, länger als die Zipfel des Außenkelchs. Stengel aufrecht, verzweigt, rund, locker beblättert, in der oberen Hälfte meist deutlich und oft etwas kurzfilzig behaart. Blätter wechselständig, handförmig-5teilig gelappt, die obersten Blätter in der Regel nur 3lappig; Lappen ungleich gekerbt-gesägt, zuweilen zugespitzt. Nebenblätter um 5 mm lang, lanzettlich, an den unteren Blättern meist früh abfallend. Juli–September. 0,5–1 m.

Vorkommen: Braucht stickstoffsalzreichen, feuchten Lehm- oder Tonboden, der etwas kochsalzhaltig sein kann. Bevorzugt sommerlich warme Lagen. Besiedelt vorwiegend Ödland und Schwemmflächen an Flüssen, geht auch ins Ufergebüsch. In Mitteleuropa fast überall nur eingeschleppt und unbeständig verwildert. Ursprünglich wahrscheinlich nur in Niederösterreich und im Burgenland; auch dort selten.

Wissenswertes: ♃. Ähnlich: Baumförmige Strauchpappel (*L. arborea* L.): Blüten 3–4,5 cm im Durchmesser, purpurviolett, dunkler geadert. Kelchblätter 5, kürzer als der Außenkelch. Alpensüdfuß. Sehr selten.

Sommer-Linde
Tilia platyphyllos

Stundenblume
Hibiscus trionum

Thüringer Strauchpappel
Lavatera thuringiaca

Winter-Linde
Tilia cordata

Echter Eibisch

Althaea officinalis L.
Malvengewächse *Malvaceae*

Beschreibung: Die Blüten stehen in armblütigen Trauben in den Achseln der oberen Blätter und am Ende des Stengels. Blüten 3,5–5 cm im Durchmesser (ausgebreitet gemessen), weiß (oft rötlich überhaucht) bis hellrosa. Blütenblätter 5, vorne seicht ausgerandet, am Grunde innen bärtig. Die zahlreichen Staubblätter sind zu einer etwa 1 cm langen Röhre verwachsen. Außenkelch aus 6–9 eiförmig bis zugespitzten, an der Spitze filzig behaarten Blättern, die rund 1 cm lang werden und am Grunde miteinander verwachsen sind. Kelchblätter 5, etwa 5 mm lang, breit-eiförmig, auch am Grund nicht miteinander verwachsen. Stengel aufrecht, meist einfach, dicht und weich behaart. Blätter wechselständig, länger als breit, unregelmäßig grob gezähnt oder wenig tief handförmig 3–5lappig, wie der Stengel samtig behaart. Juli–September. 0,6–1,5 m.

Vorkommen: Braucht kalkreichen oder doch basischen, stickstoffsalzreichen, zeitweise feuchten Tonboden, geht auch auf Sand und auf kochsalzhaltige Böden. Besiedelt Röhricht an Gräben und Naßwiesen; an der Ostseeküste von Schleswig-Holstein und Mecklenburg-Vorpommern sehr selten; in Brandenburg, Sachsen-Anhalt, Thüringen, in der Pfalz und im Hessisch-Fränkischen Triasgebiet vereinzelt; in Niederösterreich, im Burgenland und in der östlichen Steiermark selten; sonst örtlich und meist unbeständig verwildert.

Wissenswertes: ♃; ▽. Der Echte Eibisch enthält u. a. in den Wurzeln Schleimstoffe, in den Blättern auch ätherisches Öl. Wegen der Schleimstoffe wurde er als Arzneipflanze seit langem angebaut. Der Anbau soll schon von Karl dem Großen empfohlen worden sein.

Rauher Eibisch

Althaea hirsuta L.
Malvengewächse *Malvaceae*

Beschreibung: Die Blüten stehen einzeln und auf langen Stielen am Stengelende in den Achseln der obersten Blätter; die Blütenstiele sind so lang, daß die Blüten am Stengelende doldig angeordnet zu sein scheinen. Blüten 2,5–4 cm im Durchmesser (ausgebreitet gemessen), bleichlila bis verwaschen hellblau. Blütenblätter 5, vorne fast gestutzt oder sehr seicht ausgerandet, am Grunde bärtig. Die zahlreichen Staubblätter sind zu einer kaum 1 cm langen Röhre verwachsen. Außenkelch aus 6–9 Blättern, die am Grunde miteinander verwachsen sind; vorne sind sie in eine lange Spitze ausgezogen; insgesamt werden sie etwa 1,5 cm lang. Kelchblätter 5, nicht miteinander verwachsen, lanzettlich, spitz auslaufend. Zipfel des Außenkelchs und Kelchblätter borstlich-steif und wimperig behaart. Stengel aufsteigend oder aufrecht, stumpfkantig, abstehend und borstlich behaart. Blätter wechselständig; untere rundlich-herzförmig, gekerbt; mittlere Stengelblätter handförmig-5teilig, obere handförmig bis fast zum Grund meist 3teilig. Blattabschnitte der obersten Blätter lanzettlich; alle Blätter stumpf gezähnt, oberseits fast kahl, am Rand und unterseits auf den Nerven borstig behaart. Mai–August. 20–50 cm.

Vorkommen: Braucht kalkhaltigen Lehm- oder Tonboden in Lagen mit warmen Sommern. Besiedelt Ödland und Hackfruchtäcker. Eifel, Pfalz, Schwäbisch-Fränkisches Muschelkalk- und Keupergebiet, Baar, Thüringen: vereinzelt, desgleichen in den wärmeren Gebieten der Schweiz, in Niederösterreich, im Burgenland und in der östlichen Steiermark.

Wissenswertes: ☉. Heimat: Mittelmeergebiet. Bei uns nur eingeschleppt und meist unbeständig.

Rauher Eibisch
Althaea hirsuta

Gewöhnliche Stockrose
Alcea rosea

Rosen-Malve
Malva alcea

Echter Eibisch
Althaea officinalis

425

Gewöhnliche Stockrose
Alcea rosea L.
Malvengewächse *Malvaceae*

Beschreibung: Die Blüten stehen einzeln oder zu 2–4 in den Achseln der oberen Blätter; sie sind um so kürzer gestielt, je höher sie am Stengel ansitzen; die obersten Blüten sitzen dicht zusammen und bilden eine lange, schlanke, meist vielblütige Ähre. Blüten 6–9 cm im Durchmesser (ausgebreitet gemessen), weiß, hellrot bis hellpurpurn oder schwarzrot. Blütenblätter 5, breiter als lang, sich mit den Rändern überdekkend, am Grunde bärtig, vorne meist seicht ausgerandet und etwas wellig. Die zahlreichen Staubblätter sind zu einer Röhre verwachsen. Außenkelch aus 6–9 3eckigen, spitz auslaufenden Zipfeln, die 5–8 mm lang werden und am Grunde miteinander verwachsen sind. 5 Kelchblätter, 1–1,3 cm lang, 3eckig, stumpflich, auch am Grunde nicht miteinander verwachsen. Stengel steif aufrecht, fast rutenartig, unverzweigt, steif und schütter rauhhaarig. Blätter wechselständig, langstielig, ziemlich tief handförmig 5–7lappig, mit herzförmigem Grund, runzelig, steifhaarig, gekerbt. Juli–Oktober. 1–3 m.

Vorkommen: Braucht kalkhaltigen, steinigen, nicht zu flachgründigen Lehmboden. In Mitteleuropa nur Zierpflanze. Gartennah auf Ödland selten und unbeständig verwildert.

Wissenswertes: ☉. Eine Wildform der Gewöhnlichen Stockrose ist unbekannt. Nachweislich wurde sie im 16. Jahrhundert aus dem Orient nach Europa gebracht. Sie wurde sogar feldmäßig angebaut; den Blütenfarbstoff der schwarzroten Blüten benutzte man früher zum Färben von Wein; wegen des Schleimgehalts wurden getrocknete Blüten auch als Hustenmittel gebraucht. Die Art wurde früher in die Gattung Eibisch *(Hibiscus)* gestellt.

Rosen-Malve
Malva alcea L.
Malvengewächse *Malvaceae*

Beschreibung: Die Blüten stehen einzeln in den Achseln der mittleren und oberen Blätter und unregelmäßig traubig im oberen Stengelbereich, wobei sie am Stengelende oft etwas dichter, fast kopfig gehäuft sind. Blüten 4–7,5 cm im Durchmesser (ausgebreitet gemessen), rosa bis hell purpurviolett. Blütenblätter 5, vorne gestutzt und der gestutzte Rand deutlich – wenn auch meist nur seicht – ausgerandet, oft etwas wellig, dunkler geadert. Die zahlreichen Staubblätter sind zu einer 1–1,5 cm langen Röhre verwachsen. Meist 3, untereinander freie, schmal-eiförmige, etwa 6 mm lange Außenkelchblätter, die mit den Kelchblättern an der Basis verwachsen sind; 5 eiförmig bis 3eckige Kelchblätter, die unten miteinander verwachsen sind und fast 1 cm lang werden. Stengel aufrecht, einfach oder verzweigt, oben schütter rauhhaarig. Blätter wechselständig; unterste Blätter nicht oder nur wenig geteilt, rundlich bis nierenförmig; obere Blätter sehr tief 3–7teilig (oberste meist nur 3teilig), mit wiederum fiederteiligen oder tief, doch stumpf gezähnten, schlanken Abschnitten. Blattspreite oberseits mit kleinen, auf den ersten Blick unauffälligen Haarbüscheln. Juni–September. 0,4–1 m.

Vorkommen: Braucht kalkhaltigen, lockeren, nährstoffreichen Lehmboden. Besiedelt Böschungen, Ödland, geht aber auch in stickstoffbeeinflußte Trockengebüsche. Fehlt im Tiefland, in den Mittelgebirgen mit kalkarmen Gesteinen, im Alpenvorland und in den Zentralalpen größeren Gebieten. Sonst selten, aber oft in individuenreichen, wenn auch lockeren Beständen. Geht in den Alpen bis über 1000 m.

Wissenswertes: ♃. Gelegentlich auch als Zierpflanze angebaut.

Moschus-Malve

Malva moschata L.
Malvengewächse *Malvaceae*

Beschreibung: Die Blüten stehen einzeln oder zu 2–3 in den Achseln der mittleren und oberen Blätter und unregelmäßig traubig im oberen Stengelbereich, wobei sie am Stengelende oft etwas dichter, fast kopfig gehäuft sind. Blüten 4–6 cm im Durchmesser (ausgebreitet gemessen), rosa bis hell purpurviolett. Blütenblätter 5, vorne gestutzt und der gestutzte Rand deutlich – wenn auch meist nur seicht – ausgerandet, oft etwas wellig oder buchtig-gezähnt, meist dunkler geadert. Die zahlreichen Staubblätter sind zu einer 1–1,5 cm langen Röhre verwachsen. Meist 3, untereinander freie, lineal-lanzettliche, 3–5 mm lange Außenkelchblätter, die mit den Kelchblättern an der Basis verwachsen sind; 5 eiförmig bis 3eckige Kelchblätter, die bis zur Mitte (zuweilen bis zu ⅔ der Kelchlänge) miteinander verwachsen sind und fast 1 cm lang werden. Stengel aufrecht, verzweigt, oben meist schütter rauhhaarig. Blätter wechselständig; unterste Blätter meist bis zur Hälfte des Spreitendurchmessers handförmig 5–7teilig; mittlere und obere Blätter bis zum Grund 5–7teilig, mit wiederum tief fiederteiligen, länglich-linealen Abschnitten. Juni–August. 0,4–1 m.

Vorkommen: Braucht tiefgründigen, lockeren, nährstoffreichen Lehmboden. Besiedelt Böschungen, Trockenrasen und -gebüsche sowie Waldränder. Bevorzugt sonnige Lagen. Fehlt im Tiefland, in den rauheren Lagen der Mittelgebirge, im Alpenvorland und in den Alpen größeren Gebieten. Sonst selten, aber oft in individuenreichen, wenn auch lockeren Beständen.

Wissenswertes: ♃. Heimat: Süd- und Westeuropa. Breitet sich entlang der Straßen und Eisenbahnlinien aus.

Wilde Malve

Malva sylvestris L.
Malvengewächse *Malvaceae*

Beschreibung: Die Blüten stehen zu 2–6 rispig-doldig in den Achseln der oberen Blätter und rispig-doldig gehäuft am Ende des Stengels (da indessen oft nur 1 der Blüten eines Teilblütenstandes erblüht ist, fällt dies auf den ersten Blick nicht auf). Blüten 3,5–5,5 cm im Durchmesser (ausgebreitet gemessen), rosa bis rotviolett. Blütenblätter 5, verkehrt-eiförmig, keilig in den Grund verschmälert, vorn gestutzt und deutlich mäßig tief ausgerandet, auffallend dunkler geadert, wobei die dunklen Streifen sich gegen den Blütenblattgrund verbreitern und zuweilen miteinander verschmelzen; Blütenblätter oft etwas ungleich. 3 untereinander freie, lineal-lanzettliche Außenkelchblätter, die mit den Kelchblättern an der Basis verwachsen sind; 5 Kelchblätter, die 5–7 mm lang werden und bis auf etwa ⅔ ihrer Höhe miteinander verwachsen sind; ihre Zipfel sind breit-3eckig bis eiförmig. Stengel niederliegend oder bogig aufsteigend, selten aufrecht. Unterste Blätter im Umriß herzförmig, stumpf gezähnt, ungeteilt oder nur wenig tief gelappt. Oberste Blätter höchstens auf ⅓ des Spreitendurchmessers 3–7teilig; Blattabschnitte eiförmig, unregelmäßig gekerbt-gezähnt. Mai–September. 0,4–1,2 m.

Vorkommen: Braucht stickstoffsalzreichen, nicht zu basenarmen Boden in warmer Lage. Besiedelt Ödland, Wegränder und Mauern. Fehlt im Tiefland, in den Mittelgebirgen mit kalkarmem Gestein oder in rauheren Lagen, desgleichen im Alpenvorland und in den Alpen größeren Gebieten. Selten.

Wissenswertes: ☉–♃. Enthält Schleimstoffe; alte Heilpflanze; oft aus alten Kulturen verwildert.

Weg-Malve

Malva neglecta WALLR.
Malvengewächse *Malvaceae*

Beschreibung: Die Blüten stehen meist einzeln, selten zu 2–4 in den Achseln der mittleren und oberen Blätter. Blüten 1,2–2,5 cm im Durchmesser (ausgebreitet gemessen), rosa bis weiß. Blütenblätter 5, schmal verkehrt-eiförmig, allmählich keilig in den Grund verschmälert, vorn abgestutzt und deutlich, wenngleich nur seicht, ausgerandet, dunkler geadert. Die zahlreichen Staubblätter sind zu einer nur wenige mm langen Röhre verwachsen. 3 Außenkelchblätter, die untereinander frei, knapp 5 mm lang, lineal und mit den Kelchblättern an der Basis verwachsen sind; 5 eiförmig bis breit-3eckige Kelchblätter, die etwa bis zur Hälfte ihrer Länge miteinander verwachsen sind und die 6–9 mm lang werden. Stengel niederliegend oder aufsteigend, sehr selten aufrecht, verzweigt, rund, kurz und etwas flaumig behaart, oft rötlich überlaufen. Blätter wechselständig, sehr lang gestielt, rundlich-nierenförmig, undeutlich 5–7lappig (vor allem die untersten Blätter sind wenig aufgeteilt), gekerbt, am Grund tief herzförmig eingeschnitten, oberseits fast kahl, am Rand und unterseits zumindest schütter behaart. Juni–September. 10–40 cm.

Vorkommen: Braucht nährstoff-, besonders stickstoffsalzreichen Lehmboden, der ziemlich verdichtet sein kann. Besiedelt Mauern, Wegränder und Dorfanger, desgleichen die Umgebung von Dunglegen, seltener Ödland. Fehlt im Tiefland und in den Mittelgebirgen mit überwiegenden Sandböden sowie im Alpenvorland kleineren Gebieten. Selten.

Wissenswertes: ☉. Verliert durch die Änderung in der Dorfstruktur derzeit viele ihrer bisherigen Standorte.

Kleinblütige Malve

Malva pusilla SM.
Malvengewächse *Malvaceae*

Beschreibung: Die Blüten stehen meist einzeln, selten zu 2–4 in den Achseln der mittleren und oberen Blätter. Blüten 0,6–1 cm im Durchmesser (ausgebreitet gemessen), hellrosa bis weiß. Blütenblätter 5, schmal verkehrt-eiförmig, allmählich keilig in den Grund verschmälert, vorn abgestutzt und nicht oder nur undeutlich ausgerandet, dunkler geadert. Die zahlreichen Staubblätter sind zu einer nur 1–2 mm langen Röhre verwachsen. 3 Außenkelchblätter, die untereinander frei, knapp 4 mm lang, lineal und mit den Kelchblättern an der Basis verwachsen sind; 5 eiförmig bis breit-3eckige Kelchblätter, die etwa bis zur Hälfte ihrer Länge miteinander verwachsen sind und die 4–5 mm lang werden. Stengel niederliegend oder aufsteigend, sehr selten aufrecht, verzweigt, rund, kurz und zuweilen schütter behaart. Blätter wechselständig, zumindest untere sehr lang gestielt, rundlich-nierenförmig, vor allem untere Blätter nur angedeutet 5–7lappig, obere etwas deutlicher gelappt, unregelmäßig gekerbt-gesägt, am Rande oft etwas wellig, am Grund tief herzförmig eingeschnitten, oberseits angedrückt behaart, unterseits deutlicher und oft etwas drüsig behaart. Juli–Oktober. 10–40 cm.

Vorkommen: Braucht nährstoff-, besonders stickstoffsalzreichen Boden, der sandig-lehmig oder sandig und basenhaltig, aber ausgesprochen kalkarm sein kann. Besiedelt Wege und Ödland, geht auch in Weinberge. Im Tiefland selten, sonst nur vereinzelt und oft unbeständig.

Wissenswertes: ☉. Die Kleinblütige Malve hat ihr Hauptverbreitungsgebiet in Nordeuropa und im nördlichen Osteuropa. Sie ist in letzter Zeit zurückgegangen.

Wilde Malve
Malva sylvestris

Kleinblütige Malve
Malva pusilla

Weg-Malve
Malva neglecta

Moschus-Malve
Malva moschata

429

Stengellose Schlüsselblume

Primula vulgaris HUDS.
Primelgewächse *Primulaceae*

Beschreibung: Blütenstand im Prinzip doldig: an einem ca. 1 mm langen „Schaft" stehen mehrere gestielte Blüten, die grundständig einer Rosette zu entspringen scheinen. Blütenstiele 3–10 cm lang. Kelch 1–1,5 cm lang, scharfkantig, vorn mit spitzen Zipfeln, die 6–8 mm lang werden; Kelchröhre 3–5 mm im Durchmesser. Blütenkrone verwachsen; Kronröhre 1,2–1,7 cm lang; Krone hellgelb, tief 5zipflig, flach bis schwach trichterig, 2–3 cm im Durchmesser, Zipfel verkehrt-herzförmig, ausgerandet, gegen den Schlund meist orangegelb gefleckt. Blätter in einer Rosette, 7–15 cm lang und 2–6 cm breit, allmählich in den Stiel verschmälert, oberseits runzelig, hellgrün und kahl, unterseits graugrün und auf den Nerven schütter und oft ungleichmäßig behaart. März–April. 5–12 cm.

Vorkommen: Braucht nährstoffreichen, aber kalkarmen, humosen, lockeren und oft steinigen Lehmboden in wintermilden Lagen. Besiedelt lichte, feuchte Wälder und Gebüsche sowie Raine und Wiesen. In Schleswig-Holstein und Mecklenburg, im Bodenseegebiet, im Schweizer Mittelland und am Genfer See sowie in den Tälern der Schweizer Nordalpen, im Wallis, im Tessin, in Vorarlberg sowie in Ober- und Niederösterreich zerstreut, örtlich in lockeren, individuenreichen Beständen. Steigt in den Südketten der Alpen vereinzelt bis etwa 1500 m.

Wissenswertes: ⁀. *P. vulgaris* HUDS. ist eine Stammart der Garten-Primel. – Entfernt ähnlich: Goldprimel (*Androsace vitaliana* (L.) LAPEYR.): Blüten einzeln in den Achseln der oberen Blätter, 1–1,8 cm im Durchmesser, hell goldgelb, 2–5 cm hohe Polster. Südtirol bis Wallis; zerstreut.

Große Schlüsselblume

Primula elatior (L.) HILL
Primelgewächse *Primulaceae*

Beschreibung: Auf einem „Blütenschaft" stehen 5–20 Blüten in deutlich einseitswendiger Dolde. Blütenschaft 5–20 cm lang, behaart. Blütenstiel 0,3–2 cm lang; Kelch um 1 cm lang, etwa so lang wie die Kronröhre, fast flügelartig scharfkantig, an der Mündung mit spitzen, schmal-3eckigen, zahnartigen Zipfeln, die 3–7 mm lang werden; Kelchröhre 3–5 mm im Durchmesser. Blütenkrone verwachsen; Kronröhre um 1 cm lang; Krone hellgelb, tief 5zipflig, weit-trichterig, 1,2–2 cm im Durchmesser. Zipfel verkehrt-herzförmig bis spatelig, vorne nur wenig ausgerandet, gelegentlich auch nur flach abgerundet, im Schlund ohne orangegelbe Flecken. Frucht eine zylindrische Kapsel, die 1–1,5 cm lang wird. Blätter in einer Rosette, 5–20 cm lang und 2–7 cm breit, ziemlich rasch in den zunächst breit und dann sehr schmal geflügelten Stiel verschmälert, am Spreitengrund zuweilen etwas abgestutzt, oberseits meist dunkelgrün, seltener hellgrün, ausgeprägt runzelig, höchstens auf den Nerven mit vereinzelten, kurzen Haaren, unterseits hellgrün und auf den Nerven schütter und ungleichmäßig behaart. März–Mai. 10–20 cm.

Vorkommen: Braucht humosen, nährstoffreichen, etwas feuchten Lehmboden. Besiedelt Wiesen und lichte Wälder. Fehlt im Tiefland und auf sandigem Boden stellenweise. Sonst sehr häufig und meist in größeren Beständen. Steigt in den Alpen vereinzelt bis über etwa 2200 m.

Wissenswertes: ⁀; ▽. Gelegentlich kann man Bastarde zwischen *P. elatior* und *P. veris* oder zwischen *P. elatior* und *P. vulgaris* beobachten; letztere treten auch in Gärten auf, in denen *P. vulgaris* wächst und in deren Nähe *P. elatior* vorkommt.

Stengellose Schlüsselblume
Primula vulgaris

Große Schlüsselblume
Primula elatior

Echte Schlüsselblume
Primula veris

Mehl-Primel
Primula farinosa

431

Echte Schlüsselblume

Primula veris L.
Primelgewächse *Primulaceae*

Beschreibung: Auf einem Blütenschaft stehen 5–20 Blüten in ziemlich einseitswendiger Dolde. Blütenschaft 5–20 cm lang, behaart. Blütenstiel 0,3–1,5 cm lang; Kelch 1–1,5 cm lang, etwa so lang wie die Kronröhre, aufgeblasen und etwas flügelartig, an der Mündung mit spitzen, 3eckigen, zahnartigen Zipfeln, die 3–5 mm lang werden; Kelchröhre 4–6 mm im Durchmesser. Blütenkrone verwachsen; Kronröhre 1–1,5 cm lang; Krone satt goldgelb, tief 5zipflig, glockenförmig, 0,8–1,5 cm im Durchmesser (auseinandergedrückt gemessen); Zipfel verkehrt-herzförmig, vorne deutlich, aber wenig tief ausgerandet, im Schlund mit dottergelben oder orangefarbenen Flecken. Frucht eine zylindrische Kapsel, die 0,7–1 cm lang wird. Blätter in einer Rosette, 5–20 cm lang und 2–8 cm breit, ziemlich rasch in den zunächst breit und dann sehr schmal geflügelten Stiel verschmälert, am Spreitengrund etwas abgestutzt oder undeutlich herzförmig, oberseits dunkel(blau)grün, ausgeprägt runzelig, unterseits hellgrün und auf den Nerven dicht und gleichmäßig kurzhaarig. März–Mai. 5–20 cm.

Vorkommen: Braucht kalkhaltigen, stickstoffsalzarmen, trockenen, lockeren Lehmboden mit reichlicher Humusbeimischung. Besiedelt Halbtrockenrasen, trockene Wiesen, Raine und lichte Laubwälder. Fehlt im Tiefland westlich der Elbe weitgehend, sonst im Tiefland selten, desgleichen in den Gebieten mit kalkfreien Gesteinen. Sonst zerstreut. Steigt in den Alpen örtlich bis etwa 2000 m.

Wissenswertes: ♃; ▽. Innerhalb der Art werden mehrere Unterarten unterschieden, die schwer gegeneinander abzugrenzen sind. Alte Heilpflanze; enthält Saponine.

Mehl-Primel

Primula farinosa L.
Primelgewächse *Primulaceae*

Beschreibung: Auf einem „Blütenschaft" stehen 3–15, selten noch mehr Blüten in einer allseitswendigen Dolde. Blütenschaft 2–20 cm lang, in der oberen Hälfte meist deutlich mehlig bestäubt. Blütenstiele 0,1–1 cm lang; Kelch um 5 mm lang, etwa so lang wie die Kronröhre, stumpfkantig, an der Mündung mit stumpfen, 3eckigen Zähnen, die um 2 mm lang werden; Kelchröhre 2–3 mm im Durchmesser. Blütenkrone verwachsen; Kronröhre um 5 mm lang; Krone tief purpurrosa, selten heller oder weißlich, tief 5zipflig, flach tellerförmig, 0,8–1,5 cm im Durchmesser (ausgebreitet gemessen), im Schlund mit einem leuchtendgelben Ring. Zipfel verkehrtherzförmig bis spatelig, vorne tief ausgerandet. Frucht eine zylindrische Kapsel, die 5–8 mm lang wird. Blätter in einer Rosette, 1,5–8 cm lang und 0,5–2 cm breit, allmählich in den nur wenig geflügelten, kurzen Stiel verschmälert, oberseits dunkelgrün, kahl, unterseits weißlich bestäubt („mehlig"), unregelmäßig gezähnt oder fast ganzrandig. Mai–Juli. 5–20 cm.

Vorkommen: Braucht kalkhaltigen, stickstoffsalzarmen, feucht-nassen, steinig-humosen oder torfigen Boden. Besiedelt Flachmoore und feuchte Stellen in alpinen Matten. Fehlt nördlich des Mains (vielleicht noch in Mecklenburg-Vorpommern). Im Fränkischen und Schwäbischen Jura selten; im Schweizer Jura, im Alpenvorland und in den Kalkalpen zerstreut, örtlich in größeren Beständen; in den Zentralalpen zerstreut, kleineren Gebieten fehlend. Steigt in den Alpen vereinzelt bis etwa 2500 m.

Wissenswertes: ♃; ▽. Die Mehl-Primel ist wohl erst während der Eiszeit aus Asien nach Mitteleuropa gekommen.

Alpen-Aurikel

Primula auricula L.
Primelgewächse *Primulaceae*

Beschreibung: Auf einem Blütenschaft stehen 5–30 Blüten in ziemlich einseitswendiger Dolde. Blütenschaft 3–20 cm lang, höchstens mit einzelnen Haaren, nicht oder nur wenig mehlig bestäubt. Blütenstiele 0,5–2,5 cm lang, dünn oder dicht mehlig bestäubt. Kelch um 5 mm lang, nicht kantig, an der Mündung mit stumpflichen, zahnartigen Zipfeln. Blütenkrone verwachsen; Kronröhre 1–1,5 cm lang; Krone gelb, am Schlundeingang mit Mehlstaub, aber dort nicht andersartig gefärbt, tief 5zipflig, weit trichterförmig, 1,2–2 cm im Durchmesser (ausgebreitet gemessen); Zipfel verkehrt-herzförmig bis spatelig, vorne nur wenig tief ausgerandet. Frucht eine kugelig-zylindrische Kapsel von etwa 5 mm Länge und 4 mm Dicke. Blätter in einer Rosette, fleischig, 5–12 cm lang und 2–6 cm breit, meist rasch in den kurzen, etwas geflügelten Blattstiel verschmälert, ganzrandig oder gezähnt, am Rand knorpelig, beiderseits graugrün, dünn bis dicht mehlig bestäubt. April–Juni. 5–25 cm.

Vorkommen: Braucht kalkhaltigen, frischen bis feuchten Boden, der steinig oder torfighumos sein kann. Besiedelt sickerfeuchte Felsspalten, Steinrasen und Flachmoore. In den Kalkalpen zerstreut; im Schweizer Jura, im Alpenvorland, im Schwarzwald und in den Zentralalpen selten und gebietsweise fehlend. Steigt in den Alpen bis etwa 2500 m.

Wissenswertes: ♃; ▽. Die Alpen-Aurikel ist eine der Stammarten der Garten-Aurikel, die als Zierpflanze in zahlreichen Farbvarianten vielfach gepflanzt wird. – Neben der beschriebenen ssp. *auricula* wird die ssp. *balbisii* (LEHM.) NYMAN unterschieden (ohne Mehlstaub; Blüten sattgelb; Südalpenfuß).

Ganzblättrige Primel

Primula integrifolia L. emend. GAUDIN
Primelgewächse *Primulaceae*

Beschreibung: 1–3 Blüten (meist nur 2) stehen an einem auffallend kurzen Schaft, der nur 1–2, selten bis zu 5 cm lang wird und mäßig dicht kurzhaarig, aber nicht mehlig bestäubt ist. Blütenstiele um 1–2 mm lang. Kelch 5–9 mm lang, nicht kantig, an der Mündung mit stumpfen, 3eckigen, zahnartigen Zipfeln, die um 2 mm lang werden; Kelchröhre 3–5 mm im Durchmesser. Blütenkrone verwachsen; Kronröhre 1–1,5 cm lang; Krone rotviolett, tief 5zipflig, tellerförmig-flach bis weittrichterig ausgebreitet, 1,5–2 cm im Durchmesser (ausgebreitet gemessen); Zipfel schmal verkehrt-eiförmig bis spatelig, vorne ziemlich tief und eng ausgerandet, im Schlund weißlich. Frucht eine kugelig-zylindrische Kapsel, die um 5 mm lang und fast ebenso dick wird. Blätter in einer Rosette, 0,8–2,5 cm lang und 0,5–1 cm breit, allmählich in den praktisch stiellosen Grund verschmälert, meist abgerundet, beiderseits hellgrün, kahl, fleischig-ledrig, nicht mehlig bestäubt, am Blattrand mit sehr kurzen, hellen Haaren, ganzrandig. Mai–August. 1–5 cm.

Vorkommen: Braucht sauren, mäßig basenhaltigen und ziemlich stickstoffsalzarmen kühlen Boden, der lange schneebedeckt sein kann. Besiedelt Schneetälchen und feuchte Stellen auf sauren alpinen Matten. Zentralalpen zerstreut, westliche Südalpen und westliche Nordketten selten. Fehlt in den Ostalpen. Steigt bis etwa 3000 m.

Wissenswertes: ♃; ▽. Ähnlich: Tiroler Primel (*P. tyrolensis* SCHOTT): 1–2 Blüten; Schaft 0,5–2 cm; Blütenstiele 2–5 mm. Blüte tellerartig flach, 1,5–2,5 cm, purpurrot-rosa, im Schlund weiß; Blätter klebrig. Südost-Dolomiten; selten.

Klebrige Primel
Primula glutinosa WULF.
Primelgewächse *Primulaceae*

Beschreibung: 2–7 Blüten in einer aufrechten, ziemlich allseitswendigen Dolde. Blütenschaft 2–7 cm lang, kahl, klebrig. Blütenstiele höchstens 2 mm lang, meist kürzer als 1 mm. Kelch 5–8 mm lang, nicht kantig, an der Mündung mit zahnartigen, stumpflich gerundeten Zipfeln, die 2–3 mm lang werden; Kelchröhre 3–5 mm im Durchmesser. Blütenkrone verwachsen; Kronröhre 5–8 mm lang; Krone blauviolett bis dunkelblau, am Schlundeingang mit einem dunklen Ring, tief 5zipflig, tellerförmig-flach bis weit trichterförmig, 1–1,5 cm im Durchmesser (ausgebreitet gemessen); Zipfel verkehrt-herzförmig bis spatelig, vorne tief und eher weit ausgerandet. Frucht eine zylindrisch-kugelige Kapsel, die um 5 mm lang und 3–4 mm dick wird. Blätter in einer Rosette, 2–6 cm lang und 5–8 mm breit, schmal-eiförmig, allmählich in den breit geflügelten Stiel verschmälert, ober- und unterseits dunkelgrün, klebrig, an der Spitze fein gezähnt. Juni–August. 2–10 cm.

Vorkommen: Braucht sauren, lange schneebedeckten, humosen Untergrund. Besiedelt kalkarme, ruhende Schutthalden und lückige alpine Rasen über kalkfreiem oder kalkarmem Gestein. Zentralalpen zwischen Vorarlberg, Graubünden, Kärnten und Steiermark (Koralpe). Selten. Steigt vereinzelt bis etwa 3000 m.

Wissenswertes: ♃; ▽. Die Klebrige Primel wächst auf flachgründigem Untergrund in Höhen über etwa 1800 m. Da ihre Wuchsorte lange von Schnee bedeckt bleiben, blüht sie ziemlich spät und bis in den Hochsommer hinein. Sie ist eine typische Ostalpenpflanze. – Das klebrige Sekret wird von winzigen, auch mit der Lupe kaum sichtbaren Haaren abgeschieden.

Zwerg-Primel
Primula minima L.
Primelgewächse *Primulaceae*

Beschreibung: Blüten einzeln oder zu 2 an einem nur 0,2–1 cm langen Blütenschaft. Blütenstiele ebenfalls kurz, kaum 1–2 mm lang, ohne sichtbare Behaarung. Kelch 5–8 mm lang, an der Mündung mit breit-3eckigen, zahnartigen Zipfeln, die 2–3 mm lang werden und die ein aufgesetztes Spitzchen tragen. Kelchröhre um 3 mm im Durchmesser. Blütenkrone verwachsen; Kronröhre 0,8–1,5 cm lang; Krone purpurrot, tief 5zipflig, tellerförmig-flach bis sehr weittrichterig ausgebreitet, 1,5–2,5 cm im Durchmesser (ausgebreitet gemessen); Zipfel schmal verkehrt-eiförmig bis spatelig, vorne bis zur Mitte oder noch etwas tiefer eingeschnitten-ausgerandet, im Schlund weißlich, ohne Mehlstaub. Blätter in Rosetten oder dicht rasig stehend, 1–1,5 cm lang und 5–8 mm breit, allmählich gegen den Blattgrund verschmälert (Blattstiel sehr kurz oder fehlend), beidseits hellgrün, glänzend, ohne sichtbare Haare, nicht mehlig bestäubt, vorne gestutzt und mit ziemlich großen, knorpeligen, spitzen Zähnchen. Juni–Juli. 1,5–5 cm.

Vorkommen: Braucht sauren, kalkarmen oder kalkfreien, humos-moderigen, steinig-lehmigen Untergrund. Besiedelt Schneetälchen und ruhenden Schutt, geht aber auch auf windgefegte, gratnahe Rasen und in feinerdereiche Felsspalten. Bevorzugt Höhen zwischen etwa 1500 und 3000 m. Vereinzelt im Riesengebirge. In den Berchtesgadener Alpen selten; in den Zentralalpen und in den Südalpen nur östlich einer Linie zwischen den Bergamasker und den Stubaier Alpen; hier zerstreut und örtlich in kleinen, aber individuenreichen Beständen.

Wissenswertes: ♃; ▽. Die Zwerg-Primel ist eine typische Ostalpenpflanze.

Ganzblättrige Primel
Primula integrifolia

Klebrige Primel
Primula glutinosa

Alpen-Aurikel
Primula auricula

Zwerg-Primel
Primula minima

Clusius-Primel

Primula clusiana TAUSCH
Primelgewächse *Primulaceae*

Beschreibung: Am Blütenschaft, der 2–8 cm lang wird, stehen 1 oder (meist) 2 Blüten (selten mehr); Blütenstiele 0,2–1 cm. Kelch 0,7–1 cm lang, mit stumpfen, zahnartigen Zipfeln, die 3–4 mm lang werden können. Kelchröhre weitglockig, Kronröhre 1–1,4 cm lang; Krone rosarot bis rotviolett, verblühend lila, tief 5zipflig, tellerförmig flach, 2–3,5 cm im Durchmesser (ausgebreitet gemessen); Zipfel verkehrt-eiförmig bis spatelig, tief ausgerandet, im Schlund weißlich. Frucht kugelig-zylindrische Kapsel, die um 5 mm lang wird. Blätter in einer Rosette, länglich-eiförmig, ganzrandig, oberseits glänzend, hellgrün, kahl, unterseits graugrün, mit schmalem, knorpeligem und kurz drüsenhaarigem Rand. Mai–Juli. 2–10 cm.

Vorkommen: Braucht kalkreichen Untergrund. Besiedelt feuchte Felsen, Schneetälchen, feuchte Stellen auf ruhendem Schutt oder in alpinen Rasen. Zwischen etwa 600–2200 m. Nur östlich der Berchtesgadener Alpen in den Nördlichen Kalkalpen. Selten.

Wissenswertes: ♃; ▽. Ähnlich: Breitblättrige Primel (*P. latifolia* LAPEYR.): 2–5 (selten mehr) Blüten einseitswendig an 2–15 cm langem Schaft; Krone rot- bis blauviolett, 1–1,5 cm im Durchmesser; Kronzipfel leicht ausgerandet. Seealpen bis Unterengadin; selten. – Meergrüne Primel (*P. glaucescens* MORETTI): 2–6 Blüten an 3–12 cm langem Schaft. Krone purpurviolett, 2–3 cm im Durchmesser; Kronzipfel tief ausgerandet. Südalpen; Comer See bis Gardasee; selten. – Wulfens Primel (*P. wulfeniana* SCHOTT): 1–3 Blüten an 0,5–7 cm langem Schaft; Krone purpurrot, Schlund weiß, 2,5–3 cm im Durchmesser; Kronzipfel tief ausgerandet. Südostalpen; selten.

Behaarte Primel

Primula hirsuta ALL.
Primelgewächse *Primulaceae*

Beschreibung: 1–3 Blüten stehen an einem 1–7 cm langen Blütenschaft. Blütenstiele 0,3–1,5 cm lang. Kelch 3–7 mm lang, an der Mündung mit spitzen, zahnartigen Zipfeln, die um 2 mm lang werden. Kronröhre 5–9 mm lang; Krone rosa bis purpurrot, 5zipflig, 1,5–2,5 cm im Durchmesser (ausgebreitet gemessen); Zipfel verkehrt-herzförmig bis spatelig, weittrichterig, vorne deutlich ausgerandet. Blätter in einer Rosette, 1–9 cm lang, 0,8–3,5 cm breit, klebrig, verkehrt-eiförmig bis rundlich, rasch in den Stiel verschmälert, meist ziemlich grob gezähnt. April–Juni. 3–10 cm.

Vorkommen: Braucht kalk- und stickstoffsalzarmen, feuchten, sauren Untergrund. Besiedelt steinige Rasen, ruhenden Schutt und nasse Felsspalten. 1000–3000 m. Zerstreut. Fehlt in den Kalkalpen fast völlig.

Wissenswertes: ♃; ▽. Die Behaarte Primel ist eine der Stammarten der Garten-Aurikel. Bildet mit der Alpen-Aurikel einen Bastard: *P. × pubescens* JACQ. (= *P. auricula* × *P. hirsuta*). – Ähnlich: Inntaler Primel (*P. daonensis* (LEYB.) LEYB.): Schaft 1–3 cm; Blütenstiele 2–6 mm; Kelch um 4 mm, Kelchzipfel um 1 mm lang, stumpf; Krone 1,5–2,5 cm im Durchmesser, rosa bis purpurlila; Blätter 1,5–7 cm lang, 0,6–2 cm breit. Von den Bergamasker Alpen bis Judikarien und zum Ortler; selten. – Piemonteser Primel (*P. pedemontana* THOMAS ex GAUDIN): 1–15 Blüten; Schaft 3–12 cm; Blütenstiele 0,2–1,5 cm. Kelch 4–8 mm lang; Kelchzipfel um 2 mm, spitz; Krone 1,5–2,5 cm im Durchmesser, purpurrot bis rosa; Blätter 2–8 cm lang, 0,8–2,5 cm breit, eiförmig bis breit-lanzettlich. Kalkarmer Untergrund: Felsspalten, Rasen, Schutt; Grajische und Cottische Alpen; selten.

Clusius-Primel
Primula clusiana

Langblütige Primel
Primula halleri

Behaarte Primel
Primula hirsuta

Zottighaarige Primel
Primula villosa

Langblütige Primel
Primula halleri J. F. GMEL.
Primelgewächse *Primulaceae*

Beschreibung: 2–12 Blüten; Dolde meist allseitswendig. Schaft 8–25 cm lang, im obersten Viertel mehlig bestäubt. Blütenstiele 0,5–1,5 cm lang. Kelch 0,7–1,5 cm lang, kantig, walzenförmig; zahnartige Zipfel 2–6 mm lang. Kronröhre 2–3 cm lang, aber nur 1–2 mm dick; Krone tiefrosa bis purpurlila, im Schlund mit einem goldgelben Ring, tief 5zipflig, tellerartig flach, 1,5–2 cm im Durchmesser (ausgebreitet gemessen); Zipfel verkehrt-herzförmig, vorn tief und eng eingeschnitten. Frucht eine walzliche Kapsel, die 0,9–1,2 cm lang, aber höchstens halb so dick wird. Blätter in einer Rosette, schmal-eiförmig, 2–7 cm lang und 0,8–3 cm breit, oberseits grün, leicht glänzend und angedeutet runzelig, unterseits deutlich mehlig bestäubt, allmählich in einen kurzen Blattstiel verschmälert, vorn abgerundet, am Rand leicht gekerbt. Juni–Juli. 8–25 cm.

Vorkommen: Braucht kalk- und humusreichen, frischen und lockeren Boden. Bevorzugt warme, sonnige Stellen. Besiedelt etwas lückige alpine Rasen und verfestigten Schutt, geht aber auch in Felsspalten. Üblicherweise in Höhen zwischen etwa 1800 und 2500 m, geht örtlich tiefer oder bis fast 3000 m. Grajische Alpen, Wallis, Simplon, Maggiatal, Oberengadin, Südliche Kalkalpen bis zum Balkan. Selten.

Wissenswertes: ♃; ▽. Entfernt ähnlich: Pracht-Primel (*P. spectabilis* TRATT.): 2–7 Blüten; Schaft 2–15 cm; Blütenstiele 0,5–1,5 cm; Kelch 0,5–1 cm; Kronröhre 1–2 cm lang; Krone flach, 2–3 cm im Durchmesser, im Schlund weiß; Blätter 2–9 cm lang, 1–3 cm breit, dicklich, kahl, knorpelrandig, schmal-eiförmig, ganzrandig. Nur Brenta, Judicarien. Selten.

Zottighaarige Primel
Primula villosa WULF.
Primelgewächse *Primulaceae*

Beschreibung: Auf einem Blütenschaft stehen 2–5 (selten bis zu 10) Blüten in einer ziemlich allseitswendigen Dolde. Blütenschaft 3–15 cm lang, dicht mit klebrigen rotköpfigen Drüsenhaaren besetzt, die um 1 mm lang werden. Blütenstiele 0,2–1,5 cm lang. Kelch 3–7 mm lang, glockig, an der Mündung mit stumpflichen oder spitzen Zipfeln, die 1,5–3 mm lang werden; Blütenkrone verwachsen; Kronröhre 0,8–1,2 cm lang; Krone rosa bis lila, im Schlund weiß, tief 5zipflig, weit trichterförmig, 1,5–3 cm im Durchmesser (ausgebreitet gemessen); Zipfel verkehrtherzförmig bis spatelig, vorne ziemlich seicht und fast stumpfwinklig ausgerandet. Frucht eine zylindrische bis kugelige Kapsel, die um 6 mm lang und um 4–5 mm dick wird. Blätter in einer Rosette, fleischig, 2–15 cm lang, 1–4 cm breit, schmal- bis breit-eiförmig, oberseits etwas bläulich-grün, in der vorderen Blatthälfte – oft undeutlich! – gekerbt bis gezähnt, wie der Blütenschaft mit klebrigen, rotköpfigen Drüsenhaaren besetzt. April–Juni. 5–15 cm.

Vorkommen: Braucht kalkarmen oder kalkfreien Untergrund. Besiedelt Felsspalten, die reichlich Feinerde enthalten sollten und nicht zu trocken sein dürfen, geht aber auch in steinige, lückige alpine Rasen. Bevorzugt Höhen zwischen etwa 1500–2200 m. Kommt in der Steiermark und Kärnten, in den Niederen Tauern, in den Murauer und Gurktaler Alpen, auf der Sarntaler Alpe sowie in den Westalpen in den Cottischen Alpen vor. Selten, aber oft in kleineren Beständen.

Wissenswertes: ♃; ▽. Nimmt in ihrem Verbreitungsgebiet die Stellung der Behaarten Primel ein. Formenreich.

Langgestielter Mannsschild

Androsace elongata L.
Primelgewächse *Primulaceae*

Beschreibung: Zahlreiche Blüten stehen in doldigen Blütenständen auf Blütenschäften, von denen mehrere aus den Achseln der oberen Blätter entspringen. Blütenschäfte 2–5 cm lang, selten bis etwa 10 cm lang. Blütenstiele 0,6–2,5 cm lang, dünn, an fruchtenden Exemplaren stark verlängert. Hochblätter an der Basis der Dolde 3–8 mm lang. Kelch verwachsen, an der Basis hellgrün, um 5 mm lang, glockig, an der Mündung mit schmal-lanzettlichen bis 3eckigen oder linealen Zipfeln, die um 2,5 mm lang sind. Blütenkrone verwachsen; Kronröhre um 3 mm lang, etwas bauchig; Krone weiß, tief 5zipflig, undeutlich tellerförmig, um 2,5 mm im Durchmesser (ausgebreitet gemessen); Zipfel verkehrtherzförmig bis spatelig, vorne ausgerandet. Frucht eine kugelige Kapsel, deren Durchmesser um 3 mm erreicht und die damit deutlich kürzer als der Kelch ist. Blätter in einer Rosette, schmal-lanzettlich, 0,5–1,5 cm lang und 2–5 mm breit, ganzrandig oder etwas gezähnelt, fein bewimpert. April–Mai. 2–8 cm.

Vorkommen: Braucht sandigen, trockenen, kalkarmen oder kalkfreien Boden. Besiedelt nährstoffarme, lückige Rasen und brachliegende Äcker in Gegenden mit trockenen, warmen Sommern. Erreicht in den Sandgebieten zwischen Mainz und Alzey die Ostgrenze seines Areals; hier sehr selten. Sonst vereinzelt am Main zwischen Kitzingen und Schweinfurt und bei Regensburg. Im Wiener Becken und am nordöstlichen Rand des Wienerwaldes selten.

Wissenswertes: ☉; ▽. Der Langgestielte Mannsschild hat sein Hauptverbreitungsgebiet in den ost- und südosteuropäischen Steppen. Bei uns ist sein Bestand sehr gefährdet.

Nördlicher Mannsschild

Androsace septentrionalis L.
Primelgewächse *Primulaceae*

Beschreibung: 5–30 Blüten stehen in doldigen Blütenständen auf Blütenschäften, die zuweilen einzeln, meist aber zu mehreren aus den Achseln der oberen Blätter entspringen. Blütenschäfte 8–25 cm lang, flaumig kurzhaarig. Blütenstiele 0,6–1,8 cm lang, mehr oder weniger aufrecht, an fruchtenden Exemplaren stark verlängert, wie die Blütenschäfte behaart. Hüllblätter an der Basis der Dolde 2–3 mm lang, lineal bis schmal-lanzettlich, spitz. Kelch verwachsen, gelblich oder rötlich, mit grünen Rippen, um 3 mm lang, glockig, an der Mündung mit 5 Zipfeln, die kaum 1 mm lang werden. Blütenkrone verwachsen; Kronröhre um 4 mm lang, etwas bauchig; Krone weiß oder rötlich angelaufen, tief 5zipflig, tellerförmig flach, 3–4 mm im Durchmesser (ausgebreitet gemessen); Zipfel schmal verkehrt-eiförmig bis spatelig, vorne meist nicht ausgerandet. Frucht eine kugelige Kapsel, die um 3,5 mm im Durchmesser erreicht und damit so lang oder etwas länger als der Kelch ist. Blätter in einer Rosette, schmal-lanzettlich, 1–3,5 cm lang und 0,3–1 cm breit, gezähnelt, schütter kurzhaarig und zuweilen früh verkahlend. Mai–Juni. 8–25 cm.

Vorkommen: Braucht sandigen, trockenen, kalkfreien Boden. Besiedelt lückige Rasen und Brachen. Vereinzelt am Main zwischen Gemünden und Schweinfurt, im Wallis, im Unterengadin, in Tirol und am Alpensüdfuß.

Wissenswertes: ☉; ▽. Ähnlich: Großer Mannsschild (*A. maxima* L.): Hüllblätter 5–8 mm lang, länger als die Blütenstiele; Stengel und Kelch zottig behaart; Blüten weiß oder rötlich; April–Mai; 2–15 cm. Nur im Wiener Becken und im Wallis; selten.

Milchweißer Mannsschild

Androsace lactea L.
Primelgewächse *Primulaceae*

Beschreibung: 1–6 Blüten stehen am Ende der Blütenschäfte. Diese entspringen einzeln oder zu 2–4 aus den Achseln der oberen Blätter. Bei mehreren Blüten am Schaftende ist der Blütenstand doldig. Blütenschäfte 2–15 cm lang, kahl. Blütenstiele 1–4 cm lang. Hochblätter an der Basis der Dolden pfriemlich, 3–4 mm lang und kaum 1 mm breit. Kelch verwachsen, um 5 mm lang, glockig, an der Mündung mit schmallanzettlichen bis 3eckigen Zipfeln, die 1–2 mm lang sind. Blütenkrone verwachsen; Kronröhre um 2,5 mm lang; Krone weiß, im Schlund gelb, tief 5zipflig, tellerförmig flach bis weittrichterig, 0,8–1,2 cm im Durchmesser (ausgebreitet gemessen); Zipfel verkehrt-eiförmig bis spatelig, vorn weit und deutlich eingekerbt. Frucht eine kugelige Kapsel, die 3–4 mm im Durchmesser erreicht. Blätter in einer Rosette. Rosetten entspringen den Zweigenden des verästelten Wurzelstocks; daher stehen sie meist zu mehreren locker-rasig beieinander. Blätter 1–2,5 cm lang und 0,5–2,5 mm breit, ganzrandig, sehr schmal lanzettlich bis lineal, nur an der Spitze sehr schütter kurzhaarig. Mai–August. 3–15 cm.
Vorkommen: Braucht kalkreichen Untergrund. Besiedelt Felsspalten und Felsbänder, seltener sehr felsige, steile Rasen. Mittlerer Schweizer Jura selten; Schwäbischer Jura vereinzelt, desgleichen in den westlichen Ketten der Südlichen und Nördlichen Kalkalpen; in den Ostketten der Kalkalpen selten, im östlichen Teil örtlich zerstreut. Bevorzugt Höhen zwischen etwa 600–2000 m.
Wissenswertes: ♃; ▽. Fundstellen außerhalb der Alpen sind als Reliktstandorte der Eiszeiten anzusehen.

Alpen-Mannsschild

Androsace alpina (L.) Lam.
Primelgewächse *Primulaceae*

Beschreibung: Blüten einzeln in den Achseln der obersten Blätter. Blütenstiele 0,2–1,2 cm lang, schütter behaart. Kelch verwachsen, um 3 mm lang, locker behaart, an der Mündung mit lanzettlichen, 1 mm langen Zipfeln. Blütenkrone verwachsen; Kronröhre um 1,5 mm lang; Krone rosa bis hell purpurviolett, zuweilen weißlich oder tiefrosa, im Schlund gelb, tief 5zipflig, tellerförmig flach bis weit trichterig, um 5 mm im Durchmesser (ausgebreitet gemessen); Zipfel verkehrt-eiförmig, vorne nicht ausgerandet. Frucht eine kugelige Kapsel, die 2,5 mm im Durchmesser mißt. Blätter in polster- oder rasenartig dicht stehenden Rosetten, 3–6 mm lang, lanzettlich, stumpf, an der Spitze, am Rand und auf der Unterseite behaart; Haare kaum 0,2 mm lang, an ihrer Spitze sternartig in 2–8 Strahlen aufgespalten (Lupe!). Juni–August. 1–3 cm.
Vorkommen: Braucht kalkarmen, lange schneebedeckten Untergrund. Besiedelt ruhenden Grobschutt mit feinerdeverfüllten Zwischenräumen und feinerdereiche Felsspalten. In den nördlichen Südalpen und in den Zentralalpen zerstreut, örtlich in lockeren Beständen. Bevorzugt Höhen zwischen etwa 2200 und 3000 m, geht vereinzelt bis etwa 4000 m.
Wissenswertes: ♃; ▽. Ähnlich: Tessiner Mannsschild (*A. brevis* (Hegetschw.) Ces.): Kronzipfel ausgerandet; Kelch um 4 mm lang; Haare an den Blättern um 1 mm lang, einfach, 2- oder 3strahlig (Lupe!). Zwischen Comer und Luganer See; selten. – Weichhaariger Mannsschild (*A. pubescens* DC.): Krone weiß, selten rötlich; Haare an den Blättern eher dicht, einfach oder gegabelt (Lupe!), um 0,5 mm lang. Auf Kalk; westliche Südalpen, Wallis; selten.

Langgestielter Mannsschild
Androsace elongata

Milchweißer Mannsschild
Androsace lactea

Nördlicher Mannsschild
Androsace septentrionalis

Alpen-Mannsschild
Androsace alpina

441

Zottiger Mannsschild

Androsace villosa L.
Primelgewächse *Primulaceae*

Beschreibung: 2–8 Blüten stehen in einem doldigen Blütenstand auf dem Blütenschaft; meist ist an den Rosetten jeweils nur 1 Blütenschaft ausgebildet. Er wird 0,5–3 cm, gelegentlich sogar bis zu 7 cm lang und ist deutlich behaart. Blütenstiele fehlend oder bis 5 mm lang. Hochblätter länger als die Blütenstiele, schmal-lanzettlich. Kelch verwachsen, behaart, mit schmal-eiförmigen, stumpflichen Zipfeln, die um 2 mm lang werden. Blütenkrone verwachsen; Kronröhre um 4 mm lang; Krone weiß oder rötlich, mit gelblich-rotem Schlund, tief 5zipflig, flach tellerförmig, 6–8 mm im Durchmesser. Frucht eine walzlich-kugelige Kapsel, die um 3 mm lang wird. Blätter in einer fast halbkugeligen Rosette; Rosetten wachsen dicht polsterartig-rasig nebeneinander; Blätter 4–8 mm lang und 2–3 mm breit, schmal-eiförmig, stumpf, oberseits kahl, am Rand und auf der Unterseite dicht behaart; Haare 1–2 mm lang, seidig; zwischen den Seidenhaaren stehen schütter kurze Drüsenhaare; zuweilen bildet sich an der Blattspitze ein kleiner Haarpinsel. Juni–Juli. 2–8 cm.

Vorkommen: Braucht kalkreichen Boden. Besiedelt lückige, steinige alpine Rasen und ruhenden Grobschutt, geht auch in Felsspalten und auf windgefegte Flächen, die im Winter schneearm oder gar schneefrei bleiben. Südlicher Schweizer Jura, Westalpen und Südostalpen; etwa zwischen 1200–3000 m. Selten und gebietsweise fehlend.

Wissenswertes: ♃; ▽. Die Pflanze variiert in ihrer Größe und in der Stärke ihrer Behaarung; vor allem die Pflanzen aus Kärnten und der Steiermark scheinen stärker behaart zu sein als die aus den Westalpen.

Steirischer Mannsschild

Androsace wulfeniana (Sieb. ex Koch) Rchb. f.
Primelgewächse *Primulaceae*

Beschreibung: Blüten einzeln in den Achseln der obersten Blätter. Blütenstiele 0,4–1,2 cm lang, deutlich länger als die Blätter, zuweilen bis doppelt so lang wie diese. Kelch verwachsen, knapp 5 mm lang, schmal glockig, mäßig dicht behaart, an der Mündung mit lanzettlichen, 1–2 mm langen Zipfeln. Blütenkrone verwachsen; Kronröhre um 2 mm lang; Krone tiefrosa bis hell fleischrot, im Schlund gelb, tief 5zipflig, tellerförmig flach bis weit trichterig, um 1 cm im Durchmesser (ausgebreitet gemessen); Zipfel verkehrt-eiförmig bis spatelig, vorne gestutzt oder leicht ausgerandet. Frucht eine walzliche bis kugelige Kapsel, die um 4 mm lang und um 3 mm dick wird. Blätter in polster- oder rasenartig dicht stehenden Rosetten, 4–7 mm lang, lanzettlich, spitz, etwas fleischig, am Rand und an der Spitze mit sehr kurzen Haaren (kürzer als 0,1 mm!), die an ihrer Spitze sternartig in 3–5 Strahlen aufgespalten sind (starke Lupe!). Juni–Juli. 1–5 cm.

Vorkommen: Braucht kalkarmen oder kalkfreien Untergrund, der ziemlich trocken sein kann und recht häufig nur kurzzeitig von Schnee bedeckt ist. Besiedelt steinige alpine Rasen, feinerdereichen Grobschutt und Felsspalten, und zwar auch an ziemlich windausgesetzten Stellen. Kommt ausschließlich in den Südalpen zwischen dem Veltlin und den Gurktaler Alpen sowie dem Lungau vor. Bevorzugt Höhen zwischen etwa 2000 bis 2500 m. Selten.

Wissenswertes: ♃; ▽. Der Steirische Mannsschild „vertritt" in seinem Areal den Alpen-Mannsschild. Beide Arten „vikariieren". Der Steirische Mannsschild ist indessen besser an trockene Standorte angepaßt.

Steirischer Mannsschild
Androsace wulfeniana

Zottiger Mannsschild
Androsace villosa

Schweizer Mannsschild
Androsace helvetica

Bewimperter Mannsschild
Androsace chamaejasme

443

Bewimperter Mannsschild

Androsace chamaejasme WULF.
Primelgewächse *Primulaceae*

Beschreibung: 3–8 Blüten stehen in einem doldigen Blütenstand auf dem Blütenschaft, der 1–7 cm lang wird. Meist ist an den Rosetten nur 1 Blütenschaft ausgebildet. Er ist ziemlich dicht abstehend behaart; die normalen Haare werden 1–2 mm lang; eingestreute Drüsenhaare sind wesentlich kürzer. Blütenstiele 0,2–1,5 cm lang, wie der Stengel behaart. Hochblätter 3–5 mm lang, behaart. Kelch verwachsen, behaart, mit schmal-eiförmigen, spitzen Zipfeln, die 1–2 mm lang werden. Blütenkrone verwachsen; Kronröhre um 4 mm lang; Krone weiß oder rötlich, mit gelbem Schlund, tief 5zipflig, flach tellerförmig, 6–9 mm im Durchmesser (ausgebreitet gemessen). Frucht eine walzliche bis kugelige Kapsel, die um 3 mm lang wird. Blätter in ziemlich flachen, keinesfalls ausgesprochen halbkugeligen Rosetten; Rosetten wachsen lockerrasig nebeneinander; Blätter 0,5–1,5 cm lang und 2–4 mm breit, spitz, ganzrandig und bis auf den Blattrand kahl; Blattrand mit wimperartigen Haaren, die fast 2 mm lang sind. Juni–August. 2–8 cm.

Vorkommen: Braucht kalkreichen, stickstoffsalzarmen, ausgesprochen humosen, steiniglockeren Lehmboden. Besiedelt ruhenden Grobschutt und steinige alpine Rasen, geht aber auch in humusverfüllte Felsspalten und auf windgefegte, im Winter oft schneearme oder schneefreie Grate und Platten. Nördliche Kalkalpen zerstreut und örtlich in lockeren Beständen; Zentralalpen sowie Nordteile der mittleren und östlichen Südalpen selten. Bevorzugt Höhen zwischen etwa 1800 und 3000 m.

Wissenswertes: ♃; ▽. Der Bewimperte Mannsschild hat seinen Verbreitungsschwerpunkt eindeutig in den Nordalpen.

Schweizer Mannsschild

Androsace helvetica (L.) ALL.
Primelgewächse *Primulaceae*

Beschreibung: Blüten einzeln in den Achseln der oberen Blätter. Blütenstiel kaum 1 mm lang. Kelch verwachsen, etwas behaart, mit schmal-lanzettlichen, behaarten Zipfeln, die 1–1,5 mm lang werden. Blütenkrone verwachsen; Kronröhre um 1 mm lang; Krone weiß, sehr selten rötlich, mit gelbem Schlund, tief 5zipflig, flach tellerförmig, um 5 mm im Durchmesser (ausgebreitet gemessen). Zipfel rundlich bis verkehrt-eiförmig, vorne abgerundet, selten und dann nur wenig tief ausgerandet. Frucht eine walzlich-kugelige Kapsel, die um 2,5 mm lang wird. Blätter in dichten, halbkugeligen, harten Polstern stehend, etwas graufilzig; Haare um 0,5 mm lang, einfach; Blätter 3–4 mm lang und 1–1,5 mm breit, schmal-eiförmig bis spatelig. Unter den lebenden Blättern befinden sich abgestorbene Blätter am kurzen Stengel, der in eine tiefreichende Pfahlwurzel übergeht. Mai–Juli. 1–3 cm.

Vorkommen: Braucht kalkhaltigen Untergrund. Besiedelt vor allem feinerdereiche Felsspalten, geht auch in Grobschutt. Vor allem an sonnigen Südhängen. Erträgt große Temperaturgegensätze. 1800–3500 m, selten tiefer oder etwas höher. Nördliche Kalkalpen zerstreut, nach Osten seltener werdend und in Österreich gebietsweise fehlend; in den Südlichen Kalkalpen und in den Zentralalpen selten.

Wissenswertes: ♃; ▽. Ähnlich: Vielblütiger Mannsschild (*A. vandellii* (TURRA) CHIOV.): Kronzipfel meist flach ausgerandet; Blütenstiele 2–6 mm lang; Blätter weißfilzig; Haare um 0,1 mm lang, verzweigt (Lupe!). Westalpen, südwestliche Kalkalpen bis nach Südtirol, südwestliche Zentralalpen; zerstreut.

Dolomiten-Mannsschild

Androsace hausmannii LEYB.
Primelgewächse *Primulaceae*

Beschreibung: Blüten einzeln in den Achseln der obersten Blätter. Blütenstiel 0,1–1 cm lang. Kelch verwachsen, fast nur an den Zipfeln behaart; Zipfel lanzettlich-3eckig, 1–2 mm lang und damit etwa so lang wie der verwachsene, weittrichterige Kelchbecher. Blütenkrone verwachsen; Kronröhre um 1 mm lang; Krone weiß, doch außen und am Vorderrand der Zipfel meist deutlich rosa bis rötlich überlaufen, seltener blaßrosa, aber dann außen und am Rande intensiver gefärbt, mit gelbem Schlund, tief 5zipflig, flach tellerförmig bis weit trichterig, um 5 mm im Durchmesser (ausgebreitet gemessen); Zipfel verkehrt-eiförmig, vorne meist seicht ausgerandet. Frucht eine walzliche bis kugelige Kapsel, die um 3 mm lang wird. Blätter in flachen, kleinen Polstern, die locker, keinesfalls halbkugelig dicht wirken; Blätter 0,5–1 cm lang, bis 2 mm breit, schmal-lanzettlich, stumpf, beidseitig behaart; Haare sehr kurz, 0,1–0,2 mm lang, an der Spitze 2–3teilig (starke Lupe!). Juni–August. 1–3 cm.

Vorkommen: Braucht kalkreichen Untergrund und einen gut besonnten Standort. Besiedelt lehm- oder feinerdereichen Grobschutt, geht aber auch in feinerdeverfüllte Felsspalten. Kommt nur in den Südlichen Kalkalpen von der Presolana bzw. von Südtirol ostwärts bis in die Gailtaler Alpen vor, in den Ostketten der Nördlichen Kalkalpen isoliert bei Liezen und Lofer sowie bei Berchtesgaden. Bevorzugt Höhen zwischen etwa 1800–3000 m. Selten.

Wissenswertes: ♃; ▽. Die Zerrissenheit des Areals zeigt noch heute, daß die Art in den Ostalpen ehedem ein größeres Verbreitungsgebiet besessen hat.

Stumpfblättriger Mannsschild

Androsace obtusifolia ALL.
Primelgewächse *Primulaceae*

Beschreibung: 2–8 Blüten stehen in einem doldigen Blütenstand auf dem Blütenschaft; an den Rosetten entspringen 1 oder mehrere Schäfte den Achseln der oberen Blätter. Blütenschaft 1–10 cm lang, behaart. Blütenstiele 0,2–1,5 cm lang, meist deutlich länger als die schmal-lanzettlichen Hochblätter. Kelch verwachsen, behaart, mit schmal eiförmig-3eckigen Zipfeln, die um 1,5 mm lang werden. Blütenkrone verwachsen; Kronröhre um 1 mm lang; Krone meist weiß, selten rötlich, mit gelbem Schlund, tief 5zipflig, flach tellerförmig, 6–9 mm im Durchmesser; Zipfel breit verkehrt-eiförmig bis rundlich, vorn wenig tief, aber meist deutlich und eng herzförmig eingekerbt. Frucht eine walzlich-kugelige Kapsel, die 2–3 mm lang wird. Blätter in lockeren Rosetten, 0,5–2,5 cm lang, 2–4 mm breit, sehr schmal eiförmig, mit abgestumpfter Spitze, meist nur am Rand bewimpert; Haare um 0,1 mm lang, an der Spitze gegabelt oder sternförmig verzweigt. Juni–August. 2–10 cm.

Vorkommen: Braucht kalkarmen oder kalkfreien, humosen Boden. Besiedelt lückige alpine Rasen, bevorzugt in Höhen zwischen etwa 1800 und 3000 m. Nördliche Kalkalpen vereinzelt; Zentralalpen zerstreut; West- und Südalpen selten.

Wissenswertes: ♃; ▽. Ähnlich: Roter Mannsschild (*A. carnea* L.): Krone meist rosa; Haare meist 3–8strahlig (starke Lupe). Westalpen bis zum Simplon; selten. – Cottischer Mannsschild (*A. brigantiaca* JORD. & FOURR.): Krone weiß oder rötlich; Blattrand mit zahnartigen Verdickungen; Haare einfach oder gegabelt. Seealpen. Cottische Alpen; selten. Kleinart der Sammelart *A. carnea* agg.

Heilglöckchen
Cortusa matthioli L.
Primelgewächse *Primulaceae*

Beschreibung: 3–12 Blüten stehen – meist
nickend, sehr selten fast aufrecht – in einer endständigen Dolde an einem blattlosen, ziemlich
zottig behaarten Blütenschaft, der 10–40 cm hoch
wird. Blütenstiele 1–5 cm lang; Hochblätter deutlich kürzer als die Blütenstiele, beide mit fast
stiellosen Drüsen bestanden (Lupe!). Kelch verwachsen, mit 5 schmal-3eckigen Zipfeln, die um
2 mm lang werden. Blütenkrone verwachsen,
glockig, etwa 0,5–1 cm lang, bis über die halbe
Länge in 5 Zipfel zerteilt; Zipfel 2,5–6 mm lang,
eiförmig, leicht spitz zulaufend. Griffel etwa so
lang wie oder etwas länger als die geöffnete Blü-
tenglocke. Kapsel 0,6–1 cm lang. Blätter grundständig, mit sehr langen, behaarten Stielen; Blattspreiten im Umriß rundlich, wenig tief geteilt
oder nur grob gelappt-gezähnt, 7–12 cm im
Durchmesser, mäßig dicht, zuweilen schütter
behaart; Haare um 2 mm lang. Juni–August.
10–40 cm.

Vorkommen: Braucht nährstoffreichen,
aber nicht unbedingt kalkhaltigen, sickerfeuchten, humosen Lehmboden. Besiedelt Hochstaudenfluren zwischen etwa 1100–1900 m. Ostteil
der Westalpen (westlich bis zur Tarentaise und
südlich bis zum Mont Cenis) selten; Zentralalpen zerstreut, nach Westen bis ins Unterengadin;
Ostteil der Nördlichen Kalkalpen; selten, nach
Osten häufiger.

Wissenswertes: ♃. Das Areal des Heil-
glöckchens erstreckt sich bis nach Japan. Allerdings weist es größere Lücken auf. Sowohl die
Ausdehnung des Verbreitungsgebiets als auch
seine Zerrissenheit lassen vermuten, daß die Art
ein Relikt der spättertiären Pflanzenwelt darstellt.

Wildes Alpenveilchen
Cyclamen purpurascens MILL.
Primelgewächse *Primulaceae*

Beschreibung: Blüten einzeln, auf langem, unbeblättertem Stiel, nickend, stark duftend, um 1,5 cm lang. Kelch nur an der Basis
verwachsen, scheinbar frei; Kelchzipfel im Umriß eiförmig bis 3eckig, unregelmäßig gezähnt,
spitz. Blütenkrone an der Basis kugelig verwachsen, tief 5zipflig; Zipfel der Blütenkrone „alpen-
veilchenartig" aufwärts-rückwärts geschlagen,
karminrot, am Grunde dunkler, länglich-eiförmig, spitz zulaufend. Frucht eine kugelige Kapsel, die 7–9 mm im Durchmesser erreicht;
Fruchtstiel eingerollt. Blätter grundständig, immergrün, gestielt, nieren- bis herzförmig, vorne
meist abgerundet, seltener spitzlich, am Grunde
mit abgerundeten Lappen, oberseits dunkelgrün
und mit silbrig-hellen Flecken, unterseits rötlich,
am Rand undeutlich stumpf gezähnt, kahl. Juni–
Oktober. 5–15 cm.

Vorkommen: Braucht kalkhaltigen, nicht
zu trockenen, humosen, lockeren Lehmboden
mit guter Mullauflage. Besiedelt lichte Bergwälder. Nördliche und Südliche Kalkalpen, von der
Provence bis nach Niederösterreich, Schweizer
Jura, selten, größeren Gebieten fehlend, nach
Osten häufiger, an seinen Standorten meist in
individuenreichen Beständen (so z. B. am Philo-
sophenweg zwischen Farchant und Garmisch-
Partenkirchen); Schwäbischer Jura vereinzelt
(Randen), Fränkischer Jura und Alpenvorland
selten, zuweilen angepflanzt und verwildert.

Wissenswertes: ♃; ☠; ▽. Ähnlich: Nea-
politanisches Alpenveilchen (*C. linearifolium*
DC.): Kronzipfel am Grund öhrchenartig; Blätter
3–5eckig, am Grunde herzförmig, unregelmäßig
spitz gezähnt. Savoyen, oberes Rhonetal; vereinzelt. Enthält Saponine.

Dolomiten-Mannsschild
Androsace hausmannii

Stumpfblättriger Mannsschild
Androsace obtusifolia

Heilglöckchen
Cortusa matthioli

Wildes Alpenveilchen
Cyclamen purpurascens

Winziges Alpenglöckchen
Soldanella minima HOPPE
Primelgewächse *Primulaceae*

Beschreibung: Am Ende des blattlosen, drüsig kurzhaarigen (Haare um 0,2 mm lang) Blütenschafts steht meist nur 1 (selten 2) nickende Blüte. Kelch an der Basis verwachsen, in 5 schmal-lanzettliche Zipfel zerteilt. Blütenkrone verwachsen, eng glockenförmig, 1–1,5 cm lang, vorne 3–5 mm tief in zahlreiche fransenartige Zipfel zerschlitzt, blaßlila; Staubbeutel am Grunde abgerundet, an der Spitze mit einem 3eckigen Fortsatz, der kaum 0,5 mm lang wird (Lupe!). Blätter grundständig, immergrün, ledrig, etwas dicklich, rundlich oder sehr breit eiförmig (d. h. etwas länger als breit), kahl, 4–7 mm im Durchmesser, selten bis zu 1 cm, ganzrandig, Rand oft leicht nach unten umgebogen, auf der Oberseite glatt, auf der Unterseite mit unscheinbaren Grübchen; Blattstiele ziemlich dicht mit kurzen (0,1–0,2 mm langen) Drüsenhaaren bestanden. Mai–Juli. 3–8 cm.

Vorkommen: Braucht kalkreichen, feucht-nassen, humusreichen, steinigen, lange schneebedeckten Lehmboden. Besiedelt Schneetälchen und Austrittsstellen von Hangdruckwasser im Ruheschutt und in steilen, steinigen Rasen. Bevorzugt Höhen zwischen etwa 1500–2500 m. Südliche Kalkalpen vom Tonalepaß ostwärts bis zur Sarntaler Alpe, zerstreut.

Wissenswertes: ♃. Ähnlich: Österreicher Alpenglöckchen (*S. austriaca* VIERH.): Krone 2–4 mm eingeschlitzt. Blüten- und Blattstiele wenig dicht drüsenhaarig, verkahlend. Vereinzelt (aber bestandsbildend) in den Ammergauer Alpen, im Lungau und im Toten Gebirge; in den Nördlichen Kalkalpen Niederösterreichs bis zum Schneeberg zerstreut. Beide Arten werden in die Sammelart *S. minima* agg. gestellt.

Zwerg-Alpenglöckchen
Soldanella pusilla BAUMG.
Primelgewächse *Primulaceae*

Beschreibung: Am Ende des blattlosen, nur sehr schütter drüsigen Blütenschafts steht meist nur 1 (selten 2) nickende Blüte. Kelch an der Basis verwachsen, in 5 schmal-lanzettliche Zipfel zerteilt. Blütenkrone verwachsen, eng glockenförmig, 1–1,5 cm lang, vorne 3–5 mm tief in zahlreiche fransenartige Zipfel zerschlitzt, hellviolett (nicht blaßlila!); Staubbeutel am Grunde scharf zugespitzt, an der Spitze ohne jeden Fortsatz (Lupe!). Blätter grundständig, immergrün, ledrig, etwas dicklich, rundlich-nierenförmig (d. h. eher breiter als lang), kahl, 5–8 mm im Durchmesser, selten bis zu 1 cm, ganzrandig, Rand kaum nach unten umgebogen, auf der Oberseite mit deutlichen Nerven, auf der Unterseite mit zahlreichen unscheinbaren Grübchen; Blattstiele wie der Blütenschaft nur sehr schütter drüsig (Drüsen sitzend und unscheinbar) und früh verkahlend. Mai–August. 3–10 cm.

Vorkommen: Braucht kalkarmen oder kalkfreien, sehr stickstoffsalzarmen, feucht-nassen, humusreichen, steinigen, lange schneebedeckten Lehmboden. Besiedelt Schneetälchen und feuchte Stellen in schütteren alpinen Rasen. Bevorzugt Höhen zwischen etwa 1500 und 2500 m, geht selten etwas tiefer oder bis etwa 3000 m. In den Nördlichen Kalkalpen selten und nur auf entkalkten Böden. In den östlichen Teilen der Zentralalpen zerstreut, nach Westen bis etwa ins Kandertal, auch in den nördlichen Teilen der Südalpen zerstreut, an seinen Standorten oft in individuenreichen Beständen.

Wissenswertes: ♃. Wie bei anderen Arten der Gattung entfalten sich auch beim Zwerg-Alpenglöckchen die ersten Blüten oft schon, solange noch Schnee liegt.

Winziges Alpenglöckchen
Soldanella minima

**Gewöhnliches
Alpenglöckchen**
Soldanella alpina

Zwerg-Alpenglöckchen
Soldanella pusilla

Berg-Alpenglöckchen
Soldanella montana

449

Gewöhnliches Alpenglöckchen
Soldanella alpina L.
Primelgewächse *Primulaceae*

Beschreibung: Am Ende des blattlosen, nur sehr schütter drüsigen (Drüsen stiellos!) oder kahlen Blütenschafts stehen meist 2–3 nickende Blüten; selten ist nur 1 Blüte vorhanden. Kelch an der Basis verwachsen, in 5 schmal-lanzettliche Zipfel zerteilt. Blütenkrone verwachsen, trichterig bis weitglockig, 0,8–1,5 cm lang, 5–8 mm tief in zahlreiche fransenartige Zipfel zerschlitzt, blauviolett; Staubbeutel an der Spitze mit einem schmal-3eckigen Fortsatz, der um 1 mm lang wird. Blätter grundständig, immergrün, ledrig, etwas dicklich, kahl; Blattspreite rundlich, 1–4 cm im Durchmesser, ganzrandig, am Rand flach, am Stielansatz etwas nierenförmig ausgebuchtet. Blattstiel wie der Blütenschaft nur jung mit einzelnen, stiellosen Drüsen, schon früh verkahlend. April–Juli. 5–15 cm.

Vorkommen: Braucht kalkhaltigen oder wenigstens basenreichen, feucht-nassen, humusreichen, steinigen, meist lange schneebedeckten Boden. Besiedelt Schneetälchen, Austrittsstellen von Hangdruckwasser und versumpfte Stellen in alpinen Rasen, seltener Naßstellen in Hochstaudenfluren oder sickerfeuchte, lichte Stellen in Bergwäldern. Südschwarzwald (z.B. Feldberg), mittlerer und südlicher Schweizer Jura, Alpen; in den Kalkalpen häufig, in den kalkarmen Teilen der Zentralalpen zerstreut, an seinen Standorten meist in individuenreichen Beständen. Bevorzugt in Höhen zwischen etwa 1500–2500 m, geht örtlich aber erheblich tiefer oder wenig höher.

Wissenswertes: ♃. Das Vorkommen der Art im Feldberggebiet und im Schweizer Jura ist ein eindeutiges Relikt aus den Vereisungsperioden des Pleistozäns.

Berg-Alpenglöckchen
Soldanella montana WILLD.
Primelgewächse *Primulaceae*

Beschreibung: Am Ende des blattlosen, nur schütter drüsig behaarten Blütenschafts befinden sich meist 3–6, selten sogar bis zu 10 nickende, zuweilen auch schräg aufwärts stehende Blüten. Kelch an der Basis verwachsen, in 5 schmale Zipfel zerteilt. Blütenkrone verwachsen, trichterig bis weitglockig, 1–1,7 cm lang, 5–9 mm tief in zahlreiche fransenartige Zipfel zerschlitzt, blauviolett; Staubbeutel an der Spitze mit einem schmalen Fortsatz, der um 1 mm lang wird. Blätter grundständig, immergrün, ledrig, kahl; Blattspreite rundlich bis nierenförmig, 3,5–7 cm im Durchmesser, schwach gekerbt, am Stielansatz eng und tief eingebuchtet. Blattstiel nur jung drüsig behaart; Haare etwa 0,5 mm lang, auch bei älteren Blattstielen noch vorhanden. Mai–Juni. 10–20 cm.

Vorkommen: Braucht nährstoffarmen, zumindest oberflächlich versauerten, rohhumushaltigen, feuchten Boden. Besiedelt Feuchtstellen in nicht zu dichten Fichtenwäldern, geht auch auf lückige, vernäßte und anmoorige Waldwiesen und auf trockenere Stellen in Hoch- und Zwischenmooren. Östliches Alpenvorland, Ostteil der Nördlichen Kalkalpen bis zum Wiener Schneeberg, Bayerischer Wald und Böhmerwald, Waldviertel; zerstreut, fast stets bestandsbildend. Bevorzugt Höhen zwischen 500–1500 m.

Wissenswertes: ♃. Ähnlich: Ungarisches Alpenglöckchen (*S. hungarica* SIMK.): Drüsenhaare an den Blattstielen nur 0,1–0,2 mm lang; Blütenschäfte und Blattstiele verkahlend. Vom Lungau zur Drau und bis zum Semmering; zerstreut und meist in individuenreichen Beständen. – Beide Kleinarten werden zur Sammelart *S. montana* agg. zusammengefaßt.

Wasserfeder *Hottonia*
Bunge *Samolus*
Siebenstern *Trientalis*
Milchkraut *Glaux*

Wasserfeder

Hottonia palustris L.
Primelgewächse *Primulaceae*

Beschreibung: Zahlreiche Blüten stehen quirlig-traubig an einem blattlosen Blütenschaft, der in der Achsel eines der Schwimmblätter entspringt und deutlich aus dem Wasser herausragt. Die Blüten sind kurz gestielt; die Blütenstiele entspringen einem kurzen, lineal-lanzettlichen Hochblatt. Kelch nur an der Basis verwachsen, in 5 schmal-lanzettliche Zipfel zerteilt, knapp 5 mm lang. Blütenkrone verwachsen, tellerartig flach bis weittrichterig, mit 5 verkehrt-eiförmigen Zipfeln, die vorne meist abgestutzt oder etwas ausgerandet, seltener abgerundet oder gleichmäßig gezähnt sind; Blüte 1,5–2,3 cm im Durchmesser (ausgebreitet gemessen), weiß oder leicht rötlich, im Schlund gelb; Kronröhre um 5 mm lang. Kapsel walzlich, um 5 mm lang. Stengel meist verzweigt, im Schlamm wurzelnd. Blätter wechselständig, oft fast quirlig dicht stehend, untergetaucht, bis auf den Mittelnerv kammartig fiederteilig. In den Achseln der Blätter entspringen oft bündelweise fadenartig dünne Wurzeln. Mai–Juli. 20–70 cm lang, zuweilen noch länger.

Vorkommen: Braucht kalkarme, aber nährstoffreiche, stehende oder langsam fließende Gewässer. Besiedelt Gräben, Altwässer oder moorige Seen mit schlammigen Böden. Im Tiefland zerstreut und zuweilen in individuenreichen Beständen; am Mittel- und Niederrhein, um den Harz, am Main, an der Donau in Bayern und Österreich, im Schweizer Jura und Mittelland selten und gebietsweise fehlend.

Wissenswertes: ♃. Die Wasserfeder nimmt in der Familie der Primelgewächse eine Sonderstellung ein, da sie die einzige Wasserpflanze darstellt. Die Samen werden durch Wasservögel verschleppt.

Salz-Bunge

Samolus valerandi L.
Primelgewächse *Primulaceae*

Beschreibung: Zahlreiche Blüten sitzen in traubigen, gelegentlich auch rispigen Blütenständen am Ende des Stengels und der Seitenzweige. Stiele der einzelnen Blüten etwa 1 cm lang, auffallend dünn, mit einem kleinen Hochblatt auf etwa halber Länge. Kelch deutlich (bis etwa zur Mitte) verwachsen, glockenförmig bis halbkugelig, um 2 mm lang, vorne mit 5, kaum 0,8 mm langen, 3eckig-eiförmigen Zipfeln. Blütenkrone verwachsen; Kronröhre 2–3 mm lang; Krone weiß, in 5 blütenblattähnliche, rundliche bis verkehrt-eiförmige Zipfel zerteilt, tellerförmig flach, 2–4 mm im Durchmesser (ausgebreitet gemessen); Staubfäden in der Kronröhre angewachsen. Stengel verzweigt. Blätter grundständig und wechselständig am Stengel, breit-eiförmig bis breit-lanzettlich, ganzrandig, kurz gestielt, stumpf oder etwas spitz, die unteren in einen geflügelten Stiel verschmälert, die oberen praktisch sitzend, 2–6 cm lang und 1–2 cm breit, dunkelgrün, glänzend. Juni–September. 15–50 cm.

Vorkommen: Braucht nassen, oft kochsalzhaltigen, mindestens aber nährstoffreichen, verdichteten, tonigen Boden in offener Lage. Besiedelt Röhricht in brackwasserbeeinflußten Flußabschnitten, Salzquellen, geht aber auch an ständig vernäßte Viehtränken und auf Böden von Dorftümpeln, die zeitweise trockenfallen. Im Tiefland selten, vor allem im Küstenbereich; vereinzelt an Salzquellen im Binnenland; sehr selten in den Altwässern am Oberrhein, in Niederösterreich, an der Rhone westlich von Aigle und im Gebiet des Genfer Sees.

Wissenswertes: ♃. Die Art war zu Zeiten, in denen Schweine noch auf Naßweiden gehalten wurden, häufiger.

Siebenstern

Trientalis europaea L.
Primelgewächse *Primulaceae*

Beschreibung: Blüten einzeln auf langen (2–5 cm) Stielen aufrecht in den Achseln der Blätter. Kelch nur an der Basis verwachsen, in 7 (selten 5–9) kelchblattähnliche, schmal-lanzettliche Zipfel zerteilt. Blütenkrone nur an der Basis verwachsen, in 7 (selten 5–9) schmal-eiförmige blütenblattähnliche Zipfel zerteilt, 1,2–1,5 cm im Durchmesser, weiß, am Blütengrund mit einem ringartigen gelblichen Wulst, auf dem Staubblätter sitzen. Stengel aufrecht, im unteren Drittel blattlos oder nur mit schuppenartig kleinen Blättern, in den oberen ⅔ mit wenigen, kleinen, wechselständigen, schmal eiförmig-spateligen Blättern. Am Ende des Stengels stehen 5–12 lanzettliche, spatelig in den undeutlichen Stiel verlaufende Blätter quirlartig genähert; quirlständige Blätter 1,5–6 cm lang und 0,8–2,5 cm breit, stumpf oder spitz, leicht gekerbt-gezähnt oder ganzrandig. Die Pflanze besitzt unterirdische, bewurzelte Knollen, die Ausläufer austreiben, deren Ende sich wiederum knollig verdickt. Mai–Juli. 7–25 cm.

Vorkommen: Braucht feuchten, moosigen, rohhumushaltigen oder moorigen Sand- oder Lehmboden. Besiedelt lichte Fichtenwälder oder Moorbirkenwälder, seltener bodensaure Eichenwälder. Im Tiefland und in den nördlichen und östlichen Mittelgebirgen mit kalkarmem Gestein bis ins Waldviertel zerstreut, örtlich in mäßig individuenreichen Beständen. In den südlichen Zentralalpen vereinzelt; im Schwarzwald selten, im Voralpengebiet sehr selten.

Wissenswertes: ⳩; ▽. Die Verbreitung erfolgt vor allem durch Ausläufer, weniger durch Samen. Wo Standorte vernichtet werden, erfolgt selten Neubesiedlung.

Milchkraut

Glaux maritima L.
Primelgewächse *Primulaceae*

Beschreibung: Blüten sitzen einzeln in den Achseln der mittleren Blätter. Blüten bestehen nur aus dem verwachsenen, 5zipfligen, sehr weitglockigen Kelch. Kelch weißlich, rosa oder hell weinrot, im Schlund oft intensiver gefärbt, 3–7 mm im Durchmesser (ausgebreitet gemessen); Kelchzipfel breit-eiförmig, stumpf. Stengel niederliegend bis aufsteigend, an der Basis verzweigt, wie die Blätter graugrün und praktisch kahl (zuweilen sieht man vereinzelte Drüsenhaare). Untere Blätter dicht kreuzgegenständig, oberste wechselständig, alle etwas fleischig, 0,4–1,5 cm lang, 2–6 mm breit, sitzend, länglich-eiförmig, stumpflich oder leicht zugespitzt, ganzrandig. Die Pflanze besitzt einen weitkriechenden Wurzelstock, der sich reichlich verzweigt. Er ist mit 3eckigen, häutigen Schuppenblättern bestanden. Mai–August. 5–30 cm.

Vorkommen: Braucht kochsalzhaltigen, sandig-tonigen Boden, der oberflächennah feucht sein sollte. Auf schlickigem Sand an Nord- und Ostseeküste zerstreut; besiedelt dort Strandwiesen und feuchte Stellen in Dünen und auf schlickigem Sandstrand, meidet hier aber Stellen, die regelmäßig und für längere Zeit überflutet werden. Im Binnenland nur in der Nähe von Salzquellen oder Salzhalden und hier meist selten.

Wissenswertes: ⳩. Das Milchkraut bildet wegen seines reich verzweigten Wurzelstocks oft mehr oder weniger dichte „Herden", die zu kleinen, teppichartigen Verbänden verschmelzen können. Der vegetativen Vermehrung kommt eine nicht zu unterschätzende Bedeutung zu, zumal die Samen Salzwasser nicht übermäßig gut vertragen.

Wasserfeder
Hottonia palustris

Milchkraut
Glaux maritima

Salz-Bunge
Samolus valerandi

Siebenstern
Trientalis europaea

Pfennigkraut

Lysimachia nummularia L.
Primelgewächse *Primulaceae*

Beschreibung: Die Blüten stehen einzeln in den Achseln der mittleren Blätter, und zwar auf Stielen, die 2–3 cm lang werden. Kelch nur am Grunde verwachsen, in 5 kelchblattähnliche, 3eckig-herzförmige Zipfel zerteilt, 0,7–1 cm lang. Blütenkrone nur an der Basis verwachsen, sehr weitglockig, mit 5 eiförmigen Zipfeln, die auf den ersten Blick freien Blütenblättern ähneln und die vorne oft etwas gezähnelt oder eingekerbt, meist aber spitzlich sind; Blüten 1–2,5 cm im Durchmesser (ausgebreitet gemessen), satt goldgelb. Stengel niederliegend-kriechend, im unteren Teil an den Ansatzstellen der Blätter wurzelnd, meist unverzweigt, meist kahl. Blätter gegenständig, in eine Ebene nach oben gedreht, breit-eiförmig bis rund, kurz gestielt, Spreite 2–3 cm lang und 1,5–2,5 cm breit, am Grunde meist herzförmig in den oft ziemlich kurzen Stiel übergehend. Blattspreite und Blattstiel kahl, frischgrün bis gelbgrün. Mai–Juli. Stengel bis 50 cm lang; Blüten bis 3 cm über den Boden emporgehoben.

Vorkommen: Braucht nährstoff- und humusreichen Lehm- oder Tonboden, der frisch oder gar feucht sein sollte. Erträgt Halbschatten. Besiedelt Fettwiesen, Ufer, Gräben und feuchte Stellen in lichten Laubwäldern. Häufig, fehlt aber im Tiefland und in den Mittelgebirgen mit Sandsteinen kleineren Gebieten; kommt an seinen Standorten in kleineren, teppichartigen Beständen vor. Steigt in den Alpen bis etwa zur Laubwaldgrenze.

Wissenswertes: ♃. Neuerdings wird das Pfennigkraut auf feuchten, halbschattigen Stellen in Gärten erfolgreich als „Bodendecker" angepflanzt. Gelegentlich als Heilpflanze genutzt. Enthält Gerbstoffe.

Hain-Gilbweiderich

Lysimachia nemorum L.
Primelgewächse *Primulaceae*

Beschreibung: Die Blüten stehen einzeln in den Achseln der oberen Blätter, und zwar auf ziemlich dünnen, gleichwohl aufrechten Stielen, die 2,5–3,5 cm lang werden. Kelch nur am Grunde verwachsen, in 5 kelchblattähnliche, schmallanzettliche Zipfel zerteilt, die 3–5 mm lang werden. Blütenkrone nur an der Basis verwachsen, sehr weitglockig bis aufgebogen tellerartig, zuweilen sogar andeutungsweise zurückgeschlagen, mit 5 rundlich-eiförmigen Zipfeln, die auf den ersten Blick freien Blütenblättern ähneln und die vorne meist abgerundet, undeutlich zugespitzt, selten etwas unregelmäßig gezähnelt sind; Blüten 1–1,5 cm im Durchmesser (ausgebreitet gemessen), hell goldgelb, an der Basis satt goldgelb. Stengel aufsteigend, im untersten Teil oft verzweigt und an den Blattansatzstellen wurzelnd, praktisch kahl. Blätter gegenständig, eiförmig; Blattspreite 2–3 cm lang und 1–2 cm breit, vorn meist etwas zugespitzt; Blattstiel sehr kurz. Mai–Juli. 5–20 cm.

Vorkommen: Braucht feuchten oder wenigstens frischen, nährstoffreichen, oft kalkarmen, humosen, lockeren, steinigen Lehmboden in Lagen mit hoher Luftfeuchtigkeit. Besiedelt Berg- und Schluchtwälder, Auenwälder, im Gebirge auch das Grün-Erlen-Gebüsch. Fehlt im Tiefland und in den Mittelgebirgen mit kalkhaltigem Gestein größeren, in den Mittelgebirgen mit Sandsteinen kleineren Gebieten; sonst zerstreut, oft in wenig auffallenden, lockeren Beständen. Geht im Gebirge bis zur Laubwaldgrenze.

Wissenswertes: ♃. Der Hain-Gilbweiderich fehlt wegen mangelnder Toleranz gegen Lufttrockenheit in den mitteleuropäischen Trockengebieten.

Gewöhnlicher Gilbweiderich
Lysimachia vulgaris

Punktierter Gilbweiderich
Lysimachia punctata

Pfennigkraut
Lysimachia nummularia

Hain-Gilbweiderich
Lysimachia nemorum

455

Gewöhnlicher Gilbweiderich

Lysimachia vulgaris L.
Primelgewächse *Primulaceae*

Beschreibung: Die Blüten stehen in kurzen Trauben oder Rispen am Ende des Stengels oder in den Achseln der obersten Blätter. Kelch nur am Grunde verwachsen, in 5 kelchblattähnliche, breit-lanzettliche Zipfel zerteilt, die 3–5 mm lang werden und die drüsig bewimpert, am Grund behaart und am Rand zuweilen leicht rötlich sind. Blütenkrone nur an der Basis verwachsen, glockig bis sehr weit glockig, mit 5 breit-eiförmigen Zipfeln, die auf den ersten Blick freien Blütenblättern ähneln und die vorne meist stumpflich abgerundet sind; Blüten 1,5–2,5 cm im Durchmesser (ausgebreitet gemessen), goldgelb. Stengel aufrecht, unverzweigt oder in der oberen Hälfte spärlich verzweigt, ziemlich dicht abstehend behaart (Haare um 1 mm lang). Blätter gegenständig oder zu 3–4 quirlständig, gelegentlich die unteren auch wechselständig, lanzettlich, 8–15 cm lang (im Blütenstandsbereich sehr viel kürzer), 1–3,5 cm breit, kurz gestielt oder mit verschmälertem Grund sitzend, oberseits zerstreut, unterseits dicht, oft fast zottigwollig behaart. Juni–August. 0,6–1,2 m.

Vorkommen: Braucht feuchten, ja nassen, moorig- oder sandig-lehmigen Boden. Besiedelt lichte Stellen in Auenwäldern, im uferbegleitenden Gebüsch, auf Sumpfwiesen oder auf feuchten Waldschlägen und in Gräben. Häufig, allenfalls in Trockengebieten über Kalkgestein örtlich fehlend. Steigt im Gebirge kaum über etwa 1200 m.

Wissenswertes: ♃ Der Gewöhnliche Gilbweiderich wurde früher als Heilpflanze gegen allerlei Beschwerden benutzt. Inhaltsstoffe, die eine solche Verwendung rechtfertigen könnten, wurden nicht gefunden.

Punktierter Gilbweiderich

Lysimachia punctata L.
Primelgewächse *Primulaceae*

Beschreibung: Die Blüten stehen zu 1–4 in den Achseln der oberen Stengelblätter. Kelch nur am Grunde verwachsen, in 5 kelchblattähnliche, schmal-lanzettliche Zipfel zerteilt, die 5–8 mm lang werden, bis zur Spitze ziemlich gleichmäßig behaart und am Rand nie rötlich sind. Blütenkrone nur an der Basis verwachsen, glockig bis sehr weit glockig, mit 5 eiförmigen Zipfeln, die auf den ersten Blick freien Blütenblättern ähneln und die vorne meist stumpflich zulaufen; sie sind meist schütter rot punktiert und tragen am Rand kurze Drüsenhaare; Blüten 2–3 cm im Durchmesser (ausgebreitet gemessen), hell goldgelb bis satt zitronengelb. Stengel aufrecht, unverzweigt oder in der oberen Hälfte spärlich verzweigt, ziemlich dicht abstehend behaart. Blätter zu 3–6 quirlständig, 6–12 cm lang (im Blütenstandsbereich sehr viel kürzer), 1–3,5 cm breit, kurz gestielt oder mit verschmälertem Grund praktisch sitzend, beidseits mäßig dicht behaart. Juni–August. 0,6–1,2 m.

Vorkommen: Braucht feuchten, nährstoffreichen, lehmig-tonigen Boden mit guter Humusführung in sommerwarmen Lagen. Besiedelt Ufer, Gräben, lichte Stellen in Auenwäldern und an Waldwegen. Erreicht wahrscheinlich in Salzburg und Piemont seine ursprüngliche westliche Arealgrenze, ist aber vielfach aus der Kultur verwildert und örtlich beständig eingebürgert. Auch in seinem eigentlichen Verbreitungsgebiet in Mitteleuropa selten, aber bestandsbildend.

Wissenswertes: ♃ Der Punktierte Gilbweiderich („Tüpfelstern") ist vor allem in Bauerngärten eine beliebte Zierpflanze. In Mitteleuropa ist er seit langem örtlich verwildert und eingebürgert.

Gilbweiderich *Lysimachia*
Kleinling *Centunculus*
Gauchheil *Anagallis*

Straußblütiger Gilbweiderich

Lysimachia thyrsiflora L.
Primelgewächse *Primulaceae*

Beschreibung: Zahlreiche Blüten stehen in dichten, eiförmigen Trauben in den Achseln der mittleren Stengelblätter. Kelch am Grund praktisch frei, in 5 oder 6 schmal-lanzettliche, kelchblattähnliche, kahle Zipfel zerteilt, die 2–3 mm lang werden. Blütenkrone nur am Grunde verwachsen, mit 5 oder 6 sehr schmal-lanzettlichen Zipfeln, gelb, Zipfel an der Spitze rot punktiert; Zipfel 3–6 mm lang; Blüten 0,8–1,3 cm im Durchmesser (ausgebreitet gemessen). Stengel aufrecht, meist unverzweigt, nur mit einzelnen Haaren bestanden, die schmutzig-weiß bis bräunlich aussehen und 1–2 mm lang werden. Blätter gegenständig, die untersten schuppenartig kurz, die oberen lanzettlich bis schmal-lanzettlich, 8–10 cm lang und 0,6–1,8 cm breit; Blätter sitzen mit verschmälertem oder herzförmigem Grund dem Stengel an; Blattrand etwas eingerollt, zuweilen undeutlich rot punktiert und schütter behaart, unterseits ist der Mittelnerv locker von 1–2 mm langen Haaren bestanden. Mai–Juli. 25–60 cm.

Vorkommen: Braucht nassen, torfigen Boden, der zeitweise überschwemmt sein kann. Besiedelt Röhrichte an moorigen Tümpeln oder an langsam fließenden und nur mäßig nährstoffreichen Gewässern, geht auch in Seggenbestände und in lichte Ufergehölze. Im Tiefland und im Alpenvorland zerstreut, im Bayerischen Wald, im Schweizer Mittelland, in Vorarlberg, Tirol, Ober- und Niederösterreich sowie im Burgenland selten, sonst nur vereinzelt.

Wissenswertes: ♃. Der Straußblütige Gilbweiderich gedeiht besonders an moorigen Tümpeln. Diese wurden durch „Bodenverbesserungen" häufig trockengelegt.

Kleinling

Centunculus minimus L.
Primelgewächse *Primulaceae*

Beschreibung: Blüten einzeln in den Achseln der mittleren und oberen Stengelblätter, sitzend oder sehr kurz gestielt. Kelch nur am Grunde verwachsen, mit 4 oder 5 linealen, fast pfriemlichen, spitzen Zipfeln, die 2–3 mm lang werden. Blütenkrone weiß oder sehr hell rötlich, bis etwa zur Mitte verwachsen, in der unteren Hälfte röhrig, in der oberen Hälfte trichterig erweitert, mit kurzem, kaum 0,5 mm breiten, spitzen, kahlen Zipfeln, die deutlich kürzer als die Kelchzipfel sind. Blüten – ausgebreitet gemessen – kaum 1–2 mm im Durchmesser. Frucht eine kugelige Kapsel mit verhältnismäßig wenigen, kleinen Samen. Stengel aufrecht, verzweigt, kantig, kahl. Äste oft herabgebogen und zuweilen dem Boden aufliegend. Blätter wechselständig, 2–6 mm lang, breit-eiförmig, spitz zulaufend, aber dann abgestumpft, fast sitzend, kahl. Mai–September. 1–7 cm.

Vorkommen: Braucht kalkarmen bis kalkfreien, feuchten oder gar nassen, sandig-lehmigen oder tonigen Boden. Besiedelt Rinnen auf Wegen oder Vernässungsstellen an Ackerrändern. Fehlt in Gebieten mit kalkhaltigen Gesteinen oder kommt dort nur vereinzelt auf stark ausgelaugten Böden vor. In Gebieten mit kalkarmem oder kalkfreiem Gestein selten und auch hier gebietsweise fehlend.

Wissenswertes: ☉. Durch die Intensivierung der Landwirtschaft hat der Kleinling viele der Wuchsorte verloren, an denen er noch vor dem 2. Weltkrieg beobachtet worden war. Seine Blüten sind nicht nur optisch unattraktiv; sie enthalten auch keinen Nektar. Deshalb werden sie nur ausnahmsweise von Insekten aufgesucht. Selbstbestäubung ist die Regel.

Zarter Gauchheil

Anagallis tenella (L.) L.
Primelgewächse *Primulaceae*

Beschreibung: Die Blüten stehen einzeln in den Achseln meist der mittleren, gelegentlich auch der oberen Blätter; sie sind deutlich gestielt; die Stiele werden 1–3,5 cm lang und dünn. Kelch nur am Grunde verwachsen, in 5 (selten in nur 4) Zipfel zerteilt, die 3–4 mm lang werden, schmal-lanzettlich sind und in eine feine Grannenspitze auslaufen. Blütenkrone blaßrosa, mit dunkleren Nerven, nur an der Basis verwachsen, kahl, trichterig bis weitglockig, mit 5 (selten mit 4) stumpfen oder etwas ausgerandeten Zipfeln, die 5–8 mm lang und 2–3 mm breit werden. Staubfäden behaart. Kapsel kugelig, 3–4 mm im Durchmesser. Der Stengel kriecht auf dem Boden, untertunnelt indessen zuweilen auch Bodenkrumen; an den Blattansätzen ist er eher spärlich bewurzelt; er ist undeutlich 4kantig und kahl. Blätter gegenständig, fast sitzend oder nur undeutlich gestielt, 2–6 mm lang, sehr breit eiförmig, fast rundlich, höchstens mit einer undeutlichen Spitze, kahl. Juli–August. 3–20 cm, selten wesentlich länger.

Vorkommen: Braucht kalkarmen oder kalkfreien, aber durchaus basenhaltigen, feuchten oder nassen, sandig-tonigen Boden. Besiedelt vernäßte Stellen in Mooren, in Gräben, seltener auf Äckern oder Brachland. Kommt nur in Gegenden mit hoher Luftfeuchtigkeit vor; hat in Mitteleuropa nur isolierte Vorposten; Hauptverbreitung: Westeuropa und Nordafrika. Nur noch vereinzelt in der Umgebung von Paderborn, früher auch am Genfer See.

Wissenswertes: ⅄; (☠). Der Zarte Gauchheil ist eine Art mit typisch atlantischer Verbreitung. Noch im letzten Jahrhundert soll er im Südschwarzwald und in der Westschweiz nicht allzu selten gewesen sein.

Acker-Gauchheil

Anagallis arvensis L.
Primelgewächse *Primulaceae*

Beschreibung: Die Blüten stehen einzeln in den Achseln der mittleren und oberen Blätter; sie sind deutlich gestielt; die Stiele werden 1–3,5 cm lang; sie sind rund, dünner als der Stengel, aber nie fädlich. Kelch an der Basis verwachsen, in 5 lanzettlich-lineale Zipfel zerspalten, die meist einen – oft undeutlichen – Hautrand besitzen und die 4–5 mm lang werden. Blütenkrone zinnoberrot, am Grunde der Zipfel innen zuweilen blauviolett, sehr selten auch völlig blau oder sehr hell ziegelrot, sehr weittrichterig oder tellerartig flach; Zipfel nur an der Basis miteinander verwachsen, breit-eiförmig, 3–6 mm lang, 2–4 mm breit, ganzrandig, vorne abgestumpft und höchstens andeutungsweise gezäht bis ausgefranst. Staubfäden am Grunde behaart. Kapsel kugelig, um 4 mm im Durchmesser. Stengel niederliegend bis aufsteigend, reichlich verzweigt, kantig, kahl. Blätter 1–2 cm lang und 0,5–1 cm breit, gegenständig, eiförmig bis zungenförmig, mit abgestutztem Grund sitzend, trübgrün, kahl. Juni–Oktober. 10–30 cm.

Vorkommen: Braucht nährstoffreichen Lehmboden. Bevorzugt kalkhaltigen Untergrund. Besiedelt Hackfruchtkulturen, Weinberge und lichte Brachen, geht auch auf herbstliche Stoppelfelder. Fehlt im westlichen Teil des Tieflandes gebietsweise; sonst zerstreut, in den Gegenden mit kalkfreien Gesteinen sehr selten und hier kleineren Gebieten fehlend.

Wissenswertes: ⊙; ☠. Die blaublütigen Formen dürfen nicht mit dem Blauen Gauchheil (s. S. 460) verwechselt werden. Dieser ist dadurch kenntlich, daß die Zipfel seiner Blütenkrone vorne deutlich gezäht bis kurzfransig zerschlitzt sind. Enthält Gerbstoffe und – vor allem in der Wurzel – giftige Saponine.

Zarter Gauchheil
Anagallis tenella

Straußblütiger Gilbweiderich
Lysimachia thyrsiflora

Acker-Gauchheil
Anagallis arvensis

Kleinling
Centunculus minimus

Primelgewächse *Primulaceae* ▶

Gauchheil *Anagallis*

Hortensiengewächse *Hydrangeaceae* ▶

Hortensie *Hydrangea*
Pfeifenstrauch *Philadelphus*

Stechpalmengewächse *Aquifoliaceae* ▶

Stechpalme *Ilex*

Blauer Gauchheil

Anagallis foemina MILL.
Primelgewächse *Primulaceae*

Beschreibung: Die Blüten stehen einzeln in den Achseln der mittleren und der oberen Blätter; sie sind deutlich gestielt; die Stiele werden 0,5–2,5 cm lang; sie sind rund, dünn, aber nie fädlich. Kelch an der Basis verwachsen, in 5 lanzettliche Zipfel zerspalten, die meist nicht hautrandig sind und die 4–5 mm lang werden. Blütenkrone dunkelblau, gelegentlich auch etwas verwaschen blauviolett, am Grunde der Zipfel innen meist rotviolett, sehr weittrichterig oder tellerartig flach; Zipfel nur an der Basis miteinander verwachsen, breit-eiförmig, 4–6 mm lang und 2,5–4 mm breit, im oberen Drittel und vor allem an der Spitze mit mehreren, deutlich erkennbaren, wenngleich kurzen und oft fransig-spitz zulaufenden Zähnchen. Staubfäden in der Regel in der gesamten Länge lang behaart; Haare meist rotviolett. Kapsel kugelig, um 4 mm im Durchmesser. Stengel niederliegend bis aufsteigend, verzweigt, kantig, kahl. Blätter gegenständig, eiförmig, zungenförmig oder lanzettlich, oft einige mit verschmälertem, andere mit abgestutztem Grund dem Stengel ansitzend, dunkel trübgrün, kahl. Juni–September. 10–20 cm.

Vorkommen: Braucht kalk- und nährstoffreichen Lehm- oder Tonboden. Besiedelt meist nur Getreideäcker, fällt aber erst auf Stoppeläckern auf; in Hackfruchtkulturen selten. Fehlt im Tiefland großräumig, in den Gebieten mit kalkarmen und kalkfreien Böden fast ganz. Selten und kaum in individuenreichen Beständen.

Wissenswertes: ☉; (☠). Über Inhaltsstoffe liegen keine näheren Angaben vor, wohl weil die Art oft nicht vom Acker-Gauchheil unterschieden worden ist. Von Saponinhaltigkeit ist indessen auszugehen.

Hortensie

Hydrangea macrophylla (THUNB. ex MURR.) SER.
Hortensiengewächse *Hydrangeaceae*

Beschreibung: Zahlreiche Blüten stehen in einem endständigen, rispigen und (bei der Wildform) doldig-flach verebneten Blütenstand, der 10–20 cm im Durchmesser erreichen kann; viele Gartenformen besitzen nahezu halbkugelige Blütenstände. Randblüten 2–4 cm im Durchmesser, steril, mit 4–6 blütenblattähnlich ausgebildeten Kelchblättern, weiß oder blau; Blütenblätter fehlen oder sind nur rudimentär ausgebildet; fruchtbare Blüten 0,7–1,8 cm im Durchmesser, weißlich; meist 4, seltener 5 Blütenblätter; Kelchblätter dem Fruchtknoten angewachsen; Stiele der Blüten und des Blütenstands kahl oder nur schütter abstehend behaart. Niederer Strauch. 1jährige Zweige kahl. Blätter gegenständig, breit-eiförmig bis eiförmig, 10–20 cm lang, 3–15 cm breit, grob gesägt; Blattstiel 1–4 cm lang. Juni–Juli. 1–2 m.

Vorkommen: Braucht locker-humosen, feuchten, nicht zu stickstoffsalzarmen Boden in frostfreiem Klima. Zierpflanze aus Ostasien (China); in zahlreichen Sorten, vor allem als Topfpflanze, gärtnerisch gezogen. Vereinzelt in der Nähe von Friedhöfen und Gartenanlagen unbeständig verwildert.

Wissenswertes: ♄. Die Art wurde 1767 von PHILIBERT COMMERSON in China entdeckt. Er benannte sie nach seiner Geliebten HORTENSE BARRÉ (nach anderen Quellen Hortense Lepaute), die mit ihm – als Jäger verkleidet – seine Entdeckungsreisen unternommen hatte. – Gelegentlich wird auch die Kletter-Hortensie (*H. petiolaris* SIEB. & ZUCC.) zum Begrünen von Mauern und Pergolen gepflanzt. Sie ist in Mitteleuropa weitgehend frosthart. *Hortensia* wurde von LINNÉ in *Hydrangea* umbenannt.

Hortensie
Hydrangea macrophylla

Pfeifenstrauch
Philadelphus coronarius

Stechpalme
Ilex aquifolium

Blauer Gauchheil
Anagallis foemina

461

◄

Pfeifenstrauch

Philadelphus coronarius L.
Hortensiengewächse *Hydrangeaceae*

Beschreibung: Die Blüten stehen zu 5–9 (an frohwüchsigen Exemplaren, vor allem bei Gartensorten, gelegentlich auch zu mehr als 9) in mäßig dichten Trauben am Ende der Äste. Blüten 2,5–3,5 cm im Durchmesser (ausgebreitet gemessen), cremeweiß, stark duftend; Blütenblätter 4, eiförmig, vorn abgerundet; Kelchblätter 4, um 5 mm lang, eiförmig, kahl. Mittelhoher Strauch, dessen Triebe überwiegend steif aufrecht stehen; nur einzelne hängen etwas über. 1jährige Zweige tief rotbraun, ältere kastanienbraun; ihre Rinde blättert zuweilen in ziemlich langen Streifen ab. Blätter gegenständig, 5–9 cm lang, 2–4,5 cm breit, eiförmig, kurz zugespitzt, gegen den Grund etwas in eine abgerundete Basis verschmälert, an der der kurze Stiel ansetzt, am Rand kurz, aber deutlich und eher entfernt gezähnt (jederseits mit 6–12 Zähnen), unterseits in den Winkeln der Blattadern behaart, sonst kahl. Mai–Juni. 1–3 m.

Vorkommen: Braucht kalkhaltigen, flachgründig-steinigen Lehmboden in sommerwarmen Lagen. Besiedelt wärmeliebende Gebüsche und den Saum wärmeliebender Trockenwälder. Wild nur am südöstlichen Alpenfuß; Westgrenze etwa am Gardasee. Hauptverbreitungsgebiet im östlichen Mittelmeergebiet und in Kleinasien. Häufig gepflanzter Zierstrauch.

Wissenswertes: ♄. Die auch als „Falscher Jasmin" bekannte Art wird in mehreren Sorten als Zierstrauch gepflanzt. Manche dieser Sorten zeichnen sich durch gefüllte Blüten aus, andere besitzen weißrandig-geschecke oder quirlständige Blätter; auch die Intensität des Duftes variiert zwischen den einzelnen Sorten. – Gelegentlich verwildern einzelne Exemplare siedlungsnah in steinigen Gebüschen.

Stechpalme

Ilex aquifolium L.
Stechpalmengewächse *Aquifoliaceae*

Beschreibung: Männliche und weibliche Blüten befinden sich auf getrennten Pflanzen („2häusig"). Die Eingeschlechtigkeit der Blüten kommt dadurch zustande, daß entweder die Staubblätter oder aber die Fruchtknoten verkümmern. Blütenstände in den Blattachseln; weibliche Blütenstände meist 1blütig, männliche Blütenstände meist 3blütig, büschelig-scheindoldig. Blüten weiß, um 5 mm im Durchmesser; Blütenblätter verwachsen, meist mit 4, sehr selten mit 5 Zipfeln. Kelch verwachsen, 4zipflig, außen behaart. Frucht eine kugelige, rote Steinfrucht, die etwa 7 mm im Durchmesser erreicht. Immergrüner Strauch oder Baum. Äste kahl. Blätter wechselständig, im Umriß eiförmig bis schmal-eiförmig, 3–8 cm lang, 2–4 cm breit, oft mit welligem und stachelspitzig gezähntem Rand (Achtung: an alten Exemplaren sind die Blätter oftmals ganzrandig), oberseits dunkelgrün, glänzend, unterseits heller und ohne Glanz, derb, ledrig, kahl. Mai–Juni. 3–10 m, selten noch höher.

Vorkommen: Braucht feuchten, nährstoffreichen, lockeren, sandigen oder steinigen Lehmboden mit guter Mullauflage in Gegenden mit milden Wintern und hoher Luftfeuchtigkeit. Besiedelt lichte Laubwälder. Im Tiefland zerstreut, östlich der Elbe rasch seltener werdend und östlich einer Linie, die etwa von Greifswald nach Wittenberge führt, fehlend; in den Mittelgebirgen westlich des Rheins und nördlich der Mosel, im Schwarzwald, im Bodenseegebiet, am Alpennordfuß selten, desgleichen in der West- und in der Nordschweiz. In Österreich nur vereinzelt.

Wissenswertes: ♄; ☠. Die Stechpalme wird oft als Zierstrauch gepflanzt. Enthält nicht näher bekannte Gifte.

Schwedischer Hartriegel

Cornus suecica L.
Hartriegelgewächse *Cornaceae*

Beschreibung: 8–25 Blüten stehen in doldenartigen Blütenständen am Ende der Zweige; die Blütenstände werden von je 4 weißen oder cremefarbenen Hochblättern umstanden, die etwa 1 cm lang werden und die meist breit-eiförmig und in den Grund verschmälert sind; vorne können sie sowohl abgestumpft sein als auch spitz zulaufen. Blüten um 2 mm im Durchmesser, rotbraun bis schwarzrot. Blütenblätter 4, 3eckig, an der Basis verwachsen, nach dem Verblühen zurückgeschlagen. Frucht eine eiförmige, scharlachrote Steinfrucht, die um 5 mm lang wird; ihr Steinkern ist etwa 3 mm lang und gerippt. Die kurzen, 4kantigen, kahlen oder sehr schütter und angedrückt behaarten Stengel entspringen einem unterirdisch kriechenden Wurzelstock; häufig sind sie weinrot überlaufen. Blätter gegenständig, sitzend, länglich-eiförmig, am Grund abgerundet, 5–7nervig, oberseits hellgrün, unterseits bläulich-grün, im Herbst leuchtend rot verfärbt, oberseits jung ziemlich dicht behaart, später ziemlich verkahlend, unterseits stets kahl. Mai. 5–25 cm.

Vorkommen: Braucht sauren, moorig- oder sandig-torfigen Boden in Lagen mit sommerkühlem, luftfeuchtem Klima. Besiedelt Zwergstrauchheiden, lichte Gebüsche und Moorwälder. Vereinzelt im nördlichen Niedersachsen und in Schleswig-Holstein.

Wissenswertes: ♃. Der Schwedische Hartriegel hat in diesem Jahrhundert die meisten seiner vordem bekannten Standorte in Mitteleuropa verloren, und zwar durch „Kultivierungsmaßnahmen". Sein Hauptverbreitungsgebiet liegt in den polumgebenden Zwergstrauchheidegebieten der Nordhalbkugel. Seine Standorte in Mitteleuropa sind als Eiszeitrelikte anzusehen.

Roter Hartriegel

Cornus sanguinea L.
Hartriegelgewächse *Cornaceae*

Beschreibung: Blüten nach den Blättern erscheinend. 20–100 Blüten stehen in flachen, schirmartigen Dolden am Ende der Zweige; Hochblätter an der Basis der Dolde fehlen. Knospen cremefarben; Blüten weiß, 5–9 mm im Durchmesser. Blütenblätter 4, lineal-lanzettlich; Griffel gegen die Spitze keulig verdickt, verdickte Stelle hellgrün. Frucht eine beerenartige, kugelige, schwarzblaue Steinfrucht, deren Durchmesser etwa 7 mm beträgt; Steinkern kugelig, um 4,5 mm im Durchmesser. Junge Zweige meist bräunlich-rot, zunächst angedrückt kurzhaarig, früh verkahlend. Blätter gegenständig, beiderseits grün, mit 3–4 Paaren von Seitennerven, die bogig zur Blattspitze verlaufen; Blätter breit-lanzettlich bis breit-eiförmig, mit wenig ausgeprägter, zuweilen etwas aufgesetzter Spitze, 6–8 cm lang und 2,5–5 cm breit, am Grund meist abgerundet, beidseitig sehr schütter behaart; Blattstiel 0,8–1,5 cm lang. Mai–Juni. 1–4 m.

Vorkommen: Braucht nährstoffreichen, kalk- und humushaltigen Lehm- oder Tonboden. Besiedelt Waldränder, lichte Laubwälder und Gebüsche, geht auch in lichte Auenwälder. Fehlt im Tiefland größeren Gebieten, in den Mittelgebirgen mit kalkfreiem Gestein, im Alpenvorland und in den Zentralalpen kleineren Gebieten; sonst häufig, vielfach gepflanzt. Steigt im Gebirge vereinzelt bis über etwa 1200 m.

Wissenswertes: ♄. Die Blüten duften unangenehm nach Trimethylamin. Die Früchte werden von Vögeln gefressen. – Ähnlich: Seiden-Hartriegel (*C. sericea* L.): Frucht weiß; Blätter unterseits graugrün, mit 5–7 Nervenpaaren; Äste abstehend, überhängend oder niederliegend-wurzelnd. Häufig gepflanzter Zierstrauch; selten ortsnah in Gebüschen verwildert.

Kornelkirsche

Cornus mas L.
Hartriegelgewächse *Cornaceae*

Beschreibung: Blüten erscheinen vor den Blättern. 10–25 Blüten stehen in kugelig-doldenartigen Blütenständen am Ende seitlicher Kurztriebe; die Blütenstände werden von je 4 gelbgrünen Hochblättern umstanden, die etwa 1 cm lang werden und schmal- bis breit-eiförmig sind; vorn sind sie mehr oder weniger abgestumpft. Blütenstiele abstehend bis angedrückt kurzhaarig. Blüten um 5 mm im Durchmesser, gelb. Blütenblätter 4, schmal-lanzettlich, an der Basis verwachsen, früh zurückgeschlagen. Frucht eine hängende, scharlach- bis dunkelrote Steinfrucht, die 1–1,3 cm lang werden kann. Steinkern um 1 cm lang. Zweige rund oder undeutlich kantig, jung olivgrün und angedrückt behaart. Blätter gegenständig, 5–8 cm lang und 2–4 cm breit, eiförmig, zugespitzt, ganzrandig, mit meist 4 Paaren von Seitennerven. Mittelgroßer Strauch, seltener niedriger Baum. Januar–April. 2–6 m.

Vorkommen: Braucht nährstoffreichen, humosen oder mullhaltigen, kalkreichen, lockeren Lehmboden in frühjährlich warmen Lagen. Häufig gepflanzt und gelegentlich in ortsnahen Gebüschen in Südlagen beständig verwildert, örtlich vielleicht auch ursprünglich in warmen Trockengebüschen; Hauptverbreitungsgebiet: Südosteuropa und Kleinasien.

Wissenswertes: ♄. Das Fleisch der Steinfrüchte schmeckt säuerlich; es enthält etwas Vitamin C. Früher wurde es für Marmeladen und Gelees genutzt. Pflanzt man Kornelkirschen als Wildhecken in der Feldflur, werden die reifen Früchte im Spätherbst von Vögeln gern gefressen. Das Holz der Kornelkirsche ist hart (cornu, lat. = Horn – also „hart wie Horn"). Da es sich gut polieren läßt, fertigt man aus ihm zuweilen Spazierstöcke oder Hammerstiele.

Weißer Hartriegel

Cornus alba L.
Hartriegelgewächse *Cornaceae*

Beschreibung: Blüten nach den Blättern erscheinend. 10–30 Blüten stehen in einem rispigen, doldig-schirmartig verebneten Blütenstand am Ende der Zweige; diese „Dolden" erreichen 3–5 cm im Durchmesser. Blüten gelblichweiß, knapp 1 cm im Durchmesser. Blütenblätter 4, lineal-lanzettlich; Griffel gegen die Spitze nicht verdickt. Frucht eine beerenartige, eiförmig-kugelige, schmutzig-weiße bis hellblaue Steinfrucht, deren Durchmesser 5–7 mm beträgt und deren Stein höher als breit und an den Enden abgeflacht ist. Junge Triebe straff aufrecht, nicht kriechend und wurzelnd, stets ohne Ausläufer, jung rot und bereift, anfangs angedrückt behaart, doch früh verkahlend. Blätter gegenständig, eiförmig, gelegentlich auch schmal-eiförmig, 4–8 cm lang, 2–3,5 cm breit, oberseits grün, unterseits bläulich- oder weißlich-grün, jederseits in der Regel mit 6 Nerven (selten 5 oder 7). Mai–Juni. 1,5–3 m.

Vorkommen: Braucht nährstoffreichen, wenigstens etwas kalkhaltigen Boden. Zierstrauch, der selten siedlungsnah in Gebüschen, seltener auf Steinriegeln und Ödland verwildert ist. Heimat: Ostsibirien bis nach Korea und in die Mandschurei.

Wissenswertes: ♄. Der Weiße Hartriegel wird in mehreren Sorten bei uns vor allem in Wildwuchshecken sowie in Parkanlagen, die mit wenig Aufwand gepflegt werden sollen, ausgepflanzt. Er ist winterhart und frohwüchsig, erfordert keinen besonderen Schnitt und schmückt sowohl mit seinem Herbstlaub als auch – eingeschränkt – mit seinen Früchten. Die Gartensorten unterscheiden sich in der Blatt- und Rindenfärbung (Blattscheckung und -rötung; korallenrote bis schwarzbraune Zweige) voneinander.

Roter Hartriegel
Cornus sanguinea

Schwedischer Hartriegel
Cornus suecica

Weißer Hartriegel
Cornus alba

Kornelkirsche
Cornus mas

465

Krähenbeerengewächse *Empetraceae* ▶

Krähenbeere *Empetrum*

Heidekrautgewächse *Ericaceae* ▶

Porst *Ledum*
Rosmarinheide *Andromeda*
Lorbeerrose *Kalmia*

Schwarze Krähenbeere

Empetrum nigrum L.
Krähenbeerengewächse *Empetraceae*

Beschreibung: Blüten überwiegend getrenntgeschlechtig, zuweilen anfänglich mit verkümmerten Resten des fehlenden Geschlechts, doch stehen um die entwickelten Beeren keine Staubfäden mehr (mehrere Blüten untersuchen); meist kommen auf ein und demselben Exemplar entweder nur männliche oder nur weibliche Blüten vor; Pflanze also 2häusig. Blüten unscheinbar, um 5 mm im Durchmesser (ausgebreitet gemessen), rot, selten weißlich. Blütenblätter 3, unverwachsen. Kelchblätter 3, unverwachsen, breit-oval. Beerenartige, blauschwarze Steinfrucht, die um 7 mm im Durchmesser erreicht. Niederliegender bis aufsteigender, kriechender, teppichartig wachsender Strauch. Junge Zweige häufig rötlich. Blätter dicht stehend, kurznadelig, um 5 mm lang und gut 1 mm breit, im Mittelteil parallelrandig. April–Juni. 30–50 cm.

Vorkommen: Braucht torfig-sandigen Boden in ausgesprochen luftfeuchtem und wintermildem Klima. Besiedelt Dünen an den Küsten von Nord- und Ostsee sowie trockenere Stellen in Hochmooren, vor allem im Tiefland; zerstreut und oft bestandsbildend; vereinzelt im Harz, im Thüringer Wald, im Fichtelgebirge und anderen Randgebirgen des Böhmischen Beckens sowie im Schwarzwald.

Wissenswertes: ♄; (☠). Die Schwarze Krähenbeere (*E. nigrum* L.) wird mit der Zwittrigen Krähenbeere (*E. hermaphroditum* HAGERUP: Blüten meist zwittrig; junge Zweige grün und aufrecht; Blattrand nicht deutlich parallel; Voralpen und Alpen; zerstreut) zur Sammelart *E. nigrum* agg. zusammengefaßt. Beide Arten enthalten in geringen Mengen das giftige Andrometoxin. Vergiftungen sind uns nicht bekanntgeworden.

Sumpf-Porst

Ledum palustre L.
Heidekrautgewächse *Ericaceae*

Beschreibung: Zahlreiche Blüten stehen in einem doldig-traubigen Blütenstand am Ende der Zweige. Blüten 1–1,5 cm im Durchmesser (ausgebreitet gemessen), ziemlich flach, weiß. Blütenblätter 5, unverwachsen, schmal verkehrt-eiförmig-spatelig, vorne abgestumpft. Kelchblätter 5, breit-eiförmig, drüsig-klebrig. 10 Staubblätter. Frucht eine hängende Kapsel, die um 5 mm lang wird. Kleiner Strauch mit aufrecht abstehenden Zweigen; junge Zweige rostbraun-filzig. Blätter sehr schmal lineal, um 3 cm lang und 2–3 mm breit, ledrig, immergrün, ganzrandig, am Rand nach unten umgerollt, oberseits kahl oder fast kahl, glänzend, unterseits rostbraun-filzig. Blattstiel um 3 mm lang, zuweilen kürzer. Getrocknete Zweige riechen durchdringend kampferähnlich. Mai–Juni. 0,5–1,5 m.

Vorkommen: Braucht nassen, sauren, stickstoffsalzarmen Torfboden oder Rohhumus über nassen Sandböden. Besiedelt im Tiefland Hochmoore und lichte Stellen in Moor-Kiefernwäldern. Fehlt westlich der Weser; sonst sehr selten; vereinzelt in Niederösterreich.

Wissenswertes: ♄; ☠; ▽. Ähnlich: Grönländischer Porst (*L. groenlandicum* OED.): 5 Staubblätter; Blätter schmal-eiförmig, am Grunde leicht herzförmig eingebuchtet; 0,5–1,5 m. Heimat: Nördliches Nordamerika; Grönland, Skandinavien, Sibirien. In Mitteleuropa im Venner Moor eingebürgert. – Wegen des durchdringenden Geruchs wurden Sumpf-Porst-Zweige früher als Mottenmittel verwendet. Enthält die ätherischen Öle Ledol und Palustrol, die giftig sind und rauschartige Erregungszustände mit zentralen Lähmungserscheinungen hervorrufen. Der Sumpf-Porst hat viele seiner früheren Standorte verloren.

Rosmarinheide
Andromeda polifolia

Sumpf-Porst
Ledum palustre

Lorbeerrose
Kalmia angustifolia

Schwarze Krähenbeere
Empetrum nigrum

Rosmarinheide

Andromeda polifolia L.
Heidekrautgewächse *Ericaceae*

Beschreibung: 2–10 Blüten stehen in doldig-traubigen Blütenständen am Ende der Zweige. Da die meist rötlichen Blütenstiele, die den Achseln von unscheinbaren Tragblättern entspringen, gebogen sind, nicken die Blüten. Blüten um 1 cm im Durchmesser (ausgebreitet gemessen; verwachsene Glocke also um 5 mm lang). Blütenblätter zu einer kugeligen, 5zipfligen Glocke verwachsen, hellrosa-weißlich, früh abfallend. Kelchblätter 5, meist deutlich verwachsen. Frucht eine kugelige Kapsel. Kriechender Halbstrauch mit aufrechten, meist wenig verzweigten, kahlen Ästen. Blätter wechselständig, meist ziemlich schmal lineal-lanzettlich, seltener schmal-eiförmig, immergrün, ledrig, 1,5–4 cm lang, fast sitzend, an den Rändern meist deutlich nach unten umgerollt, ganzrandig, oberseits dunkelgrün, unterseits hell blaugrün und wächsern bereift, hier mit stark hervortretendem Mittelnerv. Mai–Juli. 10–30 cm.

Vorkommen: Braucht sauren, stickstoffsalzarmen, nassen Torfboden. Besiedelt Torfmoosrasen. Im Tiefland und im Voralpengebiet zerstreut; im Schwarzwald, Bayerischen Wald, Schweizer Jura und im Schweizer Mittelland, im südwestlichen Schwäbischen Jura, in Niederösterreich und in den Alpen selten; sonst nur vereinzelt. Steigt in den Alpen bis etwa zur Waldgrenze.

Wissenswertes: ♄; (☠); ▽. Die Rosmarinheide galt lange als Giftpflanze. Sie sollte giftige Diterpene, vor allem Andromedotoxin enthalten. Dies wird neuerdings (FROHNE/PFÄNDER, Giftpflanzen, S. 110, 1982) bestritten. Vergiftungen, die auf die Rosmarinheide zurückgehen, sind uns nicht bekanntgeworden.

Lorbeerrose

Kalmia angustifolia L.
Heidekrautgewächse *Ericaceae*

Beschreibung: Zahlreiche Blüten stehen in achsel- und endständigen, doldentraubigen Blütenständen im oberen Teil der letztjährigen Triebe. Blüten schräg aufrecht oder aufrecht, 0,7–1,2 cm im Durchmesser, hellrosa bis purpurrosa, flach und weit trichterig bis napfförmig. Blütenblätter 5, wenig miteinander verwachsen. Kelchblätter 5, spitz. Staubblätter 10, kürzer als die Blütenblätter. Frucht eine aufrechte Kapsel. Kleiner Strauch mit aufrechten oder aufgebogenen Zweigen. Junge Zweige rund, glatt, kahl. Blätter immergrün, ledrig, gegenständig oder zu 3 quirlständig, 2–6 cm lang und 1–2 cm breit, länglich bis schmal-eiförmig, gestielt, ganzrandig, höchstens schütter behaart, jung auf der Unterseite rostrot beschilfert, später heller als Oberseite; Blattrand flach oder ein wenig nach unten umgerollt. Juni–Juli. 0,5–1 m.

Vorkommen: Braucht sauren, nassen Torfboden. Wächst in Torfmoosbeständen. Heimat: Östliches Nordamerika. Von dort 1736 als Zierpflanze nach Europa gebracht. An mehreren Stellen im Tiefland westlich der Elbe eingebürgert, ebenso im Chiemsee-Moor.

Wissenswertes: ♄; ☠. Die Lorbeerrose enthält das giftige Acetylandromedol. Vergiftungen sollen aus dem Verbreitungsgebiet der Art in Nordamerika beschrieben worden sein, in schwerer Form bei Schafen und Rindern. Hingegen wird behauptet, daß bei einer verwandten Art, die in Mitteleuropa gezogen worden ist, Giftstoffe fehlten, obschon sie auch bei ihr in ihrem Verbreitungsgebiet nachgewiesen werden können. Von der Lorbeerrose gibt es Gartensorten, die sich in Blütenfarbe (weiß bis dunkelpurpurn) und Blattform unterscheiden.

Rostblättrige Alpenrose

Rhododendron ferrugineum L.
Heidekrautgewächse *Ericaceae*

Beschreibung: 6–12 – vereinzelt bis zu 20 – Blüten stehen in doldentraubigen, endständigen Blütenständen an den Zweigen und Ästen. Blüten 2,5–3 cm im Durchmesser (ausgebreitet gemessen; trichterige Glocke also etwa 1,2–1,5 cm lang), weit hinauf trichterig verwachsen und vorne glockig erweitert, mit 5 radförmig abstehenden, stumpfen Zipfeln, leuchtend rot. 5 trichterig verwachsene Kelchblätter; Kelch 5zipflig; Zipfel kaum 1 mm lang. Frucht eine Kapsel. Dicht verzweigter, niedriger Strauch mit aufrechten Ästen. Blätter am Ende der Zweige gehäuft, immergrün, ledrig derb, eiförmig, 1,5–4 cm lang und 1–2 cm breit, kurz gestielt, ganzrandig, Rand nach unten umgebogen; Spreite oberseits dunkelgrün, glänzend, unterseits – zumindest bei älteren Blättern – rostbraun, mit hervortretendem Mittelnerv, haarlos. Juni–August. 0,7–1,5 m.

Vorkommen: Braucht stickstoffsalzarmen, sauren, humusreichen Lehm- oder Tonboden in Lagen mit hoher Luftfeuchtigkeit. Gedeiht in alpinen Strauchgesellschaften an der Waldgrenze; geht örtlich auch tiefer. Im Alpenvorland selten, ebenso in den Kalkalpen und im Schweizer Jura; in den Zentralalpen häufig. Kommt an ihren Standorten meist in individuenreichen Beständen vor. Bevorzugt in Höhen zwischen etwa 1700–2000 m.

Wissenswertes: ♄; ▽. Die Rostblättrige Alpenrose kommt über Kalkgestein nur vor, wenn der aufliegende Boden ausgelaugt und versauert ist. Manche *Rhododendron*-Arten enthalten das giftige Acetylandromedol, das jedoch in der Rostblättrigen Alpenrose nicht nachgewiesen werden konnte. Vergiftungen durch Exemplare der Art sind uns nicht bekanntgeworden.

Bewimperte Alpenrose

Rhododendron hirsutum L.
Heidekrautgewächse *Ericaceae*

Beschreibung: 3–10 – vereinzelt bis zu 15 – Blüten stehen in doldentraubigen, endständigen Blütenständen an den Zweigen und Ästen. Blüten 2,2–2,8 cm im Durchmesser (ausgebreitet gemessen; trichterige Glocke also etwa 1,1–1,4 cm lang) weit hinauf trichterig verwachsen und vorne glockig erweitert, mit 5 radförmig abstehenden, stumpfen Zipfeln, tiefrosa bis hellrot. 5 zu einem Trichter verwachsene Kelchblätter; Kelch 5zipflig; Zipfel 2–3 mm lang, am Rand behaart. Frucht eine Kapsel. Dicht verzweigter, niedriger Strauch mit aufrechten oder aufgebogenen Ästen. Blätter am Ende der Zweige gehäuft, immergrün, ledrig derb, eiförmig, 1,5–3 cm lang und 0,8–1,2 cm breit, kurz gestielt, am Rand verdickt und nicht nach unten umgebogen, mit sehr kurzen, abgerundeten Kerben und langen, borstigen Haaren, oberseits glänzend hellgrün, unterseits matt. Mai–Juli. 0,7–1,5 m.

Vorkommen: Braucht kalkhaltigen, moderig-humosen, steinigen Lehm- oder Tonboden, der nicht zu feucht und nicht zu trocken sein sollte. Gedeiht in alpinen Strauchgesellschaften an der Waldgrenze und als Unterwuchs in lichten Kiefernbeständen; geht örtlich tiefer. In den östlichen Kalkalpen zerstreut und meist in individuenreichen Beständen. Am Alpenfuß vereinzelt herabgeschwemmt. Fehlt westlich des Berner Oberlands und der Walliser Alpen weitgehend; in den Zentralalpen selten. Fehlt im Schweizer Jura (vereinzelt dort angepflanzt). Bevorzugt in Höhen zwischen etwa 1500 und 2500 m.

Wissenswertes: ♄; ▽. Wo die Bewimperte Alpenrose und die Rostblättrige Alpenrose zusammen vorkommen, kann es zu Bastardierungen kommen (*R. × intermedia* TAUSCH).

Gelbe Alpenrose

Rhododendron luteum SWEET
Heidekrautgewächse *Ericaceae*

Beschreibung: 5–15 Blüten stehen in doldenrispigen, dichten, endständigen Blütenständen an den Zweigen und Ästen. Blütenstiele drüsig behaart. Blüten 3–5 cm im Durchmesser (ausgebreitet gemessen; trichterige Glocke etwa 1–2,5 cm lang), gelb. Kelch 5–7 mm lang, tief gezipfelt; Zipfel schmal-länglich, behaart. Frucht eine Kapsel. Aufrechter, laubabwerfender kleiner Strauch. Junge Zweige drüsig behaart. Blätter sommergrün, 6–12 cm lang und 2–4 cm breit, lanzettlich bis schmal-eiförmig, spitz, am Rande gesägt, oberseits schütter kurzhaarig, unterseits auf den Adern behaart, oberseits hellgrün, unterseits etwas blaugrün. Die Gelbe Alpenrose besitzt unterirdische Ausläufer. Mai–Juni. 1–4 m.

Vorkommen: Braucht feuchten, torfigen oder rohhumusreichen Boden. Besiedelt verheidete Gebirgshochmoore oder lichte Nadel- und Nadelmischwälder. Hauptverbreitung auf dem Balkan und in der Türkei sowie im Kaukasus. Angeblich vereinzelt in Südkärnten im Grenzgebiet zu Slowenien.

Wissenswertes: ♄; ☠; ▽. Die Art wurde früher zuweilen wegen des Laubabwurfs in eine eigene Gattung *Azalea* gestellt und Gelbe Azalee genannt. Sie ist insofern bemerkenswert, als sie im Nektar und wahrscheinlich auch in anderen Pflanzenteilen giftige, andromedotoxinartige Stoffe enthält. Honig, den Bienen von Gelben Alpenrosen sammeln, kann diese Giftstoffe enthalten und zu Vergiftungen führen. Desgleichen wurde von Vergiftungen berichtet, die Kinder erlitten haben sollen, die den Nektar aus den Blüten ausgesaugt haben. Die Gelbe Alpenrose wird gelegentlich als Zierstrauch gepflanzt.

Zwerg-Alpenrose

Rhodothamnus chamaecistus (L.) RCHB.
Heidekrautgewächse *Ericaceae*

Beschreibung: 1–3 Blüten stehen am Ende der Zweige. Blütenstiele schräg aufrecht, ziemlich dicht abstehend, aber kurz drüsenhaarig. Blüten 2–3 cm im Durchmesser (ausgebreitet gemessen), hellrosa; Blütenblätter nur an der Basis miteinander verwachsen, breit-eiförmig. 5 Kelchblätter, die nur am Grunde miteinander verwachsen und sonst frei sind, um 5 mm lang, am Rande drüsig behaart. 10 Staubblätter. Frucht eine kugelige, harte Kapsel. Dicht verzweigter, sehr kleiner Strauch mit aufgebogenen oder aufrechten Zweigen. Blätter wechselständig, gegen das Ende der Zweige gehäuft, immergrün, ledrig derb, lanzettlich oder schmal-eiförmig, 0,5–1,5 cm lang und 3–7 mm breit, mit einem etwa 1 mm langen Stiel, am Rand flach, undeutlich gekerbt-gezähnt, mit etwa 1 mm langen, steifen, nach vorwärts gerichteten Haaren, beiderseits grün und etwas glänzend. Juni–Juli. 10–40 cm.

Vorkommen: Braucht kalkhaltigen, modrig-humosen, aber neutralen oder schwach basischen, steinig-lehmigen Boden, der ziemlich flachgründig sein kann. Besiedelt in den Alpen lichte Legföhrenbestände auf eher trockenen Standorten, geht gelegentlich auch in Felsspalten oder auf gröberen Schutt. Fehlt in den Westalpen; in den östlichen Kalkalpen und auf Kalk oder basischen Gesteinen in den Zentralalpen zerstreut und örtlich in lockeren, aber individuenreichen Beständen. Bevorzugt in Höhen zwischen etwa 1500 und 2200 m.

Wissenswertes: ♄; ▽. Die Zwerg-Alpenrose ist möglicherweise ein Relikt der tertiären Alpenflora, obschon ihre Herkunft nach wie vor als ungeklärt gelten muß.

Rostblättrige Alpenrose
Rhododendron ferrugineum

Bewimperte Alpenrose
Rhododendron hirsutum

Gelbe Alpenrose
Rhododendron luteum

Zwerg-Alpenrose
Rhodothamnus chamaecistus

Alpenazalee *Loiseleuria*
Bärentraube *Arctostaphylos*
Preiselbeere *Vaccinium*

Alpenazalee

Loiseleuria procumbens (L.) DESV.
Heidekrautgewächse *Ericaceae*

Beschreibung: 2–5 Blüten stehen in doldentraubigen, endständigen Blütenständen an den Zweigen und Ästen. Blütenstiele etwa 5 mm lang, in der unteren Hälfte mit 2 kleinen Blättchen. Trichterig verwachsene Blütenblätter bis auf ⅓ der Gesamtlänge miteinander verwachsen. Blüten 5–6 mm im Durchmesser (ausgebreitet gemessen), tiefrosa. 5 3eckig-eiförmige Zipfel an der weittrichterigen Blüte. 5 rotgefärbte Kelchblätter, 1–2 mm lang. Frucht eine kugelige Kapsel. Niedriger, reich verzweigter, teppichbildender Spalierstrauch. Zweige niederliegend und ziemlich dicht beblättert. Ältere Äste knorrig. Blätter meist gegenständig, 4–7 mm lang und um 2 mm breit, schmal-eiförmig, immergrün, derb ledrig, oberseits glänzend und mit leicht eingetiefter Längsfurche, Rand nach unten etwas umgerollt, unterseits mit deutlichem Mittelnerv. Juni–Juli. 1–3 cm.

Vorkommen: Überzieht kalkfreie Felsen oder Lagen aus saurem Rohhumus bzw. entkalkte oder kalkfreie, flache, steinige Böden, und zwar vorzugsweise auf Graten oder an windgefegten Stellen, die winters schneearm bleiben. Bildet mit ihrer Laubstreu moderigen Rohhumus. Auf kalkfreiem und meist stark saurem Untergrund in den Zentralalpen häufig und bestandsbildend; in den Kalkalpen nur auf oberflächlich stark versauertem Untergrund zerstreut. Bevorzugt Höhen zwischen etwa 2000–2400 m.

Wissenswertes: ♄. Exemplare, die winters von Schnee bedeckt werden, zeigen im Frühjahr meist grüne Blätter. Fehlt eine Schneedecke, dann verfärben sich die Blätter braunrot. Die ledrigen, leicht nach unten gerollten Blätter sind extrem austrocknungsresistent.

Immergrüne Bärentraube

Arctostaphylos uva-ursi (L.) SPRENG.
Heidekrautgewächse *Ericaceae*

Beschreibung: 3–10 Blüten stehen in endständigen Trauben an den Zweigen. Blüten glockig und zur Mündung hin verengt. Glocke eiförmig bis krugförmig, um 5 mm lang, weiß oder ganz schwach rötlich, früh abfallend. Glockensaum mit 5, meist deutlich roten oder purpurnen, nach außen gekrümmten Zipfeln, die kaum 0,5 mm lang werden. Kelch aus 5 an der Basis verwachsenen Blättern, die um 1 mm lang werden. Frucht eine scharlachrote Beere. Niederliegender, sparrig verzweigter, teppichartig wachsender Spalierstrauch. Äste aufwärts gebogen, schwer abzureißen, mit braunrot schilfriger Rinde. Blätter gegenständig oder quirlig genähert, dicht stehend, immergrün, ledrig, 2–3 cm lang und 0,7–1,5 cm breit, verkehrt-eiförmig, am Grund schwach keilig, oberseits glänzend, unterseits matt, ganzrandig, am Rande nicht verdickt, zumindest jung hier kraus behaart. Die Blattnerven stehen weder auf der Blattunterseite hervor noch sind sie auf der Blattoberseite eingesenkt. März–Juli. 0,3–1 m.

Vorkommen: Braucht sommerwarmen, trockenen, kalkhaltigen oder basenreichen Boden, der ziemlich flachgründig sein kann, oft steinig-lehmig ist und stickstoffsalzarm sein muß. Besiedelt vorzugsweise lichte Kiefernwälder. Im Tiefland östlich der Weser selten, im Odenwald, in der Fränkischen Schweiz, im Bayerischen Wald vereinzelt; im Alpenvorland selten. Im Schweizer Jura und in den Kalkalpen zerstreut und örtlich bestandsbildend. Steigt in den Alpen vereinzelt bis etwa 2500 m.

Wissenswertes: ♄; (☠); ▽. Enthält die Phenolglykoside Arbutin und Methylarbutin sowie Gerbstoffe. Alte Heilpflanze.

Preiselbeere
Vaccinium vitis-idaea

Alpen-Bärentraube
Arctostaphylos alpinus

Immergrüne Bärentraube
Arctostaphylos uva-ursi

Alpenazalee
Loiseleuria procumbens

Alpen-Bärentraube

Arctostaphylos alpinus (L.) SPRENG.
Heidekrautgewächse *Ericaceae*

Beschreibung: 2–5 Blüten stehen in endständigen Trauben an den Zweigen. Blüten kugelig-glockig, zur Mündung hin verengt, um 5 mm im Durchmesser, rosa oder grünlich, mit 5 nach außen gekrümmten, gleichfarbenen Zipfeln, die kurz bewimpert sind (Lupe!). Kelch aus 5 an der Basis verwachsenen Blättern; Zipfel 3eckig; etwa 1 mm lang. Frucht eine blauschwarze Beere. Niederliegender, sparrig verzweigter, teppichartig wachsender Spalierstrauch. Äste oberwärts aufgebogen. Blätter gegenständig oder quirlig genähert, dicht stehend, sommergrün, nicht ledrig, 3–4 cm lang (selten noch länger) und um 1 cm breit, verkehrt-eiförmig, in den Grund verschmälert, etwas zugespitzt, scharf gezähnt, an der Basis bewimpert, beidseits mit gut sichtbaren Nerven, oberseits hellgrün, unterseits graugrün, im Herbst sich purpurrot verfärbend. Mai–Juni. 30–80 cm.

Vorkommen: Braucht frischen oder feuchten, kalkhaltigen, neutralen oder schwach sauren Boden, der ziemlich flachgründig sein kann und oft steinig-lehmig und rohhumusbedeckt ist. Bevorzugt schattige, lange schneebedeckte Hanglagen in Nord- oder Ostexposition. Besiedelt lichte Latschen- und Zwergstrauchbestände. Südlicher Schweizer Jura zerstreut; in den Alpen über Kalkgestein zerstreut und meist bestandsbildend; über Silikatgestein gebietsweise fehlend oder nur vereinzelt. Bevorzugt Höhen zwischen etwa 1500–2200 m.

Wissenswertes: ♄; (☠); ▽. Enthält das Phenolglykosid Arbutin, scheint aber im Gegensatz zur Immergrünen Bärentraube nicht arzneilich verwendet worden zu sein. Aus Arbutin kann bei Teebereitung Hydrochinon entstehen.

Preiselbeere

Vaccinium vitis-idaea L.
Heidekrautgewächse *Ericaceae*

Beschreibung: 2–12 Blüten stehen in hängenden Trauben am Ende von Zweigen und Ästchen. Blüten glockenförmig, nickend, 5–8 mm lang, bis etwa auf die halbe Länge 4teilig (selten auch 5teilig), weiß, rötlich überlaufen oder rosa. 4 (selten 5) Kelchblätter, nicht verwachsen, etwa 1 mm lang, häutig, rot, 3eckig, bewimpert (Lupe!). Frucht eine zuerst grünlich-weiße, zuletzt leuchtend scharlachrote Beere. Niedriger Strauch, der sich durch unterirdische Kriechtriebe ausbreitet, die sich – an die Oberfläche kommend – aufbiegen. Junge Zweige nahezu krautig, grün, rund, sehr kurz und dicht flaumig. Blätter wechselständig, immergrün, derb, dicklich, eiförmig, 1–3 cm lang, 0,5–1,5 cm breit, vorne spitzlich, abgestumpft oder ausgerandet; am Rand schwach und leicht knorpelig eingekerbt, nach unten – oft undeutlich – umgerollt, oberseits dunkelgrün und glänzend, unterseits matt hellgrün. Mai–Juni. 5–30 cm.

Vorkommen: Braucht sauren, rohhumushaltigen, steinigen Lehmboden. Besiedelt Nadelwälder, Moorwälder und Zwergstrauchbestände. Im Tiefland, in den höheren Mittelgebirgen mit silikatreichen Gesteinen, im Alpenvorland, im Fränkischen Jura und in den Alpen zerstreut und meist in individuenreichen Beständen. Im Schweizer Jura selten. Steigt in den Alpen vereinzelt bis etwa 3000 m.

Wissenswertes: ♄. Die Preiselbeere ist ein geschätztes Wildobst, das örtlich gewerblich gesammelt und als Konserve vermarktet wird. Preiselbeeren enthalten etwa 12 mg Vitamin C/100 g Frischgewicht. Die Blätter sind schwach arbutinhaltig. Bärentrauben-Blättertee können sie indessen nicht ersetzen.

Gewöhnliche Moosbeere
Vaccinium oxycoccos L.
Heidekrautgewächse *Ericaceae*

Beschreibung: Blüten einzeln auf langen, fadenförmigen Stielen; diese einzeln oder zu 2–4 am Ende der Zweige, 2–5 cm lang, rot, sehr kurz flaumig behaart. Im unteren Teil des Blütenstiels 2 (selten mehr) schuppenartige, rote, 1–2 mm lange Vorblätter. Blüten turbanartig, 5–7 mm im Durchmesser (ausgebreitet gemessen 1–1,5 cm), rosa bis rot. Blütenblätter nur an der Basis miteinander verwachsen, 4zipflig (selten 5zipflig) die freien Zipfel steil nach oben rückwärts umgeschlagen. 4 kleine, halbkreisförmige, rote Kelchblätter. Frucht eine kugelige, rote Beere von 0,7–1 cm Durchmesser. Zwergstrauch mit fadenförmigen, kriechenden Zweigen, die bis zu 1 m lang werden. Blätter wechselständig, immergrün, derb ledrig, oberseits glänzend dunkelgrün, unterseits graugrün, schmal-eiförmig, 0,6–1 cm lang und 3–5 mm breit, am Grunde abgerundet, ganzrandig. Rand gegen die Blattspitze nach unten umgerollt; Blätter deswegen auf den ersten Blick scheinbar lanzettlich oder 3eckig. Mai–Juni. 1 m lang, aber nur 1–5 cm hoch.

Vorkommen: Braucht sauren, rohhumusreichen, torfigen Boden oder Torfmoospolster als Untergrund. Besiedelt Hoch- und Zwischenmoore. Im Tiefland und im Alpenvorland zerstreut; in alpinen Mooren und in den Mooren der Mittelgebirge selten. Örtlich in individuenreichen, aber sehr lockeren Beständen. Steigt nur vereinzelt über etwa 1500 m.

Wissenswertes: ♄. Die Gewöhnliche Moosbeere wird mit der Kleinfrüchtigen Moosbeere (*V. microcarpum* (TURCZ. ex RUPR.) SCHMALH.: Blütenstiele meist einzeln, kahl; Blätter 3–5 mm lang; Frucht birnförmig) zur Sammelart *V. oxycoccos* agg. zusammengefaßt.

Großfrüchtige Moosbeere
Vaccinium macrocarpon AIT.
Heidekrautgewächse *Ericaceae*

Beschreibung: Blüten einzeln auf langen, fadenförmigen Stielen; diese zu 1–10 am Ende der Zweige, aufrecht, rot, sehr kurz flaumig behaart. Im oberen Teil des Blütenstiels 2 oder mehr blattartige, 3–8 mm lange, grüne Vorblätter. Blüten turbanartig, 0,6–1 cm lang (im Durchmesser – ausgebreitet gemessen – 1,4–1,8 cm), rosa bis rot. Blütenblätter nur an der Basis miteinander verwachsen, 4zipflig, die freien Zipfel steil nach oben rückwärts umgeschlagen. 4 kleine, breit-3eckige Kelchblätter. Frucht kugelig, rot, 1–2 cm im Durchmesser, überwinternd. Zwergstrauch mit fadenartig dünnen (Durchmesser 0,5–1 mm), kriechenden Zweigen, die bis zu 1 m lang werden. Blätter wechselständig, immergrün, derb ledrig, oberseits dunkelgrün, unterseits graugrün, schmal-eiförmig, 0,8–1,5 cm lang und 4–7 mm breit, am Grunde abgerundet, ganzrandig. Rand verdickt, vom Blattgrund bis zur Spitze nur ganz leicht nach unten umgebogen (Blätter deswegen nicht lanzettlich oder gar 3eckig). Juni. Bis 1 m lang, aber nur 1–5 cm hoch.

Vorkommen: Braucht torfigen Boden oder Torfmoospolster als Untergrund. Heimat: Östliches Nordamerika. Bei uns nur eingeschleppt und vereinzelt im Tiefland, auf den Nordfriesischen Inseln, im Alpenvorland und im Kanton Schwyz verwildert.

Wissenswertes: ♄. Die Früchte kamen zeitweilig als „Schwedische Preiselbeeren" – seltener als „Krannbeeren" – bei uns auf den Markt. – Es ist nach wie vor unklar, wie die Pflanze in Mitteleuropa eingeschleppt worden ist und Fuß fassen konnte; denn für die Gartenkultur eignet sie sich nicht, da sie ausschließlich auf Hochmooren gedeiht.

Heidelbeere
Vaccinium myrtillus L.
Heidekrautgewächse *Ericaceae*

Beschreibung: Blüten einzeln in den Achseln der oberen Blätter, nickend, kugelig-krugförmig, vorne mit verengter Öffnung und dort mit 4–5 sehr kurzen, zurückgeschlagenen Zipfeln, um 5 mm im Durchmesser, grünlich, oft rosa oder weinrot überlaufen. Frucht eine kugelige, dunkelblaue, oft bereifte Beere; Durchmesser 5–8 mm; Fleisch und Saft blau. Niedriger, reich verzweigter Strauch, der weitkriechende unterirdische Triebe besitzt. Junge Zweige grün, mit deutlichen, fast flügelartigen Kanten. Blätter sommergrün, eiförmig-zugespitzt, 1,5–4 cm lang und 1–2 cm breit, mit flachem, ziemlich regelmäßig fein kerbig gezähntem Rand, unterseits etwas heller grün als oberseits und unterseits mit gut sichtbaren Blattadern. Mai–Juni. 10–50 cm.

Vorkommen: Braucht sauren, sandig-steinigen, rohhumus- oder torfhaltigen Boden. Spätfrostempfindlich. Wälder, verheidete Moore, Zwergstrauchbestände. Fehlt auf stark kalkhaltigem Boden, sonst häufig und in der Regel in großen Beständen. Steigt in den Alpen vereinzelt bis über 2500 m.

Wissenswertes: ♄. Heidelbeeren sind ein sehr geschätztes Wildobst. Ihre aromatischen, leicht säuerlichen Früchte enthalten um 22 mg Vitamin C/100 g frische Beeren. Die Früchte werden nicht nur gerne frisch gepflückt gegessen, sondern auch als Marmelade genossen oder gar versaftet; auch als Beimischung für Joghurt-Produkte finden sie Verwendung. Da die Ernte mühsam ist, dürfte die Marktware bei uns zumeist aus osteuropäischen „Billiglohnländern" importiert werden. Das Selbstpflücken hat indessen gerade in den beiden letzten Jahrzehnten viele neue Freunde gewonnen.

Gewöhnliche Rauschbeere
Vaccinium uliginosum L.
Heidekrautgewächse *Ericaceae*

Beschreibung: Blüten meist zu 2–3 in den Achseln der oberen Bätter, nickend, zylindrisch-glockig, Öffnung vorne nicht verengt, dort mit 4–5 sehr kurzen, zurückgeschlagenen Zipfeln, um 5 mm lang, weißlich oder rosa überlaufen. Frucht eine kugelige, dunkelblaue Beere; Durchmesser 5–8 mm; Fleisch und Saft hell. Niedriger, reich verzweigter Strauch, der weitkriechende, unterirdische Triebe besitzt. Junge Zweige graugrün, rund. Blätter sommergrün, 2–3 cm lang, 1–1,5 cm breit, oberseits blaugrün, unterseits graugrün, hier mit etwas vorstehenden Blattnerven, ganzrandig; Rand flach, unterseits andeutungsweise verdickt. Mai–Juni. 20–60 cm.

Vorkommen: Braucht rohhumus- oder torfhaltigen, feuchten Boden. Waldmoore, Legföhrengebüsch, Zwergstrauchgesellschaften. Im Tiefland, in den höheren Mittelgebirgen mit silikatreichem Gestein und hohen durchschnittlichen Niederschlägen, im Alpenvorland und in den Alpen zerstreut und örtlich bestandsbildend; sonst selten. Steigt im Gebirge vereinzelt bis etwa 3000 m.

Wissenswertes: ♄; (☠). *V. uliginosum* L. wird mit der Behaarten Rauschbeere (*V. gaultherioides* BIGELOW: Blüten meist einzeln; Blätter 1–1,8 cm lang und 0,5–1 cm breit; Strauch kaum 20 cm hoch; Alpen, vielleicht auch Schwarzwald, Vogesen und Schweizer Jura) zur Sammelart *V. uliginosum* agg. zusammengefaßt. – Über die Giftigkeit beider Arten liegen widersprüchliche Angaben vor: Schwindelzustände, zeitweise Lähmungen und Sehstörungen wurden zweifelsfrei beobachtet. Giftstoffe konnten bisher nicht nachgewiesen werden. Möglicherweise werden die Vergiftungen durch Verpilzung ausgelöst.

Großfrüchtige Moosbeere
Vaccinium macrocarpon

Gewöhnliche Rauschbeere
Vaccinium uliginosum

Heidelbeere
Vaccinium myrtillus

Gewöhnliche Moosbeere
Vaccinium oxycoccos

Besen-Heide

Calluna vulgaris (L.) HULL
Heidekrautgewächse *Ericaceae*

Beschreibung: Blütenstand vielblütige, einseitswendige, 5–15 cm lange Traube, endständig an den Zweigen. Blüten nickend. 4 kleine Hochblätter bilden einen „Außenkelch". 4 blütenblattartige, nicht miteinander verwachsene, blaßpurpur-violett bis weißlich-rosafarbene Kelchblätter, diese etwa doppelt so lang wie die gleichfarbenen 4 Blütenblätter. Blüten (ausgebreitet gemessen) etwa 8 mm im Durchmesser, Glocke also etwa 4 mm lang. Frucht eine kugelige Kapsel, kaum 2 mm im Durchmesser. Stämmchen niederliegend bis bogig aufsteigend, reich verzweigt, mit zahlreichen aufrechten, „besenartigen" Zweigen. Blätter immergrün, schuppenartig klein, in 4 Längszeilen angeordnet, dachziegelig sich überdeckend, 1–3 mm lang, um 0,5 mm breit, sitzend. Juli–September. 10–50 cm.

Vorkommen: Braucht sauren, etwas rohhumushaltigen, stickstoffsalzarmen, sandig-steinigen oder torfigen Boden in Lagen mit hoher Luftfeuchtigkeit. Besiedelt Heiden, lichte Kiefernwälder und die trockeneren Stellen in Hochmooren. Häufig; oft in ausgedehnten Beständen. Steigt in den Alpen bis etwa 2500 m.

Wissenswertes: ♄. Auf nährstoffarmen, sauren Böden wächst die Besen-Heide zuweilen so dicht, daß andere Pflanzen zwischen den Sträuchern nicht aufkommen. Wo sie massenweise auftritt, bieten ihre Blüten eine reiche Bienenweide, die um so willkommener ist, als sie spät im Jahr angeboten wird. Typischerweise ist „Heidehonig" dunkelfarben. Blüten und junge Triebe enthalten Flavonverbindungen, Arbutin (das Hydrochinon abspaltet) und Gerbstoffe. Die Besen-Heide wurde in der Volksheilkunde zur Teeherstellung verwendet. Früher auch zur Besenfertigung gebraucht.

Glocken-Heide

Erica tetralix L.
Heidekrautgewächse *Ericaceae*

Beschreibung: 5–15 Blüten stehen in einem kopfigen, allseitswendigen Blütenstand am Ende der Zweige. Blütenstiele kürzer als die Blüte, weiß behaart. Vorblätter am Blütenstiel den Kelchblättern anliegend; Kelchblätter um 2 mm lang, wie die Vorblätter grün. Blütenblätter weit hinauf verwachsen; Blütenkrone zylindrisch-krugförmig, etwas aufgeblasen, 6–8 mm lang, vorn mit 4 sehr kurzen, zurückgebogenen Zipfeln. Frucht eine Kapsel, die von der Blütenkrone umschlossen bleibt. Reich verzweigter, niedriger Strauch. Blätter sich nie dachziegelartig überdeckend, sehr kurz, aber deutlich gestielt, meist zu 4 quirlständig (nicht in 4 Längszeilen!), nadelförmig, immergrün, behaart, am Rand bewimpert, Haare 0,5–1 mm lang, weiß, mit einem roten Drüsenkopf, der allerdings früh abfällt. Juni–August. 10–50 cm.

Vorkommen: Braucht nassen, nährstoff-, vor allem stickstoffsalzarmen, torfigen oder sandigen Boden in wintermilden Lagen mit hoher Luftfeuchtigkeit. Im Tiefland verbreitet und örtlich in großen Beständen; im Hinterland der Ostsee nach Südosten rasch selten werdend. Sonst nur vereinzelt, eingeschleppt oder ausgepflanzt.

Wissenswertes: ♄; ▽. Wenn das „Heidekraut" in der Literatur lobend erwähnt oder gar besungen wird, ist meist die Glocken-Heide gemeint. Sie gilt als Zierde der nassen Heidestellen und der atlantisch-ozeanisch geprägten Heiden vor allem im nordwestlichen Tiefland. Durch die „Hochmoorkultivierung" sind indessen zahlreiche Standorte verlorengegangen oder außerordentlich verkleinert worden. Entgegen einem oft zu hörenden Vorurteil spielt der Nektar der Glocken-Heide für den „Heidehonig" eine geringere Rolle als der Ertrag der Besen-Heide.

Glocken-Heide
Erica tetralix

Schnee-Heide
Erica herbacea

Grau-Heide
Erica cinerea

Besen-Heide
Calluna vulgaris

479

Grau-Heide

Erica cinerea L.
Heidekrautgewächse *Ericaceae*

Beschreibung: 5–20 Blüten stehen in einem kopfigen, nicht allzu dichten, allseitswendigen Blütenstand am Ende der Zweige. Blütenstiele etwa so lang wie die Blüte, sehr kurz, aber dicht flaumig. Vorblätter unmittelbar am Kelch, kürzer als die Kelchblätter, grünlich oder rötlich. Kelchblätter 2, grünlich oder rötlich, um 2 mm lang. Blütenkrone glockig-eiförmig, 5–7 mm lang, fleischrot bis violettrot, vorn mit 4 sehr kurzen, zurückgebogenen Zipfeln. Frucht eine kugelige, glatte Kapsel. Reich verzweigter, niedriger Strauch. Blätter nicht 4zeilig angeordnet, sich nie dachziegelartig überdeckend, sehr kurz, aber deutlich gestielt, meist zu 3 quirlständig, 5–7 mm lang, nadelförmig, immergrün, kahl, glänzend, oberseits flach, unterseits längsfurchig. Juni–Juli. 10–60 cm.

Vorkommen: Braucht nassen, nährstoff-, vor allem stickstoffsalzarmen, torfigen oder sandig-steinigen Boden in ausgesprochen wintermilden Lagen mit hoher Luftfeuchtigkeit. Im westlichen Tiefland und am Übergang zu den Mittelgebirgen nur noch jenseits der deutschen Grenze in den Niederlanden sowie in Belgien und in Nordostfrankreich. Besiedelt dort Heiden und trockenere Stellen in Hochmooren. Sehr selten, doch sind ihre Standorte auch an der Ostgrenze ihres Areals meist individuenreich.

Wissenswertes: ♄; ▽. Bis zur Jahrhundertwende hatte die Grau-Heide auch auf deutschem Staatsgebiet Standorte, die inzwischen durch Kultivierungsmaßnahmen vernichtet worden sind. In Frankreich ist die Art verbreitet und bildet dort noch heute Massenbestände. An der Grenze ihres Verbreitungsgebiets sind ihre Standorte schützenswert.

Schnee-Heide

Erica herbacea L.
Heidekrautgewächse *Ericaceae*

Beschreibung: Zahlreiche Blüten stehen in endständigen, einseitswendigen, traubigen Blütenständen am Ende der Zweige. Blütenstiel abwärts gekrümmt (Blüten daher nickend), höchstens so lang wie die Blütenkrone, mit 3 kleinen Vorblättern (Lupe!). 4 Kelchblätter, schmal-lanzettlich, meist etwas dunkler rot als die Blütenkrone, um 3 mm lang. Blütenkrone verwachsen, zylindrisch-krugförmig, vorn etwas verengt, mit 4 kurzen, stumpfen, leicht zurückgeschlagenen Lappen, 5–7 mm lang, hell karminrot bis tief purpurrosa, selten hellrosa-weißlich. Staubblätter schwarzrot, etwas aus der Krone hervorragend. Frucht um 2 mm lange Kapsel, die von der Krone umschlossen bleibt. Niederliegend-kriechender, stark verzweigter Zwergstrauch. Zweige dünn, bogig aufsteigend, grau-bräunlich. Blätter zu 4 quirlständig; Quirle dicht stehend; Blätter nadelförmig, 0,6–1 cm lang, um 1 mm breit, spitz, unterseits mit Längsfurche, kahl, sehr kurz gestielt. März–Juni. 10–30 cm.

Vorkommen: Braucht kalkhaltigen, humosen oder moderigen, lockeren, steinigen Lehmboden in Lagen mit hoher Luftfeuchtigkeit. Besiedelt lichte Wälder und Legföhrenbestände in den östlichen Kalkalpen, nach Westen bis etwa Savoyen und bis zum Lago Maggiore, häufig; in den Zentralalpen zerstreut, ebenso im Bayerischen Wald und im Alpenvorland. An ihren Standorten meist bestandsbildend. Steigt in den Alpen vereinzelt bis etwa 2500 m.

Wissenswertes: ♄. Die Schnee-Heide wird vielfach in Gärten oder auf Gräbern als frühblühender Bodendecker in zahlreichen Kultursorten gepflanzt, die sich u. a. in der Blütenfarbe voneinander unterscheiden.

Rundblättriges Wintergrün
Pyrola rotundifolia L.
Wintergrüngewächse *Pyrolaceae*

Beschreibung: 8–30 Blüten stehen in einer einfachen, lockeren, allseitswendigen Traube. Blütenstiel abwärts gebogen; Blüten daher nikkend oder doch schräg nach unten-außen orientiert, 0,8–1,5 cm im Durchmesser (ausgebreitet gemessen), weitglockig, weiß, cremefarben oder leicht rötlich überhaucht. Blütenblätter 5, breit verkehrt-eiförmig. Kelchblätter 5, lanzettlich. Staubblätter 10. Griffel vorne etwas nach außenaufwärts gebogen und an der Spitze leicht verdickt, viel länger als der Fruchtknoten, deutlich aus der Blüte heraushängend. Frucht eine kugelige Kapsel. Stengel aufsteigend bis aufrecht, nur mit schmal-eiförmigen, fast häutigen Schuppenblättern bestanden, in der oberen Hälfte etwas leistig-kantig. Grundständige Blätter rund, 2–5 cm im Durchmesser, dunkel olivgrün, ledrig, derb, mattglänzend, nahezu ganzrandig oder schwach gekerbt-wellig; Blattstiel 1–6 cm lang, oberseits rinnig. Da der Wurzelstock sich verästelt, stehen die Pflanzen oft dicht beieinander. Juli–Oktober. 8–25 cm.

Vorkommen: Braucht zumindest oberflächlich versauerten, aber durchaus basenreichen, moderig-humosen oder torfigen Lehmboden, der eher feucht als trocken sein sollte. Besiedelt lichte Wälder und Gebüsche. Fehlt vor allem im Tiefland, in den Mittelgebirgen mit Silikatgestein, im Alpenvorland sowie in den Zentralalpen größeren Gebieten; sonst selten. Steigt in den Alpen örtlich bis über etwa 2000 m.

Wissenswertes: ♃; (☠). Enthält das Hydrochinonderivat Arbutin. Früher als Heilpflanze verwendet. Arbutinhaltige Drogen können indessen aus anderen Arten leichter gewonnen werden; der Gebrauch wurde aufgegeben.

Grünliches Wintergrün
Pyrola chlorantha Sw.
Wintergrüngewächse *Pyrolaceae*

Beschreibung: 4–12 Blüten stehen in einer einfachen, sehr lockeren, allseitswendigen Traube. Blütenstiel abwärts gebogen; Blüten daher nickend oder doch schräg nach unten-außen orientiert, 0,8–1,5 cm im Durchmesser (ausgebreitet gemessen), halbkugelig-glockig, grünlich-weiß, cremefarben oder hellgrün. Blütenblätter 5, breit verkehrt-eiförmig, am Rand etwas wellig; Kelchblätter 5, breit lanzettlich-3eckig, breiter als lang. Staubblätter 10. Griffel vorne gerade, viel länger als der Fruchtknoten, deutlich aus der Blüte heraushängend. Stengel aufrecht, meist einzeln, kantig geflügelt, etwas gedreht, meist rot überlaufen, mit einem oder mit sehr wenigen lang-3eckigen Schuppenblättern bestanden. Blätter rund, 0,5–2 cm im Durchmesser, oberseits dunkelgrün, unterseits etwas heller, ledrig, derb, an der Spitze oft seicht ausgerandet, mit 1–6 cm langem Stiel, der oberseits rinnig und am Grunde oft rötlich überlaufen ist. Da der Wurzelstock wenig verästelt wächst, aber lang wird, stehen oft mehrere Pflänzchen in lockerer Reihe hintereinander. Juni–Juli. 10–20 cm.

Vorkommen: Braucht basenreichen, steinigen, trockenen, sandig-humosen Lehmboden, der moosbedeckt sein sollte. Besiedelt lichte Kiefernwälder, geht seltener in andere Trockenwälder oder ins Latschengebüsch. In Mecklenburg-Vorpommern, Brandenburg, Thüringen, Sachsen-Anhalt, Sachsen und im Hessischen Bergland vereinzelt; im Fränkischen, Schwäbischen und Schweizer Jura, in den Kalkalpen und in den Zentralalpen auf basischem Gestein sehr selten; steigt nur vereinzelt über etwa 1500 m.

Wissenswertes: ♃; (☠). Die Art scheint Kiefernwälder als Wuchsorte zu bevorzugen.

Mittleres Wintergrün

Pyrola media Sw.
Wintergrüngewächse *Pyrolaceae*

Beschreibung: 5–20 Blüten stehen in einer einfachen, lockeren, allseitswendigen Traube. Blütenstiele abwärts gebogen; Blüten daher nikkend, 0,6–1 cm im Durchmesser (ausgebreitet gemessen), halbkugelig bis kugelig zusammenneigend, weiß, seltener rötlich. Blütenblätter 5, breit verkehrt-eiförmig, stark gewölbt. Kelchblätter 5, 3eckig-lanzettlich, an der Spitze abstehend, halb so lang wie die Blütenblätter. Griffel länger als der Fruchtknoten, vorne gerade und an der Spitze etwas verdickt, deutlich aus der Blüte heraushängend. Stengel steif aufrecht, mit zahlreichen grünen Schuppenblättern. Blätter breit-eiförmig bis rundlich, 2–5 cm im Durchmesser, oberseits dunkelgrün, unterseits etwas heller, ledrig, am Rand kaum gekerbt; Blattstiel kurz, oft rot. Da der Wurzelstock sich verzweigt und im Boden meist über einige Dezimeter wächst, stehen oft mehrere Pflänzchen locker nebeneinander. Juni–Juli. 10–25 cm.

Vorkommen: Braucht basenreichen, modrig-humosen, oberflächlich leicht versauerten, locker-steinigen Lehmboden. Besiedelt lichte Kiefernwälder, seltener bodensaure, lichte Eichenwälder. Zwischen Harz und unterer Oder selten; im Hessischen Bergland, in der Südpfalz, im Schweizer Jura, im Alpenvorland (bis zur Donau bei Regensburg) und in den Alpen sehr selten, großen Gebieten fehlend, steigt jedoch örtlich bis über 2000 m.

Wissenswertes: ♃; (☠). Das Hauptverbreitungsgebiet der Art erstreckt sich von Nordosteuropa bis Mittelsibirien. Die Standorte im südlichen Schweizer Jura und im Tessin liegen an der Südwest- bzw. der Südgrenze des Areals. Die Verbreitung erklärt, warum das Mittlere Wintergrün in den Alpen so hoch steigt.

Kleines Wintergrün

Pyrola minor L.
Wintergrüngewächse *Pyrolaceae*

Beschreibung: 5–20 Blüten stehen in einer einfachen, lockeren, allseitswendigen Traube. Blütenstiele abwärts gebogen; Blüten daher nikkend, 5–9 mm im Durchmesser (ausgebreitet gemessen), halbkugelig bis kugelig zusammenneigend, weiß, seltener rötlich. Blütenblätter 5, breit verkehrt-eiförmig, stark gewölbt. Kelchblätter 5, breit-lanzettlich, zugespitzt, höchstens $\frac{1}{3}$ so lang wie die Blütenblätter. Griffel kürzer als der Fruchtknoten oder höchstens so lang wie dieser, vorne gerade, an der Spitze nicht verdickt, kürzer als die Blütenblätter und daher nicht aus der Blüte heraushängend. Stengel bogig aufsteigend, scharfkantig, meist mit nur 2 Schuppenblättern. Blätter breit-eiförmig bis rundlich, 2–6 cm lang und 1–3,5 cm breit, an der Spitze abgerundet oder kurz zugespitzt, ledrig, derb, mattglänzend, oberseits dunkelgrün, unterseits heller, fein gekerbt oder fast ganzrandig. Blattstiel kürzer als die Spreite. Juni–Juli. 10–20 cm.

Vorkommen: Braucht basenreichen, aber oberflächlich versauerten, modrig-humosen, lockeren, sandigen oder steinigen Lehmboden. Besiedelt lichte Kiefernwälder und bodensaure Laubwälder, seltener Heidegebüsche. Fehlt im Tiefland, in den Mittelgebirgen mit kalkfreiem, basenarmem Gestein, im Alpenvorland und in den Zentralalpen größeren, sonst kleineren Gebieten; selten; steigt im Gebirge vereinzelt bis über etwa 2200 m.

Wissenswertes: ♃; (☠). Unter günstigen Bedingungen können sich Exemplare entwikkeln, die vor allem in der Blüte rund 25% größer sind, als es der Norm entspricht. Ihre Blüten sind meist auch weiter als üblich geöffnet. An dem geraden Griffel sind solche Formen eindeutig von *P. rotundifolia* unterscheidbar.

Mittleres Wintergrün
Pyrola media

Grünliches Wintergrün
Pyrola chlorantha

Kleines Wintergrün
Pyrola minor

Rundblättriges Wintergrün
Pyrola rotundifolia

Wintergrüngewächse *Pyrolaceae* ▶

Wintergrün *Orthilia, Moneses*
Winterlieb *Chimaphila*

Fichtenspargelgewächse *Monotropaceae* ▶

Fichtenspargel *Monotropa*

Nickendes Wintergrün

Orthilia secunda (L.) HOUSE
Wintergrüngewächse *Pyrolaceae*

Beschreibung: 8–30 Blüten stehen in einer einfachen, beim Aufblühen nickenden, später aufrechten, einseitswendigen Traube. Blütenstiel abwärts gebogen; Blüten nickend, um 8 mm im Durchmesser (ausgebreitet gemessen; Glocke also um 4 mm lang), vorne glockig verengt, gelbgrün. Blütenblätter 5, eiförmig, gewölbt. Kelchblätter 5, eiförmig-3eckig. Tragblätter der Einzelblüten lanzettlich, etwas länger als die Blütenstiele. Griffel gerade oder leicht aufwärts gebogen, etwas länger als die Blüte, unter der Narbe deutlich verdickt. Frucht eine kugelige Kapsel. Stengel zuerst niederliegend, dann aufsteigend, am Grunde oft verzweigt, dort nur mit eiförmigspitzen Schuppenblättern bestanden. Blätter nicht rosettenartig (bei gestauchten Individuen kann scheinbar eine Rosette vorhanden sein!), sondern im unteren Drittel des Stengels gruppig gehäuft, immergrün, eiförmig, zugespitzt oder abgerundet, bis 3,5 cm lang und bis 2 cm breit, am Rand gezähnelt; Blattstiel bis 1,5 cm lang. Da der Wurzelstock bis 1 m lang werden kann und sich verästelt, stehen die Pflanzen zu mehreren locker beieinander. Juni–Juli. 5–20 cm.

Vorkommen: Braucht humosen, sandiglehmigen Boden mit ausgeprägter, modriger Rohhumusauflage. Besiedelt Nadelwälder. Im Tiefland großen Gebieten fehlend, sehr selten. In den höheren Mittelgebirgen im Süden und Osten Mitteleuropas und in den Alpen selten, örtlich zerstreut. Steigt bis etwa 2300 m.

Wissenswertes: ♃; (☠). Das Nickende Wintergrün ist eine Pflanze der borealen Nadelwälder. Es ist nacheiszeitlich zusammen mit der Fichte nach Mitteleuropa gekommen. Hier bevorzugt es Kiefernwälder.

Einblütiges Wintergrün

Moneses uniflora (L.) A. GRAY
Wintergrüngewächse *Pyrolaceae*

Beschreibung: Stengel nur mit einer einzigen, endständigen Blüte. Blütenstiel abwärts gebogen; Blüte daher nickend oder doch schräg nach außen-unten orientiert, 1,5–2,3 cm im Durchmesser, flach ausgebreitet, weiß, selten etwas rötlich überhaucht. Blütenblätter 5, breit verkehrt-eiförmig, vorne stumpflich und hier zuweilen sehr kurz bewimpert. Kelchblätter 5, eiförmig-rundlich, hellgelb, am Rande bewimpert, bis zum Grunde frei und unverwachsen. Staubblätter 10. Griffel gerade, länger als der Fruchtknoten, unterhalb der Narbe verdickt. Frucht eine aufrechte, nahezu kugelige Kapsel, die 5–8 mm lang und fast ebenso dick wird. Stengel aufrecht, kantig, einfach. Blätter grundständig oder – seltener – in einer etwas über den Boden gehobenen Rosette, rundlich; Spreite bis 2 cm im Durchmesser, immergrün, am Rande fein gezähnelt; Blattstiel 0,5–1 cm lang, selten etwas länger. Wurzelstock sehr dünn, verzweigt; daher stehen meist einige Pflänzchen in einer lockeren Gruppe beieinander. Mai–August. 5–15 cm.

Vorkommen: Braucht humosen, sandiglehmigen, mäßig basenhaltigen Boden mit modriger Rohhumusauflage. Besiedelt Nadelwälder. Fehlt im Tiefland oder ist dort sehr selten. Kommt in den Nadelwäldern der höheren Mittelgebirge mit nicht ausgesprochen basenarmen Gesteinen sowie im Alpenvorland und in den Alpen selten vor. Steigt in den Alpen nur vereinzelt über etwa 1800 m.

Wissenswertes: ♃; (☠). Das Einblütige Wintergrün ist nacheiszeitlich mit der Fichte nach Mitteleuropa gekommen und besiedelt moosige Nadelforste der Bergwaldstufe. Die Blätter enthalten etwas Arbutin.

Winterlieb
Chimaphila umbellata

Gewöhnlicher Fichtenspargel
Monotropa hypopitys

Nickendes Wintergrün
Orthilia secunda

Einblütiges Wintergrün
Moneses uniflora

Winterlieb

Chimaphila umbellata (L.) Barton
Wintergrüngewächse *Pyrolaceae*

Beschreibung: 3–7 Blüten stehen in einer endständigen Dolde; selten stehen Einzelblüten unterhalb der Dolde seitlich am Stengel, und sehr selten sind nur 2 Blüten ausgebildet. Blütenstiel abwärts gebogen; Blüten daher nickend oder doch schräg nach unten-außen orientiert, um 1 cm im Durchmesser, flach-glockig, rosa. Blütenblätter 5, breit-eiförmig, gewölbt. Kelchblätter 5, eiförmig, um 2 mm lang. Staubblätter 10; Staubfäden in der Mitte behaart. Griffel auffallend kurz, teilweise in den Fruchtknoten eingesenkt, unterhalb der Narbe etwas verdickt. Frucht eine rundliche Kapsel, die um 5 mm im Durchmesser erreicht und deutlich 5kammerig ist. Stengel verholzt oft an der Basis und ist undeutlich kantig. Blätter nicht in einer eigentlichen Rosette, sondern – jahrgangsweise gebildet – genähert-gruppig am Stengel stehend, immergrün, ledrig, oberseits dunkelgrün, unterseits heller, spatelig-eiförmig, keilig in den kaum 5 mm langen Stiel auslaufend, von der Mitte bis zur Spitze scharf gesägt. Wurzelstock weit kriechend, daher oft mehrere Pflanzen in lockerer Gruppe beieinander stehend. Juni–August. 5–25 cm.

Vorkommen: Braucht kalkhaltigen, sandig-lehmigen Boden mit modriger Rohhumusauflage. Besiedelt trockene Kiefernwälder. Zwischen Baden-Baden und Bingen sowie in den Mainzer Sanden sehr selten, desgleichen am mittleren Main, im Fichtelgebirge und im nördlichen Bayerischen Wald; östlich der Elbe zerstreut. In der Schweiz vereinzelt bei Bern und bei Zürich. In Ober- und Niederösterreich, in der Steiermark und in Kärnten selten.

Wissenswertes: ♃; (☠). Die Art erreicht mit ihren mitteleuropäischen Standorten die Westgrenze ihres Areals.

Gewöhnlicher Fichtenspargel

Monotropa hypopitys L.
Fichtenspargelgewächse *Monotropaceae*

Beschreibung: Ganze Pflanze chlorophyllfrei, hell-gelblich bis bräunlich-rötlich; Vollschmarotzer. 8–15 Blüten (selten bis zu 30 Blüten) stehen in einer endständigen, ziemlich dichten, zur Blütezeit nickenden Traube, die sich bei der Fruchtreife aufrichtet. Blüten sehr kurz gestielt in den Achseln schalenförmiger Tragblätter. Blütenblätter unverwachsen, zu 4 oder 5, glockig zusammenneigend, 1–1,6 cm lang (Blüte läßt sich kaum ausbreiten, so daß eine Angabe des Durchmessers wenig sinnvoll erscheint). 2–5 Kelchblätter, die früh abfallen. Frucht fast kugelig, aber etwas länger als dick. Stengel aufrecht, nach unten etwas verdickt, oft etwas heller als die Blätter. Blätter schalenförmig-schuppig, 1–2 cm lang, am Rand oft etwas gezähnelt, aber auch ganzrandig, zuweilen an der Spitze bräunlich vertrocknet. Juni–Juli. 10–20 cm.

Vorkommen: Braucht sandig-lehmigen Boden mit modriger Rohhumusauflage. Besiedelt Nadel- und Nadelmischwälder. Im nordwestlichen Tiefland nur vereinzelt, im nordöstlichen Tiefland selten; in den Nadelwäldern der Mittelgebirge und der Alpen selten, örtlich zerstreut. Steigt bis etwa 1500 m.

Wissenswertes: ♃. Der Fichtenspargel lebt mit einem Pilz in Symbiose. Seine verflochtenen Wurzeln scheinen zwar Baumwurzeln oder faulenden Pflanzenresten aufzusitzen, doch stellen Fäden des Pilzes die Verbindung zwischen Fichtenspargel und „Wirt" bzw. Faulsubstanz her. – Der Gewöhnliche Fichtenspargel wird mit dem Kahlen Fichtenspargel (*M. hypophegea* Wallr.: Zuweilen nur 1, meist 3–8 Blüten, kahl; Frucht kugelig; Buchen-Mischwälder; selten) zur Sammelart *M. hypopitys* agg. zusammengefaßt.

Zwerg-Holunder

Sambucus ebulus L.
Holundergewächse *Sambucaceae*

Beschreibung: Zahlreiche Blüten stehen – kurz gestielt – in einem endständigen, schirmartig flachen, doldig-rispigen Blütenstand mit meist 3 Hauptstrahlen; Durchmesser 5–10 cm. Kelch mit sehr kurzer Röhre und vorne mit 5 kurzen Zipfeln. Krone ohne deutlich ausgeprägte Röhre, weiß oder rötlich überhaucht, um 7 mm im Durchmesser (ausgebreitet gemessen); Saum aus 5 sternartig flach ausgebreiteten, schmal-eiförmigen Zipfeln; Staubbeutel purpurrot bis braun. Frucht schwarze Beere, kugelig, 5–7 mm im Durchmesser; Rispenäste im Fruchtstand meist rot. Rhizom mit meist mehreren krautigen Stengeln, diese steif aufrecht, unverzweigt, gefurcht, kahl oder sehr schütter behaart. Blätter gegenständig, unpaarig gefiedert, mit 7 oder 9 Teilblättchen; Teilblättchen 5–15 cm lang, 1–4 cm breit, im unteren Drittel am breitesten, allmählich zugespitzt, am Grunde abgerundet, kurz gestielt, am Rand fein und regelmäßig gezähnt, oberseits dunkelgrün, unterseits heller; Nebenblätter laubblattähnlich. Pflanze (vor allem das Rhizom) riecht widerlich. Juni–August. 0,5–2 m.

Vorkommen: Braucht stickstoffsalzreichen, nicht zu trockenen, etwas kalkhaltigen, oft ziemlich flachgründig-steinigen Lehm- oder Tonboden. Besiedelt Gebüsch- und Waldränder, Lichtungen, Ödland, Dauerbrachen und stillgelegte Bahnanlagen. Im Tiefland nur vereinzelt, vor allem östlich der Elbe; in den Mittelgebirgen, dem Alpenvorland und den Alpen über Kalk zerstreut und meist in individuenreichen Beständen; geht kaum bis zur Ackerbaugrenze.

Wissenswertes: ♃; (☠). Enthält noch unerforschten Bitterstoff und wenig Blausäureglykosid.

Trauben-Holunder

Sambucus racemosa L.
Holundergewächse *Sambucaceae*

Beschreibung: Zahlreiche Blüten stehen – sehr kurz gestielt – in einer endständigen, kegel- bis breit-eiförmigen Rispe, die bis 8 cm lang und an der Basis bis 5 cm dick werden kann, an den Enden der Äste; die Blüten erscheinen gleichzeitig mit den Blättern. Kelch mit sehr kurzer Röhre und vorne mit 5 kurzen Zipfeln (Lupe!). Krone ohne deutlich ausgeprägte Röhre, sehr hellʹgelblich-grün, um 5 mm im Durchmesser (ausgebreitet gemessen); Saum aus 5, sehr früh schroff zurückgeschlagenen, schmal-eiförmigen bis zungenförmigen, undeutlich zugespitzten Zipfeln; Staubfäden kürzer als die Zipfel des Kronensaums, Staubbeutel hell ockergelb. Frucht eine rote Beere, kugelig, knapp 5 mm im Durchmesser; Fruchtstand aufrecht oder schräg abstehend. Mittelhoher Strauch, selten kleiner Baum. Rinde dunkelbraun, jung gräulich beschilfert, Mark zimtbraun. Blätter gegenständig, gestielt, unpaarig gefiedert, mit 3–7 Fiederblättchen, die länglich-lanzettlich, 4–12 cm lang, 2–4 cm breit, zugespitzt, gesägt-gezähnt, kahl oder unterseits flaumig und beiderseits hellgrün sind. März–Mai. 1–4 m.

Vorkommen: Braucht frischen, nicht unbedingt kalkhaltigen, aber nährstoffreichen, steinigen Lehmboden. Besiedelt Lichtungen in Laub- und Laubmischwäldern. Im Tiefland östlich der Elbe selten oder – im äußersten Nordwesten – fehlend, östlich von ihr zerstreut; in den Mittelgebirgen und in den Alpen häufig; steigt bis etwa zur Laubwaldgrenze.

Wissenswertes: ♄; (☠). Enthält Bitterstoffe und Gerbstoffe; vom Trauben-Holunder wird immer wieder berichtet, er enthalte Stoffe, die Erbrechen und Durchfälle auslösen; vom Genuß ist daher abzuraten.

Schwarzer Holunder

Sambucus nigra L.
Holundergewächse *Sambucaceae*

Beschreibung: Zahlreiche Blüten stehen
– kurz gestielt – in schirmartig flachen, doldig-
rispigen Blütenständen am Ende der Äste; sie
erreichen 10–20 cm im Durchmesser und blühen
nach dem Erscheinen der Blätter auf. Kelch mit
sehr kurzer Röhre und vorne mit 5 kurzen, kaum
0,5 mm langen Zipfeln. Krone ohne deutlich ausgeprägte Röhre, weiß oder cremefarben, um
7 mm im Durchmesser (ausgebreitet gemessen);
Saum aus 5 schmal verkehrt-eiförmigen bis zungenförmigen Zipfeln, die sternartig flach ausgebreitet sind; Staubbeutel hell ocker-gelblich.
Furcht schwarze Beere, kugelig, 5–7 mm im
Durchmesser; reifer Fruchtstand überhängend,
mit roten Rispenästen. 2–7 m hoher Strauch, seltener ebenso hoher Baum. Rinde am Stamm
(bzw. an den Haupttrieben des Strauchs) rissig,
hell graubraun; Zweige von weichem, weißem
Mark erfüllt. Blätter gegenständig, unpaarig gefiedert, mit meist 5 Teilblättchen; Teilblättchen
5–10 cm lang, 2–5 cm breit, unterhalb der Mitte
am breitesten, am Grund abgerundet und etwas
asymmetrisch, kurz gestielt, regelmäßig und fein
gezähnt, oberseits dunkelgrün, unterseits blaugrün und hier sehr schütter behaart; entweder
keine Nebenblätter oder ungefiederte Anhängsel. Juni–Juli. 2–7 m.

Vorkommen: Braucht frischen, stickstoffsalzreichen, steinig-tiefgründigen Lehmboden.
Besiedelt ruderal beeinflußte Gebüsche, Waldränder und -lichtungen. Häufig. Geht bis etwa
zur Laubwaldgrenze.

Wissenswertes: ♄; (☠). Enthält möglicherweise brechreizerregende und abführende
Inhaltsstoffe; vom Rohverzehr ist abzuraten, bei
der Versaftung der vitaminreichen Früchte Zu-
rückhaltung geboten.

Der Schwarze Holunder hat – wie einige andere
heimische Sträucher – als Zierstrauch Eingang in
Parks und Gärten gefunden. Das liegt nicht zuletzt daran, daß auch in freier Natur Bildungsab-
weichungen nicht selten auftreten. Sie wurden
zum Ausgangspunkt gärtnerischer Züchtungen.
Auffallend sind etwa Formen, deren Teilblättchen tief und regelmäßig eingeschnitten sind.
Solche Formen sind als f. *cannabinifolia* KIRCHN.
aus der Wildpopulation beschrieben worden;
von Gartenbaubetrieben wird eine identische
Sorte als *„laciniata"* angeboten. Ist die Blattzer-
teilung eher noch stärker und vor allem unregelmäßig, so daß einzelne Teilblättchen bis auf einen fadenförmigen Rest reduziert sein können,
dann liegt eine Form vor, die aus der freien Natur als f. *dissecta* KOCH oder f. *filicifolia* KACHE
oder f. *heterophylla* SCHWER. bekanntgeworden
ist. Diese Form wird als Gartensorte in der Regel
„linearis" genannt. Tragen die Teilblättchen beidseitig jeweils nur 4–5 kräftige Kerben, die fast
buchtig geschwungen sein können, dann handelt
es sich um die Gartenform *„latisecta"*, die 1909 in
Kultur entstanden sein soll. Jedenfalls ist sie bislang nicht aus natürlichen Vorkommen beschrieben worden. – Andere Gartensorten betreffen
die Wuchsform (Zwergwuchs, Trauerform mit
hängenden Zweigen, Säulen-Holunder), die
Blattfärbung (z.B. unterschiedlich ausgeprägte
Fleckung), die Blütenform (gefüllte Blüten, Blüten rosarot überlaufen) oder abweichend gefärb-
te Früchte. So hat z.B. die Gartenform *„viridis"*
nicht nur hellgrüne Blüten, sondern auch weiß-
lich-grüne, zuletzt fast durchscheinende Früchte.
Auch diese Gartenform wurde ursprünglich am
natürlichen Standort aufgefunden, ist erstmalig
um 1650 erwähnt worden und seit etwa 1910 in
Kultur. Interessant ist die Gartenform *„margina-
ta"*, deren Teilblättchen unmittelbar nach dem
Austrieb goldgelb berandet sind; danach verblas-
sen sie allerdings und werden weißgelb.

Trauben-Holunder
Sambucus racemosa

Schlitzblättriger Holunder, Blatt
S. nigra laciniata

Zwerg-Holunder
Sambucus ebulus

Schwarzer Holunder
Sambucus nigra

Holundergewächse *Sambucaceae* ▶

Schneeball *Viburnum*

Geißblattgewächse *Caprifoliaceae* ▶

Schneebeere *Symphoricarpos*
Jelängerjelieber *Lonicera*

Gewöhnlicher Schneeball

Viburnum opulus L.
Holundergewächse *Sambucaceae*

Beschreibung: Zahlreiche Blüten stehen – mäßig kurz gestielt – in ziemlich flachen, oft auch lockeren doldenartigen Blütenständen, die 5–10 cm im Durchmesser erreichen können, am Ende der Äste; die Blütenstände fallen durch einen Kranz randständiger, steriler Blüten, die viel größer als die übrigen und überdies rein weiß sind (1,5–2,5 cm im Durchmesser), oft schon von weitem auf. Kelch glockig, vorn mit 5 kleinen Zipfeln. Krone ohne deutliche Röhre, weit- und kurzglockig, bis über $\frac{1}{2}$ ihrer Länge in 5 breiteiförmig bis rundliche Zipfel geteilt, um 7 mm lang und etwa ebenso breit (ausgebreitet gemessen), weißlich-cremefarben. Sterile Randblüten bis auf etwa $\frac{1}{4}$ ihrer Länge in 5 breit verkehrteiförmige Zipfel geteilt, tellerartig flach, meist schneeweiß. Früchte kugelige, rote Beeren. Mittelhoher Strauch, seltener kleiner Baum mit kahlen, graubraun berindeten Zweigen. Blätter gegenständig, 1–3 cm lang gestielt; Blattstiel unterhalb des Spreitenansatzes mit 2 großen, sitzenden Drüsen; Spreite 3–10 cm lang und etwa ebenso breit, die meisten bis auf etwa $\frac{2}{3}$ ihrer Länge 3lappig; Lappen nach vorn gerichtet, grob, entfernt und unregelmäßig gezähnt; Spreite am Grund ganzrandig, plötzlich in den Stiel verschmälert, oberseits dunkelgrün, unterseits heller; auf der Blattunterseite in den Nervenwinkeln behaart. Mai–Juli. 2–4 m.
Vorkommen: Braucht feuchten, basenreichen, oft kalk- und ziemlich stickstoffsalzhaltigen Lehmboden. Besiedelt feuchte Laubwälder, Auenwälder und Ufer. Häufig. Geht nur vereinzelt über etwa 1000 m.
Wissenswertes: ♄; ☠. Die Beeren gelten als giftig, vor allem, wenn man sie unreif oder in großer Menge ißt.

Wolliger Schneeball

Viburnum lantana L.
Holundergewächse *Sambucaceae*

Beschreibung: Zahlreiche Blüten stehen – mäßig kurz gestielt – in meist deutlich schildkrötenpanzerartig gewölbten, ziemlich dichten, doldenartigen Blütenständen, die 5–10 cm im Durchmesser erreichen können, am Ende der Äste; sterile, vergrößerte Randblüten gibt es nicht. Kelch glockig, vorn mit 5 kleinen Zipfeln. Krone ohne deutliche Röhre, weit-trichterig bis sternartig-flach, bis fast zum Grund in 5 eiförmige Zipfel geteilt, die um 3 mm lang werden; Einzelblüte um 7 mm im Durchmesser (ausgebreitet gemessen), vor dem Aufblühen grünlich-gelb, zuweilen rötlich überlaufen, geöffnet weiß. Beerenartige, eiförmig-längliche, etwas flachgedrückte Steinfrucht, zuerst grün, dann rot, zuletzt schwarz. Mittelhoher Strauch; jüngste Zweige dicht mit Sternhaaren (Lupe!) bedeckt; Rinde der 1jährigen Zweige meist kahl. Blätter gegenständig, 1–4 cm lang gestielt; Spreite eiförmig, 4–12 cm lang, 3,5–9 cm breit, am Grunde gelegentlich ausgerandet oder asymmetrisch, am Rand regelmäßig und fein gezähnt, unterseits dicht mit Sternhaaren bestanden und dadurch graufilzig, oberseits sehr schütter behaart, fast kahl, etwas runzelig, dunkelgrün. April–Mai. 1,5–5 m.
Vorkommen: Braucht kalkhaltigen, nährstoffreichen, steinig-lockeren Lehmboden. Besiedelt Waldränder, Lichtungen oder lichte Stellen in Laubwäldern, Gebüsche. Fehlt im westlichen Teil des Tieflands großen Gebieten, sonst zerstreut, über Kalkgestein häufig; geht bis fast zur Laubwaldgrenze.
Wissenswertes: ♄; (☠). Der Wollige Schneeball soll einen nicht näher erforschten Inhaltsstoff enthalten, der örtlich reizend wirken und schwach giftig sein soll.

Gewöhnlicher Schneeball
Viburnum opulus

Wolliger Schneeball
Viburnum lantana

Jelängerjelieber
Lonicera caprifolium

Schneebeere
Symphoricarpos rivularis

Schneebeere

Symphoricarpos rivularis SUKSD.
Geißblattgewächse *Caprifoliaceae*

Beschreibung: 3–9 kleine Blüten stehen – sehr kurz gestielt – in ährenähnlichen, gedrungenen Trauben am Ende der Zweige und in den Achseln der obersten Blätter. Kelch bis auf etwa ¾ seiner Länge in meist 5, seltener in nur 4 Zipfel geteilt, Krone glockenförmig, weißlich, oft intensiv rosa überlaufen, 5–8 mm lang, auf etwa ⅔ ihrer Länge in 5 stumpfe Zipfel geteilt, 6–7 mm im Durchmesser (ausgebreitet gemessen), innen dicht und kurz behaart (Lupe!); Staubblätter nicht aus der Krone herausragend. Frucht eine kugelige, weiße Beere (meist vom Sommer an bis in den Winter hinein mit Beeren). Niedriger Strauch, der unterirdische Ausläufer treibt. Zweige rutenförmig schlank, überhängend. Blätter gegenständig, 2–6 cm lang, 2–5,5 cm breit, breit-eiförmig bis fast rundlich, stumpflich oder mit aufgesetzter Spitze, am Grund abrupt in den Stiel verschmälert, ganzrandig oder mit wenigen, kerbähnlichen, flachen Einschnitten, nur randlich schütter behaart, oberseits dunkelgrün, unterseits blaugrün. Mai–September. 0,3–1,5 m.

Vorkommen: Braucht nicht zu trockenen, flach- oder tiefgründigen, oft steinigen oder verdichteten, nährstoffreichen Boden. Heimat: Nördliches Nordamerika. Bei uns in mehreren Sorten kultiviert und gelegentlich verwildert und beständig eingebürgert.

Wissenswertes: ♄; ☠. In den Beeren sind Saponin und ein noch nicht näher erforschter Hauptwirkstoff enthalten; schwere Vergiftungen sind beschrieben worden. – Hauptsächlich wird bei uns var. *laevigatus* (FERN.) BLAKE gepflanzt, die an Langtrieben gelappte Blätter besitzt und besonders reichlich Beeren ansetzt. Von ihr sind mehrere Varietäten bekannt.

Jelängerjelieber

Lonicera caprifolium L.
Geißblattgewächse *Caprifoliaceae*

Beschreibung: Je 3 Blüten sitzen endständig am Stengel oder in den Achseln des obersten Blattpaares; gelegentlich tragen auch noch die Blätter der 2–3 unmittelbar tiefer am Stengel sitzenden Blattpaare jeweils bis zu 3 Blüten in ihren Achseln. Kelch nur als undeutlich welliger Rand ausgebildet. Krone 2lippig; Kronröhre 1–2,5 cm lang, weißlich-cremefarben bis gelb, oft rötlich überlaufen, außen zuweilen mit sehr schütter stehenden, gestielten Drüsen. Oberlippe zunächst aufrecht, später zurückgeschlagen, auf etwa ⅕ ihrer Länge in 4 Lappen geteilt; Unterlippe zungenförmig; die Blüten verströmen – besonders in den Abendstunden und bei warmem Wetter – einen angenehmen Duft; Früchte nicht verwachsene, leuchtendrote Beeren. Rechtswindender Strauch (Liane); Zweige kahl. Blätter gegenständig, die obersten Blattpaare am Grunde breit miteinander verwachsen, damit scheinbar vom Stengel durchwachsen; tiefer am Stengel sitzende Blattpaare kurz gestielt oder sitzend; alle Blätter eiförmig, 4–10 cm lang, 3,5–6 cm breit, oben dunkelgrün, unten blaugrün, nur sehr jung behaart, später kahl. Mai–Juli. 1–5 m.

Vorkommen: Braucht kalkhaltigen, nicht zu feuchten, steinig-mittelgründigen Lehmboden in warmen Lagen. Vor allem in früheren Zeiten gelegentlich als Zierpflanze gezogen und aus alten Kulturen örtlich beständig verwildert, vor allem in den niedrigen Kalkmittelgebirgen und im Alpenvorland; selten.

Wissenswertes: ♄; (☠). Enthält Saponin. Mehrere Kultursorten, u. a. mit intensiv gefärbten Blüten. – Ähnlich: Etrurisches Geißblatt (*L. etrusca* SANTI: Blütenstandsstiele 1–4 cm lang. Südalpen, Wallis, selten).

Geißblatt, Heckenkirsche *Lonicera*

Wald-Geißblatt

Lonicera periclymenum L.
Geißblattgewächse *Caprifoliaceae*

Beschreibung: 6–15 (selten mehr) Blüten sitzen in kopfartigen, endständigen, kurz gestielten Blütenständen. Kelch nur als undeutlicher Wulst mit 5, kaum 1 mm langen Zipfeln ausgebildet. Krone deutlich 2lippig, insgesamt 4–5 cm lang; Kronröhre 2–2,5 cm lang, gelblich-weiß, zuletzt schmutzig-gelb, im vorderen Teil – wie die Oberlippe – zuweilen rötlich überhaucht; Oberlippe zunächst aufrecht, später zurückgeschlagen, auf etwa $\frac{3}{5}$ ihrer Länge in 4 Lappen geteilt; Unterlippe zungenförmig; Krone außen mehr oder weniger dicht mit Drüsenhaaren besetzt; Blüten wohlriechend; Früchte leuchtendrote, nicht miteinander verwachsene, jedoch kopfig dicht stehende Beeren. Rechtswindender Strauch (Liane); Zweige kahl oder – vor allem oberwärts – schütter behaart. Blätter gegenständig, Blätter – auch nicht die obersten – nie am Grunde miteinander verwachsen, sondern frei, das oberste Paar sitzend, die übrigen sehr kurz gestielt; alle Blätter breit-lanzettlich bis schmal-eiförmig, 3–9 cm lang, 1,5–5 cm breit, am Grunde in den Stiel verschmälert, oberseits dunkelgrün, unterseits blaugrün, kahl oder sehr schütter behaart. Mai–Juli. 2–5 m.

Vorkommen: Braucht kalk- und eher nährstoffarme, nicht zu trockene, sandige oder humos-torfige Lehmböden. Besiedelt Eichen-Mischwälder in wintermilden, luftfeuchten Lagen. Im westlichen Teil des Tieflandes und in den tieferen Lagen der Mittelgebirge zerstreut, nach Osten selten werdend und östlich der Elbe meist fehlend, desgleichen in Österreich.

Wissenswertes: ♄; (☠). Enthält Saponine und Spuren von Alkaloiden. – Bestäuber sind Nachtschmetterlinge.

Schwarze Heckenkirsche

Lonicera nigra L.
Geißblattgewächse *Caprifoliaceae*

Beschreibung: Jeweils 2 Blüten sitzen auf einem gemeinsamen, kahlen Stiel, der 2–4 cm lang werden kann, in den Achseln der Blätter; die Stiele stehen – wie die Blätter – seitwärts, allenfalls schräg aufwärts ab. Kelch nur als undeutlicher Rand mit 5 kaum auffallenden (0,5 mm langen) Zipfeln. Krone deutlich 2lippig, insgesamt 0,7–1 cm lang, cremeweiß, rosa überlaufen oder trüb weinrot überhaucht; Kronröhre 2–4 mm lang; Oberlippe aufrecht oder schwach zurückgebogen, auf kaum $\frac{1}{5}$ ihrer Länge in 4 Lappen geteilt; Unterlippe zungenförmig; Krone innen – oft schütter – behaart; Früchte paarweise – und zwar nur am Grund – miteinander verwachsene, dunkelblaue, bereifte Beeren, die fast 1 cm lang und nahezu ebenso dick werden. Mäßig verzweigter, niedriger bis mittelhoher Strauch mit graubraunen Zweigen. Blätter gegenständig, am Grunde nie miteinander verwachsen, lanzettlich, 3–6 cm lang, 1–3 cm breit, allmählich in die Spitze verschmälert, am Grund meist abgerundet, seltener etwas abgestutzt, meist kahl oder nur auf den Nerven behaart, oberseits dunkelgrün, unterseits stumpf hellgrün. April–Mai. 1–2 m.

Vorkommen: Braucht feuchten, humosen Lehm- oder Tonboden, der steindurchsetzt und kalkarm sein kann. Besiedelt Bergmischwälder. Fichtelgebirge, südlicher Schwäbischer Jura und Schweizer Mittelland vereinzelt; Bayerischer Wald, Südschwarzwald, Alpenvorland, mittlerer und südlicher Schweizer Jura sowie Alpen zerstreut. Geht bis etwa 2000 m.

Wissenswertes: ♄; (☠). Bastardiert gelegentlich mit *L. xylosteum* L.; der Bastard heißt *L. × helvetica* BRÜGGER; seine Blütenstiele stehen fast aufrecht ab.

Rote Heckenkirsche

Lonicera xylosteum L.
Geißblattgewächse *Caprifoliaceae*

Beschreibung: Jeweils 2 Blüten sitzen auf einem gemeinsamen Stiel, der 1–3 cm lang werden kann, in den Achseln der Blätter; die Stiele stehen meist senkrecht ab; zuweilen sind sie rötlich überlaufen. Kelch ein undeutlicher Rand mit 5 kaum auffallenden (0,5 mm langen) Zipfeln. Krone deutlich 2lippig, insgesamt 1–1,5 cm lang, weiß bis cremeweiß, beim Verblühen sich trüb hellgelb verfärbend, im Bereich der Kronröhre oft rot überlaufen; Kronröhre 3–7 mm lang; Oberlippe aufrecht oder schwach zurückgebogen, randlich zuweilen auch zurückgerollt, auf etwa $\frac{9}{10}$ ihrer Länge in 4 Lappen geteilt; Unterlippe zungenförmig; Krone außen kurz und abstehend behaart. Früchte paarweise angeordnete, nicht verwachsene, hellrote, knapp erbsengroße Beeren. Ziemlich verzweigter, niedriger bis mittelhoher Strauch mit graubraunen Zweigen. Blätter gegenständig, am Grund nie miteinander verwachsen, breit-eiförmig, 2–6 cm lang, 1–5 cm breit, kurz zugespitzt, am Grunde abgerundet oder leicht verschmälert, oberseits dunkel- und leicht blaugrün, unterseits etwas heller, beidseits sehr kurz abstehend behaart. April–Mai. 1–2 m.

Vorkommen: Braucht kalkhaltigen, mullreichen, lehmig-tonigen Boden. Besiedelt krautreiche Mischwälder. Fehlt im Tiefland westlich der Elbe fast überall, östlich von ihr selten; in den Mittelgebirgen mit kalkhaltigen Böden zerstreut, örtlich häufig; steigt in den Alpen vereinzelt bis über 1800 m.

Wissenswertes: ♄; (☠). Ähnlich: *L. ruprechtiana* REGEL (Blüten weiß; Blätter lanzettlich; Zierstrauch). – *L. tatarica* L. (Blüten weißlich oder rot, 2–3,5 cm lang; viele Kultursorten; Zierstrauch).

Blaue Heckenkirsche

Lonicera caerulea L.
Geißblattgewächse *Caprifoliaceae*

Beschreibung: Jeweils 2 Blüten sitzen – meist deutlich nickend – auf einem gemeinsamen Stiel, der nur 0,5–1 cm lang wird, in den Achseln der Blätter. Kelch nur als undeutlicher, etwas welliger Saum ausgebildet. Krone praktisch radiär-symmetrisch, trichterig, 1,2–1,8 cm lang, gelblich; Kronröhre aus engem Grund vorne bauchig-glockig erweitert, Krone auf etwa $\frac{3}{4}$ ihrer Gesamtlänge in 5 Zipfel eingeschnitten. Früchte fast kugelige, miteinander verwachsene, blaue Beeren, die fast 1 cm im Durchmesser erreichen; die Stiele, auf denen sie sitzen, sind höchstens so lang wie die Beeren dick sind, meist aber sind sie etwas kürzer. Mäßig verzweigter, niedriger bis mittelhoher Strauch mit hellbraunen Zweigen. Blätter gegenständig, am Grunde nie miteinander verwachsen, schmal-eiförmig bis eiförmig, 2–6 cm lang, 1,5–3 cm breit, vorne stumpflich oder mit aufgesetzter Spitze, oberseits dunkelgrün, unterseits blaugrün, jung beiderseits behaart, schon im Frühsommer oftmals verkahlend. Mai–Juni. 0,8–1,5 m.

Vorkommen: Braucht feuchten, sauren, rohhumusdurchsetzten Boden. Besiedelt Nadelwälder, geht auch in Moorgehölze. Im Alpenvorland zerstreut; in den Kalkalpen sowie im südlichen und mittleren Schweizer Jura selten und nur auf versauerten Standorten; in den Zentralalpen und in den Südalpen mit kristallinem Gestein häufig; bevorzugt in Lagen zwischen etwa 1200–2400 m, oft wesentlich tiefer, vereinzelt auch höher.

Wissenswertes: ♄; (☠). Im Alpenvorland besiedelt die Blaue Heckenkirsche vorzugsweise Moorgehölze, wohingegen sie in Nadelforsten kaum irgendwo anzutreffen ist.

Wald-Geißblatt
Lonicera periclymenum

Rote Heckenkirsche
Lonicera xylosteum

**Blaue
Heckenkirsche**
Lonicera caerulea

Schwarze Heckenkirsche
Lonicera nigra

Geißblattgewächse *Caprifoliaceae* ▶

Heckenkirsche *Lonicera*
Moosglöckchen *Linnaea*

Moschuskrautgewächse *Adoxaceae* ▶

Moschuskraut *Adoxa*

Baldriangewächse *Valerianaceae* ▶

Spornblume *Centranthus*

Alpen-Heckenkirsche

Lonicera alpigena L.
Geißblattgewächse *Caprifoliaceae*

Beschreibung: Jeweils 2 Blüten sitzen auf einem gemeinsamen Stiel, der 3–5 cm lang werden kann (vereinzelte Stiele können auch nur 1–2 cm lang sein), in den Achseln der Blätter; die Stiele stehen entweder – wie die Blätter – seitwärts oder schräg aufwärts ab. Kelch nur als undeutlicher, welliger Saum ausgebildet. Krone 2lippig, insgesamt 1,5–2 cm lang, am Grunde oft grünlich-gelb, im vorderen Kronenbereich weinrot bis rotbraun; Kronröhre 3–7 mm lang; Oberlippe aufrecht, auf kaum $\frac{9}{10}$ ihrer Länge in 4 Lappen eingekerbt; Unterlippe länglich-zungenförmig, etwas abgestutzt. Früchte paarweise miteinander verwachsene, eiförmig-kugelige dunkelrote Beeren, die nahezu 1 cm Durchmesser erreichen können. Mäßig verzweigter, niedriger bis mittelhoher Strauch mit grau-braunen Zweigen. Blätter gegenständig, nie am Grunde miteinander verwachsen, 4–9 cm lang, 2–5 cm breit, meist rasch verschmälert und in eine Spitze ausgezogen, am Grund abgerundet oder in den Stiel verschmälert, oberseits dunkelgrün, unterseits heller grün und glänzend, oberseits auf den Nerven mit schütter stehenden, gestielten Drüsen, sonst nur wenig behaart oder kahl, unterseits schütter behaart und nur mit vereinzelten Stieldrüsen. Mai–Juni. 0,5–1,5 m.

Vorkommen: Braucht feuchten, kalkreichen, steinig-mullhaltigen Lehmboden. Besiedelt Bergwälder. Schwäbischer und Schweizer Jura, Alpenvorland und Kalkalpen zerstreut, örtlich häufig, in den Zentralalpen seltener; steigt bis etwa zur Laubwaldgrenze.

Wissenswertes: ♄; (☒). Anders als es der Name nahelegt, ist die Alpen-Heckenkirsche eine typische Art der buchenreichen Laubwälder der Bergstufe, nicht der Alpen.

Moosglöckchen

Linnaea borealis L.
Geißblattgewächse *Caprifoliaceae*

Beschreibung: In der Regel stehen am Ende des gabelig auslaufenden Blütenstandsstiels 2 Blüten, vereinzelt sind es 4 oder 6; sie nicken deutlich. Am Grunde des Fruchtknotens befinden sich 4 kelchblattähnliche, eiförmige Vorblätter. Der Kelch ist praktisch bis zum Grund in 5 schmal-lanzettliche Zipfel gespalten, die 2–3 mm lang werden und dem unterständigen Fruchtknoten aufsitzen. Blütenkrone trichterig-glockig, 0,7–1 cm lang, bis auf etwa $\frac{2}{3}$ ihrer Länge in 5 breit-abgerundete Zipfel geteilt, weiß und in der Regel rosa oder weinrot überhaucht. Kriechstrauch; Stengel fadenförmig, kaum 1 mm dick, auf Moospolstern oft auf 1–4 m Länge kriechend; von dem Kriechstengel zweigen zahlreiche aufrechte Blütenstandsstiele ab, die 5–15 cm hoch werden; sie sind sehr kurz und mäßig dicht drüsig behaart. Blätter gegenständig, wintergrün, kurz gestielt; Spreite rundlich oder breit-eiförmig, 0,8–1,5 cm lang, 0,7–1 cm breit, im vorderen Drittel jederseits mit einem wenig ausgeprägten, kurzen, anliegenden Zahn (auf den ersten Blick scheinbar ganzrandig), ledrig wirkend, oberseits dunkel- oder stumpf-olivgrün, glänzend, unterseits blaugrün. Juli–August. 5–15 cm hoch; 1–4 m lang.

Vorkommen: Braucht sauren, rohhumusreichen, ausgesprochen stickstoffsalzarmen Boden. Besiedelt moosige Nadelwälder. Im Tiefland westlich der Elbe, im Harz, im Nordhessischen Bergland und in Sachsen vereinzelt; im Tiefland östlich der Elbe und in den Zentralalpen selten, in Graubünden örtlich (z. B. Engadin) zerstreut und in kleineren Beständen. Steigt vereinzelt bis über etwa 2000 m.

Wissenswertes: ♄. Die Blüten duften nach Vanille.

Moschuskraut
Adoxa moschatellina

Moosglöckchen
Linnaea borealis

Alpen-Heckenkirsche
Lonicera alpigena

Rote Spornblume
Centranthus ruber

497

Geißblattgewächse *Caprifoliaceae*
Moschuskrautgewächse *Adoxaceae*
Baldriangewächse *Valerianaceae*

Moschuskraut

Adoxa moschatellina L.
Moschuskrautgewächse *Adoxaceae*

Beschreibung: 1 endständige und 4 seitenständige Blüten sitzen in einem kugelig-kopfigen
Blütenstand am Ende des Stengels. Kelch der
endständigen Blüten bis fast zum Grund 2lappig,
an den seitenständigen Blüten bis fast zum
Grund 3lappig; Blüten radiär-symmetrisch,
schüsselförmig, 4–6 mm im Durchmesser (ausgebreitet gemessen); Endblüte mit 4, seitenständige Blüten mit 5 eiförmigen, leicht hohlen Kron-
lappen; Staubfäden am Grund gespalten, daher
in der Endblüte scheinbar 8 (in Wirklichkeit 4),
in den seitenständigen Blüten scheinbar 10 (in
Wirklichkeit 5) Staubblätter. Die Pflanze besitzt
ein horizontal kriechendes, fleischiges Rhizom,
an dem zahnartig kleine Schuppenblättchen stehen; Stengel unverzweigt, kahl. Blätter grundständig oder – in meist nur einem Paar etwa in
der Stengelmitte – gegenständig; Grundblätter
1–8 cm lang gestielt, 3teilig, wobei die Abschnitte
wiederum 0,5–2,5 cm lang gestielt und erneut
3teilig sind; Zipfel der Abschnitte 2. Ordnung
meist 3lappig und – vor allem am Mittellappen –
im vorderen Drittel mit einzelnen, kerbig-lappi-
gen Zähnen, vorne oft mit leicht knorpeliger, aufgesetzter Spitze. März–Mai. 5–15 cm.
Vorkommen: Braucht kalkhaltigen, mullreichen Lehmboden, der nie zu trocken werden
sollte. Besiedelt lichte Eichen-Mischwälder und
Auenwälder. Fehlt in Gegenden mit überwiegenden Sandböden; sonst zerstreut, an seinen
Standorten in meist individuenreichen, oft ausgedehnten Beständen; steigt in den Alpen bis etwa zur Laubwaldgrenze.
Wissenswertes: ⨄. Der Moschusduft, auf
den sich der Name bezieht, ist meist nicht sehr
ausgeprägt.

Rote Spornblume

Centranthus ruber (L.) DC.
Baldriangewächse *Valerianaceae*

Beschreibung: Zahlreiche Blüten stehen –
in mehreren „Stockwerken" – jeweils in rispig-
scheindoldigen, dichten Blütenständen am Ende
des Stengels. Der Kelch besteht zur Blütezeit aus
einem Wulst, den die 5 eingerollten, kurzen Zipfel bilden; zur Fruchtzeit entstehen aus ihm
1–2 Dutzend federig behaarte Borsten. Die Blütenkrone ist tief in 5, nicht ganz gleich große Zipfel geteilt; am Grunde der engtrichterigen Kronröhre befindet sich ein dünner, kurzer Sporn;
Kronröhre um 8 mm lang; Zipfel 2–3 mm lang;
Sporn um 2 mm lang, tief rosarot. Stengel aufrecht, unverzweigt, rund, kahl. Blätter grundständig und gegenständig; Grundblätter gestielt,
Spreite 3–8 cm lang, 1–5 cm breit, eiförmig,
stumpflich, ganzrandig oder undeutlich grob,
aber wenig tief gezähnt; Spreite der Stengelblätter etwas kleiner als die der grundständigen Blätter, breit-eiförmig bis breit-lanzettlich, die unteren in einen kurzen Stiel verschmälert, die oberen mit verschmälertem oder herzförmigem
Grund sitzend. Mai–Juli. 20–70 cm.
Vorkommen: Zierpflanze aus dem Mittelmeergebiet, die bei uns selten an warmen, besonnten Mauern oder Felsen verwildert ist, so
z.B. im südlichen Oberrheingraben.
Wissenswertes: ⨄. Ähnlich: Schmalblättrige Spornblume, *C. angustifolius* (MILL.) DC.:
Blütenstand schirmförmig-scheindoldig, ziemlich dicht; Blüten rosarot; Sporn 3–4 mm lang;
Stengel einfach oder verzweigt; Blätter grund-
und am Stengel gegenständig, sitzend, 3–10 cm
lang, 2–4 mm breit, schmal-lineal, blaugrün,
ganzrandig. Heimat: Westliches Mittelmeergebiet; vereinzelt bis zum Genfer See und in den
südlichen Schweizer Jura.

Gewöhnlicher Feldsalat

Valerianella locusta (L.) LATERRADE
Baldriangewächse *Valerianaceae*

Beschreibung: Zahlreiche Blüten stehen in einem wiederholt gabelig verzweigten Gesamtblütenstand am Ende des Stengels; Einzelblütenstände scheindoldig-kopfig. Kelch zur Blütezeit 2–3zähnig (Zähne um 0,1 mm lang, Lupe!). Krone bis auf etwa $\frac{1}{2}$ ihrer Länge in 5 Zipfel gespalten; Kronzipfel stieltellerartig ausgebreitet, eiförmig; Kronsaum 1–2 mm im Durchmesser (ausgebreitet gemessen), blaßblau; Früchte seitlich abgeflacht, eirundlich, spitzlich, mit Längsrille, unreif runzelig. Stengel gabelig verzweigt, kantig. Blätter gegenständig, die unteren länglich bis spatelig, die oberen schmal verkehrteiförmig, hellgrün (Kultursorten dunkelgrün). April–Mai. 10–25 cm.

Vorkommen: Braucht Lehmboden. Besiedelt Äcker und Lücken in mageren Wiesen. Im Tiefland westlich der Elbe selten, gebietsweise fehlend, östlich von ihr zerstreut. Fehlt in den Mittelgebirgen und in den Teilen des Alpenvorlands, in denen Sandböden vorherrschen. Sonst zerstreut. Steigt in den Alpen bis etwa zur Ackerbaugrenze.

Wissenswertes: ⊙. Seit der Jung-Steinzeit als Salatpflanze angebaut. – Ähnlich: *V. carinata* LOISEL.: Frucht 4kantig. Weinbaugebiet. – *V. coronata* (L.) DC.: Fruchtkelch aus 6 spreizenden, spitzen Zähnchen. Selten eingeschleppt. – *V. eriocarpa* DESV.: Fruchtkelch glockig, aufrecht. Vom Mittelrhein bis zum Regen; vereinzelt. – *V. dentata* (L.) POLLICH: Fruchtkelch 5zähnig (1 Zahn besonders groß), schmal, aufrecht; Blattgrund oft fiedrig gezähnt. Auf Lehmböden zerstreut. – *V. rimosa* BAST.: Frucht fast kugelig. Alpenvorland; zerstreut, nördlich davon selten. (Deutsche Namen siehe Tafel.)

Arznei-Baldrian

Valeriana officinalis L.
Baldriangewächse *Valerianaceae*

Beschreibung: Zahlreiche Blüten stehen in einem endständigen, halbkugelig-schirmförmigen, scheindoldigen Blütenstand; zuweilen stehen kleinere, gleichartige Blütenstände in den Achseln der oberen Blätter. Krone bis auf etwa $\frac{1}{3}$ ihrer Länge in 5 Zipfel geteilt; Kronzipfel schüsselförmig ausgebreitet; Kronsaum 2–4,5 mm im Durchmesser (ausgebreitet gemessen). Knospe rosa, aufgeblüht weißlich. Stengel meist kahl, mit 4–12 Blattpaaren und grundständiger Blattrosette. Blätter unpaarig gefiedert, 11–23 Teilblättchen; mittlere Stengelblätter mit 7–9 Teilblättchen, diese 2–7 cm lang, 0,5–1,2 cm breit, lanzettlich, gezähnt, etwas an der Blattspindel herablaufend, unterseits schütter borstig behaart. Juli–August. 0,7–1,5 m.

Vorkommen: Braucht Lehm- oder Tonboden, der zeitweise feucht sein sollte. Besiedelt lichte Stellen in Wäldern, nasse Wiesen, Gräben und Ufer. Häufig. Steigt in den Alpen bis etwa zur Baumgrenze.

Wissenswertes: ♃; (☠). Enthält Valepotriate, geringe Mengen von Alkaloiden und ätherisches Öl. Heilpflanze, in großen Mengen schwach giftig. – *V. officinalis* L. wird mit *V. pratensis* DIERB. (Mittlere Stengelblätter mit 6–8 Fiederblattpaaren, meist kahl, ganzrandig; Hoch- bis Mittelrhein, Moselgebiet; selten), mit *V. procurrens* WALLR. (Mittlere Stengelblätter mit 4–7 Fiederblattpaaren, behaart; tiefer gelegene Lehmgebiete, zerstreut), mit *V. sambucifolia* MIKAN f. (Mittlere Stengelblätter 2–4 Fiederblattpaare, kahl, südliche Lehmgebiete; zerstreut) und mit *V. wallrothii* KREYER (8–12 Fiederblattpaare; südliche Lehmgebiete; zerstreut) zur Sammelart *V. officinalis* agg. zusammengefaßt.

Sumpf-Baldrian

Valeriana dioica L.
Baldriangewächse *Valerianaceae*

Beschreibung: Zahlreiche Blüten stehen in einem Gesamtblütenstand, der aus 1–5 doldig-halbkugeligen bis schirmartigen, dichten Teilblütenständen besteht, die am Ende des Stengels angeordnet sind. Männliche und weibliche Blüten stehen auf verschiedenen Individuen (= Pflanze 2häusig); männliche Blüten etwa 3 mm lang, zumindest in der Knospe meist rosa und auch aufgeblüht oft rosa überhaucht; Krone der weiblichen Blüten kaum 2 mm lang, meist rein weiß oder nur am Eingang zur Kronröhre leicht rosa überlaufen; Krone etwa auf $\frac{1}{2}$ ihrer Länge in 5 eiförmig-rundliche Zipfel geteilt, männliche Blüten 3–5 mm, weibliche 2–4 mm im Durchmesser (ausgebreitet gemessen). Stengel aufrecht, kahl, mit 1–5 Blattpaaren und grundständigen Blättern. Grundblätter breit-eiförmig bis rundlich, lang gestielt; Blattspreiten 0,7–3 cm lang, 0,5–2,5 cm breit, ganzrandig oder unregelmäßig und entfernt gezähnt; Stengelblätter gegenständig, unpaarig gefiedert, mit 2–4 Paaren lanzettlich-linealer Seitenfiedern und einem oft beträchtlich größeren Endblättchen; dieses schmal-eiförmig, ganzrandig oder unregelmäßig gezähnt, am Rande und am Grund schütter kurzhaarig; übrige Seitenfiedern und Grundblätter kahl. Mai–Juni. 10–20 cm.

Vorkommen: Braucht – wenigstens zeitweise – nassen, torfigen oder lehmig-tonigen Boden. Besiedelt Flachmoore, Sumpfwiesen, Gräben, Ufer und Naßstellen in Wäldern. Fehlt in Sandgebieten kleineren, im Tiefland westlich der Elbe größeren Gebieten; sonst zerstreut. Steigt bis etwa zur Laubwaldgrenze.

Wissenswertes: ♃. Enthält vergleichbare Wirkstoffe wie der Arznei-Baldrian, jedoch in geringerer Menge.

Zwerg-Baldrian

Valeriana supina ARD.
Baldriangewächse *Valerianaceae*

Beschreibung: 8–30 Blüten (sehr selten mehr oder weniger) stehen in einem kopfartig-scheindoldigen, dichten, endständigen Blütenstand, der von lanzettlichen Hochblättern umgeben wird. Blüten männlich oder zwittrig; Kronen 3,5–5 mm lang, zumindest im Knospenstadium rosa, auch aufgeblüht meist rosa überhaucht oder rosa, bis auf etwa $\frac{1}{2}$ ihrer Länge in 5 zungenförmige Zipfel geteilt, die schüsselförmig flach ausgebreitet sind; Blüten 3,5–5 mm im Durchmesser (ausgebreitet gemessen). Stengel aufsteigend oder aufrecht, sehr kurz anliegend behaart (Lupe! Haare nur um 0,2 mm lang!), mit nur 1–2 Blattpaaren und grundständigen Blättern. Grundblätter sehr kurz gestielt; Spreite eiförmig bis rundlich, 0,7–1,5 cm lang, 0,5–1 cm breit, ganzrandig, rasch in den Stiel verschmälert, praktisch kahl; Stengelblätter kleiner, schmal-eiförmig, am Rande meist deutlich, wenn auch sehr kurz und oft schütter behaart (Haare um 0,2 mm lang! Lupe!). Die Pflanze besitzt ein kriechendes Rhizom, aus dem zahlreiche Triebe sprossen, so daß sie locker-rasig wächst. Juli–August. 5–15 cm.

Vorkommen: Besiedelt ruhenden, feinerdereichen, durchsickerten, kalk- oder dolomithaltigen Felsschutt, geht auch in Schneetälchen. Kommt nur in den Ostalpen von der Steiermark westwärts bis nach Graubünden vor, fehlt in Ober- und Niederösterreich; selten; bevorzugt Höhen zwischen etwa 1500–2700 m.

Wissenswertes: ♃. Gilt seiner Wuchsform wegen (Rhizom, das den Schutt durchkriecht) als „Schuttwanderer". – Ähnlich: *V. saliunca* ALL.: Spreiten der Grundblätter 1–4 cm lang, 0,5–1 cm breit, dichthorstig. Kalkfelsschutt; Südtirol, Westalpen; selten.

Zwerg-Baldrian
Valeriana supina

Sumpf-Baldrian
Valeriana dioica

Feldsalat, *Valerianella,* Früchte

Gezähnter F.
V. dentata

Gewöhnlicher F.
V. locusta

Bekrönter F.
V. coronata

Arznei-Baldrian
Valeriana officinalis

Gewöhnlicher Feldsalat
Valerianella locusta

Gefurchter F.
V. rimosa

Wollfrüchtiger F.
V. eriocarpa

Gekielter Feldsalat
V. carinata

501

Echter Speik

Valeriana celtica L.
Baldriangewächse *Valerianaceae*

Beschreibung: Die Blüten stehen – mäßig zahlreich – in 2–6 übereinander angeordneten, schein-halbquirligen Teilblütenständen am Ende des Stengels, wobei die unteren Teilblütenstände in der Regel gestielt sind, wohingegen die oberen meist sitzen. Blütenkrone 2–3 mm lang, bis auf etwa $\frac{1}{3}$ ihrer Länge in 5 zungenförmig- bis schmal-eiförmige Zipfel geteilt, die schüsselförmig flach ausgebreitet sind; Kronsaum 1,5–3 mm im Durchmesser (ausgebreitet gemessen), gelblich, gegen die Zipfelspitzen trüb weinrot bis bräunlich überlaufen. Stengel am Rhizom von hellen Blattscheidenresten umhüllt, aufrecht, kahl, mit 1–2 Blattpaaren. Blätter gegenständig und grundständig. Grundblätter 1–7 cm lang, 0,1–1,2 cm breit, sehr schmal eiförmig, mit 3 oder 5 parallelen Nerven (s. ssp. *norica*, unten), ganzrandig, allmählich in den undeutlichen Stiel verschmälert, kahl; Stengelblätter gegenständig, kleiner und schmäler als die Grundblätter, fast lineal, ganzrandig, kahl. Juni–August. 5–15 cm.

Vorkommen: Braucht flachgründigen, meist kalkarmen, humos-steinigen Boden. Besiedelt lückige, felsige Rasen und Matten in schattigen Lagen. Bevorzugt in Höhen zwischen etwa 2000–3300 m; selten.

Wissenswertes: ⊥; ▽. Enthält im Rhizom und in den Wurzeln ätherisches Öl und Valepotriate; alte Heilpflanze. – In Mitteleuropa kommen 2 Unterarten vor: Ssp. *celtica*: Blätter 1–8 mm breit; Cottische, Grajische und Penninische Alpen. – Ssp. *norica* VIERH.: Blätter 0,3–1,2 cm breit, 5 parallele Nerven; vom Dachstein und den südlichen Tauern ostwärts. Eine weitere, ebenfalls als Unterart angesehene Sippe soll im montenegrinischen Gebirge vorkommen.

Ostalpen-Baldrian

Valeriana elongata JACQ.
Baldriangewächse *Valerianaceae*

Beschreibung: Die Blüten stehen – mäßig zahlreich – in einem zusammengesetzt-traubigen Gesamtblütenstand, wobei die traubigen Teilblütenstände in 2–6 „Stockwerken" relativ locker übereinander angeordnet sind; die obersten Blüten am Stengelende sind oft sehr kurz gestielt oder sitzen praktisch. Blütenkrone 2–3 mm lang, bis auf etwa $\frac{1}{3}$ ihrer Länge in 5 zungenförmige bis schmal-eiförmige Zipfel geteilt, die sehr flach schüsselförmig ausgebreitet sind; Kronsaum 1,5–3 mm im Durchmesser (ausgebreitet gemessen), braunrosa, grünbraun verblühend. Stengel aufrecht, unverzweigt (abgesehen vom Blütenstand), gefurcht, kahl, mit 1–2 Blattpaaren. Blätter gegenständig und grundständig. Grundblätter lang gestielt; Stiel 0,5–2 cm lang, deutlich von der Blattspreite abgesetzt; Blattspreite 2–5 cm lang, 1–2,5 cm breit, meist ganzrandig oder undeutlich gekerbt bis flachbuchtig; Stengelblätter gegenständig, mit breitem, fast herzförmigem Grund sitzend oder sehr kurz gestielt, eiförmig bis 3eckig, ganzrandig oder stumpf und grob gezähnt, zuweilen dadurch fast spießförmig, vor allem die Blätter des obersten Paares erheblich kleiner als die Grundblätter. Juni–August. 5–25 cm.

Vorkommen: Braucht kalkreichen oder dolomithaltigen Untergrund, der steinig-flachgründig, feinerdereich oder humos sein sollte. Besiedelt ruhenden Felsschutt und Felsspalten. In den Nördlichen Kalkalpen vom Toten Gebirge ostwärts bis zum Hochschwab und dem Wiener Schneeberg, sowie von den Karawanken bis in die Dolomiten und die Sarntaler Alpen; bevorzugt Höhen zwischen 1700–2200 m; selten.

Wissenswertes: ⊥. Typische Ostalpenpflanze.

Echter Speik
Valeriana celtica

Dreiblättriger Baldrian
Valeriana tripteris

Ostalpen-Baldrian
Valeriana elongata

Felsen-Baldrian
Valeriana saxatilis

Dreiblättriger Baldrian

Valeriana tripteris L.
Baldriangewächse *Valerianaceae*

Beschreibung: Die Blüten stehen – zahl-reich und ziemlich dicht – in einem endständi-gen, schirmförmigen bis leicht gewölbten, scheindoldigen Blütenstand am Ende des Sten-gels, gelegentlich auch noch in gleichartigen Teil-blütenständen, die – lang gestielt – den Achseln des obersten Blattpaares entspringen. Blütenkro-ne 4–6 mm lang, bis auf etwa $\frac{1}{3}$ ihrer Länge in 5 zungenförmige bis schmal-eiförmige Zipfel ge-teilt, die weitglockig flach ausgebreitet sind; Blü-ten 3–5 mm im Durchmesser (ausgebreitet ge-messen), weiß oder hellrosa. Stengel aufrecht, unverzweigt (den Blütenstandsbereich ausge-nommen), markerfüllt, unterhalb der Blattan-satzstellen oft – wenn auch sehr kurz – behaart, sonst kahl, rund, höchstens undeutlich gefurcht, mit 2–3 Blattpaaren. Blätter gegenständig oder grundständig. Grundblätter langstielig; Stiel 2–4 cm lang; ihre Spreite herz- oder herz-eiför-mig, 2–4 cm lang, 1,5–3 cm breit, entfernt und unregelmäßig grob gezähnt; Stengelblätter ge-genständig, unterste eiförmig, kurz gestielt, bis 2 cm lang, die übrigen ungleich 3teilig und grob gezähnt, die obersten zuweilen mit ganzrandi-gen, linealen oder sehr schmal lanzettlichen Teil-blättchen. April–August. 10–60 cm.
Vorkommen: Braucht durchsickerten, stei-nigen, basenreichen Untergrund. Besiedelt Schutthalden, und zwar sowohl in offenem Ge-lände als auch in Hangwäldern. Schwäbischer und Schweizer Jura, Südschwarzwald und ge-birgsnahes Alpenvorland zerstreut, Alpen örtlich häufig, sonst zerstreut; von Tallagen bis etwa 2500 m.
Wissenswertes: ♃. Formenreiche, aber kaum in Unterarten zu gliedernde Art.

Felsen-Baldrian

Valeriana saxatilis L.
Baldriangewächse *Valerianaceae*

Beschreibung: Die Blüten stehen – zu ver-hältnismäßig wenigen – in einem doldenartigen, endständigen und eventuell in weiteren 2 oder 4 kleineren, gleichartigen seitenständigen Teilblü-tenständen. Blütenkrone 2–4 mm lang, bis auf et-wa $\frac{1}{2}$ ihrer Länge in 5 zungenförmige Zipfel ge-teilt, die weitglockig ausgebreitet sind; Kron-saum 2–4 mm im Durchmesser (ausgebreitet gemessen), weiß; oft finden sich in den Blüten-ständen neben zwittrigen Blüten auch männliche oder weibliche, wobei die weiblichen in der Re-gel deutlich kleiner als die übrigen bleiben. Sten-gel aufrecht, blattlos oder mit nur 1 Blattpaar un-terhalb des Blütenstands, zart wirkend. Blätter gegenständig oder grundständig; Grundblätter sehr lang gestielt; Stiel 2–5 cm lang; Blattspreite 1–4,5 cm lang, 0,7–3,5 cm breit, eiförmig bis spa-telig-lanzettlich, am Grund sehr allmählich in den langen Stiel verschmälert, vorne breit abge-stumpft oder verschmälert-stumpflich, mit meist 3, selten mit 5 parallelen Nerven, ganzrandig oder undeutlich und weitbuchtig gezähnt. Dem Rhizom entspringt oft nur 1 Stengel, der an sei-ner Basis einen Schopf faseriger Reste vorjähri-ger Blätter trägt. Mai–September. 10–30 cm.
Vorkommen: Braucht feinerdereichen oder humosen, steinig-schuttigen Untergrund aus Kalk oder Dolomit; besiedelt Schutthalden, geht auch in Felsspalten. In den Nördlichen und Südlichen Kalkalpen östlich einer gedachten Li-nie, die etwa vom Vierwaldstätter See zum Lago Maggiore führt, bevorzugt in Höhen zwischen et-wa 1200–2500 m; selten.
Wissenswertes: ♃. Selten können herab-geschwemmte Exemplare im Alpenvorland län-gerfristig Fuß fassen.

Berg-Baldrian

Valeriana montana L.
Baldriangewächse *Valerianaceae*

Beschreibung: Die Blüten stehen – zahlreich und ziemlich dicht – in einem endständigen, schirmförmigen bis leicht gewölbten, scheindoldigen Blütenstand am Ende des Stengels und oft auch noch in gleichartigen, etwas kleineren Teilblütenständen, die – lang gestielt – den Achseln des obersten oder der beiden obersten Blattpaare entspringen. Blütenkrone 4–6 mm lang, bis auf etwa $\frac{1}{2}$ ihrer Länge in 5 zungenförmige bis schmal-eiförmige Zipfel geteilt, die weitglockig flach ausgebreitet sind; Blüten 3–5 mm im Durchmesser (ausgebreitet gemessen), rosa, weißlich und rosa bzw. lila überhaucht, seltener rein weiß. Stengel hohl (Unterscheidungsmerkmal gegenüber dem Dreiblättrigen Baldrian), kahl oder – rückwärts gerichtet – kurzhaarig (Haare nur um 0,3 mm lang! Lupe!), unterhalb der Knoten oft dicht flaumig, mit 3–8 Blattpaaren. Blätter gegenständig oder grundständig. Grundblätter 2–5 cm lang gestielt; Spreite 2–6 cm lang, 1,5–4 cm breit, am Grund plötzlich in den Blattstiel verschmälert oder abgestutzt, ganzrandig oder undeutlich gezähnt, am Rand kurz, aber ziemlich dicht behaart (Haare um 0,4 mm lang!), dunkelgrün; Stengelblätter gegenständig, ungeteilt, ganzrandig oder deutlich gezähnt. April–Juli. 20–60 cm.

Vorkommen: Braucht durchsickerten, feinerdereichen oder humosen, kalkreichen Boden. Besiedelt mäßig bewegten oder ruhenden Felsschutt im offenen Gelände und in ziemlich dichten Wäldern. Alpenvorland, Schweizer Jura, Kalkalpen, zerstreut, örtlich häufig; bevorzugt Höhen zwischen etwa 500–2000 m.

Wissenswertes: ♃. Die Behaarungsdichte nimmt nach Westen ab.

Schlitzblättrige Karde

Dipsacus laciniatus L.
Kardengewächse *Dipsacaceae*

Beschreibung: Zahlreiche Blüten stehen in einem eiförmig-zylindrischen Blütenstand, der 5–8 cm lang und 3–4,5 cm dick werden kann; durch die lang ausgezogenen, aber etwas biegsamen Spitzen der vielen Spreublätter erhält er sein stacheliges, kardentypisches Aussehen. Am Grund des Blütenstandes befinden sich ziemlich viele Hüllblätter, die kürzer als der Blütenstand, aber länger als die Blüten sind; sie sind am Rand borstig bewimpert und höchstens auf ihrem Mittelnerv oder am Rand leicht stachelig. Kelch röhrig-4kantig, mit benachbarten Kelchen wabenartig verwachsen, ganzrandig oder gezähnt. Blütenkrone röhrig, 1–1,3 cm lang, auf etwa $\frac{4}{5}$ ihrer Länge in 4 – etwas ungleiche – Zipfel geteilt, weiß oder sehr blaß lila oder blaßrosa. Stengel aufrecht, kantig, an den Kanten stachelig, in der oberen Hälfte verzweigt. Grundständige Blätter kurz gestielt, schmal verkehrt-eiförmig, fiederlappig oder ungleich gekerbt. Stengelblätter gegenständig, mit breitem Grund miteinander paarweise verwachsen und ein weittrichteriges Becken bildend, im Umriß länglich, leierförmig-fiederlappig oder fiederspaltig, mit unregelmäßig zerteilten Zipfeln, am Rande borstig gewimpert, sonst schütter borstig, unterseits auf dem Mittelnerv stachelig. Juli–August. 0,5–1,8 m.

Vorkommen: Braucht stickstoffsalzreichen, eher feuchten, kalkhaltigen Lehm- oder Tonboden. Besiedelt Ödland, Wege, Raine und Waldränder. Vereinzelt in tieferen Lagen (Täler) der Mittelgebirge und des Alpenvorlandes, am Genfer See und am Alpensüdfuß.

Wissenswertes: ☉. Die Blüten werden von langrüsseligen Hummeln und von Schmetterlingen bestäubt.

Wilde Karde

Dipsacus fullonum L.
Kardengewächse *Dipsacaceae*

Beschreibung: Zahlreiche Blüten stehen in einem eiförmig-zylindrischen Blütenstand, der 3–8 cm lang und 2,5–4,5 cm dick werden kann; durch die lang ausgezogenen, aber etwas biegsamen Spitzen der vielen Spreublätter erhält er sein stacheliges, kardentypisches Aussehen. Am Grunde des Blütenstands befinden sich einige Hüllblätter; sie sind sehr schmal lanzettlich bis schmal-lineal, die längsten von ihnen werden länger als der Blütenstand und sind bogig nach oben gekrümmt; zumindest die längeren von ihnen sind am Rand und am Mittelnerv etwas bestachelt, die kürzeren besitzen eine stechende Spitze, sind randlich bewimpert, zuweilen tragen sie einzelne Stacheln. Kelch röhrig-4kantig, mit benachbarten Kelchen wabenartig verwachsen. Blütenkrone röhrig, 0,8–1 cm lang, auf etwa $\frac{4}{5}$ ihrer Länge in 4 – etwas ungleiche – Zipfel geteilt, lila, sehr selten weißlich. Stengel aufrecht, gerillt-kantig, im oberen Teil verzweigt, mit 1–5 mm langen Stacheln. Grundständige Blätter kurz gestielt, eiförmig bis lanzettlich, gezähnt, bis 30 cm lang, am Rand kurz bewimpert. Stengelblätter gegenständig, am Grunde tütenförmig miteinander paarweise verwachsen, lanzettlich, gezähnt oder ganzrandig, kahl. Juli–August. 0,5–1,8 m.

Vorkommen: Braucht stickstoffsalzreichen, kalkhaltigen Lehm- oder Tonboden. Besiedelt Ödland, Raine, Wege und Waldränder; fehlt im Tiefland und in den Sandgebieten weitgehend; sonst zerstreut, oft in kleineren Beständen. Geht bis etwa 1000 m.

Wissenswertes: ☉. Ähnlich: Weber-Karde (*D. sativus* (L.) HONCKENY): Spreublätter an der Spitze rückwärts gekrümmt; Hüllblätter senkrecht abstehend. Selten verwildert.

Behaarte Karde

Dipsacus pilosus L.
Kardengewächse *Dipsacaceae*

Beschreibung: Zahlreiche Blüten stehen in einem nahezu kugeligen Blütenstand, der 2–2,5 cm im Durchmesser erreicht und der vor dem Aufblühen nickt; Spreublätter so lang wie die Blüten, kurz behaart. Hüllblätter wenig länger als die Blüten, anliegend. Kelch röhrig-4kantig. Blütenkrone röhrig, 5–8 mm lang, auf etwa $\frac{1}{5}$ ihrer Länge in 4 Zipfel geteilt, gelblich-weiß; Staubbeutel schwarzviolett. Stengel aufrecht, kantig, gefurcht, dünnstachelig, borstig behaart, zuweilen fast kahl, im Blütenstandsbereich verzweigt. Grundständige Blätter lang gestielt, eiförmig, gezähnt, randlich bewimpert, auf der Spreite schütter behaart; Stengelblätter gegenständig, kurz gestielt, an der Basis kaum verwachsen, ungeteilt oder basisnah mit 1 Paar fiederartiger Abschnitte, randlich kurz bewimpert, sonst kahl. Juli–August. 0,6–1,2 m.

Vorkommen: Braucht feuchten, nährsalzreichen, humosen Lehm- oder Tonboden. Besiedelt Auenwälder und Ufergebüsche. Fehlt in den Gebieten mit Sandböden und im Tiefland westlich der Elbe ganz oder gebietsweise, sonst selten, geht kaum über 1000 m.

Wissenswertes: ☉. Ähnlich: Schlanke Karde (*D. strigosus* WILLD. ex ROEM. & SCHULT.): Köpfe kugelig, 2,5–4 cm dick; Spreublätter länger als die blaßgelben Blüten. Selten eingeschleppt. – Alpen-Schuppenkopf (*Cephalaria alpina* (L.) SCHRAD. ex ROEM. & SCHULT.): Pflanze stachellos, Stengelblätter bis fast zum Mittelnerv fiederteilig. Westalpen, Schweizer Jura; selten. – Siebenbürger Schuppenkopf (*C. transsylvanica* (L.) SCHRAD. ex ROEM. & SCHULT.): Spreublätter spitz; Stengelblätter leierförmig-fiederteilig. Österreich; eingeschleppt.

Berg-Baldrian
Valeriana montana

Behaarte Karde
Dipsacus pilosus

Schlitzblättrige Karde
Dipsacus laciniatus

Wilde Karde
Dipsacus fullonum

Wiesen-Witwenblume

Knautia arvensis (L.) COULT. s. str.
Kardengewächse *Dipsacaceae*

Beschreibung: Blütenstand schirmartig-kopfig, 3–4 cm im Durchmesser; Hüllblätter lanzettlich, 1–2 cm lang, am Rand borstig bewimpert. Kelch mit meist 8 Borsten, die um 3 mm lang werden. Krone 1,2–1,8 cm lang, lila, rot- oder hell blauviolett, 4zipflig, wobei an den Randblüten die zungenförmige, vorn spatelig abgestutzte „Unterlippe" deutlich länger ist als die übrigen Zipfel; an den Blüten, die in der Mitte des Köpfchens stehen, ist die Ungleichheit der Zipfel kaum ausgeprägt. Stengel aufrecht, einfach oder verzweigt, vor allem im oberen Stengelabschnitt ziemlich dicht abstehend behaart. Grundblätter zur Blütezeit oft vergilbt. Stengelblätter gegenständig, untere gestielt, lanzettlich, ganzrandig, gezähnt, oft fiederteilig, schütter behaart; mittlere und obere Blätter sitzend, fiederteilig, jederseits mit meist 3–6 Abschnitten. Juli–August. 30–80 cm.

Vorkommen: Braucht basenreichen, aber nur mäßig stickstoffsalzhaltigen, trockenen Lehmboden. Besiedelt trockene Fettwiesen und Raine, gelegentlich Halbtrockenrasen. Fehlt im Tiefland westlich der Elbe und am Niederrhein kleineren Gebieten, sonst häufig. Steigt bis etwa zur Ackerbaugrenze.

Wissenswertes: ♃. Die Beschreibung trifft auf die spp. *arvensis* zu; ssp. *pannonica* (HEUFF.) O. SCHWARZ: Stengelblätter reich und tief geteilt, Blüten lila; Österreich; zerstreut. – *K. arvensis* wird mit Kitaibels Witwenblume (*K. kitaibelii* (SCHULT.) BORB.: Blüten gelblich; Österreich; selten) und mit der Purpur-Witwenblume (*K. purpurea* (VILL.) BORB.: Blüten purpurn; Stengelblätter mit 4–8 Fiederpaaren; Wallis, Genfer See; Alpensüdfuß; selten) zur Sammelart *K. arvensis* agg. vereint.

Ungarische Witwenblume

Knautia drymeia HEUFF.
Kardengewächse *Dipsacaceae*

Beschreibung: Blütenstand schirmartig-kopfig, 1,5–3 cm im Durchmesser; Hüllblätter schmal-eiförmig bis lanzettlich, auf den Spreiten kurz flaumig, am Rand gewimpert. Kelch mit 8–16 Borsten. Krone 0,6–1 cm lang, hell purpurviolett bis rosa, 4zipflig, wobei auch an den Randblüten die „Unterlippe" meist nur wenig vergrößert ist (Unterschied zu den übrigen mitteleuropäischen Arten der Gattung); an den Blüten, die in der Mitte des Köpfchens stehen, ist die Ungleichheit der Zipfel noch weniger ausgeprägt. Stengel einfach oder verzweigt, am Grund aufgebogen, dann aufrecht, seitlich aus der grundständigen Blattrosette entspringend (aus der Achsel eines vorjähriges Blattes, nie aus der Mitte der Rosette; Rosette bleibt erhalten und wächst von Jahr zu Jahr weiter); Haare in der unteren Stengelhälfte ebenso fein wie die an den Rändern der Hüllblätter und auf den Blattspreiten. Grundständige Blätter – oft nur undeutlich – gestielt, breit-eiförmig bis lanzettlich. Stengelblätter gegenständig, die unteren verschmälert sitzend, breit-lanzettlich, die oberen mit fast herzförmigem Grund sitzend, alle – oft etwas unregelmäßig – gekerbt-gezähnt, beidseits mehr oder weniger dicht behaart. Mai–September. 20–80 cm.

Vorkommen: Braucht nährstoffreiche, eher feuchte Böden in warmen, gleichwohl halbschattigen Lagen. Besiedelt Laubwälder und Gebüsche; Südalpenfuß, Ostalpen; zerstreut; Oberösterreich selten.

Wissenswertes: ♃. Mehrere Unterarten. – Ähnlich: Kärntner Witwenblume (*K. carinthiaca* EHREND.): Blüten blaßlila; obere Stengelblätter fiederteilig; Blätter unterseits grauwollig. Kärnten; selten.

Gewöhnlicher Teufelsabbiß
Succisa pratensis

Wiesen-Witwenblume
Knautia arvensis

Wald-Witwenblume
Knautia dipsacifolia

Ungarische Witwenblume
Knautia drymeia

Wald-Witwenblume

Knautia dipsacifolia KREUTZ.
Kardengewächse *Dipsacaceae*

Beschreibung: Blütenstand schirmartig-kopfig, 2,5–4 cm im Durchmesser; Hüllblätter lanzettlich, kürzer oder kaum länger als die randlichen Blüten, randlich sehr lang und ziemlich regelmäßig gewimpert. Kelch mit meist 8 Borsten, die 2–3 mm lang werden. Krone 1,2–1,8 cm lang, rotviolett oder blauviolett, 4zipflig, wobei an den Randblüten die zungenförmige, vorn spatelig abgestutzte „Unterlippe" deutlich länger ist als die übrigen Zipfel; an den Blüten, die in der Mitte des Köpfchens stehen, ist die Ungleichheit der Zipfel kaum ausgeprägt; Staubbeutel blaulila. Stengel aus der Mitte der Blattrosette entspringend, aufrecht, einfach oder verzweigt, vor allem unten mit derben, senkrecht oder leicht rückwärts abstehenden langen Borstenhaaren (selten sind nur wenige dieser Haare vorhanden, andererseits finden sie sich oft – und ziemlich dicht – auch in der oberen Stengelhälfte). Alle Blätter ungeteilt; Grundblätter und untere Stengelblätter gestielt, breit-lanzettlich, etwas unregelmäßig kerbig-gezähnt; Stengelblätter gegenständig, obere ungestielt, sitzend, lanzettlich, oberste oft undeutlich kerbig-gezähnt und sehr schmal. Juni–September. 0,3–1 m.

Vorkommen: Braucht feuchten, nährstoff- und mullreichen, steinigen Boden. Besiedelt Bergwälder, geht auch in Auenwälder. In den Mittelgebirgen nördlich der Mainlinie nur sehr selten, südlich von ihr zerstreut, in den Alpen bis etwa zur Waldgrenze.

Wissenswertes: ⳇ. Ssp. *dipsacifolia*: Alle Blätter gekerbt-gezähnt; vorherrschende Sippe. – Ssp. *gracilis* (SZABÓ) EHREND.: Obere Blätter ganzrandig, wenig behaart; Südschwarzwald, Schweiz; selten.

Gewöhnlicher Teufelsabbiß

Succisa pratensis MOENCH
Kardengewächse *Dipsacaceae*

Beschreibung: Blütenstand kopfig, halbkugelig bis halbeiförmig, 1,5–2,5 cm im Durchmesser; Hüllblätter schmal-lanzettlich, in 2 Reihen angeordnet, abstehend, mindestens so lang bis oft doppelt so lang wie die Blüten, am Rand – im spitzennahen Teil oft nur schütter – bewimpert und anliegend kurz behaart. Blütenstandsboden mit lanzettlichen, nicht stechenden Spreublättern besetzt, die die 1 mm langen, schwarzen Kelchborsten deutlich überragen; die Spreublätter sind an noch nicht aufgeblühten Köpfchen besonders gut zu sehen. Blütenkrone 4–7 mm lang, lila bis dunkel blauviolett, etwas ungleich 4zipflig, auch bei den Randblüten „Unterlippe" nicht vergrößert, alle Blüten eines Köpfchens also praktisch gleich. Stengel aufrecht, im oberen Teil meist verzweigt und hier dicht und anliegend kurzhaarig, in der unteren Stengelhälfte oft kahl. Grundständige Blätter gestielt, schmal-eiförmig bis breit-lanzettlich, ungeteilt, meist ganzrandig, behaart oder kahl; Stengelblätter gegenständig, sitzend, sonst ähnlich wie die Grundblätter, nur kleiner. Juli–September. 15–80 cm.

Vorkommen: Braucht – mindestens zeitweise – feuchten, stickstoffsalzarmen, humosen Lehm- oder Tonboden, geht aber auch auf moorig-torfigen Untergrund. Besiedelt Flachmoore, Sumpfwiesen, ungedüngte Wiesen an sickerfeuchten Berghängen. Zerstreut, gleichwohl überall kleineren Gebieten fehlend. Steigt bis etwa zur Laubwaldgrenze.

Wissenswertes: ⳇ. Alte Heilpflanze, die Gerbstoffe, Scabiosid (Glykosid) und Saponine enthält. Der Gattungsname bezieht sich auf das Rhizom, das am „alten" Ende abstirbt und deswegen „abgebissen" aussieht.

Teufelsabbiß *Succisella*
Skabiose *Scabiosa*

Östlicher Teufelsabbiß

*Succisella inflexa (*KLUK) BECK
Kardengewächse *Dipsacaceae*

Beschreibung: Blütenstand kopfig, halbkugelig bis kugelig, 1–2 cm im Durchmesser;
Hüllblätter lanzettlich, in 2 Reihen angeordnet,
deutlich dem Köpfchen anliegend, kürzer als die
Blüten, am Rand nur sehr kurz bewimpert, sonst
kahl. Blütenboden mit schmal-eiförmigen, mäßig
spitzen Spreublättern besetzt, die deutlich kürzer
bleiben als die Blütenkronen; Kelch undeutlich,
borstenlos. Blütenkrone 4–5 mm lang, lila, etwas
ungleich 4zipflig, auch bei den Randblüten „Unterlippe" nicht vergrößert, alle Blüten eines Köpfchens also praktisch gleich. Stengel aufrecht, im
oberen Teil meist verzweigt und hier sehr kurz
und anliegend behaart, sonst kahl. Grundständige Blätter gestielt, eiförmig bis lanzettlich, ungeteilt und meist ganzrandig, in der Regel kahl;
Stengelblätter gegenständig, zumindest die oberen eindeutig sitzend, in der Form und Randaus-
prägung wie die Grundblätter, nur deutlich kleiner. Juni–September. 20–80 cm.

Vorkommen: Braucht – zumindest zeitweise – feuchten, torfig-moorigen, kalkarmen
Boden. Besiedelt den Rand von Röhrichten und
extensiv genutzte Streuwiesen, Flach- und Zwischenmoore, geht auch in Gräben. Hauptverbreitung: Südosteuropa. Erreicht in Sachsen und
Oberösterreich die Nordwestgrenze seines Verbreitungsgebiets; vereinzelt – und meist unbeständig – in Ober- und Niederbayern; in Österreich
reich selten, nach Osten kaum häufiger. Sehr selten am Alpensüdfuß, vereinzelt im Französischen Jura.

Wissenswertes: ⚴. Die Unterschiede
(Kelch kaum ausgebildet und borstenlos, andere
Früchte) gegenüber der Gattung *Succisa*, in die
die Art früher gestellt wurde, sind gering.

Graue Skabiose

Scabiosa canescens W. & K.
Kardengewächse *Dipsacaceae*

Beschreibung: Blütenstände schirmartig-
kopfig, 1,5–2,5 cm im Durchmesser; Hüllblätter
$\frac{1}{3}$–$\frac{1}{2}$ so lang wie die Randblüten, schmal-eiförmig
bis lanzettlich, nur kurz zugespitzt, praktisch
kahl. Blütenstandsboden mit kleinen, nicht stechenden Spreublättern besetzt. Außenkelch häutig, um 1 mm hoch; Kelch mit 5 Borsten, die nur
etwa 1,5 mm lang werden. Krone der Randblüten
1–1,5 cm lang, die der inneren Blüten kaum halb
so lang, hell blauviolett, 5zipflig, wobei der „Mittellappen der Unterlippe" an den Randblüten
deutlich länger ist, als es die übrigen Zipfel sind;
an den mittelständigen Blüten ist die Ungleichheit der Zipfel wenig ausgeprägt. Stengel aufrecht, einfach oder verzweigt, unterhalb der Blütenköpfchen kurz (Haare kaum 0,5 mm lang),
rückwärts gerichtet und anliegend behaart, sonst
kahl. Grundständige Blätter ungeteilt, ganzrandig, lanzettlich, sehr allmählich in den Blattstiel
verschmälert, kahl oder nur am Rand des Blattstiels etwas behaart. Stengelblätter gegenständig,
unterstes Paar in Form und Aufteilung wie die
Grundblätter, übrige 1fach fiederteilig, mit sehr
schmalen (1,5–4 mm), lineal-pfriemlichen Zipfeln, oberstes Blattpaar (zuweilen auch die 2 oberen Blattpaare) viel kleiner und oft ungeteilt, alle
praktisch kahl. Juli–Oktober. 20–50 cm.

Vorkommen: Braucht kalkhaltigen, sandigen Lehmboden oder Löß. Besiedelt Trockenrasen und -gebüsche. Zwischen Neckar und Main,
Kaiserstuhl, Harzvorland, Mittlerer Main, Lech-
auen: sehr selten; in den östlichen Bundesländern und in Österreich selten.

Wissenswertes: ⚴. Ähnlich: Grasblättrige
Skabiose (*S. graminifolia* L.): Blätter grasartig.
Südalpen: selten.

Gelbe Skabiose

Scabiosa ochroleuca L.
Kardengewächse *Dipsacaceae*

Beschreibung: Blütenstand schirmartig-kopfig, 1,5–3,5 cm im Durchmesser; Hüllblätter meist in 2 Reihen, 2 halb so lang bis 1,2mal so lang wie die Randblüten, schmal-lanzettlich, am Rande mit sehr kurzen Haaren (Haare um 0,1 mm lang, Lupe!). Kelch mit 5, im Knospenstadium oft rötlichen Borsten, die 3–5 mm lang werden. Blütenkrone der randständigen Blüten 1–1,8 cm lang, hellgelb, 5zipflig, wobei an den Randblüten der zungenförmige, vorn spatelig abgestutzte „Mittellappen der Unterlippe" deutlich länger ist als die übrigen Zipfel; an den mittelständigen Blüten ist die Ungleichheit der Zipfel kaum ausgeprägt. Stengel meist verzweigt, in der unteren Hälfte oft behaart, zuweilen praktisch kahl. Grundständige Blätter in der Regel fiederteilig mit erheblich größerem, oft im Umriß eiförmig-lanzettlichen Endblättchen, am Rande und (unterseits) auf den Nerven meist deutlich behaart, sonst auch kahl; Stengelblätter gegenständig, unterstes Paar ähnlich in Aufteilung und Form wie die Grundblätter, übrige 1–2fach fiederteilig, mit sehr schmalen Zipfeln (0,5–2 mm breit; auch Endzipfel kaum breiter als die Seitenzipfel). Juli–Oktober. 20–60 cm.

Vorkommen: Braucht trockenen, kalkhaltigen, sandig-lehmigen Boden, geht auch auf Löß. Besiedelt Halbtrockenrasen und Raine. Hauptverbreitung im südlichen Osteuropa, in Mitteleuropa an der Westgrenze ihrer Verbreitung. Vereinzelt am Südrand des Taunus, in den östlichen Bundesländern Deutschlands und Österreichs selten, in der Schweiz gelegentlich eingeschleppt und meist unbeständig.

Wissenswertes: ⌖. Weitere gelbblühende Arten in Südosteuropa.

Tauben-Skabiose

Scabiosa columbaria L.
Kardengewächse *Dipsacaceae*

Beschreibung: Blütenstand schirmartig-kopfig, 2–3,5 cm im Durchmesser; Hüllblätter schmal-lanzettlich, 0,5–1,2 cm lang. Kelch mit 5 dunkelbraunen bis schwarzen Borsten, die 3–5 mm lang werden. Krone der Randblüten 1–1,8 cm lang, lila, rotviolett bis blauviolett, 5zipflig; zungenförmiger, vorn spatelig abgestutzter „Mittelzipfel der Unterlippe" deutlich länger als die übrigen Zipfel; an den mittelständigen Blüten ist die Ungleichheit der Zipfel kaum ausgeprägt. Stengel aufrecht, meist mehrfach verzweigt, oberwärts sehr kurz schütter und anliegend behaart, in der unteren Hälfte oft kahl. Grundständige Blätter meist ungeteilt, kerbig gezähnt; Zähne nach vorne gerichtet, unterseits auf den Nerven kurz behaart, sonst oft kahl. Stengelblätter gegenständig, mittlere 1–2fach fiederteilig. Zipfel 1–3 mm breit; Endzipfel der mittleren Blätter höchstens doppelt so breit wie die seitlichen Zipfel. Juni–Oktober. 20–70 cm.

Vorkommen: Braucht mageren, trockenen, kalkhaltigen Lehm- oder Lößboden. Besiedelt Halbtrockenrasen und Trockenstellen in Flachmooren, selten magere Wirtschaftswiesen. Im Tiefland westlich der Weser vereinzelt, östlich von ihr am Unterlauf der Ströme, selten; sonst in den Kalkgebieten zerstreut, in den Silikatgebieten vereinzelt oder fehlend.

Wissenswertes: ⌖. *S. columbaria* L. wird u. a. mit *S. gramuntia* L. (Kelchborsten hellbraun, mittlere Stengelblätter 2–3fach fiederteilig, Zipfel kaum 2 mm breit; Südalpen, selten) und mit *S. lucida* VILL. (Kelchborsten 4–8 mm lang, Blätter fast kahl; Südalpen, südlicher Schweizer Jura, selten) zur Sammelart *S. columbaria* agg. zusammengefaßt.

Graue Skabiose
Scabiosa canescens

Östlicher Teufelsabbiß
Succisella inflexa

Gelbe Skabiose
Scabiosa ochroleuca

Tauben-Skabiose
Scabiosa columbaria

513

Liguster *Ligustrum*
Flieder *Syringa*
Forsythie *Forsythia*
Esche *Fraxinus*

Rainweiden-Liguster

Ligustrum vulgare L.
Ölbaumgewächse *Oleaceae*

Beschreibung: Zahlreiche Blüten stehen in endständigen, aufrechten kleinen und dichten Rispen, die 3–7 cm lang und 2–4 cm dick werden. Kelch ringförmig-kurzröhrig, kaum 1 mm lang, mit 4 sehr undeutlichen Zipfeln. Krone trichterig, mit 4 eiförmigen, mäßig spitzen bis breit-lanzettlichen Zipfeln, cremeweiß bis weiß, stark und süßlich duftend. Frucht eine kugelige Beere, die 5–8 mm im Durchmesser erreicht. Strauch, selten niedriges Bäumchen. Zweige kahl, olivgrün bis bräunlich, mit warzig erhabenen, beigefarbenen Lentizellen. Blätter gegenständig, kurz gestielt, sommergrün, aber zuweilen erst im Frühjahr abfallend, lanzettlich bis breit-lanzettlich, kahl, ganzrandig. Juni–Juli. 1–5 m.

Vorkommen: Braucht kalkhaltigen, lockeren, steinigen Lehmboden oder lehmigen Ton. Besiedelt Feldgehölze oder Waldränder. Fehlt im Tiefland und in den Mittelgebirgen mit kalkfreien Gesteinen bzw. kommt dort nur vereinzelt oder angepflanzt vor. Sonst zerstreut. Steigt bis über 1200 m.

Wissenswertes: ♄; (☠). Liguster wird häufig als Zierhecke gepflanzt. Er braucht kaum Pflege und wächst – bei regelmäßigem Schnitt – sehr dicht. Dichte Hecken bieten in Gärten Nistgelegenheiten für Vögel, z.B. für Hänflinge. Andererseits gilt der Liguster als problematisch, weil zumindest seine Beeren, vielleicht auch andere Pflanzenteile, giftig sein sollen. Todesfälle nach dem Genuß der Beeren werden aus dem 19. Jahrhundert berichtet. Merkwürdigerweise ist über Inhaltsstoffe nichts Genaues bekannt. Preßsaft aus Rinde oder Blättern reizt die Haut. – Ähnlich: Immergrüner Liguster (*L. ovalifolium* Hassk.): Blätter größer, wintergrün. Zierpflanze.

Gewöhnlicher Flieder

Syringa vulgaris L.
Ölbaumgewächse *Oleaceae*

Beschreibung: Zahlreiche Blüten stehen in endständigen, aufrechten Rispen, die 7–20 cm lang und 5–12 cm dick werden. Kelch kurzröhrig, um 2 mm lang, unregelmäßig kurz 4zipflig. Blütenkrone 1–1,5 cm lang, mit einer um 5–7 mm langen, engen Röhre und 4 eiförmigen, vorne abgestumpften, 5–7 mm langen Zipfeln, verwaschen blau, blau- oder rotviolett, seltener weiß oder rein blau. Duft meist kräftig. Frucht eine 2fächrige, vorne spitz zulaufende Kapsel, die 1–1,5 cm lang wird. Strauch, selten niedriger Baum. Zweige rundlich, glatt. Knospen eiförmig, mit gekielten, olivgrünen und dann braunrandigen bzw. gänzlich braunen Schuppen. Blätter gegenständig, 2–3 cm lang gestielt; Spreite 5–12 cm lang, breit 3eckig-eiförmig, am Grund etwas herzförmig oder abgerundet, seltener undeutlich verschmälert, vorne lang und ziemlich spitz zulaufend, kahl, dicklich-kräftig, oben grün, unten abgestumpft grün. April–Mai. 0,3–10 m.

Vorkommen: Zierpflanze, die wahrscheinlich im 16. Jahrhundert aus Südosteuropa eingeführt wurde und die zwischenzeitlich vielerorts bleibend verwildert ist, vor allem auf kalkreichen, felsigen Hängen.

Wissenswertes: ♄. Vom Gewöhnlichen Flieder gibt es rund 800 Gartenformen, die sich vor allem in der Blütenfärbung und -füllung voneinander unterscheiden. Dies ist insofern bemerkenswert, als man erst um 1875 mit der „Zucht" begonnen hat. Flieder kann in Gärten lästig werden, weil er stark wurzelt und aus Wurzeln häufig Schößlinge austreibt. Wegen seines ausgedehnten Wurzelwerks vermag er sich auch auf sehr felsigen, trockenen Standorten gut zu halten.

Hänge-Forsythie
Forsythia suspensa

Gewöhnliche Esche
Fraxinus excelsior

Gewöhnlicher Flieder
Syringa vulgaris

Rainweiden-Liguster
Ligustrum vulgare

Hänge-Forsythie

Forsythia suspensa (Thunb.) Vahl
Ölbaumgewächse *Oleaceae*

Beschreibung: Blüten 0,5–2 cm lang gestielt, zu 1–3 in den Achseln der mittleren und
oberen Blätter an den Zweigen. Kelch bis fast
zum Grunde in 4 Zipfel geteilt, 4–8 mm lang, lanzettlich. Blütenkrone 2–3 cm lang, goldgelb, unten mit einer sich nur wenig trichterig weitenden,
5–7 mm langen Kronröhre; Kronzipfel 4, breit li-
neal-zungenförmig, 1,5–2,2 cm lang. Frucht eine
Kapsel. Niedriger Zierstrauch. Zweige im Alter
oft überhängend, im Bereich der Spitze hohl (gutes Kennzeichen! Andere Arten und die meisten
Bastarde haben ein gekammertes Mark!). Blätter
gegenständig, meist ungeteilt und lanzettlich, zuweilen an der Basis undeutlich 3teilig-fieder-
schnittig, gezähnt. März–April. 1–3 m.

Vorkommen: Zierpflanze, die um 1885 aus
japanischen Gärten nach Mitteleuropa gebracht
worden war und seither in mehreren Sorten vielfach gepflanzt wird. Neben dieser Art werden –
seltener – auch andere Arten bzw. Bastarde angepflanzt. Selten und meist nur unbeständig siedlungsnah verwildert.

Wissenswertes: ♄. Neben *F. suspensa* spielt
die Grüne Forsythie (*F. viridissima* Lindl.), die
am aufrechten Wuchs der markigen Zweige
kenntlich ist, eine Rolle als Zierpflanze. Neuerdings sind die meisten der im Handel angebo-
tenen Forsythien Bastarde zwischen beiden Arten. Sie werden als Hybrid-Forsythie (*F. × intermedia* Zab.) gehandelt. Innerhalb dieses
Formenkreises gibt es triploide und tetraploide
Gartensorten, die sich entweder durch Reichblü-
tigkeit oder durch große Einzelblüten auszeichnen. – Die Gattung wurde zu Ehren des englischen Botanikers William A. Forsyth
(1737–1804) benannt.

Gewöhnliche Esche

Fraxinus excelsior L.
Ölbaumgewächse *Oleaceae*

Beschreibung: Baum. Blüten vor den Blättern erscheinend. Blüten ohne Kelch und ohne
Blütenkrone. Blüten stehen in anfangs aufrechten, später etwas überhängenden Rispen; sie sind
meist zwittrig, seltener nur männlich; auch Zwei-
häusigkeit kommt gelegentlich vor. Staubbeutel
zunächst intensiv weinrot, nach dem Aufplatzen
mit schwefelgelbem Pollen überpudert und
schwärzlich verschrumpelnd. Früchte in überhängenden, dichten Rispen, 1samig, lang geflügelt; Flügel 3–4 cm lang und 5–9 mm breit. Krone bei freistehenden Exemplaren kugelig, im
dichten Stand eiförmig. Stamm mit längsrissiger
Borke. 1jährige Zweige grüngrau, mit länglichen,
gelblich-beigen Lentizellen. Knospen mützen-
bis pyramidenförmig, tiefschwarz und dadurch
auffallend (sicheres Kennzeichen!). Blätter gegenständig, unpaarig gefiedert. Stiel 5–10 cm
lang, Spreite 25–35 cm lang, mit 4–7 Paaren von
Teilblättchen; diese sind schmal-eiförmig bis lanzettlich, 2–7 cm lang und 1–3 cm breit, fein gezähnt, oberseits kahl, unterseits auf den Mittel-
nerven kraushaarig. Mai. 25–40 m.

Vorkommen: Braucht feuchten, gut durchlüfteten, nährstoffreichen Boden in Lagen mit
hoher Luftfeuchtigkeit. Erfriert bei Spätfrösten!
Häufig, aber nur selten in reinen Beständen.
Steigt im Gebirge nur vereinzelt über etwa
1500 m.

Wissenswertes: ♄. Ähnlich: Blumen-
Esche (*Fraxinus ornus* L.): 2 oder 4 Kronblattzipfel, 0,8–1,5 cm lang, 2–4 mm breit, an der Basis
verwachsen. Knospen graufilzig. Blätter mit 5–9
eiförmigen Teilblättchen. Laubmischwälder am
Alpensüdfuß, sonst nur vereinzelt forstlich gepflanzt.

Fieberkleegewächse *Menyanthaceae* ▶

Fieberklee *Menyanthes*
Seekanne *Nymphoides*

Enziangewächse *Gentianaceae* ▶

Bitterling *Blackstonia*
Fadenenzian *Cicendia*

Fieberklee

Menyanthes trifoliata L.
Fieberkleegewächse *Menyanthaceae*

Beschreibung: 5–15 Blüten (sehr selten auch mehr) stehen in einer ziemlich dichten Traube. Tragblätter fehlend oder kurz und eiförmig. Blütenstiele 0,5–1 cm lang. Kelch nur an der Basis verwachsen. Kelchzipfel 2–4 mm lang, schmal-eiförmig, am Rand und an der abgestumpften Spitze oft rötlich überlaufen. Blütenkrone außen meist rötlich, innen verwaschen rosa oder weiß, an der weitröhrigen Basis auf 4–7 mm Länge verwachsen; Kronzipfel frei, Krone 1–1,8 cm im Durchmesser (ausgebreitet gemessen), Zipfel schmal-eiförmig, mit kleinem, aufgesetzten Spitzchen und – im Mittelbereich – auf der Innenseite lang fransig-bärtig. Der Stengel ist als Rhizom ausgebildet, das im Schlamm kriecht, 1–1,5 cm dick wird, Schuppenblätter trägt und an dem die 3teiligen Blätter wechselständig auf langen, am Grund scheidigen Stielen stehen. Teilblättchen eiförmig, im oberen Drittel – oft undeutlich – kerbig, sonst ganzrandig, oft stumpf gelblich-olivgrün. Mai–Juli. 15–30 cm.

Vorkommen: Braucht kalkarmen, moorigen, aber nicht allzu nährstoffarmen Boden. Besiedelt Flachmoore, Quellsümpfe, geht aber auch in Schlenken der Hoch- und Zwischenmoore. Im Tiefland, im Alpenvorland und in den höheren Mittelgebirgen mit kalkarmem oder kalkfreiem Gestein in Mooren zerstreut und oft in individuenreichen, dichten Beständen. Sonst selten und größeren Gebieten fehlend, doch selbst an vereinzelten Standorten meist bestandsbildend. Steigt im Gebirge vereinzelt über etwa 2000 m.

Wissenswertes: ♃; ▽. Enthält Bitterstoffglykoside und Gerbstoffe. Früher als Heilpflanze und noch heute vereinzelt in Likörzusätzen verwendet.

Seekanne

Nymphoides peltata (S. G. GMEL.) O. KUNTZE
Fieberkleegewächse *Menyanthaceae*

Beschreibung: Die Blüten stehen büschelig-doldig zu 2–5 in den Achseln der Blätter und ragen nur wenig aus dem Wasser heraus. Blütenstiele 3–10 cm lang (in den einzelnen Blütenständen ungleich lang). Kelch nur an der Basis verwachsen. Kelchzipfel länglich-lanzettlich, 5–9 mm lang. Blütenkrone tief geteilt, goldgelb, 5zipflig, Zipfel eiförmig, am Rande kurz gewimpert-gezähnt, im Schlund bärtig; Krone (ausgebreitet gemessen) 2–3 cm im Durchmesser. Der Hauptstengel ist als Rhizom ausgebildet, das im Schlamm kriecht, Schuppenblätter trägt und von dem lange, runde Seitenzweige abgehen, an denen die meisten Blätter stehen. Blätter wechselständig, oft fast gegenständig, ihre Spreite auf der Wasseroberfläche schwimmend, sehr breit eiförmig bis rundlich, mit herzförmiger Bucht dem Stiel ansitzend, ledrig, ganzrandig oder wellig geschweift, oberseits dunkelgrün, glänzend, unterseits graugrün oder rötlich überlaufen, drüsig punktiert. Blattstiel am Grunde scheidig verbreitert. Juli–September. Rhizom 0,8–1,5 m lang.

Vorkommen: Braucht stehende oder langsam fließende, sommerwarme und nährstoffreiche Gewässer, die um 1 m tief sein und Schlammboden besitzen sollten. Am nördlichen Oberrhein, am Mittel- und Niederrhein, am Unterlauf von Weser und Elbe, vereinzelt an der Donau bei Regensburg, in Mecklenburg, Brandenburg, Sachsen und Sachsen-Anhalt, in Niederösterreich und im Burgenland; in der Schweiz wohl nur ausgewildert und unbeständig im Gebiet des Genfer Sees.

Wissenswertes: ♃. Die Samen sind schwimmfähig. Möglicherweise werden sie auch durch Wasservögel verschleppt.

Durchwachsener Bitterling

Blackstonia perfoliata agg.
Enziangewächse *Gentianaceae*

Beschreibung: Wenige Blüten stehen in einem endständigen, doldig-rispigen Blütenstand. Blütenstiele 0,5–3 cm, selten länger. Kelch bis fast zum Grund 6–8zipflig. Kelchzipfel schmal-lanzettlich bis lineal, 8–12 mm lang. Blütenkrone gelb, nur an der Basis zu einer weitglockigen Röhre verwachsen und dann in 6–8 Kronzipfel zerspalten, 1–1,5 cm lang, 1,5–2,5 cm im Durchmesser (ausgebreitet gemessen). Kapsel eiförmig, um 1 cm lang, 5–7 mm dick. Stengel aufrecht, im Blütenstandsbereich verästelt, kahl, wie die Blätter bläulich bereift, rund. Blätter 3ekkig-eiförmig, 0,5–3 cm lang, gegenständig, an der Stengelbasis oft rosettig genähert, am Stengel sitzend, gegen die Ansatzstelle deutlich verschmälert, an ihr mit dem gegenüberstehenden Blatt verwachsen (sicheres Kennzeichen!). Juni–September. 10–40 cm.

Vorkommen: Braucht kalkhaltigen, wechselfeuchten Lehm- oder Tonboden. Besiedelt Zwergbinsen-Bestände und in Halbtrockenrasen Stellen, an denen Hangdruckwasser austritt. Selten am Oberrhein, im Schweizer Mittelland und im Schweizer Jura sowie in Niederösterreich und im Burgenland; vereinzelt am Mittelrhein.

Wissenswertes: ☉. Innerhalb der Sammelart werden 2 Kleinarten unterschieden: Durchwachsener Bitterling (*B. perfoliata* (L.) Huds.): Blütenstiele um 1 cm lang; Kelchzipfel kürzer als die Kronblattzipfel; Stengelblätter an der Basis wenig verschmälert. Häufigere Rasse. – Später Bitterling (*B. acuminata* (Koch & Ziz) Domin): Blütenstiele länger als 1,5 cm; Kelchzipfel so lang wie die Kronblattzipfel. Stengelblätter an der Basis deutlich verschmälert. Südlicher Oberrhein, Genfer See. Sehr selten.

Fadenenzian

Cicendia filiformis (L.) Delarbre
Enziangewächse *Gentianaceae*

Beschreibung: Wenige Blüten stehen in einem lockeren, sparrigen Blütenstand am Ende des Stengels und der oberen Zweige. Kelch weitglockig, nur an der Basis verwachsen. 4 3eckiglanzettliche Kelchzipfel, die an der Basis 2–4 mm breit werden und sich dann rasch verschmälern; Mittelrippe der Kelchzipfel auffallend kräftig. Blütenkrone 3–6 mm lang, gelb, in der unteren Hälfte weitglockig verwachsen, in der oberen Hälfte in 4 Zipfel zerteilt, die weittrichterig abstehen, 0,6–1 cm im Durchmesser (ausgebreitet gemessen). Nach dem Verblühen drehen sich die Kronzipfel über der Kapsel zusammen. Frucht eine rundlich-eiförmige Kapsel von 4–5 mm Länge und 3–4 mm Dicke. Stengel aufrecht, auffallend dünn, einfach oder vom Grunde an verästelt; Äste am Ende meist nicht mehr verzweigt und daher nur mit 1 Blüte, selten mit 1–2 1blütigen Seitenästen. Blätter gegenständig, ganzrandig, die untersten länglich bis schmal-eiförmig, rosettig genähert, die oberen fast lineal und nur wenige mm lang. Juli–Oktober. 1–15 cm.

Vorkommen: Braucht kalkarmen, mäßig nährstoffreichen, torfigen oder lehmdurchmischten Sandboden, der feucht und nur lückig bewachsen sein sollte. Besiedelt Vernässungsstellen auf Wegen, vor allem in Heidegebieten. Vereinzelt im Einzugsgebiet des Mains und des Niederrheins, sehr selten zwischen den Unterläufen von Ems und Elbe, in Brandenburg an Havel und Prignitz; in Mecklenburg selten. Fehlt in Österreich und in der Schweiz.

Wissenswertes: ☉. Der Fadenenzian hat die meisten seiner Standorte durch Bodenverbesserungsmaßnahmen und Düngung in den letzten Jahrzehnten verloren.

Fieberklee
Menyanthes trifoliata

Durchwachsener Bitterling
Blackstonia perfoliata

Fadenenzian
Cicendia filiformis

Seekanne
Nymphoides peltata

Ästiges Tausendgüldenkraut

Centaurium pulchellum (Sw.) DRUCE
Enziangewächse *Gentianaceae*

Beschreibung: Mehrere Blüten stehen in einem mäßig dichten Blütenstand am Ende des Stengels; bei sehr schwachen Exemplaren kommen auch Einzelblüten vor. Alle Blüten sind deutlich, wenn auch in der Regel nur wenige mm lang gestielt. Kelch nur im untersten Viertel seiner Länge verwachsen, sonst in lineal-lanzettliche Zipfel zerspalten, die an der Mittelrippe meist etwas gekielt sind. Blütenkrone 0,7–1,3 cm lang, tief lila bis rosa; Blütenröhre 3–5 mm lang; Krone oben in 5 schmal-eiförmige Zipfel zerspalten, die flach rad-stieltellerförmig abstehen; Kronzipfel vorne gelegentlich leicht eingekerbt-ausgerandet. Frucht eine walzliche Kapsel, die 0,7–1 cm lang und 3–4 mm dick wird. Stengel meist vom Grunde an gabelig verästelt, selten nur einfach, 4kantig; Äste meist sparrig-aufrecht. Blätter gegenständig, ungestielt, am Grunde des Stengels nicht rosettig gehäuft, eiförmig bis breit-eiförmig. Grundblätter stumpflich, mittlere und obere Stengelblätter spitz zulaufend, aber dann oft leicht abgestumpft. Juni–Oktober. 2–15 cm.

Vorkommen: Braucht lehmig-tonigen, nährstoffreichen und kalkhaltigen, verdichteten, wechselfeuchten oder nassen Boden in offenem Gelände. Besiedelt Vernässungsstellen auf Wegen, geht aber auch auf Trittstellen an Ufern und Stränden; wenig kochsalzempfindlich. An den Küsten von Nord- und Ostsee zerstreut, sonst in den Kalk- und Lehmgebieten selten und meist nur in individuenarmen, lockeren Beständen. Steigt im Gebirge kaum über 1000 m.

Wissenswertes: ☉. Exemplare dieser Art öffnen ihre Blüten erst bei Vormittagstemperaturen um 20 °C und schließen sie am frühen Abend bei Temperaturen um 25 °C.

Echtes Tausendgüldenkraut

Centaurium erythraea RAFN
Enziangewächse *Gentianaceae*

Beschreibung: Mehrere oder zahlreiche Blüten stehen in zunächst dichten, später lockeren, gabelig-scheindoldigen Blütenständen am Ende des Stengels und seiner Äste. Die in der „Gabel" befindlichen Blüten sitzen oder sind nur sehr kurz gestielt. Kelch beim Aufblühen nur halb so lang wie die Kronröhre, nur im untersten Viertel seiner Länge verwachsen, sonst in lineal-pfriemliche Zipfel zerspalten. Blütenkrone 1,5–2 cm lang, rosa bis blaßrosa. Blütenröhre 1–1,5 cm lang; Krone oben in 5 eiförmige Zipfel zerspalten, die flach rad-stieltellerförmig abstehen; Kronzipfel vorne abgerundet. Stengel nur in der oberen Hälfte verzweigt, sonst einfach, aufrecht, 4kantig. Untere Blätter in einer Rosette, eiförmig; mittlere Stengelblätter schmal-eiförmig, obere lanzettlich-lineal. Juli–September. 10–40 cm.

Vorkommen: Braucht lehmig-tonigen, basenreichen, aber eher stickstoffsalzarmen, eher trockenen als feuchten Boden in halbschattigen Lagen. Besiedelt Waldlichtungen, Ränder von Waldwegen und trockene Gebüsche, seltener Trockenrasen. Fehlt in Gegenden mit Sandböden oder ist dort sehr selten; sonst zerstreut, aber meist nur in sehr lockeren und individuenarmen Beständen. Steigt im Gebirge kaum über etwa 1400 m.

Wissenswertes: ☉; ▽. Enthält mehrere Bitterstoffe. Ihretwegen wurde und wird die Pflanze zu Heilzwecken und als Bittermittel in Schnäpsen verwendet. Sie enthält indessen wesentlich geringere Wirkstoffmengen als z. B. der Gelbe Enzian. – Die Blüten öffnen sich erst am späten Vormittag und schließen sich schon früh am Nachmittag wieder.

**Echtes
Tausendgüldenkraut**
Centaurium erythraea

**Strand-
Tausendgüldenkraut**
Centaurium littorale

Ästiges Tausendgüldenkraut
Centaurium pulchellum

Sumpfenzian
Swertia perennis

521

Strand-Tausendgüldenkraut

Centaurium littorale (TURN.) GILM.
Enziangewächse *Gentianaceae*

Beschreibung: Mehrere oder zahlreiche Blüten stehen in ziemlich dichten, gabelig-scheindoldigen Blütenständen am Ende des Stengels und seiner Äste. Die Blüten sitzen anfänglich oder sind sehr kurz gestielt; die frisch erblühten Scheindolden wirken daher flach; später sind sie unregelmäßiger. Kelch beim Aufblühen so lang wie die Kronröhre, nur im untersten Viertel seiner Länge verwachsen, sonst in lineal-pfriemliche Zipfel zerspalten. Blütenkrone 1,5–2 cm lang, rosa bis blaßrosa. Blütenröhre 1–1,5 cm lang; Kronsaum in 5 eiförmige Zipfel zerspalten, die flach rad-stieltellerförmig abstehen; Kronzipfel vorn abgerundet. Stengel aufrecht, im unteren Drittel unverzweigt, seltener ganz einfach, 4kantig. Untere Blätter in einer Rosette, lanzettlich-abgestumpft; Stengelblätter zungenförmig-lineal, vorne nur wenig spitzlich, meist 3nervig, fleischig wirkend. Juli–Oktober. 5–25 cm.

Vorkommen: Braucht sandig-schlickigen, kochsalzhaltigen, offenen Boden. Besiedelt lückige Rasen an der Küste und an Salzstellen im Binnenland. An der Küste von Nord- und Ostsee zerstreut, aber meist nur in lockeren, individuenarmen Beständen. Im Binnenland nur vereinzelt an Salzquellen, z. B. in Brandenburg, Sachsen-Anhalt, Niederösterreich und im Burgenland. Fehlt in der Schweiz.

Wissenswertes: ⊙. Innerhalb der Art werden meist 2 Unterarten unterschieden: Ssp. *littorale* hat kahle Stengel und Blattränder; sie kommt – wie der Name sagt – nur an der Küste vor; ssp. *uliginosum* (W. & K.) ROTHM. ex MELD. zeichnet sich durch rauhe Stengel und Blattränder aus; ihre Kronzipfel werden 3–6 mm lang. Sie umfaßt die Binnenlandsippen.

Sumpfenzian

Swertia perennis L.
Enziangewächse *Gentianaceae*

Beschreibung: Mehrere Blüten stehen in einer zuweilen pyramidenförmigen, mäßig aufgedrungenen oder verlängert-lockeren Traube oder – häufiger – Rispe am Ende des Stengels. Blüten kurz gestielt. Blütenstiele kantig; Kanten leicht erhaben, im Extrem schwach geflügelt. Kelch nur an der Basis verwachsen und im Hauptteil tief 5spaltig; Kelchzipfel breit-lineal bis schmal-lanzettlich. Blütenkrone nur an der Basis verwachsen und hier eine meist undeutliche Kronröhre bildend. Krone fast gänzlich in 5, selten in nur 4 Zipfel zerspalten; Kronzipfel schmal-lanzettlich, zugespitzt, im Grundton weißlich bis trübviolett, mit tief schmutzig-violetter bis schwarzvioletter Aderung und strichartiger Fleckung, stieltellerförmig flach ausgebreitet, Blüte daher 2–3 cm im Durchmesser (ausgebreitet gemessen). Frucht eine eiförmige Kapsel, die um 1 cm lang und 6–7 mm dick wird. Stengel aufrecht, kantig, einfach, meist braunviolett überlaufen. Blätter gegenständig, schmal-eiförmig bis lanzettlich, die oberen etwas schmäler und spitzer als die unteren. Juli–September. 15–60 cm.

Vorkommen: Braucht basenreichen, oft kalkhaltigen Flachmoorboden, der auch im Sommer nie austrocknen sollte. Besiedelt Flach- und Quellmoore, vorwiegend in den Kalkalpen und im Alpenvorland; hier selten, doch oft in individuenreichen, lockeren Beständen; vereinzelt im Südschwarzwald, im südwestlichen Schwäbischen und im Schweizer Jura sowie in den Randgebirgen des Böhmisch-Mährischen Beckens, in Brandenburg und in Mecklenburg. Steigt im Gebirge kaum über 1500 m.

Wissenswertes: ♃; ▽. Vorkommen der Art außerhalb der Alpen dürfen als Eiszeitrelikte angesehen werden.

Tauernblümchen

Lomatogonium carinthiacum (WULF.) RCHB.
Enziangewächse *Gentianaceae*

Beschreibung: Blüten einzeln am Ende des Stengels und der Zweigchen. Sehr selten kommen unverzweigte Pflänzchen mit nur 1 Blüte vor; meist indessen sind mehrere, ja sogar zahlreiche Blüten an jeder Pflanze vorhanden. Blütenstiele lang, 4kantig. Kelch nur an der Basis verwachsen und im Hauptteil tief-5spaltig (sehr selten auch nur 4spaltig). Krone blaßblau, gelegentlich fast weißlich, an der Basis nur zu einer undeutlich ausgebildeten „Röhre" verwachsen, 1,2–2 cm im Durchmesser (ausgebreitet gemessen). Kronzipfel bis fast zur Basis eingeschnitten, schüsselförmig-flach abstehend, eiförmig, an der Spitze stumpflich oder undeutlich spitz, etwas hohl. Narben sitzen dem Fruchtknoten direkt auf und laufen an seinen Nähten herab (Lupe!). Stengel aufrecht, meist vom Grunde an reich verzweigt, kantig, kahl. Grundständige Blätter kurz gestielt, eiförmig-lanzettlich, vorne mehr oder minder abgestumpft, nicht rosettig angeordnet. Stengelblätter gegenständig, schmal-eiförmig, vorne eher spitzlich, sitzend. August–Oktober. 2–12 cm.

Vorkommen: Braucht steinig-lockeren Lehm- oder Tonboden, der nicht zu trocken und zu nährstoffarm sein sollte. Besiedelt lückige, alpine Rasen, geht aber auch an flache Ufer von alpinen Bächen. Kommt vereinzelt bei Saas Fee, am St. Bernardino, im Kanton Glarus, im Averstal, am Stilfser Joch, in den Dolomiten und im südlichen Nordtirol vor. In den Salzburger und Kärntner Tauern selten, aber örtlich in kleinen, lockeren Beständen. Bevorzugt Höhen zwischen etwa 1500–2700 m.

Wissenswertes: ☉. Das Tauernblümchen gehört zu den wenigen 1jährigen alpinen Pflanzenarten.

Gelber Enzian

Gentiana lutea L.
Enziangewächse *Gentianaceae*

Beschreibung: In den Achseln der mittleren und oberen Blätter sowie am Stengelende stehen jeweils 3–10 Blüten büschelig-doldig auf runden Blütenstielen, die 1–3 cm lang werden. Kelch an einer Seite fast bis zum Grunde aufgeschlitzt, oben mit 2–6 zahnartig kurzen Zipfeln. Blütenkrone an der Basis verwachsen, tief in 5–6 schmal-lanzettliche, fast lineale, spitze Zipfel zerteilt, die 2,5–3,5 cm lang werden; Blütenkrone (ausgebreitet gemessen) 5–7 cm im Durchmesser. Stengel aufrecht, unverzweigt, rund, 1–2,5 cm im Durchmesser. Blätter gegenständig (gutes Unterscheidungsmerkmal gegen nichtblühende Exemplare des Germers, der wechselständige Blätter besitzt!), bis über 25 cm lang und 5–15 cm breit, unterseits mit dicken, fast parallelen Blattrippen. Juni–August. 0,5–1,2 m.

Vorkommen: Braucht basenreichen, aber nicht unbedingt kalkhaltigen, stickstoffsalzarmen Lehm- oder Tonboden in eher sommerkühlen Lagen. Besiedelt wenig gedüngte Rasen, geht auch ins Latschengebüsch sowie in südexponierte Halbtrockenrasen und Trockengebüsche, dort allerdings an etwas feuchtere Stellen. Vereinzelt in der Rhön, im Taubertal und im südlichen Nordschwarzwald; im Südschwarzwald, in den Hochvogesen, im Schweizer und Schwäbischen Jura zerstreut, desgleichen in den Nördlichen Kalkalpen; in den Zentral- und Südalpen selten. Oft in nennenswerten Beständen. Steigt noch über etwa 2500 m.

Wissenswertes: ♃; ▽. Der Gelbe Enzian enthält mehrere glykosidische Bitterstoffe, darunter das Amarogentin, das besonders bitter schmeckt. Er wird als Heilpflanze und zur Schnapsherstellung verwendet. Durch Sammeln ist er örtlich selten geworden.

Tüpfel-Enzian
Gentiana punctata L.
Enziangewächse *Gentianaceae*

Beschreibung: Die Blüten sitzen zu 1–3 in den Achseln der oberen Blätter und zu mehreren kopfig gehäuft am Ende des Stengels; sie sind also eindeutig ungestielt. Kelch glockig, 0,5–1,2 cm lang, bis etwa auf das unterste Drittel in 5–8, oft ungleiche Zipfel zerspalten, die meist eiförmig-lanzettlich oder lanzettlich-zungenförmig sind und etwas von der Blütenkrone abstehen. Blütenkrone hellgelb, seltener goldgelb, 2,5–4 cm lang, glockenförmig, am Rand bis auf etwa ¾ der Länge in 5–8 breit-zungenförmige, vorne oft ungleichmäßig gekerbt-gezähnte Zipfel zerspalten. Innenseite der Kronzipfel und des glockigen Kronabschnitts reichlich mit schwarzpurpurnen, oft strichförmigen Tüpfeln versehen. Staubbeutel meist zu einer Röhre verklebt. Stengel aufrecht, einfach, undeutlich kantig, hohl. Blätter gegenständig, eiförmig-zugespitzt, 3–7 cm breit und 5–15 cm lang, meist 5nervig, gelegentlich aber mit bis zu 7 deutlichen Nerven, die unteren Blätter gestielt, die oberen sitzend, alle glänzend grün. Juli–September. 20–60 cm.

Vorkommen: Braucht kalkarmen oder kalkfreien, tiefgründigen, nährstoffarmen und nicht zu trockenen Lehmboden. Besiedelt alpine Rasen und lockere Zwergstrauchbestände; bevorzugt Stellen, die im Frühjahr lange schneebedeckt bleiben. In den Kalkalpen selten, in den Zentral- und Südalpen häufig. Fehlt östlich der Linie Salzburg–Bozen fast durchweg. Bevorzugt Höhen zwischen etwa 1400 und 2800 m.

Wissenswertes: ◊; ▽. Der Wurzelstock des Tüpfel-Enzians wird ähnlich wie der des Gelben Enzians arzneilich und zur Schnapsherstellung verwendet, enthält aber Bitterstoffe in geringerer Konzentration.

Purpur-Enzian
Gentiana purpurea L.
Enziangewächse *Gentianaceae*

Beschreibung: Die Blüten sitzen zu 1–3 in den Achseln der oberen Blätter und zu mehreren kopfig gehäuft am Ende des Stengels; sie sind also eindeutig ungestielt. Kelch glockig, 0,5–1,2 cm lang, meist auf einer Seite bis fast zum Grund in 2 ungleiche Zipfel zerspalten. Blütenkrone braun-purpurrot, innen gelblich, 2,5–4 cm lang, glockenförmig, am Rande bis auf fast ⅔ der Länge in 5–8 breit eiförmig-zungenförmige, fast etwas hohle Zipfel zerteilt, die einen in der Regel glatten Rand besitzen. Innenseite der Kronzipfel reichlich mit schwarzpurpurnen, oft strichförmigen Tüpfeln versehen. Staubbeutel meist zu einer Röhre verklebt. Stengel aufrecht, einfach, undeutlich kantig, hohl. Blätter gegenständig, eiförmig-zugespitzt, 3–7 cm breit und 5–15 cm lang, meist 5nervig, sehr selten mit bis zu 7 deutlichen Nerven; die unteren Blätter gestielt, die oberen sitzend, alle glänzend grün. Juli–September. 20–60 cm.

Vorkommen: Braucht kalkarmen oder kalkfreien, feuchten Lehm- oder Tonboden, der indessen nicht ausgesprochen basenarm sein sollte. Besiedelt alpine Rasen und Matten, geht aber auch in Zwergstrauchbestände, in Hochstaudenfluren und ins bachbegleitende Grün-Erlen-Gebüsch. Etwa östlich der Linie Oberstdorf-Landeck–Lugano weitgehend fehlend. Auch westlich davon gebietsweise fehlend oder nur an einzelnen Standorten, aber an ihnen meist in lokkeren, oft individuenreichen Beständen. Bevorzugt Höhen zwischen etwa 1700–2700 m.

Wissenswertes: ◊; ▽. Der Wurzelstock wird wie der des Gelben Enzians arzneilich und zur Schnapsherstellung verwendet, obschon er weniger Bitterstoffe enthält.

Tüpfel-Enzian
Gentiana punctata

Purpur-Enzian
Gentiana purpurea

Tauernblümchen
Lomatogonium carinthiacum

Gelber Enzian
Gentiana lutea

525

Enzian *Gentiana*

Ungarischer Enzian

Gentiana pannonica SCOP.
Enziangewächse *Gentianaceae*

Beschreibung: Die Blüten sitzen zu 2–5, seltener nur einzeln, in den Achseln der oberen Blätter und zu mehreren kopfig gehäuft am Ende des Stengels; sie sind also eindeutig ungestielt. Kelch glockig, 0,6–1,4 cm lang, im oberen Drittel in 5–8 Zipfel zerteilt, die in der Regel nach außen umgebogen sind. Blütenkrone weinrot-violett, innen gelblich, 2,5–5 cm lang, glockenförmig, am Rande bis auf fast $\frac{1}{2}$ der Länge in 5–9 breit-eiförmige, fast etwas hohle Zipfel zerteilt, die einen in der Regel glatten Rand besitzen. Innenseite der Kronzipfel reichlich mit dunkelpurpurnen, oft strichförmigen Tüpfeln versehen. Staubbeutel meist zu einer Röhre verklebt. Stengel aufrecht, einfach, rund oder nur sehr undeutlich kantig, hohl. Blätter gegenständig, die unteren eiförmig, gestielt, die oberen schmal eiförmig-zugespitzt bis lanzettlich, die unteren 5–7nervig, die oberen auch 3nervig, glänzend. August–September. 15–60 cm.

Vorkommen: Braucht kalkarmen oder mäßig kalkhaltigen, humusdurchsetzten Lehm- oder Tonboden, der nicht zu trocken sein sollte. Besiedelt alpine Rasen und extensiv genutzte Weiden. Vereinzelt an den Churfirsten, in den Nördlichen Kalkalpen östlich der Wertach auf deutschem Gebiet sehr selten, in den Nördlichen Kalkalpen Österreichs selten, desgleichen in den Bergamasker Alpen, den Karawanken und in den Julischen Alpen; vereinzelt im Böhmerwald. Bevorzugt Höhen zwischen etwa 1300–2300 m.

Wissenswertes: ♃; ▽. Der Ungarische Enzian ist eine Ostalpenpflanze. Sie wird arzneilich wie der Gelbe Enzian genutzt. Durch unkontrolliertes und übermäßiges Ausgraben sind viele Standorte vernichtet worden.

Schwalbenwurz-Enzian

Gentiana asclepiadea L.
Enziangewächse *Gentianaceae*

Beschreibung: Die Blüten stehen zu 1–3 in den Achseln der oberen Blätter auf sehr kurzen Stielen. Häufig sind die Blüten einseitig angeordnet. Kelch röhrenförmig, mit 5 kurzen, aufgesetzten, schmalen, lineal-lanzettlichen Zipfeln. Blütenkrone engglockig, 3–5 cm lang, dunkelblau, innen mit hellen, fast weißen Längsstreifen und mit eher unauffälligen, violetten Punkten, am Rande bis auf etwa $\frac{3}{4}$ der Länge in 5 Zipfel zerteilt, die breit-3eckig, ausgebreitet oder nach außen gebogen und vorne in eine mehr oder weniger lange Spitze ausgezogen sind; zwischen den Zipfeln der Blütenkrone befindet sich ein stumpfer Zahn, der manchmal fast halb so lang wie die Kronzipfel wird. Staubbeutel zu einer Röhre verklebt. Pflanze mit meist mehreren einfachen, aufrechten oder übergebogenen, dicht beblätterten Stengeln. Blätter gegenständig, seltener allseitswendig, meist ausgeprägt 2zeilig angeordnet, die unteren bis 8 cm lang, nach oben kleiner werdend, 3–5nervig, schmal-lanzettlich, ganzrandig. August–Oktober. 30–90 cm.

Vorkommen: Braucht feuchten, kalkhaltigen, humosen, nährstoffreichen Lehmboden, geht aber auch auf Ton oder in Flachmoortorf. Besiedelt Flachmoore, lichte Nadelwälder, alpine Hochstaudenfluren und bachbegleitende Gebüsche. Vereinzelt im Schweizer und im Schwäbischen Jura; im Alpenvorland und in den Nördlichen und Südlichen Kalkalpen zerstreut, in den Zentralalpen selten und gebietsweise fehlend. Steigt kaum höher als etwa 2200 m.

Wissenswertes; ♃; ▽. Selbstbestäubung spielt wegen des späten Blütezeitpunkts eine wesentliche Rolle, doch werden die Blüten regelmäßig von Hummeln beflogen.

Kreuz-Enzian
Gentiana cruciata

Ungarischer Enzian
Gentiana pannonica

Lungen-Enzian
Gentiana pneumonanthe

Schwalbenwurz-Enzian
Gentiana asclepiadea

Lungen-Enzian

Gentiana pneumonanthe L.
Enziangewächse *Gentianaceae*

Beschreibung: Die Blüten stehen oder sitzen einzeln oder zu wenigen in den Achseln der oberen Blätter oder am Ende des Stengels; Blütenstiele fehlen oder sind kaum 1 cm lang. Kelch engglockig, bis etwa zur halben Länge in 5 schmal-lanzettliche bis lineale Zipfel zerspalten, die aufrecht abstehen oder etwas nach außen gebogen sind. Blütenkrone engglockig, blau, innen mit 5 grün punktierten Streifen (Punkte meist mit ausgeprägtem, hellem Hof), 3,5–5 cm lang, bis auf etwa ¾ der Länge in 5 Zipfel zerteilt; Zipfel breit-3eckig, am Rand meist unregelmäßig kleinzähnig; zwischen den Zipfeln befindet sich ein lappiger, zuweilen auffällig spitz auslaufender Zahn, der indessen selten mehr als ⅓ der Zipfellänge erreicht. Staubbeutel zu einer Röhre verklebt. Stengel aufrecht, meist einfach, stumpfkantig, an der Basis oft verholzt. Blätter gegenständig, die untersten unscheinbar, die mittleren schmal-lanzettlich, die oberen lineal, meist 1nervig, am Rande etwas umgerollt, stumpf, sitzend, ganzrandig. Juli–Oktober. 10–40 cm.

Vorkommen: Braucht torfig-humosen Boden, der kalkhaltig sein kann und feucht sein sollte. Besiedelt Flachmoore, geht auch auf feuchte Stellen in Heiden. Im Tiefland zerstreut, aber gebietsweise fehlend; in den Mittelgebirgen mit kalkarmen oder kalkfreien Gesteinen fehlend, desgleichen großen Gebieten in den Zentral- und Südalpen; im Alpenvorland und in den Mittelgebirgen mit kalkhaltigen Gesteinen selten. Geht kaum über etwa 1200 m.

Wissenswertes: ♃; ▽. Früher wurden Blüten und Wurzeln arzneilich genutzt. Inhaltsstoffe, die dies rechtfertigen könnten, wurden indessen nicht gefunden.

Kreuz-Enzian

Gentiana cruciata L.
Enziangewächse *Gentianaceae*

Beschreibung: Die Blüten stehen oder sitzen zu 1–3 (selten zu mehr) in den Achseln der oberen Blätter und zu mehreren kopfig gehäuft am Ende des Stengels; falls Blütenstiele vorhanden sind (meist nur bei den blattachselständigen Blüten), sind sie nur wenige mm lang. Kelch engglockig, mit 4 kurzen, aufgesetzten, lanzettlich-3eckigen Zipfeln. Blütenkrone dunkelblau, außen oft etwas bräunlich-schmutzig überlaufen, im Schlund heller werdend und dort dunkelblau getupft, 1–2,5 cm lang, am Rand in 4 3eckig-eiförmige Zipfel zerteilt, die weittrichterig abstehen; zwischen den Kronzipfeln befinden sich 1–3 unregelmäßige Zähne. Staubbeutel nicht verklebt. Stengel aufrecht, meist unverzweigt, kantig. Blätter gegenständig, lanzettlich, bis 10 cm lang und 1–3,5 cm breit, meist 3nervig, die mittleren meist länger als die unteren und oberen, ledrig, gelblich-grün oder bläulich-grün, ganzrandig. Juli–Oktober. 10–40 cm.

Vorkommen: Braucht kalkreichen, lockeren, trockenen Lehm- oder Lößboden in sommerwarmer Lage. Besiedelt Halbtrockenrasen, Trockengebüsche und lichte Trockenwälder. Fehlt im Tiefland. In den Mittelgebirgen mit kalkhaltigen Böden sowie in den Nördlichen und Südlichen Kalkalpen selten, aber an seinen Standorten oft in individuenreichen Beständen. Steigt kaum irgendwo über etwa 1500 m.

Wissenswertes: ♃; ▽. Der Kreuz-Enzian hat durch die Umwandlung von Halbtrockenrasen in Fettwiesen viele der Standorte verloren, an denen er noch vor dem 2. Weltkrieg verbreitet angetroffen worden ist. In Trockengebüschen, die regelmäßig von Schafen beweidet werden, hat er sich indessen gehalten.

Enziangewächse *Gentianaceae* ▶

Enzian *Gentiana*

Stengelloser Kiesel-Enzian

Gentiana acaulis L. s. str.
Enziangewächse *Gentianaceae*

Beschreibung: Blüten einzeln am Stengelende. Kelch glockig, bis $\frac{1}{2}$ der Länge in 5 meist stumpfliche Zipfel zerteilt. Blütenkrone glockig, dunkelblau, innen olivgrün gestreift bis gefleckt, 5–6 cm lang, mit breit-3eckigen Zipfeln. Stengel aufrecht, einfach, kantig. Blätter in einer Rosette, am Stengel gegenständig. Rosettenblätter mindestens 3 cm, oft bis 10 cm lang, bei $\frac{1}{3}$ der Blattlänge am breitesten, weich, glatt. Mai–August. 5–10 cm.

Vorkommen: Braucht kalkarmen, feuchten, humosen Lehmboden. Besiedelt alpine Matten, selten lichte Wälder und Gebüsche. Bevorzugt Höhen zwischen etwa 1200–2800 m. Südlicher Schweizer Jura, Alpenvorland, Alpen – vor allem Zentralalpen – zerstreut, örtlich in lockeren, aber individuenreichen Beständen.

Wissenswertes: ♃; ▽. Ähnlich: Stengelloser Kalk-Enzian (*G. clusii* PERR. & SONG): Blütenkrone innen ohne olivgrüne Längsstreifen. Braucht kalkreiche Böden. Alpenvorland, Kalkalpen; auch in Flachmooren. Zerstreut. – Stengelloser Südalpen-Enzian (*G. alpina* VILL.): Blütenkrone innen mit olivgrünen Längsstreifen; Rosettenblätter kürzer als 3 cm, getrocknet runzelig. Nur West- und Südalpen, ostwärts bis ins Tessin und in die Bergamasker Alpen. – Karawanken-Enzian (*G. froelichii* JAN ex RCHB.): Blütenkrone himmelblau, 3–4 cm lang, ohne Punkte oder Streifen. Karawanken; selten. – Steirischer Enzian (*G. frigida* HAENKE): Krone schmutzig hell weißgelb, mit blauen strichförmigen Punkten. Nur Steirische Alpen; selten. – Stengelloser Westalpen-Enzian (*G. angustifolia* VILL.): Rosettenblätter 3–6mal so lang wie breit. Südlicher Schweizer Jura, Südwestalpen; selten.

Niederliegender Enzian

Gentiana prostrata HAENKE
Enziangewächse *Gentianaceae*

Beschreibung: Die Blüten sitzen einzeln am Ende der Stengel oder – falls vorhanden – der Zweige; sie sind oft etwas abgebogen, seltener aufrecht oder nickend. Kelch engröhrig, 0,8–1,5 cm lang, etwa bis $\frac{4}{5}$ der Länge in 5, seltener in 4 lanzettliche Zipfel zerteilt, deutlich kantig, aber nicht geflügelt. Blütenkrone 1–2 cm lang, röhrig, etwa bis $\frac{4}{5}$ der Länge in 5 lanzettliche Zipfel zerteilt, zwischen denen 1 oder 2 Zähne stehen, die in der Form den Zipfeln ähneln, aber etwas kleiner als diese bleiben; Kronzipfel und Zähne spreizen am Ende der Blütenkronröhre weittrichterig oder stieltellerförmig ab. Stengel niederliegend oder aufsteigend, meist einfach, seltener am Grunde mit wenigen Seitenzweigen, kantig. Blätter am Grunde des Stengels zwar dicht gedrängt, aber nicht in einer ausgesprochenen Rosette, gegenständig, schmal-eiförmig, meist 1nervig, am Rand knorpelig, die unteren breiter und kürzer als die oberen, die oberen bis 3mal länger als breit. Juli–August. 2–7 cm.

Vorkommen: Braucht etwas feuchten, kalkhaltigen und nährstoffreichen, humosen Boden, in dem vor allem Stickstoffsalze reichlich enthalten sein sollten. Besiedelt alpine, oft intensiv genutzte Weiden, geht aber auch auf beweidete Matten und häufig auf Stellen, die relativ schneearm bleiben. Fehlt dem deutschen Alpengebiet. In der Schweiz sehr selten in Graubünden; in Österreich selten in Tirol, Kärnten und der Steiermark. Bevorzugt Höhen zwischen etwa 2000 und 2800 m.

Wissenswertes: ☉; ▽. Der Niederliegende Enzian gehört zu den wenigen 1jährigen Arten, die in der alpinen Flora im engeren Sinn vorkommen.

Frühlings-Enzian

Gentiana verna L.
Enziangewächse *Gentianaceae*

Beschreibung: Blüten einzeln am Ende der Stengel. Kelch engröhrig, oft violett-braun überlaufen, 1,5–2 cm lang, an den Kanten schmal geflügelt, auf fast $\frac{2}{3}$ der Länge in 5 Zipfel zerteilt, die spitz zulaufen. Blütenkrone tief und intensiv himmelblau, 2–3 cm lang, engröhrig, in 5 eiförmige Zipfel zerteilt, die flach stieltellerförmig ausgebreitet sind; zwischen den Zipfeln befindet sich ein 2teiliger Zahn mit einer weißen Linie bzw. einem weißen Fleck. Die trichterige Narbe verschließt die Kronröhre nahezu; sie fällt durch ihre weißliche Farbe im Kontrast zum Blau der Kronzipfel besonders auf. Stengel aufrecht, unverzweigt, kantig. Grundblätter in einer Rosette, lanzettlich, meist spitz zulaufend, bis zu 3 cm lang, 2–3mal so lang wie breit, in der Mitte am breitesten. Am Stengel 1–3 Paare gegenständiger Blätter; Stengelblätter schmal-eiförmig, 3–8 mm lang; das oberste Blattpaar sitzt kaum 2–3 mm unterhalb des Kelchs am Stengel an. März–Juni. 3–10 cm.

Vorkommen: Braucht kalkhaltigen, mäßig trockenen, steinigen Lehm- oder Tonboden. Besiedelt Trockenwiesen und Halbtrockenrasen, erträgt Düngung schlecht. Vereinzelt auf Muschelkalk im südwestdeutschen Stufenland; im Schwäbisch-Fränkischen und Schweizer Jura, im Schweizer Mittelland, im Alpenvorland und in den Alpen selten, aber in meist individuenreichen Beständen. Steigt bis etwa 2800 m.

Wissenswertes: ♃; ▽. *Gentiana verna* L. wird mit dem Karst-Enzian (*G. tergestina* (Beck) Fritsch: Kelch deutlich geflügelt; Blätter lanzettlich, unten am breitesten. Kärnten und Steiermark; selten) zur Sammelart *G. verna* agg. zusammengefaßt.

Rundblättriger Enzian

Gentiana orbicularis Schur
Enziangewächse *Gentianaceae*

Beschreibung: Blüten einzeln am Stengelende. Kelch engröhrig, 1–1,5 cm lang, kantig, nicht geflügelt, auf $\frac{2}{3}$ der Länge in 5 Zipfel zerteilt. Blütenkrone tief himmelblau, 1,5–2 cm lang, engröhrig, in 5 eiförmige bis rundliche Zipfel zerteilt, die flach ausgebreitet sind; zwischen den Zipfeln steht ein 2teiliger Zahn, der nur gelegentlich weißfleckig ist. Die trichterige Narbe verschließt die Kronröhre nahezu; sie fällt durch ihre weißliche Farbe im Kontrast zum Blau der Kronzipfel besonders auf. Stengel kaum 3 cm lang, aufrecht, unverzweigt, kantig. Grundblätter rosettig, breit-eiförmig bis rund, kaum 1 cm lang, über der Mitte am breitesten. Am Stengel 1–2 Paar gegenständiger Blätter. Stengelblätter fast so groß wie die Grundblätter, wie diese glänzend, starr wirkend und etwas ledrig; das oberste Blattpaar sitzt nur 1–2 mm unterhalb des Kelchs. August–September. 3–6 cm.

Vorkommen: Braucht kalkreichen, feuchten, lockeren Boden. Besiedelt lückige alpine Rasen, Felsspalten und ruhenden Schutt. In den Kalkalpen selten und gebietsweise fehlend, aber örtlich in lockeren Beständen. Fehlt in den Zentralalpen weithin und kommt nur in den Gebieten mit kalkhaltigen Gesteinen vor. Bevorzugt Höhen zwischen 2000–2800 m.

Wissenswertes: ♃; ▽. Ähnlich: Kurzblättriger Enzian (*G. brachyphylla* Vill.): Kronzipfelbucht ohne Zahn; Blätter ei-rautenförmig; Stengel kaum 1 cm lang. Auf kalkarmen Böden; Zentralalpen; selten. – Kleiner Enzian (*G. pumila* Jacq.): Kronzipfelbucht ohne Zahn; Blätter lineal-lanzettlich, am Grund wenig verschmälert. Schneetälchen, steinige Matten; nur Kalkalpen östlich von Salzburg und Villach; selten.

Frühlings-Enzian
Gentiana verna

Rundblättriger Enzian
Gentiana orbicularis

Niederliegender Enzian
Gentiana prostrata

Kleiner Enzian
Gentiana pumila

Stengelloser Kiesel-Enzian
Gentiana acaulis

Schlauch-Enzian

Gentiana utriculosa L.
Enziangewächse *Gentianaceae*

Beschreibung: Blüten einzeln am Ende des Stengels und der – meist nur spärlich vorhandenen – kurzen Seitenzweige. Kelch 1,2–1,8 cm lang, blasig-weitröhrig, mit breit geflügelten, oft etwas violett überlaufenen Kanten; Buchten zwischen den Kanten meist auffallend hellgrün, auf fast $\frac{2}{3}$ der Länge in 5 Zipfel zerteilt, die nahezu stachelspitz zulaufen. Blütenkrone tief und intensiv himmelblau, 1,5–2,5 cm lang, engröhrig, in 5 schmal-eiförmige Zipfel zerteilt, die außen oft weißlich-grünlich und weittrichterig-stieltellerförmig ausgebreitet sind; zwischen den Zipfeln befindet sich ein 2teiliger Zahn mit einer weißen Linie bzw. einem weißen Fleck. Stengel aufrecht, meist spärlich verzweigt, selten auch einfach, kantig. Grundblätter anfänglich in einer Rosette, aber ziemlich bald verwelkend und gegen Ende der Blütezeit oft schon verschwunden. Am Stengel meist mehr als 3 Paare gegenständiger Blätter; Stengelblätter schmal-eiförmig, die oberen kleiner und schmäler als die unteren, die unteren stumpflich, die oberen spitz zulaufend. Mai–August. 5–25 cm.

Vorkommen: Braucht kalkhaltigen, feuchten, moorig-humosen Boden in eher kühler Lage. Besiedelt Flach- und Quellmoore, aber auch durchsickerte alpine Steinrasen. Vereinzelt im Schwäbischen und im Schweizer Jura; im Alpenvorland und in den Alpen selten und auch an seinen Standorten meist nicht zahlreich. Steigt in den Alpen vereinzelt bis über 2200 m.

Wissenswertes: ⊙; ▽. Der Schlauch-Enzian hat im 20. Jahrhundert viele seiner Standorte durch „Melioration" verloren. Er verdient Schutz. Vor allem müssen seine Standorte möglichst großräumig erhalten werden.

Schnee-Enzian

Gentiana nivalis L.
Enziangewächse *Gentianaceae*

Beschreibung: Blüten einzeln am Ende des Stengels und der – meist zu mehreren vorhandenen – mäßig kurzen Seitenzweige. Kelch 1–1,5 cm lang, der in der Mitte etwas erweiterten Blütenröhre eng anliegend, also keineswegs bauchig-blasig, ungeflügelt, nur mit deutlichen, oft schwarzviolett überlaufenen Kanten; Buchten zwischen den Kanten nicht auffallend hellgrün, höchstens gegen die Basis mäßig hellgrün, oben oft violett überlaufen, auf fast $\frac{2}{3}$ der Länge in 5 Zipfel zerteilt, die in eine längere Spitze auslaufen. Blütenkrone 1,2–2,2 cm lang, weitröhrig; Kronröhre im unteren und mittleren Teil meist weißlich-grün und erst oberhalb der Kelchzähne blau oder bläulich überlaufen; Blütenkrone in 5 eiförmige Zipfel zerteilt, die außen meist weißlich-grün, innen himmelblau sind; Zipfel weittrichterig-stieltellerförmig ausgebreitet; zwischen den Zipfeln befindet sich ein 2teiliger Zahn mit einer weißen Linie bzw. einem weißen Fleck; selten ist der Zahn auch ganz blau. Stengel aufrecht, ziemlich dünn, meist vom Grunde an verzweigt. Grundblätter in einer wenig auffälligen Rosette, die gegen Ende der Blütezeit verwelkt. Am Stengel meist mehr als 3 Paare gegenständiger Blätter; Stengelblätter schmal-eiförmig, die oberen kleiner und schmäler als die unteren, die unteren stumpflich, die oberen etwas spitzer zulaufend. Juni–August. 3–20 cm.

Vorkommen: Braucht kalkhaltige, steinige Böden in alpiner Lage. Besiedelt lückige Matten. Zerstreut. Bevorzugt Höhen zwischen etwa 1500–2800 m.

Wissenswertes: ⊙; ▽. Der Schnee-Enzian gehört zu den wenigen 1jährigen alpinen Pflanzenarten.

Zarter Enzian
Gentianella tenella

Schnee-Enzian
Gentiana nivalis

Schlauch-Enzian
Gentiana utriculosa

Bayerischer Enzian
Gentiana bavarica

533

Bayerischer Enzian

Gentiana bavarica L.
Enziangewächse *Gentianaceae*

Beschreibung: Blüten einzeln am Ende der Stengel. Kelch engröhrig, 1–1,8 cm lang, scharfkantig, aber nicht geflügelt, auf fast $\frac{1}{2}$ der Länge in 5 Zipfel zerteilt, die spitz zulaufen. Blütenkrone tief himmelblau, 1,8–2,5 cm lang, engröhrig, in 5 eiförmige Zipfel zerteilt, die flach stieltellerförmig ausgebreitet sind; zwischen den Zipfeln befindet sich ein 2teiliger Zahn. Die trichterige Narbe verschließt die Kronröhre nahezu; sie fällt durch ihre weißliche Farbe im Kontrast zum Blau der Krone auf. Stengel aufrecht, unverzweigt, kantig. Untere Blätter dicht gedrängt am Stengel, aber nicht in einer Rosette, bis 1 cm lang, bis 8 mm breit, eiförmig, abgerundet, oberhalb der Mitte am breitesten. Am Stengel 1–3 Paare gegenständiger Blätter; mittlere Stengelblätter so groß wie oder größer als die unteren Blätter; das oberste Blattpaar sitzt oft 0,8–2,5 cm unterhalb des Kelchs dem Stengel an. Juli–September. 5–20 cm.

Vorkommen: Braucht feuchten Feinschuttboden. Besiedelt Schneetälchen und Quellhorizonte. Alpen, zerstreut. Bevorzugt Höhen zwischen 1800–3600 m.

Wissenswertes: ♃; ▽. *G. bavarica* L. wird mit Rostans Enzian (*G. rostanii* REUT. ex VERL.: Untere Blätter dicht gedrängt, schmal-eiförmig, in der Mitte am breitesten; Südwestalpen) zur Sammelart *G. bavarica* agg. zusammengefaßt. – Ähnlich: Triglav-Enzian (*G. terglouensis* HACQ.): Blätter mit trockenhäutiger Spitze. Südöstliche Kalkalpen. – Schleichers Enzian (*G. schleicheri* (VACC.) KUNZ): Unterste Blätter dicht gedrängt, spitz zulaufend. Oberwallis, Südwestalpen. Die beiden letztgenannten Arten werden zur Sammelart *G. terglouensis* agg. zusammengefaßt.

Zarter Enzian

Gentianella tenella (ROTTB.) BÖRNER
Enziangewächse *Gentianaceae*

Beschreibung: Blüten einzeln am Ende des Stengels und der Seitenzweige. Kelch 0,4–1 cm lang, bis fast zum Grunde in 4 kelchblattähnliche, breit-lanzettliche Zipfel zerspalten, die die Kronröhre glockig-locker umstehen. Blüte violett-lila; Kronröhre 0,4–1 cm lang, relativ weitröhrig; Blütenkrone in 4 ziemlich kurze, fast 3eckige Zipfel zerteilt, die weittrichterig-stieltellerförmig abstehen; Blütenkrone (mit ausgebreiteten Zipfeln gemessen) 0,5–1,2 cm im Durchmesser, im Schlund bärtig. Stengel aufrecht oder bogig aufsteigend, meist am Grunde verzweigt, selten einfach, 4kantig. Grundblätter in einer Rosette angeordnet, aber meist schon so früh absterbend, daß sie zur Blütezeit oft nicht mehr vorhanden sind. Grundblätter spatelig bis schmal-lanzettlich, Stengelblätter nur basisnah vorhanden, sehr schmal eiförmig, spitzlich zulaufend. Juli–September. 2–10 cm.

Vorkommen: Braucht kalkfreien, allenfalls kalkarmen, steinigen Lehm- oder Tonboden, der aber einigermaßen reich an Nährsalzen, auch an Stickstoffsalzen sein kann. Besiedelt lückige alpine Rasen, geht auch auf windausgesetzte Flächen, auf Grate und ebenso auf freie Stellen in Viehlägern oder an Wegen. In den Zentralalpen zerstreut, aber meist ziemlich vereinzelt wachsend und wohl da und dort übersehen. In den Kalkalpen selten. Bevorzugt Höhen zwischen etwa 1800–3000 m.

Wissenswertes: ☉; ▽. Der Zarte Enzian gehört zu den wenigen 1jährigen alpinen Arten. Zur Samenbildung kommt er vielfach nur durch Selbstbestäubung, obschon seine Blüten Nektar enthalten; andererseits öffnen sie sich bei schlechtem Wetter kaum.

Zwerg-Enzian

Gentianella nana (WULF.) PRITCH.
Enziangewächse *Gentianaceae*

Beschreibung: Blüten einzeln am Ende des Stengels und der sehr kurzen Seitenzweige. Kelch 3–8 mm lang, bis fast zum Grund in meist 5, selten in nur 4 kelchblattähnliche, breit-lanzettliche Zipfel zerspalten, die die Kronröhre glockig-locker umstehen. Blüte violett-lila; Kronröhre 4–8 mm lang und 2,5–6 mm im Durchmesser, also auffällig weitröhrig; Blütenkrone in meist 5 ziemlich kurze, fast 3eckige Zipfel zerteilt, die weittrichterig-stieltellerförmig abstehen; Blütenkrone (mit ausgebreiteten Zipfeln gemessen) 4–8 mm im Durchmesser, im Schlund bärtig. Stengel aufrecht oder bogig aufsteigend. 0,5–2 cm lang, nur am Grund verzweigt, zuweilen einfach, 4kantig. Unterste Blätter stehen so dicht am Stengel, daß sie einer Rosette ähneln, verkehrt-eiförmig, 4–8 mm lang, kaum halb so breit, stumpf; am Stengel steht – kaum über die unteren Blätter erhoben – meist nur 1 Paar gegenständiger Blätter, die den unteren Blättern gleichen. Juli–September. 2–4 cm.

Vorkommen: Braucht kalkarmen oder kalkfreien, lehmig-steinigen, feuchten Boden. Besiedelt lückig bewachsene Feinschutthalden und Moränen, geht aber auch in alpine Rasen und auf Grate. Kommt nur selten in den östlichen Zentralalpen, westwärts bis etwa zur Linie Salzburg–Lienz, westlich davon vereinzelt im Vintschgau vor. Bevorzugt Höhen zwischen etwa 2200–2800 m.

Wissenswertes: ☉; ▽. Kleine Exemplare des Zarten Enzians können von solchen des Zwerg-Enzians mit nur 4 Kronzipfeln an der Kronröhre unterschieden werden: Beim Zarten Enzian ist sie 2–4mal, beim Zwerg-Enzian 1–2mal länger als weit.

Feld-Enzian

Gentianella campestris (L.) BÖRNER
Enziangewächse *Gentianaceae*

Beschreibung: Blüten stehen einzeln am Ende des Stengels und der Äste. Kelch 1–2,5 cm lang, weitglockig, bis fast zum Grunde in 4 kelchblattähnliche, lanzettliche Zipfel zerteilt, wobei die beiden äußeren Zipfel etwas breiter sind als die inneren. Ränder der Kelchzipfel nicht nach außen umgerollt. Blüten rotviolett, selten weiß, 4zipflig, 1,2–2 cm im Durchmesser (mit ausgebreiteten Kronzipfeln gemessen), im Schlund bärtig; Kronröhre weitröhrig, 1,2–2,8 cm lang, gegen die Basis gelblich-grün, nach oben violett überlaufen. Stengel aufrecht, meist vom Grunde bis ins obere Drittel verzweigt, selten an kümmerlich wachsenden Exemplaren auch einfach oder nur wenigästig, 4kantig. Blätter am Grunde in einer Rosette, doch früh verwelkend und zur Blütezeit oft schon abgestorben. Stengel meist mit mehreren Paaren gegenständiger Blätter, diese breit-lanzettlich bis eiförmig, 1–3,5 cm lang, kaum halb so breit. Juli–Oktober. 5–30 cm.

Vorkommen: Braucht kalkarmen oder kalkfreien, lockeren Lehmboden. Besiedelt Magerrasen und Wegränder. Im Tiefland nordöstlich der Elbe vereinzelt, desgleichen in den Mittelgebirgen mit kalkarmen Gesteinen und im Schwäbischen Jura; im Alpenvorland, im Schweizer Jura, im Schweizer Mittelland, in den Zentralalpen und auf entkalkten Böden der Kalkalpen selten. Steigt in den Alpen bis etwa 2500 m.

Wissenswertes: ☉; ▽. Der Feld-Enzian wird mit dem Baltischen Enzian (*G. baltica* (MURB.) BÖRNER): Stengel nur in der oberen Hälfte verzweigt; Fichtelgebirge, Tiefland nördlich und östlich der Elbe selten, vereinzelt auch noch westlich der Elbe (Borkum), zur Sammelart *G. campestris* agg. zusammengefaßt.

Deutscher Enzian

Gentianella germanica (WILLD.) BÖRNER
Enziangewächse *Gentianaceae*

Beschreibung: Blüten einzeln am Ende
des Stengels und der Äste. Kelch weitglockig,
mit spitzen Buchten zwischen den Zipfeln, oft
rot-bräunlich überlaufen. Blüten rotviolett, mit
5 Kronzipfeln, 1–2,5 cm im Durchmesser (ausgebreitet gemessen), im Schlund bärtig. Kronröhre
weitröhrig, 1,5–2,5 cm lang, oben bräunlich bis
rotviolett, gegen die Basis oft etwas grünlich.
Stengel aufrecht, meist mehrfach verzweigt,
4kantig. Rosettenblätter zur Blütezeit meist abgestorben. Stengelblätter breit-lanzettlich bis eiförmig, 1–4 cm lang und an der Basis kaum halb so
breit. Juli–Oktober. 5–35 cm.

Vorkommen: Braucht kalkreichen, trok-
ken-steinigen Lehmboden. Besiedelt Halbtrok-
kenrasen, Trockengebüsche und Flachmoore.
Fehlt im Tiefland. In den Mittelgebirgen mit
kalkhaltigen Gesteinen, im Alpenvorland und in
den Kalkalpen zerstreut, in den Zentralketten
selten. Steigt bis etwa 2500 m.

Wissenswertes: ☉; ▽. Die Sammelart
G. germanica agg. umfaßt mehr als 10 Kleinarten;
außer *„germanica"* (Kelchzipfel am Rand rauh,
nicht bewimpert) u. a.: *„anisodonta"* (Kelchzipfel
bewimpert, ungleich groß; Blüte blauviolett. Ost-
und Südalpen); *„engadinensis"* (Kelchzipfel bewimpert, ungleich groß; Blüte weinrot-violett.
Zentral- und Südalpen); *„aspera"* (Kelchzipfel bewimpert, fast gleich groß; Blätter schmal-lanzettlich. Südostalpen); *„austriaca"* (Blüten schopfig
gehäuft; Kelchbuchten stumpf. Östliche Kalkalpen); *„ramosa"* (Kelchbuchten stumpf; Pflanze
vom Grund an buschig verzweigt und daher fast
kissenartig; Zentral- und Südalpen); *„insubrica"*
(Kelchbuchten spitz, ungleich breit; auf Kalk.
Westliche Südalpen).

Fransen-Enzian

Gentianella ciliata (L.) BORKH.
Enziangewächse *Gentianaceae*

Beschreibung: Blüten einzeln am Ende
des Stengels und der Zweige. Kelch 0,8–2 cm
lang, der Kronröhre eng anliegend, auf etwa ⅔
der Länge in 4 Zipfel zerteilt, die aus breiter Basis rasch lineal-pfriemlich auslaufen; Kelch im
oberen Teil zuweilen rotbraun-violett überlaufen.
Krone dunkelblau-violett, 1,5–2,8 cm im Durchmesser (ausgebreitet gemessen). Kronröhre (ohne Zipfel) 1,5–3 cm lang, weitröhrig, aus grünli-
cher Basis nach oben dunkel blauviolett werdend. Stets nur 4 Kronzipfel, die schmal ei-
förmig-zungenförmig und an den Rändern oft
aufgebogen oder etwas nach oben eingeschlagen
sind. Etwa von der Mitte an basiswärts sind sie
am Rand mit langen Fransen bestanden. Stengel
aufrecht oder aufsteigend, einfach oder mit wenigen Ästen, 4kantig. Blätter am Grund nicht in
einer Rosette, sehr schmal lanzettlich bis lineal,
1nervig, die unteren breiter und etwas kürzer als
die oberen. August–Oktober. 10–25 cm.

Vorkommen: Braucht kalkreichen, steinig-
lockeren Lehmboden oder Löß. Besiedelt Halbtrockenrasen, geht aber auch in wärmeliebende,
lichte Gebüsche und an Waldränder sowie im
höheren Bergland an trockenere Stellen in Flachmooren. Steigt in den Alpen örtlich bis über
2200 m. Fehlt im Tiefland. In den Mittelgebirgen
mit kalkhaltigem Gestein und in den Kalkalpen
zerstreut, aber meist nur in sehr lockeren und
nur mäßig individuenreichen Beständen.

Wissenswertes: ☉; ▽. Der Fransen-Enzian kann sich in Halbtrockenrasen dann gut halten, wenn diese regelmäßig von Schafen oder
Ziegen beweidet und auf diese Weise kurzrasig
gehalten werden; doch ist er fast nirgends so
zahlreich wie der Deutsche Enzian.

Feld-Enzian
Gentianella campestris

Fransen-Enzian
Gentianella ciliata

Deutscher Enzian
Gentianella germanica

Zwerg-Enzian
Gentianella nana

Enziangewächse *Gentianaceae* ▶

Enzian *Gentianella*

Immergrüngewächse *Apocynaceae* ▶

Immergrün *Vinca*

Schwalbenwurzgewächse *Asclepiadaceae* ▶

Schwalbenwurz *Vincetoxicum*

Rötegewächse *Rubiaceae* ▶

Färberröte *Rubia*

Bitterer Enzian

Gentianella amarella agg.
Enziangewächse *Gentianaceae*

Beschreibung: Blüten einzeln am Ende
des Stengels und der Äste, selten endständig am
einfachen Stengel. Kelch 0,5–1 cm lang, weitglok-
kig, etwa bis auf $\frac{1}{2}$ seiner Länge in 5 lanzettliche
bis lineale Zipfel zerteilt. Blüten rotviolett bis lila, beim Trocknen eher bläulich werdend, seltener weißlich oder gelblich, in der Regel 5zipflig
(sehr selten – und dann gleich dem Kelch – 4zipf-
lig), 1,2–1,8 cm im Durchmesser (mit ausgebreiteten Kronzipfeln gemessen), im Schlund bärtig;
Kronröhre weitröhrig, 1,5–1,8 cm lang, gegen die
Basis gelblich-grün, nach oben violett-lila überlaufen. Stengel aufrecht, nur selten einfach, öfter
– vor allem von der Stengelmitte nach oben –
verzweigt und mit steil aufwärts gerichteten, eher
kurzen Ästen. Grundblätter in einer Rosette,
rundlich bis leicht spatelig oder breit-lanzettlich.
Meist mehr als 3 Paare von Stengelblättern, breit-
eiförmig bis lanzettlich und an der Spitze abgestumpft. Juni–September. 5–40 cm.
Vorkommen: Braucht torfigen oder wechselfeuchten Lehmboden. Besiedelt Flachmoore
und Sumpfwiesen, geht in den Alpen in stick-
stoffsalzarme, trockene Rasen. Vereinzelt in
Schleswig-Holstein, Mecklenburg-Vorpommern,
Brandenburg und in Sachsen; in der Schweiz im
Unterengadin und in den südlichen Zentralalpen. Steigt dort örtlich bis etwa 1700 m.
Wissenswertes: ⊙; ▽. Tritt in Mitteleuropa in den Kleinarten *G. amarella* L. (Stengel
5–40 cm hoch, meist verzweigt; Kelch kürzer als
die Kronröhre) und *G. uliginosa* (WILLD.) BÖR-
NER (Stengel 2–20 cm hoch, meist einfach; Kelch
länger als die Kronröhre) auf. Deren Verbreitung
ist weitgehend unbekannt.

Kleines Immergrün

Vinca minor L.
Hundsgiftgewächse *Apocynaceae*

Beschreibung: Blüten einzeln auf 1–3 cm
langen Stielen in den Achseln der oberen Blätter,
blauviolett, selten lila, hellblau oder weiß. Krone
mit kurzer (0,5–1 cm langer), sich leicht weiten-
der Röhre. Stets sind 5 Kronzipfel vorhanden,
die oft auffallend asymmetrisch geschnitten sind
und weittrichterig von der Kronröhre abstehen;
im Schlund zeigt die Krone häufig eine weißliche
Zeichnung. Stengel am Grunde verholzend, blühende Stengel aufsteigend oder aufrecht, nichtblühende niederliegend, an den Knoten zuweilen wurzelnd; die Stengel entspringen einem
weit kriechenden Rhizom. Blätter gegenständig,
ledrig, immergrün, kurz gestielt oder fast sitzend,
lanzettlich, bis 5 cm lang und bis 2 cm breit,
gleichmäßig gegen die Spitze und den Blattgrund
verschmälert. März–Juli, gelegentlich erneut
September–Oktober. 10–20 cm.
Vorkommen: Braucht nährstoffreichen
Lehm- oder Tonboden, der nicht zu stark besonnt sein sollte. Bevorzugt Lagen mit hoher
Luftfeuchtigkeit. Besiedelt lichte Laubmischwälder. Im westlichen Tiefland und in den Mittelgebirgen, in denen Sandböden vorherrschen,
sehr selten und gebietsweise fehlend; sonst zerstreut, aber an seinen Standorten meist in individuenreichen, z. T. dichten Beständen. Steigt im
Gebirge nur vereinzelt über etwa 1200 m.
Wissenswertes: ♃; (☠). Enthält Indolalka-
loide (z. B. Vincamin und Vincristin). Vergiftungen sind unseres Wissens bislang nicht bekanntgeworden. – Ähnlich: Großes Immergrün (*V. major* L.): Blätter schmal-eiförmig, jung am Rand
bewimpert; Heimat: Südeuropa; bei uns in Wär-
megebieten gepflanzt und verwildert.

Kleines Immergrün
Vinca minor

Krapp-Färberröte
Rubia tinctorum

Bitterer Enzian
Gentianella amarella

Schwalbenwurz
Vincetoxicum hirundinaria

Enziangewächse *Gentianaceae*
Immergrüngewächse *Apocynaceae*
Schwalbenwurzgewächse *Asclepiadaceae*
Rötegewächse *Rubiaceae*

Schwalbenwurz

Vincetoxicum hirundinaria MED.
Schwalbenwurzgewächse *Asclepiadaceae*

Beschreibung: Zahlreiche Blüten stehen doldig-traubig in den Achseln der oberen Blätter und am Stengelende. Blüten gelblich-weiß, 4–8 mm im Durchmesser (ausgebreitet gemessen), Krone weittrichterig, fast bis zum Grund in 5 blütenblattähnliche, schmal-eiförmige, leicht nach außen eingerollten Kronzipfel zerteilt; im Blütenschlund fallen – bei näherem Hinsehen (Lupe!) – der Griffel mit seiner sternförmigen Narbe und die 5, auf Lücke zu den Kronzipfeln stehenden Staubbeutel besonders auf, weil sie zusammen den Schlund der Kronröhre nahezu ausfüllen. Stengel aufrecht, rund, hohl, meist einfach, seltener oben spärlich verzweigt; meist entspringen dem Rhizom mehrere Stengel, so daß die Pflanze „buschig" wächst. Blätter gegenständig, breit-lanzettlich, bis über 10 cm lang und 2–4 cm breit, mit der größten Breite nahe an der Blattbasis, hier abgerundet oder herzförmig, kurz gestielt, unterseits nur auf den Nerven flaumig behaart. Mai–August. 0,3–1,2 m.

Vorkommen: Braucht basisch reagierenden und daher meist kalkhaltigen, lockeren, steinigen Lehm- oder Lößboden in sommerwarmer Lage. Besiedelt Halbtrockenrasen, Trockengebüsche und lichte Trockenwälder, geht im Bergland auch auf Steinschutthalden, die mit Erde durchsetzt sind. Fehlt im Tiefland und in den Mittelgebirgen mit kalkfreiem Gestein oder überwiegenden Sandböden. Sonst zerstreut und oft in lockeren, individuenreichen Beständen. Steigt in den Alpen kaum über die Waldgrenze.

Wissenswertes: ♃; ☠. Enthält Vincetoxin. – In der Art werden mehrere Unterarten bzw. Kleinarten unterschieden, die indessen in Mitteleuropa nicht vorkommen.

Krapp-Färberröte

Rubia tinctorum L.
Rötegewächse *Rubiaceae*

Beschreibung: Mehrere Blüten stehen jeweils in eher armblütigen, traubig-doldigen Blütenständen in den Achseln der oberen, gelegentlich auch schon der mittleren Blätter. Blütenkrone in der Regel mit 5, selten mit nur 4 Zipfeln, knapp 5 mm im Durchmesser (ausgebreitet gemessen), grünlich-gelb. Früchtchen fast erbsengroß, beerenartig-fleischig, rötlich-schwarz, glatt, kahl. Stengel grün, aufsteigend bis aufrecht, zuweilen an geeigneten Unterlagen klimmend emporwachsend, verästelt, an den Ansatzstellen der Blätter behaart, auf den Kanten von kurzen, rückwärts gerichteten Haaren leicht rauh. Mittlere und obere Blätter zu 4–6 quirlständig, kurz gestielt, 4–8 cm lang, 1–3 cm breit, lanzettlich, größte Breite im unteren Drittel, unterseits mit deutlichem Mittelnerv und undeutlichen Netznerven, spitz zulaufend, am Rand und unterseits auf dem Mittelnerv durch rückwärts gerichtete Haare etwas rauh. Juni–August. 50–90 cm.

Vorkommen: Braucht trockene, lockersteinige Lehmböden in ausgesprochen sommerwarmen Lagen. Früher Kulturpflanze, Heimat vermutlich östliches Mittelmeergebiet. Vereinzelt im Wallis, selten am Alpensüdfuß.

Wissenswertes: ♃. Enthält das zitronengelbe Glykosid Ruberythrinsäure, aus dem beim Trocknen der orangerote Farbstoff Alizarin entsteht, daneben in geringer Menge weitere Farbstoffglykoside. Früher wurden in erster Linie die Wurzeln zum Färben benutzt. Durch ein bestimmtes Verfahren färbte man vor allem Wolle mit „Türkisch Rot". Seit 1870 die synthetische Herstellung von Alizarin gelungen war, ging der Anbau der Krapp-Färberröte rasch zurück und ist heute weitgehend aufgegeben.

Kreuzlabkraut *Cruciata*
Labkraut *Galium*

Gewöhnliches Kreuzlabkraut

Cruciata laevipes OPIZ
Rötegewächse *Rubiaceae*

Beschreibung: 3–7 (selten mehr oder weniger) Blüten stehen auf sehr kurzem Blütenstandsstiel scheindoldig in den Achseln der oberen Blätter; die Teilblütenstände eines Blattquirls erscheinen auf den ersten Blick als ringförmiger, wenig strukturierter Quirl. Krone grünlich-gelb; Kronröhre fehlt praktisch; Kronsaum 4zipflig, flach ausgebreitet, 2–3 mm im Durchmesser (ausgebreitet gemessen); Zipfel schmal-eiförmig, an den Rändern oft sattelartig nach unten geschlagen, spitz. Stengel aufsteigend oder aufrecht, meist mit abstehenden, etwa 1–1,5 mm langen Haaren dicht bestanden. Blätter zu 4 quirlständig, breit-lanzettlich bis eiförmig, 1–2 cm lang, 3–9 mm breit, 3nervig, vor allem am Rand und auf der Unterseite lang abstehend behaart. April–Juni. 15–50 cm.

Vorkommen: Braucht nährstoffreichen, eher kalkarmen als kalkreichen, frischen, humosen Lehm- oder Tonboden. Besiedelt Gebüsche, lichte Auenwälder, Wiesenränder und buschiges Ödland. Im Tiefland östlich der Unterelbe selten, hier jedoch – wie im übrigen Mitteleuropa – die ausgesprochenen Sandgebiete völlig meidend; sonst zerstreut und meist in kleinen, aber individuenreichen Beständen. Geht in den Alpen bis etwa zur Laubwaldgrenze.

Wissenswertes: ♃; (☠). Ähnlich: Frühlings-Kreuzlabkraut (*C. glabra* (L.) EHREND.): 3–7blütige Scheindolden in den Achseln der oberen Blätter; Stengel meist kahl. Alpenvorland, Alpen selten, Alpensüdfuß zerstreut. – Piemonteser Kreuzlabkraut (*C. pedemontana* (BELL.) EHREND.): 1–3blütige Scheindolden; Krone um 1 mm im Durchmesser; Blätter 0,5–1 cm lang. Wallis; Alpensüdfuß; selten.

Nördliches Labkraut

Galium boreale L.
Rötegewächse *Rubiaceae*

Beschreibung: Zahlreiche Blüten stehen in scheindoldigen Teilblütenständen am Ende des Stengels und in den Achseln der obersten Blätter; der Gesamtblütenstand ist im Umriß pyramidenförmig. Kelch als undeutlicher Ring ausgebildet. Krone weiß; Kronröhre deutlich kürzer als die Kronzipfel; Kronsaum 4zipflig, sternförmig flach ausgebreitet, 3–4 mm im Durchmesser (ausgebreitet gemessen); Zipfel schmal-eiförmig, mit abgesetztem, kurzen Spitzchen. Stengel aufrecht, verzweigt, kahl oder – selten – im unteren Drittel schütter kurzhaarig. Alle Blätter quirlständig, in der Mitte des Stengels 4 Blätter pro Quirl; Blätter 1,5–4 cm lang, 3–7 mm breit, größte Breite im unteren Blattdrittel, 3nervig, ohne durchsichtig-wasserhelle Spitze, am Rande nicht oder kaum nach unten gerollt, meist kahl, beiderseits grün. Juni–August. 20–40 cm.

Vorkommen: Braucht wechselfeuchten, kalkhaltigen oder höchstens schwach sauer reagierenden, stickstoffsalzarmen, humosen Tonboden, geht auch auf Torf. Besiedelt lichte Wälder und Gebüsche, Sumpfwiesen, Ufer und Moore. Im Tiefland – vor allem östlich der Elbe – selten; in den Mittelgebirgen und Alpen mit Kalkgestein sowie im Voralpenland zerstreut, auch hier gebietsweise sehr selten oder fehlend. Steigt in den Alpen vereinzelt bis über etwa 2000 m.

Wissenswertes: ♃; (☠). Über das Vorkommen von Asperulin oder anderen Iridoidglykosiden ist uns nichts bekanntgeworden. – *G. boreale* L. wird mit dem Krapp-Labkraut (*G. rubioides* L.: Blütenstand im Umriß breit-eiförmig; Blätter 4–8 cm lang, 1–2 cm breit; Niederösterreich selten, Wallis vereinzelt) zur Sammelart *G. boreale* agg. zusammengefaßt.

Rundblättriges Labkraut

Galium rotundifolium L.
Rötegewächse *Rubiaceae*

Beschreibung: Verhältnismäßig wenige
Blüten stehen in einem ausgeprochen lockeren,
scheindoldig-rispigen Blütenstand am Ende des
Stengels; die Stiele der einzelnen Blüten sind
0,5–1,5 cm lang. Kelch nur als undeutlicher Ring
ausgebildet. Krone weiß, seltener grünlich-weiß;
Kronröhre viel kürzer als die Kronzipfel; Kronsaum 4zipflig, sternförmig flach ausgebreitet,
1,5–2,5 mm im Durchmesser (ausgebreitet gemessen); Zipfel eiförmig, mit einem abgesetzten
Spitzchen. Stengel aufsteigend bis aufrecht, im
Blütenstandsbereich sparrig verzweigt, in der unteren Hälfte meist unverzweigt, meist kahl. Alle
Blätter quirlständig; in der Stengelmitte stehen
4 Blätter im Quirl; Blätter schmal-eiförmig bis
breit-lanzettlich, gelegentlich fast rundlich,
1–2 cm lang, 0,5–1 cm breit, größte Breite etwa in
der Blattmitte, 3nervig, in eine kurze Spitze auslaufend, am Grunde deutlich und zuweilen fast
stielartig verschmälert, beiderseits grün, am Rande manchmal dicht, aber sehr kurz wimperig behaart (Haare kürzer als 0,5 mm). Juni–Juli.
10–20 cm.
Vorkommen: Braucht kalkarmen, rohhumusdurchsetzten Boden in Lagen mit hoher
Luftfeuchtigkeit. Besiedelt Nadelwälder oder
dichte Laubmischwälder. Fehlt im Tiefland und
ist in den Mittelgebirgen nördlich des Mains sehr
selten, vor allem westlich der Weser; östlich von
ihr wird es häufiger; südlich des Mains zerstreut
und meist in teppichartigen, oft recht großflächi-
gen Beständen. Geht nicht ganz bis zur Laubwaldgrenze.
Wissenswertes: ♃; (☠). Breitet sich seit
vielen Jahren durch Jung-Fichten-Versand aus
Forstschulen stark aus.

Pariser Labkraut

Galium parisiense L.
Rötegewächse *Rubiaceae*

Beschreibung: 3–15 Blüten stehen jeweils
in scheindoldig-rispigen Teilblütenständen in
den Achseln der oberen (gelegentlich auch schon
der mittleren) Blätter und endständig am Stengel; der Gesamtblütenstand macht den Eindruck
einer sehr lockeren, etwas sparrigen Rispe. Kelch
als undeutlicher Ring ausgebildet. Krone innen
grünlich, außen rötlich; Kronröhre fehlt praktisch; Kronsaum 4zipflig, sternförmig flach ausgebreitet, zuweilen auch weittrichterig, 0,5–1 mm
im Durchmesser (ausgebreitet gemessen); Kronzipfel schmal eiförmig-3eckig, spitz. Stengel ausgesprochen zart, niederliegend oder aufsteigend-
kletternd, an den Kanten von sehr kurzen, rückwärts gerichteten Haaren etwas rauh, sonst kahl.
Alle Blätter quirlständig; in der Mitte des Stengels stehen jeweils 5–7 Blätter im Quirl; sie sind
0,5–1,5 cm lang, 1–3 mm breit, ihre größte Breite
liegt im spitzennahen Drittel des Blattes; Blätter
1nervig, Spitze sehr kurz wasserhell (ca. 0,3 mm
lang), am Rand sehr kurz behaart. Juni–September. 10–20 cm.
Vorkommen: Braucht stickstoffsalzreichen, kalkarmen, sandig-kiesigen Lehmboden.
Besiedelt Äcker und Brachen, Wegränder und
ortsnahes Ödland. Vereinzelt in der Pfalz, an der
oberen Mosel und in der Wetterau; Niederösterreich und Alpensüdfuß; selten.
Wissenswertes: ☉; (☠). Über den Gehalt
von Asperulin ist uns nichts bekannt geworden. –
G. parisiense L. wird mit *G. divaricatum* LAM.
(Krone gelblich-rötlich; Blätter 0,4–1 cm lang,
um 1,5 mm breit; Stengel oberwärts kaum rauh.
Heimat: Südosteuropa; vereinzelt in Österreich
unbeständig eingeschleppt) zur Sammelart *G. parisiense* agg. zusammengefaßt.

Gewöhnliches Kreuzlabkraut
Cruciata laevipes

Pariser Labkraut
Galium parisiense

Nördliches Labkraut
Galium boreale

Rundblättriges Labkraut
Galium rotundifolium

Frühlings-Kreuzlabkraut
Cruciata glabra

Anis-Labkraut

Galium verrucosum HUDS.
Rötegewächse *Rubiaceae*

Beschreibung: 1–3 Blüten stehen jeweils in kurz gestielten Teilblütenständen in den Achseln der mittleren und oberen Blätter; sind mehrere Blüten ausgebildet, dann sind in der Regel die äußeren nur männlich; meist setzt nur die mittlere – zwittrige – Samen an. Kelch als undeutlicher Ring ausgebildet. Krone grünlich-weiß bis weiß; Kronröhre fehlt praktisch; Kronsaum 4zipflig, sternförmig flach ausgebreitet, zuweilen auch weittrichterig, 1–2 mm im Durchmesser. Früchte kahl, aber mit rund 1 mm hohen, stumpfen, weißen Höckern (Name! verrucosus, lat. = warzig), an nach unten gebogenen Stielen. Stengel aufsteigend bis aufrecht, ziemlich zerbrechlich, am Grunde meist verzweigt, an den Kanten mit einzelnen, nach rückwärts gekrümmten, sehr kurzen Haaren (kaum fühlbar rauh), sonst kahl. Alle Blätter quirlständig; in der Mitte des Stengels stehen jeweils 5–6 Blätter im Quirl; sie sind 0,5–1,5 cm lang, 2–5 mm breit, ihre größte Breite liegt meist im spitzennahen Drittel, 1nervig, mit kurzer, wasserheller Spitze, beiderseits grün, am Rand mit rückwärts gekrümmten Haaren (fühlbar rauh). Juni–Juli. 5–20 cm.

Vorkommen: Braucht lockeren, gleichwohl tonigen oder tonig-sandigen Boden in klimabegünstigten Gegenden. Besiedelt Getreidefelder, seltener Brachen und Ödland. Vereinzelt in Sachsen und Brandenburg sowie am Alpensüdfuß (z.B. Bergamasker Alpen).

Wissenswertes: ☉; (☠). über das Vorkommen von Asperulin ist uns nichts bekanntgeworden. – Das Hauptareal der Art liegt im Mittelmeergebiet und in Vorderasien. Frühere Vorkommen im Rhein-Pfalzgebiet dürften erloschen sein. Neueinschleppung erscheint möglich.

Dreihörniges Labkraut

Galium tricornutum DANDY
Rötegewächse *Rubiaceae*

Beschreibung: Meist stehen 3 Blüten (selten mehr oder weniger) in einem kurz gestielten, scheindoldig-rispigen Blütenstand in den Achseln der mittleren und oberen Blätter; die Blütenstiele werden 0,3–1,2 cm lang und entspringen oft in den Achseln von Tragblättern. Kelch als undeutlicher Ring ausgebildet. Krone weiß; Kronröhre fehlt praktisch; Kronsaum 4zipflig, sternförmig flach ausgebreitet, 1–1,5 mm im Durchmesser. Früchte haarlos, aber mit sehr kleinen, spitzen, braunen Höckern. Stengel niederliegend bis aufsteigend, ziemlich zerbrechlich, an den Kanten durch rückwärts gekrümmte, sehr kurze Haare fühlbar rauh und an ebenfalls rauhen Oberflächen haftend, unterhalb der Knoten kahl. Alle Blätter quirlständig; in der Mitte des Stengels stehen jeweils 6–8 Blätter im Quirl; sie sind 1–3 cm lang, 3–8 mm breit, ihre größte Breite liegt im spitzennahen Drittel, 1nervig, mit deutlicher wasserheller Spitze, beiderseits grün, am Rand mit rückwärts gekrümmten, kurzen, stacheligen Haaren (dadurch fühlbar rauh), sonst kahl. Mai–Oktober. 10–50 cm.

Vorkommen: Braucht kalkhaltigen, stickstoffsalzreichen, trockenen Lehm- oder Tonboden. Besiedelt Getreidefelder, Brachen, Ödland, seltener Wegränder oder Gebüschränder. Im Tiefland vereinzelt; in den Mittelgebirgen und Alpen nur in den klimabegünstigten Gegenden, selten; geht lediglich vereinzelt über etwa 1000 m. Am Alpensüdfuß häufiger.

Wissenswertes: ☉; (☠). Könnte Asperulin enthalten; Angaben dazu liegen uns nicht vor. – Wurde (und wird) oft übersehen oder als Kletten-Labkraut verkannt; dennoch ist seit Jahren sein Rückgang unverkennbar.

Dreihörniges Labkraut
Galium tricornutum

Anis-Labkraut
Galium verrucosum

Kletten-Labkraut
Galium aparine

Sumpf-Labkraut
Galium palustre

Kletten-Labkraut

Galium aparine L.
Rötegewächse *Rubiaceae*

Beschreibung: 1–7 Blüten (oft 3) stehen jeweils in kurz gestielten Teilblütenständen in den Achseln der mittleren und oberen Blätter. Kelch als undeutlicher Ring ausgebildet. Krone weiß, unmittelbar nach dem Öffnen der Blüten auch gelblich-weiß; Kronröhre fehlt praktisch; Kronsaum 4zipflig, sternförmig flach ausgebreitet, zuweilen auch weittrichterig, knapp 2 mm im Durchmesser. Früchte 3–5 mm hoch, mit ca. 0,5 mm langen, hakig gebogenen Haaren, die auf kleinen, warzenartigen Sockeln stehen (starke Lupe!). Stengel niederliegend, aufsteigend oder kletternd, 4kantig, an den Kanten von rückwärts gerichteten, kurzen Haaren rauh (und deswegen z.B. an Kleidern haftenbleibend), unter den Knoten und oft im gesamten oberen Stengelviertel borstig behaart. Alle Blätter quirlständig; in der Mitte des Stengels stehen jeweils 6–8 Blätter im Quirl; sie sind 3–6 cm lang und 3–8 mm breit, schmal-lanzettlich, 1nervig, vorne plötzlich abgestumpft und mit einer etwa 1 mm langen, grannenartigen Spitze endend, beidseits grün, unterseits auf dem Nerv durch rückwärts gerichtete Haare rauh, sonst kahl oder borstig behaart. Mai–September. 0,3–1,5 m.

Vorkommen: Braucht stickstoffsalzreichen Lehmboden. Besiedelt Getreidefelder, Gebüsche, Ödland, Gärten. Sehr häufig. Steigt in den Alpen bis über 2000 m.

Wissenswertes: ☉; (♀). Enthält Asperulin. – *G. aparine* L. wird mit *G. spurium* L. (Blüten grünlich-weiß, 1 mm im Durchmesser; Haare auf den Früchten ohne warzenartige Höcker; Stengel meist kahl; auf kalkhaltigem Lehm und nur östlich der Linie Weser–Iller; selten) zur Sammelart *G. aparine* agg. zusammengefaßt.

Sumpf-Labkraut

Galium palustre L.
Rötegewächse *Rubiaceae*

Beschreibung: Zahlreiche Blüten stehen in scheindoldig-rispigen Blütenständen am Ende des Stengels und in den Achseln der oberen Blätter; die Stiele der Teilblütenstände sind mehrfach länger als die Blätter, aus deren Achsel sie entspringen; Stiele der Einzelblüten 0,5–3 mm lang. Kelch nur als undeutlicher Ring ausgebildet. Krone weiß; Kronröhre fehlt praktisch; Kronsaum 4zipflig, sternförmig flach ausgebreitet, 2–3 mm im Durchmesser. Stengel niederliegend bis aufsteigend, meist verzweigt, an den Kanten mit einzelnen, rückwärts gerichteten Haaren (kaum fühlbar rauh), sonst kahl, beim Trocknen (wie die Blätter) sich etwas schwärzend. Alle Blätter quirlständig; in der Mitte des Stengels stehen jeweils 4–6 Blätter im Quirl; sie sind 0,5–2 cm lang, 1–3 mm breit, lineal bis schmallanzettlich. Mai–August. 10–30 cm.

Vorkommen: Braucht nassen, nicht zu nährstoffarmen, torfigen Tonboden. Besiedelt Sumpfwiesen, Röhricht und Bruchwälder. Häufig. Geht bis über 1500 m.

Wissenswertes: ⟂; (♀). Enthält Asperulin. – *G. palustre* L. wird mit *G. elongatum* K. PRESL (Krone 4–5 mm im Durchmesser; mittlere Blätter 1,5–2 cm lang; Pflanze 0,3–1 m hoch; Bruchwälder, Sumpfwiesen, zerstreut) und mit *G. constrictum* CHAUBARD (Teilblütenstände dicht, Blütenstiele nur um 1 mm lang; Krone 2–3 mm im Durchmesser; mittlere Blätter 1–2 cm lang, 1–2 mm breit; Flachmoore, Ufer; Alpensüdfuß und Französischer Jura; vereinzelt) zur Sammelart *G. palustre* agg. zusammengefaßt. – Ähnlich: *G. trifidum* L.: Teilblütenstände mit 1–3 Blüten; Krone 3zipflig, 1 mm im Durchmesser. Flachmoore, nur in der Steiermark; selten.

Moor-Labkraut
Galium uliginosum L.
Rötegewächse *Rubiacaeae*

Beschreibung: Zahlreiche Blüten stehen in scheindoldig-rispigen Blütenständen am Ende des Stengels und in den Achseln der oberen Blätter; Stiele der Einzelblüten um 1 mm lang. Kelch nur als undeutlicher Ring ausgebildet. Krone weiß; Kronröhre fehlt praktisch; Kronsaum 4zipflig, weittrichterig, seltener sternförmig flach ausgebreitet, 1,5–2,5 mm im Durchmesser. Stengel meist aufsteigend, seltener niederliegend oder aufrecht, an den Kanten von rückwärts gerichteten, nur 0,1 mm langen Haaren etwas rauh (kaum fühlbar), sonst kahl, beim Trocknen – wie die Blätter – olivgrün werdend. Alle Blätter quirlständig; in der Mitte des Stengels stehen jeweils 6–8 Blätter im Quirl; sie sind 0,5–2 cm lang, 2–4 mm breit (größte Breite im spitzennahen Blattdrittel), schmal-lanzettlich, 1nervig, mit einer kaum 0,3 mm langen, wasserhellen Spitze (nicht immer deutlich! Lupe!), beiderseits grün, schwach glänzend. Mai–September. 10–30 cm.

Vorkommen: Braucht nicht allzu nährstoffarmen, kalkarmen, torfig-humosen, schlikkig-tonigen Sumpfboden. Besiedelt Naßwiesen, Röhricht, Ufer, Gräben, Bruchwälder. Auf geeigneten Standorten eher häufig, aber meist in nicht sonderlich auffälligen, wenngleich eher individuenreichen, kleinen Beständen; fehlt indessen auch kleineren Gebieten ganz oder ist stellenweise sehr selten. Steigt in den Alpen vereinzelt bis über etwa 2000 m.

Wissenswertes: ♃; (☠). Über den Gehalt von Asperulin ist uns nichts bekanntgeworden; Gerbstoffe wurden indes nachgewiesen. – Sicheres Kennzeichen: Staubbeutel gelb! Das oft verwechselte Sumpf-Labkraut (s. S. 546) besitzt rote bis purpurschwarze Staubbeutel.

Echtes Labkraut
Galium verum L.
Rötegewächse *Rubiaceae*

Beschreibung: Äußerst zahlreiche, vor allem bei warmem Wetter stark nach Honig duftende Blüten stehen in scheindoldig-rispigen Blütenständen am Ende des Stengels und in den Achseln der oberen Blätter; Stiele der Einzelblüten 1–3 mm lang, oft mit kleinen Tragblättern. Kelch nur als undeutlicher Ring ausgebildet. Krone goldgelb; Kronröhre fehlt praktisch; Kronsaum 4zipflig, sternförmig flach ausgebreitet, 2–4 mm im Durchmesser. Stengel aufsteigend bis aufrecht, mäßig dicht und sehr kurz behaart. Alle Blätter quirlständig; in der Mitte des Stengels stehen jeweils 8–12 Blätter im Quirl; sie sind 1–2,5 cm lang, 0,5–2 mm breit, sehr schmal lineal (nadelförmig). Mai–September. 10–70 cm.

Vorkommen: Braucht kalkhaltigen, nährstoffarmen, trockenen oder wechselfeuchten Lehm- oder Lößboden. Besiedelt trockene Rasen und Gebüsche, geht auch in Flachmoore. Im Tiefland westlich der Weser selten, östlich von ihr zerstreut, sonst häufig; in Gegenden mit Sandböden örtlich fehlend oder sehr selten. Steigt in den Alpen bis zur Ackerbaugrenze.

Wissenswertes: ♃; (☠). Enthält etwas Asperulin, außerdem einen Stoff, der wie das Lab-Enzym (Gattungsname(!); man hatte geglaubt, die Stoffe seien identisch) aus dem Kälbermagen Milch zum Gerinnen bringt, weswegen das Kraut früher zur Käseherstellung verwendet worden war. – *G. verum* L. wird mit *G. × pomeranicum* RETZ. = *G. verum* L. × *G. album* MILL. (Blütenstand locker, armblütig; Blüten weißlich-gelb; Stengel fast kahl; selten) und mit *G. wirtgenii* F. W. SCHULTZ (Blüten hellgelb, Zipfel stumpf. Mai–Juni; vor allem im Tiefland; selten) zur Sammelart *G. verum* agg. zusammengefaßt.

Gewöhnliches Wald-Labkraut

Galium sylvaticum L.
Rötegewächse *Rubiaceae*

Beschreibung: Äußerst zahlreiche Blüten stehen in ziemlich lockeren, scheindoldig-rispigen Blütenständen am Ende des Stengels und in den Achseln der oberen Blätter; vor dem Aufblühen nicken die Blütenstände oft im oberen Viertel; Blütenstiele der Einzelblüten 2–5 mm lang, fadenförmig dünn. Kelch nur als undeutlicher Ring ausgebildet. Krone weiß; Kronröhre fehlt praktisch; Kronsaum 4zipflig, sternförmig flach ausgebreitet, um 2 mm im Durchmesser. Stengel aufrecht, verzweigt, rund, kahl, jung – wie die Blätter – bläulich bereift. Alle Blätter quirlständig; in der Mitte des Stengels stehen jeweils 6–8 Blätter im Quirl; sie sind 2–4 cm lang, 0,3–1 cm breit, ihre größte Breite liegt etwa in der Mitte. Juli–September. 0,4–1,2 m.

Vorkommen: Braucht nährstoff- und mullreichen Lehmboden. Besiedelt Laubmischwälder und dichte Gebüsche. Im Tiefland westlich der Elbe selten und gebietsweise fehlend, östlich zerstreut; sonst häufig; steigt in den Alpen bis etwa zur Laubwaldgrenze.

Wissenswertes: ♃; (☠). Über den Gehalt von Asperulin ist uns nichts bekanntgeworden. – *G. sylvaticum* L. wird u. a. mit dem Glatten Wald-Labkraut (*G. laevigatum* L.: Nicht bläulich bereift; Stengel am Grund bewurzelt und mit Ausläufern; Südostalpen; selten), mit Schultes Wald-Labkraut (*G. schultesii* VEST.: Stengel mindestens im Blütenstandsbereich, oft aber durchgehend 4kantig; Blütenblätter mit aufgesetzten Spitzchen, Blätter nur unterseits blau- oder graugrün; Bayerischer Wald; Mittelgebirge östlich der Elbe; Alpensüdfuß; selten) und mit dem Grannigen Wald-Labkraut (*G. aristatum* L.; s. rechts) zur Sammelart *G. sylvaticum* agg. zusammengefaßt.

Granniges Wald-Labkraut

Galium aristatum L.
Rötegewächse *Rubiaceae*

Beschreibung: Äußerst zahlreiche Blüten stehen in ziemlich lockeren, scheindoldig-rispigen Blütenständen am Ende des Stengels und in den Achseln der oberen Blätter; vor dem Aufblühen nicken die Blütenstände in der Regel nicht; Blütenstiele der Einzelblüten 2–5 mm lang, fadenförmig dünn. Kelch als undeutlicher Ring ausgebildet. Krone weiß; Kronröhre fehlt praktisch; Kronsaum 4zipflig, sternförmig flach ausgebreitet, um 2 mm im Durchmesser. Stengel aufrecht, verzweigt, vom unteren Drittel bis in den Blütenstandsbereich deutlich 4kantig, an der Basis weder bewurzelt noch mit Ausläufern, überall kahl (sehr selten an der Basis kurz und schütter behaart). Weder Stengel noch Blätter bläulich bereift, auch nicht vor der Blütezeit, sondern eindeutig grün. Alle Blätter quirlständig; in der Mitte des Stengels stehen jeweils 6–8 Blätter im Quirl; sie sind 4–6,5 cm lang, 3–5 mm breit, ihre größte Breite liegt deutlich basiswärts von der Mitte; an der Spitze werden sie allmählich schmäler. Juli–September. 0,4–1,2 m.

Vorkommen: Braucht kalkhaltigen, nährstoff- und mullreichen, flachgründig-steinigen Lehmboden. Besiedelt Laub- und Laubmischwälder, vorzugsweise in mittleren Höhenlagen der Alpen, vereinzelt auch im Alpenvorland, und zwar östlich der Iller; in den Kalkalpen zerstreut, vermutlich in den Nördlichen Kalkalpen häufiger als in den Südlichen. Steigt bis etwa zur Laubwaldgrenze.

Wissenswertes: ♃; (☠). Über den Gehalt an Asperulin ist uns nichts bekanntgeworden. – Kleinart der Sammelart *G. sylvaticum* agg. (s. nebenan); wird möglicherweise öfters übersehen oder verkannt.

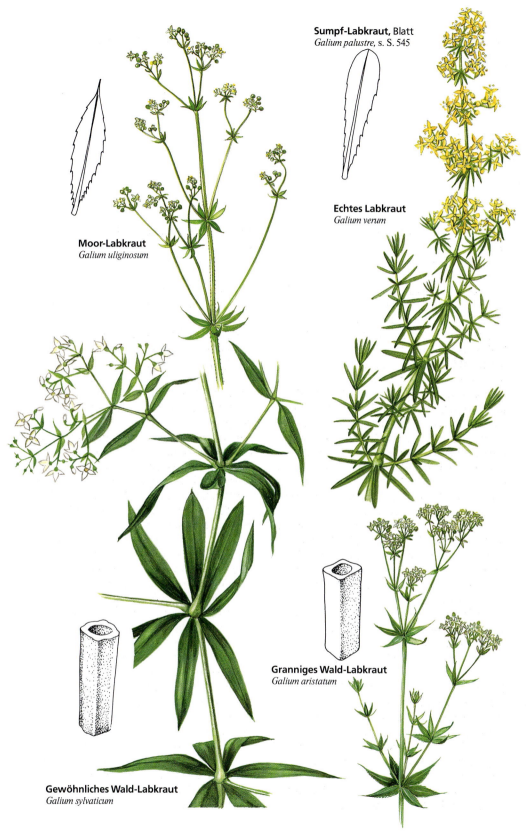

Sumpf-Labkraut, Blatt
Galium palustre, s. S. 545

Echtes Labkraut
Galium verum

Moor-Labkraut
Galium uliginosum

Granniges Wald-Labkraut
Galium aristatum

Gewöhnliches Wald-Labkraut
Galium sylvaticum

549

Wiesen-Labkraut

Galium mollugo L. s. str.
Rötegewächse *Rubiaceae*

Beschreibung: Zahlreiche Blüten stehen
in einem pyramidalen Gesamtblütenstand aus
mehreren, mäßig lockeren, scheindoldig-rispigen
Teilblütenständen in den Achseln der oberen
Blätter und am Ende des Stengels. Stiele der
Einzelblüten 3–4 mm lang. Kelch nur als undeutlicher Ring ausgebildet. Krone weiß bis cremeweiß; Kronsaum 4zipflig, weittrichterig bis sternförmig flach ausgebreitet, 2–3 mm im Durchmesser. Stengel niederliegend, aufsteigend oder
spreizklimmend, kahl, am Grunde mit Ausläufern. Alle Blätter quirlständig; in der Mitte des
Stengels stehen jeweils 6–9 Blätter im Quirl; sie
sind 1–2,5 cm lang, 3–7 mm breit, plötzlich in die
scharfe Spitze verschmälert, 1nervig, beiderseits
grün. Juni–Oktober. 0,3–1,2 m.

Vorkommen: Braucht nährstoffreichen,
frischen Lehmboden. Besiedelt Fettwiesen oder
Gebüsch- und Waldränder, seltener lichte Auenwälder. Zerstreut.

Wissenswertes: ⳨; (☠). Enthält Iridoid-
glykoside. – *G. mollugo* L. wird mit *G. album*
MILL. (Blüten 3–4 mm im Durchmesser, Blütenstiele 1–3 mm; Blätter allmählich verschmälert,
kahl; sehr häufig), mit *G. lucidum* ALL. (Blüten
reinweiß, Blütenstiele 2–4 mm; Blätter 1–2 mm
breit, glänzend; Gebüsch- und Waldsäume in
warmen Lagen und auf kalkhaltigen Böden; selten), mit *G. meliodorum* (BECK) FRITSCH (Teilblütenstände schon in den Achseln unterer Blätter;
intensiver Honigduft; Stengel aufsteigend, Blätter fleischig; 10–20 cm; Kalkalpen von Niederösterreich, Steiermark und Kärnten; selten) und
mit *G. truniacum* (RONN.) RONN. (ausläuferlos;
Blätter dünn; Oberösterreich; sehr selten) zur
Sammelart *G. mollugo* agg. zusammengefaßt.

Harzer Labkraut

Galium harcynicum WEIGEL
Rötegewächse *Rubiaceae*

Beschreibung: Zahlreiche Blüten stehen
in mäßig dichten, scheindoldig-rispigen Teilblütenständen in den Achseln der oberen Blätter
und am Stengelende. Stiele der Einzelblüten
2–5 mm lang. Krone weiß; Kronröhre fehlt praktisch; Kronsaum 4zipflig, weittrichterig bis sternförmig flach ausgebreitet, 3–4 mm im Durchmesser. Stengel niederliegend bis aufsteigend, kahl,
4kantig, meist zu vielen in mäßig dichten, klein-
flächigen Rasen. Pflanze beim Trocknen
schwärzlich werdend. Blätter quirlständig; in der
Mitte des Stengels stehen jeweils 6–7 Blätter im
Quirl; sie sind 0,5–1 cm lang, 2–3 mm breit, mit
der größten Breite im spitzennahen Drittel; die
Blätter laufen ziemlich plötzlich in die kurze,
scharfe Spitze aus; höchstens am Rand mit einigen nach vorn gerichteten, kurzen Haaren, sonst
kahl. Juli–August. 10–30 cm.

Vorkommen: Braucht nährstoff- und kalkarmen, humos-sandigen Lehmboden, geht auch
auf moderigen Rohhumus. Im Tiefland und in
den Mittelgebirgen mit kalkarmem Gestein häufig; im Alpenvorland und in den nördlichen Alpenketten selten; fehlt sonst.

Wissenswertes: ⳨; (☠). Über das Vorhan-
densein von Iridoidglykosiden ist uns nichts bekanntgeworden. – Ähnlich: Schweizer Labkraut
(*G. megalospermum* ALL.): Blüten cremeweiß.
Blätter dicklich, zu 6 quirlständig, knorpelig bespitzt, Mittelnerv undeutlich. Auf durchsicker-
tem Steinschutt; Kalkalpen, selten zwischen
1800–2700 m; vereinzelt herabgeschwemmt.
G. megalospermum wird mit *G. pseudohelveticum*
EHREND.: (Blätter lineal, am Rande etwas behaart; Südwestalpen, Schuttkriecher) zur Sammelart *G. helveticum* agg. zusammengefaßt.

Wiesen-Labkraut
Galium mollugo

Norisches Labkraut
Galium noricum

Niederes Labkraut
Galium pumilum

Harzer Labkraut
Galium harcynicum

Schweizer Labkraut
Galium megalospermum

Norisches Labkraut

Galium noricum EHREND.
Rötegewächse *Rubiaceae*

Beschreibung: Zahlreiche Blüten stehen in einem ziemlich gedrungenen, kurz gestielten, scheindoldig-rispigen Blütenstand am Ende des Stengels und in 3- bis 5blütigen Teilblütenständen in den Achseln oft schon der mittleren Blätter. Blütenstiele 2–4 mm lang. Kelch nur als undeutlicher Ring ausgebildet. Krone gelblichweiß; Kronröhre fehlt praktisch; Kronsaum 4zipflig, sternförmig flach ausgebreitet, 4–5 mm im Durchmesser. Stengel aufsteigend, an der Basis fadenförmig, kahl, sich wie die Blätter beim Trocknen schwärzend. Alle Blätter quirlständig; in der Mitte des Stengels stehen jeweils 8–9 Blätter im Quirl; sie sind 0,5–1 cm lang und 1–2 mm breit; ihre größte Breite liegt im spitzennahen Drittel; sie sind allmählich in eine sehr kurze, knorpelige und nicht besonders scharfe Spitze verschmälert. Juli–September. 5–15 cm.

Vorkommen: Braucht kalkhaltigen, steinig-flachgründigen Boden in warmen, alpinen Lagen. Besiedelt Matten und lückige, steinige Rasen; östliche Ketten der Südlichen Kalkalpen zerstreut, Berchtesgadener Alpen sehr selten, Alpen östlich Salzburgs selten.

Wissenswertes: ⁀; (☠). Über das Vorkommen von Iridoidglykosiden ist uns nicht bekanntgeworden. – *G. noricum* EHREND. wird mit *G. baldense* SPRENG. (breiteste Blätter an ihrer breitesten Stelle höchstens 1 mm breit; nur Ostalpen; Nördliche Kalkalpen fehlend; Zentralalpen sehr selten; Südliche Kalkalpen – von den Bergamasker Alpen nach Osten – zerstreut) und mit *G. margaritaceum* KERN. (Untere Blätter eiförmig, um 3 mm lang, halb so breit, weich; Felsschutt; Dolomiten; 1200–2000 m; selten) zur Sammelart *G. baldense* agg. zusammengefaßt.

Niederes Labkraut

Galium pumilum MURRAY
Rötegewächse *Rubiaceae*

Beschreibung: Mäßig zahlreiche Blüten stehen in einem locker-gestreckten, schmal pyramidenförmigen Gesamtblütenstand, dessen Teilblütenstände nicht nur am Ende des Stengels stehen, sondern auch aus den Achseln oft schon der mittleren Blätter entspringen. Blütenstiele 1–2 mm lang. Kelch nur als undeutlicher Ring ausgebildet. Krone weiß; Kronröhre fehlt praktisch; Kronsaum 4zipflig, sternförmig flach ausgebreitet, 2–3 mm im Durchmesser. Stengel aufsteigend (nicht kriechend), kahl oder kurz abstehend behaart. Unterste Blätter zur Blütezeit vertrocknet; mittlere Blätter zu 8–9 quirlständig, 1–2 cm lang, 1–2 mm breit, lineal, oft etwas sichelförmig gebogen, mit kurzer Spitze, praktisch kahl. Juli–September. 15–30 cm.

Vorkommen: Braucht kalkarmen, humosen, schwach sauren Lehmboden. Besiedelt magere Rasen über Silikatgestein, lichte Gebüsche und Wälder. Im Tiefland vereinzelt; in den Mittelgebirgen, im Alpenvorland und in den tieferen Lagen der Alpen zerstreut.

Wissenswertes: ⁀; (☠). Über das Vorkommen von Iridoidglykosiden ist uns nichts bekanntgeworden. – *G. pumilum* MURRAY wird u. a. mit dem Ungleichblättrigen Labkraut (*G. anisophyllum* VILL.: Blüten cremeweiß; Blütenstand abgeflacht; oft 8 Blätter pro Quirl; Jura, Alpen; zerstreut), dem Österreicher Labkraut (*G. austriacum* JACQ.: Blütenstand eiförmig; Blüten 1–3 mm; Blätter 1–2 cm lang, 0,5–1 mm breit; Österreich, selten) und mit dem Schwedischen Labkraut (*G. suecicum* (STERNER) EHREND.: Teilblütenstände knäuelig; keine sterilen Triebe; Sachsen-Anhalt, Brandenburg; selten) zur Sammelart Zierliches Labkraut (*G. pusillum* agg.) vereint.

Rotes Labkraut
Galium rubrum L.
Rötegewächse *Rubiaceae*

Beschreibung: Zahlreiche Blüten stehen in einem schmal-eiförmigen bis pyramidalen Gesamtblütenstand aus eher wenigblütigen, lockeren Teilblütenständen, die sich am Ende des Stengels und der Zweige befinden, die aus den Achseln der oberen, gelegentlich auch schon der mittleren Blätter entspringen. Blütenstiele um 2 mm lang. Kelch nur als undeutlicher Ring ausgebildet. Krone tief purpurrot; Kronröhre fehlt praktisch; Kronsaum 4zipflig, sternförmig flach ausgebreitet, knapp 2 mm im Durchmesser. Stengel niederliegend bis aufsteigend, an der Basis meist bewurzelt und in der Regel – zumindest im unteren Viertel – kurz und abstehend behaart (Haare um 0,5 mm lang), im oberen Viertel von rückwärts gerichteten, sehr kurzen Stachelhaaren rauh, beim Trocknen olivgrün, nicht schwärzlich werdend. Alle Blätter quirlständig; in der Mitte des Stengels stehen jeweils 7–10 Blätter im Quirl; sie sind 1,5–2,5 cm lang, 1,5–3 mm breit, ihre Spitze kurz und hell. Mai–Juli. 20–50 cm.

Vorkommen: Braucht kalkarmen, trockenen, doch eher leicht beschatteten Lehm- oder Tonboden. Besiedelt Kastanienhaine, lichte Laubmischwälder und Gebüsche. Südseite der Alpen, ab Aostatal ostwärts; nur vereinzelt unbeständig nördlich des zentralen Hauptkammes verschleppt. Steigt bis 2000 m. Selten.

Wissenswertes: ♃; (☠). Über das Vorkommen von Iridoidglykosiden ist uns nichts bekanntgeworden. – In den Südwestalpen Sippen mit gelblichen Blüten; die Art der Südalpen ist durch die roten Blüten gut kenntlich, kann aber dort mit dem Purpur-Meister (*Asperula purpurea* (L.) EHREND.: Blüten mit mindestens 1 mm langer Kronröhre) verwechselt werden.

Blaugrünes Labkraut
Galium glaucum L.
Rötegewächse *Rubiaceae*

Beschreibung: 3–9 (selten mehr oder weniger) Blüten stehen ziemlich locker scheindoldig am Ende des Stengels und der Zweige. Die Hochblättchen, aus deren Achsel die Teilblütenstände entspringen, sind stets viel kürzer als die Stiele dieser Teilblütenstände. Kelch nur als undeutlicher Ring ausgebildet. Krone weiß, mit einer etwa 1 mm langen Kronröhre und einem Saum aus 4 Zipfeln, die 2–3,5 mm lang werden; Kronsaum trichterig, 4,5–7 mm im Durchmesser (ausgebreitet gemessen). Stengel aufrecht, meist verzweigt, von oben bis unten mit 4 Längsrippen (nicht 4kantig!), kahl, mindestens am Grund mehr als 1 mm im Durchmesser. Blätter in der Stengelmitte meist zu 8–10 quirlständig, im untersten und obersten Stengelabschnitt auch weniger Blätter im Quirl; alle Blätter 2–4 cm lang, 0,5–2 mm breit, schmal-lineal, 1nervig, mit einer durchsichtigen, kurzen (0,2–0,4 mm langen) Spitze, am Rande nach unten gerollt und nur hier kurz behaart, sonst kahl, oberseits dunkelgrün, unterseits blaugrün. Mai–Juli. 30–80 cm.

Vorkommen: Braucht kalkhaltigen, basischen bis neutralen, flachgründigen Lehm- oder Lößboden. Besiedelt Trockengebüsche und Halbtrockenrasen. Vereinzelt zwischen Harz und Deister, im Nordhessischen Bergland, in Thüringen und Sachsen-Anhalt sowie in den niederschlagsarmen Alpentälern (z.B. im Wallis); in der Pfalz, im Hessischen und Schwäbisch-Fränkischen Muschelkalk- und Keupergebiet sowie im gesamten Jura, in Ober- und Niederösterreich selten, örtlich in sehr lockeren Beständen.

Wissenswertes: ♃; (☠). Enthält etwas Monotropin (ein Iridoidglykosid). Früher zur Gattung *Asperula* gestellt.

Waldmeister

Galium odoratum (L.) SCOP.
Rötegewächse *Rubiaceae*

Beschreibung: 3–9 (selten mehr oder weniger) Blüten stehen locker schirmförmig-scheindoldig am Ende des Stengels und der Zweige; mehrere Teilblütenstände bilden einen locker-straußartigen Gesamtblütenstand. Kelch als undeutlicher Ring ausgebildet. Krone weiß, mit einer 1–3 mm langen Kronröhre und einem Saum aus 4 schmal-eiförmigen Zipfeln; Kronsaum mit sternförmig aufgeklappten Zipfeln, die trichterig in die Kronröhre verlaufen; Kronsaum 4–7 mm im Durchmesser (ausgebreitet gemessen). Stengel aufrecht, unverzweigt, unterhalb der Blattwirtel mit einem schmalen Kranz sehr kurzer Haare (Lupe!), sonst kahl. Blätter quirlständig, in der Stengelmitte zu 6–9, 2–4 cm lang, 0,5–1,5 cm breit, in oder oberhalb der Mitte am breitesten, 1nervig, grün, kahl (höchstens am Rand sehr kurz behaart). April–Mai. 5–25 cm.

Vorkommen: Braucht nährstoff- und mullreichen Lehmboden. Besiedelt Laub- und Mischwälder. Fehlt im Tiefland, in den Mittelgebirgen und Alpen mit kalkarmen Gesteinen bzw. mit Sandboden gebietsweise; sonst sehr häufig und oft in größeren Beständen; steigt im Gebirge bis etwa zur Laubwaldgrenze.

Wissenswertes: ⳁ; (☠). Enthält wenig Asperulin (Iridoidglykosid) und reichlich Cumaringlykosid, das beim Trocknen frei wird und den charakteristischen Duft verursacht. – Ähnlich: Dreiblütiges Labkraut (*G. triflorum* MICHX.): Blütenstände im Umriß eiförmig, Teilblütenstände oft 3blütig (2–5blütig); Stengel niederliegend bis aufsteigend. Wallis, Unterengadin; vereinzelt. – Bach-Labkraut (*G. rivale* (SIBTH. & SM.) GRISEB.): Blüten 2–4 mm im Durchmesser; Stengel von rückwärts gerichteten Feinstacheln rauh. Niederösterreich; vereinzelt.

Turiner Meister

Asperula taurina L.
Rötegewächse *Rubiaceae*

Beschreibung: 8–25 Blüten (selten mehr oder weniger) sitzen – praktisch ungestielt – kopfartig dicht am Ende des Stengels und der Zweige; die Blütenstände sind an der Basis von mehreren, etwas ungleich großen und leicht verschiedengestaltigen Hüllblättern umgeben. Kelch nur als undeutlicher Ring ausgebildet. Krone weißlich oder elfenbeinfarben, kahl, mit etwa 6 mm langer Kronröhre und einem Saum mit meist 4 Zipfeln, die 2–3,5 mm lang werden; Kronsaum ziemlich engtrichterig, 5–8 mm im Durchmesser (ausgebreitet gemessen). Stengel aufrecht, einfach oder im oberen Teil verzweigt, 4kantig, schütter abstehend behaart, und zwar vor allem unterhalb der Blattquirle. Zumindest ab der Stengelmitte bis in den Blütenstandsbereich stehen die Blätter zu 4 quirlständig am Stengel; sie sind 3–6 cm lang, 2–3 cm breit, breitlanzettlich, lang zugespitzt, mit ihrer größten Breite im unteren Blattdrittel, 3nervig, am Rande bewimpert, sonst nur sehr schütter behaart. Mai–Juni. 20–40 cm.

Vorkommen: Braucht mäßig feuchten, mullhaltigen, eher tiefgründigen, aber oft steinigen Lehmboden, der kalkarm oder kalkreich sein kann. Besiedelt Schlucht- und Bergwälder und mäßig dichte Gebüsche auf steinig-humosen Hängen. Ab Vorarlberg in den westlichen Ketten der Nördlichen Kalkalpen – und zwar vor allem in den Föhntälern – sowie im Französischen Jura selten; in den Südwest- und in den Südalpen zerstreut.

Wissenswertes: ⳁ; (☠). Über den Gehalt an Asperulin, einem Iridoidglykosid, ist uns nichts bekanntgeworden. – Diese südeuropäische Art wurde auch schon vereinzelt nördlich der Alpen (verwildert) angetroffen.

Blaugrünes Labkraut
Galium glaucum

Turiner Meister
Asperula taurina

Rotes Labkraut
Galium rubrum

Waldmeister
Galium odoratum

555

Meister *Asperula*
Ackerröte *Sherardia*

Hügel-Meister

Asperula cynanchica L.
Rötegewächse *Rubiaceae*

Beschreibung: 3–9 (selten mehr oder weniger) Blüten stehen – sehr kurz gestielt – locker scheindoldig am Ende des Stengels und der Zweige; an der Basis der Blütenstände befinden sich nur 2 kleine, schmal-eiförmige Hochblättchen. Kelch nur als undeutlicher Ring ausgebildet. Krone weißlich-rosa bis weißlich-lila, oft nur Kronröhre kräftiger gefärbt und Kronsaum fast weiß; Kronröhre 2–3 mm lang, Kronsaum aus 4 schmal-eiförmigen Zipfeln, die jeweils 1–2 mm lang werden; Kronsaum weittrichterig, 3–5 mm im Durchmesser (ausgebreitet gemessen). Stengel aufsteigend bis aufrecht, meist vom Grunde an verzweigt, oben – zuweilen nur undeutlich – 4kantig, zumindest in der oberen Hälfte kahl und höchstens unten schütter und kurz behaart. Mittlere Blätter zu 4 quirlständig, obere – vor allem im Bereich des Blütenstandes – oft gegenständig, 1–4 cm lang, 1–2 mm breit, schmal-lineal, 1nervig, in der Regel kahl, mit kurzer, grannenartiger Spitze. Juni–Juli. 10–40 cm.

Vorkommen: Braucht kalkhaltigen, lockeren, steinig-flachgründigen Lehm- oder Lößboden in sommerwarmen Lagen. Besiedelt Halbtrockenrasen, Trockengebüsche, lichte Trockenwälder und Sandrasen. In den Kalk- und Lößgebieten vom Harzvorland südwärts bis nach Norditalien zerstreut und oft in lockeren, individuenreichen Beständen. Geht bis über 1500 m.

Wissenswertes: ⚴; (☠). Ähnlich: Grannen-Meister (*A. aristata* L. f.): Durchmesser des Kronsaums 2–3 mm, Kronröhre um 5 mm lang. Südalpen; zerstreut. – Alpen-Meister (*A. neilreichii* BECK): Durchmesser des Kronsaums 2–3 mm, Kronröhre um 2 mm lang; Stengel 5–15 cm. Nördliche Kalkalpen Österreichs; zerstreut.

Acker-Meister

Asperula arvensis L.
Rötegewächse *Rubiaceae*

Beschreibung: Jeweils 5–15 (selten mehr oder weniger) Blüten stehen – sehr kurz gestielt – mäßig dicht scheindoldig-kopfig am Ende des Stengels und der Zweige; die Blütenstände werden am Grund von zahlreichen Hüllblättern umgeben, die den Stengelblättern gleichen und die am Rand deutlich behaart sind. Kelch nur als undeutlicher Ring ausgebildet. Krone hell (trüb-) blau, selten weißlich, mit etwa 4 mm langer Kronröhre und einem Saum aus 4 Zipfeln, die 2–3 mm lang werden; Kronsaum weittrichterig, 5–6 mm im Durchmesser (ausgebreitet gemessen). Stengel aufrecht, meist verzweigt, kahl, 4kantig, am Grund oft noch mit den kleinen, verkehrt-eiförmigen Keimblättern. Stengelblätter quirlständig, und zwar an der Stengelbasis zu je 4, in der Mitte und oben am Stengel zu 6–8; untere Blätter breit-lanzettlich, obere lineal-lanzettlich; 1–2,5 cm lang, 1–2,5 mm breit, 1nervig, stumpf, unterseits auf dem Nerv sehr kurz behaart (Haare kaum 0,2 mm lang), sonst kahl. Mai–August. 10–30 cm.

Vorkommen: Braucht kalkhaltigen Lehmboden, der mäßig trocken, mäßig stickstoffsalzhaltig und nicht zu flachgründig sein sollte. Bevorzugt Gegenden mit warmen Sommern. Besiedelt Getreidefelder. Kommt in den mitteleuropäischen Kalkgebieten nur noch vereinzelt vor und tritt meist nur unbeständig auf.

Wissenswertes: ☉. Das Hauptverbreitungsgebiet der Art liegt im Mittelmeergebiet, von wo sie mit dem Ackerbau nach Mitteleuropa gekommen war. Durch den Herbizideinsatz hat sie seit dem 2. Weltkrieg die meisten ihrer Standorte bei uns verloren und ist heute auch da verschollen, wo sie um die Jahrhundertwende noch einigermaßen regelmäßig anzutreffen war.

Acker-Meister
Asperula arvensis

Färber-Meister
Asperula tinctoria

Ackerröte
Sherardia arvensis

Hügel-Meister
Asperula cynanchica

Färber-Meister

Asperula tinctoria L.
Rötegewächse *Rubiaceae*

Beschreibung: 3–9 (selten mehr oder weniger) Blüten stehen ziemlich locker scheindoldig am Ende des Stengels und der Zweige; an der Basis der Blütenstände befinden sich nur 2 kleine, schmal-eiförmige Hochblättchen. Kelch nur als undeutlicher Ring ausgebildet. Krone weiß, kahl, mit etwa 2 mm langer Kronröhre und einem Saum aus meist 3 Zipfeln, die 1,5–2,5 mm lang werden; Kronsaum trichterig, 3–5 mm im Durchmesser (ausgebreitet gemessen). Stengel aufrecht, verzweigt, kahl, ohne oder nur mit sehr wenigen dicht büschelig beblätterten Seitensprossen, die allenfalls im unteren Stengelbereich zu finden sind. Blätter – wie der Stengel – grasgrün, zu 4–6 quirlständig, 2–5 cm lang, 1,5–3 mm breit, spitz, 1nervig (gelegentlich neben dem Mittelnerv jederseits noch ein undeutlicher Seitennerv, also insgesamt undeutlich 3nervig), am Rand mit einzelnen, kaum 0,2 mm langen, nach vorn gerichteten Haaren. Juni–Juli. 30–50 cm.

Vorkommen: Braucht kalkhaltigen, flachgründig-steinigen Lehm- oder Lößboden. Besiedelt Trockengebüsche, Halbtrockenrasen und lichte Trockenwälder. In Brandenburg, Sachsen-Anhalt, Thüringen, im Nordhessischen Bergland, am unteren und oberen Main, im Schwäbisch-Fränkischen und im Schweizer Jura, im Alpenvorland und in den Kalkalpen selten, fehlt in den Südlichen Kalkalpen oder kommt dort nur sehr vereinzelt vor. Steigt bis etwa 1000 m.

Wissenswertes: ♃; (♀). Enthält wenig Aucubin, doch wie fast alle Arten der Gattungen *Asperula, Galium* und vor allem *Rubia* (s. dort) in der Wurzel Farbstoff. Neben Wiesen-Labkraut wurde – vor Beginn der Krapp-Kultur – Färber-Meister zum Tuchfärben genutzt.

Ackerröte

Sherardia arvensis L.
Rötegewächse *Rubiaceae*

Beschreibung: Jeweils 5–15 (selten mehr oder weniger) Blüten stehen ziemlich dicht scheindoldig-kopfig am Ende des Stengels und der Zweige; die Blütenstände sind am Grund sternförmig von 8–10 Hüllblättern umgeben, die den Stengelblättern gleichen, aber deutlich kürzer als diese sind. Kelch mit sehr kurzer Röhre, die am Vorderrand 6, kaum 0,5 mm lange Zähne besitzt. Krone mit 2–4 mm langer Röhre und 4 stieltellerartig-weittrichterig ausgebreiteten eiförmigen Zipfeln; Kronsaum – ausgebreitet gemessen – 4–7 mm im Durchmesser, hellrosa bis lila. Stengel niederliegend bis aufsteigend, am Grunde meist verzweigt, 4kantig, mit meist leicht nach rückwärts gerichteten, seltener mit waagrecht abstehenden Haaren, die etwa 0,5 mm lang sind. Stengelblätter quirlständig, und zwar an der Stengelbasis zu je 4, in der Mitte und oben am Stengel zu 6; Blätter lanzettlich, 0,4–1,5 cm lang, 2–5 mm breit, 1nervig, mit deutlicher, oft etwas abgesetzter Spitze, oberseits sehr kurz behaart, unterseits (auf dem Nerv) und am Rand oft mäßig lang und abstehend behaart. Mai–September. 5–20 cm.

Vorkommen: Braucht kalkhaltigen, trockenen, flachgründigen Lehm- oder Tonboden. Besiedelt Getreideäcker, seltener Brachen. Im Tiefland westlich der Elbe sehr selten, desgleichen in den Mittelgebirgen und Alpen mit kalkarmen Gesteinen oder mit überwiegenden Sandböden; sonst zerstreut, doch meist nur in lockeren, wenn auch individuenreichen Beständen; steigt etwa bis zur Ackerbaugrenze.

Wissenswertes: ☉. Die ursprüngliche Heimat der Ackerröte liegt wahrscheinlich im Mittelmeergebiet; heute ist sie weltweit verschleppt.

Register